LONGA CAMINHADA ATÉ A LIBERDADE

A autobiografia de

NELSON MANDELA

Tradução
Paulo Roberto Maciel Santos

ALTA BOOKS
EDITORA
Rio de Janeiro, 2020

Longa Caminhada até a Liberdade
Copyright © 2020 da Starlin Alta Editora e Consultoria Eireli. ISBN: 978-65-552-0073-7

Translated from original Long Walk To Freedom. Copyright ©1994 by Nelson Rolihlahla Mandela. ISBN 9780316545853. is translation is published and sold by permission of Little Brown and Company, the owner of all rights to publish and sell the same. PORTUGUESE language edition published by Starlin Alta Editora e Consultoria Eireli, Copyright © 2020 by Starlin Alta Editora e Consultoria Eireli.

Editor: Paulo Fernando Ferrari Lago
Coordenação Editorial: Claudio Kobachuk
Coordenação Gráfica: Renata Sklaski
Tradução: Paulo Roberto Maciel Santos
Editoração Eletrônica: Editora Nossa Cultura LTDA - CNPJ: 04.967.909/0001-74

Revisão: Claudia Cabral Oliveira, Adriana Gallego Mateos, Valquíria Molinari
Revisão Técnica: Marcos Araújo
Capa: Fabio Paitra
Diagramação: Cláudio R. Paitra

CIP-BRASIL. CATALOGAÇÃO-NA-FONTE
SINDICATO NACIONAL DOS EDITORES DE LIVROS, RJ

Mandela, Nelson, 1918-
Longa Caminhada até a Liberdade / Nelson Mandela; Tradução: Paulo Roberto Maciel Santos. — Rio de Janeiro: Alta Books, 2020.

Tradução de: Long walk to freedom
ISBN 978-65-552-0073-7

1. Mandela, Nelson, 1918- . 2. Presidentes – África do Sul - Biografia. 3. África do Sul. Presidente (1944-1999 : Mandela). I. Título

CDD (22ª ed.)
920.93234

ALTA BOOKS
EDITORA

Rua Viúva Cláudio, 291 — Bairro Industrial do Jacaré
CEP: 20.970-031 — Rio de Janeiro (RJ)
Tels.: (21) 3278-8069 / 3278-8419
www.altabooks.com.br — altabooks@altabooks.com.br
www.facebook.com/altabooks — www.instagram.com/altabooks

Dedico este livro aos meus seis filhos: Madiba e Makaziwe (minha primeira filha), já falecidos, e para Makgatho, Makaziwe, Zenani e Zindzi, cujo apoio e amor eu valorizo muito; para os meus vinte e um netos e três bisnetos que me dão muita alegria; e para todos os meus camaradas, amigos e compatriotas sul-africanos a quem sirvo e cuja coragem, determinação e patriotismo continuam sendo minha fonte de inspiração.

CONTEÚDO

Agradecimentos

Como os leitores vão descobrir, este livro tem uma longa história. Comecei a escrevê-lo clandestinamente em 1974, durante minha detenção na Ilha de Robben. Sem o incansável trabalho dos meus velhos camaradas Walter Sisulu e Ahmed Kathrada em reviver minhas memórias, é duvidoso que o manuscrito fosse completado. A cópia do manuscrito que mantive comigo foi descoberta pelas autoridades e confiscada. Entretanto, além de suas habilidades caligráficas únicas, meus coprisioneiros Mac Maharaj e Isu Chiba asseguraram que o manuscrito original chegasse ao seu destino. Retomei o trabalho nele depois que fui liberado da prisão em 1990.

Desde minha libertação, minha agenda tem sido ocupada com inúmeros deveres e responsabilidades, que me deixaram com pouco tempo livre para escrever. Felizmente, tive a ajuda de colegas, amigos e profissionais dedicados que me ajudaram a finalmente completar meu trabalho, e a quem gostaria de expressar minha gratidão.

Sou profundamente grato a Richard Stengel, que colaborou comigo na criação deste livro, fornecendo ajuda valiosa na edição e revisão das primeiras partes e na escrita das partes finais. Lembro com carinho de nossas caminhadas matinais no Transkei e das muitas horas de entrevistas na Shell House, em Johannesburgo, e em minha casa em Houghton. Uma homenagem especial é devida a Mary Pfaff, que ajudou Richard em seu trabalho. Também me beneficiei dos conselhos e apoio de Fatima Meer, Peter Magubane, Nadine Gordimer e Ezekiel Mphahlele.

Quero agradecer especialmente meu camarada Ahmed Kathrada pelas longas horas passadas revisando, corrigindo e fornecendo precisão à história. Muito obrigado à minha equipe no CNA, que pacientemente lidou com a logística da feitura deste livro, mas particularmente à Barbara Makesela pela sua coordenação eficiente. Igualmente, Iqbal Meer devotou muitas horas cuidando dos aspectos comerciais do livro. Agradeço ao meu editor, William Phillips da Little, Brown, que orientou este projeto a partir do início de 1990, e editou o texto, e a seus colegas Jordan Pavlin, Steve Schneider, Mike Mattil e Donna Petersion. Também gostaria de agradecer à professora Gail Gerhart por sua revisão histórica do manuscrito.

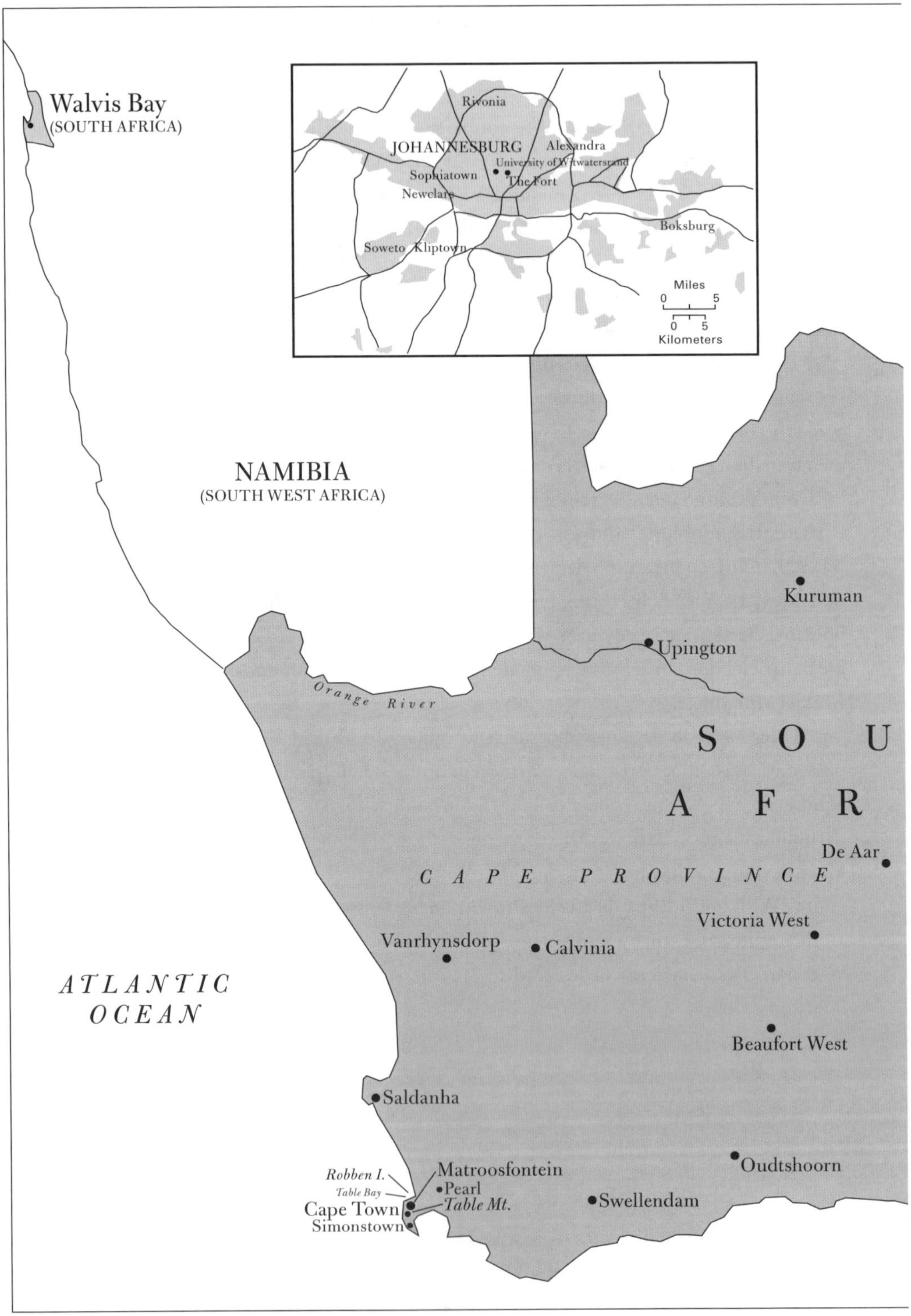
Walvis Bay
(SOUTH AFRICA)
Rivonia
JOHANNESBURG
Alexandra
University of Witwatersrand
Sophiatown
The Fort
Newclare
Boksburg
Soweto
Kliptown
Miles
0
5
0
5
Kilometers
NAMIBIA
(SOUTH WEST AFRICA)
Kuruman
Upington
Orange River
S O U
A F R
De Aar
CAPE PROVINCE
Victoria West
Vanrhynsdorp
Calvinia
ATLANTIC
OCEAN
Beaufort West
Saldanha
Robben I.
Table Bay
Matroosfontein
Pearl
Cape Town
Table Mt.
Simonstown
Swellendam
Oudtshoorn

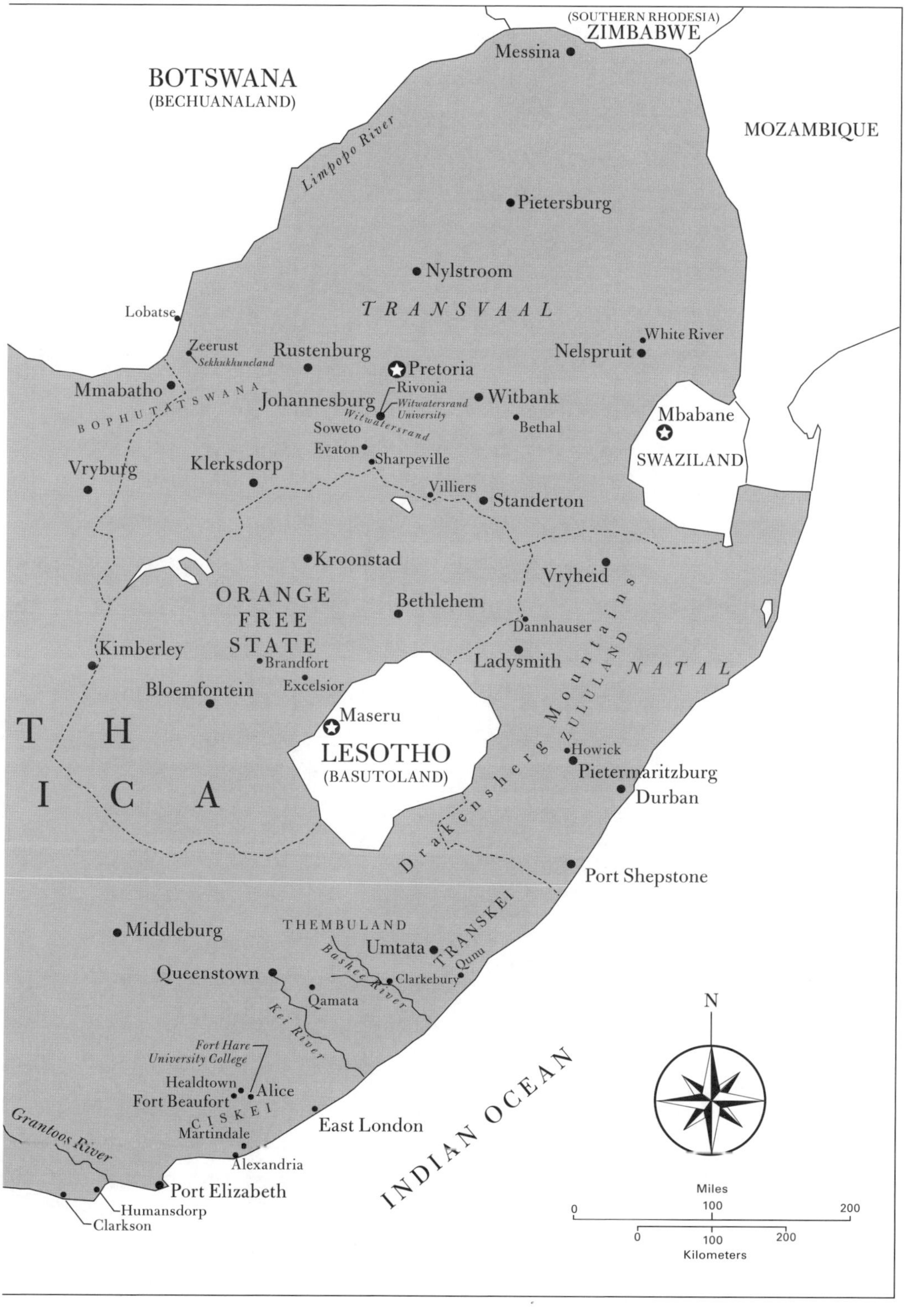
(SOUTHERN RHODESIA)
ZIMBABWE
BOTSWANA
(BECHUANALAND)
MOZAMBIQUE
Messina
Limpopo River
Pietersburg
Nylstroom
TRANSVAAL
Lobatse
Zeerust
Sekhukhuneland
Rustenburg
Pretoria
Nelspruit
White River
Mmabatho
BOPHUTATSWANA
Johannesburg
Rivonia
Witwatersrand University
Witwatersrand
Witbank
Bethal
Mbabane
SWAZILAND
Soweto
Evaton
Sharpeville
Vryburg
Klerksdorp
Villiers
Standerton
Kroonstad
Vryheid
ORANGE FREE STATE
Bethlehem
Dannhauser
Kimberley
Brandfort
Ladysmith
Excelsior
Bloemfontein
NATAL
ZULULAND
Drakensberg Mountains
Maseru
LESOTHO
(BASUTOLAND)
Howick
Pietermaritzburg
Durban
SOUTH AFRICA
Port Shepstone
Middleburg
THEMBULAND
TRANSKEI
Umtata
Qunu
Queenstown
Bashee River
Clarkebury
Qamata
Kei River
Fort Hare University College
Healdtown
Alice
Fort Beaufort
CISKEI
Martindale
East London
Alexandria
Grantoos River
INDIAN OCEAN
N
Port Elizabeth
Humansdorp
Clarkson
Miles
0
100
200
0
100
200
Kilometers

Parte Um

UMA INFÂNCIA NO INTERIOR

1

FORA A VIDA, um temperamento forte e uma conexão permanente com a casa real de Thembu, o único presente que meu pai me deu quando nasci foi um nome, Rolihlahla. Em Xhosa, Rolihlahla significa literalmente "arrancando o galho de uma árvore", mas coloquialmente, o significado mais preciso seria "encrenqueiro". Não acredito que nomes são destinos ou que meu pai, de alguma forma, previa o meu futuro, mas anos mais tarde, amigos e parentes atribuíriam ao meu nome de nascença as muitas tempestades que tenho ao mesmo tempo causado e enfrentado. Meu nome mais conhecido em Inglês não me foi dado até o meu primeiro dia de aula. Mas estou me precipitando.

Nasci no dia dezoito de julho de 1918, em Mvezo, uma pequena aldeia às margens do rio Mbashe no distrito de Umtata, a capital do Transkei. O ano do meu nascimento marcou o fim da Primeira Guerra Mundial, o início de uma epidemia de febre espanhola que matou milhões de pessoas em todo o mundo, e a visita de uma delegação do Congresso Nacional Africano à Conferência de Paz, em Versalhes, para dar voz às queixas do povo africano da África do Sul. Mvezo, entretanto, era um lugar à parte, uma área distrital minúscula longe do mundo dos grandes eventos, onde a vida era vivida como vinha sendo por centenas de anos.

O Transkei fica a quase 1.300 quilômetros ao leste da Cidade do Cabo, quase novecentos quilômetros ao sul de Johannesburgo, e está entre o rio Kei e a divisa com Natal, entre as montanhas acidentadas de Drakensberg ao norte e as águas azuis do Oceano Índico ao leste. É uma terra linda de colinas, vales férteis e milhares de rios e riachos, que mantêm a paisagem verde mesmo durante o inverno. O Transkei era um dos maiores territórios dentro da África do Sul, cobrindo uma área do tamanho da Suíça, com uma população de cerca de três milhões e meio de Xhosa e uma pequena minoria de Basothos e europeus. Ele é o lar do povo Thembu, que é parte da nação Xhosa, da qual sou membro.

Meu pai, Gadla Henry Mphakanyiswa, era um chefe tribal tanto por sangue como por tradição. Ele foi confirmado como chefe dos Mvezo pelo rei da tribo Thembu, mas sob o domínio britânico, sua indicação tinha que ser ratificada pelo governo, que em Mvezo assumia a forma de um magistrado local. Como um chefe designado pelo governo, ele tinha direito a um estipêndio assim como a uma porção dos impostos que o governo arrecadava na comunidade pela vacinação de gado e pastagens comunitárias. Apesar de o papel do chefe ser venerável e respeitado, ele havia, setenta e cinco anos atrás, se tornado degradado pelo controle de um governo branco e antipático.

A tribo Thembu se originou há vinte gerações com o rei Zwide. Segundo a tradição, o povo Thembu vivia nos sopés das montanhas Drakensberg e migrou em direção à costa no século XVI, onde foram incorporados pela nação Xhosa. Os Xhosa são parte do povo Nguni, que tem vivido calado e pescando na região rica e temperada do sudeste da África do Sul, entre o grande planalto interior ao norte e o Oceano Índico ao sul, desde pelo menos o século XI. Os Nguni podem ser divididos entre um grupo do norte – os povos Zulu e Swazi – e um grupo do sul, que é composto dos amaBaca, amaBomyana, amaGcaleka, amaMfengu, amaMpodomis, amaMpondo, abeSotho e abeThembu e juntos formam a nação Xhosa.

Os Xhosa são um povo orgulhoso e patrilinear com uma linguagem expressiva e eufônica e uma crença ferrenha na importância das leis, da educação e de boas maneiras. A sociedade Xhosa era uma ordem social equilibrada e harmoniosa, na qual cada indivíduo sabia qual era o seu lugar. Cada Xhosa pertence a um clã que traça suas origens até um antepassado específico. Sou um membro do clã Madiba, batizado em homenagem a um chefe Thembu que governou no Transkei, no século XVIII. Sou frequentemente chamado de Madiba, o nome do meu clã, em uma demonstração de respeito.

Ngubengcuka, um dos maiores monarcas, que uniu a tribo Thembu, morreu em 1832. Como era de costume, ele tinha esposas pertencentes às principais casas reais: a Casa Principal, da qual o herdeiro é selecionado, a Casa do Braço Direito e a casa de Ixhiba, uma casa menor à qual alguns se referem como a Casa do Braço Esquerdo. Era função dos filhos da casa de Ixhiba, ou Casa do Braço Esquerdo, arbitrar disputas da casa real. Mthikrakra, o filho mais velho da Casa Principal, sucedeu Ngubengcuka e entre seus filhos estavam Ngangelizwe e Matanzima. Sabata, que governou os Thembu, a partir de 1954, era o neto de Nganglizwe e superior hierárquico de Kalzer Daliwonga, mais conhecido como K. D. Matanzima, o ex-ministro chefe do Transkei – meu sobrinho, por lei e por tradição – que era descendente de Matanzima. O filho mais velho da casa Ixhiba era Simakade, cujo irmão mais novo era Mandela, meu avô.

Apesar de, durante décadas, muitas histórias terem sido contadas de que eu estava na linha de sucessão ao trono Thembu, a genealogia simples que acabei de delinear expõe aquelas histórias como sendo um mito. Apesar de ter sido membro da casa real, eu não estava entre os poucos privilegiados que foram educados para governar. Em vez disso, como descendente da casa de Ixhiba, fui preparado, como meu pai antes de mim, para aconselhar os governantes da tribo.

Meu pai era um homem alto e de pele escura, com uma postura imponente, que gosto de acreditar que herdei dele. Ele tinha um tufo de cabelos grisalhos bem acima da testa e, quando garoto, eu pegava cinzas brancas e passava no meu cabelo, imitando-o. Meu pai tinha modos severos e não deixava de lado a vara quando disciplinava seus filhos. Às vezes ele era excessivamente teimoso, outro traço que desafortunadamente pode ter sido passado de pai para filho.

Frequentemente, referem-se a meu pai como o primeiro-ministro de Thembuland, durante os reinos de Dalindyebo, o pai de Sabata, que governou no início do século XX, e do seu filho Jongintaba, que o sucedeu. Essa é uma denominação errônea, pois tal título não existe, mas o papel que ele exercia não era diferente daquele que a designação implica. Como conselheiro respeitado e valioso a ambos os reis, ele os acompanhou em suas viagens e normalmente encontrava-se ao seu lado durante reuniões importantes com representantes de governo. Ele era um guardião reconhecido da história dos Xhosa, e era por essa razão, em particular, que ele era valorizado como conselheiro. O meu próprio interesse em história tinha raízes antigas e foi incentivado pelo meu pai. Apesar de meu pai não saber nem ler nem escrever, ele tinha uma reputação de ser um excelente orador que cativava suas audiências, entretendo--as e também as ensinando. Anos mais tarde, descobri que meu pai não era apenas um conselheiro de reis, mas também um fazedor de reis. Depois da morte inesperada de Jongilizwe, na década de 20, Sabata, o filho que teve com a Esposa Principal, era jovem demais para ascender ao trono. Surgiu uma disputa sobre qual dos filhos mais velhos de outras mães – Jongintaba, Dabulamanzi e Melithafa – devia ser selecionado para sucedê-lo. Meu pai foi consultado e recomendou Jongintaba, pela razão de ele ser o mais preparado. Jongintaba, ele argumentou, não apenas seria um ótimo guardião da coroa, mas um excelente mentor para o jovem príncipe. Meu pai e alguns chefes influentes tinham um grande respeito pela educação que frequentemente está presente naqueles que têm pouca educação formal. A recomendação foi polêmica, porque a mãe de Jongintaba era de uma casa menos importante, mas a escolha de meu pai acabou sendo aceita tanto pelos Thembu como pelo governo britânico. Com o passar do tempo, Jongintaba retribuiria o favor de uma maneira que meu pai não podia imaginar até então.

Meu pai teve quatro esposas, a terceira das quais, minha mãe, Nosekeni Fanny, filha de Nkedama, do clã dos amaMpemvu dos Xhosa, pertencia à Casa da Mão Direita. Cada uma dessas esposas – a Esposa Principal, a esposa da Mão Direita (minha mãe), a esposa da Mão Esquerda e a esposa oriunda da Iqadi ou casa de apoio tinha seu próprio *kraal*. Um *kraal* era uma propriedade rural e normalmente incluía um cercado simples para animais, campos para cultivo e uma ou duas choupanas. Os *kraals* das esposas do meu pai estavam separados por muitos quilômetros e ele se deslocava entre eles. Nessas viagens, meu pai gerou treze filhos ao todo, quatro meninos e nove meninas. Sou o filho mais velho da Casa da Mão Direita, e o mais novo dos quatro filhos homens de meu pai. Tenho três irmãs, Baliwe, que era a filha mais velha, Notancu e Makhutswana. Apesar de o filho mais velho de meu pai ser Mlahlwa, seu herdeiro como chefe foi Daligqili, o filho da Casa Principal, que morreu no início da década de 30. Todos os seus filhos, com exceção de mim, já faleceram, e todos eles estavam acima de mim não apenas em idade, mas também em *status* social.

Quando eu não era mais que um recém-nascido, meu pai se envolveu em uma disputa que o privou de sua posição de chefe em Mvezo e revelou um traço em seu caráter que acredito que ele passou para o seu filho. Defendo que é a criação e não a natureza que molda primariamente a personalidade, mas meu pai possuía uma rebeldia orgulhosa, um sentimento teimoso de imparcialidade, que reconheço em mim mesmo. Como chefe – ou líder, como era frequentemente conhecido entre os homens brancos – meu pai era forçado a prestar contas pela sua administração não apenas para o rei Thembu, mas também para o magistrado local. Um dia, um dos súditos de meu pai registrou uma queixa contra ele envolvendo um boi que havia se extraviado de seu dono. O magistrado consequentemente enviou uma mensagem ordenando que meu pai comparecesse diante dele. Quando meu pai recebeu a intimação, ele enviou a seguinte resposta: "*Andizi ndisaqula*" (eu não irei, ainda estou me cingindo para a batalha). Não se desafiava magistrados naquela época. Tal comportamento seria visto como o auge da insolência – e nesse caso era.

A resposta de meu pai pressagiava sua crença que o magistrado não tinha poder legítimo sobre ele. No que dizia respeito a assuntos tribais, ele não se guiava pelas leis do rei da Inglaterra, mas pela tradição Thembu. Esse desafio não era um ataque de ressentimento, mas uma questão de princípio. Ele estava enfatizando sua prerrogativa tradicional como chefe tribal e estava desafiando a autoridade do magistrado.

Quando o magistrado recebeu a resposta de meu pai, ele imediatamente o acusou de insubordinação. Não houve inquérito ou investigação; reservados para funcionários públicos brancos. O magistrado simplesmente depôs o meu pai, encerrando assim a liderança tribal da família Mandela.

Eu não sabia desses eventos na época, mas não deixei de ser afetado por eles. Meu pai, que fazia parte da nobreza rica, pelos padrões de seu tempo, perdeu sua fortuna e seu título. Ele foi privado da maior parte de seu rebanho e terras, e da renda advinda deles. Por causa de nossa situação financeira precária, minha mãe se mudou para Qunu, uma aldeia um pouco maior, ao norte de Mvezo, onde ela teria o apoio de amigos e parentes. Vivemos em um estilo mais modesto em Qunu, mas foi nessa aldeia perto de Umtata que passei os anos mais felizes de minha infância e é de onde eu tenho minhas lembranças mais precoces.

2

A ALDEIA DE QUNU se situava em um vale estreito repleto de campinas, cortado por riachos de águas cristalinas e rodeado de colinas verdejantes. Ela consistia em não mais do que algumas centenas de pessoas que viviam em choupanas, que eram estruturas em forma de colmeia, com paredes de barro, com um poste de madeira no centro, sustentando um teto de palha. O chão era feito de domos triturados de formigueiros, que eram mantidos lisos passando-se esterco fresco de vaca. A fumaça da lareira saía pelo teto, e a única abertura era uma passagem baixa que obrigava àqueles que quisessem entrar a curvarem o corpo para atravessá-la. As choupanas eram geralmente agrupadas em uma área residencial que ficava a certa distância do labirinto de pastagens. Não havia estradas, apenas caminhos cortados nos campos pelos pés descalços de meninos e mulheres. As mulheres e as crianças da aldeia vestiam mantos tingidos de ocre; apenas os poucos cristãos na aldeia usavam roupas de estilo ocidental. Gado, ovelhas, cabras e cavalos pastavam juntos em pastagens comuns. As terras ao redor de Qunu eram na maior parte desprovidas de árvores, com exceção de um agrupamento de choupos em uma colina com vista para a aldeia. Essas terras eram propriedade do estado. Com pouquíssimas exceções. Na época, os africanos não desfrutavam de títulos de propriedade de terra, na África do Sul, no entanto eram inquilinos pagando aluguel anual ao governo. Na área, havia duas pequenas escolas de Ensino Fundamental, um armazém e um tanque usado para dar banho no gado para livrá-lo de carrapatos e doenças.

Milho (que chamávamos de *mealies*), sorgo, feijão e abóbora formavam a maior porção de nossa dieta, não por causa de alguma preferência herdada por esses alimentos, mas porque as pessoas não tinham condições de comprar nada mais nutritivo. As famílias mais abastadas em nossa aldeia suplementavam suas dietas com chá, café e açúcar, mas para a maioria das pessoas em Qunu esses eram luxos exóticos, que estavam muito além de suas posses. A água usada para a agricultura, para cozinhar e para lavar tinha que ser trazida com baldes de riachos e fontes. Esse era um trabalho para mulheres, e de fato, Qunu era uma aldeia de mulheres e crianças: a maior parte dos homens passava a maior parte do ano trabalhando em fazendas distantes ou nas minas, ao longo do Reef, a serra rochosa, rica em ouro e ardósia, que constitui a divisa sul de Johannesburgo. Eles retornavam talvez duas vezes por ano, principalmente para arar seus campos. A capinação e a colheita eram deixadas para as mulheres e crianças. Pouquíssimas pessoas na aldeia sabiam ler e escrever, e o conceito de educação ainda era estranho a muitas delas.

A minha mãe era responsável por três choupanas, em Qunu, as quais, lembro-me bem, estavam sempre cheias de bebês e crianças dos meus parentes. Na verdade, não me lembro de nenhuma ocasião ter ficado sozinho quando era criança. Na cultura africana, os filhos e as filhas dos tios ou tias de alguém são considerados seus irmãos e irmãs, e não primos. Não fazemos as mesmas distinções entre os parentes como fazem os homens brancos. Não temos meios-irmãos nem meias-irmãs. A irmã de minha mãe é minha mãe; o filho de meu tio é meu irmão; o filho ou filha de meu irmão é meu filho ou minha filha.

Das três choupanas de minha mãe, uma era usada para cozinhar, uma para dormir, e uma para armazenagem. Na choupana em que dormíamos, não havia móveis no sentido ocidental. Dormíamos em esteiras e nos sentávamos no chão. Não conheci travesseiros até ir para Mqhekezweni. Minha mãe cozinhava a comida em uma panela de tripé sobre uma fogueira no centro da choupana, ou fora dela. Tudo o que comíamos era nós mesmos que fazíamos ou cultivávamos. Minha mãe plantava e colhia o seu milho. O milho era colhido dos campos quando estava duro e seco. Ele era armazenado em sacas ou buracos cavados no solo. Quando preparavam o milho, as mulheres utilizavam métodos diferentes. Elas podiam tanto moer os grãos entre duas pedras para fazer pão, ou ferver o milho antes, produzindo *umphothulo* (farinha de milho consumida com coalhada) ou *umngqusho* (mingau de milho, algumas vezes puro ou misturado com feijão). Diferentemente do milho, que às vezes escasseava, o leite de nossas vacas era sempre abundante.

Desde cedo, eu passava a maior parte do meu tempo livre no *veld** brincando e lutando com os outros meninos da aldeia. Um menino que ficasse em casa agarrado ao avental da mãe era visto como um maricas. À noite, eu compartilhava minha comida e meu cobertor com esses mesmos meninos. Eu não tinha mais de cinco anos de idade quando me tornei um pastor, cuidando das ovelhas e bezerros nos campos. Descobri a ligação quase mística que os Xhosa têm com o gado, não apenas como fonte de comida e riqueza, mas como uma bênção de Deus e uma fonte de felicidade. Foi nos campos que aprendi a derrubar aves do ar usando um estilingue, a juntar mel selvagem e frutas e raízes comestíveis, a beber leite morno e doce diretamente do ubre de uma vaca, a nadar nos riachos límpidos de água gelada, e apanhar peixes usando barbante e pedaços

---

**Veld* – Campos abertos compostos de arbustos e árvores esparsas, característicos de partes da África do Sul; tipo de savana (N. do T.).

afiados de arame. Aprendi a lutar com cajados – conhecimento essencial para qualquer garoto africano do interior – e me tornei bastante hábil nas várias técnicas como desviar golpes, simular um ataque em uma direção e então atingir de outra, escapar de um oponente movimentando os pés rapidamente. É desses dias que eu remonto o meu amor pelo *veld*, pelos espaços abertos, pelas belezas simples da natureza, pela linha límpida do horizonte.

Quando meninos, nós éramos deixados na maior parte do tempo fazendo o que quiséssemos. Brincávamos com brinquedos que nós mesmos fazíamos. Moldávamos animais e aves com barro. Fazíamos trenós puxados por bois com galhos de árvores. A natureza era o nosso parque de diversões. As colinas acima de Qunu eram salpicadas de pedras grandes e lisas que nós transformávamos em nossa montanha-russa. Sentávamos nas pedras achatadas e escorregávamos pela face das pedras grandes. Nós fazíamos isso até que nossos traseiros ficassem tão doloridos que mal conseguíamos sentar. Aprendi a cavalgar sobre bezerros desmamados – depois de ter sido jogado no chão várias vezes, pega-se o jeito da coisa.

Um dia, aprendi minha lição com um burro indisciplinado. Nós estávamos nos revezando em subir e descer de seu lombo e quando chegou a minha vez eu pulei sobre as costas do burro e ele saiu em disparada em direção a um espinheiro. Ele inclinou a cabeça, tentando me desalojar, o que acabou fazendo, mas não antes de os espinhos me arranharem o rosto, me fazendo passar vergonha diante de meus amigos. Como os povos do Oriente, os africanos têm um sentimento altamente desenvolvido de dignidade, ou o que os chineses chamam de "prestígio". Eu havia perdido o prestígio entre meus amigos. Mesmo tendo sido um burro a me derrubar, aprendi que para humilhar uma pessoa basta fazê-la sofrer um destino desnecessariamente cruel. Mesmo quando garoto, eu derrotava meus oponentes sem desonrá-los.

Os garotos normalmente brincavam entre si, mas algumas vezes permitíamos que nossas irmãs se juntassem a nós. Meninos e meninas faziam brincadeiras como *ndize* (esconde-esconde) e *icekwa* (pega-pega). Mas o jogo que eu mais gostava de brincar com as meninas era o que nós chamávamos de *khetha*, ou escolha aquele que você gosta. Essa não era uma brincadeira cheia de regras, mas um esporte espontâneo que acontecia quando nós encurralávamos um grupo de meninas de nossa idade e exigíamos que cada uma escolhesse o menino de quem gostava. Nossas regras ditavam que a escolha da menina seria respeitada e uma vez que ela tivesse escolhido o seu favorito, ela estava livre para continuar sua jornada, escoltada pelo garoto felizardo de quem gostava. Mas as meninas eram bem ágeis mentalmente – muito mais espertas do que nós, garotos bobalhões – e frequentemente combinavam entre elas de escolher um menino, normalmente o mais feioso, e então o provocavam durante todo o caminho de volta para casa.

O jogo mais popular para os meninos era *thinti*, e como na maioria dos jogos para meninos, era uma imitação juvenil de guerra. Duas varetas, usadas como alvos, eram fincadas firmemente no chão a uma distância de aproximadamente 30 metros uma da outra. O objetivo do jogo era que cada equipe lançasse varas contra a vareta da oposição para derrubá-la. Cada um de nós defendia nossa vareta e tentava evitar que o outro lado recuperasse as varas que haviam sido lançadas. À medida que crescíamos, organizávamos jogos contra meninos de aldeias vizinhas, e aqueles que se destacavam nessas batalhas fraternas eram muito admirados, como generais que alcançam grandes vitórias na guerra são merecidamente celebrados.

Depois de jogos como esses, eu voltaria para o *kraal* de minha mãe onde ela estava preparando o jantar. Enquanto meu pai contava histórias de batalhas históricas e guerreiros heroicos Xhosa, minha mãe nos encantaria com as lendas e fábulas Xhosa, que haviam sido transmitidas por inúmeras gerações. Essas histórias estimulavam minha imaginação infantil e normalmente continham algum tipo de lição de moral. Lembro-me de uma história que minha mãe nos contou sobre um viajante que foi abordado por uma velha com cataratas horríveis nos olhos. A mulher pediu ajuda ao viajante, e o homem desviou o olhar. Então outro homem apareceu e foi abordado pela velha. Ela pediu que ele limpasse seus olhos, e mesmo considerando a tarefa desagradável, ele fez o que ela pedia. Então, milagrosamente, as escamas caíram dos olhos da velha e ela se tornou jovem e linda. O homem se casou com ela e se tornou próspero e rico. Essa é uma história simples, mas sua mensagem é duradoura: virtude e generosidade serão recompensadas de maneira que ninguém conhece.

Como todas as crianças Xhosa, adquiri conhecimento principalmente através da observação. Devíamos aprender por meio de imitação e emulação, e não através de questionamentos. Quando visitei pela primeira vez as casas de homens brancos, fiquei espantado pelo número e natureza das perguntas que as crianças faziam a seus pais – e a disposição inabalável dos pais em respondê-las. Em minha casa, as perguntas eram consideradas uma inconveniência, os adultos transmitiam informações quando achavam que era necessário.

A minha vida, como a de muitos Xhosa naquela época, foi moldada pela tradição, rituais e tabus. Este era o alfa e o ômega de nossa existência e seguia inquestionavelmente. Os homens seguiam o caminho traçado para eles por seus pais, as mulheres levavam a mesma vida que suas mães haviam levado antes delas. Sem que me mandassem, logo assimilei as regras complicadas que governavam as relações entre homens e mulheres. Descobri que um homem não deve entrar em uma casa onde uma mulher deu recentemente à luz, e que uma mulher recém-casada não deve entrar no *kraal* de sua nova casa sem uma cerimônia complicada. Também aprendi que negligenciar os seus ancestrais traria má sorte e fracasso na vida. Se você desonrasse seus ancestrais de alguma forma, a única forma de reparar esse lapso era consultar um curandeiro tradicional ou um ancião da tribo, que se comunicava com os ancestrais e expressava os seus profundos pedidos de desculpa. Todas essas crenças pareciam perfeitamente naturais para mim.

Encontrei vários homens brancos quando era garoto em Qunu. O magistrado local, naturalmente, era branco, assim como o dono do armazém mais próximo. Ocasionalmente, viajantes brancos ou policiais passavam por nossa área. Esses homens brancos pareciam grandes como deuses, para mim, e eu estava ciente de que eles deviam ser tratados com uma mistura de medo e respeito. Mas o seu papel em minha vida era remoto, e eu pouco pensava, quando pensava, sobre os homens brancos em geral ou as relações entre meu próprio povo e essas figuras curiosas e distantes.

A única rivalidade entre clãs ou tribos diferentes em nosso pequeno mundo em Qunu era aquela entre os Xhosa e os amaMfengu, dos quais um pequeno número morava em nossa aldeia. Os amaMfengu chegaram ao Cabo ocidental depois de fugir das forças de Shaka Zulu durante um período conhecido como o iMfecane, a grande onda de batalhas e migrações provocada entre 1820 e 1840 pela ascensão de Shaka e do estado Zulu, durante o qual o guerreiro Zulu buscava conquistar e unir todas as tribos sob um regime militar. Os amaMfengu, que originalmente não eram falantes da língua Xhosa, eram refugiados do iMfecane e eram forçados a realizar tarefas que nenhum outro africano queria fazer. Eles trabalhavam em fazendas pertencentes a homens brancos, algo que era desprezado pelas tribos Xhosa mais tradicionais. Mas os amaMfengu eram um povo trabalhador, e por causa de seu contato com os europeus, eles, muitas vezes, tinham melhor educação e eram mais "Ocidentais" que os outros africanos.

Quando eu era garoto, os amaMfengu eram a seção mais desenvolvida da comunidade e forneciam nossos clérigos, policiais, professores, funcionários e intérpretes. Eles também estavam entre os primeiros a se converterem ao cristianismo, a construir melhores casas e a utilizar métodos científicos na agricultura e também eram mais ricos do que seus compatriotas Xhosa. Eles confirmavam o axioma dos missionários, que ser cristão era o mesmo que ser civilizado, e que para ser civilizado era necessário ser cristão. Ainda havia alguma animosidade em relação aos amaMfengu, mas em retrospecto, eu atribuiria isso mais à inveja do que à animosidade tribal. Essa forma local de tribalismo que observei quando garoto era relativamente inofensiva. Naquele estágio, eu não testemunhei nem mesmo suspeitei que houvesse rivalidades tribais violentas, que eram subsequentemente promovidas pelos governantes brancos da África do Sul.

Meu pai não aprovava o preconceito local contra os amaMfengu e se tornou amigo de dois irmãos amaMfenga, George e Ben Mbekela. Os irmãos eram uma exceção em Qunu: eles eram educados e cristãos. George, o mais velho, era professor aposentado e Ben era sargento da polícia. Apesar do proselitismo dos irmãos Mbekela, meu pai se mantinha alheio ao cristianismo e em vez disso reservava sua própria fé para o grande espírito dos Xhosa, Qamata, o Deus de seus pais. Meu pai era um sacerdote não oficial e presidia o ritual de sacrifício de cabras e bezerros, celebrava ritos tradicionais em locais que diziam respeito à plantação, colheita, nascimento, casamento, cerimônias de iniciação e funerais. Ele não precisava ser ordenado, pois a religião tradicional dos Xhosa é caracterizada por uma integridade cósmica, então havia poucas distinções entre o sagrado e o secular, entre o natural e o sobrenatural.

Se por um lado a fé dos irmãos Mbekela não afetou meu pai, por outro lado ela inspirou minha mãe, que se converteu ao cristianismo. Na verdade, Fanny era literalmente seu nome cristão, porque ele lhe fora dado na igreja. Foi devido à influência dos irmãos Mbekela que eu fui batizado na Igreja Metodista, ou Igreja Wesleyana, como ela era conhecida, e enviado para a escola. Os irmãos frequentemente me observavam brincando ou cuidando das ovelhas e vinham conversar comigo. Um dia, George Mbekela fez uma visita à minha mãe. "O seu filho é um jovem inteligente", ele disse. "Ele devia frequentar a escola". Minha mãe permaneceu em silêncio. Ninguém na minha família havia frequentado a escola, e minha mãe não estava preparada para a sugestão de Mbekela. Mas ela a transmitiu para o meu pai, que apesar de – ou talvez por causa de – sua própria falta de educação formal decidiu imediatamente que seu filho mais novo devia ir para a escola.

A escola consistia de uma única sala, como um teto de estilo ocidental, e localizava-se no outro lado da colina vizinha a Qunu. Eu tinha sete anos de idade, e no dia anterior ao meu primeiro dia de aula, meu pai me chamou para uma conversa e me disse que eu devia estar apropriadamente vestido para ir à escola. Até aquele momento, eu, como todos os outros meninos em Qunu, havia usado apenas uma manta, que cobria um ombro e era fixada na cintura. Meu pai pegou uma de suas calças e a cortou na altura dos joelhos. Ele me disse para vesti-las, o que fiz, e elas ficaram mais ou menos no comprimento certo, apesar de a cintura ser larga demais. Meu pai pegou então um pedaço de barbante e apertou as calças na cintura. Devo ter sido uma visão cômica, mas nunca possuí um traje que tivesse tanto orgulho em vestir do que as calças cortadas de meu pai.

No primeiro dia de aula, minha professora, Srta. Mdingane, deu a cada um de nós um nome inglês e disse que a partir de então aquele era o nome que deveríamos usar na escola. Essa era a tradição entre os africanos naqueles dias e indubitavelmente devia-se ao viés britânico em nossa educação. A educação que recebi era uma educação britânica, na qual as ideias britânicas, a cultura britânica, as instituições britânicas eram automaticamente entendidas como sendo superiores. A cultura africana não existia.

Os africanos de minha geração – e mesmo de hoje em dia – geralmente têm um nome inglês e um nome africano. Os homens brancos eram incapazes ou não tinham vontade de pronunciar um nome africano, e consideravam que era incivilizado ter um. Naquele dia, a Srta. Mdingane me disse que meu novo nome era Nelson. Por que ela me deu esse nome em particular não faço a mínima ideia. Talvez tivesse algo a ver com o grande almirante britânico Lord Nelson, mas isso seria apenas uma suposição.

3

UMA NOITE, quando eu tinha nove anos de idade, vi uma agitação em nossa casa. Meu pai, que revezava visitas às suas esposas e normalmente ficava conosco por talvez uma semana por mês, havia chegado. Mas não era no momento de costume, pois ele não devia chegar senão dentro de alguns dias. Eu o encontrei na choupana de minha mãe, deitado no chão, em meio ao que parecia um ataque interminável de tosse. Mesmo para os meus jovens olhos, estava claro que meu pai não permaneceria neste mundo por muito tempo. Ele estava padecendo de algum tipo de doença nos pulmões, mas ela não havia sido diagnosticada, pois meu pai nunca havia consultado um médico. Ele permaneceu na choupana por vários dias sem se mover ou falar, e então numa noite ele piorou. Minha mãe e a esposa mais jovem de meu pai, Nodayimani, que tinha vindo ficar conosco, estavam cuidando dele, e mais tarde naquela noite ele chamou Nodayimani. "Traga-me meu tabaco" ele disse para ela. Minha mãe e Nodayimani conversaram, e decidiram que não era sensato ele fumar tabaco em seu estado atual. Mas ele persistiu em seus pedidos por tabaco e eventualmente Nodayimani encheu o seu cachimbo, o acendeu, e então o passou para ele. Meu pai fumou e acalmou-se. Ele continuou a fumar durante talvez uma hora, e então, com o cachimbo ainda aceso, ele morreu.

Eu não me lembro ter sentido grande pesar, exceto por um sentimento de separação. Apesar de minha mãe ser o centro da minha existência, era através de meu pai que eu me definia. O falecimento de meu pai mudou minha vida inteira de uma forma que eu não suspeitava naquele momento. Depois de um breve período de luto, minha mãe me comunicou que eu iria embora de Qunu. Eu não lhe perguntei por que ou para onde eu estava indo.

Eu arrumei as poucas coisas que possuía em uma mala, e logo cedo, numa manhã, partimos em uma jornada em direção ao oeste, para a minha nova residência. Lamentei menos pelo meu pai do que pelo mundo que eu estava deixando para trás. Qunu era tudo o que eu conhecia e eu a amava do modo incondicional com que uma criança ama seu primeiro lar. Antes de desaparecermos por detrás das colinas, me virei e olhei para minha aldeia pelo que eu imaginava ser a última vez. Eu vi as choupanas simples e as pessoas com seus afazeres; o riacho onde eu havia mergulhado e brincado com os outros garotos; os milharais e pastagens verdes onde manadas e rebanhos pastavam preguiçosamente. Imaginei meus amigos caçando pequenas aves, bebendo o leite doce do úbere da vaca e se divertindo na lagoa localizada no fim do riacho. Acima de tudo, meus olhos se puseram sobre as três choupanas simples onde eu havia desfrutado o amor e a proteção de minha mãe. Eram a essas três choupanas que eu associava a toda a minha felicidade, à própria vida, e lamentei o fato de que eu não havia beijado cada uma delas antes de partir. Não conseguia imaginar que o futuro em direção ao qual eu caminhava podia se comparar de maneira alguma ao passado que estava deixando para trás.

Viajamos a pé e em silêncio até que o sol estava vagarosamente se pondo no horizonte. Mas o silêncio do coração entre mãe e filho não é solitário. Eu e minha mãe nunca conversamos muito, mas nós não precisávamos. Eu nunca duvidei de seu amor ou questionei o seu apoio. Era uma jornada exaustiva, por estradas pedregosas de terra, colinas acima e abaixo, através de numerosas aldeias, mas não paramos. No final da tarde, no fundo de um vale pouco profundo, rodeado de árvores, encontramos uma aldeia no centro da qual havia uma casa grande e formosa, que superava de tal forma qualquer coisa que eu jamais vira que tudo o que eu conseguia fazer era me maravilhar com ela. A construção consistia de duas *iingxande* (casas retangulares) e sete *rondavels** (choupanas superiores) imponentes, todas caiadas de branco,

---

**Rondavel* é uma edificação arredondada com teto em formato de cone, típica da África do Sul. (N. do T.)

deslumbrantes mesmo à luz do sol poente. Havia um grande jardim em frente, assim como um milharal cercado de pessegueiros podados. Um jardim ainda mais espaçoso se estendia atrás da casa, contendo macieiras, uma horta, um canteiro de flores e um outro de vime. Perto da casa havia uma igreja de estuque branco.

À sombra de dois eucaliptos que adornavam a entrada da frente da casa principal estava sentado um grupo de aproximadamente vinte anciões tribais. Em redor da propriedade, pastando contentemente na terra rica, havia um rebanho de pelo menos cinquenta cabeças de gado e talvez umas quinhentas ovelhas. Tudo estava maravilhosamente bem cuidado, apresentando uma visão de riqueza e ordem muito além da minha imaginação. Este era o Grande Local, Mqhekezweni, a capital provisória de Thembuland, a residência do Chefe Iongintaba Dalindyebo, o regente do povo Thembu.

Enquanto eu contemplava esse esplendor todo, um veículo enorme atravessou rugindo o portão oeste e os homens sentados à sombra imediatamente se levantaram. Eles tiraram seus chapéus e ficaram saltando e gritando, "*Bayete a-a-a, Jongintaba*" (Salve, Jongintaba!), a saudação tradicional dos Xhosa para o seu chefe. Do carro (que depois descobri que esse veículo majestoso era um Ford V8) saiu um homem baixo e atarracado vestindo terno. Eu podia ver que ele tinha a confiança e postura de um homem acostumado ao exercício do poder. Seu nome lhe caía bem, pois Jongintaba significava, literalmente, "Aquele que olha para as montanhas", e ele era um homem com uma presença vigorosa para o qual todos os olhos se voltavam. Ele tinha uma tez escura e um rosto inteligente, e casualmente apertou as mãos de cada um dos homens sob a árvore, homens que mais tarde fiquei sabendo faziam parte da mais alta corte de justiça dos Thembu. Esse era o regente que se tornaria o meu guardião e benfeitor durante a década seguinte.

Naquele momento de observação de Jongintaba e sua corte me senti como uma árvore nova sendo arrancada da terra e atirada no meio de um rio cuja corrente forte eu não conseguia resistir. Tive uma sensação de admiração misturada com atordoamento. Até então eu não havia tido pensamentos sobre nada a não ser os meus próprios prazeres, nenhuma ambição maior a não ser comer bem e me tornar um campeão de luta com cajado. Eu não pensava em dinheiro, ou posição social, ou fama, ou poder. De repente, um novo mundo se abriu diante de mim. Crianças de famílias pobres frequentemente se veem distraídas por um grande número de novas tentações quando são confrontadas com grandes riquezas. E eu não fui exceção. Senti muitas de minhas crenças e lealdades estabelecidas começarem a se esvair. Os frágeis alicerces construídos pelos meus pais começaram a balançar. Naquele instante, vi que a vida poderia significar para mim muito mais do que ser um campeão de luta com cajado.

* * *

Mais tarde descobri que, em seguida à morte de meu pai, Jongintaba havia se oferecido para ser meu guardião. Ele me trataria como tratou seus outros filhos, e eu teria as mesmas vantagens que eles. Minha mãe não teve escolha, não se rejeita tal oferta do regente. Ela ficou feliz que, apesar de saber que sentiria minha falta, eu teria uma educação melhor sob os cuidados do regente do que dela própria. O regente não havia esquecido que era devido à intervenção do meu pai que ele se tornara o chefe principal.

Minha mãe permaneceu em Mqhekezweni por mais alguns dias antes de voltar para Qunu. Nossa despedida foi sem muito estardalhaço. Ela não deu nenhum sermão, nenhuma palavra sábia, nenhum beijo. Suspeito que ela não queria que eu me sentisse abandonado pela sua partida e assim agiu com despreocupação. Eu sabia que meu pai havia desejado que eu fosse educado e preparado para o mundo, e eu não conseguiria isso em Qunu. Seu olhar carinhoso foi toda a afeição e apoio de que eu necessitei, e quando partiu, ela se voltou para mim e disse "*Uqinisufokotho, Kwedini!*" (Se prepare, meu menino!). As crianças são frequentemente as menos sentimentais das criaturas, especialmente se estão absortas com alguma novidade. No mesmo instante em que minha querida mãe, e primeira amiga, estava partindo, minha cabeça estava num turbilhão só por causa dos prazeres de meu novo lar. Como eu não haveria de estar preparado? Eu já estava vestindo as lindas roupas novas compradas para mim pelo meu guardião.

Logo fui deixado em dia com a vida cotidiana em Mqhekezweni. Uma criança se adapta rapidamente, ou não se adapta mesmo – e eu havia me acostumado ao Grande Local como se tivesse sido criado lá. Para mim, esse era um reino mágico; tudo era lindo; as tarefas que eram entediantes em Qunu tornavam-se uma aventura em Mqhekezweni. Quando eu não estava na escola, era um arador, guia de carroças, um pastor. Cavalguei cavalos e atirei em passarinhos com estilingue e encontrei outros meninos com quem lutar, e em algumas noites dancei a noite inteira embalado pelo belo canto das empregadas Thembu. Apesar de sentir saudades de Qunu e de minha mãe, eu estava completamente absorto em meu novo mundo.

Eu frequentava uma escola de apenas uma sala, localizada ao lado do palácio, e estudava inglês, Xhosa, história e geografia. Líamos o *Chambers English Reader* e fazíamos nossas lições em lousas negras. Nossos professores, o Sr. Fadana, e mais tarde o Sr. Giqwa, se interessaram especialmente por mim. Eu ia bem, na escola, nem tanto pela minha inteligência, mas por causa da minha obstinação. A minha própria autodisciplina foi reforçada pela minha tia Phathiwe, que morava no Grande Local e escrutinava minha lição de casa todas as noites.

Mqhekezweni era uma estação missionária da Igreja Metodista e muito mais atualizada e ocidentalizada do que Qunu. As pessoas vestiam roupas modernas. Os homens vestiam paletós e as mulheres imitavam o estilo severo dos missionários protestantes: saias longas e grossas, blusas de colarinho alto, com um manto colocado sobre os ombros e um lenço elegantemente enrolado na cabeça.

Se o mundo de Mqhekezweni girava em torno do regente, meu mundinho girava em torno de seus dois filhos, Justice, o mais velho, era o seu único filho homem e herdeiro do Grande Local, e Nomafu era a filha do regente. Eu morava com eles e era tratado exatamente como eles eram tratados. Nós comíamos as mesmas comidas, vestíamos as mesmas roupas, executávamos as mesmas tarefas. Mais tarde, Nxeko, o irmão mais velho de Sabata, o herdeiro do trono, se juntou a nós. Nós quatro formamos um quarteto real. O regente e sua esposa No-England me criaram como se eu fosse seu próprio filho. Eles se preocupavam comigo, me orientavam e me castigavam, tudo dentro de um espírito de justiça amorosa. Jongintaba era severo, mas nunca duvidei de seu amor. Eles me apelidaram de Tatomkhulu, que significa "Vovô", porque diziam que eu ficava parecendo um velho quando estava muito sério.

Justice era quatro anos mais velho do que eu e se tornou meu primeiro herói, depois de meu pai. Eu o admirava de todas as maneiras. Ele já estava frequentando Clarkebury, um internato que ficava a mais ou menos cem quilômetros de distância. Alto, bonito e musculoso, ele era um ótimo atleta, excelente em atletismo, críquete, rúgbi e futebol. Alegre e sociável, ele era um artista natural que encantava audiências com seu canto e os deixava estupefatos com sua dança de salão. Ele tinha um bando de admiradoras – mas também um círculo de críticos, que o consideravam um dândi e *playboy*. Justice e eu nos tornamos grandes amigos, apesar de sermos o oposto um do outro em muitas formas: ele era extrovertido, eu era introvertido; ele era despreocupado, eu era sério. As coisas aconteciam naturalmente para ele; eu tinha que me esforçar muito. Para mim, ele era tudo o que um jovem deveria ser e tudo o que eu queria ser. Apesar de sermos tratados com igualdade, nossos destinos eram diferentes: Justice herdaria uma das chefias mais poderosas do povo Thembu, enquanto eu herdaria o que quer que o regente, em sua generosidade, decidisse me dar.

Todos os dias eu ficava entrando e saindo da casa do regente fazendo serviços. Das tarefas que eu executava para o regente, a que eu mais gostava era passar seus ternos, um trabalho do qual eu me orgulhava muito. Ele possuía meia dúzia de trajes ao estilo ocidental, e passei muitas horas cuidadosamente fazendo o friso em suas calças. O seu palácio, por assim dizer, consistia de duas grandes casas em estilo ocidental com teto de zinco. Naquela época, poucos africanos possuíam casas ao estilo ocidental, sendo elas consideradas marca de grande riqueza. Seis *rondavels* formavam um semicírculo em torno da casa principal. Eles tinham assoalhos de madeira, algo que nunca havia visto antes. O regente e a rainha dormiam no *rondavel* da direita, a irmã da rainha dormia no do meio, e a choupana da esquerda funcionava como uma despensa. Sob o assoalho da choupana da irmã da rainha havia uma colmeia, e, às vezes, nós retirávamos uma ou duas tábuas para nos refestelarmos em seu mel. Logo depois de eu ter me mudado para Mqhekezweni, o regente e sua esposa se mudaram para a *uxande* (casa do meio), que automaticamente se tornou a Grande Casa. Havia três pequenos *rondavels* próximos a ela: um para a mãe do regente, um para visitantes e um que eu e Justice compartilhávamos.

Os dois princípios que guiavam minha vida em Mqhekezweni eram a chefia tribal e a Igreja. Essas duas doutrinas coexistiam em desconfortável harmonia, apesar de eu não enxergá-las como antagônicas. Para mim, o cristianismo não era tanto um sistema de crenças, mas o credo poderoso de um único homem: Reverendo Matyolo. Para mim, sua presença poderosa incorporava tudo o que era atraente no cristianismo. Ele era tão popular e amado quanto o regente, e o fato de ele ser superior ao regente em questões espirituais me causou uma profunda impressão. Mas a Igreja estava tão preocupada com este mundo quanto o mundo espiritual: observei que virtualmente todas as realizações dos africanos pareciam ter acontecido por causa do trabalho missionário da Igreja. As escolas das missões formavam funcionários, intérpretes e policiais, que na época representavam o ápice das aspirações dos africanos.

O Reverendo Matyolo era um homem robusto em seus cinquenta e poucos anos de idade, e tinha uma voz grave e poderosa que era usada tanto para pregar como para cantar. Quando ele fazia pregações na igreja simples, localizada na extremidade oeste de Mqhekezweni, o saguão estava sempre transbordando de pessoas. O saguão ressoava com as hosanas dos fiéis, enquanto as mulheres se ajoelhavam aos seus pés para implorar por salvação. A primeira história que ouvi a seu respeito quando cheguei ao Grande Local foi que ele havia espantado um fantasma perigoso, usando apenas uma Bíblia e uma lanterna como armas. Não enxerguei nem implausibilidade nem contradição nessa história. O Metodismo pregado pelo reverendo Matyolo era do tipo de fogo e enxofre, temperado com um pouco de animismo africano. O Senhor era sábio e onipotente, mas Ele também era um Deus vingativo que não deixava nenhum ato de maldade ficar sem castigo.

Em Qunu, a única vez que eu havia ido à igreja foi no dia em que fui batizado. Religião era um ritual que eu tolerava por causa de minha mãe e ao qual eu não atribuía sentido algum. Mas em Mqhekezweni, religião era uma parte do tecido da vida e eu frequentava a igreja todos os domingos juntamente com o regente e a sua esposa. O regente levava a religião a sério. Na verdade, a única vez em que levei uma surra dele foi quando eu me furtei de ir a um serviço dominical para ir tomar parte de uma briga com garotos de outra aldeia, uma transgressão que nunca mais cometi.

Aquela não foi a única reprimenda que recebi por causa de minhas ofensas contra o reverendo. Uma tarde, me esgueirei na horta do Reverendo Matyolo e roubei um pouco de milho, que eu tostei e comi ali mesmo. Uma garota me viu comendo o milho na horta e imediatamente foi relatar a minha presença ao sacerdote. A notícia correu rapidamente e chegou até a esposa do regente. Naquela noite, ela esperou até o momento das preces – que era um ritual diário na casa – e me confrontou com a minha má ação, me reprovando por roubar o pão de um pobre servo de Deus e envergonhar a família. Ela falou que o demônio certamente me chamaria à ordem pelo meu pecado. Senti uma mistura desagradável de medo e vergonha – medo de receber algum tipo de retribuição cósmica e vergonha por ter abusado da confiança de minha família adotiva.

Por causa do respeito universal que o regente desfrutava – tanto de negros quanto de brancos – e do poder aparentemente absoluto que ele tinha, eu via a chefia tribal como sendo o centro em torno do qual toda a vida revolvia. O poder e a influência da chefia tribal permeavam todos os aspectos de nossas vidas, em Mqhekezweni, e era o meio preeminente através do qual se pode atingir influência e *status* social.

Minhas noções de liderança posteriores foram profundamente influenciadas pela observação do regente e de sua corte. Observei e aprendi a partir das reuniões tribais que aconteciam regularmente no Grande Local. Elas não eram agendadas, mas eram convocadas sempre que necessário, e tomavam lugar para discutir assuntos nacionais tais como uma seca, a seleção de gado, políticas ordenadas pelo magistrado, ou novas leis decretadas pelo governo. Todos os Thembus eram livres para participar – e muitos o faziam, vindo a cavalo ou a pé.

Nessas ocasiões, o regente era cercado de seus *amaphakathi*, um grupo de conselheiros de alto escalão que funcionava ao mesmo tempo como parlamento e judiciário do regente. Eram homens sábios que mantinham o conhecimento da história e da tradição tribal em suas memórias e cujas opiniões tinham um grande peso.

Cartas avisando esses chefes e líderes sobre uma reunião eram enviadas pelo regente, e logo o Grande Local se avivava com visitantes e viajantes importantes vindos de toda Thembuland. Os hóspedes se reuniam no pátio, em frente à casa do regente, e ele abria a reunião agradecendo a todos por virem e explicava por que ele os havia convocado. Daquele momento em diante, ele não diria outra palavra até que a reunião estivesse chegando ao fim.

Todos os que desejassem falar o faziam. Era a democracia em sua forma mais pura. Podia haver uma hierarquia de importância entre os oradores, mas todos eram ouvidos, chefe e súdito, guerreiro e curandeiro, comerciante e agricultor, proprietário e trabalhador. As pessoas falavam sem serem interrompidas e as reuniões duravam muitas horas. O fundamento da autogovernança era que todos os homens eram livres para expressar suas opiniões e eram iguais em seu valor como cidadãos. (As mulheres, infelizmente, eram consideradas cidadãs de segunda categoria).

Um grande banquete era servido durante o dia, e eu frequentemente ficava com dor de barriga de tanto comer enquanto escutava discurso após discurso. Notei como alguns dos oradores ficavam divagando e nunca pareciam chegar ao assunto. Percebi como outros iam ao assunto em questão, diretamente, e que faziam conjuntos de argumentações sucintas e irrefutáveis. Observei como alguns oradores usavam emoção e linguagem dramáticas, e tentavam comover a audiência com tais técnicas, enquanto outros oradores eram sóbrios e equilibrados, até mesmo afastando-se das emoções.

No início, eu fiquei surpreso com a veemência – e franqueza – com a qual as pessoas criticavam o regente. Ele não estava acima das críticas, na verdade ele era quase sempre o principal alvo delas. Mas não importando o quão flagrante era a acusação, o regente simplesmente escutava, não se defendia, sem mostrar emoção alguma.

As reuniões continuavam até que alguma espécie de consenso fosse atingida. Ou elas terminavam em unanimidade, ou não terminavam. Unanimidade, no entanto, podia ser uma concordância em discordar, esperar por um momento mais propício para propor uma solução. Democracia significava que todos os homens deviam ser ouvidos, e uma decisão era tomada juntamente como um só povo. A regra da maioria era uma noção estranha a nós. Uma minoria não devia ser esmagada por uma maioria.

Apenas no final da reunião, quando o sol se punha, o regente falava. Sua intenção era resumir o que havia sido dito e formar um consenso entre as diversas opiniões. Mas nenhuma conclusão era imposta para as pessoas que discordassem. Se um acordo não pudesse ser atingido, outra reunião aconteceria. Bem no final do conselho, um cantor ou um poeta faria um panegírico aos reis antigos, assim como uma mistura de cumprimentos para e sátira sobre os chefes tribais atuais, e a audiência, liderada pelo regente, caía na gargalhada.

Como líder, eu sempre segui os princípios que me foram demonstrados pelo regente no Grande Local. Sempre procurei ouvir o que todas as pessoas, em uma discussão, tinham a dizer antes de dar a minha opinião. Muitas vezes, a minha opinião simplesmente expressava um consenso do que ouvi na discussão. Eu sempre me lembro do axioma do regente: um líder, ele falou, é como um pastor. Ele fica atrás do rebanho, deixando os mais ágeis seguirem adiante, e então os outros seguem, não compreendendo que durante todo o tempo estavam sendo guiados por trás.

Foi em Mqhekezweni que desenvolvi meu interesse em história africana. Até então, eu havia ouvido falar apenas dos heróis Xhosa, mas no Grande Local aprendi sobre outros heróis africanos, como Sekhukhune, rei dos Bapedi, e o rei Basotho, Moshoeshoe, e sobre Dingane, o rei dos Zulus, e outros como Bambatha, Hintsa e Makana, Montshiwa e Kgama. Aprendi sobre esses homens com os chefes e líderes tribais que vieram para o Grande Local para chegar a acordos sobre disputas e julgar casos. Apesar de não serem advogados, esses homens apresentavam casos e então os adjudicavam. Em algumas ocasiões, eles terminavam cedo e ficavam sentados em círculo, contando histórias. Eu ficava rondando silenciosamente e ouvia. Eles falavam de uma forma que eu nunca havia escutado antes. Seu discurso era formal e elevado, seus modos lentos e sem pressa, e os estalos tradicionais de nossa língua eram longos e dramáticos.

No início, eles me mandavam sair e me diziam que eu era jovem demais para ouvir. Mais tarde eles acenavam para que eu fosse buscar fogo ou água para eles, ou para ir dizer para as mulheres que eles queriam chá, e naqueles meses iniciais eu estava ocupado demais executando tarefas para acompanhar suas conversas. Mas, eventualmente, eles permitiam que eu ficasse, e descobri os grandes patriotas africanos que lutaram contra o domínio ocidental. Minha imaginação incendiou-se com a glória desses guerreiros africanos.

O chefe mais idoso que regalava os anciões reunidos com histórias antigas era Zwelibhangile Joyi, filho da Grande Casa do rei Ngubengcuka. O chefe Joyi era tão velho que sua pele enrugada se pendurava nele como se fosse um casaco folgado. Suas histórias se desdobravam lentamente e eram frequentemente pontuadas por uma grande tosse ofegante, que o forçava a parar por minutos de cada vez. O chefe Joyi era a grande autoridade sobre a história dos Thembus, principalmente porque havia vivido durante boa parte dela.

Mas não importando o quão grisalho o chefe Joyi parecia ser, as décadas sumiam dele quando ele falava para os jovens *impis*, ou guerreiros, no exército do rei Nganglizwe lutando contra os britânicos. Através de pantomimas, o chefe Joyi lançava sua lança e se arrastava pelo *veld* enquanto narrava as vitórias e derrotas. Ele falava sobre o heroísmo, generosidade e humildade de Nganglizwe.

Nem todas as histórias do chefe Joyi giravam em torno dos Thembus. Quando ele falou pela primeira vez sobre os guerreiros que não eram Xhosa, fiquei me perguntando por quê. Eu era como aqueles garotos que idolatram um jogador local de futebol e não estão interessados em uma estrela nacional do futebol com quem não tem conexão alguma. Apenas mais tarde fiquei sensibilizado com a amplitude da história africana, e os feitos de todos os heróis africanos, independentemente de suas tribos.

O chefe Joyi zangava-se com os homens brancos, que segundo ele haviam deliberadamente dividido a tribo Xhosa, separando irmãos. Os homens brancos haviam dito aos Thembus que o seu chefe verdadeiro era a grande rainha branca que estava no outro lado do oceano e que eles eram seus súditos. Mas a rainha branca nunca trouxe nada senão miséria e perfídia aos negros, e se ela era chefe, era chefe maldosa. As histórias de guerras do chefe Joyi e suas acusações aos britânicos faziam com que eu me sentisse com raiva e trapaceado, como se eu já tivesse sido roubado de meus próprios direitos de nascença.

O chefe Joyi contou que o povo africano vivia em paz relativa até a chegada dos *abelungu*, os homens brancos, que chegaram do outro lado do mar com armas que sopravam fogo. Certa vez, ele contou, os Thembus, os Mpondo, os Xhosa e os Zulus eram todos filhos de um só pai, e viviam como irmãos. O homem branco despedaçou a *abantu*, a camaradagem, das várias tribos. O homem branco estava faminto e cobiçoso por terras, e os negros compartilharam sua terra com ele como compartilhavam o ar e a água; a terra não devia ser possuída por ninguém. Mas o homem branco tomou a terra como você podia tomar o cavalo de outro homem.

Eu ainda não sabia que a verdadeira história do nosso país não seria encontrada nos livros britânicos comuns de história, que afirmavam que a África do Sul foi fundada com a chegada de Jan Van Riebeck ao Cabo da Boa Esperança em 1652. Foi com o chefe Joyi que comecei a descobrir que a história dos povos falantes de Bantu começou bem mais ao norte, em uma terra de lagos e planícies e vales verdejantes, e que ao longo dos milênios fizemos nosso percurso até a ponta deste grande continente. No entanto, mais tarde descobri que o relato do chefe Joyi, da história africana, particularmente depois de 1652, não era sempre tão precisa.

Em Mqhekezweni, eu não me sentia muito diferente daquele proverbial garoto do interior que vai para a cidade grande. Mqhekezweni era muito mais sofisticada do que Qunu, cujos residentes eram vistos como atrasados pelas pessoas em Mqhekezweni. O regente relutava em me deixar visitar Qunu, achando que eu regrediria e andaria em más companhias em minha velha aldeia. Quando eu fui visitar, de fato, percebi que minha mãe fora orientada pelo regente, pois ela me questionou pormenorizadamente sobre com quem eu estava brincando. Em muitas ocasiões, no entanto, o regente fazia arranjos para que a minha mãe e minhas irmãs fossem trazidas até o Grande Local.

Quando cheguei a Mqhekezweni, eu era visto por alguns de meus pares como um caipira que estava inapelavelmente mal equipado para existir na atmosfera rarefeita do Grande Local. Como fazem todos os jovens, fiz o melhor que pude para parecer elegante e sofisticado. Um dia, na igreja, eu havia notado uma encantadora jovem que era uma das filhas do Reverendo Matyolo. Seu nome era Winnie, e eu a convidei para sair e ela aceitou meu convite. Ela gostava de mim, mas sua irmã mais velha, nomaMpondo, me via como inapelavelmente atrasado. Ela falou para a irmã que eu era um bárbaro que não era digno da filha do Reverendo Matyolo. Para provar para a irmã mais nova o quão incivilizado eu era, ela me convidou para almoçar na casa do reverendo. Eu ainda estava acostumado a comer em casa, onde não usávamos garfos ou facas. Na mesa da família, esta maliciosa irmã mais velha me passou um prato que continha uma asa de frango. Mas a asa, em vez de ser macia e mole, estava um pouco dura, então a carne não saía com facilidade do osso.

Fiquei olhando os outros usarem despreocupadamente suas facas e garfos e lentamente peguei a minha faca e meu garfo. Observei os outros por alguns instantes e então tentei cortar a minha asinha. No princípio, eu apenas a movimentei pelo prato, esperando que a carne saísse do osso. Então tentei em vão prender a coisa no prato e cortá-la, mas ela se desviava de mim, e na minha frustração eu estava batendo com a faca no prato. Tentei isso repetidamente e então vi que a irmã mais velha estava sorrindo para mim e olhando astuciosamente para sua irmã mais nova, como se dissesse, "Eu te disse". Esforcei-me e me esforcei e fiquei molhado de transpiração, mas não queria admitir a derrota e pegar a coisa infernal com minhas mãos. Não comi muita galinha naquele dia no almoço.

Mais tarde, a irmã mais velha disse à mais nova, "Você vai desperdiçar sua vida inteira se você se apaixonar por um garoto tão atrasado", mas fico feliz em dizer que a jovem moça não prestou atenção – ela me amava, não importando o quão atrasado eu era. Ela frequentava uma escola diferente, e se formou professora. Nós nos correspondemos durante vários anos e então perdi contato com ela, mas naquela época eu já havia melhorado consideravelmente em minha etiqueta à mesa.

4

QUANDO EU TINHA DEZESSEIS ANOS, o regente decidiu que chegara o momento de eu me tornar um homem. Na tradição Xhosa, isso é atingido apenas de uma forma: circuncisão. Na minha tradição, um homem não circuncidado não pode herdar a riqueza de seu pai, não pode se casar ou celebrar rituais tribais. Um homem Xhosa não circuncidado é uma contradição em termos, pois ele não é considerado um homem de fato, mas um menino. Para o povo Xhosa, a circuncisão representa a incorporação formal dos homens à sociedade. Não é apenas um procedimento cirúrgico, mas um ritual longo e elaborado em preparação para a virilidade. Como Xhosa, conto meus anos como homem a partir da data da minha circuncisão.

A cerimônia tradicional da escola de circuncisão foi arranjada principalmente para Justice, o resto de nós, vinte e seis ao todo, estavam lá para fazer-lhe companhia. No início do ano novo, fizemos uma jornada até duas choupanas de palha em um vale isolado às margens do rio Mbashe, conhecido como Tyhalarha, o local tradicional de circuncisão para os reis Thembu. As choupanas eram alojamentos de isolamento, onde devíamos viver isolados da sociedade. Era um momento sagrado; senti-me feliz e realizado ao tomar parte da tradição do meu povo e pronto para fazer a transição da infância para vida adulta masculina.

Nós havíamos nos mudado para Tyhalarha, perto do rio, alguns dias antes da cerimônia de circuncisão propriamente dita. Esses últimos dias de infância eram passados com os outros garotos, e achei a camaradagem muito agradável. O alojamento ficava próximo da casa de Banabakhe Blayi, o menino mais rico e popular da escola de circuncisão. Ele era um indivíduo cativante, campeão de luta com cajado e um garoto glamuroso, cujas muitas namoradas nos mantinham bem supridos de quitutes. Apesar de não saber ler nem escrever, ele era um dos mais inteligentes entre nós. Ele nos regalava com histórias de suas viagens a Johannesburgo, um lugar onde nenhum de nós havia estado antes. Ele também nos impressionou tanto com histórias sobre minas que quase me convenceu que ser um mineiro era mais atraente do que ser um monarca. Os mineiros tinham uma mística em torno de si; ser um mineiro significava ser forte e audacioso, o ideal de virilidade. Muito mais tarde, compreendi que eram as histórias exageradas de garotos como Banabakhe que causavam o êxodo de tantos jovens para irem trabalhar nas minas de Johannesburgo, onde eles frequentemente perdiam sua saúde e sua vida. Naquele tempo, trabalhar nas minas era quase tanto um rito de passagem como a escola de circuncisão, um mito que ajudava muito mais os proprietários de minas do que o meu povo.

Uma tradição da escola de circuncisão é que se deve realizar uma façanha audaciosa antes da cerimônia. No passado, isso podia envolver o furto de gado ou até mesmo uma batalha, mas na nossa época os feitos eram mais travessos do que marciais. Duas noites antes de nos mudarmos para Tyhalarha, decidimos roubar um porco. Em Mqhekezweni havia um homem que tinha um porco velho e teimoso. De modo a evitar fazer barulho e alertá-lo, fizemos com que o porco trabalhasse por nós. Pegamos punhados de sedimentos de cerveja caseira africana, que tem um cheiro forte muito atraente para os porcos, e colocamos em um local onde o vento carregava o aroma até o porco. O porco ficou tão excitado pelo cheiro que saiu do *kraal*, seguindo uma trilha que havíamos feito, gradualmente abrindo caminho até nós, bufando e ofegando e comendo o sedimento. Quando ele se aproximou de nós, capturamos o pobre porco, o matamos, e então fizemos uma fogueira e comemos porco assado sob as estrelas. Nenhum pedaço de porco foi tão saboroso, tanto antes quanto depois disso.

Na noite anterior à circuncisão, havia uma cerimônia perto de nossas choupanas com cantos e danças. As mulheres vinham de aldeias próximas, e nós dançamos ao som de seus cantos e palmas. À medida que a música se tornava mais rápida e mais alta, nossa dança ficava mais frenética e por alguns instantes nos esquecemos do que nos aguardava.

Na alvorada, quando as estrelas ainda estavam no céu, iniciamos nossos preparativos. Fomos escoltados até o rio para nos banharmos em suas águas frias, um ritual que significava a nossa purificação antes da cerimônia. A cerimônia era ao meio-dia, e recebemos ordens de ficarmos enfileirados em uma clareira a alguma distância do rio onde uma multidão de pais e parentes, incluindo o regente, assim como alguns chefes e conselheiros tribais, havia se reunido. Nós vestíamos apenas nossos mantos, e a cerimônia começou com tambores ressoando, nos ordenaram que sentássemos em uma manta colocada no chão com nossas pernas abertas. Eu estava tenso e ansioso, incerto de como reagiria quando o momento crucial chegasse. Encolher-se ou gritar era sinal de fraqueza e estigmatizava a virilidade de um homem. Eu estava decidido a não envergonhar o grupo, meu guardião ou a mim mesmo. A circuncisão é um teste de bravura e estoicismo, não se usa anestesia, um homem deve sofrer em silêncio.

À direita, no canto do olho, pude ver um homem magro e idoso emergir de uma tenda e se ajoelhar diante do primeiro menino. A multidão estava entusiasmada, e eu estremeci levemente sabendo que o ritual estava para se iniciar. O velho era um famoso *ingcibi*, um especialista em circuncisão, vindo de Gcalekaland, e iria usar sua *assagai** para nos transformar de meninos em homens com um único golpe.

De repente, ouvi o primeiro garoto gritar, "*Ndiyindoda!*" (Eu sou um homem!), que fomos instruídos a dizer no momento da circuncisão. Segundos mais tarde, ouvi a voz estrangulada de Justice pronunciar a mesma frase. Agora havia dois meninos antes de o *ingcibi* chegar até mim, e deve ter me dado um branco na cabeça porque antes que eu me desse conta, o velho estava se ajoelhando na minha frente. Olhei diretamente em seus olhos. Ele estava pálido, e apesar do dia ser frio, seu rosto brilhava

---

**Assagai* – A lança fina dos povos Bantu do sul da África. (N. do T.)

de transpiração. Suas mãos se moveram tão rapidamente que pareciam ser controladas por uma força sobrenatural. Sem uma palavra sequer, ele pegou o meu prepúcio, puxou-o, e então, com um único movimento, abaixou sua *assagai*. Senti como se fogo estivesse correndo em minhas veias; a dor foi tão intensa que enterrei meu queixo em meu peito. Muitos segundos pareceram passar antes de eu me lembrar do grito, e então me recuperei e gritei, "*Ndiyindoda!*"

Olhei para baixo e vi um corte perfeito, limpo e redondo como um anel. Mas me senti envergonhado porque os outros garotos pareciam ser muito mais fortes e corajosos do que eu havia sido; eles gritaram mais rápido do que eu o havia feito. Eu estava angustiado por ter sido incapacitado, por mais brevemente que fosse, pela dor, e fiz o que pude para esconder minha agonia. Um menino pode chorar; um homem disfarça sua dor.

Eu havia agora dado o passo essencial na vida de todos os homens Xhosa. Agora, eu podia casar, estabelecer o meu próprio lar, e arar o meu próprio campo. Eu podia agora ser admitido nos conselhos da comunidade; minhas palavras seriam levadas a sério. Na cerimônia, recebi meu nome de circuncidado, Dalibunga, que significava "Fundador do Bunga", o tradicional corpo de governo do Transkei. Para os tradicionalistas Xhosa, esse nome era mais aceitável do que qualquer um dos meus nomes previamente dados, Rolihlahla ou Nelson, e fiquei orgulhoso em ouvir meu novo nome sendo pronunciado: Dalibunga.

Imediatamente depois de o golpe ter sido dado, um ajudante que segue o mestre de circuncisão pega o prepúcio que está no chão e o amarra num canto do seu manto. Nossas feridas foram então tratadas com uma planta cicatrizante, cujas folhas eram espinhosas por fora, mas macias por dentro, e que absorviam o sangue e outras secreções.

No encerramento da cerimônia, voltamos para as nossas choupanas, onde um fogo ardia com madeira úmida que emitia nuvens de fumaça, que se acreditava que promoviam cura. Mandaram que nos deitássemos nas choupanas enfumaçadas, com uma perna esticada e a outra dobrada. Nós agora éramos *abakhwetha*, iniciados no mundo dos homens adultos. Nós éramos atendidos por um *amakhankatha*, ou guardião, que explicava as regras que devíamos seguir se quiséssemos entrar apropriadamente no mundo adulto. A primeira tarefa do *amakhankatha* era pintar nossos corpos nus e depilados da cabeça aos pés com ocre branco, nos transformando em fantasmas. O calcário branco simbolizava nossa pureza, e ainda me lembro da sensação de rigidez da argila seca em meu corpo.

Naquela primeira noite, à meia-noite, um atendente, ou *ikhankatha*, rastejou pela choupana, acordando gentilmente cada um de nós. Fomos então instruídos a deixar a choupana e sair vagando pela noite para enterrar nossos prepúcios. A razão tradicional dessa prática era para que nossos prepúcios fossem escondidos antes que feiticeiros pudessem utilizá-los para finalidades malignas, mas, simbolicamente, estávamos também enterrando nossa juventude. Eu não queria sair da choupana quente e caminhar através dos arbustos na escuridão, mas eu entrei na floresta e, depois de alguns minutos, desamarrei o meu prepúcio e o enterrei no chão. Senti-me como se tivesse descartado o último remanescente de minha infância.

Moramos em nossas duas choupanas – treze em cada uma delas – enquanto nossos ferimentos cicatrizavam. Quando estávamos fora das choupanas, nos cobríamos com mantos, porque não se permitia que fôssemos vistos pelas mulheres. Era um período de quietude, uma espécie de preparação espiritual para as dificuldades da vida adulta que estava diante de nós. No dia de nossa reaparição, descemos até rio de manhã cedo para lavarmos o ocre branco nas águas do Mbashe. Quando estávamos limpos e secos, fomos revestidos de ocre vermelho. A tradição era que se deveria dormir com uma mulher, que mais tarde se tornaria sua esposa, e ela esfregaria seu corpo para retirar o pigmento. No meu caso, no entanto, o ocre foi removido com uma mistura de gordura e banha.

Ao final de nosso isolamento, os alojamentos e todo o seu conteúdo foram queimados, destruindo as nossas últimas ligações com nossas infâncias, e uma grande cerimônia foi realizada para nos dar boas-vindas como homens na sociedade. Nossas famílias, amigos e chefes tribais locais se reuniram para discursar, cantar e dar presentes. Eu ganhei duas vacas jovens e seis ovelhas, e me senti muito mais rico do que jamais havia me sentido antes. Eu, que nunca tinha sido dono de nada, repentinamente era proprietário de algo. Era um sentimento estonteante, ainda que os meus presentes fossem insignificantes se comparados com os de Justice, que herdou um rebanho inteiro. Eu não fiquei com inveja dos presentes que Justice recebeu. Ele era o filho de um rei; eu estava meramente destinado a ser um conselheiro do rei. Senti-me forte e orgulhoso naquele dia. Lembro-me de andar de maneira diferente naquele dia, mais ereto, mais alto, mais firme. Eu estava esperançoso, e pensando que poderia algum dia ter riquezas, propriedade e *status* social.

O principal orador do dia foi o chefe Meligqili, o filho de Dalindyebo, e depois de ouvi-lo discursar, meus sonhos alegremente coloridos repentinamente se escureceram. Ele começou convencionalmente, comentando sobre como era bom continuarmos uma tradição que vinha desde tempos imemoriais. Então ele se voltou para nós e de repente seu tom mudou. "Lá estão sentados os nossos filhos", ele disse "jovens, saudáveis e belos, a fina flor da tribo Xhosa, o orgulho da nossa nação. Acabamos de circuncidá-los em um ritual que promete transformá-los em homens, mas estou aqui para dizer a vocês que esta é uma promessa vazia e ilusória, uma promessa que nunca poderá ser cumprida. Pois nós, os Xhosa, e todos os negros sul-africanos, somos um povo conquistado. Somos escravos em nosso próprio país. Somos inquilinos em nosso próprio solo. Não temos força, não temos poder, não temos controle sobre o nosso próprio destino na terra onde nascemos. Eles irão para cidades onde morarão em casebres e beberão álcool barato porque não temos terras para lhes dar onde eles possam prosperar e se multiplicar. Eles vão tossir seus pulmões para fora nas profundezas das minas dos homens brancos, destruindo sua saúde, nunca vendo a luz do dia, para que os homens brancos possam viver uma vida de prosperidade sem igual. Entre estes jovens há chefes que nunca irão governar porque não temos poder para governar a nós mesmos; soldados que nunca lutarão porque não temos armas com que lutar; acadêmicos que nunca darão aulas porque não temos lugares para eles estudarem. A capacidade, a inteligência, a promessa destes jovens serão desperdiçadas em sua tentativa de ganhar a vida executando as tarefas mais básicas, mais sem sentido para os homens brancos. Estes presentes de hoje não são nada, porque não podemos dar para eles o maior presente de todos, que é a liberdade e a independência. Eu sei bem que Qamata tudo vê e nunca dorme, mas suspeito que Qamata possa, na verdade, estar cochilando. Se este é o caso, quanto mais cedo eu morrer, melhor, porque então poderei encontrá-lo e despertá-lo e dizer-lhe que os filhos de Ngubengcuka, a fina flor da nação Xhosa, estão morrendo".

À medida que o chefe Meligqili ia falando, a plateia ficava cada vez mais silenciosa e, acredito, mais e mais furiosa. Ninguém queria ouvir as palavras que ele falou naquele dia. Sei que eu mesmo não queria ouvi-las. Eu fiquei mais mal-humorado do que revoltado pelos comentários do chefe, repudiando suas palavras como se fossem comentários abusivos de um homem ignorante que era incapaz de apreciar o valor da educação e os benefícios que os homens brancos trouxeram para o nosso país. Naquela época, eu via os homens brancos não como opressores, mas como benfeitores, e achei que o chefe estava sendo imensamente ingrato. Esse chefe presunçoso estava arruinando o meu dia, estragando o sentimento de orgulho com comentários equivocados.

Mas sem compreender exatamente o porquê, suas palavras logo começaram a agir em mim. Ele havia plantado uma semente, e apesar de eu deixar aquela semente ficar dormente por uma longa temporada, ela eventualmente começou a brotar. Mais tarde, me dei conta de que o homem ignorante naquele dia não era o chefe, mas eu mesmo.

Depois da cerimônia, caminhei de volta até o rio e fiquei observando-o serpentear em seu caminho para onde, a muitos quilômetros de distância, desaguava no Oceano Índico. Eu nunca atravessara aquele rio, e conhecia pouco ou praticamente nada do mundo além dele, um mundo que acenava para mim naquele dia. O sol estava quase se pondo e eu me apressei para voltar onde nossos alojamentos de isolamento haviam sido montados. Apesar de ser proibido olhar para trás enquanto os alojamentos se incendiavam, eu não conseguia resistir. Quando cheguei à área, tudo o que restava eram duas pirâmides de cinzas ao lado de uma ampla jurema. Nesses montes de cinzas estava um mundo agradável e perdido, o mundo da minha infância, o mundo dos dias doces e irresponsáveis passados em Qunu e Mqhekezweni. Agora eu era um homem, e nunca mais jogaria *thinti*, ou roubaria milho, ou beberia leite diretamente do úbere de uma vaca. Eu já estava de luto por minha própria juventude. Olhando para trás, eu sei que ainda não era um homem naquele dia e ainda não me tornaria verdadeiramente um por muitos anos.

5

DIFERENTEMENTE DA MAIORIA DOS OUTROS com quem eu havia estado na escola de circuncisão, eu não estava destinado a trabalhar nas minas de ouro nas montanhas do Reef. O regente frequentemente me dizia "Não é certo você passar o resto da sua vida como mineiro nas minas de ouro dos homens brancos, não sabendo escrever o seu próprio nome". Meu destino era o de me tornar um conselheiro junto a Sabata, e para isso eu tinha que receber educação. Voltei para Mqhekezweni depois da cerimônia, mas não permaneci muito tempo, pois eu estava prestes a cruzar o rio Mbashe pela primeira vez, a caminho do Clarkebury Boarding Institute, localizado no distrito de Engcobo.

Novamente eu estava saindo de casa, mas estava ansioso em ver como me daria no mundo mais amplo. O próprio regente me levou até Engcobo em seu majestoso Ford V8. Antes de viajarmos, ele havia organizado uma celebração por eu haver passado no teste Standard V e ter sido admitido no Clarkebury. Uma ovelha foi abatida e houve danças e cantos – era a primeira homenagem que eu recebia em minha vida, e eu me diverti muito. O regente me deu meu primeiro par de botas, um sinal de maturidade, e naquela noite eu as lustrei novamente, apesar de elas já estarem brilhando.

* * *

Fundado em 1825, o Clarkebury Institute estava localizado no lugar de uma das mais antigas missões Wesleyanas no Transkei. Naquela época, Clarkebury era a mais alta instituição de ensino para os africanos em Thembuland. O próprio regente havia frequentado o instituto, e Justice também havia estudado lá. Ele era ao mesmo tempo uma escola secundária e uma faculdade de formação de professores, mas também oferecia cursos em disciplinas mais práticas, tais como carpintaria, alfaiataria e latoaria.

Durante a viagem, o regente me deu conselhos sobre meu comportamento e meu futuro. Ele me instigou a me comportar de forma que trouxesse apenas respeito para Sabata e para si próprio, e eu assegurei a ele que o faria. Ele então me falou sobre o Reverendo C. Harris, o presidente da escola. O Reverendo Harris, ele explicou, era uma pessoa singular: ele era um Thembu branco, um homem branco que em seu coração amava e compreendia o povo Thembu. O regente disse que quando Sabata fosse mais velho, ele confiaria o futuro rei ao Reverendo Harris, que o educaria como cristão e como governante tradicional. Ele disse que eu devia aprender com o Reverendo Harris porque estava destinado a guiar o líder que o Reverendo Harris iria moldar.

Em Mqhekezweni eu havia conhecido muitos homens brancos, comerciantes e funcionários do governo, incluindo magistrados e oficiais de polícia. Esses eram homens de grande destaque e o regente os recebia cortesmente, mas não obsequiosamente; ele os tratava em termos de igualdade, e eles faziam o mesmo com ele. Às vezes, ele até mesmo testemunhava repreendendo-os, apesar de isso ser extremamente raro.

Eu tinha pouquíssima experiência em lidar diretamente com os homens brancos. O regente nunca me disse como eu devia me comportar, e eu o observei e segui o seu exemplo. Ao falar sobre o Reverendo Harris, entretanto, o regente, pela primeira vez, me deu um sermão de como eu devia me comportar. Ele me disse que eu devia prestar ao reverendo o mesmo respeito e obediência que eu prestava a ele.

Clarkebury era muito maior do que Mqhekezweni. A escola em si era constituída de um agrupamento de mais ou menos duas dúzias de edifícios graciosos de estilo colonial, que incluíam residências individuais, assim como dormitórios, a biblioteca e várias alas de salas de aula. Esse era o primeiro lugar em que morei que era ocidental e não africano, e me senti como se estivesse entrando em um mundo novo cujas regras ainda não estavam claras para mim.

Fomos levados até o escritório do Reverendo Harris onde o regente me apresentou e me levantei para cumprimentá-lo, a primeira vez que fazia isso com um homem branco. O Reverendo Harris foi caloroso e amigável, e tratava o regente com grande deferência. O regente explicou que eu estava sendo preparado para me tornar conselheiro do rei e que esperava que o reverendo desse uma atenção especial a mim. O reverendo acenou, complementando que se exigia que os alunos de Clarkebury fizessem trabalhos manuais depois das aulas, e ele faria os arranjos necessários para que eu trabalhasse em seu jardim.

Ao final da entrevista, o regente se despediu de mim e me deu uma nota de uma libra para pequenas despesas, a maior quantia de dinheiro que eu jamais havia tido. Despedi-me dele e prometi que não iria desapontá-lo. Clarkebury era uma faculdade Thembu, fundada em terras doadas pelo grande rei Thembu Ngubengcuka; como descendente de Ngubengcuka, presumi que seria tratado em Clarkebury com a mesma deferência que havia esperado em Mqhekezweni. Mas eu estava dolorosamente enganado, pois não fui tratado diferentemente de qualquer outro aluno. Ninguém sabia, nem mesmo se importava se eu era um descendente do ilustre Ngubengcuka. O responsável pelo alojamento me recebeu sem toques de trombetas e meus colegas não se curvavam nem se comportavam obsequiosamente diante de mim. Em Clarkebury, muitos dos rapazes tinham linhagens distintas, e eu não era mais o único. Essa foi uma lição importante, pois suspeito que eu era um pouco arrogante naquela época. Eu rapidamente compreendi que tinha que abrir o meu próprio caminho, baseado em minha capacidade e não na minha herança. A maioria dos meus colegas corria mais do que eu no campo e pensava melhor do que eu na sala de aula, eu tinha uma boa distância para cobrir.

As aulas se iniciaram na manhã seguinte, e juntamente com meus colegas subi os degraus até o primeiro andar onde as salas de aula estavam localizadas. A sala tinha um assoalho de madeira lindamente lustrado. Nesse primeiro dia de aulas, eu estava usando minhas botas novas. Eu nunca havia usado bota de nenhum tipo antes, e, naquele primeiro dia, eu caminhava como um cavalo recém-ferrado. Fiz uma barulheira enorme ao subir os degraus e quase escorreguei diversas vezes. Quando entrei na sala, caminhando pesadamente, minhas botas fazendo muito barulho naquele assoalho brilhante de madeira, percebi que duas alunas que estavam sentadas na primeira fila estavam se divertindo assistindo meu desempenho desengonçado. A mais bonita das duas se inclinou para a amiga e falou alto o suficiente para eu escutar: “O garoto do interior não está acostumado a usar sapatos”, ao que a sua amiga riu. Fiquei cego de fúria e vergonha.

Seu nome era Mathona e ela era metida a espertinha. Naquele dia prometi para mim mesmo que nunca falaria com ela. Mas, à medida que a minha vergonha se desvaneceu (e me acostumei a andar de botas) acabei conhecendo-a melhor, e ela se tornaria minha melhor amiga em Clarkebury. Ela foi a minha primeira amiga de verdade, uma mulher com quem eu falava de igual para igual, e em quem eu podia confiar e compartilhar segredos. De muitas formas, ela foi o modelo para todas as minhas amizades subsequentes com mulheres, pois com mulheres descobri que podia relaxar e confessar minhas fraquezas e medos que eu nunca seria capaz de revelar a outro homem.

Logo me adaptei à vida em Clarkebury. Participava de atividades esportivas e jogos sempre que podia, mas meu desempenho não era mais que medíocre. Eu jogava por paixão pelo esporte, não pela glória, até mesmo porque jamais recebi glória alguma. Jogávamos tênis de grama com raquetes de madeira feitas em casa, e futebol descalços em um campo empoeirado.

Pela primeira vez, fui educado por professores que tinham recebido educação adequada. Muitos deles eram formados em universidades, o que era extremamente raro na época. Uma vez, eu estava estudando com Mathona e confessei-lhe o meu medo de não passar nos exames de inglês e história no final do ano. Ela me disse para não me preocupar porque nossa professora, Gertrude Ntlabathi, foi a primeira mulher negra africana a obter um bacharelado em artes. "Ela é inteligente demais para deixar que reprovemos", disse Mathona. Eu ainda não havia aprendido a fingir que tinha conhecimento, e como fazia apenas uma vaga ideia do que era um bacharelado, perguntei para Mathona. "Ah, sim, claro", ela respondeu. "Um bacharelado é um livro muito longo e difícil". Eu não duvidei dela.

Outro professor com grau de bacharel em artes era Ben Mahlasela. Nós o admirávamos não apenas por causa de suas realizações acadêmicas, mas porque ele não se intimidava com o Reverendo Harris. Mesmo o corpo docente se comportava de maneira servil diante do Reverendo Harris, mas o Sr. Mahlasela entrava na sala do reverendo sem medo, e algumas vezes até se esquecia de tirar o chapéu! Ele se relacionava com o reverendo de igual para igual, discordando dele em que outros simplesmente anuíam. Apesar de respeitar o Reverendo Harris, eu admirava o fato de que o Sr. Mahlasela não se acovardava diante dele. Naquela época, esperava-se que um negro com bacharelado em artes ficasse prostrado até mesmo diante de um homem branco com educação primária. Independentemente de quanto um homem negro avançasse, ele ainda era considerado inferior ao mais inferior dos homens brancos.

* * *

O Reverendo Harris administrava Clarkebury com mão de ferro e com um senso duradouro de justiça. Clarkebury funcionava mais como uma escola militar do que uma faculdade de formação de professores. As mais leves infrações eram punidas implacavelmente. Nas assembleias, o Reverendo Harris sempre tinha uma expressão ameaçadora e não era dado a nenhum tipo de frivolidade. Quando ele entrava em uma sala, os membros do *staff*, incluindo os diretores brancos da faculdade e da escola secundária, juntamente com o diretor negro da escola técnica, se levantavam.

Entre os alunos, ele era mais temido do que amado. Mas no jardim, eu via um Reverendo Harris diferente. Trabalhar no jardim do Reverendo Harris tinha um benefício duplo: plantou em mim um amor para a vida inteira pela jardinagem e pelo cultivo de vegetais, e me ajudou a conhecer o reverendo e sua família – a primeira família branca com quem tive um contato mais íntimo. Dessa forma, vi que o Reverendo Harris tinha uma imagem pública e um comportamento privado que eram muito diferentes um do outro.

Por trás da máscara de severidade do reverendo estava um indivíduo gentil e tolerante que acreditava fervorosamente na importância da educação para os jovens negros africanos. Frequentemente eu o encontrava perdido em pensamentos em seu jardim. Eu não o perturbava e raramente conversava com ele, mas como exemplo de um homem altruisticamente devotado a uma boa causa, o Reverendo Harris foi um modelo importante para mim.

A sua esposa era tão falante quanto ele era taciturno. Ela era uma mulher amável e frequentemente vinha ao jardim para conversar comigo. Mas não consigo lembrar de jeito nenhum sobre o que ela falava, mas posso ainda sentir o gosto dos deliciosos biscoitos quentes que ela trazia para mim à tarde.

Depois de meu início vagaroso e medíocre, consegui me adaptar, e acelerei meu programa, completando o certificado intermediário em dois anos, em vez dos costumeiros três anos. Adquiri a reputação de ter uma memória ótima, mas na verdade eu era simplesmente um trabalhador esforçado. Quando saí de Clarkebury, perdi contato com Mathona. Ela não era aluna interna, e seus pais não possuíam meios para proporcionar-lhe uma educação mais avançada. Ela era uma pessoa extraordinariamente inteligente e dotada, cujo potencial ficou limitado por causa dos escassos recursos financeiros de sua família. Essa era uma história comum demais na África do Sul. Não era a falta de capacidade que limitava o meu povo, mas a falta de oportunidades.

O tempo que passei em Clarkebury ampliou meus horizontes, mas eu não diria que era na época um jovem tolerante e sem preconceitos quando saí de lá. Eu havia conhecido alunos vindos de todas as partes do Transkei, assim como vários de Johannesburgo e de Basutolândia, como o Lesoto era conhecido então, alguns dos quais eram tão sofisticados e cosmopolitas que faziam com que me sentisse provinciano. Apesar de eu imitá-los, nunca pensei que era possível para um garoto do interior rivalizar com eles em sua sofisticação. Ainda assim eu não os invejava. Mesmo quando saí de Clarkebury, eu ainda era, em meu coração, um Thembu, e me orgulhava de pensar e agir como um. Minhas raízes eram o meu destino, e eu acreditava que me tornaria um conselheiro do rei Thembu, como meu guardião desejava. Meus horizontes não se estendiam para além de Thembuland e eu acreditava que ser um Thembu era a coisa mais invejável no mundo.

6

EM 1937, quando eu tinha dezenove anos de idade, me uni a Justice em Healdtown, a Faculdade Wesleyana em Fort Beaufort, a cerca de duzentos e oitenta quilômetros ao sudoeste de Umtata. No século XIX, Fort Beaufort era um dos vários postos avançados britânicos durante as supostas Guerras de Fronteiras, durante as quais uma invasão constante de colonos brancos desalojou sistematicamente as várias tribos Xhosa de suas terras. Durante um século de conflitos, muitos guerreiros Xhosa alcançaram a fama por sua bravura, homens como Makhanda, Sandile e Maqoma, os dois últimos feitos prisioneiros na Ilha de Robben, pelas autoridades britânicas, onde vieram a morrer. Quando da minha chegada em Healdtown, havia poucos sinais das batalhas do século anterior, exceto pelo principal: Fort Beaufort era uma cidade de homens brancos onde antes apenas os Xhosa moravam e cultivavam.

Localizada no fim de uma estrada sinuosa com vista para um vale verdejante, Healdtown era muito mais bonita e impressionante do que Clarkebury. Ela era, na época, a maior escola africana abaixo da Linha do Equador, com mais de mil alunos, homens e mulheres. Seus graciosos prédios de estilo colonial com paredes cobertas de hera e pátios sombreados por árvores davam-lhe a sensação de um oásis acadêmico privilegiado, o que ela de fato era. Como Clarkebury, Healdtown era uma escola missionária da Igreja Metodista, e fornecia uma educação cristã e de artes liberais baseada em um modelo inglês.

O diretor de Healdtown era o Dr. Arthur Wellington, um inglês robusto e empertigado que se gabava de sua conexão com o Duque de Wellington. No início de assembleias, o Dr. Wellington subia até o palco e dizia, em sua voz grave de baixo, "Sou o descendente do grande Duque de Wellington, aristocrata, estadista e general que esmagou o francês

Napoleão, em Waterloo, salvando assim a civilização para a Europa – e para vocês, os nativos". Nesse momento, aplaudíamos entusiasmadamente, cada um de nós profundamente agradecido a um descendente do grande Duque de Wellington que se dava ao trabalho de educar nativos como nós. O inglês educado era o nosso modelo, o que aspirávamos era sermos "ingleses negros", como éramos, às vezes, chamados com escárnio. Fomos ensinados – e acreditávamos – que as melhores ideias eram as ideias inglesas, que o melhor governo era o governo inglês, e que os melhores homens eram os ingleses.

A vida em Healdtown era rigorosa. O primeiro sino tocava às 6h da manhã. Por volta das 6h40 já estávamos no refeitório para um desjejum composto de pão seco e água açucarada, vigiados por um retrato sombrio de George VI, rei da Inglaterra. Aqueles que podiam comprar manteiga para passar no pão, compravam e guardavam na cozinha. Eu comia torradas secas. Às 8h nos reuníamos no pátio, fora de nosso dormitório, para "observação", enfileirados enquanto as garotas chegavam de dormitórios separados. Tínhamos aulas até as 12h45, e então almoçávamos, com um cardápio composto de mingau de milho, coalhada e feijão, quase nunca comíamos carne. Então tínhamos aulas até as 5h da tarde, seguidas de um intervalo para exercícios e jantar, e íamos para a sala de estudos, das 7h às 9h da noite. As luzes eram apagadas às 9h30.

Healdtown atraía alunos do país inteiro, assim como de protetorados como Basutolândia, Suazilândia e Bechuanaland*. Apesar de ser uma instituição majoritariamente Xhosa, havia também alunos de outras tribos. Depois das aulas e nos finais de semana, os alunos de uma mesma tribo ficavam juntos. Mesmo os membros das diversas tribos Xhosa gravitavam juntos, tais como os amaMpondos com amaMpondos, e assim por diante. Aderi ao mesmo padrão, mas foi em Healdtown que fiz minha primeira amizade com alguém que falava Sotho, Zachariah

*Bechuanaland – Antigo nome de Botsuana (N. do T.)

Molete. Lembro de ter me sentido muito ousado por ter um amigo que não era Xhosa.

Nosso professor de Zoologia, Frank Lebentlele, também falava Sotho e era muito popular entre os alunos. Simpático e acessível, Frank não era muito mais velho do que nós e se misturava livremente com os alunos. Ele até mesmo jogou no primeiro time de futebol da faculdade, onde era a principal estrela. Mas o que mais nos assombrava a seu respeito era o seu casamento com uma moça Xhosa de Umtata. Casamentos intertribais eram extremamente raros. Até então, eu nunca havia sabido de alguém que tivesse casado com alguém que não fosse de sua tribo. Nós havíamos aprendido que tais uniões eram tabus. Mas vendo Frank e sua esposa, meu provincianismo começou a ser solapado e o tribalismo que ainda me aprisionava começou a se afrouxar. Comecei a perceber a minha identidade como africano, e não apenas como um Thembu ou mesmo um Xhosa.

Nosso dormitório continha quarenta leitos, vinte de cada lado de um corredor central. O responsável pelo dormitório era o agradabilíssimo Reverendo S. S. Mokitimi, que mais tarde se tornou o primeiro negro a presidir a Igreja Metodista da África do Sul. O Reverendo Mokitimi, que também falava Sotho, era muito admirado entre os alunos como uma pessoa moderna e esclarecida que compreendia nossas reclamações.

O Reverendo Mokitimi nos impressionava por outra razão: ele enfrentava o Dr. Wellington. Uma noite, uma querela se iniciou entre dois monitores na principal via pública da faculdade. Os monitores eram responsáveis por evitar discussões, e não provocá-las. O Reverendo Mokitimi foi chamado para apaziguar os ânimos. O Dr. Wellington, voltando da cidade, apareceu de repente no meio da confusão e sua chegada nos abalou consideravelmente. Era como se um deus tivesse vindo para a Terra para resolver algum humilde problema.

O Dr. Wellington subiu em um local mais alto e exigiu saber o que estava acontecendo. O Reverendo Mokitimi, cujo topo da cabeça nem chegava aos ombros do Dr. Wellington, falou muito respeitosamente,

"Dr. Wellington, tudo está sob controle e vou relatar tudo para o senhor amanhã". Não dissuadido, o Dr. Wellington falou com certa irritação, "Não, eu quero saber qual é o problema agora." O Reverendo Makitimi manteve-se firme: "Dr. Wellington, eu sou o responsável e lhe disse que vou fazer um relatório amanhã, e é isso que vou fazer". Nós ficamos atordoados. Nunca havíamos visto ninguém, muito menos um negro, enfrentar o Dr. Wellington, e ficamos esperando por uma explosão. O Dr. Wellington simplesmente falou, "Muito bem", e foi embora. Compreendi então que o Dr. Wellington era menos do que um deus, e que o Reverendo Mokitimi era mais do que um lacaio, e que um negro não tinha que ceder imediatamente a um homem branco, não importando o quão superior ele fosse.

O Reverendo Mokitimi buscou introduzir reformas na faculdade. Todos nós apoiamos seus esforços em melhorar a dieta e o tratamento dos alunos, inclusive a sua sugestão de que os estudantes fossem responsáveis pela sua própria disciplina. Mas uma mudança nos deixou preocupados, especialmente os alunos do interior. Era a inovação do Reverendo Mokitimi de permitir que alunos e alunas almoçassem juntos no refeitório aos domingos. Eu era contrário a isso pela simples razão de ainda ser desajeitado no uso de garfo e faca, e não queria passar vergonha diante daquelas garotas de olhos aguçados. Mas o Reverendo Mokitimi seguiu adiante e organizou as refeições e todos os domingos eu saía do refeitório faminto e deprimido.

Entretanto, eu me diverti nas quadras esportivas. A qualidade dos esportes em Healdtown era muito superior à de Clarkebury. No meu primeiro ano, eu não era hábil o suficiente para fazer parte de qualquer uma das equipes. Mas durante o segundo ano, meu amigo Locke Ndzamela, o campeão de corridas de obstáculos em Healdtown, me incentivou a praticar um esporte: corrida de longa distância. Eu era alto e magricela, o que segundo Locke era a constituição ideal para um corredor de longa distância. Com algumas dicas que ele me deu, comecei a treinar. Eu gostava da disciplina e solidão da corrida de longa distância, que me permitia fugir do burburinho da vida escolar. Ao mesmo tempo, comecei a praticar um esporte que parecia menos adequado para mim, que era o boxe. Eu treinava de uma forma incoerente, e apenas anos mais tarde, quando eu havia engordado uns quilos, foi que comecei a boxear seriamente.

Durante o meu segundo ano em Healdtown, fui indicado monitor pelo Reverendo Mokitimi e pelo Dr. Wellington. Os monitores tinham responsabilidades diferentes, e os monitores mais novos recebiam as tarefas menos desejáveis para fazer. No início, eu supervisionava um grupo de alunos que trabalhava como limpadores de vidros durante nossa hora de trabalho braçal, à tarde, e os levava a edifícios diferentes em cada dia.

Logo me graduei para o nível seguinte de responsabilidade, que era o turno da noite. Nunca tive problema em ficar acordado à noite, mas durante uma noite fui colocado diante de uma incerteza moral que permaneceu em minha memória. Não tínhamos banheiros no dormitório, mas havia uma privada a uns trinta metros de distância atrás da residência. Em noites chuvosas, quando um aluno acordava no meio da noite, ninguém queria caminhar penosamente através do gramado e da lama até a privada. Em vez disso, os alunos iam até a varanda e urinavam nos arbustos. Essa prática, no entanto, era estritamente contra os regulamentos e uma das tarefas do monitor era registrar os nomes dos estudantes que se entregavam a ela.

Uma noite, eu estava de plantão quando chovia muito, e flagrei muitos alunos, talvez uns quinze, satisfazendo suas necessidades na varanda. Perto da aurora, vi um rapaz sair, olhar para ambos os lados, e se colocar em uma das extremidades da varanda para urinar. Caminhei até ele e dei voz de flagrante, ao que ele se voltou para mim e me dei conta que ele era um dos monitores. Fiquei em uma situação difícil. Em Direito e em Filosofia, pergunta-se, "*Quis custodict ipsos custodes?*" (Quem vigia os vigias?). Se o monitor não obedece às regras, como pode se esperar que os alunos o façam? Com efeito, o monitor estava acima das leis porque ele *era* a lei, e não se esperava que um monitor denunciasse outro monitor. Mas eu não achava que era justo não denunciar aquele monitor e anotar os nomes dos outros quinze alunos, então simplesmente rasguei a minha lista e não acusei ninguém.

No meu último ano em Healdtown, ocorreu um evento que para mim foi como um cometa atravessando o céu noturno. Perto do final do ano, fomos informados de que o grande poeta Xhosa Krune Mqhayi iria visitar a escola. Mqhayi era na verdade um *imbongi*, um cantor de louvores, um tipo de historiador oral que marca a história e eventos contemporâneos com poesia que contém um significado especial para o seu povo.

O dia de sua visita foi declarado feriado pelas autoridades da escola. Na manhã designada, a escola toda, incluindo membros do *staff*, tanto negros como brancos, se reuniram no refeitório, que então era usado para assembleias da escola. Havia um palco em uma das extremidades do salão e nele uma porta que levava à casa do Dr. Wellington. A porta em si não tinha nada de especial, mas pensávamos nela como sendo a porta do Dr. Wellington, pois ninguém a atravessava, com exceção do próprio Dr. Wellington.

De repente, a porta se abriu e por ela entrou não o Dr. Wellington, mas um homem negro vestindo um *kaross** de pele de leopardo e um chapéu combinando, e estava carregando uma lança em cada mão. O Dr. Wellington apareceu em seguida, mas a visão de um homem negro em vestimentas tribais atravessando aquela porta foi eletrizante. É difícil explicar o impacto que isso teve em nós. Pareceu virar o universo de cabeça para baixo. Quando Mqhayi sentou-se ao lado do Dr. Wellington, no palco, nós mal conseguíamos conter nosso entusiasmo.

Mas quando Mqhayi se levantou para falar, confesso ter ficado decepcionado. Eu havia formado uma imagem dele em minha mente, e em

***Kaross* – Capa feita de pele de animais que é usada no sul da África. (N. do T.)

minha imaginação juvenil, eu esperava que um herói Xhosa como Mqhayi fosse alto, feroz e com aparência inteligente. Mas ele não era excessivamente eminente e, exceto por suas roupas, parecia completamente comum. Quando falou em Xhosa, ele o fez lenta e hesitantemente, frequentemente fazendo pausas para buscar a palavra certa e então tropeçava nela quando a encontrava.

Num certo momento, ele levantou sua *assegai* no ar para dar ênfase e acidentalmente atingiu o cabo da cortina acima dele, o que causou um barulho agudo e fez com que a cortina se movesse. O poeta olhou para a ponta de sua lança e então para o cabo da cortina e, mergulhado profundamente em pensamentos, caminhou pelo palco. Depois de alguns instantes, ele parou de caminhar, nos encarou, e com energias renovadas, exclamou que aquele incidente – a *assegai* batendo no cabo – simbolizava o conflito entre as culturas da África e da Europa. Sua voz ficou mais alta e ele disse, "A *assegai* simboliza o que há de glorioso e verdadeiro na história africana; ela é um símbolo do africano enquanto guerreiro e do africano enquanto artista. Este cabo metálico", ele disse, apontando para cima, "é um exemplo da indústria ocidental, que é habilidosa, porém fria, inteligente, mas desprovida de alma.

"O que estou me referindo", ele continuou, "não é a um pedaço de osso tocando um pedaço de metal, ou mesmo da sobreposição de duas culturas, o que estou falando para vocês é o conflito brutal entre o que é nativo e bom, e o que é estrangeiro e mau. Não podemos permitir que esses estrangeiros, que não se importam com nossa cultura, tomem conta de nossa nação. Prevejo que, um dia, as forças da sociedade africana vão atingir uma vitória monumental sobre os invasores. Por muito tempo, sucumbimos aos falsos deuses dos homens brancos. Mas emergiremos e vamos soltar as amarras dessas noções alheias a nós".

Eu mal podia acreditar no que ouvia. Sua audácia em falar sobre assuntos tão delicados na presença do Dr. Wellington e outros homens brancos nos pareceu extremamente surpreendente. No entanto, ao mesmo tempo, ela nos entusiasmou e nos motivou, e começou a transformar a minha percepção sobre homens como o Dr. Wellington, a quem eu automaticamente considerava meu benfeitor.

Mqhayi começou então a recitar seu poema famoso, no qual ele associa cada uma das estrelas do céu às várias nações do mundo. Eu nunca havia ouvido esse poema. Perambulando pelo palco e gesticulando com sua *assegai* em direção ao céu, ele disse isso para os povos da Europa – os franceses, os alemães, os ingleses – "eu dou para vocês a Via Láctea, a maior constelação, porque vocês são um povo estranho, cheio de cobiça e inveja, que briga mesmo tendo tudo". Ele associou certas estrelas às nações asiáticas, e às da América do Norte e do Sul. Ele discutiu então a África e separou o Continente em nações diferentes, dando constelações específicas a diferentes tribos. Ele vinha dançando pelo palco, movendo sua lança, modulando sua voz, e agora de repente ficou imóvel, e baixou sua voz.

"Agora, tu vens, Ó Casa dos Xhosa", ele disse, e vagarosamente começou a se abaixar até ficar com um dos joelhos no chão. "Eu te dou a estrela mais importante e transcendente, a Estrela Matutina, pois és um povo orgulhoso e poderoso. Esta é a estrela para contar os anos – os anos de virilidade". Quando ele falou esta última palavra, deixou cair a cabeça sobre o peito. Ficamos de pé, aplaudindo e gritando. Eu não queria parar de aplaudir. Senti um orgulho tão intenso naquele momento, não como africano, mas como Xhosa; senti-me como um dos escolhidos.

Fiquei galvanizado, mas também confuso pela *performance* de Mqhayi. Ele havia ido de um tema mais nacionalista e abrangente, de unidade africana, para um mais paroquial, dirigido ao povo Xhosa, do qual eu fazia parte. À medida que a minha estada em Healdtown chegava ao fim, eu tinha muitas ideias novas e algumas vezes conflitantes flutuando em minha cabeça. Eu estava começando a enxergar que africanos de todas as tribos tinham muito em comum, e, no entanto, aqui estava o grande Mqhayi exaltando os Xhosa acima de todos; vi que um africano podia desafiar um homem branco, mas, no entanto, eu ainda estava buscando ansiosamente os benefícios dos brancos, que frequentemente exigiam subserviência. De certa forma, a mudança de enfoque de Mqhayi era um espelho da minha própria mente porque eu ficava indo e vindo entre orgulho de mim mesmo como um Xhosa e um sentimento de afinidade com outros africanos. Mas quando deixei Healdtown, no final do ano, eu me via primeiramente como Xhosa e depois como africano.

7

ATÉ 1960, a Universidade de Fort Hare, no município de Alice, a cerca de 35 quilômetros ao leste de Healdtown, era o único centro residencial de educação superior para negros na África do Sul. Fort Hare era mais do que isso: era um farol para acadêmicos africanos de toda a África Central e Oriental. Para os jovens sul-africanos como eu, ela era Oxford e Cambridge, Harvard e Yale, juntas em uma só.

O regente estava ansioso para que eu frequentasse Fort Hare, e fiquei grato por ser aceito lá. Antes que eu fosse para a universidade, o regente comprou para mim o meu primeiro terno. Trespassado e cinza, o traje me fez sentir adulto e sofisticado; eu tinha vinte e um anos de idade e não conseguia imaginar ninguém em Fort Hare que fosse mais inteligente do que eu.

Senti que estava sendo preparado para o sucesso no mundo. Eu estava feliz que agora o regente teria em seu clã um membro que tinha formação universitária. Justice havia permanecido em Healdtown para obter seu certificado médio. Ele gostava mais de jogar do que de estudar, e era um acadêmico indiferente.

Fort Hare havia sido fundada em 1916 por missionários escoceses, no local daquele que havia sido o maior forte fronteiriço do século XIX, ao leste do Cabo. Construído em uma plataforma rochosa e com o sinuoso rio Tyume formando um fosso natural, Fort Hare estava perfeitamente localizado para permitir que os britânicos lutassem contra o galante guerreiro Xhosa Sandile, o último rei Rharhabe, que foi derrotado pelos britânicos em uma das últimas batalhas da guerra das fronteiras do século XIX.

Fort Hare tinha apenas cento e cinquenta alunos e eu já conhecia mais ou menos uma dúzia deles, de Clarkebury e Healdtown. Um deles, a quem estava encontrando pela primeira vez, era K. D. Matanzima. Apesar de K. D. ser meu sobrinho, segundo a hierarquia tribal, eu era mais jovem e muito menos decano do que ele. Alto e magro e extremamente confiante, K. D. era aluno do terceiro ano e me tomou sob sua tutela. Eu o admirava da mesma forma que admirava Justice.

Ambos éramos metodistas, e fui designado para o seu alojamento, conhecido como Casa Wesley, um prédio agradável de dois andares nos limites do campus. Sob a sua tutela, eu frequentava com ele os cultos na igreja na vizinha Loveday, comecei a jogar futebol (no qual ele era excelente), e em geral segui os seus conselhos. O regente não acreditava no envio de dinheiro para seus filhos na escola, e eu teria ficado com os bolsos vazios se K. D. não tivesse compartilhado sua mesada comigo. Como o regente, ele via meu papel futuro como conselheiro de Sabata, e me incentivou a estudar Direito.

* * *

Fort Hare, assim como Clarkebury e Healdtown, havia sido fundada por missionários. Éramos exortados a obedecer a Deus, a respeitar as autoridades políticas e a sermos gratos pelas oportunidades educacionais proporcionadas a nós pela Igreja e pelo Governo. Essas escolas têm sido frequentemente criticadas por serem colonialistas em suas atitudes e práticas. No entanto, mesmo com tais atitudes, acredito que seus benefícios superavam suas desvantagens. Os missionários construíram e administraram escolas quando o governo estava relutante ou incapaz de fazê-lo. O ambiente de aprendizado das escolas missionárias, ainda que rígido, era muito mais aberto do que os princípios racistas implícitos nas escolas públicas.

Fort Hare era, ao mesmo tempo, o lar e a incubadora de alguns dos maiores acadêmicos negros que o Continente jamais conheceu. O Professor Z. K. Matthews era o verdadeiro modelo do intelectual negro. Filho de um mineiro, Z. K. havia sido influenciado pela autobiografia de Booker Washington, *Up from Slavery**, que pregava o sucesso através do trabalho duro e da moderação. Ele dava aulas de antropologia social e direito e criticava abertamente as políticas sociais do governo.

Fort Hare e Professor D. D. T. Jabavu são virtualmente sinônimos. Ele foi o primeiro membro do *staff* quando a universidade foi inaugurada em 1916. O Professor Jabavu havia recebido bacharelado em Língua Inglesa pela Universidade de Londres, o que parecia um feito incrivelmente raro. O Professor Jabavu dava aulas de Xhosa, além de latim, história e antropologia. Ele era uma verdadeira enciclopédia no que diz respeito à genealogia Xhosa e me contou fatos sobre meu pai que eu não tinha conhecimento. Ele também era um porta-voz convincente pelos direitos dos negros africanos, tornando-se o primeiro presidente da Convenção Africana em 1936, que se opunha à legislação do parlamento que estabelecia o fim de listas de eleitores comuns no Cabo.

Lembro-me de uma vez ter viajado de trem de Fort Hare para Umtata, no vagão para africanos, que era o único com assentos abertos a negros. O condutor do trem, que era branco, veio verificar nossas passagens. Quando viu que eu havia embarcado em Alice, ele perguntou, "Você é da escola de Jabavu?". Eu confirmei com um aceno de cabeça, e o condutor alegremente perfurou minha passagem e murmurou algo sobre Jabavu ser um grande homem.

---

* *Up from Slavery* – "Elevado da escravidão", ainda inédito no Brasil. (N. do T.)

No meu primeiro ano, estudei inglês, antropologia, política, administração nativa e direito romano e holandês. A administração nativa lidava com as leis relacionadas aos africanos e era aconselhável para qualquer um que quisesse trabalhar no Departamento de Assuntos Nativos. Apesar de K. D. me aconselhar a estudar Direito, eu estava com meu pensamento voltado em ser um intérprete ou um funcionário no Departamento de Assuntos Nativos. Naquela época, uma carreira no funcionalismo público era um troféu resplandecente para um africano, o mais alto grau que um negro podia aspirar. Nas áreas rurais, um intérprete no escritório do magistrado era considerado menos importante apenas que o próprio magistrado. Durante o meu segundo ano, Fort Hare deu início a um curso para intérpretes, com aulas dadas por um eminente intérprete aposentado de tribunais, Tyamzashe, e fui um dos primeiros alunos a se matricularem.

Fort Hare podia ser um local bastante elitista e não deixava de ter os trotes comuns às muitas instituições de ensino superior. Os veteranos tratavam os seus colegas calouros com insolência e desdém. Quando cheguei ao *campus*, vi Gamaliel Vabaza do outro lado do pátio principal. Ele era vários anos mais velho, e eu frequentara Clarkebury com ele. Cumprimentei-o calorosamente, mas sua reação foi excessivamente fria e superior, e ele fez uma observação depreciativa sobre o fato de que eu ficaria no dormitório dos calouros. Vabaza então me comunicou que fazia parte do Comitê do meu dormitório apesar de, como veterano, ele não podia compartilhar mais o dormitório. Achei isso estranho e não muito democrático, mas era a prática aceita lá.

Uma noite, não muito depois dessa ocorrência, alguns de nós discutíamos o fato de que nenhum residente ou calouro tinha representação no Comitê. Decidimos que devíamos abandonar a tradição e eleger um comitê constituído desses dois grupos. Fizemos uma votação entre nós e fizemos *lobby* junto a todos os residentes do dormitório, e em algumas semanas elegemos o nosso próprio comitê, derrotando os veteranos. Eu mesmo fui um dos organizadores e fui eleito para esse comitê recém-constituído.

Mas os veteranos não eram subjugados tão facilmente. Eles realizaram uma reunião na qual um deles, Rex Tatane, um eloquente orador que falava inglês fluentemente, disse, "Este comportamento da parte dos bichos não é aceitável. Como podemos nós, os veteranos, sermos depostos por um caipira do interior como Mandela, um cara que nem sabe falar inglês direito?" Então ele continuou, imitando a forma como eu falava, me dando o que ele achava ser um sotaque Gcaleka, do que sua panelinha riu entusiasticamente. O discurso sarcástico de Tatane nos tornou ainda mais decididos. Nós, os calouros, agora formávamos o Comitê oficial do dormitório e nós dávamos aos veteranos as tarefas mais desagradáveis, o que era uma humilhação para eles.

O supervisor da faculdade, Reverendo A. J. Cook, soube dessa disputa e nos convocou para sua sala. Sentíamos que estávamos com razão e não estávamos preparados para ceder. Tatane fez um apelo para que o supervisor invalidasse nossa decisão e no meio de seu discurso, perdeu o controle e chorou. O supervisor nos pediu que mudássemos de ideia, mas não nos curvamos. Como a maioria dos valentões, Tatane tinha uma aparência insegura e frágil. Informamos ao supervisor que se ele invalidasse nossa decisão todos nós iríamos renunciar ao Comitê, destituindo-o de toda integridade e autoridade. No final das contas, o supervisor decidiu não intervir. Nós havíamos permanecido firmes, e havíamos vencido. Essa foi uma de minhas primeiras batalhas contra a autoridade, e tive uma sensação de poder que vem de estar ao lado do direito e da justiça. Eu não teria tanta sorte no futuro em minha luta contra as autoridades na faculdade.

Minha formação em Fort Hare ocorreu tanto fora das salas de aula como dentro delas. Eu era um esportista mais ativo do que havia sido em Healdtown. Isso se devia a dois fatores: eu havia ficado mais alto, mais forte e mais importante, e por Fort Hare ser tão menor que Healdtown, eu tinha menos concorrência. Eu podia competir jogando futebol e em corrida rústica. A corrida havia me ensinado lições valiosas. Em competições de corrida rústica, o treinamento valia mais do que habilidade intrínseca, e eu conseguia compensar minha falta natural de aptidão com diligência e disciplina. Eu aplicava isso em tudo o que fazia. Mesmo quando aluno, eu via muitos jovens que tinham grande habilidade natural, mas que não tinham a autodisciplina e paciência para aprimorar seu dom natural.

Também entrei para a sociedade de teatro, e fui ator em uma peça sobre Abraham Lincoln que foi adaptada pelo meu colega de classe Lincoln Mkentane. Mkentane era originário de uma família eminente do Transkei, e era outro rapaz a quem eu admirava. Ele também era o único aluno em Fort Hare mais alto do que eu. Mkentane fez o papel de seu homônimo, enquanto eu fiz o papel de John Wilkes Booth, o assassino de Lincoln. O retrato de Lincoln por Mkentane era imponente e formal, e a recitação de um dos maiores de todos os discursos, o Discurso de Gettysburg, recebeu aplausos em pé. O meu papel era menor, apesar de eu ser o motor moral da peça, que era "os homens que se arriscam frequentemente sofrem grandes consequências".

Tornei-me membro da Associação Cristã de Estudantes e dei aulas dominicais sobre a Bíblia em aldeias vizinhas. Um de meus camaradas nessas expedições era um jovem e sério acadêmico de ciências a quem eu havia conhecido no campo de futebol. Ele vinha de Pondoland, no Transkei, e seu nome era Oliver Tambo. Desde o início, percebi que a inteligência de Tambo era aguçada como uma faca, ele era um debatedor ardente e não aceitava as platitudes que tantos de nós automaticamente aprovávamos. Oliver morava em Beda Hall, o alojamento anglicano, e apesar de eu não ter muito contato com ele em Fort Hare, era fácil ver que ele tinha um futuro brilhante.

Aos domingos, às vezes, alguns de nós caminhávamos até Alice, para fazer uma refeição em um dos restaurantes da cidade. O restaurante era de propriedade de brancos, e naquela época era inconcebível que um negro entrasse pela porta da frente, muito menos fazer uma refeição na sala de jantar. Em vez disso, nós juntávamos nosso dinheiro, íamos até a porta da cozinha e pedíamos o que queríamos comer.

Eu não apenas aprendi física em Fort Hare, como também outra ciência física precisa: dança de salão. Ao som de um fonógrafo velho e estridente no refeitório, passávamos horas praticando *fox-trots* e valsas, nos revezando em conduzir e em acompanhar. O nosso ídolo era Victor Sylvester, o campeão mundial de dança de salão, e o nosso instrutor era um colega, Smallie Siwundla, que parecia ser uma versão mais jovem do mestre.

Em uma aldeia vizinha, havia um salão de baile para negros, conhecido como Ntselamanzi, que atendia a nata da sociedade negra local e era proibido para os alunos de graduação. Mas certa noite, desesperados em praticar nossos passos com pessoas do belo sexo, pusemos nossas melhores roupas, escapamos do dormitório e fomos até o salão de baile. Ele era um lugar suntuoso, e nos sentimos bastante ousados. Notei uma bela jovem do outro lado do salão e educadamente a convidei para dançar. Instantes depois, ela estava em meus braços. Movíamos bem juntos e fiquei imaginando que coreografia admirável eu estava executando na pista de dança. Depois de alguns minutos, perguntei-lhe qual era o seu nome, "Sra. Bokwe" ela disse suavemente. Eu quase a deixei lá mesmo e saí correndo da pista de dança. Dei uma olhada através da pista de dança e vi o Dr. Roseberry Bokwe, um dos mais respeitados líderes africanos e acadêmicos de sua época, conversando com seu cunhado e meu professor, Z. K. Matthews. Pedi desculpas à Sra. Bokwe e então humildemente a escoltei até a lateral, sob os olhares cheios de curiosidade do Dr. Bokwe e do Professor Matthews. Eu queria afundar sob as tábuas do assoalho. Eu havia violado todas as regras da universidade. Mas o Professor Matthews, que era responsável pela disciplina em Fort Hare, nunca disse uma palavra sequer. Ele estava disposto a tolerar o que considerava ser diversão desde que fosse contrabalançada com trabalho duro. Não acredito ter estudado mais diligentemente do que nas semanas seguintes à nossa noitada em Ntselamanzi.

Fort Hare era caracterizada por um nível de sofisticação, tanto intelectual como social, que era novo e estranho para mim. Pelos padrões ocidentais, a secularidade de Fort Hare pode não parecer grande coisa, mas para um garoto do interior como eu, foi uma revelação. Usei pijamas pela primeira vez, achando-os desconfortáveis no início, mas gradualmente me acostumando a eles. Eu nunca havia usado escova e pasta de dentes antes; em casa, nós usávamos cinzas para branquear nossos dentes e palitos de dente para limpá-los. As privadas com descarga e chuveiros de água quente também eram novidade para mim. Usei sabonete pela primeira vez, e não o detergente azul com o qual eu havia me banhado durante tantos anos em casa.

Talvez como resultado de todo esse estranhamento, eu ansiava por alguns dos prazeres simples que eu havia conhecido quando garoto. Eu não estava sozinho nesse sentimento, e me juntei a um grupo de jovens que fazia excursões secretas noturnas até a plantação da universidade, onde fazíamos uma fogueira e assávamos milho. Nós nos sentávamos em círculo, comendo espigas de milho e contando histórias fantásticas. Não fazíamos isso porque estávamos famintos, mas por causa da necessidade de recapturar o que era mais parecido com a nossa casa. Nós nos jactávamos de nossas conquistas, nossas façanhas atléticas, e de quanto dinheiro ganharíamos quando nos formássemos. Apesar de eu mesmo me considerar um rapaz sofisticado, ainda era um garoto do interior que sentia saudades dos prazeres do interior.

Ao mesmo tempo em que Fort Hare era um santuário afastado do mundo, nós estávamos muito interessados pela progressão da Segunda Guerra Mundial. Como meus colegas, eu era um apoiador ardente da Grã-Bretanha, e fiquei muitíssimo entusiasmado ao saber que o orador na cerimônia de graduação da universidade, no final do meu primeiro ano, seria o grande defensor da Inglaterra na África do Sul, o ex-primeiro-ministro Jan Smuts. Era uma grande honra para Fort Hare receber um homem aclamado como estadista mundial. Smuts, que então era vice-primeiro-ministro, estava fazendo campanha pelo interior da África do Sul, para que ela declarasse guerra contra a Alemanha, enquanto o primeiro-ministro, J. B. Hertzog, defendia a neutralidade. Eu estava extremamente curioso em ver de perto um líder mundial como Smuts.

Enquanto Hertzog havia, três anos antes, liderado o movimento para excluir os últimos eleitores negros do registro de eleitores no Cabo, eu considerava Smuts uma figura simpática. Eu me importava mais por ele ter ajudado a fundar a Liga das Nações, promovendo a liberdade ao redor do mundo, do que o fato de que ele havia reprimido a liberdade em casa.

Smuts falou sobre a importância de apoiar a Grã-Bretanha contra os alemães e a ideia que a Inglaterra defendia os mesmos valores ocidentais que nós, como sul-africanos, defendíamos. Lembro-me de ter pensado que o seu sotaque em inglês era tão feio quanto o meu! Juntamente com meus colegas, eu o aplaudi entusiasticamente, aplaudindo o chamado de Smuts para lutar pela liberdade da Europa, nos esquecendo de que não gozávamos daquela liberdade aqui em nosso próprio país.

Smuts estava ensinando o padre a rezar missa em Fort Hare. Todas as noites, o supervisor da Casa Wesley costumava analisar a situação militar na Europa, e tarde da noite nós nos reuníamos ao redor de um velho rádio para ouvir as transmissões dos discursos arrebatadores de Winston Churchill, feitas pela BBC. Mas apesar de apoiarmos a posição de Smuts, sua visita provocou muitas discussões. Durante uma sessão, um contemporâneo meu, Nyathi Khongisa, que era considerado um sujeito extremamente inteligente, acusou Smuts de ser racista. Ele disse que nós podíamos nos considerar "ingleses negros", mas os ingleses haviam nos oprimido ao mesmo tempo em que tentaram nos "civilizar". Fossem quais fossem os antagonismos entre os ingleses e os bôeres, afirmou ele, os dois grupos de homens brancos se uniriam para enfrentar a ameaça negra. As visões de Khongisa nos deixaram atordoados e nos pareceram perigosamente radicais. Um colega murmurou para mim que Nyathi era membro do Congresso Nacional Africano, uma organização sobre a qual eu havia ouvido vagamente e sabia muito pouco a respeito. Logo depois que a África do Sul declarou guerra à Alemanha, Hertzog renunciou e Smuts tornou-se primeiro-ministro.

Durante o meu segundo ano em Fort Hare, convidei meu amigo Paul Mahabane para passar as férias de inverno comigo no Transkei. Paul era de Bloemfontein e era bem conhecido no *campus* porque seu pai, o Reverendo Zaccheus Mahabane, havia sido presidente geral do Congresso Nacional Africano por duas vezes. Sua ligação com esta organização, sobre a qual eu sabia muito pouco, lhe dava a reputação de ser um rebelde.

Um dia, durante as férias, Paul e eu fomos até Umtata, a capital do Transkei, que, à época, consistia de algumas ruas pavimentadas e alguns prédios públicos. Nós estávamos do lado de fora do edifício dos correios quando o magistrado local, um branco com seus sessenta anos de idade, aproximou-se de Paul e mandou que ele fosse comprar selos. Era muito comum qualquer pessoa branca ordenar que qualquer negro executasse uma tarefa. O magistrado tentou dar a Paul alguns trocados, mas ele se recusou a pegar o dinheiro. O magistrado ficou ofendido. "Você sabe quem sou eu?" ele perguntou, o rosto vermelho de irritação. "Não é necessário saber quem é você" Mahabane disse. "Eu sei o que você é". O magistrado perguntou o que ele queria exatamente dizer com isso. "Quero dizer que você é um patife!" disse Paul acaloradamente. O magistrado ficou fervendo de raiva e exclamou, "Você vai pagar caro por isto!" e foi embora.

Fiquei extremamente desconfortável com o comportamento de Paul. Se por um lado eu respeitava a sua coragem, também a achava perturbadora. O magistrado sabia exatamente quem eu era e eu sei que se ele tivesse pedido a mim, em vez de Paul, eu teria simplesmente executado a tarefa e esquecido completamente. Mas eu admirava Paul pelo que ele havia feito, apesar de eu ainda não estar preparado para fazer a mesma coisa. Eu estava começando a me dar conta de que um homem negro não tinha que aceitar as dúzias de indignidades mesquinhas direcionadas a ele todos os dias.

Depois das minhas férias, voltei para a universidade no ano novo me sentindo forte e renovado. Concentrei-me em meus estudos, visando aos exames de outubro. Eu imaginava que no período de um ano teria um bacharelado igual à inteligente Gertrude Ntlabathi. Uma formação universitária, eu acreditava, era um passaporte não apenas para liderança na comunidade, mas também para o sucesso financeiro. Havia sido dito repetidamente pelo diretor, Dr. Alexander Kerr, e pelos Professores Jabavu e Matthews, que como formados pela Fort Hare, éramos a elite africana. Eu acreditava que o mundo estaria aos meus pés.

Como bacharel, eu seria finalmente capaz de restaurar para minha mãe toda a riqueza e o prestígio que ela havia perdido com a morte de meu pai. Eu construiria para ela uma casa digna em Qunu, com um jardim e móveis e assessórios modernos. Eu ia sustentá-la e às minhas irmãs de forma que elas pudessem comprar as coisas que por tanto tempo lhes foram negadas. Esse era o meu sonho, e ele parecia estar ao meu alcance.

Durante aquele ano, fui indicado para participar do Conselho Representante dos Alunos, que era a organização mais alta de alunos em Fort Hare. Naquela época, eu não sabia que os eventos envolvendo uma eleição estudantil criariam dificuldades que alterariam o curso de minha vida. As eleições para o CRA eram feitas durante o período final do ano, enquanto estávamos em meio aos preparativos para os exames finais. De acordo com o estatuto de Fort Hare, o corpo estudantil inteiro elegia os seis membros do CRA. Um pouco antes das eleições, uma assembleia de todos os alunos era convocada para discutir os problemas e dar voz às nossas queixas. Os alunos unanimemente sentiam que a dieta em Fort Hare era insatisfatória e que os poderes do CRA precisavam ser aumentados de forma que ele fosse mais do que um órgão de aprovação automática dos atos da administração. Concordei com ambas as moções, e quando a maioria dos alunos votou em favor de boicotar a eleição, caso as autoridades não aceitassem nossas exigências, eu votei junto com eles.

Logo depois dessa assembleia, aconteceu a votação. A maioria dos alunos boicotou a eleição, mas vinte e cinco alunos, a sexta parte do corpo estudantil, compareceram e elegeram os seis representantes, eu próprio sendo um deles. Naquele mesmo dia, os seis eleitos *in absentia* se reuniram para discutir esses eventos. Decidimos unanimemente renunciar, sob o argumento de que apoiávamos o boicote e não tínhamos o apoio da maioria dos alunos. Escrevemos então uma carta, que foi entregue ao Dr. Kerr.

Mas o Dr. Kerr era esperto. Ele aceitou nossa renúncia e então anunciou que novas eleições seriam realizadas no dia seguinte no refeitório durante o jantar. Isso asseguraria que todos os alunos estariam presentes e não haveria nenhuma desculpa de que o CRA não tinha o apoio do corpo estudantil inteiro. Naquela noite, a eleição foi realizada, como o diretor havia ordenado, mas apenas os mesmos vinte e cinco alunos votaram, elegendo os mesmos seis membros para o CRA. Parecia que havíamos retornado ao mesmo ponto em que havíamos iniciado.

Só que dessa vez quando os seis de nós nos reunimos para avaliar a nossa posição, a votação foi bem diferente. Meus cinco colegas se ativeram à tecnicalidade que havíamos sido eleitos em uma assembleia à qual todos os alunos haviam comparecido e, portanto, não podíamos mais argumentar que não representávamos o corpo estudantil. Os cinco acreditavam que devíamos agora aceitar os cargos. Retruquei que na verdade nada havia mudado, que enquanto todos os alunos haviam estado presentes, a maioria deles não havia votado, e seria moralmente incorreto dizer que gozávamos de seu apoio. Já que nosso objetivo inicial era boicotar a eleição, uma ação que contava com o apoio do corpo estudantil, nosso dever era de ainda respeitar aquela resolução, e não sermos dissuadidos por truques por parte do diretor. Incapaz de persuadir os meus colegas, renunciei pela segunda vez, o único dos seis a fazer isso.

No dia seguinte, fui convocado para ver o diretor. Dr. Kerr, formado pela Universidade de Edimburgo, era virtualmente o fundador de Fort Hare e era um homem muito respeitado. Ele repassou calmamente os eventos dos últimos dias e então pediu que eu reconsiderasse minha decisão de renunciar. Eu lhe disse que não podia fazê-lo. Ele me disse para pensar a respeito durante a noite e lhe dar minha decisão final no dia seguinte. Ele me avisou, entretanto, que não poderia permitir que seus alunos agissem irresponsavelmente, e disse que se eu insistisse em renunciar, seria forçado a me expulsar de Fort Hare.

Fiquei abalado com o que ele havia me dito e passei uma noite inquieta. Eu nunca tivera que tomar uma decisão tão importante e consequente antes. Naquela noite, me aconselhei com o meu amigo e mentor, K. D., que achava que por uma questão de princípio, eu estava certo em renunciar, e que não devia capitular. Acredito que na época eu tinha ainda mais medo de K. D. do que do Dr. Kerr. Agradeci K. D. e voltei para o meu quarto.

Apesar de pensar que o que eu estava fazendo era moralmente correto, eu ainda tinha dúvidas se era o caminho certo. Estava eu sabotando a minha carreira acadêmica em troca de um princípio moral abstrato que tinha pouquíssima importância? Achei difícil engolir a ideia de que eu sacrificaria o que eu enxergava como minha obrigação junto aos alunos em troca dos meus próprios interesses egoístas. Eu havia tomado uma posição, e não queria parecer ser uma fraude aos olhos dos meus colegas. Ao mesmo tempo, eu não queria desperdiçar a minha carreira em Fort Hare.

Eu estava em estado de indecisão quando cheguei à sala do Dr. Kerr na manhã seguinte. Foi apenas quando ele me perguntou se eu havia chegado a uma decisão, e na verdade eu cheguei a uma. Eu lhe disse que havia, sim, e que não poderia em sã consciência servir no CRA. Dr. Kerr pareceu um pouco surpreso com a minha resposta. Ele refletiu por alguns instantes antes de falar. "Muito bem" ele disse. "É a sua decisão, naturalmente. Mas eu também pensei a respeito do assunto, e proponho a você o seguinte: você poderá retornar a Fort Hare no ano que vem, desde que faça parte do CRA. Você tem o verão inteiro para pensar no assunto, Sr. Mandela".

Fiquei, de certa forma, tão surpreso pela minha resposta quanto o Dr. Kerr. Eu sabia que era tolice de minha parte sair de Fort Hare, mas no momento em que eu precisava transigir, eu simplesmente não conseguia. Algo dentro de mim não me permitia fazê-lo. Se por um lado eu apreciava a posição do Dr. Kerr e sua disposição de me dar mais uma oportunidade, por outro eu me ressentia de seu poder absoluto sobre o meu destino. Eu devia ter tido o direito de renunciar do CRA se assim o desejasse. Essa injustiça me exasperava, e naquele momento eu via o Dr. Kerr menos como um benfeitor do que como um ditador não inteiramente benigno. Quando saí de Fort Hare no final do ano, me senti em um estado desagradável de limbo.

8

NORMALMENTE, quando eu voltava para Mqhekezweni, eu o fazia com uma sensação de tranquilidade e dever cumprido. Mas não dessa vez. Depois de passar nos meus exames e ter voltado para casa, contei para o regente o que havia acontecido. Ele ficou furioso, e não conseguia compreender as razões das minhas atitudes. Ele pensou que eram completamente sem sentido. Sem mesmo ouvir inteiramente minhas explicações, ele me informou rudemente que eu iria obedecer às ordens do diretor e voltar para Fort Hare no outono. Seu tom não dava espaço para discussões. Teria sido inútil e desrespeitoso de minha parte discutir com meu benfeitor. Resolvi deixar o assunto de lado por algum tempo.

Justice também havia voltado para Mqhekezweni e ficamos muito felizes de nos reencontrarmos. Não importando quanto tempo eu e Justice ficávamos separados, as conexões fraternas que nos uniam eram imediatamente renovadas. Justice havia terminado os estudos no ano anterior e estava morando na Cidade do Cabo.

Em alguns dias, retomei minha velha vida em casa. Cuidei de assuntos para o regente, incluindo o seu rebanho e suas relações com outros chefes tribais. Eu não fiquei pensando na situação em Fort Hare, mas a vida tem um jeito de impor decisões àqueles que vacilam. E foi um assunto completamente diferente sem relação alguma com os meus estudos que me forçou a tomar uma decisão.

Algumas semanas depois do meu retorno ao lar, o regente convocou a mim e a Justice para uma reunião. "Meus filhos", ele disse em um tom sombrio, "temo que não permanecerei por muito tempo neste mundo, e antes que eu viaje para a terra dos ancestrais, é meu dever casar adequadamente meus filhos. Eu fiz arranjos, assim, de casamentos para vocês dois".

Esse anúncio nos surpreendeu, e eu e Justice olhamos um para o outro numa mistura de choque e impotência. As duas moças vinham de boas famílias, disse o regente. Justice se casaria com a filha de Khalipa, um proeminente membro da nobreza Thembu, e Rolihlahla, como o regente sempre me chamava, casaria com a filha do sacerdote local, Thembu. Os casamentos, ele disse, iriam acontecer imediatamente. *Lobola*, o dote da noiva, normalmente é pago na forma de gado pelo pai do noivo, e seria pago pela comunidade no caso de Justice e pelo próprio regente, no meu caso.

Justice e eu não falamos nada. Não era apropriado questionar o regente, e até onde lhe dizia respeito, o assunto estava encerrado. O regente não tolerou nenhuma discussão: a noiva já havia sido selecionada e o *lobola* havia sido pago. Assunto encerrado.

Justice e eu saímos da reunião cabisbaixos, atordoados e desanimados. O regente estava agindo de acordo com a lei e os costumes Thembu, e os seus próprios motivos não podiam ser denegridos: queria que estivéssemos estabelecidos enquanto ele ainda estava vivo. Sempre soubéramos que o regente tinha o direito de arranjar casamentos para nós, mas agora essa não era mais uma possibilidade abstrata. As noivas não eram fantasias, mas mulheres de carne e sangue que nós conhecíamos de verdade.

Com todo o respeito devido à família da jovem, eu seria desonesto se dissesse que a moça que o regente havia escolhido para mim era a noiva dos meus sonhos. Sua família era proeminente e respeitada, e ela era atraente de uma forma cheia de dignidade, mas essa jovem, temo dizer, estava apaixonada por Justice havia muito tempo. O regente não tinha conhecimento disso, assim como os pais raramente sabem o que se passa na vida amorosa de seus filhos. Minha parceira pretendida sem dúvida alguma estava tão pouco ansiosa em ficar sobrecarregada comigo quanto eu estava em ficar com ela.

Naquela época, eu era mais avançado socialmente do que politicamente. Enquanto não teria pensado em lutar contra o sistema político dos homens brancos, estava bastante preparado para me rebelar contra o sistema social do meu próprio povo. Ironicamente, foi o próprio regente que era o culpado indireto por isso, porque foi a educação que ele me havia proporcionado que fizera com que eu rejeitasse os costumes tradicionais. Eu frequentara a faculdade e a universidade juntamente com mulheres, durante anos, e havia tido alguns casos amorosos. Eu era um romântico, e não estava preparado para aceitar que qualquer pessoa, inclusive o regente, selecionasse uma noiva para mim.

Marquei uma entrevista com a rainha, a esposa do regente, e expus minha situação para ela. Eu não podia dizer-lhe que não queria que o regente arranjasse uma noiva para mim sob quaisquer circunstâncias, pois ela seria naturalmente pouco indulgente. Em vez disso, fiz um plano alternativo, e disse a ela que preferia me casar com uma moça que fosse parente da rainha, a quem eu achava desejável como uma parceira em potencial. A jovem era de fato muito atraente, mas eu não fazia ideia do que ela pensava a meu respeito. Eu disse que casaria com ela tão logo completasse meus estudos. Esse foi um meio-estratagema, mas era uma alternativa melhor do que o plano do regente. A rainha tomou o meu partido na questão, mas o regente não podia ser dissuadido. Ele havia tomado a sua decisão e não iria alterá-la.

Senti como se ele não tivesse me deixado escolha alguma. Eu não podia ir adiante com esse casamento, que eu considerava injusto e imprudente. Ao mesmo tempo, eu acreditava que não poderia permanecer mais sob a tutela do regente se rejeitasse seus planos para mim. Justice concordou, e nós dois decidimos que a única opção que restava era fugir, e o único lugar para onde podíamos fugir era Johannesburgo.

Em retrospecto, entendo que nós não esgotamos todas as opções à nossa disposição. Eu poderia ter tentado discutir o assunto com o regente através de intermediários e talvez chegasse a algum acordo dentro da estrutura de nossa tribo e família. Eu poderia ter apelado junto ao primo do regente, Chefe Zilindlovu, um dos chefes tribais mais esclarecidos e influentes na corte de Mqhekezweni. Mas eu era jovem e impaciente, e não via virtude alguma em esperar. A fuga parecia ser a única direção.

Mantivemos nosso plano em segredo enquanto tratávamos de seus detalhes. Primeiramente, precisávamos de uma oportunidade. O regente acreditava que Justice e eu despertávamos o que havia de pior um no outro, ou pelo menos a queda de Justice por aventuras e travessuras influenciava a minha índole mais conservadora. Como resultado disso, ele se esforçava em nos separar tanto quanto possível. Quando o regente viajava, ele normalmente pedia que um de nós o acompanhasse de forma que não ficávamos sozinhos juntos em sua ausência. Com mais frequência, ele levava Justice consigo, pois gostava de que eu ficasse em Mqhekezweni cuidando de seus assuntos. Mas ficamos sabendo que o regente estava se preparando para viajar durante uma semana inteira para comparecer a uma sessão da Bunga, a assembleia legislativa do Transkei, sem a companhia de nenhum de nós dois, e decidimos que esse era o momento ideal para fugir. Resolvemos que partiríamos para Johannesburgo logo após a partida do regente para a Bunga.

Eu tinha poucas roupas e conseguimos colocar tudo o que possuíamos dentro de apenas uma mala. O regente viajou na segunda-feira cedo, e no final da manhã já estávamos prontos para partir. Mas bem quando nos preparávamos para partir, o regente inesperadamente retornou. Vimos seu carro chegando e corremos para a horta e nos escondemos entre os pés de milho. O regente entrou em casa e a primeira pergunta que fez foi "Onde estão aqueles garotos?" Alguém respondeu, "Ah, eles estão por aí". Mas o regente estava desconfiado, e não ficou satisfeito com aquela resposta. Ele havia voltado, disse, porque havia se esquecido de levar seus sais de Epsom. Ele procurou durante algum tempo, e pareceu ficar satisfeito. Dei-me conta que ele devia ter tido algum tipo de pressentimento porque podia comprar os sais de Epsom facilmente na cidade. Quando o seu carro desapareceu por detrás das colinas, nos pusemos a caminho.

Tínhamos pouquíssimo dinheiro, mas naquela manhã fomos até um comerciante e fechamos negócio de vender dois dos bois premiados do regente. O comerciante presumiu que estávamos vendendo os animais por ordem do regente, e nós não o corrigimos. Ele nos pagou um valor muito bom, e com aquele dinheiro nós contratamos um carro para nos levar até a estação ferroviária, onde embarcaríamos em um trem para Johannesburgo.

Tudo parecia estar correndo tranquilamente, mas sem o nosso conhecimento, o regente havia ido até a estação ferroviária local e instruído o gerente que se dois garotos correspondendo à nossa descrição aparecessem para comprar passagens para Johannesburgo, o gerente devia mandá-los embora porque não devíamos deixar o Transkei. Chegamos à estação somente para descobrir que o gerente não venderia passagens para nós. Perguntamos-lhe o porquê e ele nos disse, "O pai de vocês esteve aqui e disse que vocês estão tentando fugir". Ficamos atordoados com isso, e corremos de volta para o nosso carro alugado e dissemos para o motorista nos levar até a próxima estação. Ela ficava a quase 80 quilômetros de distância, e levamos mais de uma hora para chegar lá.

Conseguimos pegar um trem lá, mas ele só ia até Queenstown. Nos anos quarenta, para um negro africano, viajar era um processo complicado. Todos os negros africanos com mais de dezesseis anos de idade eram obrigados a portar "Passes de nativos" expedidos pelo Departamento de Assuntos Africanos e deviam apresentar esse passe para qualquer homem branco, fosse ele policial, funcionário público ou empregador. Se isso não ocorresse podia significar prisão, julgamento, uma sentença de prisão ou multa. O passe descrevia onde o portador morava, quem era o seu chefe tribal, e se ele havia pago o imposto anual de eleitor, que era um imposto cobrado apenas dos negros africanos. Mais tarde, o passe assumiu o formato de um livreto, ou "livro de referência", como era conhecido, contendo informações detalhadas que tinham que ser assinadas mensalmente pelo seu empregador.

Justice e eu estávamos com nossos passes em ordem, mas para um negro africano sair de sua circunscrição e entrar em outra, com a finalidade de trabalhar ou residir, ele precisava de documentos de viagem, uma autorização e uma carta de seu empregador ou, como era o nosso caso, de seu guardião legal – nenhum dos quais nós possuíamos. Mesmo no melhor dos tempos, quando se possuía todos esses documentos, um policial podia importuná-lo porque estava faltando uma assinatura em um deles ou ele tinha uma data incorreta. Não possuir nenhum desses documentos era extremamente arriscado. Nosso plano era desembarcar em Queenstown, ir até a casa de um parente, e então fazer os arranjos para os documentos necessários. Esse também era um plano mal-pensado, mas acabamos tendo um pouco de sorte na casa, em Queenstown, pois acidentalmente encontramos o Chefe Mpondombini, um irmão do regente, que gostava de mim e de Justice.

O Chefe Mpondombini nos cumprimentou calorosamente e explicamos que precisávamos obter os documentos requeridos de viagem junto ao magistrado local. Mentimos sobre a razão de precisarmos dos documentos, afirmando que estávamos executando um trabalho para o regente. O Chefe Mpondombini era um intérprete aposentado do Departamento de Assuntos Nativos e conhecia bem o magistrado-chefe. Ele não tinha razão alguma para duvidar de nossa história e não apenas nos acompanhou até o magistrado, como deu testemunho por nós e explicou a nossa situação. Depois de ouvir o chefe, o magistrado expediu os documentos de viagem necessários e afixou o carimbo oficial. Justice e eu nos entreolhamos e sorrimos em cumplicidade. Mas justamente quando o magistrado estava nos entregando o documento, ele se lembrou de algo e disse que, por uma questão de cortesia, ele devia informar o magistrado-chefe de Umtata, sob cuja jurisdição nós estávamos. Isso nos deixou inquietos, mas permanecemos sentados em seu escritório. O magistrado girou a manivela do telefone e contatou seu colega em Umtata.

Por infelicidade nossa, o regente estava naquele mesmo instante visitando o magistrado-chefe de Umtata e estava em seu escritório.

Enquanto o nosso magistrado estava explicando nossa situação para o magistrado-chefe de Umtata, este cavalheiro falou algo como, "Ah, o pai deles por acaso está aqui neste momento", e então passou o telefone para o regente. Quando o magistrado informou ao regente o que nós estávamos solicitando, o regente explodiu. "Prenda esses garotos!" ele gritou, alto o suficiente para escutarmos sua voz através do receptor. "Prenda--os e envie-os de volta imediatamente!". O magistrado-chefe desligou o telefone. Ele olhou para nós com irritação. "Vocês garotos são ladrões e mentirosos", ele falou para nós. "Vocês se aproveitaram de minha boa vontade e me enganaram. Agora vou mandar prendê-los".

Eu imediatamente me levantei em nossa defesa. De meus estudos em Fort Hare, eu tinha um pouco de conhecimento sobre leis, e o utilizei. Falei que havíamos mentido, era verdade. Mas nós não havíamos cometido crime algum ou violado lei alguma, e não podíamos ser presos simplesmente com base na recomendação de um chefe tribal, mesmo se esse chefe tribal fosse nosso pai. O magistrado recuou e não nos prendeu, mas ordenou que fôssemos embora de seu escritório e nunca mais fizéssemos sombra em sua porta novamente.

O Chefe Mpondobini também ficou irritado, e nos abandonou à nossa própria sorte. Justice lembrou-se que tinha um amigo em Queenstown, chamado Sidney Nxu, que estava trabalhando no escritório de um advogado branco. Fomos visitar esse rapaz, explicamos nossa situação, e ele nos disse que a mãe do advogado para quem trabalhava ia para Johannesburgo e ele ia ver se ela nos daria uma carona. Ele nos disse que a mãe do advogado nos daria carona se pagássemos uma taxa de quinze libras esterlinas. Essa era uma quantia enorme, muito maior do que o preço das passagens de trem. A taxa virtualmente esgotou as nossas economias, mas não tínhamos escolha. Decidimos arriscar em conseguir os carimbos para nossos passes e os documentos corretos de viagem quando estivéssemos em Johannesburgo.

Partimos cedo na manhã seguinte. Naquela época, era costumeiro que negros viajassem no banco traseiro dos carros, se um homem branco estivesse dirigindo. Nós dois nos sentamos dessa forma, com Justice sentado diretamente atrás da mulher. Justice era uma pessoa exuberante e amigável e imediatamente começou a conversar comigo. Isso fez com que a mulher se sentisse extremamente desconfortável. Obviamente, ela nunca havia estado na companhia de um homem negro que não tinha inibição alguma diante de homens brancos. Depois de apenas alguns quilômetros, ela disse para Justice que queria que ele trocasse de lugar comigo, de forma que ela pudesse vigiá-lo, e durante o resto da jornada ela o vigiou como um falcão. Mas, depois de algum tempo, o charme de Justice começou a fazer efeito nela e ela ocasionalmente ria de algo que ele falava.

Por volta das dez da noite daquele dia, vimos diante de nós, piscando a distância, um labirinto de luzes que parecia se estender em todas as direções. Eletricidade, para mim, sempre havia sido uma novidade e um luxo, e aqui estava uma vasta paisagem de eletricidade, uma cidade de luzes. Eu estava extremamente entusiasmado de ver a cidade sobre a qual tinha ouvido falar desde criança. Johannesburgo tinha sempre sido descrita como uma cidade de sonhos, um lugar onde uma pessoa podia se transformar de camponês pobre em uma pessoa sofisticada e rica, uma cidade de perigos e oportunidades. Lembro-me das histórias que Banabakhe nos havia contado na escola de circuncisão, de prédios tão altos que você não conseguia enxergar os topos, das multidões de pessoas falando línguas que você nunca havia ouvido falar, de veículos lustrosos e lindas mulheres e gângsteres arrojados. Era a *eGoli*, a cidade de ouro, onde eu logo estaria morando.

Nas cercanias da cidade, o tráfego se tornou mais denso. Eu nunca havia visto tantos carros na estrada de uma vez só – mesmo em Umtata, nunca havia mais do que alguns carros e aqui havia milhares. Demos a volta em torno da cidade, em vez de atravessá-la, mas eu podia ver as silhuetas dos prédios altos e em blocos, até mesmo mais escuros em contraste com o céu escuro da noite. Olhei para os grandes *outdoors* ao lado da estrada, com anúncios de cigarros, de doces e de cervejas. Tudo parecia tremendamente glamuroso.

Logo estávamos em uma área de mansões imponentes, onde mesmo a menor delas era maior do que o palácio do regente, com enormes gramados na frente e portões altos de ferro. Esse era o subúrbio onde morava a filha da velha senhora, e entramos pela longa calçada de uma dessas lindas casas. Justice e eu fomos despachados para a ala dos empregados, onde passaríamos a noite. Agradecemos à velha senhora, e então nos arrastamos para dormir no chão. Mas a expectativa de Johannesburgo gerara um entusiasmo tão grande em mim que senti como se estivesse dormindo em uma linda cama de penas naquela noite. As possibilidades pareciam infinitas. Eu chegara ao final do que havia parecido uma longa jornada, mas era na verdade o começo de uma jornada ainda mais longa e penosa, que me poria à prova, de forma que eu não conseguia imaginar então.

Parte Dois

JOHANNESBURGO

9

ALVORECIA quando chegamos aos escritórios da Crown Mines, que se localizavam no platô de uma grande colina com vista para a metrópole ainda mergulhada na escuridão. Johannesburgo era uma cidade que se formara em torno da descoberta de ouro no Witwatersrand, em 1886, e a Crown Mines era a maior mina de ouro da cidade. Eu esperava encontrar um grande prédio, como os edifícios governamentais em Umtata, mas os escritórios da Crown Mines eram barracos de latão enferrujado na encosta da mina.

Não há nada de mágico em uma mina de ouro. Estéril e marcada de crateras, somente pó e sem árvores, com cercas em todos os lados, uma mina de ouro lembra um campo de batalha destruído pela guerra. O barulho era estridente e ubíquo; o raspar dos elevadores dos poços, as perfuradoras desafinadas, o reboar distante de dinamite, as ordens gritadas. Para onde eu olhasse via homens negros vestindo macacões empoeirados, de aparência cansada e curvados. Eles moravam no local, em barracas deprimentes e unissex que continham centenas de beliches de concreto separados uns dos outros por apenas poucos centímetros.

A mineração de ouro no Witwatersrand era custosa porque o minério era de baixa qualidade e localizado nas profundezas da terra. Apenas a presença de mão de obra barata na forma de milhares de africanos trabalhando durante longas horas por um salário pequeno e sem direitos trabalhistas tornava a mineração de ouro lucrativa para as companhias mineradoras; companhias de propriedade de homens brancos que se tornaram ricos muito além dos sonhos de Creso, sobre as costas do povo africano. Eu jamais vira empreendimento de tamanha grandeza, máquinas tão grandes, organização tão metódica e trabalho tão exaustivo.

Foi a minha primeira visão do capitalismo sul-africano funcionando, e eu sabia que estava iniciando um novo tipo de educação.

Fomos diretamente ao *induna* principal, ou capataz. Seu nome era Piliso, um cara durão que havia testemunhado a vida em sua forma mais impiedosa. Piliso também já estava sabendo a respeito de Justice, já que o regente havia enviado uma carta meses antes fazendo arranjos para que ele conseguisse um cargo na administração, o emprego mais desejado e respeitado no complexo da mina. Eu, no entanto, não era conhecido por ele. Justice explicou que eu era seu irmão.

"Eu estava aguardando apenas Justice", Piliso respondeu. "A carta do seu pai não menciona nada a respeito de um irmão". Ele olhou para mim com ceticismo. Mas Justice pediu para ele, dizendo que havia sido simplesmente uma omissão, e que o regente já havia enviado uma carta sobre mim. O exterior enrugado de Piliso escondia um lado compreensivo, e ele me admitiu como policial da mina, dizendo que se eu desempenhasse bem minha função, ele me daria um cargo na administração em três meses.

A palavra do regente era respeitada na Crown Mines. O mesmo acontecia com todos os chefes tribais na África do Sul. Responsáveis por mineradoras estavam ávidos em recrutar mão de obra do interior, e os chefes tribais tinham autoridade sobre os homens de quem eles precisavam. Eles queriam que os chefes tribais incentivassem seus súditos a vir para o Reef. Os chefes tribais eram tratados com muito respeito; as companhias mineradoras forneciam alojamentos especiais para eles sempre que vinham fazer visitas. Uma carta do regente era suficiente para assegurar um bom emprego a um homem, e Justice e eu fomos tratados com um cuidado extra, por causa de nossa conexão. Receberíamos alimentação gratuita, alojamentos para dormir e um pequeno salário. Não ficamos nas barracas naquela primeira noite. Durante os nossos primeiros dias no emprego, Piliso, por cortesia ao regente, convidou-nos para ficar com ele.

Muitos dos mineiros, especialmente aqueles oriundos de Thembuland, tratavam Justice como um chefe e lhe deram presentes em dinheiro, que era o costume quando um chefe tribal visitava uma mina. A maioria desses homens ficava no mesmo alojamento; os mineiros normalmente eram alojados de acordo com sua tribo. As companhias favoreciam tal segregação porque evitava que grupos étnicos diferentes se unissem em torno de uma queixa em comum e também reforçava o poder dos chefes tribais. A separação frequentemente resultava em lutas de facções entre os diferentes grupos étnicos e clãs, o que a companhia não desencorajava efetivamente.

Justice compartilhou um pouco de seu butim comigo e me deu algumas libras extras como bônus. Durante aqueles primeiros dias, meus bolsos tilintando com riquezas recém-adquiridas, eu me sentia como um milionário. Eu estava começando a pensar que era um filho do destino, que a sorte estava me iluminando, e que se eu não tivesse desperdiçado um tempo precioso estudando na universidade, já seria um homem rico então. Uma vez mais, não vi que o destino estava ocupado montando armadilhas ao meu redor.

Comecei a trabalhar imediatamente como vigia noturno. Recebi um uniforme, um par de botas novas, um capacete, uma lanterna, um apito e um *knobkerrie*, que é um bastão comprido de madeira com uma bola pesada de madeira em uma das pontas. O trabalho era simples: eu aguardava na entrada do complexo próximo à placa que dizia "CUIDADO: NATIVOS ATRAVESSANDO AQUI", e verificava as credenciais de todos os que estivessem entrando ou saindo. Durante as primeiras noites, patrulhei a área do complexo sem incidente algum. Uma noite intimei um mineiro que estava bastante bêbado, mas ele humildemente apresentou seu passe e se recolheu para o seu alojamento.

Entusiasmados com o nosso sucesso, Justice e eu nos gabamos de nossa esperteza para um amigo nosso que conhecíamos de nossa terra, que também estava trabalhando nas minas. Descrevemos como havíamos fugido e enganado o regente durante o processo. Apesar de termos feito esse rapaz jurar que ia guardar segredo, ele foi diretamente até o *induna* e revelou o nosso segredo. Um dia depois, Piliso nos convocou e a primeira pergunta que fez a Justice foi: Onde está a autorização do regente para o teu irmão? Justice disse que já havia explicado que o regente a havia enviado pelo correio. Piliso não ficou apaziguado com isso, e percebemos que havia alguma coisa errada. Ele então abriu uma gaveta de sua mesa e dela retirou um telegrama. "Recebi um comunicado do regente", ele disse em um tom sério de voz, e nos entregou o telegrama. Ele continha uma única frase: "ENVIE GAROTOS PARA CASA IMEDIATAMENTE".

Piliso então descarregou sua ira em nós, nos acusando de mentir para ele. Ele disse que nós havíamos abusado de sua hospitalidade e do bom nome do regente. Ele nos disse que estava fazendo uma coleta de dinheiro entre os mineiros para nos colocar em um trem de volta para o Transkei. Justice protestou contra ter que voltar para casa, dizendo que nós simplesmente queríamos trabalhar na mina, e que podíamos tomar decisões por nós mesmos. Mas Piliso fez ouvidos de mercador. Nós nos sentíamos envergonhados e humilhados, mas saímos de seu escritório decididos a não voltar para o Transkei.

Rapidamente fizemos um novo plano. Fomos ver o Dr. A. B. Xuma, um velho amigo do regente que era o presidente geral do Congresso Nacional Africano. O Dr. Xuma era originário do Transkei, e era um médico extremamente respeitado.

Dr. Xuma ficou contente em nos ver, e educadamente nos questionou a respeito de assuntos familiares em Mqhekezweni. Nós lhe contamos uma série de meias-verdades sobre por que estávamos em Johannesburgo, e que queríamos muito trabalhar nas mineradoras. Dr. Xuma disse que ficaria feliz em nos ajudar, e imediatamente telefonou para um certo Sr. Wellbeloved na Câmara de Minas, uma organização poderosa que representava as companhias mineradoras e exercia monopólio de controle da contratação de mão de obra para as minas. O Dr. Xuma disse ao Sr. Wellbeloved que éramos rapazes excelentes e que ele devia nos arrumar colocações. Agradecemos ao Dr. Xuma e fomos encontrar o Sr. Wellbeloved.

O Sr. Wellbeloved era um homem branco cujo escritório era maior do que qualquer um que eu já havia visto; sua escrivaninha parecia tão larga quanto um campo de futebol. Nós o encontramos na companhia de um capataz da mina, chamado Festile, e nós lhe contamos a mesma invencionice que havíamos contado ao Dr. Xuma. O Sr. Wellbeloved ficou impressionado com a minha explicação não inteiramente verdadeira de que havia vindo para Johannesburgo para continuar meus estudos na Universidade de Witwatersrand. "Bem, rapazes", ele falou, "vou pô-los em contato com o gerente da Crown Mines, Sr. Piliso, e vou dizer-lhe para dar empregos a vocês na administração". Ele contou que havia trabalhado com o Sr. Piliso durante trinta anos e durante todo aquele tempo, Piliso jamais mentiu para ele. Justice e eu nos contorcemos de vergonha, mas não falamos nada. Apesar de sentirmos alguma apreensão, ingenuamente sentíamos que tínhamos vantagem sobre o Sr. Piliso agora que o seu chefe, Mr. Wellbeloved, estava do nosso lado.

Voltamos para os escritórios da Crown Mines, onde o gerente do complexo, que era branco, foi atencioso conosco por causa da carta do Sr. Wellbeloved que apresentamos. Naquele exato momento, o Sr. Piliso passou pelo escritório, nos viu, e entrou vociferando. "Vocês, garotos! Vocês voltaram!" ele falou furioso. "O que vocês estão fazendo aqui?"

Justice estava calmo. "Fomos enviados pelo Sr. Wellbeloved", ele respondeu, seu tom de voz quase desafiador. O Sr. Piliso refletiu sobre isso por um instante. "Vocês contaram para ele que fugiram do seu pai?" Piliso então replicou. Justice ficou em silêncio.

"Vocês nunca conseguirão emprego em qualquer mina que eu administre!" ele gritou. "Agora, saiam já da minha frente!" Justice mostrou a carta de Wellbeloved. "Não dou a mínima para uma carta!" Piliso falou. Olhei para o gerente, o homem branco, esperando que ele pudesse contradizer Piliso, mas ele estava imóvel como uma estátua e parecia estar tão intimidado quanto nós. Nós não tínhamos réplica para Piliso, e acanhadamente saímos do escritório, nos sentindo ainda mais humilhados do que havíamos nos sentido na primeira vez.

Nossa sorte sofreu uma reviravolta agora. Estávamos sem emprego, sem perspectiva e sem um lugar para ficar. Justice conhecia diversas pessoas em Johannesburgo, e foi à cidade procurar um lugar para ficarmos. Nesse meio tempo, eu devia ir buscar a nossa mala, que ainda estava no alojamento de Piliso, e depois me encontraria com Justice em George Goch, um pequeno assentamento para negros ao sul de Johannesburgo.

Convenci um sujeito chamado Bikitsha, a quem conhecia desde nossa casa, a me ajudar a carregar a mala até o portão da frente. Um vigia no portão nos parou e disse que precisava revistar a mala. Bikitsha protestou, afirmando que não havia contrabando na mala. O vigia retrucou que uma vistoria era rotina, e passou vista pela mala de uma maneira superficial, sem nem mesmo mexer com as roupas. Quando o vigia estava fechando a mala, Bikitsha, que era um sujeito atrevido, disse, "Por que você causa problemas? Eu disse que não havia nada ali". Essas palavras aborreceram o vigia, que então decidiu passar um pente fino na mala. Fiquei cada vez mais nervoso à medida que ele abria cada compartimento e inspecionava cada bolso. Ele então alcançou até o fundo da mala e encontrou a coisa que eu estava rezando que não encontrasse: um revolver carregado envolto em algumas de minhas roupas.

Ele se voltou para o meu amigo e disse, "Você está preso". Ele então tocou o apito, o que trouxe um pelotão de guardas até nós. Meu amigo olhou para mim com um misto de consternação e confusão enquanto eles o levavam até o posto policial local. Eu os segui a distância, analisando as minhas opções. A arma, um velho revólver, havia pertencido ao meu pai, e ele o havia deixado para mim quando morreu. Eu nunca o havia usado, mas, como precaução, eu o havia trazido comigo para a cidade.

Eu não podia deixar meu amigo levar a culpa em meu lugar. Não muito tempo depois de ele ter entrado no posto policial, eu entrei e pedi para falar com o oficial em comando. Fui levado até ele e falei tão direta e francamente quanto podia: "Senhor, é o meu revólver que foi encontrado na mala de meu amigo. Eu o herdei de meu pai no Transkei e o trouxe para cá porque estava com medo dos gângsteres". Expliquei que eu era um aluno de Fort

Hare, e que estava em Johannesburgo apenas temporariamente. O oficial em comando ficou mais afável à medida que fui falando, e disse que liberaria meu amigo imediatamente. Ele disse que teria que me indiciar pelo porte da arma, ainda que não fosse me prender, e que eu devia comparecer ao tribunal na segunda-feira cedo para responder à acusação. Fiquei grato e lhe disse que certamente compareceria ao tribunal na segunda-feira. Fui ao tribunal naquela segunda-feira e recebi apenas uma multa simbólica.

Nesse meio tempo, eu havia feito arranjos para ficar com um de meus primos, Garlick Mbekeni, no Assentamento George Goch. Garlick era um vendedor ambulante de roupas e tinha uma casa parecida com uma caixa. Ele era um homem amigável e solícito, e depois de eu ficar lá por algum tempo, eu lhe contei que a minha aspiração real era me tornar um advogado. Ele elogiou a minha ambição e disse que pensaria a respeito do que eu havia dito.

Alguns dias mais tarde, Garlick me disse que iria me levar para encontrar "uma das melhores pessoas em Johannesburgo". Fomos de trem até o escritório de um corretor de imóveis em Market Street, uma via pública de tráfego intenso e exuberante com bondes sobrecarregados de passageiros, vendedores ambulantes nas calçadas de todas as ruas, e uma sensação que riquezas estavam ali na próxima esquina.

Naquele tempo, Johannesburgo era uma cidade que apresentava uma combinação de fronteira e modernidade. Açougueiros cortavam carne na rua, ao lado de prédios comerciais. Tendas eram armadas perto de lojas alvoroçadas de clientes, e mulheres penduravam suas roupas para secar junto aos arranha-céus vizinhos. A indústria estava vitalizada pelo esforço de guerra. Em 1939, a África do Sul, um membro da Comunidade Britânica de Nações, havia declarado guerra à Alemanha nazista. O país estava fornecendo homens e mercadorias para o esforço de guerra. A demanda por mão de obra era alta, e Johannesburgo se tornou um polo de atração para negros do interior que buscavam trabalho. Entre 1941, quando cheguei, e 1946, o número de negros na cidade dobraria. Todas as manhãs, o assentamento parecia estar maior do que era no dia anterior. Homens encontravam empregos em fábricas e alojamentos nos "assentamentos não europeus" de Newclare, Martindale, George Goch, Alexandra, Sophiatown e o Assentamento Nativo do Oeste, um complexo parecido com uma prisão, formado por alguns milhares de casas minúsculas sobre um terreno sem árvores.

Eu e Garlick ficamos sentados na sala de espera do corretor de imóveis enquanto uma recepcionista bonita, que também era negra, foi até a sala de seu chefe anunciar nossa presença. Depois de transmitir o recado, seus dedos ágeis dançaram pelo teclado da máquina de escrever enquanto ela datilografava uma carta. Eu nunca havia visto um negro datilógrafo em minha vida, muito menos uma datilógrafa. Nos poucos escritórios comerciais e da administração pública que eu visitei em Umtata e em Fort Hare, os datilógrafos eram sempre brancos e homens. Fiquei particularmente impressionado com esta jovem porque aqueles datilógrafos brancos usavam apenas dois dedos lentos para catar suas letras.

Ela logo nos conduziu até a sala, onde fomos apresentados a um homem que parecia estar em seus vinte e poucos anos, com um rosto inteligente e bondoso, de tez mais clara e usando um paletó trespassado. Apesar de sua juventude, ele me pareceu um experiente homem do mundo. Ele era do Transkei, mas falava inglês com uma fluência urbana rápida. A julgar da sala de espera lotada e sua mesa contendo pilhas de papel, ele era um homem ocupado e bem-sucedido. Mas ele não nos apressou e pareceu genuinamente interessado em nossa mensagem. Seu nome era Walter Sisulu.

Sisulu tinha uma corretora de imóveis que se especializava em propriedades para negros. Na década de 40, ainda havia muitas áreas onde propriedades de domínio absoluto podiam ser compradas por negros, pequenas áreas localizadas em lugares como Alexandra e Sophiatown. Em algumas dessas áreas, negros haviam sido donos de suas próprias casas por várias gerações. O resto das áreas destinadas a negros eram assentamentos municipais contendo casas minúsculas pelas quais os residentes pagavam aluguel à Câmara Municipal de Johannesburgo.

O nome de Sisulu estava se tornando famoso tanto como homem de negócios quanto como líder local. Ele já era uma força na comunidade. Ele prestou muita atenção enquanto eu falava sobre as minhas dificuldades em Fort Hare, minha ambição em me tornar advogado e como eu pretendia me matricular na Universidade da África do Sul para me graduar através de seu curso por correspondência. Omiti de contar-lhe as circunstâncias de minha chegada a Johannesburgo. Quando terminei, ele se reclinou em sua cadeira e refletiu sobre o que eu havia dito. Então, ele me examinou cuidadosamente uma vez mais e disse que havia um advogado branco com quem ele havia trabalhado, chamado Lazar Sidelsky, que ele acreditava ser um sujeito decente e progressista. Sidelsky, ele disse, estava interessado na educação de negros africanos. Ele conversaria com Sidelsky e pediria para ele me dar emprego como estagiário.

Naquela época, eu acreditava que ser fluente em inglês e ter sucesso nos negócios eram o resultado direto de grandes realizações acadêmicas e presumia que naturalmente Sisulu tinha formação universitária. Fiquei muito surpreso ao saber através do meu primo, depois que saí do escritório, que Sisulu nunca havia ido além do teste Standard VI. Era outra lição de Fort Hare que eu teria que desaprender em Johannesburgo. Eu aprendi que possuir um bacharelado significava ser um líder, e para ser líder, era necessário ter bacharelado. Mas descobri em Johannesburgo que muitos dos mais destacados líderes nem mesmo frequentaram uma universidade. Apesar de eu ter feito todos os cursos de inglês que eram requeridos para conseguir um bacharelado, meu inglês não era tão fluente nem eloquente como o de muitos dos homens que conheci em Johannesburgo que nem mesmo haviam completado seus estudos no colégio.

Depois de uma breve estadia com meu primo, fiz os arranjos para ir morar com o Reverendo J. Mabutho, da Igreja Anglicana, em sua casa na Eight Avenue em Alexandria. O Reverendo Mabutho era um concidadão Thembu, amigo de minha família e um homem generoso e temente a Deus. Sua esposa, a quem chamávamos de Gogo, era afetuosa, carinhosa e uma cozinheira esplêndida e era bastante generosa nas porções que servia. Como Thembu que conhecia minha família, o Reverendo Mabutho se sentia responsável por mim. "Nossos ancestrais nos ensinaram a compartilhar", ele me disse certa vez.

Mas eu não havia aprendido com a minha experiência na Crown Mines, pois não contei para o Reverendo Mabutho sobre as circunstâncias de minha saída do Transkei. Minha omissão teve consequências infelizes. Vários dias depois que havia ido morar com os Mabuthos, eu estava tomando chá com eles quando um visitante chegou. Infelizmente, o seu amigo era o Sr. Festile, o *induna* na Câmara de Minas que havia estado presente quando eu e Justice nos reunimos com o Sr. Wellbeloved. O Sr. Festile e eu nos cumprimentamos de uma forma que sugeria que nos conhecíamos, e apesar de nada ter sido dito sobre nosso encontro anterior, no dia seguinte o Reverendo Mabutho me puxou de lado e deixou claro que eu não podia mais permanecer sob o seu teto.

Xinguei a mim mesmo por não ter contado toda a verdade. Eu me acostumei tanto às minhas mentiras que mentia até mesmo quando não precisava fazê-lo. Tenho certeza de que o Reverendo Mabutho não teria se importado, mas quando ficou sabendo das minhas circunstâncias, através do Sr. Festile, ele se sentiu enganado. Em minha breve estada em Johannesburgo, eu já deixei um rastro de inverdades, e em cada caso, a falsidade havia retornado para me assombrar. Naquela época, eu achava que não tinha nenhuma alternativa. Eu estava amedrontado e era inexperiente, e sabia que não iniciara minha nova vida com o pé direito. Nesse caso, o Reverendo Mabutho se compadeceu de mim, e me arrumou acomodações com seus vizinhos, a família Xhoma.

O Sr. Xhoma fazia parte de uma pequena elite de proprietários de terra em Alexandra. Sua casa – Seventh Avenue, 46 – era pequena, especialmente porque ele tinha seis filhos, mas era agradável, com uma varanda e um pequeno jardim. De ordem a equilibrar o orçamento, o Sr. Xhoma, como tantos outros residentes de Alexandra, alugavam quartos para pensionistas. Ele havia construído um quarto com teto de zinco nos fundos de sua propriedade, não mais que um barraco, com chão de terra, sem aquecimento, eletricidade ou água encanada. Mas era um lugar só meu e eu estava feliz de tê-lo.

Nesse meio tempo, por recomendação de Walter, Lazar Sidelsky havia concordado em me contratar como funcionário enquanto eu completava meu bacharelado. A firma de Witkin, Sidelsky e Eidelman era uma das principais firmas de advocacia na cidade e tratava de negócios tanto de negros como de brancos. Além de estudar direito e passar em determinados exames, de forma a se qualificar para ser um advogado na África do Sul, deve-se passar vários anos como aprendiz de um advogado estabelecido, o que é conhecido como estágio. Mas para me tornar um estagiário, eu tinha primeiramente que completar meu bacharelado. Para esse fim, eu estava estudando à noite pela UNISA, abreviatura de Universidade da África do Sul, uma instituição educacional respeitada que oferecia créditos e diplomas universitários por correspondência.

Além de defender causas legais convencionais, a Witkin, Sidelsky e Eidelman fornecia consultoria em transações imobiliárias para clientes negros. Walter trazia para a firma clientes que precisavam de uma hipoteca. A firma tratava de seus pedidos de empréstimo, e então recebia uma comissão, que era dividida com o corretor de imóveis. Na verdade, a firma de advogados ficava com a parte do leão, deixando apenas alguns trocados para o corretor. Os negros recebiam as migalhas da mesa, e não tinham opção alguma a não ser aceitá-las.

Mesmo assim, a firma de advogados era mais liberal que a maioria. Era uma firma de propriedade de judeus, e em minha experiência, descobri que os judeus são mais liberais do que a maioria dos homens brancos em questões de raça e política, talvez porque historicamente eles próprios tenham sido vítimas de preconceito. O fato de que Lazar Sidelsky, um dos sócios da firma, tomaria um jovem negro como estagiário – algo quase inédito naquela época – era prova desse liberalismo.

O Sr. Sidelsky, a quem acabei respeitando muito e que me tratava com enorme bondade, era formado pela Universidade do Witwatersrand e tinha trinta e poucos anos quando entrei para a firma. Ele estava envolvido com a educação de negros africanos, doando dinheiro e seu tempo a escolas para negros. Um homem esguio e refinado, e com um bigode fino, ele se interessou genuinamente com meu bem-estar e futuro, preconizando o valor e a importância da educação – para mim, individualmente, e para os negros em geral. Apenas educação maciça, ele costumava dizer, libertaria meu povo, argumentando que um homem educado não podia ser oprimido porque podia pensar por si próprio. Ele me disse repetidamente que me tornar um advogado bem-sucedido e dessa forma um modelo de realização para o meu povo era o caminho mais válido que eu podia seguir.

Conheci a maioria dos funcionários da firma no meu primeiro dia no escritório, inclusive o único outro empregado negro, Gaur Radebe, com quem compartilhei uma sala. Dez anos mais velho do que eu, Gaur era funcionário, intérprete e mensageiro. Ele era um homem baixo, atarracado e musculoso, fluente em inglês, Sotho e Zulu, expressando-se em todas elas com precisão, humor e confiança. Ele tinha opiniões fortes e argumentos ainda mais fortes para embasá-las e era uma figura bem conhecida na comunidade negra de Johannesburgo.

Naquela primeira manhã na firma, uma agradável jovem secretária branca, a Srta. Lieberman, me puxou de lado e me disse "Nelson, não temos barreira de cor aqui na firma". Ela explicou que no meio da manhã, o homem do chá chegava à sala de visitas da frente com chá em uma bandeja e algumas xícaras. "Em homenagem à sua chegada, compramos duas xícaras novas para você e para Gaur", ela disse. "As secretárias levam as xícaras aos chefes, mas você e Gaur vão levar o seu chá nas xícaras novas". Ela também falou que eu devia passar essas informações para Gaur. Eu fiquei grato pelas diretrizes que ela me deu, mas sabia que as "duas xícaras novas" que ela foi tão cuidadosa em mencionar eram prova da barreira de cor que ela afirmava não existir. As secretárias podiam compartilhar o chá com dois negros, mas não as xícaras com as quais o bebiam.

Quando contei para Gaur que a Srta. Lieberman havia dito, observei sua expressão se transformar enquanto falava, assim como você pode enxergar uma ideia maliciosa entrar na mente de uma criança. "Nelson", ele falou, "na hora do chá, não se preocupe com nada. Faça o que eu fizer". Às onze da manhã, a Srta. Lieberman nos informou que o chá havia chegado. Diante das secretárias e de alguns dos outros membros da firma, Gaur foi até a bandeja de chá e ostensivamente ignorou as duas novas xícaras, selecionando em vez delas uma das antigas, e prosseguiu colocando porções generosas de açúcar, leite e então chá. Ele mexeu sua xícara lentamente, e então ficou lá bebendo o chá de uma maneira muito presunçosa. As secretárias olharam para Gaur e então ele acenou para mim, como se estivesse dizendo, "Agora é a sua vez, Nelson".

Por um momento, eu fiquei perplexo. Eu não queria nem ofender as secretárias nem alienar o meu novo colega, então decidi fazer o que me pareceu ser o mais prudente: recusei-me a tomar chá. Falei que não estava com sede. Na época, eu tinha apenas vinte e três anos de idade e estava começando a encontrar meu lugar no mundo como homem, como um residente de Johannesburgo, e como um empregado de uma firma pertencente a homens brancos, e via o meio-termo como o melhor e mais sensato caminho. Depois disso, na hora do chá, eu ia até a pequena cozinha do escritório e bebia meu chá sozinho.

As secretárias nem sempre eram tão atenciosas. Algum tempo depois, quando já tinha mais experiência na firma, eu estava ditando algumas informações para uma secretária branca quando um cliente branco a quem ela conhecia entrou no escritório. Ela ficou envergonhada, e para demonstrar que não estava tomando ditado de um negro, pegou uma moeda de sua bolsa e disse friamente, "Nelson, por favor, vá comprar xampu para mim na farmácia". Saí da sala e comprei xampu para ela.

No início, o meu trabalho na firma era bastante rudimentar. Eu era uma combinação de funcionário e mensageiro. Eu encontrava, organizava e arquivava documentos e os entregava em toda Johannesburgo. Mais tarde, eu redigiria contratos para alguns dos clientes negros da firma. No entanto, não importando o quão pequena era a tarefa, o Sr. Sidelsky me explicava para que ela servia e por que eu a estava fazendo. Ele era um professor paciente e generoso e buscava dar a conhecer não apenas os detalhes da lei, mas também a filosofia por trás dela. Sua visão da lei era ampla em vez de estreita, porque ele acreditava que ela era uma ferramenta que podia ser utilizada para transformar a sociedade.

Enquanto o Sr. Sidelsky dava a conhecer suas visões da lei, ele me alertava contra a política. Política, ele dizia, traz à tona o que há de pior nas pessoas. Ela era a origem de problemas e corrupção e devia ser evitada a todo custo. Ele pintou um retrato amedrontador do que aconteceria a mim se tomasse o rumo da política e me aconselhou a evitar a companhia de homens que ele via como sendo encrenqueiros e agitadores, mais especificamente, Gaur Radebe e Walter Sisulu. Se por um lado o Sr. Sidelsky admirava sua capacidade, por outro lado odiava a política deles.

Gaur era de fato um "encrenqueiro" no melhor sentido do termo, e era um homem influente na comunidade negra, de forma que o Sr. Sidelsky não sabia ou suspeitava. Ele era um membro do Conselho Consultivo do Assentamento Nativo do Oeste, um corpo eleito de quatro pessoas locais que lidava com as autoridades em assuntos relacionados aos assentamentos. Se por um lado esse conselho tinha pouco poder, por outro lado ele gozava de muito prestígio entre as pessoas. Gaur também era, como logo descobri, um membro proeminente do CNA e do Partido Comunista.

Gaur era seguro de si. Ele não tratava nossos empregadores com cortesia exagerada, e frequentemente os repreendia por causa da forma como tratavam os negros. "Vocês roubaram a nossa terra", ele dizia, "e nos escravizaram. Agora vocês estão nos fazendo pagar os olhos da cara para comprar de volta as piores partes dela". Um dia, depois que retornei de um serviço externo e entrei no escritório do Sr. Sidelsky, Gaur voltou-se para ele e disse, "Veja, o senhor senta aí como se fosse um lorde, enquanto o meu chefe fica correndo por aí fazendo tarefas para o senhor. A situação deveria ser inversa, e um dia ela será, e nós vamos despejar vocês todos no mar". Gaur então saiu da sala, e o Sr. Sidelsky apenas balançou a cabeça com pesar.

Gaur era exemplo de um homem sem formação acadêmica que parecia infinitamente mais educado do que os sujeitos que saíam de Fort Hare com seus diplomas resplandecentes. Não apenas ele era mais culto, como também era mais audacioso e mais seguro. Apesar de eu pretender terminar minha graduação e entrar na faculdade de direito, aprendi com Gaur que um diploma não era em si mesmo uma garantia de liderança e que ele não significava nada se a pessoa não se inserisse na comunidade para pôr-se à prova.

Eu não era o único estagiário na Witkin, Sidelsky e Eidelman. Um rapaz que tinha mais ou menos a minha idade, chamado Nat Bregman, foi admitido um pouco antes de mim. Nat era inteligente, sociável e solícito. Ele parecia ser inteiramente desprovido de preconceito de cor e se tornou meu primeiro amigo branco. Ele era um mímico habilidoso e fazia ótimas imitações das vozes de Jan Smuts, Franklin Roosevelt e Winston Churchill. Eu sempre buscava o seu conselho em assuntos legais e de procedimentos, dentro do escritório, e ele era invariavelmente prestativo.

Um dia, no horário de almoço, estávamos sentados no escritório e Nat pegou um pacote de sanduíches. Ele retirou um dos sanduíches e disse, "Nelson, segure a outra ponta do sanduíche". Eu não sabia exatamente o porquê de ele me pedir para fazer aquilo, mas como estava com fome, decidi fazer a vontade dele. "Agora, puxe", ele disse. Eu fiz o que foi pedido, e o sanduíche se dividiu mais ou menos pela metade. "Agora, coma", ele falou. Enquanto eu mastigava, Nat disse, "Nelson, o que acabamos de fazer simboliza a filosofia do Partido Comunista: compartilhar tudo o que possuímos". Ele me disse que era membro do partido e explicou os rudimentos que o partido defendia. Eu sabia que Gaur era membro do partido, mas ele nunca havia feito propaganda dele. Prestei atenção ao que Nat falou naquele dia, e em muitas outras ocasiões subsequentes quando ele pregou as virtudes do comunismo e tentou me convencer a me filiar ao partido. Eu escutava o que ele dizia, fazia perguntas, mas não me filiei. Eu não estava inclinado a me filiar a qualquer organização política, e o conselho do Sr. Sidelsky ainda estava ressoando em meus ouvidos. Eu também era bastante religioso, e a antipatia do partido pela religião me desconcertava. Mas apreciei aquela metade de sanduíche.

Eu gostava da companhia de Nat e nós frequentemente íamos juntos a lugares, incluindo algumas palestras e reuniões do PC. Fui basicamente por curiosidade intelectual. Eu estava começando a me conscientizar sobre a história da repressão racial em meu próprio país, e via a luta na África do Sul como puramente racial. Mas o partido enxergava os problemas da África do Sul através das lentes da luta de classes. Para eles, era uma questão dos proprietários oprimindo os que não tinham nada. Isso era intrigante para mim, mas não parecia ser particularmente relevante para a África do Sul de então. Pode ter sido aplicável na Alemanha, na Inglaterra ou na Rússia, mas não parecia ser apropriado para o país que eu conhecia. Mesmo assim, ouvi e aprendi.

Nat me convidou para várias festas onde havia uma mistura de brancos, negros, indianos e mestiços em geral. Essas reuniões informais eram organizadas pelo partido, e a maioria dos convidados eram membros do partido. Lembro-me de ter ficado ansioso na primeira vez que fui, principalmente porque não achava que tinha o traje adequado. Em Fort Hare, nos ensinaram que devíamos vestir paletó e gravata em eventos sociais de qualquer tipo. Apesar de o meu guarda-roupa ser severamente limitado, consegui encontrar uma gravata para usar na festa.

Encontrei um grupo animado e gregário de pessoas que não pareciam prestar atenção alguma à cor das pessoas. Essa foi a primeira reunião mista à qual fui, e fui muito mais um observador do que um participante. Senti-me extremamente tímido, temeroso de cometer uma gafe e despreparado para participar das conversas pretensiosas e em ritmo acelerado. Meus pensamentos pareciam pouco desenvolvidos em comparação com o diálogo sofisticado à minha volta.

Em um determinado momento da noite, fui apresentado a Michael Harmel, que segundo me disseram tinha mestrado em inglês pela Rhodes University. Fiquei impressionado com o seu título, mas quando o conheci, pensei comigo mesmo, "Este cara tem mestrado, e nem mesmo está usando gravata!" Eu não conseguia reconciliar essa discrepância. Mais tarde, eu e Michael nos tornamos amigos, e vim a admirá-lo muito, em não pequena medida porque ele rejeitava tantas das convenções bastante tolas que eu havia anteriormente abraçado. Ele não só era um escritor brilhante, como estava tão comprometido com o comunismo que vivia de uma forma não muito diferente daquela de um negro.

10

A VIDA EM ALEXANDRA era divertida e precária ao mesmo tempo. Sua atmosfera era vivaz, seu espírito aventuroso, sua população era engenhosa. Apesar de o assentamento ter muitos prédios bonitos, ele podia ser descrito com justeza como sendo uma favela, um testemunho vivo da negligência das autoridades. As ruas eram sujas e não tinham pavimentação e cheias de crianças seminuas famintas e desnutridas fugindo desordenadamente. O ar era espesso com a fumaça das fogueiras de carvão em braseiros e fogões de latão. Uma única torneira de água supria várias casas. Poças de água estagnada, fétida, cheias de larvas se acumulavam à beira da rua. Alexandra era conhecida como "Cidade Escura" por sua ausência completa de eletricidade. Caminhar para casa era perigoso, porque não havia luzes, o silêncio cortado por gritos, risos e o barulho ocasional de tiros. Tão diferente da escuridão no Transkei, que parecia envolver a pessoa em um abraço de boas-vindas.

O assentamento era desesperadamente superpopuloso; cada metro quadrado era ocupado ou por uma casa em ruínas ou por um barraco com teto de lata. Como tantas vezes acontece em lugares desesperadamente pobres, os piores elementos se destacavam. A vida não tinha valor; o revólver e a faca reinavam à noite. Os gângsteres – conhecidos como *tsotsis* – carregando punhais ou canivetes eram muitos e proeminentes; naquela época eles imitavam os astros do cinema americano e usavam chapéus de feltro e paletós trespassados, além de gravatas largas e coloridas. As batidas policiais eram uma característica constante. A polícia rotineiramente prendia multidões de pessoas por violações de passes, porte de bebida alcoólica e pelo não pagamento da taxa eleitoral. Em quase todas as esquinas havia *shebeens*, bares ilegais que eram barracos onde cerveja feita em casa era servida.

Apesar dos aspectos infernais da vida em Alexandra, o assentamento também era uma espécie de paraíso. Sendo uma das poucas áreas do país onde os negros podiam adquirir propriedades e cuidar de seus negócios, onde as pessoas não precisavam se submeter à tirania das autoridades municipais brancas, Alexandra era uma Terra Prometida urbana, uma evidência de que uma parte do nosso povo rompeu suas ligações com as áreas rurais e se tornaram habitantes urbanos. O governo, de forma a manter os negros no interior ou trabalhando nas minas, afirmava que os negros eram por natureza um povo rural, pouco ajustado para a vida em cidades. Alexandra, apesar de seus problemas e defeitos, contradizia esse argumento. A população, vinda de todos os grupos linguísticos africanos, era bem adaptada à vida na cidade e era politicamente consciente. A vida urbana tendia a erodir as distinções étnicas e tribais, e em vez de sermos Xhosa, ou Sothos, ou Zulus, ou Shangaans, éramos Alexandrinos. Isso criava um senso de solidariedade, que causava grande preocupação entre as autoridades brancas. O governo sempre havia utilizado táticas de dividir e governar quando lidava com negros e dependia da força das divisões étnicas entre as pessoas. Mas em lugares como Alexandra, essas diferenças estavam sendo apagadas.

Alexandra ocupa um lugar muito especial em meu coração. Foi o primeiro lugar em que morei longe de minha terra. Apesar de mais tarde eu ir morar em Orlando, que é uma pequena seção de Soweto, por um tempo muito maior do que em Alexandra, eu sempre vi o Assentamento de Alexandra como um lar onde eu não tinha uma casa, em especial, e Orlando como um lugar eu tinha uma casa, mas não um lar.

Durante aquele primeiro ano, aprendi muito mais sobre pobreza do que durante toda a minha infância em Qunu. Parecia que eu nunca tinha dinheiro e consegui sobreviver com os mais parcos recursos. A firma de advocacia me pagava um salário de duas libras esterlinas por semana, tendo generosamente dispensado a gratificação que os estagiários normalmente têm que pagar para a firma. Daquelas duas libras, eu pagava treze xelins e quatro *pence** por mês pelo meu quarto, para os Xhoma. A forma mais barata de transporte para e de Alexandra era o ônibus "Nativo" – apenas para negros – que por uma libra e dez *pence* por mês fazia um estrago considerável em minha renda. Eu também estava pagando taxas para a Universidade da África do Sul de forma a completar meus estudos por correspondência. Eu gastava mais uma libra e pouco com comida. Parte do meu salário era gasto em um item ainda mais vital – velas – pois sem elas eu não conseguia estudar. Eu não tinha dinheiro para comprar um lampião de querosene; as velas permitiam que eu ficasse lendo tarde da noite.

Inevitavelmente, faltavam mais do que alguns *pence* para mim a cada mês. Muitas vezes eu caminhava os quase dez quilômetros até a cidade, de manhã, e mais dez para voltar à noite, de maneira a economizar o dinheiro do ônibus. Frequentemente, eu passava dias sem comer mais do que um bocado, e sem trocar de roupa. O Sr. Sidelsky, que tinha a mesma altura que eu, uma vez me deu seu traje usado, e com a ajuda de consideráveis costuras e remendos, eu usei aquele terno por quase cinco anos. No final, havia mais remendos do que terno.

**Pence* – Plural de *penny*, a duodécima (1/12) parte do xelin, que caiu em desuso a partir de 1971. (N. do T.)

Uma tarde, eu estava voltando para Alexandra de ônibus e me sentei ao lado de outro sujeito mais ou menos da minha idade. Ele era um daqueles jovens que imitavam o estilo de vestir dos gângsteres de trajes bem cortados dos filmes americanos. Vi que o meu terno estava encostando de leve na costura de seu paletó. Ele também percebeu isso e muito cuidadosamente se afastou de forma que o meu paletó não maculasse o seu. Foi um gesto mínimo, cômico em retrospecto, mas doloroso na época.

Há pouca coisa favorável que possa ser dita a respeito da pobreza, mas ela é frequentemente uma incubadora de amizades verdadeiras. Muitas pessoas vão querer ser seus amigos quando você é rico, mas poucos e preciosos farão o mesmo quando você é pobre. Se a riqueza é um ímã, a pobreza é uma espécie de repelente. No entanto, a pobreza frequentemente desperta a verdadeira generosidade nos outros. Certa manhã, decidi caminhar até a cidade para economizar dinheiro e vi uma jovem que havia frequentado Fort Hare comigo. Seu nome era Phyllis Maseko e ela estava caminhando em minha direção no mesmo lado da rua. Fiquei envergonhado por causa de minhas roupas puídas e atravessei a rua na esperança de que ela não me reconhecesse. Mas eu a ouvi me chamando, "Nelson... Nelson!". Parei e atravessei a rua de volta, fazendo de conta que não a havia notado até aquele instante. Ela estava feliz em me ver, mas eu podia ver que ela observava o quão maltrapilho eu parecia. "Nelson", ela disse, "este é o meu endereço, Orlando East, 234. Venha me visitar". Decidi não me humilhar novamente, mas um dia eu estava necessitando de uma refeição decente, e fui visitá-la. Ela me deu comida sem mencionar a minha pobreza, e a partir de então continuei a visitá-la.

O meu senhorio, o Sr. Xhoma, não era rico, mas era uma espécie de filantropo. Todos os domingos, durante todo o tempo em que morei em sua propriedade, ele e sua esposa me forneciam almoço, e aqueles pratos ferventes de carne de porco com vegetais frequentemente eram minha única refeição quente da semana. Não importando onde eu estivesse ou o que estivesse fazendo, eu nunca deixava de estar na casa dos Xhoma aos domingos. Pelo resto da semana, eu me alimentava de pão, e às vezes as secretárias na firma me traziam um pouco de comida.

Eu era muito retrógrado naquela época e a combinação de pobreza e provincianismo causou um incidente divertido. Um dia, não muito depois de eu ter ido morar com os Xhoma, eu estava voltando de Johannesburgo e estava faminto. Eu tinha um pouco de dinheiro que havia economizado e decidi fazer a extravagância de comprar um pouco de carne fresca, algo que não fazia havia muito tempo. Não vi nenhum açougueiro respeitável nas redondezas, então entrei em uma *delicatessen*, um tipo de loja que eu nunca havia visto até ir morar em Johannesburgo. Através da vitrine, vi um pedaço grande e apetitoso de carne e pedi para o homem atrás do balcão cortar um pedaço para mim. Ele o embrulhou, e eu o pus sob o meu braço e me dirigi para casa, sonhando com o jantar que estava me aguardando.

Quando voltei para o meu quarto em Alexandra, chamei uma das jovens filhas na casa principal. Eu disse para ela, "Você levaria este pedaço de carne para uma das suas irmãs mais velhas e pediria para ela cozinhá-lo para mim?" Eu podia ver que ela estava tentando suprimir um sorriso, mas ela respeitava os mais velhos demais para rir. Com um pouco de irritação, perguntei-lhe se havia alguma coisa errada. Muito suavemente, ela disse, "Esta carne está cozida". Eu perguntei a respeito do que ela estava falando. Ela explicou que eu havia comprado um pedaço de presunto defumado, e que ele devia ser consumido do jeito em que estava. Isso era inteiramente novidade para mim, e em vez de confessar a minha ignorância, eu lhe disse que sabia que era presunto defumado, mas eu queria esquentá-lo. Ela sabia que eu estava blefando, mas foi para dentro da casa assim mesmo. A carne era muito saborosa.

Em Alexandra eu restabeleci uma amizade com a vivaz, sempre alegre, Ellen Nkabinde, que conhecia de Healdtown, e que estava então dando aulas em uma das escolas do assentamento. Na verdade, eu e Ellen nos apaixonamos. Eu a havia conhecido apenas superficialmente em Healdtown, e foi até vê-la novamente em Alexandra que nosso relacionamento floresceu. Eu passava todo o tempo livre que tinha naqueles meses com Ellen. A corte foi difícil; estávamos sempre rodeados de pessoas, e havia poucos lugares para irmos. O único lugar onde podíamos ficar a sós era ao ar livre, sob o sol ou as estrelas. Então eu e Ellen caminhávamos juntos pelo *veld* e colinas em torno do assentamento. Na maior parte do tempo, nós apenas caminhávamos, e quando tínhamos tempo, fazíamos um piquenique.

Ellen era Swazi, e apesar do tribalismo estar desaparecendo gradualmente no assentamento, um amigo íntimo meu condenou nosso relacionamento por razões puramente tribais. Rejeitei isso categoricamente. Mas nossas origens diferentes apresentavam certos problemas. A Sra. Mabutho, a esposa do reverendo, não gostava de Ellen, em grande parte porque ela era uma Swazi. Um dia, quando eu estava na casa dos Mabuthos, a Sra. Mabutho atendeu a uma batida na porta. Era Ellen, que estava me procurando, e a Sra. Mabutho disse a ela que eu não estava lá. Apenas mais tarde a Sra. Mabutho me falou, "Ah, Nelson, uma moça estava procurando por você". A Sra. Mabutho então me perguntou, "Aquela moça é uma Shangaan?" Apesar dos Shangaan serem uma tribo nobre e orgulhosa, naquela época Shangaan era considerado um termo depreciativo. Fiquei ofendido com isso e disse, "Não, ela não é uma Shagaan, ela é uma Swazi". A Sra. Mabutho era enfática em declarar que eu devia sair apenas com garotas Xhosa.

Tal conselho não me dissuadiu. Eu amava e respeitava Ellen, e não me sentia nem um pouco nobre em ignorar o conselho daqueles que a desaprovavam. O relacionamento era uma novidade para mim, e eu me sentia audacioso em ter amizade com uma mulher que não era uma Xhosa. Eu era jovem e estava um pouco perdido na cidade, e Ellen fazia um papel não apenas de uma parceira romântica, mas de mãe, me apoiando, me dando confiança, e me dotando de força e esperança. Mas depois de alguns meses Ellen se mudou para longe, e infelizmente perdemos contato.

O casal Xhoma tinha cinco filhas, cada uma delas era linda, mas a mais linda delas era chamada Didi. Ela tinha mais ou menos a minha idade e passava a maior parte da semana trabalhando como empregada doméstica em um subúrbio branco de Johannesburgo. Quando fui morar na casa, eu raramente a via, e ainda assim de relance. Mas, mais tarde, quando a conheci apropriadamente, também me apaixonei por ela. Mas Didi mal percebia a minha existência, e o que ela percebeu foi o fato de que eu possuía apenas um terno remendado e uma única camisa, e que eu não tinha uma aparência muito diferente da de um mendigo.

Todo final de semana Didi voltava para Alexandra. Ela era trazida em casa por um jovem que presumi ser o seu namorado, um sujeito espalhafatoso e abastado que tinha um carro, algo que era muito incomum. Ele usava ternos trespassados, americanos, caros e chapéus de aba larga, e prestava muita atenção à sua aparência. Ele devia ser algum tipo de gângster, mas não tenho certeza. Ele ficava no pátio, com as mãos em seu colete e parecendo completamente superior. Ele me cumprimentava educadamente, mas eu podia ver que ele não me via como competidor seu.

Eu desejava ardentemente dizer para Didi que a amava, mas temia que meus avanços fossem indesejados. Eu não era nenhum don Juan. Desajeitado e hesitante na companhia de garotas, eu não conhecia ou compreendia os jogos de sedução que os outros pareciam jogar sem esforço algum. Nos finais de semana, a mãe de Didi às vezes pedia que ela trouxesse um prato de comida para mim. Didi chegava ao degrau de minha porta com o prato e eu podia notar que ela simplesmente queria cumprir a tarefa o mais rapidamente possível, mas eu fazia o que podia para atrasá-la. Eu pedia a sua opinião sobre coisas, fazia-lhe muitas perguntas, "Agora, a que nível você chegou na escola?" eu perguntei. "Quinta série", ela respondia. "E por que você saiu?" perguntei. Porque estava entediada, ela respondeu. "Ah, bem, você devia voltar a estudar", eu disse. "Você tem quase a mesma idade que eu", continuei, "e não há nada de errado em voltar a estudar nessa idade. Do contrário, você se arrependerá quando ficar mais velha. Você deve pensar seriamente sobre o seu futuro. Tudo é fácil para você agora porque você é jovem e bonita e tem muitos admiradores, mas você precisa ter uma profissão independente".

Sei que essas não são as palavras mais românticas jamais ditas por um jovem para a jovem por quem está apaixonado, mas eu não sabia sobre o que conversar com ela. Ela ouviu seriamente, mas eu podia ver que ela não estava interessada em mim, que na verdade ela se sentia um pouco superior a mim.

Eu queria pedi-la em casamento, mas não o faria se não tivesse certeza que ela diria sim. Apesar de eu amá-la, eu não queria lhe dar a satisfação de me rejeitar. Eu continuei cortejando-a, mas era tímido e hesitante. No amor, assim como na política, a cautela normalmente não é uma virtude. Eu não estava confiante o suficiente para pensar que seria bem-sucedido, nem seguro o suficiente para suportar o sentimento de fracasso se não o fosse.

Fiquei naquela casa durante cerca de um ano, e no fim não disse uma só palavra sobre meus sentimentos. Didi não mostrou menos interesse em seu namorado nem mais interesse em mim. Despedi-me dela com demonstrações de gratidão por sua amizade e a hospitalidade de sua família. Não vi Didi novamente por muitos anos. Um dia, bem mais tarde, quando eu estava praticando advocacia em Johannesburgo, uma jovem e sua mãe entraram em meu escritório. A moça havia tido um filho, e seu namorado não queria casar com ela, ela estava buscando iniciar uma ação contra ele. Aquela jovem era Didi, só que agora ela estava abatida e trajava um vestido desbotado. Fiquei angustiado de vê-la, e pensei que muitas coisas podiam ter acontecido diferentemente. No final, ela acabou não entrando com a ação contra o namorado, e nunca mais a vi novamente.

A despeito das minhas deficiências românticas, eu gradualmente me ajustei à vida no assentamento e comecei a desenvolver um sentimento de força interior, uma crença de que eu podia me dar bem fora do mundo no qual eu havia crescido. Lentamente descobri que não precisava viver à custa de minhas conexões com a realeza ou do apoio da família para progredir, e forjei relacionamentos com pessoas que não conheciam ou não se importavam com as minhas ligações com a casa real Thembu. Eu tinha a minha própria casa, por humilde que fosse, e estava desenvolvendo a autoconfiança necessária para me manter sobre minhas próprias pernas.

No final de 1941, recebi a notícia de que o regente estava visitando Johannesburgo e queria me ver. Fiquei preocupado, mas sabia que era obrigado a ir vê-lo, e na verdade queria mesmo ir. Ele estava hospedado no complexo da ATNW, a sede da Associação Trabalhista Nativa de Witwatersrand, a agência de recrutamento para mineiros na região do Reef.

O regente pareceu muito transformado, ou talvez fosse eu quem havia me transformado. Ele nunca mencionou o fato de que eu havia fugido, Fort Hare ou o casamento arranjado que não aconteceu. Ele foi cortês e solícito, me fazendo perguntas de uma forma paternal sobre meus estudos e planos para o futuro. Ele reconheceu que a minha vida estava começando a sério e tomaria um rumo diferente daquele que ele havia projetado e planejado. Ele não tentou me dissuadir a me desviar do meu rumo, e fiquei grato por esse reconhecimento implícito que eu não era mais responsabilidade dele.

Meu encontro com o regente teve um efeito duplo. Eu havia me reabilitado e ao mesmo tempo restaurado minha própria estima por ele e pela casa real Thembu. Eu havia me tornado indiferente às minhas próprias ligações, uma atitude que havia adotado em parte para justificar minha fuga e de alguma forma aliviar a dor da minha separação de um mundo que amava e valorizava. Foi reconfortante receber novamente o abraço caloroso do regente.

Se por um lado o regente pareceu estar satisfeito comigo, por outro lado estava irritado com Justice, que segundo ele devia retornar para Mqhekezweni. Justice começou um relacionamento com uma jovem, e eu sabia que ele não tinha intenção alguma de voltar para casa. Depois que o regente partiu, Bangindawo, um de seus capatazes, iniciou os procedimentos contra Justice, e concordei em ajudar Justice quando ele fosse chamado diante do comissário para nativos. Durante a audiência, eu salientei que Justice era adulto e não era obrigado a voltar para Mqhekezweni meramente porque seu pai havia mandado. Quando Bangindawo falou, ele não respondeu ao meu argumento, mas apelou para as minhas próprias lealdades. Ele se dirigiu a mim como Madiba, meu nome de clã, algo que era muito bem calculado para me relembrar minha herança Thembu. "Madiba", ele disse, "o regente cuidou de você, o educou e o tratou como se fosse seu próprio filho. Agora você quer afastar o seu verdadeiro filho. Isso contraria o desejo do homem que tem sido seu leal guardião, e contraria o rumo que foi planejado para Justice".

O discurso Bangindawo me atingiu em cheio. Justice tinha mesmo um destino diferente do meu. Ele era o filho de um chefe tribal, e seria um futuro chefe por seu próprio direito. Depois da audiência, eu disse para Justice que havia mudado de ideia, e que eu achava que ele devia voltar para casa. Justice ficou intrigado com a minha reação e recusou-se em me escutar. Ele resolveu ficar e deve ter informado sua namorada do meu conselho, porque depois disso ela nunca mais falou comigo.

No início de 1942, de modo a economizar dinheiro e ficar mais próximo do centro de Johannesburgo, me mudei do quarto nos fundos da casa dos Xhoma para o complexo da ATNW. O Sr. Festile, o *induna* da Câmara de Minas, me ajudou e uma vez mais teve um papel profético em minha vida. Por sua própria iniciativa ele havia decidido me oferecer acomodações gratuitas no complexo de mineração.

O complexo da ATNW era uma comunidade multicultural e poliglota, da África do Sul, moderna e urbana. Nele habitavam Sothos, Tswanas, Vendas, Zulus, Pedis, Shangaans, Namíbios, Moçambicanos, Swazis e Xhosa. Poucos sabiam falar inglês, e a língua franca era um amálgama de muitas línguas conhecido como Fanagalo. Lá, testemunhei não apenas explosões de animosidade étnica, mas também a cortesia mútua que também era possível entre homens de origens diferentes. Ainda assim eu era um peixe fora-d'água lá. Em vez de passar os meus dias sob o solo, eu estava estudando ou trabalhando em uma firma de advocacia onde a única atividade física era fazer serviço externo ou colocar arquivos em um fichário.

Porque a ATNW era local de estada para chefes tribais visitantes, tive o privilégio de conhecer líderes tribais de todo o sul da África. Lembro de uma ocasião ter conhecido a rainha regente de Basutoland, ou o que é o Lesoto hoje em dia, Mantsebo Moshweshwe. Ela estava acompanhada por dois chefes, que conheciam o pai de Sabata, Jongilizwe. Perguntei-lhes sobre Jongilizwe, e durante uma hora me senti como se estivesse de volta em Thembuland enquanto eles contavam histórias pitorescas sobre seus primeiros anos.

A rainha ficou especialmente interessada em mim e em um momento se dirigiu diretamente a mim, mas falou em Sesotho, uma língua da qual eu sabia apenas umas poucas palavras. Sesotho é a língua do povo Sotho assim como dos Tswana, uma boa porção dos quais mora no Transvaal e no Estado Livre de Orange. Ela olhou para mim com incredulidade, e então falou em inglês, "Que tipo de advogado e líder você será se não sabe falar a língua do seu próprio povo"? Eu não tive resposta. A pergunta me deixou embaraçado e sóbrio; ela me fez me dar conta de meu provincianismo e o quanto eu estava despreparado para a tarefa de servir o meu povo. Eu havia inconscientemente sucumbido às divisões étnicas estimuladas pelo governo branco e não sabia como conversar com os meus próprios amigos e parentes. Sem a linguagem, não se pode conversar com as pessoas e compreendê-las; não se pode compartilhar suas esperanças e aspirações, ter noção de sua história, apreciar sua poesia, ou saborear suas canções. Uma vez mais me dei conta de que não éramos povos diferentes com linguagens separadas; éramos um só povo, com línguas diferentes.

Menos de seis meses depois da visita do regente, Justice e eu ficamos sabendo de sua morte, no inverno de 1942. Ele havia aparentado estar cansado na última vez que eu o havia visto, e sua morte não foi uma grande surpresa. Lemos a respeito da morte do regente no jornal, porque o telegrama que havia sido enviado para Justice se extraviou. Viajamos apressadamente para o Transkei, chegando no dia seguinte ao funeral do regente.

Apesar de eu ter ficado desapontado em perder o enterro do regente, em meu íntimo fiquei feliz por ter me reconciliado com ele antes de sua morte. Mas não deixei de sentir pontadas de culpa. Eu sempre soube, mesmo quando fiquei separado do regente, que todos os meus amigos podiam me desertar, todos os meus planos fracassar, todas as minhas esperanças serem esmagadas, mas o regente nunca me abandonaria. No entanto eu o havia rejeitado, e fiquei imaginando se a minha deserção não teria apressado sua morte.

O falecimento do regente retirou de cena um homem esclarecido e tolerante que atingiu o objetivo que marca o reinado de todos os grandes líderes: ele manteve o seu povo unido. Liberais e conservadores, tradicionalistas e reformadores, funcionários da burocracia e mineiros, todos permaneceram leais a ele, não porque sempre concordavam com ele, mas porque o regente ouvia e respeitava todas as opiniões diferentes.

Passei quase uma semana em Mqhekezweni depois do funeral e esse foi um momento de rememoração e redescoberta. Não há nada como retornar para um lugar que permanece inalterado para descobrir as maneiras que você mesmo se transformou. O Grande Local continuou como antes, sem diferença alguma de quando eu havia me criado lá. Mas compreendi que a minha própria aparência e visões de mundo haviam evoluído. Eu não me sentia mais atraído por uma carreira no funcionalismo público, ou em ser um intérprete no Departamento de Assuntos Nativos. Eu não via mais meu futuro ligado à Thembuland e ao Transkei. Fui até mesmo informado que o meu Xhosa já não era puro e estava agora influenciado pelo Zulu, uma das línguas dominantes no Reef. Minha vida em Johannesburgo, minha exposição a homens como Gaur Radebe, minhas experiências na firma de advocacia, haviam todas alterado radicalmente minhas crenças. Lembrei-me daquele jovem que havia saído de Mqhekezweni como um sujeito inocente e provinciano que havia visto muito pouco do mundo. Eu acreditava agora que estava enxergando as coisas como elas eram. Mas isso também, naturalmente, era uma ilusão.

Ainda senti o conflito interior entre a minha razão e o meu coração. Meu coração me dizia que eu era um Thembu, que eu havia sido criado e enviado para a escola de forma que pudesse ter um papel especial na perpetuação do reinado. Eu não tinha obrigações com os mortos? Ao meu pai, que havia me posto aos cuidados do regente? Ao próprio regente, que havia cuidado de mim como se fosse meu pai? Mas minha razão me dizia que era o direito de todos os homens planejar seu próprio futuro como lhe aprouvesse e escolher o seu papel na vida. Não me era permitido fazer as minhas próprias escolhas?

A situação de Justice era diferente da minha, e depois da morte do regente ele tinha novas e importantes responsabilidades. Ele devia suceder o regente como chefe tribal e havia decidido permanecer em Mqhekezweni e assumir o que lhe era de direito. Eu tinha que voltar para Johannesburgo, e não podia nem ficar para participar de sua oficialização como chefe tribal. Em minha língua, há um ditado: "*Ndiwelimilambo enamagama*" (Atravessei rios famosos). Ele quer dizer que alguém viajou uma grande distância, que alguém tem uma ampla experiência e adquiriu um pouco de sabedoria com ela. Pensei nisso enquanto voltava sozinho para Johannesburgo. Eu havia, desde 1934, atravessado muitos rios importantes na minha própria terra: o Mbashe, e o Grande Kei, em minha viagem para Healdtown, e o Orange e o Vaal, em minha viagem para Johannesburgo. Mas eu ainda tinha muitos rios para atravessar.

No final de 1942 passei no exame final de meu bacharelado. Eu havia agora alcançado a posição que já havia considerado tão aclamada. Eu estava orgulhoso em conseguir meu bacharelado, mas também sabia que o título em si não era nem um talismã nem um passaporte para o sucesso fácil.

Na firma, eu me tornei amigo íntimo de Gaur, para irritação do Sr. Sidelsky. A educação, Gaur argumentava, era essencial para o nosso progresso, mas ele observava que nenhum povo ou nação jamais havia conseguido libertar-se apenas através da educação. "Educação é ótima", disse Gaur, "mas se formos depender apenas da educação, vamos ter que esperar por mil anos pela nossa liberdade. Somos pobres, temos poucos professores e ainda menos escolas. Não temos nem mesmo o poder de educarmos a nós mesmos".

Gaur acreditava em encontrar soluções, em vez de ficar jorrando teorias. Para os negros, ele afirmava, o motor das mudanças era o Congresso Nacional Africano; suas políticas eram a melhor forma de atingir o poder na África do Sul. Ele enfatizava a longa história do CNA defendendo mudanças, observando que o CNA era a organização mais antiga de nacionalismo africano do país, tendo sido fundado em 1912. Sua constituição condenava o racialismo, seus presidentes eram originários de grupos tribais diferentes, e ela pregava o objetivo de os negros serem cidadãos plenos da África do Sul.

Apesar da falta de educação formal de Gaur, ele era superior a mim em virtualmente todas as esferas de conhecimento. Durante os intervalos para almoço, ele frequentemente me dava palestras improvisadas; ele me emprestava livros para ler, recomendava pessoas com quem eu deveria conversar, reuniões para eu frequentar. Eu havia feito dois cursos de história moderna em Fort Hare, e enquanto eu conhecia muitos fatos, Gaur era capaz de explicar as causas de ações em particular, as razões pelas quais homens e nações haviam agido da forma que agiram. Senti-me como se estivesse aprendendo história novamente.

O que causou a impressão mais profunda em mim foi o compromisso de Gaur com a luta pela liberdade. Ele vivia e respirava a busca pela libertação. Gaur às vezes comparecia a várias reuniões por dia onde ele era o orador principal. Ele parecia não pensar em nada a não ser a revolução.

Acompanhei Gaur em reuniões do Conselho Consultivo dos Assentamentos e do CNA. Fui como observador, não como participante, pois não acho que tenha falado nunca. Eu queria compreender as questões sendo discutidas, avaliar os argumentos, observar o calibre dos homens envolvidos. As reuniões do Conselho Consultivo eram perfunctórias e burocráticas, mas as reuniões do CNA eram animadas com debates e discussões sobre Parlamento, as leis sobre passes, aluguéis, tarifas dos ônibus – todo e qualquer assunto que afetasse os negros.

Em agosto de 1943, marchei juntamente com Gaur e dez mil outras pessoas em apoio ao boicote aos ônibus em Alexandra, um protesto contra o aumento das tarifas de quatro para cinco *pence*. Gaur era um dos líderes e eu o observei em ação. Essa campanha teve um grande efeito sobre mim. De uma pequena maneira, eu havia me afastado de meu papel como observador e me tornado um participante. Descobri que marchar com o seu próprio povo é divertido e inspirador. Mas também fiquei impressionado pela eficiência do boicote: depois de nove dias, durante os quais os ônibus circularam vazios, a companhia recuou e a tarifa voltou a ser de quatro *pence*.

Os pontos de vista de Gaur não eram os únicos aos quais eu prestava atenção na firma. Hans Muller era um corretor imobiliário branco que negociava com o Sr. Sidelsky e travava discussões comigo. Ele era o protótipo do homem de negócios que via o mundo sob o prisma da oferta e demanda. Um dia, o Sr. Muller apontou para a janela. "Olhe lá para fora, Nelson", ele falou. "Você está vendo aqueles homens e mulheres andando apressadamente para cima e para baixo na rua? O que eles estão buscando? O que faz com que eles trabalhem tão febrilmente? Vou lhe dizer: todos eles, sem exceção, estão em busca de dinheiro e riquezas. Porque riqueza e dinheiro são iguais à felicidade. Isso é o que você deve lutar: por dinheiro, e nada além do dinheiro. Quando você tiver dinheiro suficiente, não há nada mais que você vai querer na vida".

William Smith era um mulato envolvido em negócios imobiliários para negros que sempre estava no escritório. Smith era um veterano da UCI (União dos Trabalhadores Comerciais e Industriais), o primeiro sindicato da África do Sul, fundado por Clements Kadalie, mas seu ponto de vista havia mudado drasticamente desde aqueles dias. "Nelson", ele disse, "venho me envolvendo em política por um longo tempo, e me arrependo de cada minuto disso. Desperdicei os melhores anos de minha vida com esforços fúteis servindo homens vaidosos e egoístas que colocavam os seus próprios interesses acima daqueles das pessoas que eles faziam de conta que serviam. Pela minha experiência, a política não é nada mais que um esquema para roubar dinheiro dos pobres".

O Sr. Sidelsky não participava dessas discussões. Ele parecia ver discussões sobre política tão perda de tempo quanto participar dela. Repetidamente ele me aconselhava a evitar a política. Ele me alertou sobre Gaur e Walter Sisulu. Esses homens vão envenenar a sua mente, ele disse. "Nelson", ele perguntou, "você quer ser um advogado, não quer?" Respondi que sim. "E se você for um advogado, quer ser um advogado bem-sucedido, não quer?" Novamente, respondi que sim. "Bem, se você entrar para a política", ele disse, "a sua banca vai sofrer. Você vai se envolver em problemas com as autoridades que frequentemente são suas aliadas no seu trabalho. Você vai perder todos os seus clientes, você vai à bancarrota, você vai destruir a sua família, e você vai acabar na prisão. Isso é o que acontece quando você entra para a política".

Prestei atenção ao que esses homens me falaram e pesei cuidadosamente suas visões de mundo. Todos os argumentos tinham algum mérito. Eu já estava tendendo a algum tipo de envolvimento político, mas não sabia o quê, ou como, e permaneci à beira do rio, sem ter muita certeza do que fazer.

Até onde dizia respeito à minha profissão, Gaur foi aquele que me ofereceu algo além de simples conselhos sobre como me comportar no escritório. Um dia, no início de 1943, quando eu já estava na firma de advocacia por menos de dois anos, Gaur me chamou de lado e disse, "Meu caro, se eu continuar trabalhando aqui na firma, eles nunca vão efetivar você, quer tenha um diploma ou não". Fiquei surpreso, e disse a Gaur que isso não podia ser verdade, pois ele nem estava estudando para ser advogado. "Isso não faz diferença alguma, Nelson", ele continuou. "Eles vão dizer, 'Temos Gaur, ele pode falar sobre assuntos legais com o nosso povo, por que precisamos de mais alguém? Gaur já está trazendo clientela para a firma'. Mas ele não vão lhe dizer isso na sua cara; eles vão apenas postergar e atrasar. É importante para o futuro de nossa luta neste país que você se torne um advogado, portanto vou me demitir da firma e abrir minha própria imobiliária. Quando eu me for, eles não terão escolha alguma a não ser efetivá-lo".

Eu lhe pedi que não se demitisse, mas ele estava resoluto. No espaço de alguns dias, ele entregou ao Sr. Sidelsky sua carta de demissão, e o Sr. Sidelsky acabou me efetivando como havia prometido. Não sei dizer se a ausência de Gaur teve alguma coisa a ver com esse fato, mas sua demissão foi outro exemplo de sua generosidade.

No início de 1943, depois de ser aprovado nos exames pela UNISA, voltei para Fort Hare para a minha colação de grau. Antes de viajar para a universidade, decidi me vestir com um traje adequado. De forma a fazê-lo, tive que tomar dinheiro emprestado de Walter Sisulu. Eu havia possuído um terno novo quando fui para Fort Hare, que o regente havia comprado para mim, e agora também teria um terno novo quando fosse para lá. Emprestei a beca de Randall Peteni, um amigo e colega da universidade.

O meu sobrinho, K. D. Matanzima, que havia se graduado vários anos antes, levou minha mãe e No-England, a viúva do regente, até a cerimônia. Fiquei feliz de ver minha mãe lá, mas o fato de No-England também estar presente fez com que parecesse que o próprio regente abençoava o evento.

Depois da cerimônia de formatura, passei alguns dias com Daliwonga (o nome de clã de K. D., e que era como eu o chamava), em sua casa em Qamata. Daliwonga já havia escolhido o caminho da liderança tradicional. Ele estava na linha de sucessão para se tornar o chefe de Emigrant Thembuland, que fica na parte mais ocidental do Transkei, e, enquanto eu estava hospedado em sua casa, ele me pressionou para que eu retornasse para Umtata depois de me qualificar como advogado. "Por que você quer ficar em Johannesburgo?", perguntou. "Você é mais necessário aqui".

Era uma observação justa; certamente havia mais profissionais negros no Transvaal do que no Transkei. Falei para Daliwonga que suas sugestões eram prematuras. Mas em meu coração, eu sabia que estava me direcionando para um compromisso diferente. Através da minha amizade com Gaur e Walter, eu estava começando a ver que o meu dever era com o meu povo como um todo, e não apenas com uma seção ou ramo em particular. Eu senti que todas as correntes em minha vida estavam me afastando do Transkei e me levando na direção do que parecia ser o centro, um lugar onde lealdades regionais e étnicas se anulavam diante de uma finalidade comum.

A formatura em Fort Hare me proporcionou um momento de introspecção e reflexão. Fui fortemente atingido pela discrepância entre minhas antigas suposições e a minha experiência real. Eu havia descartado meus pressupostos de que os graduados se tornam líderes automaticamente e que a minha ligação com a casa real Thembu garantia respeito para mim. Ter uma carreira bem-sucedida e um salário confortável não eram mais os meus objetivos principais. Vi-me sendo atraído para o mundo da política porque não estava satisfeito com as minhas velhas crenças.

Em Johannesburgo, eu me movimentava em círculos onde o bom-senso e a experiência prática eram mais importantes do que qualificações acadêmicas elevadas. Mesmo quando estava recebendo o meu diploma, me dei conta de que pouquíssima coisa que havia aprendido na universidade parecia relevante em meu novo meio ambiente. Na universidade, os professores haviam se esquivado de tópicos como opressão racial, falta de oportunidades para negros e a quantidade de leis e regulamentos que subjugavam o homem negro. Mas em minha vida em Johannesburgo, eu combatia essas coisas todos os dias. Ninguém havia jamais me sugerido como fazer para remover os males do preconceito racial, e eu tive que aprender por tentativa e erro.

Quando voltei para Johannesburgo, no início de 1943, me matriculei na Universidade do Witwatersrand, para bacharelado em direito, a formação acadêmica preparatória para um advogado. A Universidade do Witwatersrand, conhecida por todos como "Wits" está localizada em Braamfontein, na região norte-central de Johannesburgo, e é considerada por muitas pessoas como a melhor universidade de língua inglesa na África do Sul.

À medida que trabalhar na firma de advocacia me pôs em contato regular com homens brancos, pela primeira vez, a universidade me apresentou a um grupo de brancos com a mesma idade que eu. Em Fort Hare nós tínhamos contatos ocasionais com alunos brancos da Universidade de Rhodes, em Grahamstown, mas em Wits, eu estava tendo aulas juntamente com alunos brancos. Isso era novidade para eles tanto quanto era para mim, pois eu era o único aluno negro na faculdade de direito.

As universidades de língua inglesa da África do Sul eram grandes incubadoras de valores liberais. Era um tributo a essas instituições que elas admitiam alunos negros. Nas universidades Afrikaans isso seria uma coisa impensável.

Apesar dos valores liberais da universidade, nunca me senti inteiramente à vontade lá. Sempre sendo o único negro, com exceção dos empregados subalternos, a ser visto, na melhor das hipóteses, como uma curiosidade, e na pior como um intruso, não é uma experiência agradável. Os meus modos eram reservados, e conheci tanto generosidade quanto animosidade. Ainda que eu eventualmente encontrasse um cerne de brancos solidários que se tornaram amigos e, mais tarde, colegas, a maioria dos brancos em Wits não era liberal ou desprovida de preconceito racial. Lembro-me de um dia chegar alguns minutos atrasado para uma palestra e me sentar ao lado de Sarel Tighy, um colega de classe que mais tarde se tornou membro do Parlamento pelo Partido Unido. Apesar de a palestra já ter iniciado e haver poucos lugares vazios, ele ostensivamente juntou seus pertences e foi se sentar longe de mim. Esse tipo de comportamento era a regra mais do que a exceção. Ninguém dizia a palavra *kaffir*[*]; sua hostilidade era mais muda, mas eu a sentia da mesma forma.

Nosso professor de direito, Mr. Hahlo, era um tipo cerebral e rigoroso, que não tolerava muita independência da parte de seus alunos. Ele tinha uma perspectiva curiosa da lei no que dizia respeito a mulheres e negros: nenhum desses grupos, ele dizia, tinha capacidade para ser advogado. Sua visão era que o direito era uma ciência social e que as mulheres e os negros africanos não eram disciplinados o suficiente para dominar suas complexidades. Uma vez ele me disse que eu não deveria estar frequentando Wits, mas estudando para conseguir o meu diploma pela UNISA. Apesar de eu discordar de seu ponto de vista, pouco fiz para desacreditá-lo. O meu desempenho como aluno de direito era desolador.

Em Wits, conheci muitas pessoas que iriam compartilhar comigo os altos e baixos da luta pela libertação, e sem as quais eu teria realizado muito pouco. Muitos alunos brancos fizeram um esforço extra para me fazer sentir acolhido. Durante meu primeiro semestre em Wits, conheci Joe Slovo e sua futura esposa, Ruth First. Na época, assim como hoje em dia, Joe tinha uma das mentes mais agudas e incisivas que jamais encontrei. Ele era um comunista ardente, e era conhecido pelas suas festas extremamente animadas. Ruth tinha uma personalidade sociável e era uma escritora talentosa. Ambos eram filhos de imigrantes judeus vindos para a África do Sul. Iniciei amizades duradouras com George Bizos e Bram Fischer. George, filho de imigrantes gregos, era um homem que combinava uma natureza solidária com uma mente incisiva. Bram Fischer, um conferencista de meio-expediente, era o rebento de uma família Africânder famosa: seu avô havia sido primeiro-ministro da Colônia Orange River e seu pai era o juiz-presidente do Estado Livre de Orange. Apesar de poder ter sido primeiro-ministro da África do Sul, ele se tornou um dos mais corajosos e dedicados amigos da luta pela

[*] *Kaffir* – Termo ofensivo que era utilizado principalmente pelos Bôeres para se referir a uma pessoa negra, originalmente, era usado apenas para se referir apenas ao povo Xhosa. (N. do T.)

liberdade que jamais conheci. Tornei-me amigo de Tony O'Dowd e Harold Wolpe, que eram politicamente radicais e membros do Partido Comunista, e Jules Browde e sua esposa, que eram liberais defensores da causa *antiapartheid*.

Também formei amizades fortes com vários alunos indianos. Apesar de ter havido um punhado de alunos indianos em Fort Hare, eles ficavam em um alojamento separado, e eu quase nunca tinha contato com eles. Em Wits conheci e me tornei amigo de Ismail Meer, J. N. Singh, Ahmed Bhoola e Ramlal Bholia. O centro dessa comunidade unida era o apartamento de Ismail, no número 13 da Khovald House, quatro aposentos em um prédio residencial no centro da cidade. Lá nós estudávamos, conversávamos e até mesmo dançávamos até altas horas da madrugada, e ele se tornou uma espécie de quartel-general para jovens guerreiros pela liberdade. Às vezes, eu pernoitava lá quando ficava muito tarde para pegar o último trem de volta para Orlando.

Brilhante e sério, Ismail Meer nasceu em Natal, e enquanto estudava direito em Wits, tornou-se um membro-chave do Congresso Indiano do Transvaal. J. N. Singh era um sujeito popular e atraente, que ficava à vontade com pessoas de todas as cores e que também era membro do Partido Comunista. Um dia, Ismail, J. N. e eu estávamos com pressa para chegar à Khovald House, e pegamos o bonde a despeito do fato de que, enquanto indianos eram aceitos nele, negros não o eram. Estávamos no bonde não fazia muito tempo quando o condutor virou-se para Ismail e J. N. e disse em africâner que o "amigo *kaffir*" deles não podia embarcar no bonde. Ismail e J. N. gritaram com o condutor, dizendo para ele que ele nem mesmo entendia a palavra *kaffir* e que era uma ofensa me chamar daquele nome. O condutor imediatamente parou o bonde e chamou um policial, que nos prendeu, nos levou até a delegacia, e abriu um inquérito contra nós. Fomos intimados a comparecer ao tribunal no dia seguinte. Naquela noite, Ismail e J. N. tomaram as providências para que Bram Fischer nos defendesse. No dia seguinte, o magistrado pareceu admirado pelas conexões familiares de Bram. Fomos imediatamente inocentados e testemunhei em primeira mão que a justiça não era mesmo cega.

Wits descortinou um novo mundo para mim, um mundo de ideias e crenças políticas e debates, um mundo onde as pessoas eram apaixonadas pela política. Eu estava entre intelectuais brancos e indianos que pertenciam à minha própria geração, jovens que formariam a vanguarda dos movimentos políticos mais importantes dos anos seguintes. Descobri pela primeira vez pessoas da minha idade que estavam firmemente alinhadas com a luta pela libertação, que estavam preparadas, apesar de seu relativo privilégio, a se sacrificarem pela causa dos oprimidos.

Parte Três

O NASCIMENTO DE UM GUERREIRO PELA LIBERDADE

11

NÃO CONSIGO DEFINIR COM PRECISÃO o momento quando me tornei politizado, quando eu soube que passaria minha vida na luta pela libertação. Ser um negro na África do Sul significa que se é politizado desde o momento do nascimento, quer a pessoa reconheça isso ou não. Uma criança negra nasce em um hospital Apenas para Negros, levada para casa em um ônibus Apenas para Negros, mora em uma área Apenas para Negros e frequenta escolas Apenas para Negros, se é que vai para a escola.

Quando cresce, pode ter um emprego Apenas para Negros, alugar uma casa em assentamentos Apenas para Negros, viajar em trens Apenas para Negros, e ser parado na rua a qualquer hora do dia ou da noite e ser obrigado a apresentar um passe, se não o fizer, será preso e atirado na cadeia. Sua vida é circunscrita pelas leis e regulamentos racistas que limitam o seu crescimento, diminuem seu potencial e tolhem sua vida. Essa era a realidade e podia-se lidar com ela de formas infinitas.

Não tive uma epifania, nenhuma revelação, nenhum momento da verdade, mas um acúmulo constante de milhares de ofensas, milhares de indignidades, milhares de momentos não memoráveis, que produziram em mim uma cólera, uma rebeldia, um desejo de lutar contra o sistema que aprisionava o meu povo. Não houve um dia em particular no qual eu falei, "Deste momento em diante vou me devotar à libertação do meu povo;" em vez disso, simplesmente me vi fazendo isso, e não conseguiria agir diferentemente.

Mencionei muitas das pessoas que me influenciaram, mas eu havia mais e mais ficado sob a sábia tutela de Walter Sisulu. Walter era forte, sensato, prático e dedicado. Ele nunca perdia a cabeça durante uma crise; ele frequentemente ficava em silêncio quando outros ficavam gritando.

Ele acreditava que o CNA era o meio de efetivar mudanças na África do Sul, o repositório das esperanças e aspirações dos negros africanos. Às vezes, pode-se julgar uma organização pelas pessoas que a ela pertencem, e eu sabia que me orgulharia em pertencer a qualquer organização da qual Walter fosse membro. Na época, havia poucas alternativas. O CNA era a única organização que acolhia todos, que considerava a si mesma como um guarda-chuva sob o qual todos os negros encontrariam abrigo.

Mudanças estavam no ar nos anos quarenta. A Carta do Atlântico de 1941, assinada por Roosevelt e Churchill, reafirmava a fé na dignidade de cada ser humano e propagava uma série de princípios democráticos. Alguns no ocidente viam a carta como promessas vazias, mas não aqueles de nós na África do Sul. Inspirados pela Carta do Atlântico e a luta dos Aliados contra a tirania e a opressão, o CNA formulou a sua própria carta, chamada Reivindicações Africanas, que pedia a cidadania plena para todos os negros, o direito de adquirir terras e a revogação de todas as legislações discriminatórias. Nós esperávamos que tanto o governo sul-africano como seus cidadãos comuns vissem que os princípios pelos quais estavam lutando na Europa eram os mesmos que advogávamos em nosso país.

A casa de Walter em Orlando era uma Meca para ativistas e membros do CNA. Era um local caloroso e acolhedor e eu frequentemente estava lá fosse para saborear uma discussão política ou a comida de MaSisulu. Numa noite, em 1943, conheci Anton Lembede que tinha mestrado e bacharelado em direito, e A.P. Mda. No momento em que escutei Lembede falar, soube que estava vendo uma personalidade magnética que pensava de maneira original e frequentemente surpreendente. Ele era então um dos pouquíssimos advogados negros na África do Sul inteira e era advogado associado do venerável Dr. Pixley ka Seme, um dos fundadores do CNA.

Lembede afirmou que a África era um continente do homem negro, e que cabia aos negros se reafirmarem e reclamar o que lhes era de direito.

Ele odiava a ideia do complexo de inferioridade dos negros e criticava severamente o que ele chamava de adoração e idolatria do Ocidente e suas ideias. O complexo de inferioridade, ele afirmou, era a grande barreira para a libertação. Ele observou que sempre que os negros haviam tido a oportunidade, eles foram capazes de se desenvolverem na mesma medida que os homens brancos, citando heróis negros como Marcus Garvey, W. E. B. Du Bois e Hailé Selassié. "A cor da minha pele é linda", ele falou, "como o solo negro da Mãe África". Ele acreditava que os negros tinham que melhorar a sua própria autoimagem antes que pudessem iniciar ações bem-sucedidas de massas. Ele pregava autoconfiança e autodeterminação, e chamava a sua filosofia de Africanismo. Nós tínhamos como certo que um dia ele lideraria o CNA.

Lembede declarou que um novo espírito estava se alvoroçando entre o povo, que as diferenças étnicas estavam se dissolvendo, que os jovens homens e mulheres viam-se, acima de tudo, como negros, e não como Xhosa ou Ndebeles ou Tswanas. Lembede, cujo pai era um camponês Zulu analfabeto de Natal, havia se formado professor no Adam's College, uma instituição do Conselho Americano de Missões. Ele havia dado aulas durante anos no Estado Livre de Orange, aprendido Afrikaans, e veio a encarar o nacionalismo Africânder como um protótipo do nacionalismo Africano.

Como Lembede escreveu mais tarde no jornal *Inkundla ya Bantu*, um jornal destinado ao público negro de Natal:

> A história dos tempos modernos é a história do nacionalismo. O nacionalismo tem sido posto à prova nas lutas dos povos e no fogo das batalhas e foi comprovado ser o único antídoto contra o domínio estrangeiro e o imperialismo moderno. É por essa razão que os grandes poderes imperialistas se empenham febrilmente com todo o seu poder em desencorajar e erradicar todas as tendências nacionalistas entre seus súditos estrangeiros; com essa finalidade somas enormes de dinheiro são prodigamente gastas em propaganda contra o nacionalismo, que

é denominado como "estreito", "bárbaro", "inculto", "diabólico" etc. Alguns súditos estrangeiros são logrados por essa propaganda sinistra e consequentemente se tornam ferramentas ou instrumentos do imperialismo para o qual os serviços que prestam são elogiados pelo poder imperialista e cumulados de epítetos tais como "cultos", "liberais", "progressistas", "tolerantes" etc.

Os pontos de vista de Lembede tocaram fundo em mim. Eu também havia sido suscetível ao colonialismo paternalista britânico e o apelo de ser percebido pelos homens brancos como sendo "culto" e "progressista" e "civilizado". Eu já estava em meu caminho para me tornar um membro da elite negra que a Grã-Bretanha buscava criar na África. Isso é o que todos, do regente ao Sr. Sidelsky, haviam desejado para mim. Mas isso era uma ilusão. Como Lembede, vim a ver o nacionalismo militante negro como antídoto.

O amigo e parceiro de Lembede era Peter Mda, mais conhecido como A.P. Enquanto Lembede tendia à imprecisão e era inclinado a ser loquaz, Mda era controlado e preciso. Lembede podia ser vago e místico, Mda era específico e científico. A praticidade de Mda era um contraste perfeito para o idealismo de Lembede.

Outros jovens estavam pensando de maneira semelhante, e nos reuníamos para discutir essas ideias. Além de Lembede e Mda, esses homens incluíam Walter Sisulu; Oliver Tambo; Dr. Lionel Majombozi; Victor Mbobo, meu ex-professor em Healdtown; William Nkomo, aluno de medicina que era membro do PC; Jordan Ngubane, jornalista de Natal que trabalhava para o *Inkundla* assim como para o *Bantu World*, o jornal de maior circulação destinado ao público negro; David Bopape, secretário do NCA no Transvaal e membro do Partido Comunista; e muitos outros. Muitos sentiam, injustamente talvez, que o CNA como um todo havia se tornado a reserva de uma elite africana cansada, não militante e privilegiada que estava mais preocupada em proteger seus próprios direitos do que o das massas. O consenso geral era que alguma ação devia ser tomada, e o Dr. Majombozi propôs a formação de uma Liga da Juventude como uma forma de acender uma chama sob as lideranças do CNA.

Em 1943, uma delegação incluindo Lembede, Mda. Sisulo, Tambo, Nkomo e eu mesmo fomos ver o Dr. Xuma, que era o presidente do CNA, numa casa razoavelmente grande em Sophiatown. O Dr. Xuma tinha um pequeno consultório médico em sua casa, além de uma pequena plantação. O Dr. Xuma havia desempenhado um ótimo trabalho no CNA. Ele despertou de seu estado de dormência sob o comando do Dr. Ka Seme, quando a organização encolheu tanto em tamanho como em importância. Quando ele assumiu a presidência, o CNA tinha dezessete xelins e seis *pence* em seu caixa, e ele havia aumentado a quantia para quatro mil libras esterlinas. Ele era admirado pelos líderes tradicionais, tinha relacionamentos com ministros do gabinete e exalava uma sensação de segurança e confiança. Mas também se portava com um ar de arrogância que não beneficiava em nada um líder de uma organização de massas. Não importando o quão devotado ele fosse ao CNA, sua prática de medicina tinha prioridade. Xuma presidiu a era das delegações, deputações, cartas e telegramas. Tudo era feito à maneira inglesa, a ideia por trás de tudo era que, apesar de nossas discordâncias, todos nós éramos cavalheiros. Ele apreciava os relacionamentos que havia formado com o Sistema e não queria arriscá-los com ações políticas.

Em nossa reunião, nós lhe dissemos que pretendíamos organizar uma Liga da Juventude e uma campanha de ações projetada para mobilizar o apoio das massas. Havíamos trazido conosco uma cópia do esboço de constituição e manifesto. Dissemos ao Dr. Xuma que o CNA estava se arriscando a se tornar marginalizado a não ser que se agitasse e adotasse novos métodos. O Dr. Xuma sentiu-se ameaçado pela nossa delegação e protestou fortemente contra a constituição de uma Liga da Juventude. Ele pensava que a liga deveria ser um grupo com uma organização mais livre e agir principalmente como um comitê de recrutamento para o CNA. De uma forma paternalista, o Dr. Xuma continuou nos falando que os negros, como um grupo, eram desorganizados e indisciplinados demais para participar em uma campanha de massas e que fazer tal campanha era precipitado e perigoso.

Logo depois da reunião com o Dr. Xuma, um comitê provisório da Liga da Juventude foi formado, sob a liderança de William Nkono. Os membros do comitê compareceram à conferência anual do CNA em Bloemfontein, em dezembro de 1943, onde propuseram a formação da Liga da Juventude para ajudar a recrutar novos membros para a organização. A proposta foi aceita.

A formação de fato da Liga da Juventude tomou lugar no Domingo de Páscoa de 1944, no Centro Social Bantu para Homens, na Rua Eloff. Havia cerca de cem homens lá, alguns vindos até de Pretória. Era um grupo seleto, um grupo de elite, uma grande quantidade de nós era de graduados por Fort Hare; estávamos longe de sermos um movimento de massas. Lembede deu uma palestra sobre a história das nações, uma viagem pelo horizonte da Grécia antiga até a Europa medieval e a era das colonizações. Ele enfatizou os feitos históricos da África e dos negros, e observou o quão tolo era os brancos se perceberem como um povo escolhido e uma raça intrinsecamente superior.

Jordan Ngubane, A. P. Mda e William Nkono também discursaram, e enfatizaram o espírito emergente do nacionalismo africano. Lembede foi eleito presidente, Oliver Tambo foi eleito secretário e Walter Sisulu se tornou o tesoureiro. A. P. Mda, Jordan Ngubane, Congress Mbata, David Bopape e eu fomos eleitos para o comitê executivo. Mais tarde, jovens proeminentes se juntaram a nós, como Godfrey Pitje, um estudante (mais tarde professor e depois advogado); Arthur Letele, Wilson Conco, Diliza Mji e Nthato Motlana, todos eles alunos de medicina; Dan Tloome, sindicalista; e Joe Matthews, Duma Nokwe e Robert Sobukwe, todos alunos. Filiais foram logo estabelecidas em todas as províncias.

A política básica de liga não diferia muito da primeira constituição do CNA de 1912. Mas estávamos reafirmando e enfatizando aquelas preocupações originais, muitas das quais foram deixadas de lado. O nacionalismo africano era o nosso grito de batalha, e o nosso credo era a criação de uma única nação a partir de nossas muitas tribos, a derrubada da supremacia dos homens brancos, e o estabelecimento de uma forma verdadeiramente democrática de governo. Nosso manifesto declarava: "Acreditamos que a libertação nacional dos negros será atingida pelos próprios negros... a Liga da Juventude do Congresso deve ser o cérebro e o motor do espírito do nacionalismo africano."

O manifesto rejeitava absolutamente a noção de curadoria, a ideia de que o governo branco, de alguma forma, tinha os interesses dos negros em mente. Mencionamos a legislação debilitante e antiafricana dos últimos quarenta anos, começando com a Lei Territorial de 1913, que acabou privando os negros de 87 por cento do território onde nasceram; a Lei das Áreas Urbanas de 1923, que criou favelas negras apinhadas, educadamente chamadas de "locais nativos" de forma a fornecer mão de obra barata para as indústrias dos homens brancos; a Lei de Barreira de Cor de 1926, que proibia os negros a praticar profissões que requeressem habilidade; a Lei da Administração Nativa de 1927, que fazia da Coroa Britânica, em vez dos chefes tribais principais, o chefe supremo de todas as páreas africanas; e finalmente, em 1936, a Lei de Representação dos Nativos, que excluía os negros da Lista Comum de Votantes no Cabo, despedaçando assim qualquer ilusão de que os brancos permitiriam que os negros controlassem seu próprio destino.

Nós estávamos extremamente desconfiados do comunismo. O documento declarava, "Podemos tomar emprestado... de ideologias estrangeiras, mas rejeitamos a importação no atacado de ideologias estrangeiras para a África". Isso era uma repreensão implícita ao Partido Comunista, que Lembede e muitos outros, inclusive eu, consideravam uma ideologia "estrangeira" inapropriada para a situação africana. Lembede achava que o Partido Comunista era dominado pelos brancos, o que solapava a autoconfiança e a iniciativa dos negros.

Vários comitês foram formados naquele dia, mas a finalidade principal da Liga da Juventude era fornecer direção ao CNA em suas busca por liberdade política. Apesar de eu concordar com isso, eu estava preocupado em relação a aderir à Liga e ainda tinha dúvidas a respeito da extensão do meu compromisso político. Eu estava então trabalhando em tempo integral e estudando em meio período, e tinha pouco tempo fora dessas duas atividades. Eu também tinha certa insegurança, me sentindo atrasado politicamente em comparação com Walter, Lembede e Mda. Eles eram homens que conheciam suas próprias ideias, e eu era, até então, não formado inteiramente. Eu ainda não tinha confiança em mim mesmo como orador, e ficava intimidado com a eloquência de tantos daqueles que faziam parte da Liga.

O Africanismo de Lembede não era universalmente apoiado porque suas ideias eram caracterizadas por uma exclusividade racial que perturbava alguns dos outros componentes da Liga da Juventude. Alguns deles achavam que um nacionalismo que incluísse brancos solidários era um curso mais desejável. Outros, inclusive eu, contra-argumentavam que se os negros se vissem diante de uma forma de luta multirracial, eles continuariam enamorados pela cultura do homem branco e seriam presas de uma sensação contínua de inferioridade. Na época, eu me opunha firmemente à entrada de comunistas ou de homens brancos na Liga.

* * *

A casa de Walter era o meu lar longe do lar. Durante vários meses, no início da década de 40, ela foi, na verdade, a minha casa quando eu não tinha outro lugar para ficar. A casa estava sempre cheia, e parecia que havia uma discussão perpétua acontecendo sobre política. Albertina, a esposa de Walter, era uma presença sábia e maravilhosa, e uma forte apoiadora do trabalho político de Walter. (Em seu casamento, Anton Lembede disse: "Albertina, você se casou com um homem casado: Walter casou-se com a política muito antes de a conhecer".)

Foi na sala de estar da casa dos Sisulu que conheci Evelyn Mase, minha primeira esposa. Ela era uma garota bonita e calma, do interior, que não parecia estar muito assombrada com as idas e vindas na casa dos Sisulu. Na época ela estava estudando enfermagem com Albertina e com a esposa de Peter Mda, Rose, no Hospital Geral não Europeu de Johannesburgo.

Evelyn era de Engcobo, no Transkei, a alguns quilômetros ao oeste de Umtata. Seu pai, um trabalhador em mineração, havia morrido quando ela ainda era bebê, e sua mãe morreu quando ela tinha doze anos de idade. Quando completou o Ensino Fundamental, Evelyn foi enviada para Johannesburgo para frequentar um colégio. Ela ficou com seu irmão, Sam Mase, que na época morava na casa dos Sisulu. MaSisulu, a mãe de Walter, era irmã da avó de Evelyn. Os Sisulu tratavam Evelyn como se ela fosse uma filha predileta, e ela era muito amada por eles.

Convidei Evelyn para sair logo depois de nosso primeiro encontro. Quase tão rapidamente nós nos apaixonamos. Depois de alguns meses eu a pedi em casamento e ela aceitou. Casamos-nos em uma cerimônia civil que requeria apenas as nossas assinaturas e uma testemunha na Corte do Comissariado Nativo em Johannesburgo, pois não tínhamos como pagar por uma cerimônia tradicional de casamento ou banquete. Nosso problema mais imediato foi encontrar um lugar para morar. Primeiramente fomos ficar com o irmão dela em Orlando East e depois com a irmã de Evelyn na City Deep Mines, onde o cunhado dela, Msunguli Mgudlwa, era funcionário.

12

Em 1946, ocorreu uma série de eventos que moldaram meu desenvolvimento político e a direção da luta. A greve dos mineiros de 1946, na qual 70 mil mineiros negros ao longo do Reef entraram em greve, me afetou muito. Através da iniciativa de J. B. Marks, Dan Tloome, Gaur Radebe e vários ativistas trabalhistas do CNA, o Sindicato dos Mineiros

Africanos (SMA) havia sido criado no início da década de quarenta. Havia aproximadamente 400 mil mineiros negros trabalhando no Reef, a maioria dos quais ganhando não mais do que dois xelins por dia de trabalho. As lideranças do sindicato haviam repetidamente pressionado a Câmara de Minas por um salário-mínimo de dez xelins por dia, assim como casas para as famílias e duas semanas de férias pagas. A câmara ignorou as exigências do sindicato.

Em uma das maiores ações do gênero na história da África do Sul, os mineiros entraram em greve por uma semana e mantiveram sua solidariedade. A retaliação do governo foi impiedosa. Os líderes foram presos, os complexos cercados pela polícia, e os escritórios do SMA saqueados. Uma marcha foi brutalmente reprimida pela polícia; doze mineiros morreram. O Conselho Representativo dos Nativos foi suspenso em protesto. Eu tinha vários parentes que eram mineiros, e durante a semana da greve eu os visitei, discuti as questões e expressei meu apoio.

J. B. Marks, membro de longa data do CNA e do Partido Comunista, era então presidente do Sindicato dos Mineiros Africanos. Nascido no Transvaal, de pais de raças diferentes, Marks era uma figura carismática com um senso de humor característico. Ele era um homem alto e de tez clara. Durante a greve eu às vezes ia com ele de mina em mina, falando com os trabalhadores e planejando estratégias. De manhã até a noite ele demonstrava uma liderança calma e racional, com seu humor aliviando mesmo as crises mais difíceis. Fiquei impressionado com a organização do sindicato e a capacidade de controlar seus membros, mesmo diante de uma oposição tão selvagem.

No final, o estado prevaleceu: a greve foi suprimida e o sindicato esmagado. A greve marcou o início de minha amizade com Marks. Eu o visitava frequentemente em sua casa, e nós discutíamos longamente minha oposição ao comunismo. Marks era um membro resoluto do partido, mas ele nunca levou minhas objeções para o lado pessoal, e sentia que era natural que um jovem abraçasse o nacionalismo, mas que, quando ficasse mais velho e experiente, meu ponto de vista se ampliaria.

Tive essas mesmas discussões com Moses Kotane e Yusuf Dadoo, ambos acreditavam, como Marks, que o comunismo tinha que ser adaptado para a situação africana. Outros membros comunistas do CNA me condenavam e aos outros membros da Liga da Juventude, mas Marks, Kotane e Dadoo nunca o fizeram.

Depois da greve, cinquenta e dois homens, incluindo Kotane, Marks e muitos outros comunistas foram presos e julgados, primeiramente por incitação à desordem, e mais tarde por sedição. Era um julgamento político, um esforço do estado em mostrar que não era conciliador diante da Ameaça Vermelha.

Naquele mesmo ano, outro evento me forçou a reformular a minha abordagem inteira em relação ao trabalho político. Em 1946, o governo Smuts passou a Lei de Ocupação de Terras por asiáticos, que limitava o movimento livre dos indianos, limitava as áreas onde indianos poderiam residir e negociar, e restringia severamente seu direito de comprar propriedades. Em troca, eles teriam representatividade no Parlamento através de deputados brancos simbólicos. O Dr. Dadoo, presidente do Congresso Indiano do Transvaal, criticou fortemente as restrições e recusou a oferta de representação parlamentar como uma "oferta espúria de um privilégio falso". Essa lei – conhecida como a Lei do Gueto – foi um insulto grave à comunidade indiana e antecipou a Lei de Áreas para Grupos, que eventualmente limitaria a liberdade de todos os sul-africanos de cor.

A comunidade indiana ficou ultrajada e lançou uma campanha combinada de dois anos de resistência pacífica para protestar contra as medidas. Liderada pelos Drs. Dadoo e G. M. Naicker, presidente do Congresso Indiano de Natal, a comunidade indiana conduziu uma campanha em massa que nos impressionou pela sua organização e dedicação. Donas de casa, sacerdotes, doutores, advogados, comerciantes, estudantes e trabalhadores tomaram seus lugares nas linhas de frente do protesto. Durante dois anos, as pessoas deixaram seus afazeres de lado para participar da batalha. Comícios em massa foram feitos; terras reservadas para brancos foram ocupadas e bloqueadas. Nada menos do que dois mil voluntários foram para a cadeia, e os Drs. Dadoo e Naicker foram sentenciados a seis meses de trabalhos forçados.

A campanha ficou limitada à comunidade indiana e a participação de outros grupos não foi estimulada. Mesmo assim, o Dr. Xuma e outros líderes negros discursaram em várias reuniões e juntamente com a Liga da Juventude deram apoio moral completo à luta do povo indiano. O governo sufocou a rebelião com leis duras e intimidação, mas nós na Liga da Juventude e no CNA havíamos testemunhado o povo indiano realizar um protesto extraordinário contra a opressão racial de uma forma que os negros e o próprio CNA nunca haviam feito. Ismail Meer e J. N. Singh trancaram suas matrículas, despediram-se de suas famílias e foram para a prisão. Ahmed Kathrada, que ainda era aluno do colegial, fez a mesma coisa. Eu visitava com frequência a casa de Amina Pahad para almoçar, e então, repentinamente, essa mulher charmosa pôs de lado seu avental e foi para a cadeia por suas crenças. Se eu antes havia questionado a vontade da comunidade indiana de protestar contra a opressão, eu já não podia mais fazê-lo.

A campanha indiana tornou-se um modelo para o tipo de protesto que nós na Liga da Juventude estávamos exigindo. Ela instilava um espírito de desafio e radicalismo entre as pessoas, rompia o temor da prisão e aumentava a popularidade e a influência do CIN e do CIT. Eles nos lembraram que a luta pela liberdade não era apenas uma questão de se fazer discursos, realizar reuniões, aprovar resoluções e enviar deputações, mas de organização meticulosa, ação militante de massas e, acima de tudo, a disposição de sofrer e de se sacrificar. A campanha indiana se assemelhava à campanha de resistência pacífica de 1913, na qual Mahatma Gandhi liderou uma procissão tumultuada de indianos atravessando ilegalmente de Natal para o Transvaal. Aquilo era história; esta campanha estava acontecendo diante de meus próprios olhos.

No início de 1946, eu e Evelyn nos mudamos para uma casa municipal de dois cômodos, só nossa, em Orlando East e depois disso para uma casa um pouco maior no número 8115 de Orlando West. Orlando West era uma área espartana e poeirenta de casas municipais em forma de caixotes que se tornaria mais tarde parte da Grande Soweto, Soweto era um acrônimo, em inglês, de Assentamentos do Sudoeste. Nossa casa estava situada em uma área apelidada de Westcliff pelos seus residentes, em homenagem ao subúrbio elegante dos brancos ao norte.

O aluguel de nossa nova casa era de dezessete xelins e seis *pence* por mês. A casa em si era idêntica a centenas de outras construídas em terrenos minúsculos em ruas de pó. Ela tinha o mesmo telhado de zinco, padrão, o mesmo chão de cimento, uma cozinha estreita e um banheiro de balde nos fundos. Apesar de haver postes de luz no lado de fora, nós utilizávamos lampiões de querosene dentro das casas, pois elas ainda não haviam sido eletrificadas. O quarto era tão pequeno que uma cama de casal ocupava quase todo o espaço. Essas casas eram construídas pelas autoridades municipais para os trabalhadores que precisavam ficar perto das cidades. Para aliviar a monotonia, algumas pessoas faziam pequenos jardins ou pintavam suas portas com cores brilhantes. Era o exato oposto da grandiosidade, mas era a primeira casa verdadeiramente minha e eu estava extremamente orgulhoso. Um homem não é um homem até que tenha a sua casa. Eu não sabia então que ela era a única residência que seria inteiramente minha durante muitos e muitos anos.

O estado havia alocado a casa para mim e Evelyn porque não éramos mais apenas duas pessoas, mas três. Naquele ano, nasceu o nosso primeiro filho, Madiba Thembekile. Ele recebeu meu nome de clã, Madiba, mas era conhecido pelo seu apelido, Thembi. Ele era um menino robusto e feliz, que as pessoas diziam que lembrava mais sua mãe do que seu pai. Eu havia agora produzido um herdeiro, ainda que eu tivesse poucas posses para deixar de herança para ele. Mas eu havia perpetuado o nome Mandela e o clã Madiba, o que é uma das responsabilidades básicas de um Xhosa.

Eu finalmente tinha uma base estável e passei do estado de hóspede na casa de outras pessoas para o de ter meus próprios hóspedes. Minha irmã Leabie veio morar conosco e a levei até o outro lado da ferrovia para matriculá-la no Colégio Orlando. Em minha cultura, todos os membros da família de uma pessoa têm o direito à hospitalidade de qualquer outro membro da família; a combinação de minha grande família e minha nova casa significava um grande número de hóspedes.

Eu apreciava a domesticidade, mesmo tendo pouco tempo para ela. Eu me divertia brincando com Thembi, dando-lhe banho e alimentando-o e fazendo-o dormir com uma pequena história. Na verdade, eu adoro brincar com crianças e conversar com elas; sempre foi uma das coisas que mais me deixavam em paz. Eu gostava de descansar em casa, lendo silenciosamente, sentindo os aromas doces e gostosos emanando das panelas fervendo na cozinha. Mas eu raramente estava em casa para apreciar essas coisas.

Durante a parte final daquele ano, o Reverendo Michael Scott veio se hospedar conosco. Scott era um clérigo anglicano e um grande lutador pelos direitos dos negros. Ele havia sido abordado por um homem chamado Komo, que estava representando os moradores de uma área invadida, nos arredores de Johannesburgo, a quem o governo estava procurando realocar. Komo queria que Scott protestasse contra a remoção. Scott disse, “Se for para eu ajudá-los, tenho que ser um de vocês”, e então se mudou para a área invadida e fundou uma congregação. A favela de Scott para os sem-teto foi construída perto de uma colina rochosa e os residentes a batizaram de Tobruk, em homenagem à batalha na campanha da África do Norte durante a guerra. Era um lugar onde eu às vezes levava Thembi nas manhãs de domingo, pois ele gostava de brincar de esconde-esconde entre as rochas. Depois de Scott ter estabelecido sua congregação, ele descobriu que Komo estava desfalcando dinheiro das pessoas que estavam contribuindo financeiramente para a luta contra a remoção. Quando Scott confrontou Komo, este expulsou Scott do acampamento e ameaçou matá-lo.

Scott se refugiou conosco em Orlando e trouxe consigo um sacerdote negro, chamado Dlamini, que também tinha esposa e filhos. Nossa casa era minúscula, e Scott dormia na sala de estar, Dlamini e sua esposa dormiam em outro aposento, e nós pusemos todas as crianças para dormir na cozinha. O Reverendo Scott era um homem modesto e despretensioso, mas Dlamini era um pouco difícil de lidar. Durante as refeições, ele reclamava da comida. "Olhem aqui", ele falava, "esta carne de vocês é muito magra e dura, e não está apropriadamente cozida. Não estou acostumado a refeições como esta". Scott ficava horrorizado com isso, e admoestava Dlamini, mas Dlamini não prestava atenção. Na noite seguinte, ele poderia dizer, "Bem, isto está um pouco melhor do que ontem, mas ainda longe de estar bem preparado. Mandela, você sabe que a tua esposa não sabe cozinhar".

Dlamini causou indiretamente a resolução da situação porque eu estava tão ansioso em mandá-lo embora que fui até o acampamento de invasores e expliquei que Scott era um verdadeiro amigo deles, diferentemente de Komo, e que eles tinham que escolher entre os dois. Eles então organizaram uma eleição da qual Scott foi vencedor e assim pode retornar para o acampamento, levando o Padre Dlamini consigo.

No início de 1947, completei o período obrigatório de três anos de estágio e o meu tempo de serviço na Witkin, Sidelsky e Eidelman chegou ao fim. Decidi me tornar um estudante em tempo integral, para receber meu bacharelado em direito e assim poder abrir o meu próprio escritório de advocacia. A perda das oito libras, dez xelins e um *penny* que eu recebia por mês na firma foi devastadora. Solicitei um empréstimo de 250 libras esterlinas junto ao Fundo de Previdência Bantu no Instituto Sul-Africano de Relações Raciais em Johannesburgo para ajudar a financiar meus estudos de direito, que incluíam taxas da universidade, livros e uma mesada mensal. Recebi um empréstimo de 150 libras esterlinas.

Três meses depois, escrevi para eles novamente, observando que a minha esposa estava para entrar em licença-maternidade, e nós perderíamos o seu salário de dezessete libras por mês, que era absolutamente necessário para a nossa sobrevivência. Recebi o dinheiro adicional, pelo qual fiquei grato, mas as circunstâncias que o justificaram foram tristes. O nascimento de nossa filha Makaziwe não teve complicações, mas ela era frágil e doentia. Desde o início nós esperamos pelo pior. Em muitas noites eu e Evelyn nos revezávamos cuidando dela. Não sabíamos o nome da doença que estava consumindo essa menina minúscula e os médicos não conseguiam explicar a natureza do seu problema. Evelyn monitorou o bebê com a combinação da persistência de uma mãe e a eficiência profissional de uma enfermeira. Quando tinha nove meses de idade, Makaziwe faleceu. Evelyn ficou arrasada, e a única coisa que ajudou a aliviar a minha própria dor foi a tentativa de aliviar a dor dela.

Na política, não importando o quanto alguém planeje, as circunstâncias frequentemente ditam os eventos. Em julho de 1947, durante uma discussão informal com Lembede sobre assuntos da Liga da Juventude, ele se queixou para mim de uma dor súbita no estômago e de calafrios que estava sentindo. Quando a dor piorou, nós o levamos até o Hospital Coronation, e naquela mesma noite ele estava morto, aos trinta e três anos de idade. Muitas pessoas ficaram profundamente abaladas pela sua morte. Walter Sisulu ficou prostrado de dor. O falecimento de Lembede foi um revés para o movimento, pois ele era uma fonte de ideias e atraía outras pessoas para a organização.

Lembede foi sucedido por Peter Mda, cuja abordagem analítica, capacidade de se expressar com clareza e simplicidade, e experiência tática faziam dele um excelente político e um formidável líder da Liga da Juventude. Mda era um sujeito magro, ele não tinha excesso de peso, da mesma forma que não usava palavras em excesso. Sua tolerância liberal dos pontos de vista diferentes, seu próprio raciocínio era mais maduro do que o de Lembede. Foi necessária a liderança de Mda para levar adiante a causa de Lembede.

Mda acreditava que a Liga da Juventude devia funcionar como um grupo interno de pressão, uma ala nacionalista militante dentro do CNA como um todo que iria impulsionar a organização para uma nova era. Naquela época, o CNA não tinha um único empregado em tempo integral e era mal-organizada, em geral, operando de uma maneira improvisada. (Mais tarde, Walter tornou-se o primeiro e único membro da organização do CNA em tempo integral, recebendo um salário extremamente pequeno).

Mda rapidamente estabeleceu uma seção da Liga da Juventude em Fort Hare sob a liderança de Z. K. Matthews e Godfrey Pitje, que era professor de antropologia. Eles recrutaram alunos destacados, trazendo sangue e ideias novos para a Liga. Entre os mais destacados estavam o brilhante filho do professor Matthews, Joe, e Robert Sobukwe, um orador fascinante e pensador incisivo.

Mda era mais moderado em seu nacionalismo do que Lembede, e seu raciocínio era desprovido do matiz racial que caracterizava o de Lembede. Ele odiava a opressão dos homens brancos e a dominação dos homens brancos, mas não os homens brancos. Ele também era menos extremista em sua oposição ao Partido Comunista do que Lambede – ou eu mesmo. Eu estava entre os membros da Liga da Juventude que suspeitavam dos esquerdistas brancos. Apesar de eu ter me tornado amigo de vários comunistas brancos, eu desconfiava da influência dos homens brancos no CNA, e me opunha a campanhas conjuntas com o partido. Eu me preocupava que os comunistas estivessem determinados a tomar conta do nosso movimento sob o pretexto de uma ação conjunta. Eu acreditava que era o nacionalismo africano puro, e não o marxismo ou multirracialismo que nos libertaria. Com vários de meus colegas na Liga, eu até mesmo cheguei a atrapalhar reuniões do PC invadindo o palco, rasgando cartazes e tomando o microfone. Durante a conferência nacional do CNA, em dezembro daquele ano, a Liga da Juventude apresentou uma moção exigindo a expulsão de todos os membros do Partido Comunista, mas fomos completamente derrotados. Apesar da influência que a campanha de resistência pacífica dos indianos de 1946 teve sobre mim, eu me sentia em relação aos indianos da mesma forma que me sentia em relação aos comunistas: que eles tenderiam a dominar o CNA, em parte por causa de sua educação, experiência e treinamento superiores.

Em 1947, fui eleito para o Comitê Executivo do CNA do Transvaal e trabalhei sob C. S. Ramohanoe, o presidente da região do Transvaal. Essa foi a primeira posição que ocupei de fato no CNA, e representou um marco em meu comprometimento com a organização. Até aquele momento, os sacrifícios que eu havia feito não tinham ido além de me ausentar de minha esposa e família durante finais de semana e voltar tarde para casa à noite. Eu não estava envolvido em qualquer grande campanha e ainda não compreendia os perigos e dificuldades infindáveis da vida de um guerreiro pela liberdade. Eu havia navegado em águas calmas sem ter que pagar um preço pelo meu comprometimento. A partir do momento em que fui eleito para o Comitê Executivo da região do Transvaal, me identifiquei com o congresso como um todo, com suas esperanças e desesperos, seus sucessos e fracassos; eu agora estava ligado de coração e alma.

Ramohanoe foi outro daqueles com quem aprendi muito. Ele era um nacionalista dedicado e um organizador habilidoso que era capaz de equilibrar pontos de vista divergentes e apresentar um meio-termo aceitável. Se por um lado Ramohanoe não nutria simpatia pelos comunistas, por outro ele trabalhava bem com eles. Ele acreditava que o CNA era uma organização nacional que deveria acolher todos aqueles que apoiassem nossa causa.

Em 1947, no rastro da campanha de resistência pacífica indiana, os Drs. Xuma, Dadoo e Naiker, presidentes, respectivamente, do CNA, do Congresso Indiano do Transvaal e do Congresso Indiano de Natal assinaram o Pacto dos Doutores concordando em unir forças contra um inimigo em comum. Este foi um passo significativo em direção à unidade dos movimentos negros e indianos. Em vez de criar um corpo político central para dirigir todos os vários movimentos, eles concordaram em cooperar em assuntos de interesse comum. Mais tarde, a eles se juntou a OPA, a Organização do Povo Africano, uma organização composta de mestiços.

Mas tal acordo era, na melhor das hipóteses, experimental, pois cada grupo nacional enfrentava problemas que lhe eram peculiares. O sistema de passes, por exemplo, mal afetava os indianos ou os mestiços. A Lei do Gueto, que havia causado os protestos indianos, mal afetava os negros. Os grupos mestiços na época estavam mais preocupados com a classificação de raça e reservas de emprego, questões que não afetavam nem os negros nem os indianos na mesma proporção.

O Pacto dos Doutores estabeleceu os alicerces para a cooperação futura de negros, indianos e mestiços, já que respeitava a independência de cada grupo, individualmente, mas reconhecia as realizações que podiam ser atingidas a partir da ação conjunta. O Pacto dos Doutores precipitou uma série de campanhas não raciais e antigoverno em todo o país, que buscavam unir os negros e os indianos na luta pela liberdade. A primeira dessas campanhas foi a Primeira Assembleia dos Povos do Transvaal e do Estado Livre de Orange para Votos para Todos, uma campanha em favor da extensão do privilégio para todos os negros sul-africanos. O Dr. Xuma anunciou a participação do CNA em uma entrevista coletiva que eu presidi. Na época, acreditávamos que a campanha seria organizada pelo CNA, mas quando ficamos sabendo que o CNA não estaria liderando a campanha, o Comitê Executivo do Transvaal decidiu que o CNA devia se retirar. Minha ideia na época era que o CNA devia se envolver apenas em campanhas que ele próprio liderasse. Eu estava mais preocupado com quem recebia os créditos do que se a campanha seria bem-sucedida.

Mesmo depois da retirada, Ramohanoe, o presidente da região do Transvaal do CNA, emitiu um comunicado à imprensa convocando os negros na província a participarem da campanha Votos para Todos, em contravenção clara da decisão do Comitê Executivo do Transvaal. Esse foi um ato de desobediência que o comitê não iria tolerar. Em uma conferência convocada para resolver esta disputa, pediram que eu propusesse uma moção de desconfiança contra Ramohanoe por sua desobediência. Senti um conflito agudo entre o dever e a lealdade pessoal, entre minhas obrigações com a organização à qual pertencia e com meu amigo. Eu bem sabia que estaria condenando a ação de um homem cuja integridade e devoção à luta eu nunca questionei, um homem cujo sacrifício na luta pela liberdade havia sido muito maior do que o meu próprio. Eu sabia que a ação que ele havia convocado era na verdade uma ação nobre; ele acreditava que os negros africanos deviam ajudar seus irmãos indianos.

Mas a seriedade da desobediência de Ramahanoe era grande demais. Enquanto uma organização como o CNA é formada de indivíduos, ela é maior do que qualquer de suas partes individuais, e a lealdade para com a organização tem precedência sobre a lealdade para com um indivíduo. Concordei em liderar o ataque e apresentei uma moção condenando-o, que foi apoiada por Oliver Tambo. Isso causou um tumulto na casa, com batalhas verbais entre aqueles na região que apoiavam seu presidente e aqueles que estavam ao lado da executiva. A reunião terminou em confusão.

13

OS NEGROS não podiam votar, mas isso não significava que nós não nos importávamos com quem vencia as eleições. As eleições gerais de 1948 dos homens brancos colocaram frente a frente o Partido Unido, liderado pelo General Smuts, que então estava no auge de seu renome internacional, e o Partido Nacional. Enquanto Smuts havia alistado a África do Sul no lado dos Aliados durante a Segunda Guerra Mundial, o Partido Nacional recusou-se a apoiar a Grã-Bretanha e simpatizava publicamente com a Alemanha nazista. A campanha do Partido Nacional girou em torno do *swart gevaar* (o perigo negro), e eles disputaram as eleições com os *slogans* gêmeos de *Die kaffer op sy plek* (O preto em seu lugar) e *Die koelies uit die land* (Os cules fora do país) – *koelies* era um termo pejorativo dos Africânderes para os indianos.

Os Nacionalistas, liderados pelo Dr. Daniel Malan, um ex-ministro da Igreja Reformada Holandesa e editor de jornal, eram um partido animado pela amargura – amargura em relação aos ingleses, que os haviam tratado como inferiores durante décadas, e amargura em relação aos negros, que segundo os Nacionalistas estavam ameaçando a prosperidade e a pureza da cultura Africânder. Os negros não tinham simpatia pelo General Smuts, mas nós tínhamos ainda menos pelo Partido Nacional.

A plataforma de Malan era conhecida como *apartheid*. *Apartheid* era uma expressão nova, mas a ideia era antiga. Ela significa literalmente "separação" e representava a codificação em um único sistema opressor de todas as leis e regulamentações que haviam mantido os negros em uma posição inferior em relação aos brancos durante séculos. O que havia sido mais ou menos *de facto* estava para se tornar *de jure*. A segregação frequentemente improvisada dos últimos trezentos anos estava para se consolidar na forma de um sistema monolítico que era diabólico em seus detalhes, inescapável em seu alcance e esmagador em seu poder. A premissa do *apartheid* era que os brancos eram superiores aos negros, mestiços e indianos, e a sua função era entrincheirar a supremacia branca para sempre. Como os Nacionalistas afirmavam, "*Die wit man moet altyd baas wees*" (O homem branco deve sempre ser o chefe). Sua plataforma se apoiava na expressão *baaskap*, que significa literalmente chefia, uma palavra carregada, que significava a supremacia branca em toda a sua severidade. Essa política era apoiada pela Igreja Reformada Holandesa, que fornecia sustentação religiosa ao *apartheid* ao sugerir que os Africânderes eram o povo escolhido por Deus e que os negros eram uma espécie subserviente. Na visão de mundo Africânder, o *apartheid* e a Igreja andavam de mãos dadas.

A vitória dos Nacionalistas foi o início do fim da dominação dos Africânderes pelos ingleses. A língua inglesa agora assumiria o segundo lugar em relação ao Africâner como língua oficial. O *slogan* Nacionalista encapsulava sua missão: "*Eie volk, eie taal, eie land*" "Nosso povo, nossa língua, nossa terra". Na cosmologia distorcida Africânder, a vitória Nacionalista foi como a jornada dos israelitas para a Terra Prometida. Era o cumprimento da promessa de Deus e a justificativa para a sua visão de que a África do Sul devia ser um país de homens brancos para sempre.

A vitória foi um choque. O Partido Unido e o General Smuts haviam derrotado os nazistas, e certamente eles derrotariam o Partido Nacional. No dia das eleições, fui a uma reunião em Johannesburgo com Oliver Tambo e vários outros militantes. Nós mal discutimos a questão de um governo Nacionalista porque não esperávamos que houvesse um. A reunião durou a noite inteira e saímos no alvorecer e encontramos um jornaleiro vendendo o *Rand Daily Mail*: os Nacionalistas haviam triunfado. Eu fiquei atordoado e desanimado, mas Oliver assumiu uma linha mais pensada. "Gosto disso", ele disse. "Eu gosto disso". Eu não conseguia imaginar por quê. Ele explicou, "Agora vamos saber exatamente quem são os nossos inimigos e qual é a nossa posição".

Até mesmo o General Smuts compreendeu os perigos dessa ideologia severa, censurando o *apartheid* como "um conceito louco, nascido do preconceito e do medo". No momento da eleição dos Nacionalistas, nós sabíamos que a nossa terra seria, a partir de então, um lugar de tensão e lutas. Pela primeira vez na história sul-africana, um partido exclusivamente Africânder liderava o governo. "A África do Sul nos pertence novamente", proclamou Malan em seu discurso da vitória.

Naquele mesmo ano, a Liga da Juventude delineou suas políticas em um documento escrito por Mda e publicado pelo comitê executivo da

Liga. Ele era uma chamada de reagrupamento para todos os jovens patriotas para derrubar a dominação branca. Nós rejeitávamos a noção comunista de que os negros oprimidos primariamente como uma classe econômica em vez de uma raça, complementando que nós precisávamos criar um movimento poderoso de libertação nacional sob a bandeira do nacionalismo africano e "liderado pelos próprios negros africanos".

Nós defendíamos a redivisão das terras em uma base igualitária; a abolição das barreiras de cor proibindo os negros de fazerem trabalhos especializados; e a necessidade de educação gratuita e obrigatória. O documento também articulou o puxa e empurra entre duas teorias rivais do nacionalismo africano, entre as mais extremistas, do nacionalismo inspirado por Marcus Garvey da "África para os africanos", e o Africanismo da Liga da Juventude, que reconhecia que a África do Sul era um país multirracial.

Eu simpatizava com a corrente ultrarrevolucionária do nacionalismo africano. Eu estava com raiva dos homens brancos, não do racismo. Se por um lado eu não estava preparado para lançar o homem branco no mar, ficaria perfeitamente feliz se ele embarcasse em seus vapores e deixasse o continente por sua própria vontade.

A Liga da Juventude era marginalmente mais simpática com os indianos e os mestiços, afirmando que os indianos, como os negros, eram oprimidos, mas que os indianos tinham a Índia, um país natal para o qual eles podiam voltar. Os mestiços também eram oprimidos, mas diferentemente dos indianos, não tinham um país natal exceto a África. Eu estava preparado para aceitar os indianos e os mestiços, desde que eles aceitassem as nossas políticas; mas os interesses deles não eram idênticos aos nossos, e eu estava cético se eles conseguiriam ou não abraçar verdadeiramente a nossa causa.

Imediatamente Malan começou a implementar seu programa pernicioso. Apenas semanas depois de assumir o poder, o governo Nacionalista indultou Robey Leibbrandt, o traidor do tempo da guerra, que havia organizado insurreições em apoio à Alemanha nazista. O governo anunciou sua intenção de pôr freios no movimento sindicalista e abolir os privilégios limitados dos indianos, mestiços e povos negros. A Lei de Representação Separada de Eleitores eventualmente roubou dos mestiços a sua representação no Parlamento. A Lei de Proibição de Casamentos Mistos foi introduzida em 1949 e foi seguida imediatamente pela Lei da Imoralidade, que tornava ilegais os relacionamentos sexuais entre brancos e não brancos. A Lei de Registro de População classificava todos os sul-africanos pela sua raça, fazendo com que a cor da pele se tornasse o árbitro mais importante dos indivíduos. Malan introduziu a Lei das Áreas de Grupos – que ele descreveu como "a própria essência do *apartheid*"– exigindo áreas urbanas separadas para cada grupo racial. No passado, os brancos tomavam terras à força; agora eles a asseguravam através da legislação.

Em resposta a essa nova e muito mais poderosa ameaça vinda do estado, o CNA embarcou em um caminho histórico ao qual não estava acostumado. Em 1949, o CNA lançou um esforço marcante de se transformar em uma organização verdadeiramente de massas. A Liga da Juventude esboçou um Programa de Ação, cuja pedra fundamental era uma campanha de mobilização de massas.

Na conferência anual do CNA, em Bloemfontein, a organização adotou o Programa de Ação da Liga, que sugeria boicotes, greves, que as pessoas ficassem em casa, resistência pacífica, comícios de protesto e outras formas de ação de massas. Essa era uma mudança radical: a política do CNA havia sido sempre a de manter as atividades dentro da legalidade. Nós da Liga da Juventude havíamos visto o fracasso dos meios legais e constitucionais em atacar a opressão racial; agora a organização inteira estava pronta para entrar em um estágio mais ativista.

Essas mudanças não aconteceram sem convulsões internas. Algumas semanas depois da conferência, Walter Sisulu, Oliver Tambo e eu nos reunimos reservadamente com o Dr. Xuma em sua casa em Sophiatown. Nós explicamos que pensávamos que havia chegado o momento para uma ação de massas, nos moldes dos protestos não violentos de Gandhi na Índia e da campanha de resistência pacífica de 1946, afirmando que o CNA havia se tornado dócil demais diante da opressão. Os líderes do CNA, dissemos, tinham que estar dispostos a violar a lei e, se necessário, ir para a prisão por causa de suas crenças, como Gandhi estivera.

O Dr. Xuma estava inflexivelmente contra, afirmando que tais estratégias eram prematuras e meramente dariam ao governo uma desculpa para esmagar o CNA. Tais formas de protesto, ele disse, acabariam acontecendo na África do Sul, mas naquele momento tal passo seria fatal. Ele deixou claro que ele era um médico com uma clínica próspera e ampla e que não se arriscaria ir para a prisão.

Demos um ultimato ao Dr. Xuma: nós o apoiaríamos em sua reeleição para a presidência do CNA desde que ele apoiasse o Programa de Ação que estávamos propondo. Se ele não apoiasse o nosso programa, nós não o apoiaríamos. Dr. Xuma ficou irado, nos acusando de chantagem e descrevendo as condições nas quais nós votaríamos nele. Ele nos disse que éramos jovens e arrogantes, e estávamos tratando-o desrespeitosamente. Nós protestamos, mas inutilmente. Ele não iria aceitar a nossa proposta.

Ele sem cerimônia nos convidou a irmos embora de sua casa às 11 da noite, e fechou o portão atrás de si. Não havia postes de luz em Sophiatown e aquela era uma noite sem luar. Todas as formas de transporte público já haviam cessado de trafegar e morávamos a quilômetros de distância, em Orlando. Oliver observou que Xuma poderia pelo menos ter nos oferecido transporte. Walter era amigo de uma família que morava nas proximidades, e a persuadimos a nos deixar pernoitar com eles.

Na conferência, naquele mês de dezembro, nós da Liga da Juventude sabíamos que tínhamos votos suficientes para depor o Dr. Xuma. Como candidato alternativo, apoiamos o Dr. J. S. Moroka para a presidência. Ele não foi a nossa primeira escolha. O Professor Z. K. Matthews era o homem que queríamos para nos liderar, mas Z. K. nos considerava radicais demais e que o nosso plano de ação era impraticável. Ele nos chamou de incendiários ingênuos, complementando que nós ficaríamos mais maduros com a idade.

O Dr. Moroka era uma escolha improvável. Ele era membro da Convenção Africana (CA), que naquela época era dominada por elementos trotskistas. Quando aceitamos enfrentar o Dr. Xuma, a Liga da Juventude então o inscreveu como membro do CNA. Quando nós o contatamos pela primeira vez, ele constantemente se referia ao CNA como o "Conselho" Nacional Africano. Ele não tinha muito conhecimento em relação ao CNA, nem era um ativista experiente, mas era respeitável e receptivo ao nosso programa. Como o Dr. Xuma, ele era um médico e um dos negros mais ricos da África do Sul. Ele havia estudado em Edimburgo e em Viena. Seu bisavô havia sido chefe tribal no Estado Livre de Orange e havia recebido os *voortrekkers** Africânderes do século XIX de braços abertos e presentes na forma de terras, e que depois foi traído. O Dr. Xuma foi derrotado e o Dr. Moroka tornou-se o presidente-geral do CNA. Walter Sisulu foi eleito secretário-geral e Oliver Tambo foi eleito para o Comitê Executivo Nacional.

O Programa de Ação aprovado na conferência anual conclamava a busca dos direitos políticos através da utilização de boicotes, greves, desobediência civil e não cooperação. Além disso, ele conclamava um dia nacional de paralisação em protesto contra as políticas racistas e reacionárias do governo. Isso foi uma mudança em relação aos dias de protestos decorosos, e muitos dos velhos bastiões do CNA estavam para gradualmente desaparecer nesta nova era de maior militância. Os membros da Liga da Juventude haviam agora ascendido para a organização mais madura. Nós havíamos agora conduzido o CNA para um caminho mais radical e revolucionário.

Eu pude celebrar o triunfo da Liga da Juventude apenas a distância, porque não pude comparecer à conferência. Na época eu estava trabalhando

---

*"Pioneiros" em holandês (ou, mais literalmente, "aqueles que caminham à frente") eram imigrantes que durante os anos 1840 e 1850 saíram da Colônia Britânica do Cabo, para o interior do que é hoje a África do Sul, num movimento chamado "Die Groot Trek" (a grande caminhada).

para uma nova firma de advocacia e eles não me deram permissão para tirar dois dias de folga para ir à conferência em Bloemfontein. A firma era liberal, mas queria que eu me concentrasse em meu trabalho e esquecesse a política. Eu teria perdido o emprego se tivesse ido à conferência, e eu não podia me dar a esse luxo.

O espírito de ação de massas cresceu repentinamente, mas eu continuava cético em relação a qualquer ação que tivesse a participação de comunistas e indianos. A "Convenção Defenda a Liberdade de Expressão" de março de 1950, organizada pelo CNA do Transvaal, pelo Congresso Indiano do Transvaal, pela Organização dos Povos Africanos e pelo Comitê Distrital do Partido Comunista reuniu dez mil pessoas na Market Square de Johannesburgo. O Dr. Moroka, sem consultar a executiva, concordou em presidir a convenção. Ela foi um sucesso, mas ainda assim continuei desconfiado, pois o organizador principal por trás dela era o partido.

Por sugestão do Partido Comunista e do Congresso Indiano, a convenção aprovou uma resolução convocando uma greve geral de um dia, conhecida como Dia da Liberdade, no dia 1.º de maio, exigindo a abolição das leis de passe e de toda a legislação discriminatória. Apesar de apoiar esses objetivos, eu acreditava que os comunistas estavam tentando desviar a atenção do Dia Nacional de Protesto do CNA. Eu me opus à greve de Primeiro de Maio com o argumento de que o CNA não havia originado a campanha, acreditando que devíamos nos concentrar em nossa própria campanha.

Ahmed Kathrada mal tinha completado vinte e um anos na época e, como todos os jovens, ele estava ansioso em flexionar seus músculos. Ele era um membro-chave do Congresso da Juventude Indiana do Transvaal e tinha ouvido que eu me opunha à greve de Primeiro de Maio. Um dia, caminhando pela Commissioner Street, dei de cara com Kathrada, e ele me enfrentou acaloradamente, acusando eu e a Liga da Juventude de que não queríamos trabalhar juntamente com os indianos ou os mestiços. Em um tom desafiador, ele falou: "Você é um líder negro, e eu sou um jovem indiano. Mas estou convencido do apoio das massas africanas pela greve e o desafio a citar qualquer assentamento de negros para uma reunião e garanto que as pessoas vão me apoiar". Essa era uma ameaça vazia, mas me deixou zangado da mesma forma. Eu até mesmo fiz uma reclamação em uma reunião conjunta do Comitê Executivo do CNA, do Congresso Indiano da África do Sul e do Partido Comunista, mas Ismail Meer me acalmou, dizendo, "Nelson, ele é jovem e esquentado, não seja igual". Consequentemente, senti-me um pouco envergonhado pelas minhas ações e retirei a queixa. Apesar de discordar de Kathrada, eu admirava o seu fogo, e esse foi um incidente a respeito do qual demos boas risadas.

A greve do Dia da Liberdade foi levada adiante sem o apoio oficial do CNA. Como precaução, o governo baniu todas as reuniões e assembleias marcadas para o dia 1º de maio. Mais de dois terços dos trabalhadores negros ficaram em casa durante a greve de um dia. Naquela noite, Walter e eu estávamos em Orlando West, nas cercanias de uma manifestação do Dia da Liberdade que havia se reunido apesar das restrições impostas pelo governo. A lua brilhava, e enquanto observávamos a marcha disciplinada de manifestantes, podíamos ver um grupo de policiais acampados do outro lado de um riacho, a uns quinhentos metros de distância. Eles também deviam estar nos enxergando bem, porque repentinamente eles começaram a disparar em nossa direção. Nós nos atiramos ao chão, e lá permanecemos enquanto policiais a cavalo galoparam contra a multidão, espancando pessoas com cassetetes. Refugiamo-nos em um dormitório de enfermeiras, vizinho, enquanto ouvíamos as balas ricocheteando na parede do prédio. Dezoito negros morreram e muitos outros ficaram feridos nesse ataque indiscriminado e sem provocação.

Apesar dos protestos e críticas, a reação Nacionalista foi de apertar ainda mais os parafusos da repressão. Algumas semanas mais tarde, o governo introduziu a notória Lei de Repressão ao Comunismo e o CNA convocou uma reunião de emergência em Johannesburgo. A lei tornava ilegal o Partido Comunista da África do Sul e transformava em crime, punível com uma sentença de até um máximo de dez anos de prisão, a filiação ao partido ou promover os objetivos do comunismo. Mas a lei foi elaborada com um alcance tão amplo que ela tornava ilegais praticamente todas as manifestações contra o estado, criminalizando a defesa de qualquer doutrina que promovesse "mudanças políticas, industriais, sociais ou econômicas na União pela promoção de distúrbios ou desordem". Essencialmente, a lei permitia ao governo tornar ilegal qualquer organização e a reprimir qualquer indivíduo que se opusesse às suas políticas.

O CNA, (Congresso Nacional Africano), o CIAS (Congresso Indiano da África do Sul) e a OPA (Organização dos Povos Africanos) novamente se reuniram para discutir essas novas medidas, e o Dr. Dadoo, entre outros, afirmou que seria tolice permitir que as diferenças do passado impedissem uma frente unida contra o governo. Eu discursei e ecoei seus sentimentos: claramente, a repressão de qualquer um dos grupos de libertação era repressão de todos os grupos de libertação. Foi naquela reunião que Oliver proferiu as palavras proféticas: "Hoje é o Partido Comunista. Amanhã serão os nossos sindicatos, nosso Congresso Indiano, nossa OPA, nosso Congresso Nacional Africano".

Com apoio do CIAS e da OPA, o CNA decidiu organizar um Dia Nacional de Protesto no dia 26 de junho de 1950, contra o assassinato pelas tropas do governo de dezoito negros, ocorrido no dia 1º de maio, e contra a aprovação da Lei de Repressão ao Comunismo. A proposta foi ratificada, e em preparação para o Dia de Protesto, cerramos fileiras com o CIAS, a OPA e o Partido Comunista. Aquela era, eu acreditava, uma ameaça suficientemente grave que nos obrigava a unir forças com nossos colegas indianos e comunistas.

Anteriormente, naquele ano, eu havia sido cooptado pelo Comitê Executivo Nacional do CNA, substituindo o Dr. Xuma, que havia renunciado depois de seu fracasso em reeleger-se presidente-geral. Eu não esqueci o fato de que havia sido o Dr. Xuma que tentou me ajudar a conseguir o meu primeiro emprego quando cheguei a Johannesburgo dez anos antes, quando eu ainda não pensava em entrar para a política.

Agora, como membro do Comitê Executivo Nacional, eu estava jogando no time titular com as pessoas mais importantes do CNA. Eu havia evoluído do papel de um mosquito dentro da organização para me tornar uma das pessoas contra as quais eu havia me rebelado. Era uma sensação estonteante, e não desprovida de emoções contraditórias. De alguma forma, era mais fácil ser um dissidente, pois assim não se tem muitas responsabilidades. Como membro da executiva, eu tinha que ponderar argumentos e tomar decisões, e esperar ser criticado por rebeldes como eu mesmo havia sido.

A ação de massas era perigosa na África do Sul, e era uma ofensa criminal um negro entrar em greve, e onde os direitos de expressão e de ir e vir eram impiedosamente restringidos, um trabalhador negro corria o risco não apenas perder seu emprego, mas sua própria sobrevivência e seu direito de permanecer na área onde estava morando. Na minha experiência, uma greve política era sempre mais arriscada do que uma greve econômica. Uma greve baseada em uma reivindicação política, em vez de questões claras como salários mais altos ou jornadas de trabalho menores, é uma forma mais precária de protesto e exige uma organização particularmente eficiente. O Dia de Protesto era uma greve política e não econômica.

Em preparação para o dia 26 de junho, Walter viajou pelo país consultando líderes locais. Em sua ausência, me encarreguei do escritório alvoroçado do CNA, o ponto central de uma ação nacional complicada. Todos os dias, vários líderes faziam visitas para ver se tudo estava se encaminhando de acordo com o planejado: Moses Kotane, Dr. Dadoo, Diliza Mji, J. B. Marks, presidente do CNA do Transvaal, Yusuf Cachalia e seu irmão Maulvi, Gaur Radebe, secretário do Conselho de Ação, Michael Harmel, Peter Raboroko, Nthato Motlana. Eu estava coordenando as ações em diferentes partes do país e falando pelo telefone com líderes regionais. Nós tínhamos pouco tempo disponível, e o planejamento era feito apressadamente.

O Dia de Protesto foi a primeira tentativa do CNA de organizar uma greve política em escala nacional, e foi um sucesso razoável. Nas cidades, a maioria dos trabalhadores ficou em casa, e o comércio pertencente a negros não abriu as portas. Em Bethal, Gert Sibande, que mais tarde se tornou o presidente do CNA do Transvaal, liderou uma manifestação de cinco mil pessoas e que foi manchete nos principais jornais do país. O Dia de Protesto elevou a nossa moral, fez com que nós déssemos conta de nossa força e enviou um aviso ao governo Malan que não permaneceríamos em passividade diante do *apartheid*. A partir de então, o dia 26 de junho tornou-se um dia marcante na luta pela liberdade e dentro do movimento de libertação ele é observado como o Dia da Liberdade.

Foi a primeira vez que assumi um papel significativo em uma campanha nacional, e senti a alegria que brota do sucesso de uma batalha bem planejada contra o inimigo e a sensação de camaradagem que nasce da luta contra probabilidades formidáveis.

A luta, eu estava aprendendo, era desgastante. Um homem envolvido em uma luta era um homem sem uma vida privada. Foi no meio dos preparativos do Dia do Protesto que o meu segundo filho, Makgatho Lewanika, nasceu. Eu estava com Evelyn no hospital quando ele veio ao mundo, mas foi apenas uma pequena pausa em minhas atividades. Seu nome é homenagem a Sefako Mapogo Makgatho, o segundo presidente do CNA, entre 1917 e 1924, e Lewanika, um chefe tribal da Zâmbia. Makgatho, filho de um chefe tribal Pedi, havia liderado voluntários que desafiavam a barreira de cor e não permitiam que negros caminhassem nas calçadas de Pretória, e seu nome para mim era o emblema de indomabilidade e coragem.

Uma vez, nessa mesma época, minha esposa me contou que o meu filho mais velho, Thembi, que então tinha cinco anos de idade, havia lhe perguntado, "Onde o papai mora?" Eu estava voltando para casa tarde da noite, bem depois de ele ter dormido, e saindo cedo pela manhã, antes que ele acordasse. Eu não apreciava ser privado da companhia de meus filhos. Eu sentia muita falta deles durante aqueles dias, bem antes de eu ter a mais vaga ideia que passaria décadas separado deles.

Eu tinha bem mais certeza, naquela época, do que eu me opunha, do que daquilo que eu era a favor. Minha oposição de longa data ao comunismo estava se desmanchando. Moses Kotane, o secretário-geral do partido e membro da executiva do CNA, frequentemente ia à minha casa tarde da noite e nós debatíamos até amanhecer. Pensando com clareza e autodidata, Kotane era o filho de camponeses do Transvaal. "Nelson", ele dizia, "o que você tem contra nós? Estamos todos lutando contra o mesmo inimigo. Não buscamos dominar o CNA, estamos trabalhando dentro do contexto do nacionalismo africano". Ao final das contas, eu não tinha uma boa resposta para os seus argumentos.

Por causa de minha amizade com Kotane, Ismail Meer e Ruth First, e minha observação dos sacrifícios que eles faziam, eu estava começando a achar mais e mais difícil justificar meu preconceito contra o partido. Dentro do CNA, J. B. Marks, Edwin Mofutsanyana, Dan Tloome e David Bopape, entre outros, que eram membros do partido, eram devotados e trabalhavam duro, e não deixavam nada para desacreditá-los como guerreiros pela liberdade. O Dr. Dadoo, um dos líderes da resistência pacífica de 1946, era um marxista de renome cujo papel de lutador pelos direitos humanos havia feito dele um herói para todos os grupos. Eu não podia, e nem o fazia mais, questionar a boa-fé de tais homens e mulheres.

Se por um lado eu não tinha como duvidar de sua dedicação, por outro eu ainda podia questionar as sustentações filosóficas e práticas do marxismo. Mas eu possuía pouco conhecimento a respeito do marxismo, e em discussões políticas com meus amigos comunistas, eu me via em desvantagem por causa de minha ignorância a respeito da filosofia marxista. Decidi remediar essa situação.

Comprei as obras completas de Marx e Engels, Lênin, Stalin, Mao Tsé-Tung e outros e investiguei a filosofia do materialismo dialético e histórico. Eu tinha pouco tempo para estudar esses trabalhos apropriadamente. Se por um lado, fiquei estimulado pelo *Manifesto Comunista*, por outro lado, *O Capital* me deixou exausto. Mas me vi fortemente atraído pela ideia de uma sociedade sem classes sociais, que, na minha cabeça, era similar à cultura tradicional africana onde a vida era compartilhada e comunal. Eu aprovava a máxima básica de Marx, que tem a simplicidade e a generosidade do preceito do Evangelho Cristão: "De cada qual segundo a sua capacidade, a cada qual segundo as suas necessidades".

O materialismo dialético parecia oferecer ao mesmo tempo um holofote iluminando a noite escura da opressão racial e uma ferramenta que podia ser utilizada para acabar com ela. Ele me ajudou a ver a situação de uma forma diferente de antes, quando enxergava tudo através do prisma de relacionamento entre negros e brancos, pois se era para a nossa luta ser bem-sucedida, nós tínhamos que transcender negros e brancos. Fui atraído pelas sustentações científicas do materialismo dialético, pois estou sempre inclinado a confiar no que eu posso verificar. A análise materialista da economia me soou verdadeira. A ideia de que o valor dos bens estava baseado na quantidade de mão de obra aplicada a eles parecia particularmente apropriada para a África do Sul. A classe dominante pagava à mão de obra africana um salário de subsistência e então agregava valor ao custo dos bens, o qual ela retinha para si mesma.

A convocação do marxismo pela ação revolucionária era música para os ouvidos de um guerreiro pela liberdade. A ideia de que a história progride através da luta e de que as mudanças ocorrem em saltos revolucionários era similarmente atraente para mim. Em minha leitura dos escritos marxistas, encontrei uma grande quantidade de informações que incidiam sobre o tipo de problemas que um político prático tem diante de si. Os marxistas davam muita atenção aos movimentos nacionais de libertação e a União Soviética, em particular, apoiava as lutas nacionalistas de muitos povos sob domínio colonial. Essa foi outra razão pela qual eu corrigi minha visão sobre os comunistas e aceitei a posição do CNA de acolher marxistas em suas hostes.

Certa vez, um amigo me perguntou como eu conseguia reconciliar a minha crença no nacionalismo africano com a crença no materialismo dialético. Para mim, não havia contradição. Eu, acima de tudo, era um nacionalista africano lutando pela nossa emancipação do domínio da minoria e pelo direito de controlarmos nosso próprio destino. Mas ao mesmo tempo, a África do Sul e o continente africano eram parte de um mundo mais amplo. Os nossos problemas, se fossem distintos e especiais por um lado, não eram inteiramente incomparáveis, e uma filosofia que colocasse aqueles problemas em um contexto internacional e histórico mundo afora e no curso da história era valiosa. Eu estava preparado para utilizar quaisquer meios para acelerar o rompimento do preconceito humano e o fim do nacionalismo violento e chauvinista. Eu não precisava me tornar um comunista para poder trabalhar com eles. Descobri que os nacionalistas africanos e os comunistas africanos em geral tinham muito mais coisas unindo-os que os separando. Os cínicos sempre sugeriram que os comunistas estavam nos usando. Mas quem pode dizer que não éramos nós que os estávamos usando?

14

SE NÓS TÍNHAMOS QUAISQUER ESPERANÇAS ou ilusões sobre o Partido Nacional antes de eles assumirem o poder, ficamos desiludidos com eles rapidamente. A ameaça de colocar o *kaffir* em seu lugar não era vã. Além da Lei de Repressão ao Comunismo, duas leis aprovadas em 1950 formaram os alicerces do *apartheid*: a Lei de Registro da População e a Lei de Áreas para Grupos. Como já mencionei, a Lei de Registro da População autorizava oficialmente o governo a classificar todos os sul-africanos segundo sua raça. Se já não era assim antes, raça se tornou o *sine qua non* da sociedade sul-africana. Os testes arbitrários e inúteis para distinguir negros de mestiços, ou mestiços de brancos frequentemente resultavam em casos trágicos onde membros da mesma família eram classificados diferentemente, tudo dependendo do fato de uma criança possuir uma tez mais clara ou mais escura. O local onde se permitiria que alguém morasse e trabalhasse podia depender de distinções absurdas tais como os cachos do cabelo da pessoa ou o tamanho de seus lábios.

A Lei de Áreas para Grupos era o alicerce do *apartheid* residencial. Sob suas regras, cada grupo racial podia possuir terras, ocupar instalações e negociar apenas em sua própria área separada. Indianos a partir de então só poderiam morar em áreas indianas, negros em áreas para negros, mestiços em áreas para mestiços. Se os brancos quisessem as terras ou casas dos outros grupos eles podiam simplesmente declarar que a terra era uma área de brancos e tomá-las. A Lei de Áreas para Grupos iniciou a era das remoções forçadas, quando comunidades, cidades e aldeias de negros localizadas em áreas recém-declaradas áreas urbanas "brancas" eram violentamente transferidas porque os proprietários brancos vizinhos não queriam ter negros vivendo nas proximidades ou simplesmente queriam suas terras.

No topo da lista de remoção estava Sophiatown, uma comunidade vibrante de mais de cinquenta mil pessoas, que era um dos mais antigos povoados negros em Johannesburgo. Apesar de sua pobreza, Sophiatown era vibrante e uma incubadora de tudo o que era novo e valioso na vida e cultura africana. Mesmo antes dos esforços do governo de removê-la, Sophiatown tinha para os negros uma importância simbólica que era desproporcional à sua pequena população.

No ano seguinte, o governo aprovou duas leis adicionais que atacavam diretamente os direitos dos mestiços e dos negros. A Lei de Representação Separada de Eleitores tinha o objetivo de transferir os mestiços para uma relação separada de votantes no Cabo, e assim diluir os direitos que eles haviam desfrutado durante mais de um século. A Lei das Autoridades Bantu aboliu o Conselho Representativo dos Nativos, o único fórum indireto de representação nacional para os negros, e o substituiu por um sistema hierárquico de chefes tribais indicados pelo governo. A ideia era restaurar o poder dos líderes tradicionais e mais conservadores de forma a perpetuar as diferenças étnicas que estavam começando a ser erodidas. Ambas as leis simbolizavam o *etos* do governo Nacionalista, que fazia de conta que estava preservando o que eles estavam tentando destruir. Leis destituindo as pessoas de seus direitos eram inevitavelmente descritas como leis restaurando aqueles direitos.

As pessoas mestiças protestaram contra a Lei de Representação Separada de Eleitores, organizando uma enorme manifestação na Cidade do Cabo, em março de 1951, e uma greve em abril que manteve as lojas fechadas e os alunos em casa. Foi no contexto desse espírito de ativismo pelos indianos, mestiços e negros que Walter Sisulu mencionou pela primeira vez, para um pequeno grupo nosso, a ideia de uma campanha nacional de desobediência civil. Ele delineou um plano no qual voluntários selecionados de todos os grupos provocariam deliberadamente a sua prisão ao desafiar abertamente certas leis.

A ideia imediatamente me interessou, assim como interessou a outros, mas eu discordava de Walter em relação a quem devia participar. Eu havia recentemente me tornado presidente nacional da Liga da Juventude, e em minha nova atribuição eu aleguei enfaticamente que a campanha deveria ser feita exclusivamente pelos negros. O negro africano comum, eu disse, ainda estava cauteloso em relação às ações conjuntas de indianos e mestiços. Se por um lado eu havia avançado em termos de minha oposição ao comunismo, eu ainda temia a influência dos indianos. Além disso, muitos de nossos simpatizantes negros de base viam os indianos como exploradores da mão de obra negra em seu papel de donos de lojas e comerciantes.

Walter discordou veementemente, sugerindo que os indianos, os mestiços e os negros africanos estavam indissociavelmente juntos. A questão foi levada a uma reunião do Comitê Executivo Nacional e meu ponto de vista perdeu na votação, mesmo daqueles que eram considerados nacionalistas africanos dedicados. Mas ainda assim fui persistente e levei a questão uma vez mais à conferência nacional em dezembro de 1951, onde os delegados desconsideraram meu ponto de vista tão enfaticamente quanto o Comitê Executivo Nacional havia feito. Agora que meu ponto de vista foi rejeitado pelas mais altas instâncias do CNA, eu aceitei completamente a posição acordada. Enquanto meu discurso defendendo uma estratégia de ação isolada teve uma recepção morna, o discurso que fiz como presidente da Liga da Juventude depois que a Liga prometeu seu apoio para a nova política de cooperação recebeu uma ovação sonora.

Por ordem de um conselho conjunto de planejamento consistindo do Dr. Moroka, Walter Sisulu, J. B. Marks, Yusuf Dadoo e Yusuf Cachalia, a conferência do CNA endossou uma resolução conclamando o governo a revogar, até o dia 29 de fevereiro de 1952, a Lei de Repressão ao Comunismo, a Lei de Áreas para Grupos, a Lei de Representação Separada de Eleitores, a Lei das Autoridades Bantu, as leis de passes e as leis de limitação de estoque. Esta última lei pretendia limitar o excesso de pastagem por parte do gado, mas seu impacto seria reduzir ainda mais as terras disponíveis aos negros. O conselho resolveu que o CNA organizaria manifestações no dia 6 de abril de 1952, como um prelúdio do lançamento da Campanha pelo Desafio às Leis Injustas. Naquele mesmo dia, os brancos sul-africanos iriam celebrar o trecentésimo aniversário da chegada de Jan Van Riebeeck ao Cabo, em 1652. O dia 6 de abril é o dia em que os brancos sul-africanos comemoram anualmente a fundação de seu país – e os africanos maldizem por ser o início de trezentos anos de escravidão.

O CNA elaborou uma carta para o primeiro-ministro comunicando-lhe essas resoluções e a data limite para a revogação das leis. Porque a carta deveria ser enviada em nome do Dr. Moroka, e ele não havia participado de sua elaboração, fui instruído a levar a carta até a sua casa em Thaba 'Nchu, uma cidade perto de Bloemfontein, no Estado Livre de Orange, uma área muito conservadora do país. Eu quase não consegui chegar à casa dele.

Apenas algumas semanas antes, eu havia feito o exame de habilitação. Naqueles dias, ter uma carteira de motorista era algo incomum para um negro, pois pouquíssimos negros possuíam veículos. No dia marcado, peguei emprestado um carro para usar no exame. Eu era um pouco atrevido, e decidi eu mesmo ir dirigindo o carro. Eu estava atrasado e dirigia mais velozmente do que deveria, e enquanto dirigia o carro por uma rua que cruzava uma via preferencial, não olhei para ambas as direções e colidi com um carro que vinha na contramão. Os danos foram mínimos, mas eu certamente me atrasaria para o exame. O outro motorista era um sujeito razoável e nós simplesmente concordamos em pagar as nossas próprias despesas.

Quando cheguei ao local do exame, observei uma mulher branca à minha frente no meio de seu exame. Ela estava dirigindo adequadamente e cautelosamente. Quando o exame terminou, o inspetor disse "Obrigado. Você poderia, por favor, estacionar o carro ali", gesticulando em direção a uma vaga nas proximidades. Ela havia feito o teste bem o suficiente para passar, mas quando ela estava se dirigindo até a vaga, não fez uma curva muito bem e a roda traseira passou sobre o meio-fio. O inspetor se dirigiu apressadamente até ela e disse, "Sinto muito, minha senhora, mas a senhora reprovou; por favor, marque um novo exame". Senti minha confiança se esvaindo. Se esse sujeito consegue ludibriar uma mulher branca para que ela fosse reprovada, que esperança eu teria? Mas fiz bem o exame, e quando o inspetor me disse para estacionar o carro no final do exame, eu dirigi com tanto cuidado que pensei que ele me penalizaria por estar dirigindo devagar demais.

Já que eu podia legalmente dirigir, me tornei um táxi de um homem só. Era obrigação de uma pessoa dar carona para seus camaradas e amigos. Eu fui assim designado para levar a carta para o Dr. Moroka. Isso não foi difícil para mim porque sempre achei agradável olhar pelo para-brisa do carro enquanto dirigia. Parecia que eu tinha minhas melhores ideias enquanto dirigia através do interior do país como o vento batendo contra o para-brisa.

Em minha viagem para Thaba 'Nchu, atravessei Kroonstad, uma cidade conservadora do Estado Livre, a cerca de 180 quilômetros ao sul de Johannesburgo. Eu estava subindo uma colina e vi dois garotos brancos com bicicletas à minha frente. Eu ainda dirigia com certa insegurança, e me aproximei demais dos garotos, um dos quais repentinamente fez uma curva sem dar sinal, e nós colidimos. Ele caiu da bicicleta e estava gemendo de dor quando saí do carro para ajudá-lo. Ele fazia gestos para que eu o ajudasse a levantar-se, mas quando eu ia fazê-lo, um motorista branco de caminhão gritou comigo para que eu não tocasse no garoto. O motorista do caminhão assustou a criança, que então baixou os braços como se não quisesse que eu o levantasse. O garoto não estava ferido gravemente, e o motorista do caminhão o levou até a delegacia de polícia, que ficava nas proximidades.

A polícia local chegou pouco tempo depois, e o sargento branco deu uma olhada para mim e disse, "*Kaffer, jy sal kak vandag!*" (*Kaffir*, você vai se cagar hoje!). Eu fiquei abalado com o acidente e com a violência de suas palavras, mas eu lhe disse em termos muito claros que cagaria quando me aprouvesse, e não quando um policial me mandasse fazê-lo. Nesse momento, o sargento pegou seu bloco de anotações para registrar as minhas informações. Os policiais Africânderes ficavam surpresos com um negro que soubesse falar inglês, e muito mais quando ele retrucava.

Depois que me identifiquei, ele se dirigiu para o carro e começou a revistá-lo. De baixo do assoalho ele retirou uma cópia do semanário esquerdista *The Guardian*, que eu havia escondido imediatamente após o acidente. (Eu havia escondido a carta para o Dr. Moroka dentro de minha camisa). Ele olhou para o título e então o levantou no ar como um pirata com o seu butim: "*Wragtig nos het 'n Kommunis gevang!*" gritou. (Vejam só, pegamos um comunista!) Brandindo o jornal, ele saiu às pressas.

O sargento voltou após cerca de quatro horas, acompanhado por outro oficial. Este sargento, mesmo sendo Africânder, estava decidido a fazer corretamente o seu dever. Ele disse que precisaria fazer medições no local do acidente para os registros policiais. Eu disse ao sargento que não era apropriado fazer as medições à noite, quando o acidente havia ocorrido durante o dia. Disse também que pretendia passar a noite em Thaba 'Nchu, e que não tinha dinheiro para passar a noite em Kroonstad. O sargento me encarou com impaciência e perguntou, "Qual é o seu nome?"

"Mandela", respondi.

"Não, o primeiro nome", ele disse. Eu lhe disse.

"Nelson", o sargento disse, como se estivesse falando com um garoto. "Eu quero ajudá-lo a retomar a sua viagem. Mas se você vai dificultar as coisas para mim não terei alternativa alguma a não ser dificultar as coisas para você e prendê-lo durante a noite". Aquilo me trouxe de volta para a realidade e concordei com a mensuração.

Retomei minha viagem tarde, naquela noite, e na manhã seguinte eu estava atravessando o distrito de Excelsior quando meu carro enguiçou. A gasolina havia acabado. Caminhei até uma fazenda nas proximidades e expliquei em inglês a uma senhora branca idosa que gostaria de comprar um pouco de gasolina. Enquanto fechava a porta, ela disse, "Não tenho nenhuma gasolina para você". Caminhei mais três quilômetros até a próxima fazenda e, disciplinado pelo meu esforço anterior malsucedido, tentei uma abordagem diferente. Perguntei pelo proprietário, e quando ele apareceu, assumi um comportamento humilde. "Acabou a gasolina do meu *baas*", eu disse (*Baas*, a palavra em africâner para chefe ou senhor, significa subserviência). Amigável e prestativo, o fazendeiro era um parente do primeiro-ministro Strydom. No entanto, creio que ele teria me dado a gasolina se eu tivesse falado a verdade e não tivesse utilizado a palavra odiosa *baas*.

A reunião com o Dr. Moroka acabou sendo bem menos memorável do que a minha viagem até lá. Ele aprovou a carta e eu retornei para Johannesburgo sem maiores problemas. A carta para o primeiro-ministro observava que o CNA havia esgotado todos os meios constitucionais à nossa disposição para conseguirmos nossos direitos legítimos, e que exigíamos a revogação das seis "leis injustas" até o dia 29 de fevereiro de 1952, senão tomaríamos ações extraconstitucionais. A resposta de Malan, assinada pelo seu secretário particular, afirmava que os homens brancos tinham direito inato de tomar medidas para preservar sua própria identidade como uma comunidade separada, e finalizava com a ameaça de que se continuássemos nossas ações, o governo não hesitaria em fazer uso integral de seus mecanismos para sufocar quaisquer distúrbios.

Vimos a rejeição lacônica de Malan às nossas reivindicações como uma declaração de guerra. Agora não tínhamos alternativa senão recorrer à desobediência civil, e embarcamos francamente em preparativos para ações de massas. O recrutamento e treinamento de voluntários era uma das tarefas essenciais da campanha e seria em grande parte responsável pelo seu sucesso ou fracasso. No dia 6 de abril, manifestações preliminares tomaram lugar em Johannesburgo, Pretória, Port Elizabeth, Durban e na Cidade do Cabo. Enquanto o Dr. Moroka discursava para uma multidão em Freedom Square em Johannesburgo, eu conversei com um grupo de voluntários em potencial no Sindicato dos Trabalhadores em Vestuário. Expliquei para um grupo de várias centenas de negros, indianos e mestiços, que o voluntariado era uma tarefa difícil e até mesmo perigosa, pois as autoridades procurariam intimidar, prender e talvez atacar os voluntários. Não importando o que as autoridades fizessem, os voluntários não poderiam retaliar, senão estariam solapando o valor da ação inteira. Eles deviam reagir à violência com não violência; a disciplina devia ser mantida a todo custo.

No dia 31 de maio, os executivos do CNA e do CIAS se reuniram em Port Elizabeth e anunciaram que a Campanha de Desafio iniciaria no dia 26 de junho, aniversário do primeiro Dia Nacional de Protestos. Eles também criaram o Comitê Nacional de Ação para dirigir a campanha, e um Conselho Nacional de Voluntariado para recrutar e treinar voluntários. Fui indicado para ser voluntário em chefe nacional da campanha e presidente do Comitê de Ação e do Conselho de Voluntariado. Minhas responsabilidades eram de organizar a campanha, coordenar as filiais regionais, buscar voluntários e levantar fundos.

Também discutimos se a campanha devia seguir os princípios de Gandhi de não violência, ou o que o Mahatma chamava de *satyagraha*, uma não violência que busca conquistar através da conversão. Alguns defendiam a não violência em bases puramente éticas, dizendo que ela era moralmente superior a qualquer outro método. Essa ideia foi defendida fortemente por Manilal Gandhi, filho do Mahatma e editor do jornal *Indian Opinion*, que era um proeminente membro do CIAS. Com sua conduta calma, Gandhi parecia a própria personificação da não violência, e ele insistiu que a campanha fosse conduzida em linhas idênticas àquelas de seu pai na Índia.

Outros afirmaram que devíamos abortar essa questão não do ponto de vista de princípios, mas de tática, e que devíamos empregar o método exigido pelas condições. Se um método ou tática em particular nos permitia derrotar o inimigo, então deveria ser utilizado. Nesse caso, o estado era muito mais poderoso do que nós, e qualquer tentativa de violência de nossa parte seria devastadoramente esmagada. Isso fez com que a não violência se tornasse uma necessidade prática em vez de uma opção. Esse era o meu ponto de vista, e eu via a não violência no modelo de Gandhi não como um princípio inviolável, mas como uma tática a ser utilizada à medida que a situação a exigia. A princípio não era tão importante que a estratégia devesse ser utilizada mesmo quando fosse ineficiente, como o próprio Gandhi acreditava. Eu conclamei por protestos não violentos durante o tempo em que eles fossem efetivos. Essa visão prevaleceu apesar das objeções firmes de Manilal Gandhi.

O conselho de planejamento conjunto concordou com um programa aberto de não cooperação e não violência. Dois estágios de desafio foram propostos. No primeiro estágio, um pequeno número de voluntários treinados desrespeitaria determinadas leis em algumas áreas urbanas. Eles entrariam em áreas proibidas sem licença, utilizariam instalações reservadas apenas aos brancos tais como banheiros, compartimentos de trens, salas de espera e entradas de agências do correio. Eles permaneceriam deliberadamente na cidade depois do toque de recolher. Cada grupo de desafiantes teria um líder que comunicaria à polícia, com antecedência, o ato de desobediência, de forma que as prisões pudessem acontecer com um mínimo de perturbação. O segundo estágio foi planejado como um desafio maciço, acompanhado por greves e ações industriais pelo país inteiro.

Antes do lançamento da Campanha de Desafio, uma manifestação chamada Dia dos Voluntários foi organizada em Durban em 22 de junho. O Chefe Luthuli, presidente do CNA de Natal, e o Dr. Naicker, presidente do Congresso Indiano de Natal, discursaram e se comprometeram com a campanha. Eu havia chegado no dia anterior e fui o orador principal. Cerca de dez mil pessoas estavam presentes, e eu disse à multidão que a Campanha de Desafio seria a ação mais poderosa já realizada pelas massas oprimidas na África do Sul. Eu nunca havia discursado para uma multidão tão grande antes, e foi uma experiência sensacional. Não se pode falar para uma massa de pessoas da mesma forma que se fala em uma audiência com duas dúzias de pessoas presentes. No entanto, sempre tentei tomar o mesmo cuidado em explicar as coisas para grandes audiências como para pequenas. Eu disse ao povo que eles iriam fazer história e chamar a atenção do mundo para as políticas racistas da África do Sul. Enfatizei que a unidade entre pessoas de cor – os negros, mestiços e indianos – na África do Sul, havia se tornado realidade.

Pelo país inteiro, aqueles que desafiaram, no dia 26 de junho, o fizeram com coragem, entusiasmo e uma sensação de estar fazendo história. A campanha começou de manhã cedo em Port Elizabeth, onde trinta e três desafiantes, sob a liderança de Raymond Mhlaba, entraram em uma estação de trens através de uma entrada reservada aos brancos e foram presos. Eles marcharam cantando canções sobre liberdade, sendo acompanhados pelos aplausos de amigos e familiares. Em cantos de chamado e resposta, os desafiantes e a multidão gritavam "*Mayibuye Afrika!*" (Que a África retorne!).

Na manhã do dia 26, eu estava no escritório do CNA supervisionando as manifestações do dia. O grupo de voluntários do Transvaal estava escalado para entrar em ação ao meio-dia em um assentamento negro perto de Boksburg, localizado a leste de Johannesburgo. Liderados pelo Reverendo N. B. Tantsi, eles deveriam provocar sua prisão ao entrar no assentamento sem permissão. O Reverendo Tantsi era um sujeito idoso, ministro da Igreja Metodista Episcopal Africana, e presidente em exercício do CNA do Transvaal.

Mais tarde naquela manhã, eu estava esperando que o Reverendo Tantsi chegasse de Pretória, quando ele me telefonou no escritório. Com uma voz cheia de lamentação, ele me disse que o seu médico o havia aconselhado a não participar da manifestação e não ser preso. Eu lhe assegurei que nós lhe daríamos roupas quentes e que ele passaria apenas uma noite na cadeia, mas sem sucesso. Foi uma grande decepção, pois o Reverendo Tantsi era uma figura eminente e havia sido selecionado de forma a mostrar para as autoridades que nós não éramos apenas um grupo de jovens agitadores.

No lugar do Reverendo Tantsi, nós rapidamente encontramos alguém igualmente venerável: Nana Sita, o presidente do Congresso Indiano do Transvaal, que havia cumprido uma sentença de um mês na prisão por causa de sua resistência pacífica durante a campanha de protestos de 1946. Apesar de sua idade avançada e da artrite aguda que sofria, Sita era um lutador e concordou em liderar os nossos desafiantes.

Durante a tarde, enquanto nos preparávamos para ir para Boksburg, me dei conta de que o secretário da seção do Transvaal do CNA havia desaparecido. Ele devia acompanhar Nana Sita até Boksburg. Era outra crise acontecendo, e me voltei para Walter e disse "Você tem que ir". Esse era o nosso primeiro evento no Transvaal, e era necessário que figuras proeminentes liderassem os desafiantes, senão daria a aparência de que os líderes estavam se acovardando enquanto as massas recebiam a punição. Apesar de Walter ser um dos organizadores e estar escalado para desafiar mais tarde, ele prontamente concordou. Minha preocupação principal era que ele estava vestindo um terno, uma roupa inapropriada para a prisão, mas nós conseguimos arrumar para ele algumas roupas velhas.

Partimos então para Boksburg, onde eu e Yusuf Cachalia planejávamos entregar uma carta para o magistrado de Boksburg, avisando-o de que cinquenta de nossos voluntários entrariam no assentamento negro em sua área naquele dia sem licença. Quando chegamos ao escritório do magistrado, encontramos um grande contingente de jornalistas e fotógrafos. Quando eu entreguei o envelope para o magistrado, os fotógrafos entraram em ação. O magistrado escudou-se dos flashes das câmeras e então convidou a mim e a Yusuf para entrarmos em sua sala e discutirmos o assunto privadamente. Ele era um homem razoável, e disse que seu escritório estava sempre aberto para nós, mas que aquele excesso de publicidade apenas pioraria as coisas.

Do escritório do magistrado, fomos direto para o assentamento onde a manifestação estava acontecendo, e mesmo a quase um quilômetro de distância, nós ouvimos o canto forte de nossos voluntários e da grande multidão de apoiadores que havia vindo para encorajá-los. No local, encontramos os altos portões metálicos, que davam acesso ao assentamento, fechados, e nossos voluntários aguardando pacientemente do lado de fora, exigindo a entrada. Havia cinquenta e dois voluntários ao todo, negros e indianos, e uma multidão de várias centenas de espectadores entusiasmados e jornalistas. Walter estava encabeçando os desafiantes; sua presença era a evidência de que nós estávamos falando sério. Mas o guia espiritual dos manifestantes era Nana Sita, que, apesar de sua artrite, estava se movimentando entre os manifestantes com grande entusiasmo, dando-lhes tapinhas nas costas e aumentando a confiança deles com a sua própria confiança.

Durante a primeira hora, houve um impasse. Os policiais estavam inusitadamente contidos e esse comportamento nos deixou desnorteados. Essa moderação era uma tática para deixar os voluntários exaustos? Eles estavam aguardando que os jornalistas fossem embora para então realizar um massacre sob a cobertura da escuridão? Ou estavam diante do dilema de que se nos prendessem – o que eles normalmente teriam feito – eles estariam fazendo exatamente o que nós queríamos que fizessem? Mas mesmo enquanto estávamos imaginando o que estava ocorrendo, a situação mudou repentinamente. A polícia ordenou que os portões fossem abertos. Imediatamente os manifestantes atravessaram os portões desrespeitando a lei. Um tenente tocou um apito e segundos depois os policiais cercaram os voluntários e começaram a prendê-los. A campanha estava em ação. Os manifestantes foram levados até a delegacia local e indiciados.

Naquela mesma noite, os líderes do Comitê de Ação, entre eles eu, Oliver Tambo, Yusuf Cachalia, compareceram a uma reunião na cidade para discutir os eventos do dia e fazer planos para a semana seguinte. Era perto da área onde o segundo grupo de desafiantes, liderados por Flag Boshielo, presidente da seção central do CNA, estava cortejando a prisão. Logo depois das onze da noite, nós os encontramos marchando em ordem pela rua. Às onze da noite, os regulamentos do toque de recolher entravam em ação e os negros necessitavam de uma autorização para ficarem na rua.

Saímos de nossa reunião à meia-noite. Eu estava exausto e não estava pensando sobre desafio, mas em uma refeição quente e uma boa noite de sono. Naquele momento, um policial abordou a mim e a Yusuf. Era óbvio que nós estávamos indo para casa, e não protestando. "Não, Mandela", o policial gritou. "Você não vai conseguir escapar". Ele apontou com seu cassetete para o camburão estacionado nas proximidades e disse, "Entrem no furgão". Senti vontade de explicar para ele que eu estava encarregado de conduzir a campanha diariamente, e que não estava escalado para desafiar e ser preso até muito mais tarde, mas, naturalmente, isso seria ridículo. Observei enquanto ele prendia Yusuf, que caiu na risada por causa da ironia da situação. Foi uma linda imagem vê-lo sorrindo enquanto estava sendo levado embora pela polícia.

Momentos mais tarde, eu e Yusuf nos vimos entre os mais de cinquenta de nossos voluntários, liderados por Flag Boshielo, que estavam sendo levados em caminhões para o prédio da delegacia de tijolos vermelhos, conhecido como Marshall Square. Como líderes do Comitê de Ação, estávamos preocupados que os outros ficassem imaginando o que havia acontecido, devido à nossa ausência, e eu estava também preocupado sobre quem iria administrar a campanha. Mas os ânimos estavam em alta. Mesmo a caminho da prisão, os furgões oscilavam com as ricas vozes dos desafiantes cantando "*Nkosi Sikelel' iAfrika*" (Deus Abençoe a África), o comovente e belo hino nacional dos negros africanos.

Naquela primeira noite, no pátio de exercícios, um de nós foi empurrado tão violentamente, por um carcereiro branco, caindo alguns degraus e fraturou o tornozelo. Protestei contra o comportamento do carcereiro e ele me atacou, me chutando a perna. Exigi que o homem ferido recebesse tratamento médico e iniciamos uma pequena, mas barulhenta manifestação. Fomos sucintamente informados de que o homem ferido poderia fazer a solicitação de um médico no dia seguinte se ele assim o desejasse. Nós ficamos cientes durante a noite inteira de sua dor aguda.

Até então eu havia passado pequenos períodos de tempo na prisão, mas aquela era a minha primeira experiência concentrada. Marshall Square era esquálido, escuro e sombrio, mas estávamos todos juntos e tão apaixonados e animados que eu mal percebi as minhas cercanias. A camaradagem de nossos companheiros desafiantes fez com que os dois dias se passassem rapidamente.

* * *

Naquele primeiro dia da Campanha do Desafio, mais de 250 voluntários violaram leis injustas pelo país e foram presos. Foi um início auspicioso. Nossas tropas eram ordeiras, disciplinadas e confiantes.

Durante os cinco meses seguintes, 8.500 pessoas participaram da campanha. Médicos, operários de fábricas, advogados, professores, estudantes, clérigos, todos desafiaram e foram presos. Eles cantavam "Ei,

Malan! Abra as portas da cadeia. Nós queremos entrar". A campanha se espalhou pelo Witwatersrand, chegou a Durban, Port Elizabeth, East London e Cidade do Cabo e a cidades menores no Cabo ocidental e oriental. A resistência estava começando a atingir até mesmo as áreas rurais. Na maior parte, as transgressões eram pequenas, e as penalidades variavam de não mais do que passar algumas noites na cadeia até algumas semanas, com a opção de uma multa que raramente ultrapassava dez libras esterlinas. A campanha recebeu uma quantidade enorme de publicidade e as filiações ao CNA explodiram, passando de cerca de 20 mil filiados para 100 mil, com o aumento mais espetacular acontecendo no Cabo oriental, que foi responsável pela metade de todos os novos membros.

Durante os seis meses de duração da campanha, viajei muito pelo país inteiro. Em geral, eu viajava de carro, partindo à noite ou de manhã bem cedo. Viajei pelo Cabo, Natal e pelo Transvaal, explicando a campanha para pequenos grupos, algumas vezes indo de casa em casa nos assentamentos. Frequentemente, minha tarefa era de contemporizar diferenças em áreas que estavam para iniciar ações ou que o haviam recentemente feito. Naquela época, quando a comunicação de massas para os negros era primitiva ou até mesmo inexistente, a política era provinciana. Nós tínhamos que conquistar as pessoas uma de cada vez.

Em uma ocasião, viajei até o Cabo oriental para resolver uma disputa envolvendo Alcott Gwentshe, que estava administrando a campanha em East London. Gwentshe havia sido um comerciante bem-sucedido e tinha tido um papel importante na organização das ações de protesto de 26 de junho, dois anos antes em East London. Ele havia ficado preso por um breve período de tempo, no início da Campanha de Desafio. Ele era um homem forte e capaz, mas era um individualista que ignorava as sugestões da executiva e tomava decisões unilateralmente. Ele estava naquele momento divergindo de sua própria executiva, que era composta principalmente de intelectuais.

Gwentshe sabia como explorar certas questões de maneira a fazer sua oposição ficar desacreditada. Ele discursava diante de membros locais que eram trabalhadores e não intelectuais, e dizia, em Xhosa, nunca em inglês, porque inglês era a língua dos intelectuais, "Camaradas, acho que vocês sabem que eu sofri por causa de nossa luta. Eu tinha um bom emprego e então fui para a cadeia no início da Campanha de Desafio e perdi aquele emprego. Agora que saí da cadeia, esses intelectuais chegaram e disseram, 'Gwentshe, temos uma melhor educação do que você, somos mais capazes do que você, deixe que nós administramos esta campanha'".

Quando investiguei a situação descobri que Gwentshe havia de fato ignorado a sugestão da executiva. Mas as pessoas o apoiavam, e ele havia criado um grupo disciplinado e bem organizado de voluntários, que havia desafiado de uma maneira ordeira mesmo enquanto Gwentshe esteve preso. Apesar de eu achar que Gwentshe estava errado em desconsiderar a executiva, ele estava fazendo um bom trabalho e estava tão entrincheirado que não poderia ser desalojado facilmente. Quando encontrei com os membros da executiva, expliquei para eles que não era prático fazer algo sobre a situação naquele momento, mas se eles quisessem remediá-la, deveriam derrotá-lo nas eleições seguintes. Foi uma das primeiras vezes que vi que era imprudente ir contra as massas. É inútil tomar uma ação às quais as massas se opõem, pois a ação será impossível de ser posta em prática.

O governo viu a campanha como uma ameaça à sua segurança e sua política de *apartheid*. Eles viam a desobediência civil não como uma forma de protesto, mas como um crime, e ficavam perturbados pela parceria crescente entre negros e indianos. O *apartheid* foi projetado para dividir os grupos raciais, e nós mostramos que grupos diferentes podiam trabalhar juntos. A perspectiva de uma frente unida entre negros e indianos, entre moderados e radicais, deixava-os muito preocupados. Os Nacionalistas insistiam que a campanha era instigada e liderada por agitadores comunistas. O ministro da justiça anunciou que em breve iria passar uma legislação para lidar com o nosso desafio, uma ameaça que ele implementou durante a sessão parlamentar de 1953, com a passagem da Lei de Segurança Pública, que dava poderes ao governo de declarar lei marcial e deter pessoas sem julgamento, e a Emenda ao Código Penal, que autorizava punições corporais aos desafiantes.

O governo tentou vários meios clandestinos para interromper a campanha. Propagandistas do governo repetidamente afirmavam que os líderes da campanha estavam vivendo confortavelmente enquanto as massas estavam padecendo nas cadeias. Essa alegação estava muito longe da verdade, mas ela teve certa aceitação. O governo também infiltrou espiões e agentes provocadores na organização. O CNA acolhia virtualmente qualquer um que quisesse se filiar. Apesar de o fato de nossos voluntários serem cuidadosamente analisados antes de serem selecionados para desafiar, a polícia conseguiu penetrar não apenas nas nossas filiais locais, mas em alguns dos grupos de desafiantes. Quando fui preso e enviado para Marshall Square, notei dois sujeitos entre os desafiantes, um dos quais eu nunca havia visto antes. Eles vestiam trajes incomuns de prisão: paletó e gravata com um sobretudo e um cachecol de seda. Que tipo de sujeito vai para a prisão vestido daquela forma? Seu nome era Ramaila, e no terceiro dia, quando devíamos ser liberados, ele simplesmente desapareceu.

O segundo sujeito, cujo nome era Makhanda, se destacava por causa de seu comportamento militar. Nós estávamos no pátio e bem animados. Os desafiantes marchavam diante de mim e de Yusuf e nos saudavam. Makhanda, que era alto e magro, marchava de uma maneira soldadesca e então fazia uma saudação vivaz e graciosa. Vários dos nossos camaradas o provocavam dizendo que ele devia ser um policial para fazer a saudação tão bem.

Makhanda havia trabalhado anteriormente como zelador na sede do CNA. Ele era muito diligente e popular entre os companheiros porque ia buscar peixe e fritas sempre que alguém sentia fome. Mas em um julgamento posterior descobrimos que tanto Makhanda como Ramaila eram espiões da polícia. Ramaila depôs que havia se infiltrado nas hostes dos desafiantes; o confiável Makhanda era na verdade o Sargento-Detetive Motloung.

Negros que trabalhavam como espiões contra os seus próprios irmãos geralmente o faziam em troca de dinheiro. Muitos negros na África do Sul acreditavam que qualquer esforço dos homens negros para desafiar os homens brancos era imprudente e condenado ao fracasso; os homens brancos eram espertos demais e fortes demais. Esses espiões nos viam como uma ameaça, não à estrutura de poder dos brancos, mas aos interesses dos negros, porque os brancos iriam maltratar todos os negros por causa da conduta de alguns agitadores.

No entanto, houve muitos policiais negros que nos ajudavam secretamente. Eles eram pessoas decentes e se viam em uma situação de impasse moral. Eles eram leais ao seu empregador e precisavam manter seus empregos para sustentar suas famílias, mas eram simpáticos à nossa causa. Tínhamos um entendimento com alguns oficiais negros, que eram membros da polícia de segurança, de que eles nos avisariam quando houvesse uma batida policial. Esses homens eram patriotas que arriscavam suas vidas para ajudar na luta.

O governo não era o nosso único impedimento. Outros que poderiam ter nos ajudado só nos atrapalharam. No auge da Campanha de Desafio, o Partido Unido enviou dois de seus deputados para insistir conosco para que parássemos a campanha. Eles disseram que se nós abandonássemos nossa campanha em resposta a um pedido feito por J. G. N. Strauss, líder do Partido Unido, ajudaríamos o partido a derrotar os Nacionalistas na eleição seguinte. Nós rejeitamos o apelo e Strauss passou a nos atacar com o mesmo desprezo com que os Nacionalistas nos atacavam.

Também ficamos sob o ataque de um grupo dissidente do CNA, chamado Bloco de Espírito Nacionalista. Liderado por Selope Thema, um ex-membro do Comitê Executivo Nacional, o grupo se separou do CNA quando J. B. Marks foi eleito presidente do CNA do Transvaal. Thema, que era editor do jornal *Bantu World*, criticou ferozmente a campanha em seu jornal, afirmando que os comunistas assumiram o comando do CNA e que os indianos estavam explorando os negros. Ele afirmou que os comunistas eram mais perigosos agora que estavam trabalhando clandestinamente, e que os interesses econômicos indianos estavam em conflito com os dos negros. Apesar de ele ser parte de uma minoria no CNA, seu ponto de vista foi acolhido com simpatia entre certos membros radicais da Liga da Juventude.

Em maio, em meio à Campanha de Desafio, J. B. Marks foi banido sob a Lei de Repressão ao Comunismo, de 1950, por "promover os objetivos do comunismo". O banimento era uma ordem judicial do governo, e geralmente incluía a renúncia forçada das organizações indicadas, e a restrição à presença em reuniões de qualquer tipo. Era um tipo de aprisionamento sem grades. Para banir uma pessoa, o governo não precisava de provas, nem de indiciamentos; o ministro da justiça simplesmente declarava isso. Era uma estratégia projetada para remover o indivíduo da luta, permitindo que ele vivesse uma vida definida, estritamente fora da política. Violar ou ignorar uma ordem de banimento era o mesmo que pedir para ser preso.

Na conferência do Transvaal, em outubro daquele ano, meu nome foi proposto para substituir o banido J. B. Marks, que havia recomendado que eu o sucedesse. Eu era o presidente nacional da Liga da Juventude, e o favorito para a posição ocupada por Marks, mas minha candidatura recebeu oposição de um grupo de dentro do CNA do Transvaal, que se autointitulava "Bafabegiya" (aqueles que morrem dançando). O grupo era formado principalmente por ex-comunistas transformados em nacionalistas africanos extremistas. Eles buscavam cortar todas as ligações com ativistas indianos e movimentar o CNA na direção de uma estratégia mais confrontacional. Eles eram liderados por MacDonald Maseko, um ex-comunista que havia sido presidente da Seção de Orlando do CNA, durante a Campanha de Desafio, e Seperepere Marupeng, que havia sido o voluntário principal para a Campanha de Desafio no Witwatersrand, Maseko e Marupeng pretendiam representar a presidência do Transvaal.

Marupeng era considerado um demagogo. Ele costumava vestir um traje cáqui de estilo militar, repleto de dragonas e botões dourados, e carregava um bastão semelhante àquele tornado famoso pelo Marechal de Campo Montgomery. Ele ficava em pé na frente das assembleias, seu bastão apertado sob o braço, e dizia: "Estou cansado de esperar pela liberdade. Quero liberdade agora! Vou encontrar com Malan na encruzilhada e vou lhe mostrar o que eu quero". Então batendo o bastão no pódio, ele gritava, "Eu quero liberdade agora!"

Por causa de discursos como esses, Marupeng tornou-se extremamente popular durante a Campanha de Desafio, mas a popularidade é apenas um fator em uma eleição. Ele pensava que, em razão de sua recém-adquirida proeminência, iria conquistar a presidência. Antes das eleições, quando se soube que eu seria candidato à presidência, eu o abordei e disse "Eu gostaria de que você se candidatasse para a eleição da executiva, de forma que possa servir juntamente comigo quando eu for presidente". Ele viu isso como um insulto, que eu na verdade estava rebaixando-o, e recusou, decidindo, em vez disso, concorrer para a presidência. Mas ele havia calculado mal, pois venci a eleição com uma maioria arrasadora.

No dia 30 de julho de 1952, no auge da Campanha de Desafio, eu estava trabalhando na firma de advocacia H. M. Basner, onde estava empregado, quando a polícia chegou com um mandato para minha prisão. A acusação era de violação da Lei de Repressão ao Comunismo. O estado fez uma série de prisões simultâneas dos líderes da campanha em Johannesburgo, Port Elizabeth e Kimberley. Antes, naquele mês, a polícia realizou batidas em casas e escritórios de dirigentes do CNA e do CIAS em todo o país, confiscando papéis e documentos. Esse tipo de batida policial era algo novo e estabeleceu um padrão para as buscas constantes e ilegais que, subsequentemente, se tornaram uma característica do comportamento do governo.

A minha prisão e a dos outros culminaram em um julgamento, em setembro, em Johannesburgo, dos vinte e um réus, incluindo os presidentes e os secretários-gerais do CNA, do CIAS, da Liga da

Juventude do CNA e do Congresso Indiano do Transvaal. Entre os vinte e um sendo julgados em Johannesburgo estavam o Dr. Moroka, Walter Sisulu e J. B. Marks. Vários líderes indianos foram presos, incluindo o Dr. Dadoo, Yusuf Cachalia e Ahmed Kathrada.

Nossas aparições no tribunal se tornaram ocasião de manifestações políticas exuberantes. Multidões maciças de manifestantes marcharam pelas ruas de Johannesburgo e convergiram para o Tribunal do Magistrado da cidade. Havia estudantes brancos vindos da Universidade de Witwatersrand; antigos organizadores de campanhas do CNA de Alexandra; alunos das escolas primárias e secundárias indianas; pessoas de todas as idades e cores. O tribunal nunca foi inundado com tais multidões antes. A própria sala do tribunal ficou apinhada de pessoas, e gritos de "*Mayibuye Afrika!*" pontuavam os procedimentos.

O julgamento deveria ter sido uma ocasião para resolução e solidariedade, mas foi manchado por um abuso de confiança por parte do Dr. Moroka. Dr. Moroka, o presidente-geral do CNA e a figura símbolo da campanha, chocou a nós todos ao trazer seu próprio advogado. O plano era que todos nos defendêssemos juntos. Meus companheiros réus me designaram para discutir o assunto com o Dr. Moroka e tentar persuadi-lo a não se separar dos outros. No dia anterior ao julgamento, fui ver o Dr. Moroka em Village Deep, Johannesburgo.

Já no início da reunião, sugeri alternativas a ele, mas ele não estava interessado e, em vez disso, começou a desfiar inúmeras queixas. Dr. Moroka achava que havia sido excluído do planejamento da campanha. No entanto, Moroka frequentemente não se interessava pelos assuntos do CNA e ficava satisfeito com isso. Mas ele disse que a questão que o perturbava mais do qualquer outra era que, ao ser defendido juntamente com o resto de nós, ele estaria sendo associado a homens que eram comunistas. O Dr. Moroka compartilhava a animosidade do governo em relação ao comunismo. Eu protestei e disse que era a tradição do CNA trabalhar com qualquer um que fosse contra a opressão racial. Mas o Dr. Moroka permaneceu impassível.

O maior choque veio quando o Dr. Moroka submeteu um acordo humilhante de mitigação ao Juiz Rumpff e tomou o banco das testemunhas para renunciar aos princípios sobre os quais o CNA havia sido fundado. Perguntado se pensava que deveria haver igualdade entre negros e brancos na África do Sul, o Dr. Moroka respondeu que nunca haveria tal coisa. Nós nos sentimos como se estivéssemos murchando de desespero em nossas cadeiras. Quando seu próprio advogado lhe perguntou se havia alguém entre os réus que fosse comunista, o Dr. Moroka começou de fato a apontar seu dedo para várias pessoas, inclusive o Dr. Dadoo e Walter. O juiz o informou que aquilo não era necessário.

Sua atuação no tribunal foi um golpe severo para a organização e todos nós imediatamente compreendemos que os dias do Dr. Moroka como presidente do CNA estavam contados. Ele havia cometido o pecado fundamental de colocar os seus próprios interesses acima dos interesses da organização e das pessoas. Ele estava relutante em arriscar sua carreira de médico e sua fortuna pelas suas crenças políticas, dessa maneira ele destruiu a imagem que havia construído durante três anos de trabalho corajoso em nome do CNA e da Campanha de Desafio. Eu vi isso como sendo uma tragédia, pois a tibieza do Dr. Moroka no tribunal apagou um pouco o brilho da campanha. O homem que havia percorrido o país pregando a importância da campanha agora a havia abandonado.

No dia 2 de dezembro fomos todos considerados culpados do que o Juiz Rumpff definiu como "comunismo estatutário"– em oposição ao que ele havia dito que "é comumente conhecido como comunismo". De acordo com os estatutos da Lei de Repressão ao Comunismo, virtualmente, qualquer um que se opusesse ao governo, de qualquer maneira, poderia ser definido como – e, portanto, condenado por causa disso – sendo comunista "estatutário", mesmo que nunca tenha sido membro do partido. O juiz, que era imparcial e razoável, disse que apesar de termos planejado atos que variavam do "não cumprimento ostensivo das leis até algo que se igualava a alta traição", ele aceitava o fato de que nós havíamos consistentemente aconselhado os nossos membros "a seguir um curso pacífico de ação e evitar violência de qualquer tipo ou forma". Fomos condenados a nove meses de prisão com trabalhos forçados, mas a sentença foi suspensa por dois anos.

Cometemos muitos erros, mas a Campanha de Desafio marcou um novo capítulo da luta. As seis leis que nós destacamos não foram revogadas; mas nunca alimentamos nenhuma ilusão de que elas seriam. Nós as selecionamos como o fardo mais imediato pressionando as vidas das pessoas, e a melhor maneira de empenhar o maior número de pessoas na luta.

Antes da campanha, o CNA era mais falação do que ação. Nós não possuíamos organizadores assalariados, equipe e um quadro de associados que fizesse pouco mais do que falar da boca para fora pela nossa causa. Como resultado da campanha, o quadro de associados aumentou para 100 mil. O CNA emergiu como uma organização verdadeiramente baseada em massas com um corpo impressionante de ativistas experientes, que haviam enfrentado a polícia, os tribunais e as cadeias. O estigma normalmente associado à prisão havia sido removido. Essa foi uma realização significativa, pois o medo da prisão é um tremendo empecilho para uma luta pela liberdade. Da Campanha de Desafio em diante, ir para a prisão tornou-se um emblema de honra entre os negros africanos.

Nós estávamos extremamente orgulhosos do fato de que durante os seis meses de duração da campanha, não houve um único ato de violência do nosso lado. A disciplina de nossos resistentes foi exemplar. Durante a parte final da campanha, aconteceram tumultos em Port Elizabeth e East London durante os quais mais de quarenta pessoas foram mortas. Apesar dessas deflagrações não terem tido nada a ver com a campanha, o governo tentou nos ligar a elas. Nisso, o governo foi bem-sucedido, pois os tumultos envenenaram os pontos de vista de alguns brancos que poderiam, de outra maneira, ter sido simpáticos à causa.

Alguns, dentro do CNA, tinham expectativas irreais e estavam convencidos de que a campanha poderia derrubar o governo. Nós os lembramos de que a ideia da campanha era concentrar a atenção em nossas queixas, e não erradicá-las. Eles afirmaram que nós havíamos colocado o governo na posição onde queríamos que ele estivesse, e que nós devíamos continuar com a campanha indefinidamente. Eu intervim e disse que este governo era forte e impiedoso demais para ser derrubado de tal forma. Nós podíamos deixá-lo embaraçado, mas derrubá-lo como resultado da Campanha de Desafio seria impossível.

Da forma que estava, nós continuamos a campanha durante tempo demais. Nós devíamos ter dado ouvidos ao Dr. Xuma. O Comitê de Planejamento se reuniu com o Dr. Xuma durante o final da campanha, e ele havia nos dito que a campanha logo perderia o embalo e seria sábio suspendê-la antes que ela fracassasse de uma vez. Suspender a campanha enquanto ela ainda estava na ofensiva seria um movimento astuto que capturaria as manchetes dos jornais. O Dr. Xuma estava certo: a campanha logo se tornou menos intensa, mas em nosso entusiasmo, e arrogância até, deixamos de lado seu conselho. Meu coração queria continuar a campanha, mas minha cabeça me dizia que ela deveria parar. Defendi o término, mas acompanhei a maioria. No final do ano, a campanha foi a pique.

A campanha nunca se expandiu além do estágio inicial de pequenos grupos de desafiantes urbanos na maioria. Desafio em massa, especialmente nas áreas rurais, nunca foi alcançado. O Cabo oriental foi a única região onde fomos bem-sucedidos em atingir o segundo estágio e onde um movimento forte de resistência emergiu no interior. Em geral, nós não tivemos penetração no interior do país, uma fraqueza histórica do CNA. A campanha foi atrapalhada porque nós não tínhamos organizadores em tempo integral. Eu estava tentando organizar a campanha e trabalhar como advogado ao mesmo tempo, e essa não era a forma de se fazer uma campanha de massas. Éramos todos amadores.

Eu, não obstante, tive uma grande sensação de realização e satisfação: eu estava empenhado em uma causa justa e tive a força para lutar por ela e vencer. A campanha me libertou de qualquer sensação prolongada de dúvida ou inferioridade que eu pudesse estar sentindo; ela me libertou do sentimento de ser esmagado pelo poder e aparente invencibilidade dos homens brancos e suas instituições. Mas agora os homens brancos haviam sentido a força dos meus socos e eu podia caminhar ereto como um homem, e olhar para todos nos olhos com a dignidade que vem de não ter sucumbido à opressão e ao medo. Eu havia amadurecido como um guerreiro pela liberdade.

Parte Quatro

A LUTA É A MINHA VIDA

15

NA CONFERÊNCIA ANUAL do CNA, no final de 1952, houve uma mudança de guarda. O CNA nomeou um novo e mais vigoroso presidente para uma era nova e mais ativista: o Chefe Albert Luthuli. Em concordância com os estatutos do CNA, como presidente provisório do Transvaal, tornei-me um dos vice-presidentes. Além disso, o Comitê Executivo Nacional me indicou como primeiro vice-presidente, em adição à minha posição de presidente do Transvaal. Luthuli era um dos poucos chefes governantes que eram ativos no CNA e que haviam resistido firmemente às políticas do governo.

Filho de um missionário adventista, Luthuli nasceu na que então se chamava Rodésia do Sul* e foi educado em Natal. Ele estudou para ser professor no Adam's College, perto de Durban. Homem de tez escura, razoavelmente alto, troncudo e sorridente, ele combinava um ar de humildade com uma confiança profundamente arraigada. Ele era um homem de paciência e fortaleza, que falava lenta e claramente como se cada palavra tivesse a mesma importância.

Eu o conheci no final da década de 40 quando ele era membro do Conselho Representativo dos Nativos. Em setembro de 1952, poucos meses antes da conferência anual, Luthuli havia sido convocado para comparecer em Pretória e recebeu um ultimato: ele devia renunciar à sua associação ao CNA e ao seu apoio à Campanha de Desafio, ou seria demitido de seu cargo como chefe tribal eleito e assalariado do governo. Luthuli era professor, cristão devoto, e chefe Zulu orgulhoso, mas ele estava ainda mais firmemente comprometido com a luta contra o *apartheid*. Luthuli recusou-se a renunciar ao CNA, e o governo o demitiu

---

**Rodésia do Sul* – Atual Zimbábue (N. do T.)

de seu posto. Em resposta à sua demissão, ele distribuiu uma declaração de princípios intitulada "A estrada para a liberdade é pela via da cruz", na qual ele reafirmou seu apoio à resistência pacífica e não violenta e justificou a sua escolha com palavras que ainda ecoam lamentosamente hoje em dia: "Quem vai negar que trinta anos de minha vida foram passados batendo em vão, pacientemente, moderadamente e modestamente em uma porta fechada e trancada?"

Eu apoiava o Chefe Luthuli, mas não pude comparecer à conferência nacional. Alguns dias antes do início da conferência, cinquenta e dois líderes de todo o país foram proibidos de participar de quaisquer reuniões ou encontros por seis meses. Eu estava entre esses líderes, e meus movimentos ficaram restritos ao distrito de Johannesburgo durante aquele mesmo período.

Meu banimento se estendia às reuniões de qualquer tipo, não apenas àquelas que se referissem à política. Eu não podia, por exemplo, ir à minha própria festa de aniversário. Fui proibido de conversar com mais de uma pessoa de cada vez. Isso foi parte de um esforço sistemático de parte do governo para silenciar, perseguir e imobilizar os líderes daqueles que estavam lutando contra o *apartheid* e foi o primeiro de uma série de banimentos que sofri e que continuaram com breves intervalos de liberdade até o momento em que fui completamente privado de liberdade alguns anos depois.

O banimento não apenas confina fisicamente a pessoa, ele aprisiona seu espírito. Ele induz a um tipo de claustrofobia psicológica que faz com que a pessoa deseje não apenas liberdade de movimento, mas uma fuga espiritual. O banimento era um jogo perigoso, pois a pessoa não era algemada ou acorrentada atrás de grades; as grades eram leis e regulamentos que podiam ser facilmente violados e frequentemente o eram. A pessoa podia escapulir e ficar fora de vista por períodos curtos de tempo e ter a ilusão temporária de liberdade. O efeito insidioso dos banimentos é que, até certo ponto, a pessoa começa a pensar que o opressor não se encontra fora dela, mas dentro.

Apesar de eu ser proibido de participar da conferência anual de 1952, fui imediatamente informado do ocorrido. Uma das decisões mais significativas foi tomada em segredo e não foi tornada pública na época.

Juntamente com muitos outros, eu havia me convencido de que o governo pretendia declarar o CNA e o CIAS organizações ilegais, assim como havia feito com o Partido Comunista. Parecia inevitável que o Estado tentaria nos tirar de circulação como uma organização legal tão logo pudesse. Com isso em mente, fui até o Comitê Executivo Nacional com a ideia de que devíamos formular um plano de contingência para tal eventualidade. Eu disse que seria uma abdicação de nossa responsabilidade enquanto líderes do povo se não o fizéssemos. Eles me instruíram a formular um plano que permitisse que a organização operasse clandestinamente. A estratégia veio a ser conhecida como "Plano Mandela", ou simplesmente Plano M.

A ideia era implementar um maquinário organizacional que permitisse ao CNA tomar decisões, no mais alto nível, que seriam então transmitidas rapidamente à organização como um todo, sem convocar reunião. Em outras palavras, ele permitia que uma organização ilegal continuasse a funcionar e permitia que os líderes que fossem banidos continuassem a liderar. O Plano M foi arquitetado para permitir que a organização recrutasse novos membros, reagisse a problemas locais e nacionais e mantivesse contato regular entre os associados e a liderança clandestina.

Organizei uma série de reuniões entre líderes do CNA e do CIAS, tanto banidos como ainda não banidos, para discutir os parâmetros do plano. Trabalhei nele por vários meses e criei um sistema que era amplo o suficiente para adaptar-se às condições locais e ao mesmo tempo não restringisse a iniciativa individual, mas detalhado o suficiente para facilitar a ordem. A menor unidade era a célula, que em assentamentos urbanos consistia em cerca de dez casas em uma rua. Um administrador de célula seria responsável por cada uma dessas unidades. Se uma rua contivesse mais de dez casas, um administrador de rua se encarregaria dela, e os administradores de células se reportariam a ele. Um grupo de ruas formava uma zona dirigida por um administrador chefe, que por sua vez era subordinado ao secretariado da seção local do CNA. O secretariado era um subcomitê da executiva da seção, que se subordinava ao secretário provincial. Minha noção era que cada administrador de cela e de rua deveria conhecer todas as pessoas e famílias em sua área, de forma que ele teria a confiança das pessoas e saberia em quem confiar. O administrador de cela acertava reuniões, organizava aulas sobre política e coletava mensalidades. Ele era o elemento fundamental do plano. Apesar de a estratégia ter sido criada primariamente para áreas mais urbanas, ela podia ser adaptada para áreas rurais.

O plano foi aceito e devia ser implementado imediatamente. Foi comunicado às seções que começassem a se preparar para essa reestruturação secreta. O plano foi aceito pela maioria das seções, mas algumas delas, mais distantes, acharam que o plano era um esforço da parte de Johannesburgo para centralizar o controle sobre as regiões.

Como parte do Plano M, o CNA iniciou um curso básico de palestras políticas para seus membros em todo o país. Essas palestras tinham o objetivo não apenas de educar, mas de manter a organização unida. As palestras eram dadas em segredo pelos líderes das seções. Aqueles membros que participavam, por sua vez, dariam as mesmas palestras para outros em suas casas e comunidades. No começo, as palestras não eram sistematizadas, mas em alguns meses criou-se um currículo.

Três cursos eram dados, "O mundo em que vivemos", "Como somos governados" e "A necessidade de mudanças". No primeiro curso, nós discutíamos os diferentes tipos de sistemas políticos e econômicos no mundo e na África do Sul. Era uma visão geral do crescimento do capitalismo assim como do socialismo. Discutíamos, por exemplo, como os negros na África do Sul eram oprimidos tanto como raça quanto como classe econômica. Os palestrantes eram na maioria membros banidos, e eu mesmo frequentemente dava palestras à noite. Esse arranjo tinha a virtude de manter indivíduos banidos ativos assim como mantinha os associados em contato com estes líderes.

Durante essa época, a liderança banida se reunia, em segredo e a sós, e fazia os arranjos necessários para se juntarem aos líderes ativos. As lideranças antigas e novas se misturavam muito bem, e o processo de tomada de decisões era coletivo assim como havia sido antes. Algumas vezes, dava a sensação de que nada havia mudado exceto que tínhamos que nos reunir em segredo.

O Plano M foi concebido com as melhores intenções, mas foi implementado com um sucesso apenas modesto. Os resultados mais impressionantes vieram novamente do Cabo oriental e de Port Elizabeth. O espírito da Campanha de Desafio permaneceu no Cabo oriental por muito tempo depois de ter desaparecido em outros lugares, e os membros do CNA da área usaram o Plano M como uma forma de continuar a desafiar o governo.

O plano teve muitos problemas pela frente: ele nem sempre era explicado adequadamente para os associados; não havia organizadores assalariados para ajudar a implementá-lo ou gerenciá-lo; e frequentemente havia dissensões dentro das seções que não permitiam um acordo na implementação do plano. Alguns líderes provinciais resistiam a ele porque acreditavam que ele solapava seu poder. Para alguns, a repressão violenta do governo não parecia iminente, portanto eles não precisavam tomar as precauções necessárias para reduzir seu efeito. Quando o punho de ferro do governo desceu, eles não estavam preparados.

16

MINHA VIDA, durante a Campanha de Desafio, corria em duas pistas separadas: meu trabalho na luta e meu sustento como advogado. Nunca fui um organizador em tempo integral para o CNA; a organização tinha apenas um, que era Thomas Titus Nkobi. O trabalho que eu realizava tinha que ser organizado em torno da minha agenda como advogado. Em 1951, depois de ter completado meu período de estágio na Witkin, Sidelsky e Eidelman, fui trabalhar para a firma de advocacia de Terblanche & Briggish. Quando completei o estágio, ainda não era um advogado habilitado, mas estava em uma posição em que redigia petições, enviava intimações judiciais, entrevistava testemunhas – tudo o que um advogado precisava fazer antes de um caso ir para o tribunal.

Depois de sair de Sidelsky, eu havia sondado várias firmas de advocacia controladas por brancos, naturalmente não havia nenhuma firma de advocacia controlada por negros. Eu estava particularmente interessado na escala dos honorários cobrados por essas firmas e fiquei indignado ao saber que muitas das firmas de advocacia de renome cobravam dos negros honorários muito mais altos em casos criminais e cíveis do que de seus clientes brancos e muito mais ricos.

Depois de trabalhar para Terblanche & Briggish por cerca de um ano, fui trabalhar na firma de Helman e Michel. Era uma firma liberal e uma das poucas que cobravam honorários razoáveis de seus clientes negros. Além disso, a firma se orgulhava de sua devoção à educação africana, para a qual eles faziam doações substanciais. O Sr. Helman, o sócio principal da firma, havia se envolvido em causas negras muito antes de elas se tornarem populares ou da moda. O outro sócio da firma, Rodney Michel, um veterano da Segunda Guerra Mundial, também era extremamente liberal. Ele era piloto e alguns anos mais tarde ajudou a transportar pessoal do CNA para fora da África do Sul durante os piores períodos de repressão. O único vício aparente de Michel era que ele era um fumante inveterado que fumava um cigarro atrás do outro durante o dia inteiro no escritório.

Permaneci na Helman e Michel por vários meses enquanto estava estudando para meus exames de qualificação, que me estabeleceriam como um advogado habilitado. Eu havia desistido de estudar para um grau de L.L.B. na Universidade de Witwatersrand depois de ter sido reprovado nos exames por diversas vezes. Optei por fazer o exame de qualificação de forma que pudesse praticar advocacia e começar a ganhar dinheiro suficiente para sustentar a minha família. Naquela época, minha irmã estava morando conosco, e minha mãe havia vindo nos visitar, e o salário de enfermeira estagiária de Evelyn mais a minha renda insignificante não eram suficientes para manter todos aquecidos e alimentados.

Quando passei em meu exame de qualificação, fui trabalhar como advogado habilitado na firma de H. M. Basner. Basner havia sido um Representante dos Negros Africanos no Senado, membro fundador do Partido Comunista, e um apoiador apaixonado pelos direitos dos negros. Como advogado, ele era defensor de líderes negros e sindicalistas. Durante os meses em que trabalhei na firma, eu estava frequentemente nos tribunais defendendo os muitos clientes negros da firma. O Sr. Basner era um chefe excelente e encorajava meu trabalho político, desde eu que fizesse o meu trabalho na firma. Depois da experiência que adquiri lá, me senti pronto para começar a trabalhar por conta própria.

Em agosto de 1952, abri a minha firma de advocacia. O sucesso inicial que tive se deveu a Zubeida Patel, minha secretária. Eu a havia conhecido quando ela foi trabalhar na H. M. Basner como substituta de uma secretária que falava africâner, a Srta. Koch, que havia se recusado a tomar meus ditados. Zubeida era casada com meu amigo, Cassim Patel, membro do Congresso Indiano, e não tinha preconceito algum de cor. Ela tinha um círculo amplo de amigos, conhecia muitas pessoas no mundo judicial, e quando fui trabalhar por conta própria, ela concordou em trabalhar para mim. Ela trouxe consigo uma grande quantidade de negócios e clientes.

Oliver Tambo trabalhava na época para uma firma chamada Kovalsky e Tuch. Eu o visitava durante seu horário de almoço e fazia questão de me sentar em uma cadeira reservada a brancos na sala de espera reservada aos brancos. Oliver e eu éramos grandes amigos e discutíamos principalmente assuntos do CNA durante aquelas horas de almoço. Ele havia causado boa impressão em mim, antes, em Fort Hare, quando percebi sua inteligência pensativa e habilidades afiadas para debater. Com seu estilo sóbrio e lógico ele conseguia demolir os argumentos de um oponente – precisamente o tipo de inteligência que é útil em um tribunal. Antes de Fort Hare, ele havia sido um aluno brilhante em St. Peter's, em Johannesburgo. Sua objetividade serena era um antídoto às minhas reações mais emocionais às questões. Oliver era profundamente religioso e havia pensado por um longo tempo que o ministério religioso era a sua vocação. Ele também era um vizinho: ele era de Bizana, em Pondoland, parte do Transkei, e seu rosto carregava as cicatrizes distintivas de sua tribo. Parecia natural que trabalhássemos juntos como advogados e eu o convidei para se juntar a mim. Alguns meses depois, quando Oliver conseguiu se desvencilhar de sua firma, nós abrimos o nosso próprio escritório no centro de Johannesburgo.

"Mandela e Tambo" estava escrito na placa de bronze afixada na porta de nosso escritório, em Chancellor House, um pequeno prédio do outro lado da rua em frente às estátuas de mármore da Justiça, diante do Tribunal da Magistratura, no centro de Johannesburgo. Nosso prédio, de propriedade de indianos, era um dos poucos lugares onde negros podiam alugar escritórios na cidade. Desde o início, Mandela e Tambo ficou cercada de clientes. Não éramos os únicos advogados negros na África do Sul, mas éramos a única firma de advogados negros. Para os negros, nós éramos a firma de primeira escolha e de último recurso. Para chegar ao nosso escritório, todas as manhãs, tínhamos que atravessar uma multidão de pessoas nos corredores, nas escadas e em nossa pequena sala de espera.

Os negros estavam desesperados por ajuda legal em prédios públicos: era crime entrar por portas Exclusivas para Brancos, era crime andar em ônibus Exclusivos para Brancos, era crime utilizar bebedouros Exclusivos para Brancos, era crime caminhar por uma praia Exclusiva para Brancos, era crime estar nas ruas depois das onze da noite, era crime não possuir uma caderneta de passe e era crime ter a assinatura errada nela, era crime estar desempregado e era crime estar empregado no local errado, era crime morar em certos lugares e era crime não ter lugar para morar.

Todas as semanas nós entrevistávamos homens idosos do interior que nos contavam que geração após geração de sua família havia trabalhado em um pedaço mirrado de terra do qual agora estavam sendo despejados. Todas as semanas entrevistávamos senhoras idosas que fabricavam cerveja africana como uma forma de suplementar sua renda minúscula, e que agora se viam diante de sentenças de prisão e multas que não podiam pagar. Todas as semanas entrevistávamos pessoas que haviam morado na mesma casa durante décadas para descobrir que ela havia sido declarada estar em uma área para brancos e tinham que deixá-la sem direito a nenhuma compensação financeira. Todos os dias nós ouvíamos e víamos as milhares de humilhações que os negros comuns estavam encarando todos os dias de suas vidas.

Oliver tinha uma capacidade prodigiosa para trabalhar. Ele passava um bom tempo com cada cliente, nem tanto por razões profissionais, mas porque ele era um homem de compaixão e paciência ilimitadas. Ele envolvia-se nos casos de seus clientes e em suas vidas. Ele ficava comovido pela situação difícil das massas como um todo e de cada pessoa individualmente.

Rapidamente compreendi o que Mandela e Tambo significava para as pessoas comuns. Era um local onde eles podiam vir e encontrar um ouvido compreensivo e um aliado competente, um local onde eles não seriam dispensados ou enganados, um lugar onde eles podiam na verdade se sentir orgulhosos de serem representados por homens com a mesma cor de pele que eles. Essa era a razão pela qual eu havia me tornado um advogado em primeiro lugar, e meu trabalho geralmente me fazia sentir que eu havia tomado a decisão certa.

Frequentemente tratávamos de uma meia dúzia de casos durante a manhã, e ficávamos entrando e saindo do tribunal durante o dia inteiro. Em alguns tribunais nós éramos tratados com cortesia; em outros éramos tratados com desprezo. Mas mesmo enquanto exercíamos nossa profissão e lutávamos e ganhávamos causas, nós sempre sabíamos que não importando o quão bem nós seguíssemos nossas carreiras de advogados, nunca nos tornaríamos promotores, magistrados ou juízes. Apesar de estarmos lidando com funcionários cuja competência não era maior do que a nossa, sua autoridade estava fundamentada e protegida pela cor de sua pele.

Nós, muitas vezes, demos de cara com preconceito no próprio tribunal. Testemunhas brancas se recusavam a responder perguntas de um advogado negro. Em vez de citá-las por desrespeito ao tribunal, o magistrado fazia as perguntas às quais eles haviam se recusado a responder a mim. Rotineiramente chamava policiais ao banco de testemunha e os interrogava; apesar de eu os flagrar em discrepâncias e mentiras, eles nunca me consideravam outra coisa senão um "advogado *kaffir*".

Lembro-me de que uma vez me pediram, no início de um julgamento, que eu me identificasse. Isso era costumeiro. Eu disse, "Meu nome é Nelson Mandela e defendo o acusado". O magistrado falou, "Eu não o conheço. Onde está o seu certificado?" Um certificado é um diploma extravagante que é emoldurado e pendurado na parede; não era algo que um advogado levasse consigo. Seria como pedir a um homem que apresentasse seu grau universitário. Eu solicitei ao magistrado que iniciasse o julgamento e disse que traria o certificado no devido momento. Mas o magistrado recusou-se a ouvir o caso, chegando ao ponto de ordenar que o meirinho me retirasse do tribunal.

Isso era uma violação clara dos procedimentos do tribunal. O assunto eventualmente foi parar na Suprema Corte e meu amigo George Bizos, também advogado, compareceu em meu nome. Na audiência, o juiz presidente criticou a conduta do magistrado e ordenou que um magistrado diferente julgasse o caso.

Ser um advogado também não garantia respeito fora dos tribunais. Um dia, nas proximidades de nosso escritório, vi uma senhora branca idosa cujo veículo estava espremido entre dois outros carros. Imediatamente fui até lá e empurrei o carro, o que ajudou a liberá-lo. A mulher, que falava inglês, voltou-se para mim e disse "Obrigada, John" – John era o nome que os brancos usavam para se dirigir a qualquer negro cujo nome não soubessem. Ela então me deu uma moeda de seis *pence*, a qual eu educadamente recusei. Ela a empurrou em minha direção, e novamente eu disse não, obrigado. Ela então exclamou, "Você recusa seis *pence*. Você deve estar querendo um xelim, mas você não o terá!" e então atirou a moeda em mim, e foi embora com o carro.

No período de um ano, Oliver e eu descobrimos que sob a Lei de Áreas Urbanas não nos era permitido ocupar instalações comerciais na cidade sem a devida autorização ministerial. Nossa solicitação foi negada, e recebemos uma licença temporária, sob a Lei de Áreas de Grupos, que logo expirou. As autoridades se recusaram a renová-la, insistindo que nós mudássemos nosso escritório para um local africano a muitos quilômetros de distância e virtualmente inacessível para os nossos clientes. Interpretamos isso como um esforço pelas autoridades em nos levar à falência, e ocupamos nossas instalações ilegalmente, com ameaças de despejo constantemente pendendo sobre nossas cabeças.

Trabalhar como advogado na África do Sul significava operar sob um sistema degradado de justiça, um código legal que não venerava a igualdade, mas o seu oposto. Um dos exemplos mais perniciosos disso era a Lei de Registro da População, que definia aquela desigualdade. Uma vez tratei do caso de um homem mestiço que foi inadvertidamente classificado como negro. Ele havia defendido a África do Sul durante a Segunda Guerra Mundial, na África do Norte e na Itália, mas depois de seu retorno, um burocrata branco o havia reclassificado como negro. Esse era o tipo de caso, em nada incomum na África do Sul, que oferecia um quebra-cabeça moral. Eu não apoiava ou reconhecia os princípios da Lei de Registro da População, mas meu cliente necessitava de representação legal, e ele havia sido classificado como algo que não era. Havia muitas vantagens práticas em ser classificado como mestiço em vez de negro, tal como o fato de que homens mestiços não precisavam portar passes.

Em seu nome, eu entrei com uma apelação na Junta de Classificação, que adjudicava casos que se encaixavam na Lei de Registro da População. A junta era formada por um magistrado e dois outros funcionários, todos brancos. Eu detinha evidências documentais formidáveis para estabelecer o caso do meu cliente, e o promotor indicou formalmente que não se oporia à nossa apelação. Mas o magistrado pareceu não se interessar nem pelas minhas evidências nem pela objeção do promotor. Ele olhou para o meu cliente e asperamente pediu que ele se virasse, de modo que suas costas ficassem voltadas para a bancada. Depois de escrutinar os ombros do meu cliente, que pendiam pronunciadamente para baixo, ele acenou para os outros funcionários e aceitou a apelação. Na visão das autoridades brancas naquela época, ombros caídos eram um dos estereótipos físicos dos mestiços. E assim acabou acontecendo que o curso da vida desse homem foi decidido puramente com base na opinião de um magistrado sobre a estrutura de seus ombros.

Nós levamos ao tribunal muitos casos envolvendo brutalidade policial, apesar de nossa taxa de sucesso ser bem baixa. Agressões por policiais eram sempre difíceis de serem provadas. Os policiais eram espertos o suficiente para deter um prisioneiro tempo suficiente para que seus ferimentos e contusões ficassem curados, e frequentemente era simplesmente a palavra de um policial contra a de nosso cliente. Os magistrados naturalmente se alinhavam com a polícia. O veredicto de um legista sobre uma morte sob custódia policial geralmente trazia escrito, "Morte devida a múltiplas causas", ou alguma explicação vaga que exonerava a polícia.

Sempre que eu tinha um caso fora de Johannesburgo, eu solicitava que meu banimento fosse temporariamente suspenso, e isso era, muitas vezes, atendido. Por exemplo, viajei para o leste do Transvaal e defendi um cliente na cidade de Carolina. Minha chegada causou uma grande comoção, pois muitas pessoas nunca haviam visto um advogado negro antes. Fui recebido calorosamente pelo magistrado e pelo promotor, e o julgamento demorou a iniciar, pois eles me fizeram várias perguntas sobre minha carreira e como eu havia me tornado advogado. O tribunal estava similarmente lotado de pessoas curiosas da cidade.

Em uma aldeia das vizinhanças eu representei um curandeiro acusado de bruxaria. Esse caso também atraiu uma grande multidão – não para me ver, mas para descobrir se as leis dos homens brancos podiam ser aplicadas a um *sangoma*. O curandeiro exercia um poder enorme em sua área, e muitas pessoas o veneravam e o temiam ao mesmo tempo. Em um dado momento, meu cliente espirrou violentamente, causando uma virtual debandada da sala do tribunal; a maioria dos observadores acreditava que ele estava lançando um feitiço. Ele foi considerado inocente, mas suspeito que a população local atribuiu isso não às minhas habilidades como advogado, mas ao poder das ervas do curandeiro.

Como advogado, às vezes eu era bem bombástico no tribunal. Eu não agia como se fosse um homem negro em um tribunal de homens brancos, mas como se todos os outros – brancos e negros – fossem hóspedes em meu tribunal. Quando defendia um caso, eu fazia gestos majestosos e utilizava linguajar pretensioso. Eu era meticuloso em relação a todos os regulamentos do tribunal, mas às vezes fazia uso de táticas não ortodoxas ao tratar com as testemunhas. Eu gostava de fazer interrogatórios e utilizava a tensão racial em meu benefício. A galeria de espectadores normalmente ficava lotada, porque as pessoas do assentamento frequentavam tribunais como uma forma de entretenimento.

Lembro-me de uma vez quando defendia uma mulher negra que trabalhava como empregada doméstica na cidade. Ela foi acusada de roubar roupas de sua "madame". A roupa que alegadamente havia sido roubada foi exposta em uma mesa no tribunal. Depois de a "madame" ter testemunhado, iniciei meu interrogatório andando até a mesa de evidências. Analisei cuidadosamente as roupas e então, com a ponta de meu lápis, selecionei uma peça de roupa íntima feminina e perguntei com simplicidade, "Senhora, essa peça... é sua?" "Não", ela respondeu rapidamente, envergonhada demais para admitir que pertencesse a ela. Por causa dessa resposta, e outras discrepâncias nas provas apresentadas por ela, o magistrado rejeitou o caso.

17

SOPHIATOWN ESTAVA LOCALIZADA a seis quilômetros, ao oeste do centro de Johannesburgo, na encosta de um morro rochoso com vista para a cidade. O Padre Trevor Huddleston, um dos maiores amigos do assentamento, certa vez comparou Sophiatown a uma cidade nas montanhas da Itália e, a certa distância, o lugar tinha de fato bastante charme: as casas apinhadas e de telhado vermelho; a fumaça se esvaindo em um céu cor-de-rosa; os eucaliptos altos e esbeltos que abraçavam o assentamento. De perto se via a pobreza e a miséria nas quais muitos habitantes de Sophiatown viviam. As ruas eram estreitas e não pavimentadas, e todos os lotes estavam repletos de barracos amontoados.

Sophiatown era parte do que foi conhecido como assentamentos da Área Ocidental, juntamente com Martindale e Newclare. A área originalmente seria destinada aos brancos, e um incorporador imobiliário havia até mesmo construído várias casas no local para compradores brancos. Mas por causa de um depósito municipal de lixo, na área, os brancos optaram por residir em outros locais. Relutantemente, o incorporador vendeu suas casas a negros. Sophiatown era um dos poucos lugares no Transvaal onde negros puderam comprar áreas, ou lotes, anteriormente à Lei de Áreas Urbanas de 1923. Muitas daquelas casas antigas de tijolos e pedra, com suas varandas com teto de zinco, ainda estavam presentes em Sophiatown, emprestando ao assentamento um ar de elegância do Velho Mundo. À medida que a indústria de Johannesburgo cresceu, Sophiatown tornou-se o lar de mão de obra negra em rápida expansão. O local era conveniente e ficava perto da cidade. Os trabalhadores moravam em barracos que eram construídos nos jardins e nos quintais das antigas residências. Várias famílias podiam estar apinhadas em apenas um barraco. Até quarenta pessoas compartilhavam uma única torneira de água. Apesar da pobreza, Sophiatown tinha uma personalidade especial; para os negros, ele era a *Rive Gauche* em Paris, Greenwich Village, em Nova York, o lar de escritores, artistas, médicos e advogados. Era ao mesmo tempo boêmia e convencional, vivaz e morosa. Era a residência do Dr. Xuma, onde ele tinha sua clínica, e de vários *totsis* (gângsteres), que, à semelhança dos berlinenses e dos norte-americanos, adotavam nomes de estrelas de cinema como John Wayne e Humphrey Bogart. Sophiatown se orgulhava de possuir a única piscina para crianças negras em Johannesburgo.

Em Johannesburgo, o esquema de Despejo das Áreas Ocidentais significava a evacuação de Sophiatown, Martindale e Newclare, que juntas tinham uma população que ficava entre 60 mil e 100 mil pessoas. Em 1953, o governo Nacionalista havia comprado um pedaço de terra, chamado Meadowlands, a aproximadamente vinte quilômetros da cidade. As pessoas deveriam ser transferidas para lá em sete "grupos étnicos" diferentes. A desculpa dada pelo governo era limpeza da favela, uma cortina de fumaça para a política de governo que via todas as áreas urbanas como áreas de brancos onde os negros eram apenas residentes temporários.

O governo estava sendo pressionado pelos seus apoiadores das áreas vizinhas de Westdene e Newlands, que eram áreas de brancos comparativamente mais pobres. Esses brancos da classe trabalhadora invejavam algumas das boas casas de propriedade de negros em Sophiatown. O governo queria controlar os movimentos de todos os negros, e tal controle era muito mais difícil em assentamentos urbanos de domínio absoluto onde os negros podiam possuir propriedades, e as pessoas iam e vinham à vontade. Apesar de o sistema de passes ainda estar funcionando, não se precisava de uma autorização especial para entrar em um assentamento de domínio absoluto, como era o caso de localidades municipais. Negros haviam morado e possuído propriedades em Sophiatown por mais de cinquenta anos; agora o governo estava insensivelmente planejando realocar todos os residentes negros de Sophiatown para outro assentamento de negros. O plano do governo era tão cínico que a remoção aconteceria antes mesmo que casas tivessem sido construídas para alojar as pessoas evacuadas. A remoção de Sophiatown era o primeiro grande teste de força para o CNA e seus aliados depois da Campanha de Desafio.

Apesar de a campanha de remoção do governo para Sophiatown ter iniciado em 1950, esforços de parte do CNA em combatê-la não começaram seriamente até 1953. Por volta da metade do ano, as seções locais do CNA e do CIT e da Associação de Contribuintes local estavam mobilizando pessoas para resistir. Em junho de 1953, uma reunião pública foi convocada pelas executivas provinciais do CNA e do CIT na sala de cinema Odin em Sophiatown para discutir a oposição à remoção. Foi uma reunião animada e exuberante que contou com a presença de mais de mil e duzentas pessoas, nenhuma das quais parecia estar intimidada pela presença de dezenas de policiais fortemente armados.

Apenas alguns dias antes da reunião, minhas ordens de banimento, assim como as de Walter, haviam expirado. Isso significava que nós não estávamos mais proibidos de participar ou de discursar em reuniões, e arranjos foram rapidamente feitos para que eu falasse para a plateia na sala de cinema.

Logo antes de a reunião começar, um oficial de polícia avistou Walter e eu, no lado de fora do cinema, conversando com o Padre Huddleston, um dos líderes da oposição à remoção. O oficial nos informou que como indivíduos banidos, nós não tínhamos direito de estar lá, e então ordenou que dois policiais nos prendessem. O Padre Huddleston gritou para os policiais que vinham em nossa direção "Não, vocês devem me prender em vez de prendê-los, meus caros". O oficial mandou que o Padre Huddleston se afastasse, mas ele se recusou. Enquanto os policiais retiravam o Padre Huddleston do caminho, eu disse para o oficial, "Você deve se certificar de que estamos sob banimento ou não. Tenha cuidado, porque seria ilegal nos prender se os nossos banimentos estiverem expirados. Agora, você acredita que estaríamos aqui esta noite conversando com você se os nossos banimentos não tivessem expirado?"

A polícia tinha a má fama de manter registros muito desatualizados e frequentemente não estavam cientes de quando os banimentos terminavam. O oficial sabia disso tão bem quanto eu. Ele pensou sobre o que eu havia dito, e então mandou que os seus oficiais recuassem. Eles se afastaram enquanto entrávamos no saguão.

No interior do cinema, a polícia fazia provocações e demonstrava desprezo. Equipados com pistolas e rifles, eles desfilavam pelo saguão empurrando as pessoas e insultando-as. Eu estava sentado no palco, juntamente com vários outros líderes, e quando a reunião estava para começar, vi o Major Prinsloo atravessando o palco arrogantemente, acompanhado de vários oficiais armados. Eu olhei para ele, e fiz um gesto como se dissesse, "Eu?" e ele balançou a cabeça que não. Então ele se encaminhou para o pódio, onde Yusuf Cachalia já havia começado a discursar, e ordenou que os outros oficiais o prendessem e eles o tomaram pelos braços e começaram a arrastá-lo de lá. No lado de fora, a polícia já havia prendido Robert Resha e Ahmed Kathrada.

A multidão começou a gritar e a vaiar, e vi que as coisas podiam ficar extremamente feias se a multidão não se controlasse. Corri até o pódio e comecei a cantar uma canção de protesto, bem conhecida, e tão logo pronunciei as primeiras palavras a multidão começou a cantar junto. Eu temia que a polícia pudesse abrir fogo se a multidão se tornasse agitada demais.

O CNA estava então realizando reuniões todos os domingos à noite na Praça da Liberdade, no centro de Sophiatown, para mobilizar a oposição à remoção. Essas sessões eram vibrantes, pontuadas por gritos de "*Asihambi!*" (Não vamos nos mudar!) e cantos de "*Sophiatown likhaya lam asihambi*" (Sophiatown é o meu lar; não vamos nos mudar). As reuniões apresentavam discursos de lideranças do CNA, proprietários, inquilinos, vereadores e, muitas vezes, do Padre Huddleston, que ignorava as advertências da polícia para se limitar às questões da igreja.

Numa noite de domingo, não muito tempo depois do incidente no Odin, eu estava programando para discursar na Praça da Liberdade. A multidão naquela noite estava cheia de paixão, e sua emoção indubitavelmente me influenciou. Havia muitos jovens presentes, e eles estavam com raiva e ansiosos em entrar em ação. Como de costume, policiais se agrupavam em redor do perímetro, armados de pistolas e lápis, este último para anotar quem estava discursando e o que estava dizendo. Tentamos transformar isso numa virtude, sendo mais abertos possíveis com a polícia para mostrar para eles que, na verdade, nós não tínhamos nada a esconder, nem mesmo nossa aversão por eles.

Comecei falando sobre a crescente repressão do governo no rastro da Campanha de Desafio. Falei que o governo estava agora com medo do poder do povo africano. Enquanto eu falava, fui ficando cada vez mais indignado. Naquela época, eu era um orador com algo de agitador. Eu gostava de incitar uma audiência, e estava fazendo isso naquela noite.

Enquanto eu criticava fortemente o governo pela sua crueldade e ilegalidade, ultrapassei os limites: disse que o tempo de resistência pacífica havia acabado, que a não violência era uma estratégia inútil e nunca poderia derrubar um regime da minoria branca determinada a manter o seu poder a todo custo. No final das contas, eu disse, a violência era a única arma que poderia destruir o *apartheid,* e nós devíamos estar preparados, num futuro próximo, para utilizar essa arma.

A multidão estava entusiasmada; os jovens em particular estavam aplaudindo e vibrando. Eles estavam prontos para agir imediatamente, da forma que eu havia falado. Naquele momento comecei a cantar uma canção de liberdade, cuja letra dizia, "Lá estão os inimigos, tomemos nossas armas e os ataquemos". Cantei essa canção e a multidão aderiu, e quando a canção terminou, apontei para a polícia e disse, "Lá, lá estão os nossos inimigos!" A multidão recomeçou a aplaudir e gesticulou agressivamente em direção à polícia. Os policiais pareciam estar nervosos, e alguns deles apontaram para mim, como se estivessem dizendo, "Mandela, nós vamos te pegar por causa disso". Eu não me importei. No calor do momento, eu não pensei nas consequências.

Mas minhas palavras naquela noite não vieram do nada. Eu estava pensando no futuro. O governo estava ativamente tomando medidas para evitar que qualquer coisa parecida com a Campanha de Desafio acontecesse novamente. Eu havia começado a analisar a luta em termos diferentes. A ambição do CNA era de realizar uma luta de massa, engajar os trabalhadores e camponeses da África do Sul em uma campanha tão grande e poderosa que poderia superar o *status quo* da opressão dos homens brancos. Mas o governo Nacionalista estava tornando impossível qualquer expressão legal de discordância ou protesto. Vi que eles iriam reprimir impiedosamente qualquer protesto legítimo de parte da maioria negra. Um estado policial não parecia estar muito distante.

Comecei a suspeitar de que tanto os protestos legais como os extraconstitucionais seriam impossíveis em breve. Na Índia, Gandhi havia lidado com um poder estrangeiro que em última instância era mais realista e previdente. Esse não era o caso com os africânderes na África do Sul. Resistência pacífica e não violenta é eficiente à medida que o seu oponente respeita as mesmas regras que você. Mas se um protesto pacífico é recebido com violência, sua eficácia chega ao fim. Para mim, a não violência não era um princípio moral, mas uma estratégia; não há bondade moral em se utilizar uma arma ineficiente. Mas meus pensamentos sobre este assunto ainda não haviam tomado forma, e eu havia falado cedo demais.

Essa, de fato, era a visão do Comitê Executivo Nacional. Quando ficaram sabendo do meu discurso, fui severamente repreendido por defender uma divergência tão radical da política aceita. Apesar de alguns na executiva simpatizarem com o que eu falei, nenhum deles podia apoiar a forma destemperada como falei. A executiva me advertiu, observando que a política impulsiva que eu havia convocado não apenas era prematura como perigosa. Discursos com tais teores poderiam provocar o inimigo e esmagar a organização, inteiramente, enquanto o inimigo era forte e nós ainda éramos fracos. Aceitei a censura, e a partir de então defendi fielmente em público a política de não violência. Mas em meu coração, eu sabia que a não violência não era a resposta.

Naquela época, frequentemente eu me via em apuros junto à executiva. No início de 1953, o Chefe Luthuli, Z. K. Matthews e alguns outros líderes de alto escalão do CNA foram convidados para uma reunião com um grupo de brancos que estava em processo de fundar o Partido Liberal. Uma reunião da executiva do CNA aconteceu em seguida, e vários de nós pedimos um relatório da reunião anterior com os brancos liberais. Os participantes daquela reunião se recusaram, dizendo que haviam sido convidados na condição de indivíduos e não como membros do CNA. Nós continuamos a importuná-los e, finalmente, o Professor Matthews, que era advogado, disse que havia sido uma conversa sigilosa. Em um ataque de indignação, eu disse, "Que tipo de líderes são vocês que podem discutir assuntos com um grupo de brancos liberais e então não compartilham essa informação com os seus colegas do CNA? Esse é o problema de vocês, temem e são excessivamente reverentes com os homens brancos. Vocês valorizam a companhia deles mais do que a de seus camaradas negros".

Essa explosão provocou a ira tanto do Professor Matthews como do Chefe Luthuli. Primeiramente, o Professor Matthews respondeu: "Mandela, o que você sabe a respeito dos brancos? Eu lhe ensinei tudo o que você sabe a respeito dos brancos e você ainda é ignorante. Mesmo agora, você parece ter acabado de tirar o seu uniforme de estudante". Luthuli estava controlando a sua ira, e disse "Tudo bem, se você está me acusando de ter medo dos homens brancos, então não tenho nenhum outro recurso senão renunciar. Se isso é o que você diz, então é isso o que eu pretendo fazer". Eu não sabia se Luthuli estava blefando ou não, mas sua ameaça me amedrontou. Eu havia falado, precipitadamente, sem pensar, sem um sentido de responsabilidade, e agora eu estava muito arrependido. Imediatamente retirei a minha acusação e pedi desculpas. Eu era um jovem que tentava compensar minha ignorância através da militância.

No mesmo momento de meu discurso em Sophiatown, Walter me informou que havia sido convidado para participar do Festival Mundial da Juventude e Estudantes pela Paz e Amizade em Bucareste, como convidado de honra. A ocasião do convite não deu virtualmente oportunidade alguma, para Walter, de consultar o Comitê Executivo Nacional. Eu estava ansioso que ele fosse participar e o encorajei a fazê-lo, quer ele tivesse consultado a executiva ou não. Walter decidiu ir e eu o ajudei a conseguir um passaporte substituto, uma declaração juramentada de sua identidade e cidadania. (O governo nunca teria emitido um passaporte de fato para ele). O grupo, que era liderado por Walter Sisulu e Duma Nokwe viajou pela única companhia aérea que aceitava tal declaração: a companhia israelense, El Al.

Eu estava convencido, apesar de minha advertência pela executiva, de que as políticas dos Nacionalistas logo tornariam a não violência uma política ainda mais limitada e ineficiente. Walter estava a par de meus pensamentos e antes de viajar, fiz uma sugestão: ele deveria fazer arranjos para visitar a República Popular da China e discutir com eles a possibilidade de nos fornecerem armamentos para uma luta armada. Walter gostou da ideia e prometeu tentar.

Essa ação foi decidida somente por mim e meus métodos eram altamente não ortodoxos. Até certo ponto, essas eram ações de um revolucionário impulsivo que não havia refletido sobre as coisas e que agia sem disciplina. Essas eram ações de um homem frustrado pela imoralidade do *apartheid* e a crueldade do estado ao protegê-lo.

A visita de Walter provocou uma tempestade dentro da executiva. Encarreguei-me da tarefa de transmitir pessoalmente seu pedido de desculpas. Não mencionei o meu pedido secreto. Luthuli fez objeção à zombaria do código de conduta do CNA, e o Professor Matthews expressou sua consternação por Walter visitar países socialistas. A executiva estava cética em relação aos propósitos de Walter e questionou a minha explicação das circunstâncias. Vários queriam censurar formalmente a mim e a Walter, mas acabaram não fazendo isso.

Walter conseguiu chegar à China, onde as lideranças o receberam calorosamente. Eles expressaram seu apoio à nossa luta, mas ficaram cuidadosos e cautelosos quando ele expôs a ideia de uma luta armada. Eles o avisaram que uma luta armada era um empreendimento extremamente grave e questionaram se o movimento de libertação havia amadurecido suficientemente para justificar tal esforço. Walter retornou com incentivo, mas sem armas.

18

EM JOHANNESBURGO, eu havia me tornado um homem da cidade. Eu vestia trajes elegantes, dirigia um Oldsmobile colossal e sabia me movimentar pelas ruas menos trafegadas da cidade. Eu viajava diariamente até um escritório no centro da cidade. Mas na verdade eu continuava um menino do interior em meu coração, e não havia nada que me animasse tanto quanto o céu azul, o *veld* aberto e o capim verdejante. Em setembro, quando o meu banimento caducou, decidi aproveitar minha liberdade e tirar um descanso da cidade. Aceitei um caso no vilarejo de Villiers no Estado Livre de Orange.

A viagem até o Estado Livre de Orange costumava durar várias horas, e eu parti de Orlando às 3 horas da madrugada, que sempre havia sido minha hora preferida de viajar. Eu costumo acordar muito cedo, e às

3 horas da manhã as estradas estão vazias e silenciosas e podemos ficar sozinhos com os nossos pensamentos. Eu gosto de observar a chegada da alvorada, a mudança da noite para o dia, que é sempre majestosa. Também era um horário conveniente para partidas porque normalmente a polícia não estava em lugar algum.

A província do Estado Livre de Orange sempre teve um efeito mágico sobre mim, ainda que alguns dos elementos mais racistas da população branca considerassem o Estado Livre seu lar. Com a paisagem poeirenta e plana se estendendo até onde o olhar alcançava o grande teto azul acima, os trechos infindáveis de milharais amarelos, o cerrado e arbustos, a paisagem do Estado Livre alegra o meu coração não importando qual seja o meu estado de ânimo. Quando estou lá, me sinto como se nada pudesse me prender, que os meus pensamentos podem vagar tão longe e amplamente quanto o horizonte.

A paisagem carregava a marca do General Christian De Wet, o comandante bôer, talentoso, que suplantou os britânicos em dezenas de escaramuças durante os meses finais da Guerra anglo-bôer; destemido, orgulhoso e sagaz, ele teria sido um de meus heróis se estivesse lutando pelos direitos de todos os sul-africanos e não apenas pelos dos africânderes. Ele demonstrou a coragem e engenhosidade do oprimido, e o poder de um exército menos sofisticado, mas patriótico contra uma máquina de guerra experimentada. Enquanto eu dirigia, fiquei imaginando os esconderijos do exército do General De Wet e me perguntei se algum dia eles abrigariam rebeldes negros.

A viagem até Villiers me animou consideravelmente, e eu estava trabalhando sob uma sensação falsa de segurança quando entrei na pequena sala do tribunal na manhã de três de setembro. Encontrei um grupo de policiais me aguardando. Sem nenhuma palavra, eles me entregaram uma intimação sob a Lei de Repressão ao Comunismo exigindo que eu renunciasse ao CNA, me restringindo ao distrito de Johannesburgo e me proibindo de comparecer a quaisquer reuniões ou encontros durante dois anos. Eu sabia que tais medidas viriam, mas eu não esperava receber meu banimento na cidade longínqua de Villiers.

Eu tinha trinta e cinco anos de idade e esses banimentos novos e mais severos finalizaram um período de quase uma década de envolvimento com o CNA, anos que haviam sido o meu tempo de despertar político e crescimento, e meu compromisso gradual com a luta que havia se tornado a minha vida. A partir desse momento, todas as minhas ações e planos em nome do CNA e da luta pela libertação se tornariam secretas e ilegais. Uma vez intimado, tive que retornar imediatamente para Johannesburgo.

Meu banimento me levou do centro da luta para as suas beiras, de um papel que era principal para um que era periférico. Ainda que eu fosse frequentemente consultado e fosse capaz de influenciar a direção dos eventos, eu o fazia a distância e apenas quando expressamente solicitado a fazê-lo. Eu não me sentia mais como um órgão vital do corpo – o coração, pulmões ou coluna cervical – mas como um membro amputado. Mesmo os guerreiros pela liberdade, pelo menos na época, tinham que obedecer às leis, e naquele momento, a prisão por violar meu banimento teria sido inútil tanto para o CNA como para mim mesmo. Nós ainda não havíamos chegado ao ponto onde éramos abertamente revolucionários, lutando abertamente contra o sistema, não importando o custo. Nós acreditávamos, na época, que era melhor nos organizarmos clandestinamente do que ir para a prisão. Quando fui forçado a renunciar ao CNA, a organização teve que me substituir, e não importando o que eu preferisse, eu não possuía mais a autoridade de antes. Enquanto dirigia de volta para Johannesburgo, o cenário do Estado Livre não pareceu ter mais o efeito elevado sobre mim como havia tido antes.

19

QUANDO RECEBI meu banimento, a conferência do Transvaal do CNA seria realizada no mês seguinte, e eu já havia terminado o rascunho do meu discurso presidencial. Ele foi lido para os participantes da conferência por Andrew Kunene, membro da executiva. Nesse discurso, que subsequentemente tornou-se conhecido como "A Caminhada Difícil para a Liberdade", uma frase, retirada de Jawaharlal Nehru, dizia que as massas tinham que ficar preparadas para novas formas de luta política. As novas leis e táticas do governo tornaram as antigas formas de protesto de massas – reuniões públicas, declarações à imprensa, ficar em casa – extremamente perigosas e autodestrutivas. Os jornais não publicavam nossas declarações; as gráficas se recusavam a imprimir nossos folhetos, tudo por temor de serem processados sob a Lei de Repressão ao Comunismo. "Esses desdobramentos", escrevi, "exigem o desenvolvimento de uma nova forma de luta política. Os velhos métodos", eu disse, eram agora "suicidas".

"O povo oprimido e os opressores estão em desavença. O dia do ajuste de contas entre as forças da liberdade e as reacionárias não está muito distante. Não tenho a menor dúvida de que quando esse dia chegar a verdade e a justiça prevalecerão... Os sentimentos do povo oprimido nunca foram tão amargos. A situação extremamente difícil do povo o obriga a resistir até a morte contra as políticas nojentas dos gângsteres que dominam o nosso país. A derrubada da opressão tem sido aprovada pela humanidade e é a aspiração mais alta de todos os homens livres".

Em abril de 1954, a Sociedade Legal do Transvaal entrou com um recurso na Suprema Corte solicitando que meu nome fosse retirado da relação de advogados autorizados a praticar, com base no fato que as atividades políticas pelas quais fui condenado no caso do Desafio significavam conduta não profissional e desonrosa. Isso ocorreu em um momento quando a firma Mandela e Tambo estava prosperando e eu comparecia ao tribunal dezenas de vezes por semana para defender causas.

Os documentos foram entregues em meu escritório, e tão logo o recurso contra mim havia sido impetrado e publicado, comecei a receber ofertas de apoio e ajuda. Até mesmo recebi ofertas de ajuda de vários advogados africânderes de renome. Muitos desses homens apoiavam o Partido Nacional, mas eles acreditavam que o recurso era tendencioso e injusto. Essa reação me sugeriu que, até mesmo na África do Sul racista, a solidariedade profissional pode, às vezes, transcender a cor da pele, e que ainda havia advogados e juízes que se recusavam a aprovar automaticamente um regime imoral.

Minha causa foi defendida habilmente pelo advogado Walter Pollak, *Q.C.*[*], presidente do Conselho de Advocacia de Johannesburgo. No momento em que contratei Walter Pollak como meu advogado, fui aconselhado que deveria também contratar alguém que não tivesse ligação com a luta, pois isso influenciaria positivamente a ordem de advogados do Transvaal. Para esse fim, contratamos William Aronsohn, como advogado de instrução, que encabeçava uma das mais antigas firmas de advogados de Johannesburgo. Ambos me defenderam gratuitamente. Nós arguimos que o requerimento era uma afronta à ideia de justiça e que eu tinha um direito inerente de lutar pelas minhas crenças políticas, o que era o direito de todos os homens em um estado onde estado de direito era vigente.

Mas o argumento que pesou mais foi o uso de Pollak, do caso de um homem chamado Strijdom, que foi detido durante a Segunda Guerra Mundial juntamente com B. J. Vorster (que mais tarde tornou-se primeiro-ministro). Ambos foram internados pela sua posição pró-nazista. Depois de uma tentativa fracassada de fuga, Strijdom havia sido condenado por roubo de veículo. Mais tarde, depois que foi libertado, ele requereu junto à

---

[*] *Q.C.* – Abreviatura de *Queen's Counsel*, título honorífico dado, com base em seu mérito, a advogados que possuam quinze anos ou mais de experiência nos tribunais. (N. do T.).

ordem de advogados sua admissão. Apesar de seus crimes e fortes objeções do Conselho de Advocacia, o tribunal decidiu admiti-lo com base no fato de sua ofensa ter sido política e que um homem não pode ser impedido de praticar advocacia por causa de suas crenças políticas. Pollak afirmou "É claro que há diferenças entre Strijdom e Mandela. Mandela não é um Nacionalista e Mandela não é um branco".

O Juiz Ramsbottom, que presidiu o caso, foi um exemplo de um juiz que se recusou a ser um porta-voz para os Nacionalistas e manteve a independência do judiciário. Seu veredicto no caso aceitou completamente o nosso argumento de que eu tinha o direito de fazer campanha pelas minhas crenças políticas mesmo se elas se opusessem ao governo, e indeferiu o pedido da Sociedade Legal do Transvaal. E em uma ocasião rara, a Sociedade Legal foi obrigada a pagar suas custas legais.

20

A CAMPANHA ANTIRREMOÇÃO em Sophiatown foi uma batalha longa. Nós mantivemos nossa posição, assim como o governo também o fez. Durante o ano de 1954 inteiro e adentrando 1955, demonstrações eram organizadas duas vezes por semana, nas noites de quarta-feira e de domingo. Orador após orador continuava a censurar os planos do governo. O CNA e a Associação dos Contribuintes, sob a direção do Dr. Xuma, protestavam contra o governo através de cartas e petições. Nós organizamos a campanha antirremoção sob o lema "Sobre Nossos Cadáveres", que era frequentemente gritado das plataformas e ecoado pela plateia. Numa noite, o lema incitou o cauteloso Dr. Xuma a emitir o lema eletrizante utilizado para chamar os guerreiros africanos para a batalha no século anterior: "*Zemk' inkomo magwalandini!*" (O inimigo capturou o gado, seus covardes!).

O governo havia agendado a remoção para o dia 9 de fevereiro de 1955. À medida que a data se aproximava, Oliver e eu comparecíamos diariamente ao assentamento, nos reunindo com líderes locais, discutindo planos e agindo de acordo com nossa capacidade profissional para aqueles que estavam sendo forçados para fora da área ou sendo processados. Buscamos provar aos tribunais que a documentação do governo frequentemente estava incorreta e que muitas ordens de despejo eram, portanto, ilegais. Mas essa era apenas uma medida temporária; o governo não deixaria umas poucas ilegalidades ficar em seu caminho.

Logo antes da remoção prevista, uma manifestação especial foi planejada para ocorrer na Praça da Liberdade. Dez mil pessoas se reuniram para ouvir o Chefe Luthuli discursar. Mas na sua chegada a Johannesburgo, ele foi notificado com uma ordem de banimento, forçando-o a retornar para Natal.

Na noite anterior à remoção, Joe Modise, um dos mais dedicados dos líderes do CNA local, discursou em uma reunião tensa de mais de quinhentos jovens ativistas. Eles esperavam que o CNA lhes desse uma ordem para lutar contra a polícia e o exército. Eles estavam preparados para levantar barricadas em apenas um dia e enfrentar a polícia com armas e o que mais tivessem à mão. Eles presumiam que o nosso lema era levado a sério: que Sophiatown seria removida apenas sobre os nossos cadáveres.

Mas depois de discussões com as lideranças do CNA, incluindo eu, Joe disse para os jovens recuarem. Eles ficaram com raiva e se sentiram traídos. Mas nós acreditávamos que a violência teria sido um desastre. Nós afirmamos que uma insurreição exigia um planejamento cuidadoso ou se tornaria um ato de suicídio. Nós ainda não estávamos preparados para enfrentar o inimigo em seus próprios termos.

Nas horas indistintas da madrugada do dia 9 de fevereiro, quatrocentos policiais e tropas do exército isolaram o assentamento enquanto trabalhadores demoliam casas vazias e caminhões do governo começaram a transportar famílias de Sophiatown para Meadowlands. Na noite anterior, o CNA havia evacuado diversas famílias para acomodações previamente arranjadas com famílias pró-CNA, no interior de Sophiatown. Mas nossos esforços foram pequenos demais e aconteceram tarde demais, e podia ser apenas uma medida tapa-buraco. O exército e a polícia foram implacavelmente eficientes. Depois de algumas semanas, nossa resistência entrou em colapso. A maioria de nossos líderes locais havia sido banida ou presa, e ao final, Sophiatown morreu não ao som das armas de fogo, mas ao som de caminhões e marretas tonitruantes.

Pode-se sempre estar correto a respeito de uma ação política quando se lê a seu respeito nos jornais do dia seguinte, mas quando você se encontra no centro de uma luta política acalorada, pouco tempo lhe é dado para reflexão. Cometemos uma variedade de erros na campanha antirremoção das Áreas Ocidentais e aprendemos várias lições. "Sobre os Nossos Cadáveres" era um lema dinâmico, mas acabou provando ser mais um obstáculo do que uma ajuda. Um lema é uma ligação vital entre os organizadores e as massas que eles buscam liderar. Ele deve sintetizar uma queixa em particular em uma frase sucinta e energética, enquanto mobiliza o povo para combatê-la. Nosso lema capturou a imaginação do povo, mas levou a acreditar que lutaríamos até a morte para resistir contra a remoção. Na verdade, o CNA não estava preparado para fazer isso.

Nós nunca fornecemos ao povo uma alternativa à mudança para Meadowlands. Quando as pessoas em Sophiatown se deram conta de que não podíamos nem parar o governo nem fornecer alojamentos para eles em outro lugar, sua própria resistência se esvaiu e o fluxo de pessoas para Meadowlands aumentou. Muitos inquilinos se mudaram voluntariamente, pois descobriram que teriam mais espaço e casas mais limpas em Meadowlands. Não levamos em consideração as diferentes situações dos proprietários e dos inquilinos. Enquanto os proprietários tinham razões para permanecer, muitos inquilinos tinham um incentivo para ir embora. O CNA foi criticado por vários de seus membros negros que acusaram as lideranças de protegerem os interesses dos proprietários à custa dos inquilinos.

A lição que aprendi com a campanha foi que no final nós não tínhamos alternativa alguma senão resistência armada e violenta. Repetidamente, havíamos utilizado todas as armas de não violência em nosso arsenal – discursos, delegações, ameaças, marchas, greves, ficar em casa, prisões voluntárias – tudo em vão, pois tudo o que fazíamos era respondido com mão de ferro. Um guerreiro pela liberdade aprende da maneira mais difícil que é o opressor quem define a natureza da luta, e ao oprimido frequentemente não se deixa recurso algum senão utilizar métodos que espelham aqueles do opressor. Em certo momento, só é possível lutar contra o fogo usando fogo.

A educação é o grande motor do desenvolvimento pessoal. É através da educação que a filha de um camponês pode se tornar uma médica, que o filho de um mineiro pode se tornar o chefe da mina, que o filho de trabalhadores rurais pode se tornar o presidente de uma grande nação. É o que nós fazemos com o que dispomos, e não com o que nos é dado, que diferencia uma pessoa da outra.

Desde a virada do século, os negros deviam suas oportunidades educacionais primariamente às igrejas e missões estrangeiras que criavam e subsidiavam escolas. Sob o Partido Unido, o currículo para escolas secundárias para negros e para as escolas secundárias para brancos era essencialmente o mesmo. As escolas das missões davam aos alunos negros uma educação ao estilo ocidental em língua inglesa, como eu mesmo recebi. Nós ficávamos limitados por instalações mais precárias, mas não pelo que conseguíamos ler ou pensar ou sonhar.

No entanto, antes mesmo de os Nacionalistas assumirem o poder, as disparidades em verbas para a educação contam uma história de educação racista. O governo gastava cerca de seis vezes mais por aluno branco do que por aluno negro. A educação não era obrigatória para os negros, e era gratuita apenas nas séries primárias. Menos da metade de todas as crianças negras em idade escolar frequentava a escola, e apenas um pequeníssimo número de alunos negros completavam o segundo grau.

Mesmo essa quantidade mínima de educação desgostava os Nacionalistas. O africânder sempre foi um desestimulador da educação para os negros. Para ele era simplesmente desperdício, porque o negro era inerentemente ignorante e preguiçoso, e nenhuma quantidade de educação podia remediar isso. O africânder era tradicionalmente hostil ao fato de os negros aprenderem a falar inglês, pois era uma língua estrangeira para o africânder e a língua da emancipação para nós.

Em 1953, o parlamento com maioria Nacionalista aprovou a Lei de Educação Bantu, que buscava colocar a marca do *apartheid* na educação dos negros. A lei transferia o controle sobre a educação dos negros do Departamento de Educação para o muito mais detestado Departamento de Assuntos Nativos. Sob esta lei, as escolas primárias e secundárias para negros, operadas por igrejas e missões, eram obrigadas a escolher entre entregar suas escolas para o governo ou receber subsídios gradualmente menores; ou o governo assumia o controle da educação para os negros ou não haveria educação para eles. Não era permitido que os professores negros criticassem o governo ou qualquer autoridade escolar. Era um "*baasskap*" intelectual, uma forma de institucionalizar a inferioridade.

O Dr. Hendrik Verwoerd, o ministro da educação Bantu, explicou que a educação "deve treinar e ensinar as pessoas de acordo com suas oportunidades na vida". O que ele queria dizer era que os negros não tinham e não teriam nenhuma oportunidade, portanto, por que educá-los? "Não há lugar para os Bantu na comunidade europeia acima do nível de certas formas de mão de obra", ele afirmou. Resumindo, os negros deviam ser educados para serem trabalhadores subalternos, para estarem em uma posição de subordinação perpétua aos homens brancos.

Para o CNA, a lei era uma medida profundamente sinistra planejada para retardar o progresso da cultura africana como um todo e, se promulgada, colocaria obstáculos para a luta pela liberdade do povo africano. A perspectiva mental de todas as gerações futuras dos negros estava em jogo. Como o Professor Matthews escreveu na época, "Educação para a ignorância e para a inferioridade nas escolas de Verwoerd é pior do que nenhuma educação".

A lei e a explicação tosca que Verwoerd deu causaram ampla indignação tanto de parte de negros como de brancos. Com exceção da Igreja Reformada Holandesa, que apoiava o *apartheid*, e da missão luterana, todas as igrejas cristãs se opuseram à nova medida. Mas a unidade da oposição se estendia apenas até a condenação da política, mas não na resistência a ela. Os anglicanos, os críticos mais destemidos e consistentes da nova política, tinham uma política dividida. O Bispo Ambrose Reeves, de Johannesburgo, deu o passo extremo de fechar as suas escolas, que tinham um total de dez mil crianças matriculadas. Mas o arcebispo da igreja na África do Sul, ansioso em manter as crianças fora das ruas, entregou o restante das escolas para o governo. Apesar de seus protestos, todas as outras igrejas fizeram o mesmo, com exceção da Igreja Católica, dos Adventistas, e da Congregação Reformada Judaica Unida – que seguiram em frente sem a ajuda do governo. Até mesmo a minha igreja, a Igreja Wesleyana, entregou seus duzentos mil alunos para o governo. Se todas as outras igrejas tivessem seguido o exemplo daquelas que resistiram, o governo teria sido confrontado com um impasse que poderia ter forçado um meio-termo. Em vez disso, o estado marchou sobre nós.

A transferência de controle para o Departamento de Assuntos Nativos estava prevista para acontecer no dia 1º de abril de 1955, e o CNA começou a discutir planos para um boicote às escolas que começaria naquela data. Nossas discussões secretas na executiva acabaram limitadas a se devíamos convocar as pessoas a fazerem um protesto por um período limitado ou se devíamos proclamar um boicote permanente às escolas para destruir a Lei de Educação Bantu antes que ela se arraigasse. As discussões foram ferozes, e ambos os lados tinham defensores convincentes. O argumento em favor de um boicote por tempo indeterminado era que a Educação Bantu era um veneno que não se podia tomar mesmo se estivesse a ponto de morrer de sede. Aceitá-la em qualquer formato causaria danos irreparáveis. Eles argumentaram que o país estava com um ânimo explosivo e as pessoas estavam ansiosas por algo mais espetacular do que um mero protesto.

Apesar de eu ter uma reputação de ser um incendiário, sempre senti que a organização nunca devia prometer mais do que era capaz de fazer, pois assim as pessoas perderiam a confiança nela. Defendi a posição de que nossas ações deviam estar baseadas não em considerações idealistas, mas em práticas. Um boicote por tempo indeterminado exigiria um maquinário maciço e vastos recursos que nós não possuíamos, e nossas campanhas passadas não apresentaram nenhuma indicação de que estávamos à altura de tal empreendimento. Era simplesmente impossível para nós criarmos nossas próprias escolas na velocidade necessária para acomodar centenas de milhares de alunos, e se não oferecêssemos uma alternativa ao nosso povo, estávamos oferecendo praticamente nada. Juntamente com outros, eu recomendei com insistência um boicote de uma semana.

O Comitê Executivo Nacional resolveu que um boicote com duração de uma semana iniciaria no dia 1º de abril. Isso foi recomendado na conferência anual de Durban, em dezembro de 1954, mas os delegados rejeitaram a recomendação e votaram em favor de um boicote por tempo indeterminado. A conferência era a autoridade suprema, maior até mesmo que a executiva, e nos vimos encilhados com um boicote que seria quase impossível de ser efetivado. O Dr. Verwoerd anunciou que o governo fecharia permanentemente todas as escolas que fossem boicotadas e cujas crianças ficassem afastadas não seriam readmitidas.

Para que esse boicote funcionasse, os pais e a comunidade teriam que intervir e substituir as escolas. Conversei com pais e membros do CNA e disse-lhes que cada casa, cada barraco, cada estrutura comunitária deveria se tornar um centro de aprendizado para nossas crianças.

O boicote começou no dia 1º de abril e teve resultados confusos. Ele foi frequentemente esporádico, desorganizado e ineficiente. No Rand leste ele afetou cerca de sete mil alunos. Marchas realizadas antes do alvorecer conclamavam que os pais mantivessem seus filhos em casa. Mulheres fizeram piquetes nas escolas e retiravam as crianças que haviam vagado até elas.

Em Germiston, um assentamento ao sudeste da cidade, Joshua Makue, chefe de nossa seção local, organizou uma escola para oitocentas crianças que participavam do boicote e que ficou ativa durante três anos. Em Port Elizabeth, Barrett Tyesi abriu mão de um posto de professor no governo e organizou uma escola para crianças do boicote. Em 1956, ele inscreveu setenta dessas crianças para os exames Padrão VI; todas passaram, com exceção de três. Em muitos lugares, escolas improvisadas (descritas como "clubes culturais" de forma a não atrair a atenção das autoridades) davam aulas para alunos do boicote. O governo subsequentemente aprovou uma lei que transformou em ofensa punível com multa ou prisão a oferta de educação não autorizada. A polícia importunava esses clubes, mas muitos continuaram a existir clandestinamente. Ao fim das contas, as escolas comunitárias murcharam e os pais, diante de uma escolha entre uma educação inferior e nenhuma educação, optaram pela primeira. Meus próprios filhos estudavam na escola adventista, que era particular e não dependia de subsídios do governo.

A campanha deve ser julgada em dois níveis: se o objetivo imediato foi atingido, e se ela politizou mais pessoas e as atraiu para a luta. No primeiro nível, a campanha claramente fracassou. Não fechamos as escolas para negros pelo país inteiro nem nos livramos da Lei de Educação Bantu. Mas o governo ficou suficientemente desconcertado pelo nosso protesto a ponto de modificar a lei, e, em certo momento, Verwoerd foi forçado a declarar que a educação devia ser igual para todos. O esboço do governo de reformulação da lei de novembro de 1954 foi um recuo em relação à noção original de se modelar o sistema educacional em fundamentos tribais. Ao final, não tivemos outra opção senão escolher o menor de dois males e optar por uma educação reduzida. Mas as consequências da Educação Bantu retornaram para assombrar o governo em formas que não haviam sido antecipadas. Pois foi a Educação Bantu que acabou produzindo, nos anos 70, a geração mais raivosa e rebelde de jovens negros que o país jamais havia visto. Quando essas crianças da Educação Bantu chegaram perto dos vinte anos de idade, eles se insurgiram veementemente.

Vários meses depois de o Chefe Luthuli ter sido eleito presidente do CNA, o Professor Z. K. Matthews voltou para a África do Sul depois de permanecer durante um ano como professor visitante nos Estados Unidos, armado com uma ideia que daria nova forma à luta pela liberdade. Em um discurso, durante a conferência anual do CNA na Cidade do Cabo, o Professor Matthews afirmou "fico imaginando se não chegou o momento de o Congresso Nacional Africano pensar na questão de convocar uma convenção nacional, um congresso do povo, representando todos os povos deste país, independentemente de sua raça ou cor, para elaborar uma Carta Magna da Liberdade para a África do Sul do futuro".

Em poucos meses, a conferência nacional do CNA aceitou a proposta, e um Conselho do Congresso do Povo foi criado, tendo o Chefe Luthuli como presidente e Walter Sisulu e Yusuf Cachalia como secretários adjuntos. O Congresso do Povo deveria estabelecer um conjunto de princípios para a fundação de uma nova África do Sul. Sugestões para uma nova constituição deveriam vir do próprio povo, e os líderes do CNA em todo o país estavam autorizados a buscar ideias por escrito, de todos, em sua área de atuação. A constituição seria um documento nascido do povo.

O Congresso do Povo representava uma das duas principais correntes de pensamento operando dentro da organização. Parecia inevitável que o governo baniria o CNA, e muitos argumentavam que a organização devia estar preparada para operar clandestinamente, na ilegalidade. Ao mesmo tempo, não queríamos desistir das políticas e atividades públicas importantes que trouxeram ao CNA atenção e apoio em massa. O Congresso do Povo seria uma demonstração de força.

Nosso sonho para o Congresso do Povo era que ele seria um evento marcante na história da luta pela liberdade – uma convenção unindo todos os oprimidos e todas as forças progressistas da África do Sul para criar um chamado de clarim por mudanças. Nossa esperança era que ele seria visto um dia com a mesma reverência que a fundação do CNA em 1912.

Buscamos atrair o apoio mais amplo possível e convidamos cerca de duzentas organizações – de brancos, negros, indianos e mestiços – para enviarem representantes para uma conferência de planejamento em Tongaat, localizada perto de Durban, em março de 1954. O Conselho de Ação Nacional criado na ocasião era composto de oito membros de cada uma das quatro organizações patrocinadoras. O presidente era o Chefe Luthuli, e o secretariado era formado por Walter Sisulu (substituído mais tarde por Oliver, depois que o banimento de Walter o forçou a renunciar), Yusuf Cachalia do CIAS, Stanley Lollan, da Organização das Pessoas Mestiças da África do Sul (OPMAS), e Lionel Bernstein, do Congresso dos Democratas (CDD).

Formado na Cidade do Cabo em setembro de 1953 por líderes e sindicalistas mestiços, a OPMAS era o fruto atrasado da luta para preservar o voto dos mestiços no Cabo e buscava representar os interesses dos mestiços. A conferência de fundação da OPMAS teve como oradores Oliver Tambo e Yusuf Cachalia. Inspirado pela Campanha de Desafio, o CDD foi formado no final de 1953 como um partido para brancos radicais esquerdistas e antigoverno. O CDD, apesar de pequeno e limitado principalmente a Johannesburgo e Cidade do Cabo, exercia uma influência desproporcional aos seus números. Seus membros, tais como Michael Harmel, Bram Fischer e Rusty Bernstein, eram defensores eloquentes da nossa causa. O CDD se identificava intimamente com o CNA e o CIAS e defendia direitos universais e igualdade entre brancos e negros. Nós víamos o CDD como um meio através do qual nossas visões podiam ser colocadas diretamente para a audiência branca. O CDD exercia uma função simbólica importante para os africanos; negros que haviam se unido à luta porque eram antibrancos descobriram que havia de fato homens brancos de boa vontade que tratavam os negros como seus iguais.

O Conselho de Ação Nacional convidou todas as organizações participantes e seus seguidores a enviarem sugestões para uma carta magna da liberdade. Circulares foram enviadas para os assentamentos e aldeias em todo o país. "SE VOCÊ PUDESSE FAZER AS LEIS... O QUE VOCÊ FARIA?" elas afirmavam. "COMO VOCÊ FARIA PARA TORNAR A ÁFRICA DO SUL UM LUGAR FELIZ PARA TODAS AS PESSOAS QUE MORAM NELA?" Alguns dos panfletos eram repletos do idealismo poético que caracterizava o planejamento:

> CONVOCAMOS AS PESSOAS NEGRAS E BRANCAS DA ÁFRICA DO SUL – FALEMOS JUNTOS SOBRE A LIBERDADE! ... QUE AS VOZES DE TODAS AS PESSOAS SEJAM OUVIDAS E QUE AS DEMANDAS DE TODAS AS PESSOAS PELAS COISAS QUE NOS FARÃO LIVRES SEJAM REGISTRADAS. QUE AS DEMANDAS SEJAM REUNIDAS EM UMA GRANDE CARTA MAGNA DA LIBERDADE.

A convocação incendiou a imaginação das pessoas. Vieram sugestões de clubes esportivos e culturais, grupos religiosos, associações de contribuintes, organizações femininas, escolas, seções de sindicatos. Elas vieram escritas em guardanapos de papel, em folhas arrancadas de cadernos de exercício, em recortes de papel de anotação, no verso dos nossos próprios folhetos. Foi uma lição de humildade ver como as sugestões de pessoas comuns eram muitas vezes muito mais avançadas que as dos líderes. O pedido mais comumente citado era do voto universal. Havia um reconhecimento de que o país pertencia a todos aqueles que o haviam transformado em seu lar.

As seções do CNA contribuíram muito no processo de escrever a carta magna e na verdade os dois melhores esboços vieram de Durban e Pietermaritzburg. Uma combinação desses esboços foi então distribuída para regiões e comitês diferentes para comentários e perguntas. A carta em si foi elaborada por um pequeno comitê Nacional de Ação e revisada pelo Comitê Executivo Nacional do CNA.

A carta magna seria apresentada no Congresso do Povo e cada um de seus elementos seria submetido aos delegados para aprovação. Em junho, alguns dias antes de o congresso iniciar, um pequeno grupo, nosso, revisou o esboço. Fizemos algumas mudanças, pois havia pouco tempo e o documento já estava com um formato bom.

O Congresso do Povo aconteceu em Kliptown, uma aldeia multirracial situada em um pequeno trecho de *veld*, a alguns quilômetros ao sudoeste de Johannesburgo, durante dois dias claros e ensolarados, dias 25 e 26 de junho. Mais de três mil delegados enfrentaram a intimidação policial para se reunir e aprovar o documento final. Eles vieram de carro, de ônibus, de caminhão e a pé. Apesar de uma maioria esmagadora dos delegados ser negra, havia mais de trezentos indianos, duzentos mestiços e cem brancos.

Viajei até Kliptown com Walter. Nós dois estávamos sob ordens de banimento, então encontramos um lugar na multidão onde podíamos observar sem nos misturarmos ou sermos vistos. A multidão era impressionante tanto pelo seu tamanho como pela sua disciplina. "Voluntários da Liberdade" usando braçadeiras pretas, verdes e amarelas iam ao encontro dos delegados e providenciavam lugares para eles. Havia mulheres idosas e jovens vestindo saias do congresso, blusas do congresso, *dockies* (lenços) do congresso; homens idosos e jovens usando braçadeiras do congresso e chapéus do congresso. Cartazes em todos os lugares traziam escrito "LIBERDADE ENQUANTO ESTAMOS VIVOS, LONGA VIDA À LUTA". O palco era um arco-íris de cores: delegados brancos do CDD, indianos do CIAS, representantes mestiços da OPMAS, todos sentados diante de uma réplica de uma roda de quatro raios representando as quatro organizações parte da Aliança do Congresso. Policiais brancos e negros e membros do Serviço de Inteligência circulavam pelo local, tirando fotografias, escrevendo em cadernetas e tentando sem sucesso intimidar os delegados.

Houve dezenas de músicas e discursos. Refeições foram servidas. A atmosfera era séria e festiva ao mesmo tempo. Na tarde do primeiro dia, a carta magna foi lida em voz alta, seção por seção, para as pessoas, em inglês, Sesotho e Xhosa. Depois de cada seção, a multidão manifestava sua aprovação com gritos de "*Afrika!*" e "*Mayibuye!*". O primeiro dia do congresso foi um sucesso.

O segundo dia foi muito parecido com o primeiro. Cada seção da carta magna havia sido adotada por aclamação e, às 3h30, a aprovação final estava para ser votada quando uma brigada da polícia e de detetives do Serviço de Inteligência brandindo metralhadoras invadiu o palco. Em uma voz roufenha e com sotaque africâner, um dos policiais tomou o microfone e anunciou que se suspeitava de traição e que ninguém deveria deixar a reunião sem permissão da polícia. Os policiais começaram a empurrar as pessoas para fora do palco, confiscando documentos e fotografias, e mesmo cartazes nos quais estava escrito "SOPA COM CARNE" e "SOPA SEM CARNE". Outro grupo de oficiais armados com rifles formou um cordão em torno da multidão. As pessoas reagiram magnificamente cantando em voz alta "*Nkosi Sikelel' iAfrika*". Permitiu-se então que os delegados saíssem um de cada vez, cada pessoa interrogada pela polícia e seu nome anotado. Eu estava na periferia da multidão quando a batida policial começou, e enquanto o meu instinto era de permanecer e ajudar, discrição pareceu o curso de ação mais sábio, porque eu teria sido preso imediatamente e jogado na cadeia. Uma reunião de emergência foi convocada em Johannesburgo e eu retornei para lá. Quando voltei para Johannesburgo, eu sabia que essa batida policial sinalizava uma mudança severa por parte do governo.

Apesar de o Congresso do Povo ser disperso, a carta magna tornou-se um grande farol para a luta pela liberdade. Como outros documentos políticos duradouros, como a Declaração de Independência dos Estados

Unidos, a Declaração de Direitos do Homem da França, e o Manifesto Comunista, a Carta Magna da Liberdade é uma mistura de objetivos práticos e linguagem poética. Ela exalta a abolição da discriminação racial e a meta de direitos iguais para todos. Ela dá boas-vindas para todos os que abraçam a liberdade para participar na formação de uma África do Sul democrática e livre de preconceito racial. Ela capturou os sonhos das pessoas e agiu como um mapa para a luta pela liberdade e o futuro da nação. No preâmbulo lê-se:

> Nós, o povo da África do Sul, declaramos para o nosso país e para o mundo saberem:
>
> Que a África do Sul pertence a todos os que nela vivem, negros e brancos, e que nenhum governo pode se arrogar autoridade com justiça a não ser que esteja baseado no desejo do povo;
>
> Que o nosso povo tem sido roubado de seu direito natural à terra, liberdade e paz por uma forma de governo fundada na injustiça e desigualdade;
>
> Que o nosso país jamais será próspero ou livre até que todo o nosso povo viva fraternalmente, gozando igualdade de direitos e de oportunidades;
>
> Que apenas um estado democrático de direito, baseado na vontade do povo, pode assegurar a todos o seu direito natural sem distinções de cor, raça, sexo ou crença religiosa;
>
> E, portanto, nós, o povo da África do Sul, negros e brancos, juntos – iguais, compatriotas e irmãos – adotamos esta CARTA MAGNA DA LIBERDADE. E assumimos o compromisso de nos empenharmos juntos, não poupando nossas forças e coragem, até que as mudanças democráticas aqui estabelecidas terem sido conquistadas.

A seguir a carta magna descreve as exigências para uma África do Sul livre e democrática.

> O POVO DEVE GOVERNAR!
>
> Cada homem e cada mulher devem ter o direito de votar e defender um candidato para todos os corpos que legislam;

Todas as pessoas deverão ter o direito de participar na administração do país;

Os direitos do povo deverão ser os mesmos independentemente de raça, cor ou sexo;

Todos os corpos de domínio da minoria, órgãos consultivos, conselhos e autoridades deverão ser substituídos por órgãos democráticos de governança.

TODOS OS GRUPOS NACIONAIS TERÃO DIREITOS IGUAIS!

Haverá igualdade nos corpos de estado, nos tribunais e nas escolas para todos os grupos nacionais e raças;

Todos os grupos nacionais serão protegidos pela lei contra insultos à sua raça e orgulho nacional;

Todas as pessoas terão direitos iguais de falar em sua própria língua e de desenvolver sua própria cultura tradicional e costumes;

A defesa e a prática de discriminação e desprezo de cor, raça ou nação será crime punível de acordo com a lei;

Toda a legislação do *apartheid* será revogada.

O POVO COMPARTILHARÁ A RIQUEZA DO PAÍS!

A riqueza nacional do nosso país, a herança de todos os sul-africanos, será devolvida ao povo;

As riquezas minerais do solo, os bancos e a indústria de monopólio serão transferidas para a propriedade do povo como um todo;

Todas as outras indústrias e comércios serão controlados para auxiliar o bem-estar do povo;

Todas as pessoas terão direitos iguais para trabalhar onde escolherem fazê-lo, para fabricar, e de entrar para todas as profissões e ofícios.

A TERRA SERÁ COMPARTILHADA POR AQUELES QUE NELA TRABALHAM!

Restrições de propriedade de terra racialmente baseadas deverão terminar, e toda a terra redividida entre aqueles que nela trabalham, para acabar com a escassez de alimentos e com a fome...

Alguns membros do CNA, particularmente o contingente Africanista, que eram anticomunistas e antibrancos, fizeram objeção à carta magna como sendo um projeto para uma África do Sul radicalmente diferente daquela que havia sido proposta pelo CNA através de sua história. Eles afirmaram que a carta magna favorecia uma ordem socialista e acreditavam que o CDD e os brancos comunistas haviam exercido uma influência desproporcional em sua ideologia. Em junho de 1956, na revista mensal *Liberation*, observei que a carta magna endossava empreendimentos particulares e permitiria que o capitalismo vicejasse entre os negros pela primeira vez na história. A carta magna garantia que, quando a liberdade chegasse, os negros teriam a oportunidade de serem proprietários de seus próprios negócios em seus próprios nomes, de possuir suas próprias casas e propriedades, em resumo, para prosperar como capitalistas e empreendedores. A carta magna não fala da erradicação de classes e da propriedade privada, ou da propriedade pública dos meios de produção, ou promulga qualquer um dos dogmas do socialismo científico. A cláusula discutindo a possível nacionalização das minas, dos bancos e das indústrias de monopólio era uma ação que precisaria ser tomada para que a economia não fosse de propriedade e operada exclusivamente por negociantes brancos.

A carta magna foi na verdade um documento revolucionário precisamente porque as mudanças que ela previa não podiam ser alcançadas sem que a estrutura econômica e política da África do Sul fossem radicalmente alteradas. Ela não era para ser nem capitalista nem socialista, mas uma mistura das demandas das pessoas para acabar com a opressão. Na África do Sul, para simplesmente se atingir a imparcialidade, tinha-se que destruir o próprio *apartheid*, pois ele era a própria encarnação da injustiça.

21

NO INÍCIO DE SETEMBRO DE 1955, meus banimentos expiraram, eu havia tirado férias pela última vez em 1948 quando ainda era um peso-leve não testado no CNA, com poucas responsabilidades além de participar das reuniões na executiva do Transvaal e de discursar de vez em quando em reuniões. Agora, aos trinta e oito anos de idade, eu havia chegado à categoria dos pesos meio-pesados e estava alguns quilos mais pesado e tinha mais responsabilidades. Por dois anos, eu havia ficado confinado a Johannesburgo, acorrentado ao meu trabalho jurídico e político, e havia negligenciado os assuntos da família Mandela no Transkei. Eu estava com vontade de visitar o interior novamente, em estar no *veld* aberto e vales ondulantes de minha infância. Eu estava ansioso para ver minha família e conversar com Sabata e Daliwonga sobre certos problemas envolvendo o Transkei, enquanto o CNA estava ávido que eu conversasse com eles sobre assuntos políticos. Eu deveria ter umas férias a trabalho, o único tipo de férias que eu sabia tirar.

Na noite anterior à minha partida, vários amigos se reuniram em minha casa para se despedirem de mim. Duma Nokwe, o jovem e afável advogado que então era o secretário nacional da Liga da Juventude, estava entre eles. Duma havia acompanhado Walter em sua viagem para a Conferência da Juventude em Bucareste, e naquela noite ele nos entreteve com as músicas russas e chinesas que havia aprendido em sua viagem. À meia-noite, quando os meus convidados estavam se preparando para ir embora, minha filha, Makaziwe, que na época tinha dois anos de idade, acordou e me perguntou se podia ir comigo. Eu estava passando pouco tempo com a minha família e o pedido de Makaziwe provocou pontadas de culpa. De repente, o meu entusiasmo pela viagem desapareceu. Mas eu a levei de volta para a cama e lhe dei um beijo de boa noite, e quando ela adormeceu, fiz os preparativos finais para a minha jornada.

Eu estava embarcando em uma missão de verificação dos fatos, que eu combinaria com os prazeres de rever o interior e meus velhos amigos e camaradas. Eu havia ficado isolado dos desdobramentos em outras partes do país e ávido em ver o que estava transpirando no interior. Apesar de eu ler uma variedade de jornais do país inteiro, os jornais são uma sobra pálida da realidade; as informações que eles contêm são importantes para um guerreiro pela liberdade não porque elas revelam a verdade, mas porque elas revelam os preconceitos e percepções tanto daqueles que produzem o jornal quanto daqueles que o leem. Naquela viagem, eu queria conversar em primeira mão com o nosso pessoal no campo.

Parti logo depois da meia-noite e no período de uma hora eu estava na rodovia em direção a Durban. As estradas estavam vazias, e eu estava acompanhado apenas pelas estrelas e as brisas suaves do Transvaal. Apesar de não ter dormido, eu me sentia de coração leve e bem disposto. No alvorecer, atravessei do Volksrust para Natal, a terra de Cetywayo, o último rei independente dos Zulus, cujas tropas haviam derrotado uma coluna do exército britânico em Isandhlwana em 1879. Mas o rei foi incapaz de suportar o poder de fogo dos britânicos e eventualmente entregou o seu reino. Logo depois de cruzar o rio na divisa de Natal, avistei as Colinas Majuba, as montanhas escarpadas onde um pelotão especial de bôeres emboscou e derrotou uma guarnição de soldados britânicos menos de dois anos depois da derrota de Cetywayo. Na Colina Majuba o africânder havia corajosamente defendido sua independência contra o imperialismo britânico e deu um golpe em favor do nacionalismo. Agora os descendentes daqueles mesmos guerreiros pela liberdade estavam perseguindo o meu povo que estava lutando precisamente pelas mesmas coisas pelas quais os africânderes haviam lutado e morrido. Atravessei essas colinas históricas pensando menos nas ironias da história pela qual os oprimidos se transformam em opressores, do que como os impiedosos africânderes mereciam sofrer sua própria Colina Majuba pelas mãos do meu povo.

Esse devaneio desagradável foi interrompido pela música alegre da Rádio Bantu no rádio do meu carro. Se por um lado eu desprezava a política conservadora da Rádio Bantu, servida pela South Africa Broadcast Corporation, que pertencia ao governo, por outro lado me divertia com sua música. (Na África do Sul, os artistas produziam a música, mas as gravadoras de propriedade dos brancos é que lucravam com ela). Eu estava ouvindo um programa popular chamado "Rediffusion Service"*, que apresentava a maioria dos principais cantores negros do país: Miriam Makeba, Dolly Rathebe, Dorothy Masuku, Thoko Shukuma e o som suave dos Manhattan Brothers. Gosto de todos os tipos de música, mas a música tocada pela minha própria carne e sangue vai direto ao meu coração. A beleza curiosa da música africana é que ela anima o espírito mesmo quando conta uma história triste. Você pode ser pobre, você pode possuir apenas um barraco para morar, você pode ter ficado desempregado, mas aquela canção enche você de esperança. A música africana frequentemente fala das aspirações do povo africano, e ela pode acender a resolução política daqueles que de outra forma seriam indiferentes à política. É necessário apenas testemunhar os cantos contagiantes em manifestações de negros. A política pode ser fortalecida pela música, mas a música possui uma potência que desafia a política.

Fiz várias paradas em Natal, me reunindo secretamente com líderes do CNA. Quando me aproximava de Durban, aproveitei a oportunidade e parei em Pietermaritzburg, onde passei a noite inteira conversando com o Dr. Chota Motala, Moses Mabhida e outros líderes, analisando a situação política no país. Viajei então para Groutville, passando o dia com o Chefe Luthuli. Apesar de ele ter ficado confinado pelas ordens de banimento por de um ano, o chefe estava bem informado sobre as atividades do CNA. Ele estava pouco à vontade com o que via como um

---

*"*Rediffusion Service*" – "Serviço de Redifusão". (N. do T.).

aumento da centralização do CNA em Johannesburgo e o declínio do poder das regiões. Eu reafirmei para ele que queríamos que as regiões permanecessem fortes.

Minha próxima parada foi uma reunião em Durban, com o Dr. Naicker e o Comitê Executivo do Congresso Indiano de Natal, onde levantei a questão delicada que o Comitê Executivo Nacional acreditava que o Congresso Indiano havia se tornado inativo ultimamente. Eu estava relutante em fazer isso, pois o Dr. Naicker era mais velho do que eu e havia sofrido muito mais do que eu, mas discutimos maneiras de superar as restrições do governo.

De Durban, viajei para o sul, pelo litoral, passando por Port Shepstone e Port St. Johns, pequenas e agradáveis cidades coloniais que pontuavam as praias cintilantes de frente para o Oceano Índico. Ao mesmo tempo em que estava encantado pela beleza da área, constantemente eu era trazido de volta à dura realidade pelos edifícios e ruas que levam nomes de imperialistas brancos que reprimiram o próprio povo, cujos nomes deveriam batizar essas mesmas ruas e edifícios. Neste ponto, me dirigi para o interior e fui até Umzimkulu para me encontrar com o Dr. Conco, o tesoureiro-geral do CNA, para discussões e consultas adicionais.

Com uma crescente excitação, me dirigi para Umtata. Quando entrei na York Road, a rua principal de Umtata, senti o fluxo súbito de familiaridade e memórias afetuosas que se tem quando se retorna ao lar depois de um longo exílio. Eu havia ficado longe por treze anos, e se por um lado não havia bandeiras e novilhos engordados para receber este filho pródigo em seu retorno, fiquei enormemente entusiasmado em ver minha mãe, minha humilde casa e os amigos de minha juventude. Mas minha viagem para o Transkei tinha um segundo motivo: minha chegada coincidiu com a reunião de um comitê especial indicado para supervisionar a transição do sistema Bunga do Transkei para o sistema das Autoridades Bantu.

O papel do Bunga, que consistia em 108 membros, um quarto dos quais eram brancos e três quartos eram negros, era de assessorar o governo em assuntos referentes à legislação, afetando os negros na área, e de regulamentar assuntos locais, tais como impostos e estradas. Enquanto o Bunga era o corpo político mais influente no Transkei, suas resoluções tinham apenas um papel de aconselhamento e suas decisões estavam sujeitas a análises pelos magistrados brancos. O Bunga era poderoso apenas à medida que os brancos permitissem que ele fosse. No entanto, a Lei das Autoridades Bantu o substituía com um sistema ainda mais repressor: uma ordem feudal que se apoiava em hereditariedade e distinções tribais que eram decididas pelo estado. O governo sugeriu que as Autoridades Bantu libertassem o povo do controle dos magistrados brancos, mas isso era uma cortina de fumaça para o solapamento da democracia pelo estado e o incentivo das rivalidades tribais. O CNA via qualquer aceitação das Autoridades Bantu como uma capitulação para o governo.

Na noite da minha chegada, me reuni rapidamente com vários representantes e com o meu sobrinho, K. D. Matanzima, a quem eu chamava de Daliwonga. Daliwonga estava tendo um papel relevante na persuasão do Bunga, para que aceitasse as Autoridades Bantu, pois a nova ordem reforçaria e até mesmo aumentaria o seu poder como chefe da Thembuland Emigrante. Daliwonga e eu estávamos em lados opostos desta questão difícil. Nós havíamos nos afastado: ele havia optado por um papel tradicional de liderança e estava cooperando com o sistema. Mas estava tarde, e em vez de iniciarmos uma longa discussão resolvemos nos reunir no dia seguinte.

Passei aquela noite em uma hospedaria da cidade, acordei cedo e recebi dois chefes tribais locais para o café da manhã, em meu quarto, para discutir o seu papel nas novas Autoridades Bantu. No meio de nossa conversa, a dona da hospedaria trouxe nervosamente um homem branco até o meu quarto. "Você é Nelson Mandela?" ele perguntou.

"E quem quer saber?", respondi.

Ele me disse o seu nome e posição de sargento-detetive na polícia de segurança.

"Posso ver o seu mandato, por favor?" perguntei. Era óbvio que o sargento ficou ofendido com a minha audácia, mas relutantemente apresentou um documento oficial. Eu falei para ele que era Nelson Mandela sim. Ele me informou que o seu comandante queria me ver. Respondi que se ele queria me ver, ele sabia onde eu estava. Então ele me deu ordens para que eu o acompanhasse até o quartel da polícia. Perguntei-lhe se estava sendo preso, e ele respondeu que não.

"Nesse caso", eu disse, "não vou". Ele ficou surpreso com a minha recusa, mas sabia que eu tinha embasamento legal. Ele continuou a fazer uma série de perguntas para mim: quando eu havia saído de Johannesburgo? Que lugares visitei? Com quem havia conversado? Se eu tinha autorização para entrar no Transkei e quanto tempo permaneceria ali? Eu lhe informei que o Transkei era o meu lar e que eu não precisava de uma autorização para entrar nele. O sargento saiu do quarto furioso.

Os chefes tribais ficaram surpresos com o meu comportamento e me criticaram pela minha rudeza. Expliquei para eles que apenas o havia tratado como ele havia tratado a mim. Os chefes não se convenceram e claramente ficaram pensando que eu era um jovem esquentado, que acabaria me envolvendo em problemas. Esses eram homens que eu estava tentando persuadir a rejeitar as Autoridades Bantu, e ficou claro que eu não havia causado uma boa impressão. O incidente me lembrou que um homem diferente daquele que havia partido, treze anos antes, havia regressado à terra natal.

A polícia no Transkei não era muito sofisticada e, a partir do momento em que eu saísse da hospedaria, eles me seguiram para onde quer que eu fosse. Depois de eu conversar com alguém, os policiais confrontavam as pessoas e diziam "Se você conversar com Mandela, nós iremos prendê-lo".

Reuni-me rapidamente com um líder local do CNA e fiquei consternado ao saber da falta de fundos da organização, mas naquele momento eu estava pensando menos sobre a organização e mais sobre a minha parada seguinte: Qunu, a aldeia onde fui criado e onde minha mãe ainda morava.

Despertei minha mãe, que a princípio ficou com a aparência de quem estava vendo um fantasma. Mas ela ficou muito feliz. Eu havia trazido um pouco de comida – frutas, carne, açúcar, sal e um frango – e minha mãe acendeu o fogão para fazer chá. Não nos abraçamos ou nos beijamos; esse não era o nosso costume. Apesar de eu estar feliz em voltar, me senti culpado ao ver minha mãe morando sozinha em circunstâncias tão pobres. Tentei persuadi-la a ir morar comigo em Johannesburgo, mas ela jurou que não deixaria o interior do país que tanto amava. Fiquei imaginando – e não pela primeira vez – se alguém havia sido justificado por negligenciar o bem-estar de sua própria família de forma a lutar pelo bem-estar dos outros. Pode haver algo mais importante do que cuidar de sua mãe idosa? Seria a política meramente um pretexto para se esquivar de suas responsabilidades, uma desculpa para não ser capaz de sustentar alguém da forma que essa pessoa necessita?

Depois de ter passado mais ou menos uma hora com minha mãe, saí para passar a noite em Mqhekezweni. Já havia anoitecido quando cheguei, e, em meu entusiasmo, comecei a buzinar. Eu não havia levado em conta como esse barulho seria interpretado e as pessoas saíram amedrontadas de suas choupanas, pensando que podia ser a polícia. Mas quando me reconheceram, fui recebido com surpresa e alegria por vários moradores da aldeia.

Mas em vez de dormir como criança em minha velha cama passei, a noite em claro, imaginando se havia tomado o rumo certo em minha vida. Mas eu não duvidava de que havia feito as escolhas certas. Não pretendo sugerir que a luta pela liberdade seja uma ordem moral mais alta do que cuidar da família. Não é; simplesmente são coisas diferentes.

Voltando para Qunu na manhã seguinte, passei o dia em reminiscências com as pessoas e caminhando pelos campos em torno da aldeia. Também visitei minha irmã Mabel, a mais prática e serena de minhas irmãs e de quem eu gostava muito. Mabel era casada, mas a sua união envolvia uma história interessante. Baliwe, outra irmã minha, que era mais velha do que Mabel, estava noiva e o *lobola* já havia sido pago.

Mas duas semanas antes do casamento, Baliwe, que era uma moça vivaz, fugiu. Não tínhamos como devolver o gado, pois já havia sido aceito como dote, então a família decidiu que Mabel substituiria Baliwe, e ela o fez.

Parti no final da tarde para Mqhekezweni. Novamente cheguei tarde da noite e anunciei minha presença com buzinadas altas, só que desta vez as pessoas saíram de suas casas pensando que Justice, o seu chefe, havia retornado. Justice havia sido deposto de sua chefia tribal pelo governo e estava morando em Durban naquela época. Apesar de o governo ter indicado alguém para substituí-lo, um chefe tribal é chefe em virtude de seu nascimento e exerce sua autoridade por causa de seus laços sanguíneos. Eles ficaram felizes em me ver, mas teriam ficado ainda mais felizes dando boas-vindas a Justice.

Minha segunda mãe, No-England, viúva do regente, estava dormindo profundamente quando cheguei, mas quando ela apareceu em sua camisola e me viu, ficou tão alegre que ordenou que eu a levasse até um parente próximo para celebrarmos. Ela entrou no meu carro e saímos em uma viagem impetuosa através do *veld* selvagem para chegar ao *rondavel* longínquo de seu parente. Chegando lá, acordamos a família inteira e finalmente fui dormir, cansado e feliz, logo antes da alvorada.

Durante a quinzena seguinte fiquei indo e voltando entre Qunu e Mqhekezweni, me hospedando ora com minha mãe, ora com No-English, visitando e recebendo visitas de amigos e parentes. Comi as mesmas comidas que comia quando era criança, caminhei pelos mesmos campos e fiquei olhando para o mesmo céu à noite. É importante para um guerreiro pela liberdade permanecer em contato com suas próprias raízes, a agitação da vida nas cidades tende a apagar o passado. A visita me restabeleceu e reviveu meus sentimentos pelo lugar no qual eu havia me criado. Uma vez mais eu era o filho de minha mãe em sua casa, uma vez mais eu estava sob a responsabilidade do regente no Grande Local.

A visita também foi uma maneira de medir a distância que eu havia percorrido. Observei como o meu próprio povo havia permanecido em apenas um lugar, enquanto eu havia seguido em diante e visto novos mundos e adquirido novas ideias. Se eu já não tivesse compreendido isso antes, eu sabia que estava certo em não ter voltado para o Transkei depois de me formar em Fort Hare. Se eu tivesse voltado, minha evolução política teria sido tolhida.

Quando o Comitê Especial que analisava a introdução das Autoridades Bantu entrou em recesso, Daliwonga e eu fomos visitar Sabata em um hospital em Umtata. Eu esperava poder conversar com Sabata sobre as Autoridades Bantu, mas sua saúde tornou isso impossível. Eu queria que Sabata e seu irmão, Daliwonga, iniciassem conversações sobre esse assunto tão logo Sabata estivesse bem o suficiente para poder fazê-lo, e deixei isso bem claro. Senti-me orgulhoso de estar organizando uma reunião entre os descendentes de Ngubengcuka, e refleti, por um momento, sobre a ironia do fato de eu estar finalmente cumprindo o papel de conselheiro de Sabata para o qual eu havia sido preparado tantos anos antes.

De Umtata, Daliwonga e eu fomos de carro para Qamata, onde nos reunimos com o seu irmão mais novo, George, que então praticava advocacia. Eu conhecia muito bem seus dois estagiários e fiquei satisfeito em revê-los: A. P. Mda e Tsepo Letlaka. Ambos ainda eram apoiadores firmes da organização que haviam desistido de dar aulas e decidido se tornarem advogados. Em Qamata, nos reunimos para examinar a questão das Autoridades Bantu propostas.

Minha missão era de persuadir Daliwonga – um homem destinado a ter um papel principal na política do Transkei – a se opor à imposição das Autoridades Bantu. Eu não queria que nossa reunião fosse um confronto, ou até mesmo um debate; eu não desejava nenhuma ostentação ou críticas, mas uma discussão séria entre homens que tinham em mente os interesses de seu povo e de sua nação.

De muitas maneiras, Daliwonga ainda me via como seu inferior, tanto em termos de minha posição na hierarquia Thembu como em meu próprio desenvolvimento político. Se por um lado eu lhe era inferior no primeiro âmbito, eu acreditava que havia avançado mais do que o meu ex-mentor em meus pontos de vista políticos. Enquanto as suas preocupações se concentravam em sua própria tribo, eu havia me envolvido com aqueles que pensavam em termos da nação inteira. Eu não queria complicar a discussão ainda mais ao introduzir grandes teorias políticas; eu confiaria no bom-senso e nos fatos de nossa história. Antes de iniciarmos, Daliwonga convidou Mda e Letlaka e seu irmão George para participarem, mas eles objetaram, preferindo apenas ouvir--nos. "Que o sobrinho e o tio conduzam o debate", disse Mda, como sinal de respeito. A etiqueta ditava que eu apresentasse meu lado da questão primeiro e ele não deveria interromper; então ele responderia enquanto eu ouviria.

Em primeiro lugar, eu disse, as Autoridades Bantu eram impraticáveis, porque mais e mais negros estavam saindo das áreas rurais e indo para as cidades. A política do governo era de tentar colocar os negros em enclaves étnicos porque temia o poder da unidade africana. O povo, eu afirmei, desejava a democracia e liderança política baseada em mérito e não em hereditariedade. As Autoridades Bantu representavam um recuo na democracia.

A resposta de Daliwonga foi de que ele estava tentando restabelecer o *status* de sua casa real que havia sido esmagada pelos britânicos. Ele enfatizou a importância e vitalidade do sistema tribal e da liderança tradicional, e não queria rejeitar um sistema que consagrava aquelas coisas. Ele também desejava uma África do Sul livre, mas acreditava que essa meta poderia ser atingida mais rapidamente e em paz através da política governamental de desenvolvimento separado. O CNA, ele disse, provocaria amargura e derramamento de sangue. Ele finalizou dizendo que estava espantado e perturbado de saber que, apesar da minha própria posição na casa real Thembu, eu não apoiava o princípio da liderança tradicional.

Quando Daliwonga acabou de falar, respondi que à medida que compreendia muito bem sua posição pessoal como chefe, eu acreditava que os seus próprios interesses estavam em conflito com os da comunidade. Falei que se eu estivesse em uma posição semelhante à dele, eu tentaria subordinar os meus próprios interesses aos do povo. Arrependi-me imediatamente da última observação, pois descobri que, em discussões, nunca é útil assumir um tom moralmente superior ao do seu oponente. Notei que Daliwonga ficou rígido quando fiz essa observação e rapidamente mudei a conversa para questões mais gerais.

Conversamos durante a noite inteira, mas nenhum de nós se aproximou da posição do outro. Quando o sol estava nascendo, nos despedimos. Nós havíamos tomado estradas diferentes que nos punham em conflito um com o outro. Isso me entristeceu porque poucos homens me inspiraram tanto quanto Daliwonga, e nada teria me dado mais alegria do que lutar ao seu lado. Mas isso não iria acontecer. Em questões de família nós continuamos amigos, mas politicamente nos encontrávamos em campos opostos e antagônicos.

Voltei para Qunu naquela manhã e passei mais alguns dias lá. Vaguei pelo *veld* para visitar amigos e parentes, mas o mundo mágico de minha infância havia sumido. Uma noite, me despedi de minha mãe e de minha irmã. Visitei Sabata no hospital para desejar-lhe uma pronta recuperação, e por volta das 3h da manhã eu estava a caminho da Cidade do Cabo. O luar brilhante e a brisa revigorante me refrescaram durante toda a travessia do rio Kei. A estrada serpenteia pelas montanhas escarpadas, e quando o alvorecer chegou, fiquei mais animado. A última vez que eu havia percorrido aquela estrada tinha sido dezoito anos antes, quando Jongintaba havia me levado para Healdtown.

Eu estava dirigindo lentamente quando notei um homem mancando na beira da estrada levantando sua mão em minha direção. Instintivamente parei o carro e lhe ofereci uma carona. Ele tinha mais ou menos a minha idade, de estatura pequena e estava bastante despenteado; fazia tempo que ele não tomava banho. Ele me contou que o seu carro havia enguiçado no outro lado de Umtata e que vinha caminhando há vários dias em direção a Port Elizabeth. Notei várias contradições em sua história e perguntei-lhe a marca de seu carro. "Um

Buick", ele respondeu. "E o número da placa?", perguntei. Ele me disse o número. Alguns minutos mais tarde, eu perguntei, "Qual é mesmo o número da placa do seu carro?" Ele me deu um número levemente diferente. Suspeitei que ele fosse um policial, e decidi falar bem pouco.

Minha reserva passou despercebida pelo meu acompanhante, pois ele ficou falando durante a viagem inteira até Port Elizabeth. Ele mostrou várias curiosidades e era bem versado na história da região. Ele nunca perguntou quem eu era e eu não lhe contei. Mas ele era divertido, e achei a sua conversa útil e interessante.

Fiz uma parada em East London e conversei com algumas pessoas do CNA. Antes de ir embora tive uma conversa com algumas outras pessoas no assentamento, uma das quais me pareceu ser um policial disfarçado. Meu acompanhante havia descoberto a minha identidade, e alguns minutos depois de termos voltado para o carro, ele me disse, "Sabe, Mandela, suspeitei que aquele último sujeito fosse um policial". Isso despertou a minha própria suspeita, e falei para o meu acompanhante, "Olhe aqui, como posso saber se você mesmo não é da polícia? Você tem que me dizer quem é você – do contrário vou deixar você a pé na estrada".

Ele protestou e disse, "Não, vou me apresentar apropriadamente". Ele confessou que era um contrabandista e que estava trazendo *daggaa* (maconha) do litoral de Pondoland quando deu de cara com um bloqueio policial na estrada. Quando viu o bloqueio, ele saiu do carro e tentou fugir. Os policiais abriram fogo, ferindo-o na perna. Isso explicava o seu mancar e falta de meio de transporte. Ele me parou na estrada porque achava que a polícia estava à sua procura.

Perguntei-lhe por que havia escolhido ganhar a vida de forma tão perigosa. Ele me contou que originalmente queria ser professor, mas seus pais eram pobres demais para mandá-lo para a faculdade. Depois de terminar o colégio, ele havia trabalhado em uma fábrica, mas o salário era mísero demais para que ele conseguisse morar sozinho. Ele começou a suplementá-lo contrabandeando *daggaa*, e logo descobriu que isso era tão lucrativo que acabou saindo de vez da fábrica. Ele disse que em qualquer outro país do mundo teria tido oportunidades para mostrar o seu talento. "Vi homens brancos que eram inferiores a mim em capacidade e em cérebro e que estavam ganhando cinquenta vezes mais do que eu". Depois de uma longa pausa, ele anunciou em tom solene, "Também sou membro do CNA". Ele me contou que havia participado da Campanha de Desafio de 1952 e havia trabalhado em diversos comitês locais em Port Elizabeth. Fiz-lhe perguntas a respeito de várias personalidades e ele parecia conhecer todas e, mais tarde, em Port Elizabeth, confirmei que ele estava falando a verdade. Na verdade, ele havia sido um dos mais confiáveis entre aqueles que foram presos durante a Campanha de Desafio. As portas da luta pela liberdade estão abertas para todos que escolhem atravessá-las.

Como advogado com uma experiência razoavelmente grande na área criminal, eu estava acostumado a tais histórias. Repetidamente, vi homens tão brilhantes e talentosos como meu acompanhante recorrerem ao crime de forma a pagar as contas. Se por um lado penso mesmo que alguns indivíduos têm predisposição pelo crime por causa de sua herança genética ou por terem sido criados em um ambiente abusivo, por outro lado estou convencido de que o *apartheid* transformava muitos cidadãos respeitadores da lei em criminosos. Faz sentido pensar que um sistema legal imoral e injusto geraria desprezo por suas leis e regulamentos.

Chegamos a Port Elizabeth ao entardecer, e Joe Matthews, filho de Z. K. Matthews, providenciou acomodações. Na manhã seguinte me encontrei com Raymond Mhlaba, Frances Baard e Govan Mbeki, com quem estava me encontrando pela primeira vez. Eu conhecia o seu trabalho, pois como estudante havia lido o seu livreto "O Transkei se Transformando". Ele vinha administrando uma loja de cooperativa, no Transkei, da qual ele logo abdicaria para se tornar editor do semanário *New Age*. Govan era um homem sério, pensativo e de fala suave, igualmente à vontade no mundo acadêmico como no mundo do ativismo político. Ele esteve profundamente envolvido no planejamento do Congresso do Povo e estava destinado aos níveis mais altos de liderança na organização.

Parti para a Cidade do Cabo por volta do meio-dia tendo apenas o meu rádio como companhia. Eu nunca havia dirigido nas estradas entre Port Elizabeth e Cidade do Cabo, e estava ansioso por muitos quilômetros de paisagens fascinantes. Estava quente e a estrada era margeada de vegetação densa. Eu mal havia saído da cidade quando atropelei uma cobra enorme que serpenteava na estrada. Não sou supersticioso e não acredito em presságios, mas a morte daquela cobra não me deixou feliz. Não gosto de matar nenhum ser vivo, mesmo aquelas criaturas que enchem algumas pessoas de temor.

Depois de passar por Humansdorp, as florestas se tornaram mais densas e pela primeira vez em minha vida vi elefantes e babuínos selvagens. Um babuíno enorme atravessou a estrada, bem na minha frente, e parei o carro. Ele ficou lá parado, olhando atentamente, como se fosse um detetive do Serviço de Inteligência. Era irônico que eu, um negro africano, estava vendo pela primeira vez a África dos contos e das lendas. Que terra linda, pensei, e toda ela fora do alcance, de propriedade dos homens brancos, e intocável para um homem negro. Eu não podia escolher morar em lugar tão belo assim como não podia concorrer ao parlamento.

Pensamentos sediciosos acompanham um guerreiro pela liberdade onde quer que ele vá. Na cidade de Knysna, localizada a quase duzentos quilômetros ao oeste de Port Elizabeth, parei para examinar as redondezas. A estrada acima da cidade permitia uma visão panorâmica até onde a vista podia alcançar. Em todas as direções, vi florestas densas e extensas e refleti não sobre a vegetação, mas sobre o fato de que havia muitos lugares onde uma guerrilha podia se estabelecer e treinar sem ser detectada.

À meia-noite, cheguei à Cidade do Cabo para o que acabou se tornando uma estada de duas semanas. Fiquei hospedado na casa do Reverendo Walter Teka, um líder da Igreja Metodista, mas passei a maior parte dos meus dias com Johnson Ngwevela e Greenwood Ngotyana. Ngwevela era o presidente do CNA para região ocidental do Cabo e Ngotyana era membro de sua executiva. Ambos eram comunistas assim como membros proeminentes da Igreja Wesleyana. Viajei todos os dias para me reunir com representantes do CNA em lugares como Worcester, Paarl, Stellenbach, Simonstown e Hermanus. Planejei trabalhar todos os dias de minha estada e quando perguntei o que havia sido programado para domingo – dia útil para mim no Transvaal – eles me informaram que esse era o dia reservado para ir à igreja. Protestei, mas sem resultado algum. Comunismo e cristianismo, pelo menos na África, não eram mutuamente exclusivos.

Enquanto caminhava pela cidade, um dia, notei uma mulher branca sentada no meio-fio roendo alguns ossos de peixe. Ela era pobre e aparentemente sem-teto, mas era jovem e não era feia. Eu sabia que naturalmente também havia brancos pobres, brancos que eram tão pobres quanto os negros, mas eles raramente eram vistos. Eu estava acostumado a ver mendigos negros na rua, mas fiquei espantado em ver um mendigo branco. Se por um lado eu normalmente não dava dinheiro a mendigos negros, senti um impulso de dar dinheiro a essa mulher. Naquele momento compreendi os truques que o *apartheid* pregava nas pessoas, pois as dificuldades diárias que afligiam os negros eram aceitas com naturalidade, no entanto imediatamente senti piedade dessa mulher branca andrajosa. Na África do Sul, ser pobre e negro era normal, ser branco e pobre era uma tragédia.

* * *

Enquanto eu estava me preparando para ir embora da Cidade do Cabo, fui até os escritórios da *New Age* para rever alguns velhos amigos e discutir sua política editorial. A *New Age*, sucessora de publicações esquerdistas banidas, era amiga do CNA. Era cedo, na manhã do dia 27 de setembro, e enquanto eu subia os degraus podia ouvir vozes raivosas dentro do escritório e móveis sendo mudados de lugar. Reconheci a voz de Fred Carneson, o gerente do jornal e seu guia espiritual. Também ouvi vozes ríspidas da polícia de segurança que estava revistando os escritórios.

Saí silenciosamente e mais tarde descobri que esse não havia sido um incidente isolado, mas parte da maior batida policial jamais efetuada na história da África do Sul. Amparados por mandatos autorizando o confisco de qualquer coisa vista como evidência de alta traição, sedição ou violações da Lei de Repressão ao Comunismo, a polícia revistou mais de quinhentas pessoas em suas casas e escritórios em todo o país. Meu escritório em Johannesburgo foi revistado, assim como as casas do Dr. Moroka, do Padre Huddleston e do Professor Matthews.

A batida policial lançou uma sombra sobre o meu último dia na Cidade do Cabo, porque ela sinalizou o primeiro movimento da nova e ainda mais repressiva estratégia do estado. No mínimo, uma nova rodada de banimentos tomaria lugar, e eu certamente estaria entre os banidos. Naquela noite, o Reverendo Teka e sua esposa receberam várias pessoas em sua casa para se despedirem de mim, e liderados pelo reverendo, nos ajoelhamos para rezar pelo bem-estar daqueles cujas casas haviam sido revistadas pelos policiais. Saí da casa no meu horário favorito de partida, às três da manhã, e em meia hora estava na estrada para Kimberley, a cidade mineira malfeita onde o negócio de mineração de diamantes na África do Sul havia começado no século anterior.

Eu deveria passar a noite na casa do Dr. Arthur Letele. Arthur, que se tornaria o tesoureiro geral do CNA, era um médico escrupuloso. Eu estava resfriado, e quando ele me cumprimentou em minha chegada, me mandou ficar na cama. Ele era um homem corajoso e dedicado, e havia liderado um pequeno grupo de desafiantes que foram presos durante a Campanha de Desafio. Essa foi uma ação arriscada para um médico em uma cidade onde a ação política por parte de negros era rara. Em Johannesburgo, uma pessoa conta com o apoio de centenas ou até mesmo milhares de pessoas que estão engajadas nas mesmas atividades perigosas, mas em um lugar conservador como Kimberley, sem imprensa liberal ou um judiciário para supervisionar a polícia, tal ação exige verdadeira bravura. Foi em Kimberley, durante a Campanha de Desafio, que um dos líderes do CNA foi sentenciado pelo magistrado local a receber chicotadas.

Apesar do meu resfriado, Arthur permitiu que eu discursasse na reunião do CNA que seria realizada em sua casa na noite seguinte. Eu estava me preparando para ir embora, na madrugada seguinte, às três da manhã, mas Arthur e sua esposa insistiram que eu ficasse para tomar o café da manhã com eles, o que acabei fazendo. Fiz a viagem de volta para Johannesburgo em tempo razoável e cheguei a casa logo antes do jantar, onde fui recebido com gritos entusiasmados de meus filhos, que sabiam que eu traria presentes para eles. Um a um, eu distribuí os presentes que havia comprado na Cidade do Cabo e pacientemente respondi suas perguntas sobre a viagem. Apesar de não terem sido férias de verdade, elas tiveram o mesmo efeito: senti-me rejuvenescido e pronto para retomar a luta.

22

IMEDIATAMENTE após o meu retorno, fiz um relatório para o Comitê em Exercício do CNA sobre a minha viagem. A preocupação principal deles era se a Aliança do Congresso estava forte o suficiente para impedir os planos do governo. Eu não lhes transmiti boas notícias. Eu disse que o Transkei não era uma área bem organizada pelo CNA e o poder da polícia de segurança logo anularia a pouca influência que o CNA tinha na região.

Sugeri uma alternativa que sabia que seria impopular. Por que o CNA não participava da nova estrutura das Autoridades Bantu como um meio de permanecer em contato com o povo? Com o tempo, tal participação se tornaria uma plataforma para as nossas próprias ideias e políticas.

Qualquer sugestão de participação de qualquer maneira em estruturas do *apartheid* recebia automaticamente oposição feroz. Quando comecei a minha carreira de ativista político, eu teria me oposto fortemente. Mas minha sensação em relação ao país era que relativamente poucas pessoas estavam prontas para fazerem o sacrifício de se unirem à luta. Nós devíamos ir ao encontro do povo em seus próprios termos, mesmo que isso significasse que estávamos colaborando. Minha ideia era que o nosso movimento deveria ser uma grande tenda que acolhesse o maior número de pessoas possível.

* * *

Naquela época, meu relatório recebeu uma curta penitência por causa de outro relatório relacionado com maiores ramificações. A publicação do relatório da Comissão Tomlinson para o Desenvolvimento Socioeconômico das Áreas Bantu havia dado início a um debate nacional. A comissão criada pelo governo propôs um plano para o desenvolvimento das chamadas Áreas Bantu, ou bantustões. O resultado foi na verdade um projeto para o "desenvolvimento separado" ou grande *apartheid*.

O sistema de bantustões havia sido concebido pelo Dr. H. F. Verwoerd, o ministro de assuntos nativos, como uma forma de emudecer a crítica internacional às políticas raciais sul-africanas, mas ao mesmo tempo institucionalizando o *apartheid*. Os bantustões, ou reservas como eles também eram conhecidos, seriam enclaves étnicos separados ou pátrias para todos os cidadãos negros. Os negros, Verwoerd afirmou, "deveriam ficar com os dois pés fincados nas reservas" onde eles deveriam "desenvolver-se de acordo com as suas próprias linhas". A ideia era preservar o *status quo* em que três milhões de homens brancos detinham oitenta e sete por cento da terra, e relegar os oito milhões de negros aos treze por cento remanescentes.

O tema central do relatório era a rejeição da ideia de integração entre as raças em favor de uma política de desenvolvimento separado dos negros e brancos. Para essa finalidade, o relatório recomendava a industrialização das áreas dos negros, observando que qualquer programa de desenvolvimento que não objetivasse fornecer oportunidades para os negros, em suas próprias regiões, estava fadado ao fracasso. A comissão apontou que a configuração geográfica atual das áreas negras era fragmentária demais, e recomendou em seu lugar uma consolidação das áreas negras que ela denominou como sendo as pátrias "históricas e lógicas" dos principais grupos étnicos.

Mas a criação de bantustões individuais e autossuficientes, como era proposta pela comissão, era farsesca. Transkei, o exemplo do sistema proposto de pátrias, seria dividido em três blocos geograficamente separados. O bantustão Swazi, Lebowa e Venda eram compostos de três partes cada um; Gazankule de quatro; o Ciskei, dezessete; Bophuthatswana, dezenove; e KwaZulu, vinte e nove. Os nacionalistas estavam criando um quebra-cabeça cruel das vidas das pessoas.

A intenção do governo ao criar o sistema de pátrias era manter o Transkei – e outras áreas negras – como reservatórios da mão de obra barata para a indústria branca. Ao mesmo tempo, o objetivo secreto do governo era criar uma classe média negra para reduzir o apelo do CNA da luta pela liberdade.

O CNA criticou o relatório da Comissão Tomlinsom, apesar de algumas de suas recomendações mais liberais. Como falei para Daliwonga, desenvolvimento separado era uma solução espúria para um problema que os homens brancos não tinham a mínima ideia de como controlar. No final, o governo aprovou o relatório, mas rejeitou várias de suas recomendações por serem progressistas demais.

Apesar da escuridão que se aproximava e do meu pessimismo em relação às políticas do governo, eu estava pensando no futuro. Em fevereiro de 1956, voltei para o Transkei para comprar um pedaço de terra em Umtata. Sempre pensei que um homem deve ser dono de uma casa perto do local onde nasceu, onde ele poderia encontrar a paz e o descanso que lhe escapam em outros locais.

Acompanhado de Walter, viajei para o Transkei. Walter e eu nos encontramos com várias pessoas ligadas ao CNA, em Umtata e em Durban, para onde fomos primeiramente. Uma vez mais, fomos seguidos ostensivamente pelo Serviço de Inteligência. Em Durban, fizemos uma visita a nossos colegas do Congresso Indiano de Natal, num esforço de dar um impulso ao ativismo na área.

Em Umtata, com a ajuda de Walter, fiz o pagamento de uma entrada para C. K. Sakwe por um pedaço de terra que ele possuía na cidade. Sakwe era um membro do Bunga e havia feito parte do Conselho Representativo dos Nativos. Enquanto estávamos lá, ele nos falou de um incidente que havia ocorrido no sábado anterior em Bumbhane, o Grande Local de Sabata, em uma reunião entre funcionários do governo e chefes tribais a respeito da introdução dos bantustões. Vários dos chefes se opuseram à política do governo e atacaram verbalmente o magistrado. A reunião encerrou-se acrimoniosamente; isso nos deu alguma noção das objeções originárias do povo à Lei das Autoridades Bantu.

Em março de 1956, depois de vários meses de liberdade relativa, recebi meu terceiro banimento, que me restringia a Johannesburgo por cinco anos e me proibia de participar de reuniões durante aquele mesmo período. Durante os seis meses seguintes eu ficaria em quarentena no mesmo distrito, vendo as mesmas ruas, os mesmos entulhos produzidos pelas minas, no horizonte, o mesmo céu. Eu teria que depender de jornais e outras pessoas para saber o que estava acontecendo fora de Johannesburgo, outra possibilidade que me agradava.

Mas dessa vez a minha atitude em relação aos meus banimentos havia mudado radicalmente. Quando fui banido pela primeira vez, respeitei as regras e regulamentos dos meus perseguidores. Agora eu havia desenvolvido desprezo por essas restrições. Eu não ia deixar meu envolvimento na luta e o alcance das minhas atividades políticas serem determinados pelo inimigo contra quem estava lutando. Permitir que minhas atividades fossem limitadas pelo meu oponente era uma forma de derrota, e eu decidi não me tornar o meu próprio carcereiro.

Logo me envolvi na intermediação de uma disputa política amarga na própria Johannesburgo. Coloquei os dois lados da disputa em confronto, ambos buscavam meu apoio. Cada lado dentro dessa organização em particular tinha queixas legítimas e cada lado era implacavelmente oposto ao outro. A altercação ameaçava terminar em uma guerra civil acrimoniosa, e fiz o melhor que pude para evitar uma ruptura. Estou falando, naturalmente, da luta no clube de boxe e levantamento de peso no Centro Comunitário Donaldson de Orlando onde eu treinava quase todas as noites.

Eu havia entrado para o clube em 1950, e em quase todas as minhas noites de folga eu treinava no Centro Comunitário. Durante os anos anteriores eu levei comigo meu filho Thembi, e por volta de 1956, quando ele tinha dez anos de idade, ele era um ardente, ainda que magro, boxeador peso minimosca. O clube era gerenciado por Johannes (Capitão Adonis) Molotsi, e seus quadros incluíam boxeadores profissionais e amadores, assim como uma variedade de halterofilistas dedicados. Nosso boxeador principal, Jerry (Uyinja) Moloi, tornou-se mais tarde o campeão peso-leve do Transvaal e pretendente número um pelo título nacional.

O ginásio tinha poucos equipamentos. Não tínhamos dinheiro para um ringue e treinávamos sobre um chão de cimento, o que era particularmente perigoso quando um boxeador era derrubado. Nós tínhamos apenas um saco de pancadas e nenhum calção ou sapatos de boxeador apropriado, e nenhum protetor bucal. Quase ninguém possuía protetores de cabeça. Apesar da falta de equipamentos, o ginásio produziu campeões como Eric (Material Negro) Ntsele, campeão peso-galo da África do Sul, e Freddie (Tomahawk) Ngidi, o campeão peso-mosca do Transvaal, que durante o dia trabalhava para mim como assistente na Mandela e Tambo. Todos juntos, nós contávamos com talvez vinte ou trinta membros.

Apesar de eu ter treinado um pouco de boxe, em Fort Hare, só quando eu estava morando em Johannesburgo é que levei o esporte a sério. Nunca fui um boxeador de destaque. Eu não tinha nem força suficiente para compensar a minha falta de velocidade, nem velocidade suficiente para compensar pela minha falta de força. Eu não apreciava a violência do boxe tanto quanto a sua ciência. Eu estava intrigado com a maneira com que os lutadores se movimentavam para se protegerem, como os lutadores utilizavam uma estratégia tanto para atacar como para recuar, como ele regulava o seu ritmo durante uma luta. Boxe é igualitário. No ringue, a posição social, idade, cor e riqueza são irrelevantes. Quando está rodeando o seu oponente, sondando suas forças e fraquezas, você não está pensando sobre a sua cor ou *status* social. Nunca lutei de verdade depois que entrei para a política. Meu interesse principal estava no treinamento; eu achava que o exercício rigoroso era uma excelente válvula de escape para a tensão e estresse. Depois de um treinamento cansativo, eu me sentia mais leve tanto mental como fisicamente. Era uma forma de eu me deixar levar por algo que não era a luta pela liberdade. Depois de um treinamento noturno, eu acordaria no dia seguinte me sentindo fortalecido e refrescado, pronto para encarar a luta novamente.

Eu frequentava o ginásio durante uma hora e meia todas as noites de segunda a quinta-feira. Eu ia diretamente para casa depois do trabalho, pegava Thembi, e então ia para o Centro Comunitário. Fazíamos uma hora de exercícios, alguma combinação de corrida leve, pular corda, exercícios calistênicos ou movimentação de boxe, seguidos de quinze minutos de exercícios corporais, um pouco de levantamento de peso e então luta. Se estivéssemos treinando para uma luta ou para um torneio, prolongávamos o tempo de treinamento para duas horas e meia.

Nós nos revezávamos na condução das sessões de treinamento de forma a desenvolver liderança, iniciativa e autoconfiança. Thembi, em particular, gostava de conduzir essas sessões. As coisas ficavam um pouco difíceis para mim nas noites em que meu filho estava encarregado dos treinos, porque ele concentrava suas críticas em mim. Ele era rápido em me punir sempre que eu estivesse preguiçoso. Todos no ginásio me chamavam de "Chefe", uma honraria que ele evitava, chamando-me de "Senhor Mandela" e ocasionalmente, quando estava sentindo simpatia pelo seu velho, "Meu bra", gíria do assentamento significando "Meu irmão". Quando percebia que eu estava vadiando, ele dizia em uma voz severa, "Senhor Mandela, o senhor está desperdiçando o nosso tempo nesta noite. Se o senhor não consegue acompanhar o ritmo, por que não vai para casa e se senta junto com as velhas?" Todos apreciavam imensamente essas zombarias, e eu sentia prazer em ver meu filho tão feliz e confiante.

A camaradagem do clube se estraçalhou naquele ano por causa de uma discussão entre o Capitão Molotsi e Jerry Moloi. Jerry e os outros boxeadores sentiam que o Capitão não estava dando atenção suficiente para o clube. O Capitão era um técnico habilidoso, mas raramente estava presente para compartilhar seus conhecimentos. Ele era um historiador da sabedoria popular do boxe e conseguia narrar todos os vinte e seis *rounds* do embate famoso entre Jack Johnson em Havana em 1915 quando o primeiro negro campeão mundial dos pesos pesados perdeu seu título. Mas o Capitão tinha a tendência de aparecer somente antes de uma luta ou de um torneio para receber a pequena taxa que lhe era devida. Eu mesmo tinha simpatia pelo ponto de vista de Jerry, mas fiz o melhor que pude para apaziguar a discussão com a intenção de manter a harmonia. No final, até mesmo o meu filho concordou com a crítica de Jerry ao Capitão e não havia nada que eu pudesse fazer para evitar uma ruptura.

Os boxeadores, sob a liderança de Jerry, ameaçaram secessão e fundar seu próprio clube. Convoquei uma reunião com todos os membros do clube, que acabou sendo uma sessão bem animada – falada em Sesotho, Zulu, Xhosa e Inglês. Até mesmo Shakespeare foi citado pelo Capitão em seu ataque aos boxeadores rebeldes, acusando Jerry de traí-lo como Brutus havia traído César. "Quem são César e Brutus?" meu filho perguntou. Antes que eu pudesse responder, alguém disse, "Eles não estão mortos?" Ao que o Capitão respondeu, "Sim, mas a verdade sobre a traição está bem viva!"

A reunião não decidiu nada e os boxeadores foram para outro estabelecimento enquanto os halterofilistas permaneceram no Centro Comunitário. Juntei-me aos boxeadores e durante as primeiras semanas da separação treinamos em um lugar desconfortável para um guerreiro pela liberdade, o ginásio da polícia. Depois disso, a Igreja Anglicana nos cedeu um espaço a um aluguel bastante razoável, em Orlando East, e treinamos sob a orientação de Simon (Mshengu) Tshabalala, que mais tarde tornou-se um dos principais guerrilheiros clandestinos do CNA.

Nossas novas instalações não eram melhores que as antigas, e o clube nunca foi reestabelecido. Os boxeadores africanos, assim como todos os atletas e artistas negros, estavam algemados pelas desvantagens gêmeas da pobreza e do racismo. O dinheiro que um boxeador negro recebia era tipicamente gasto com comida, aluguel e roupas, e o que quer que sobrasse era gasto em equipamentos para boxe e treinamentos. A oportunidade lhe era negada de fazer parte dos clubes de boxe de brancos que possuíam os equipamentos e treinamentos necessários produzir um boxeador de primeira categoria, de classe internacional. Diferentemente dos boxeadores profissionais brancos, os boxeadores profissionais negros se viam forçados a trabalhar durante o dia para se sustentarem. Os parceiros de luta eram poucos e mal pagos; sem o treinamento e práticas adequados, o desempenho caía muito. No entanto, vários lutadores negros foram capazes de triunfar sobre essas dificuldades e atingir grande sucesso. Boxeadores como Elija (Maestro) Mokone, Enoch (Aluno) Nhlapo, Kangaroo maoto, um dos maiores estilistas do ringue, Levi (Menino de Ouro) Madi, Nkosana Mofokeng e Norman Sekgapane, todos conseguiram grandes vitórias, enquanto Jake Tuli, nosso maior herói, ganhou os títulos Britânicos e do Império de peso-mosca. Ele foi o exemplo mais eloquente do que os boxeadores eram capazes de atingir se lhe fossem dadas oportunidades.

Parte Cinco

TRAIÇÃO

23

LOGO APÓS O ALVORECER do dia 5 de dezembro de 1956, fui despertado pelo barulho de batidas fortes em minha porta. Nenhum vizinho ou amigo jamais bate de forma tão peremptória, e eu imediatamente soube que era a polícia de segurança. Vesti-me rapidamente e dei de cara com o Chefe de Polícia Rousseau, um oficial das forças de segurança que era uma figura familiar em nossa área, e dois outros policiais. Ele apresentou um mandato de busca, e imediatamente os três começaram a vasculhar a casa inteira em busca de papéis ou documentos incriminadores. Nesse momento, as crianças já haviam acordado, e com um olhar severo ordenei que ficassem calmas. As crianças olharam para mim em busca de conforto. Os policiais revistaram gavetas, estantes e armários, qualquer lugar onde contrabando pudesse estar escondido. Depois de quarenta e cinco minutos, Rousseau falou com naturalidade, "Mandela, temos um mandato para a sua prisão. Acompanhe-me". Olhei para o mandato, e as palavras saltaram aos meus olhos: "HOOGVERRAAD - ALTA TRAIÇÃO".

Caminhei com eles até o carro. Não é agradável alguém ser preso diante de seus filhos, mesmo quando esse alguém sabe que está fazendo o que é correto. Mas as crianças não compreendem a complexidade da situação; elas simplesmente veem seu pai sendo levado embora pelas autoridades brancas sem uma explicação.

Rousseau dirigiu o carro e eu me sentei ao sei lado – sem algemas – no banco da frente. Ele tinha um mandato de busca para o meu escritório na cidade, para onde estávamos nos dirigindo depois de deixarmos os dois policiais em uma área próxima. Para chegar ao centro de Johannesburgo, é necessário viajar por uma rodovia desolada que atravessa uma área despovoada. Enquanto estávamos passando por esse trecho, observei para Rousseau que ele deveria estar muito confiante para andar sozinho comigo no carro e eu sem algemas. Ele ficou em silêncio.

"O que aconteceria se eu o capturasse e o dominasse?" eu disse.

Rousseau mexeu-se desconfortavelmente. "Você está brincando com fogo, Mandela", ele disse.

"Brincar com fogo é a minha especialidade", eu repliquei.

"Se você continuar a falar desse jeito, terei que algemá-lo", disse Rousseau ameaçadoramente.

"E se eu me recusar?"

Continuamos esse debate tenso por mais alguns minutos, mas enquanto passávamos por uma área habitada nas proximidades do quartel de polícia de Langlaagre, Rousseau falou, "Mandela, eu o tratei bem e espero que você faça o mesmo comigo. Não gosto das suas piadas".

Depois de uma breve parada no quartel, outro policial se juntou a nós e então nos dirigimos para o meu escritório, que eles revistaram durante quarenta e cinco minutos. De lá, fui levado para Marshall Square, a prisão desconexa de tijolos vermelhos de Johannesburgo, onde passei algumas noites, em 1952, durante a Campanha de Desafio. Vários de meus colegas já estavam lá, tinham sido presos e fichados mais cedo naquela manhã. Durante as horas seguintes, mais amigos e camaradas começaram a chegar aos poucos. Esse era o ataque que o governo vinha planejando há tempos. Alguém contrabandeou uma cópia da edição vespertina do *The Star*, e ficamos sabendo pela manchete principal que a batida tinha sido no país inteiro e que os principais líderes da Aliança do Congresso haviam sido presos sob a acusação de alta traição e uma suposta conspiração para derrubar o governo. Aqueles que foram presos em partes diferentes do país – Chefe Luthuli, Monty Naicker, Reggie September, Lilian Ngoyi, Piet Beyleveld – foram transportados em aviões militares a Johannesburgo, onde seriam processados. Cento e quarenta e quatro pessoas foram presas. No dia seguinte, comparecemos ao tribunal e fomos formalmente acusados. Uma semana depois, Walter Sisulu e outras onze pessoas foram presas, elevando o total para cento e cinquenta e seis. Ao todo, havia cento e cinco negros, vinte e um indianos, vinte e três brancos e sete mestiços. Quase toda a liderança executiva do CNA, banidos e não banidos, foi presa. Finalmente, o governo fez o seu movimento.

Fomos logo transferidos para a Prisão de Johannesburgo, popularmente conhecida como o Forte, uma estrutura desoladora parecida com um castelo e localizada em uma colina no coração da cidade. Quando chegamos, fomos levados para um quadrângulo externo e nos ordenaram que nos despíssemos e nos alinhássemos contra a parede. Fomos forçados a ficar de pé, durante mais de uma hora, tremendo de frio, sob a brisa, e nos sentindo embaraçados – sacerdotes, professores, médicos, advogados, homens de negócios, homens de meia-idade e idosos, que normalmente eram tratados com deferência e respeito. Apesar da minha raiva, não pude conter uma risada enquanto escrutinava os homens ao meu redor. Pela primeira vez, a verdade por trás do aforisma "as roupas fazem o homem" fez sentido para mim. Se corpos em forma e compleições físicas impressionantes fossem essenciais para se ser um líder, então eu vi que poucos de nós teriam se qualificado para tal.

Um médico branco finalmente apareceu e perguntou se algum de nós estava doente. Ninguém reclamou de doença alguma. Mandaram que nos vestíssemos e então fomos escoltados até duas grandes celas com chão de cimento e desprovidas de móveis. As celas foram pintadas recentemente e tinham um cheiro forte de tinta. Cada um de nós recebeu três cobertores finos e um colchonete de sisal. Cada cela tinha apenas uma latrina, que ficava completamente exposta. Diz-se que ninguém realmente conhece uma nação até que tenha ficado no interior de suas cadeias. Uma nação não devia ser julgada por como trata seus cidadãos mais respeitados, mas pelo tratamento dado àqueles nos escalões mais baixos da sociedade – e a África do Sul tratava seus cidadãos negros aprisionados como se fossem animais.

Ficamos no Forte por duas semanas, e apesar das dificuldades, nossos espíritos se mantiveram extremamente animados. Permitiam que lêssemos jornais e líamos com gratidão sobre as ondas de indignação levantadas pelas nossas prisões. Reuniões de protesto e manifestações estavam sendo organizadas em toda a África do Sul; pessoas carregavam placas declarando "Defendemos Nossos Líderes". Lemos os protestos feitos pelo mundo inteiro contra o nosso encarceramento.

Nossa cela comunal tornou-se uma espécie de convenção para os guerreiros pela liberdade vindos dos lugares mais distantes. Muitos de nós vínhamos vivendo sob restrições severas, tornando ilegal que nos encontrássemos e conversássemos. Agora, o nosso inimigo havia nos reunido sob um mesmo teto o que se tornou a maior e mais prolongada reunião não banida da Aliança do Congresso em muitos anos. Líderes mais jovens conheceram os velhos líderes de quem haviam somente lido a respeito. Homens de Natal confraternizaram-se com líderes do Transvaal. Divertimo-nos com a oportunidade de trocar ideias e experiências durante duas semanas, enquanto aguardávamos nosso julgamento.

A cada dia, organizávamos um programa de atividades. Patrick Molaoa e Peter Nthite, ambos destacados líderes da Liga da Juventude, organizaram treinamentos físicos. Conversas sobre uma variedade de assuntos eram agendadas, e ouvimos o Professor Matthews discursar sobre a história do CNA e sobre o negro americano; Debi Singh fez uma palestra sobre a história do CIAS; Arthur Letele discutiu os curandeiros africanos, enquanto o Reverendo James Calata falou sobre a música africana – e cantou com sua linda voz de tenor. Todos os dias, Vuyisile Mini, que anos mais tarde foi setenciado à forca pelo governo por crimes políticos, liderou o grupo com canções sobre liberdade. Uma das mais populares era: "*Nans' indod'emnyama Strijdom, Bhasobba nans' indod' emnyana Strijdom*" (Aqui está o homem negro, Strijdom, cuidado com o homem negro, Strijdom). Cantávamos a todo volume e isso mantinha os nossos espíritos animados.

Uma vez, Masabalala Yengwa (mais conhecido como M. B. Yengwa), filho de um trabalhador braçal Zulu e secretário provincial do CNA de Natal, contribuiu para uma palestra sobre música recitando uma canção de louvor em honra a Shaka, o legendário guerreiro e rei Zulu. Yengwa cobriu-se com um cobertor, enrolou um jornal para imitar uma *assegai*, e começou a andar de um lado para o outro recitando os versos da canção de louvor. Todos nós, mesmo aqueles que não sabiam falar Zulu, ficamos fascinados. Então ele fazia uma pausa dramática e gritou os versos "*Inyon' edl' ezinye! Yath' isadl' ezinye, yadl' ezinye!*" Os versos comparavam Shaka a uma grande ave de rapina que mata implacavelmente seus inimigos. Quando essas palavras terminaram de serem ditas, um pandemônio eclodiu. O Chefe Luthuli, que até então havia permanecido calado, ficou em pé e berrou "*Ngu Shaka lowo*" (Este é Shaka!), e então começou a dançar e cantar. Seus movimentos nos eletrizaram, e todos nós ficamos em pé. Ótimos dançarinos de salão, preguiçosos que não sabiam dançar nem suas danças tradicionais nem danças ocidentais, todos se juntaram ao *indlamu*, a tradicional dança de guerra Zulu. Alguns se movimentavam graciosamente, outros pareciam montanhistas congelados tentando se aquecer, mas todos dançaram com entusiasmo e emoção. De repente, não havia Xhosa ou Zulus, indianos ou negros, direitistas ou esquerdistas, líderes religiosos ou políticos; éramos todos nacionalistas e patriotas ligados pelo amor à nossa história em comum, nossa cultura, nosso país e o nosso povo. Naquele momento, algo se mexeu lá nas profundezas de cada um de nós, algo forte e íntimo, que nos ligou uns aos outros. Naquele momento, sentimos a mão do grande passado que nos havia tornado o que éramos e o poder da grande causa que nos conectava.

Passadas as duas semanas, comparecemos ao tribunal para nosso primeiro interrogatório de preparação, no dia 19 de dezembro, no Drill Hall em Johannesburgo, instalações militares que não eram usadas normalmente como corte de justiça. O prédio era um galpão grande e desnudado com um telhado de ferro corrugado que era considerado o único prédio público grande o suficiente para suportar um julgamento com tantos réus.

Fomos levados em furgões fechados da polícia e escoltados por meia dúzia de caminhões de transporte de tropas, cheios de soldados armados. Podia-se pensar que uma guerra civil fora conflagrada por causa das precauções que o estado tomou em relação a nós. Uma multidão com nossos apoiadores estava bloqueando o tráfego na rua Twist; nós podíamos ouvi-la aplaudindo e cantando, e os apoiadores podiam ouvir-

-nos respondendo de dentro do camburão. A jornada se transformou em uma procissão triunfante à medida que o camburão vagaroso era chacoalhado pela multidão. O perímetro inteiro do prédio estava cercado por policiais e soldados armados. Os furgões foram levados para uma área atrás do prédio e estacionados de forma que saíssemos do camburão e entrássemos diretamente na sala do tribunal.

No interior, fomos recebidos por outra multidão de apoiadores, de forma que o saguão mais parecia uma reunião barulhenta de protesto do que uma sóbria corte judicial. Entramos com nossos polegares levantados na saudação do CNA e acenamos para nossos apoiadores que estavam sentados na seção que não era reservada para os brancos. O clima no interior era mais de celebração do que de punição, enquanto os réus se misturavam com repórteres e amigos.

O governo estava acusando os cento e cinquenta e seis de nós de alta traição e de conspiração nacional para utilizar a violência e derrubar o governo atual, substituindo-o por um estado comunista. O período coberto pelo indiciamento ia de 1.º de outubro de 1952 a 13 de dezembro de 1956; incluía a Campanha de Desafio, a remoção de Sophiatown e o Congresso do Povo. A lei sul-africana que diz respeito à alta traição baseava-se não na lei inglesa, mas em antecedentes de direito romano e holandês, e definia a alta traição como uma intenção hostil de perturbar, prejudicar ou arriscar a independência ou segurança do estado. A punição era a morte.

A finalidade de um interrogatório de preparação era determinar se as acusações do governo eram suficientes para nos submeter a julgamento na Corte Suprema. Havia dois estágios para fornecer evidências. O primeiro estágio tomava lugar no tribunal de um magistrado. Se o magistrado determinasse que houve evidências suficientes contra o acusado, o caso era enviado à Corte Suprema e julgado diante de um juiz. Se o magistrado decidisse que as evidências eram insuficientes, os réus eram exonerados.

O magistrado era o Sr. F. C. Wessel, o magistrado-chefe de Bloemfontein. Naquele primeiro dia, quando Wessel começou a falar com sua voz baixa era impossível ouvi-lo. O estado esqueceu-se de providenciar microfones e alto-falantes, e o julgamento foi suspenso por duas horas enquanto alguém foi buscar amplificadores. Reunimo-nos em um pátio e fizemos um quase piquenique, com comidas enviadas do lado de fora. A atmosfera era quase festiva. Duas horas mais tarde, o julgamento entrou em recesso porque alto-falantes apropriados não foram encontrados. Sob os aplausos da multidão, fomos novamente escoltados de volta para o Forte.

No dia seguinte, a multidão no lado de fora era ainda maior, e a polícia estava mais tensa. Quinhentos policiais armados cercavam o Drill Hall. Quando chegamos, descobrimos que o governo havia montado uma enorme jaula de arame para nós na sala do tribunal. Ela era feita de tela de alambrado, presa em postes e andaimes com grades na frente e no topo. Fomos levados para dentro dela e nos sentamos em bancos, cercados por dezesseis guardas armados.

Além de seu efeito simbólico, a gaiola não permitia a comunicação com nossos advogados, que não tinham autorização para entrar nela. Um de meus colegas escreveu em um pedaço de papel, que em seguida fixou na lateral da jaula: "Perigo. Por Favor, Não Dê Comida".

Nossos apoiadores e a organização montaram uma equipe formidável de defesa, que incluía Bram Fischer, Norman Rosenberg, Israel Maisels, Maurice Franks e Vernon Berrangé. Nenhum deles jamais havia visto tal estrutura em um tribunal antes. Franks apresentou um protesto veemente contra a humilhação imposta pelo estado aos seus clientes de uma forma tão "fantástica" e tratando-os, disse ele, "como bestas selvagens". Se a jaula não fosse removida imediatamente, ele anunciou, a equipe de defesa se retiraria do tribunal. Depois de um breve recesso, o magistrado decidiu que a jaula seria desmontada; nesse meio tempo, a sua parte dianteira foi removida.

Apenas depois disso o governo iniciou a apresentação de suas provas. O promotor-chefe, Sr. Van Nickerk, começou a ler parte da petição de 18 mil palavras descrevendo a ação da Coroa contra nós. Mesmo com amplificação de som, ouvia-se com dificuldade o que ele falava por causa da gritaria e cantos que vinham de fora, e em um determinado momento, um grupo de policiais saiu apressadamente da sala. Ouvimos o barulho de um tiro de revólver, seguido de gritos e mais tiros. O tribunal foi suspenso enquanto o magistrado teve uma reunião com a defesa e a promotoria. Vinte pessoas foram feridas.

A leitura das acusações continuou durante os dois dias seguintes. Van Nickerk afirmou que provaria ao tribunal que os réus, com a ajuda de outros países, estavam planejando derrubar o governo existente por meios violentos e impor um governo comunista à África do Sul. Esta era a acusação de alta traição. O governo citou a Carta Magna da Liberdade como prova de nossas intenções comunistas e evidência de nosso plano para derrubar as autoridades existentes. No terceiro dia, a maior parte da jaula foi desmontada. Finalmente, no quarto dia, fomos liberados mediante fiança. A fiança era outro exemplo do escalonamento do *apartheid*: 250 libras para os brancos; 100 libras para os indianos; e 25 libras para os negros e mestiços. Até mesmo a traição não era imparcial em relação à cor da pele. Simpatizantes de todas as origens compareceram para pagar as fianças de cada um dos réus, gesto de apoio que mais tarde se transformou nos alicerces do Fundo de Defesa para Julgamentos por Traição, estabelecido pelo Bispo Reeves, Alan Paton e Alex Hepple. O fundo foi habilmente administrado durante o julgamento, por Mary Benson, e depois por Freda Levson. Fomos liberados com a condição de nos apresentarmos à polícia uma vez por semana, e ficamos proibidos de comparecer a reuniões públicas. O julgamento seria retomado no início de janeiro.

No dia seguinte eu estava em meu escritório logo cedo e bem disposto. Oliver e eu fomos presos, e nossa carga de trabalho havia crescido nesse ínterim. Enquanto tentava trabalhar naquela manhã, recebi a visita de um velho amigo chamado Jabavu, um intérprete profissional que eu não via há vários meses. Antes das prisões eu havia deliberadamente perdido peso, já antevendo a prisão, onde se deve ser magro e capaz de sobreviver com pouco. Na cadeia, eu havia continuado meus exercícios e estava satisfeito em estar tão em forma. Mas Jabavu olhou para mim com suspeita. "Madiba", ele disse, "por que você está com essa aparência tão magra?" Nas culturas africanas, a corpulência é frequentemente associada à riqueza e bem-estar. Ele desatou a rir: "Cara, você estava com medo da cadeia, é isso. Você desonrou a nós, os Xhosas!"

24

ANTES MESMO DO JULGAMENTO, meu casamento com Evelyn havia começado a ruir. Em 1953, ela havia decidido incrementar seu certificado de quatro anos em enfermagem. Ela se matriculou em um curso de parteiras, no Hospital Rei Edward VII em Durban, que a manteria afastada do lar por vários meses. Isso foi possível porque a minha mãe e a minha irmã estavam morando conosco e podiam cuidar das crianças. Durante a sua estada em Durban, eu a visitei pelo menos em uma oportunidade.

Evelyn voltou para casa, tendo passado em seus exames. Ela estava grávida novamente e mais tarde, naquele ano, deu à luz a Makaziwe, batizada em homenagem à filha que havíamos perdido seis anos antes. Na nossa cultura, dar o nome de uma criança falecida a um recém-nascido é uma forma de prestar homenagem à sua memória e de manter uma ligação mística com a criança que nos deixou cedo demais.

Durante o curso do ano seguinte, Evelyn envolveu-se com a organização Watch Tower, que fazia parte da igreja das Testemunhas de Jeová. Se isso se devia a alguma insatisfação com a vida na época, não sei. As Testemunhas de Jeová tinham a Bíblia como única regra de fé e acreditavam na chegada de um Dia do Juízo Final entre o bem e o mal. Evelyn começou a distribuir fervorosamente exemplares da publicação *The Watchtower*, e também começou a me converter, me instando a transformar meu compromisso com a luta em um compromisso com Deus. Apesar de eu achar que alguns aspectos do sistema da *Watchtower* eram interessantes e válidos, não conseguia nem queria compartilhar de sua devoção. Havia um elemento obsessivo nela que me desestimulava. Do que eu podia perceber, sua fé pregava passividade e submissão diante da opressão, algo que eu não conseguia aceitar.

Minha devoção ao CNA e à luta pela liberdade era incessante. Isso perturbava Evelyn. Ela sempre presumiu que a política é uma distração juvenil, que eu algum dia voltaria para o Transkei e praticaria advocacia lá. Mesmo quando essa possibilidade se tornou remota, ela nunca se conformou com o fato de que Johannesburgo seria o nosso lar, ou de desistir da ideia que nós poderíamos voltar para Umtata. Ela acreditava que uma vez que eu estivesse no Transkei, no seio de minha família, agindo como conselheiro de Sabata, eu não sentiria mais falta da política. Ela incentivou os esforços de Daliwonga em me persuadir a retornar para Umtata. Tivemos muitas discussões sobre isso, e eu pacientemente expliquei para ela que a política não era uma distração, mas o trabalho de minha vida, que ela era uma parte essencial e fundamental do meu ser. Ela não conseguia aceitar isto. Um homem e uma mulher que têm visões tão diferentes de seus respectivos papéis na vida não podem permanecer próximos um do outro.

Tentei persuadi-la da necessidade da luta pela liberdade, enquanto ela tentava me persuadir do valor da fé religiosa. Quando eu lhe dizia que estava servindo à nação, ela respondia que servir a Deus estava acima do serviço à nação. Nós não estávamos encontrando um meio-termo, e eu estava me convencendo de que o casamento não era mais sustentável.

Também fizemos uma guerra no coração e na mente das crianças. Ela queria que eles fossem religiosos, e eu pensava que eles deviam ser politizados. Ela os levava à igreja sempre que podia, e lia para eles textos da *Watchtower*. Ela até mesmo deu folhetos do *Watchtower* para os meninos distribuírem pelo assentamento. Eu costumava falar sobre política com os garotos. Thembi era membro dos Pioneiros, a seção juvenil do CNA, então ele já estava politicamente ciente. Eu explicava para Makgatho em termos bem simples como o homem negro era perseguido pelo homem branco.

Eu pendurei na parede fotos de Roosevelt, Churchill, Stalin, Gandhi assim como uma reprodução da tomada do Palácio de Inverno em São Petersburgo em 1917. Expliquei para os meninos quem cada um daqueles homens era, e o que eles defendiam. Eles sabiam que os líderes brancos da África do Sul defendiam algo muito diferente. Um dia, Makgatho entrou correndo em casa, e disse "Papai, Papai, Malan está lá na colina!" Malan foi o primeiro primeiro-ministro Nacionalista e o menino o havia confundido com um funcionário da Educação Bantu, Willie Maree, que havia anunciado que naquele dia discursaria em uma reunião pública no assentamento. Saí para ver ao que Makgatho estava se referindo, pois o CNA havia organizado um protesto para se assegurar de que a reunião não teria sucesso. Quando saí, vi alguns camburões escoltando Maree até o local onde ele deveria discursar, mas houve problema desde o início e Maree teve que ir embora sem fazer o discurso. Falei para Makgatho que não era Malan, mas que podia muito bem ter sido.

Minha agenda naqueles dias era implacável. Eu saía de casa de manhã bem cedo e voltava tarde da noite. Depois de um dia no escritório, eu normalmente tinha reuniões de um tipo ou de outro. Evelyn não conseguia compreender minhas reuniões noturnas, e quando eu voltava tarde para casa ela suspeitava que eu estivera com outras mulheres. Vez após vez eu explicava em que reunião havia estado, por que eu havia ido, e o que foi discutido nela. Mas ela não se convencia. Em 1955, ela me deu um ultimato: eu tinha que escolher entre ela e o CNA.

Walter e Albertina eram íntimos de Evelyn, e o desejo deles era que nós permanecêssemos juntos. Evelyn contava tudo para Albertina. Em um momento, Walter intrometeu-se no assunto e fui bastante lacônico com ele, dizendo-lhe que não era de sua conta. Arrependi-me do tom que usei, porque Walter sempre foi como um irmão para mim e sua amizade e apoio nunca falharam.

Um dia, Walter me disse que queria trazer alguém até o escritório para eu conhecer. Ele não me contou que era o meu cunhado, e eu fiquei surpreso, mas não descontente em vê-lo. Eu estava pessimista em relação ao casamento, e pensei que era justo dizer a ele como eu estava me sentindo.

Nós três estávamos discutindo esse assunto cordialmente, quando Walter ou eu usamos uma sentença do tipo "Homens como nós", ou algo parecido. O cunhado de Evelyn era um homem de negócios que se opunha à política e aos políticos. Ele ficou irritado e disse, "Se vocês, rapazes, pensam que estão na mesma posição que eu, isso é ridículo. Não fiquem se comparando a mim". Quando ele foi embora, eu e Walter nos entreolhamos e começamos a rir.

Depois que fomos presos em dezembro e mantidos na cadeia durante duas semanas, recebi uma visita de Evelyn. Mas quando saí da prisão, descobri que ela havia saído de casa e levado as crianças consigo. Retornei para uma casa vazia e silenciosa. Ela até mesmo retirou as cortinas, e por alguma razão achei esse pequeno detalhe simplesmente arrasador. Evelyn foi morar com seu irmão, que me falou "Talvez seja melhor assim, talvez quando as coisas se acalmarem vocês voltarão a ficar juntos". Era um conselho sensato, mas isso não iria acontecer.

Evelyn e eu tínhamos diferenças irreconciliáveis. Eu não podia desistir de minha vida na luta pela liberdade, e ela não conseguia conviver com a minha devoção por outra coisa que não fosse ela mesma e a família. Ela era uma mulher muito boa, encantadora, forte e fiel, além de ser uma ótima mãe. Nunca perdi meu respeito ou admiração por ela, mas no final não conseguimos fazer com que nosso casamento desse certo.

O rompimento de qualquer casamento é traumático, especialmente para os filhos. Nossa família não foi exceção, e os nossos filhos ficaram magoados com a nossa separação. Makgatho começou a dormir em minha cama. Ele era uma criança dócil, um pacificador nato e tentou trazer algum tipo de reconciliação entre mim e sua mãe. Makaziwe ainda era muito pequena, e lembro-me de que um dia, quando eu não estava nem na prisão nem no tribunal, visitei sua creche sem avisar. Ela sempre foi uma criança afetuosa, mas naquele dia, quando me viu, ela ficou paralisada. Ela não sabia se corria até mim ou se recuava, se sorria ou fechava a cara. Ela estava passando por algum tipo de conflito em seu pequeno coração, que ela não sabia como resolver. Foi muito doloroso.

Thembi, que tinha dez anos de idade na época, foi o mais profundamente afetado. Ele parou de estudar e se tornou arredio. Antes ele gostava muito de Inglês e de Shakespeare, mas depois da separação ele pareceu se tornar apático em relação aos estudos. O diretor de sua escola falou comigo em uma ocasião, mas havia pouco que fosse capaz de fazer. Eu o levava à academia sempre que podia, e ocasionalmente ele ficava um pouco animado. Muitas vezes não pude estar lá e, mais tarde, quando estava na clandestinidade, Walter levava Thembi juntamente com seu filho à academia. Uma vez, Walter o levou a um evento, e depois me contou, "Cara, aquele rapaz é silencioso". Depois do rompimento, Thembi frequentemente vestia minhas roupas, apesar de elas serem grandes demais para ele; elas lhe davam algum tipo de ligação com o pai que ficava ausente tempo demais.

25

NO DIA 9 DE JANEIRO DE 1959, uma vez mais nos reunimos no Drill Hall. Era a vez de a defesa refutar as acusações do governo. Depois de resumir o caso da Coroa contra nós, Vernon Berrangé, nosso advogado principal, anunciou o nosso argumento. "A defesa", ele disse, "vai vigorosamente repudiar que os termos da Carta Magna da Liberdade sejam traiçoeiros ou criminosos. Pelo contrário, a defesa argumentará que as ideias e crenças que são expressas nesta carta, apesar de repugnantes à política do governo atual, são tais e quais àquelas compartilhadas pela esmagadora maioria dos seres humanos de todas as raças e cores, e também pela esmagadora maioria dos cidadãos deste país". Em consultas com nossos advogados decidimos que não íamos simplesmente provar que nós éramos inocentes de traição, mas que este era um julgamento político no qual o governo estava nos processando por tomarmos ações que eram moralmente justificadas.

Mas a dramaticidade dos argumentos de abertura foi sucedida pelo tédio da logística do tribunal. O primeiro mês do julgamento foi tomado pela apresentação de provas por parte do governo. Um a um, cada papel, panfleto, documento, livro, caderno, carta, revista e recortes de jornais que a polícia havia acumulado durante os três últimos anos de buscas foram submetidos e numerados; doze mil ao todo. As submissões variavam da Declaração de Direitos Humanos das Nações Unidas até um livro russo de receitas culinárias. Eles até mesmo submeteram os dois cartazes do Congresso do Povo: "SOPA COM CARNE" e "SOPA SEM CARNE".

Durante o período de exame de evidências, que deveria durar meses, ouvimos dia após dia detetives negros e africânderes lerem em voz alta suas anotações sobre reuniões do CNA ou transcrições de discursos. Essas narrações minuciosas eram sempre truncadas, e muitas vezes ou não faziam sentido algum ou eram falsas. Berrangé revelou mais tarde em seu interrogatório das testemunhas que muitos dos detetives negros eram incapazes de compreender ou escrever em inglês, a língua na qual os discursos eram feitos.

Para dar suporte à acusação extraordinária do governo de que pretendíamos substituir o governo existente por um estado ao estilo soviético, a Coroa contou com evidências fornecidas pelo Professor Andrew Murray, chefe do Departamento de Ciência Política da Universidade da Cidade do Cabo. Murray definiu muitos dos documentos apreendidos, inclusive a própria Carta Magna da Liberdade, como sendo comunistas.

O Professor Murray pareceu, desde o início, relativamente culto, mas isso foi apenas até quando Berrangé iniciou seu interrogatório. Berrangé disse que queria ler para Murray uma série de passagens de vários documentos e então pediu a ele que as definisse se eram comunistas ou não. Berrangé leu a primeira passagem que dizia respeito à necessidade dos trabalhadores comuns de cooperar entre si e não de se explorarem uns aos outros. É comunista, afirmou Murray. Berrangé observou então que aquela declaração havia sido feita pelo ex-primeiro-ministro da África do Sul, Dr. Malan. Berrangé começou então a ler duas outras declarações, ambas descritas pelo Professor Murray como sendo comunistas. Essas passagens foram, na verdade, proferidas pelos presidentes Abraham Lincoln e Woodrow Wilson, dos Estados Unidos. O ponto alto veio quando Berrangé leu uma passagem para Murray que o professor sem hesitação alguma descreveu como "comunismo da cabeça aos pés". Berrangé revelou então que era uma declaração que o próprio Professor Murray escreveu na década de 30.

No sétimo mês do julgamento, o governo afirmou que iria apresentar provas da violência planejada que ocorrera durante a Campanha de Desafio. A promotoria convocou a primeira de suas testemunhas principais, Solomon Ngubase, que ofereceu evidências sensacionais que pareciam implicar o CNA. Ngubase era camarada de fala suave, com quase quarenta anos de idade, com pouca fluência em inglês, e que estava cumprindo sentença por fraude. Em seu depoimento de abertura, Ngubase contou para o tribunal que havia obtido grau de bacharel em artes, por Fort Hare, e que era advogado. Ele disse que se tornou secretário da seção de Port Elizabeth do CNA e também era membro do Comitê Executivo Nacional. Ele afirmou que esteve presente em uma reunião da Executiva Nacional quando foi tomada uma decisão de enviar Walter Sisulu e David Bopape para a União Soviética para adquirir armamentos para uma revolução violenta na África do Sul. Ele afirmou que esteve presente em uma reunião que planejou a revolta de 1952, em Port Elizabeth, e que havia testemunhado a decisão do CNA de assassinar todos os homens brancos do Transkei, da mesma forma que os Mau Mau haviam feito no Quênia. O depoimento dramático de Ngubase causou um rebuliço dentro e fora do tribunal. Finalmente, aqui estavam evidências de uma conspiração.

Mas quando Ngubase foi interrogado por Vernon Berrangé, foi revelado que ele era um louco e um mentiroso em partes iguais. Berrangé, cuja habilidade em interrogatórios fez com que ele fosse apelidado de *Isangoma* (vidente ou curandeiro que exorciza uma doença) pelos réus, rapidamente estabeleceu que Ngubase nem era formado pela universidade nem era membro do CNA, e muito menos um membro do Comitê Executivo Nacional. Berrangé demonstrou que Ngubase havia forjado diplomas universitários, praticado advocacia ilegalmente durante muitos anos e tinha um caso adicional de fraude pendente contra ele. Na época da reunião da qual afirmava ter participado, para planejar a revolta de Port Elizabeth, ele estava preso por fraude em uma cadeia em Durban. Quase nada do depoimento de Ngubase tinha sequer uma semelhança remota com a verdade. Ao final de seu interrogatório, Berrangé perguntou à testemunha, "O senhor sabe o que é um velhaco?" Ngubase disse que não sabia. "Você, meu senhor, é um velhaco!" exclamou Berrangé.

Joe Slovo, um dos réus e advogado soberbo, conduziu sua própria defesa. Ele era um incômodo para o governo por causa de suas perguntas afiadas e tentativas de demonstrar que o governo era o violador das leis, e não o Congresso do Povo. O interrogatório de Slovo frequentemente era tão devastador quanto o de Berrangé. O Detetive Jeremiah Mollson, um dos poucos membros negros do serviço de inteligência, afirmava lembrar textualmente de frases de discursos do CNA que ele havia ouvido. Mas o que ele relatava normalmente não tinha nexo algum ou era mentira.

Slovo: "O senhor compreende inglês?"

Mollson: "Não muito bem".

Slovo: "O senhor está dizendo que o senhor relatou estes discursos em inglês, mas o senhor não compreende bem inglês?"

Mollson: "Sim, Sua Adoração".

Slovo: "O senhor concorda com o fato de que as suas anotações são um monte de lixo?"

Mollson: "Não sei".

Esta última resposta causou uma irrupção de gargalhadas dos réus. O magistrado nos admoestou por termos rido, e disse: "Os procedimentos não são tão engraçados quanto parecem".

A certa altura, Wessel disse para Slovo que ele estava impugnando a integridade do tribunal e o multou por desacato. Isso provocou a fúria da maioria dos réus, e foi apenas o braço moderador do Chefe Luthuli que evitou que vários réus também fossem citados por desacato.

À medida que o depoimento continuou, a maior parte dele sendo composto de manobras jurídicas entediantes, começamos a nos ocupar com outros assuntos. Eu frequentemente trazia um livro para ler ou uma petição para redigir. Outros liam jornais, faziam palavras-cruzadas ou jogavam xadrez ou *scrabble*. Ocasionalmente, a magistratura repreendia-

-nos por não estarmos prestando atenção e os livros e quebra-cabeças desapareciam. Mas, lentamente, à medida que o depoimento retomava sua velocidade de lesma, os materiais de jogos e leituras reapareciam.

À medida que o exame das evidências continuou, o governo tornou-se cada vez mais desesperado. Ficou cada vez mais aparente que o governo estava coletando – e frequentemente falsificando – evidências enquanto fazia as diligências, para ajudar no que parecia ser uma causa perdida.

Finalmente, no dia 11 de setembro, dez meses depois de termos nos reunido pela primeira vez no Drill Hall, o promotor anunciou que a apresentação do governo no exame das evidências estava terminada. O magistrado concedeu à defesa quatro meses para analisar as oito mil páginas datilografadas de evidências. Três meses depois, sem qualquer aviso prévio ou explicação, a Coroa anunciou que as acusações contra sessenta e um dos réus seriam retiradas. A maioria desses réus eram figuras relativamente menores do CNA, mas entre eles também estavam o Chefe Luthuli e Oliver Tambo. A decisão da Coroa em liberar Luthuli e Tambo nos agradou, mas nos deixou aturdidos.

Em janeiro, quando o governo devia sumariar suas acusações, a Coroa trouxe um novo promotor, o formidável Oswald Pirow Q.C. Pirow era um ex-ministro da justiça e da defesa e era um dos pilares da política do Partido Nacional. Ele era um nacionalista africânder de longa data, e um apoiador franco da causa nazista. Certa vez ele descreveu Hitler como sendo "o maior homem de sua era". Ele também era um anticomunista virulento. A indicação de Pirow era evidência nova de que o governo estava preocupado com o resultado do julgamento e dava uma importância enorme à vitória.

Antes que Pirow fizesse o seu sumário, Berrangé anunciou que iria fazer uma petição pela nossa absolvição pois o governo não havia apresentado provas suficientes contra nós. Pirow opôs-se a essa petição para absolvição e citou vários discursos incendiários pelos réus, informando o tribunal que a polícia havia descoberto mais provas de uma conspiração altamente perigosa. O país, ele afirmou portentosamente, estava sentado em cima de um vulcão. Foi um desempenho eficiente e altamente dramático. Pirow transformou a atmosfera do julgamento. Nós havíamos nos tornado confiantes demais e fizeram com que nos lembrasse de que estávamos diante de uma acusação grave. Não se enganem, os advogados estavam nos dizendo, vocês podem ir para a cadeia. Esse aviso nos colocou em juízo perfeito.

Depois de treze meses de exames preparatórios, o magistrado deu o veredicto: havia encontrado "razão suficiente" para nos levar a julgamento, por alta traição, diante da Corte Suprema do Transvaal. O julgamento foi encerrado em janeiro com os noventa e cinco réus restantes sendo levados a julgamento. Quando o julgamento de fato teria início, nós não sabíamos.

26

NUMA TARDE, durante um recesso nos exames das evidências, levei um amigo de Orlando para a faculdade de medicina da Universidade de Witwatersrand e passamos pelo Hospital Baragwanath, o melhor hospital para negros em Johannesburgo. Enquanto eu passava por uma parada de ônibus das proximidades, notei com o canto dos olhos uma linda jovem esperando pelo ônibus. Fiquei cativado pela sua beleza e virei a cabeça para ter uma visão melhor dela, mas meu carro havia ido longe demais. O rosto desta mulher ficou gravado em minha lembrança – até mesmo pensei em dar a volta e passar por ela na outra direção – mas continuei meu caminho.

Algumas semanas depois disso, uma coincidência curiosa ocorreu. Eu estava no escritório, e quando dei uma olhada na sala de Oliver, lá estava essa jovem com seu irmão, sentada na frente da mesa de Oliver. Fiquei surpreso e fiz o melhor que pude para disfarçar minha surpresa – e a minha alegria – por essa formidável coincidência. Oliver me apresentou a eles e explicou que eles o estavam visitando por causa de um assunto legal.

Seu nome era Nomzamo Winifred Madikizela, mas era conhecida como Winnie. Ela havia recentemente completado seus estudos de Serviço Social, na Escola Hofmeyr em Johannesburgo, e era a primeira mulher negra assistente social a trabalhar no Hospital Baragwanath. Naquele momento, prestei pouca atenção aos seus antecedentes ou problemas legais, porque algo em mim estava profundamente perturbado pela presença dela. Estava pensando mais em como eu poderia convidá-la para sair do que como nossa firma lidaria com o seu caso. Não sei dizer com certeza se realmente existe amor à primeira vista, mas sei que no primeiro momento em que vi Winnie Nomzamo, soube que queria tê-la como minha esposa.

Winnie era a sexta de seis filhos de C. K. Madikizela, um diretor de escola transformado em homem de negócios. Seu nome de batismo era Nomzamo, que significa alguém que se esforça ou se submete a aflições, um nome tão profético quanto o meu. Ela era de Bizana, em Pondoland, uma área vizinha à parte do Transkei na qual eu havia me criado. Ela pertencia ao clã Phondo dos amaNgutyana, e seu bisavô foi Madikizela, um poderoso chefe do século dezenove em Natal, que se estabeleceu no Transkei na época do iMfecane.

Telefonei para Winnie no dia seguinte no hospital e lhe pedi que ajudasse a levantar fundos para o Fundo de Defesa para Julgamentos por Traição da Escola Jan Hofmeyr. O que fiz foi meramente um pretexto para convidá-la para almoçar comigo. Fui buscá-la onde ela estava morando, na cidade, e a levei a um restaurante indiano que ficava perto do meu escritório, um dos poucos locais que serviam negros e onde eu comia com frequência. Winnie estava deslumbrante, e mesmo o fato de que ela nunca havia experimentado *curry*, antes, e bebia copo de água após copo de água para aliviar seu palato apenas aumentou o seu charme.

Depois do almoço a levei para passear em uma área que ficava entre Johannesburgo e Evaton, um *veld* aberto logo após o Parque Eldorado. Caminhamos pelo capim alto, um capim tão semelhante àquele que havia no Transkei, onde nós dois havíamos sido criados. Eu lhe falei sobre as minhas esperanças e das dificuldades do Julgamento por Traição. Eu soube imediatamente que queria me casar com ela – e disse-lhe isso. Seu espírito, sua paixão, sua juventude, sua coragem, sua obstinação – senti todas essas coisas no momento em que a vi pela primeira vez.

Durante as semanas e meses seguintes nos encontrávamos sempre que podíamos. Ela me visitava no Drill Hall e no meu escritório. Ela vinha me observar enquanto eu me exercitava na academia; ela conheceu Thembi, Makgatho e Makaziwe. Ela ia a reuniões e discussões políticas; eu estava ao mesmo tempo cortejando-a e politizando-a. Quando era estudante, Winnie ficou atraída pelo Movimento de Unidade Não Europeia, porque tinha um irmão que estava envolvido naquele partido. Anos mais tarde, eu a provocaria por causa dessa ligação inicial, dizendo-lhe que se ela não tivesse me conhecido, teria se casado com um líder do MUNE.

Logo depois que entrei com o pedido de divórcio de Evelyn, falei para Winnie que ela devia visitar Ray Harmel, a esposa de Michael Harmel, para mandar fazer um vestido de noiva. Além de ser uma ativista, Ray era uma excelente costureira. Perguntei a Winnie quantas damas de honra ela pretendia ter no casamento, e sugeri que ela fosse para Bizana para comunicar seus pais que nós iríamos nos casar. Winnie aos risos contava para as pessoas que eu nunca a havia pedido em casamento, mas eu sempre lhe disse que eu a pedi em casamento em nosso primeiro encontro e que simplesmente dei o casamento como certo daquele dia em diante.

O Julgamento por Traição estava em seu segundo ano e havia imposto um peso sufocante ao nosso escritório de advocacia. Mandela e Tambo (o escritório) estava se desmantelando, pois não podíamos estar na firma, e tanto Oliver quanto eu estávamos passando por sérias dificuldades financeiras. Já que as acusações contra Oliver foram retiradas, ele foi capaz de fazer um pouco de trabalho reparador; mas o estrago já estava feito. Nós tínhamos ido da posição de firma movimentada, que se via obrigada a recusar clientes, para a posição de uma firma que praticamente implorava por clientes. Eu não tinha condições nem de pagar as 50 libras que ainda devia pelo pedaço de terra que havia comprado em Umtata, e tive que desistir dele.

Expliquei isso tudo para Winnie. Falei para ela que era mais que provável que teríamos que sobreviver com o pequeno salário que ela recebia como assistente social. Winnie compreendeu e disse que estava preparada para assumir o risco e aplicar tudo o que tinha comigo. Nunca lhe prometi ouro e diamantes, e nunca fui capaz de dá-los a ela.

O casamento aconteceu no dia 14 de junho de 1958. Solicitei um relaxamento do meu mandato de banimento e me deram seis dias de licença para sair de Johannesburgo. Também fiz arranjos para o pagamento do *lobola*, o dote tradicional a ser pago ao pai de Winnie.

O destacamento para o casamento deixou Johannesburgo logo cedo, na manhã de 12 de junho, e chegamos a Bizana no final da tarde. Minha primeira parada, como sempre acontecia quando eu era banido, foi no quartel de polícia para informar da minha chegada. No crepúsculo, fomos à residência da noiva, Mbongweni, como ditava a tradição. Fomos recebidos por um grande coro de mulheres locais ululando de alegria e então Winnie e eu fomos separados; ela foi para a casa da noiva, enquanto eu fui com os acompanhantes do noivo para a casa de um dos parentes de Winnie.

A cerimônia em si aconteceu em uma igreja local, e depois dela fomos celebrar na casa do irmão mais velho de Winnie, que era a casa ancestral do clã Madikizela. O carro da noiva estava enfeitado com cores do CNA. Houve dança e cantoria, e a exuberante avó de Winnie apresentou uma dança especial para todos nós. A executiva inteira do CNA havia sido convidada para o casamento, mas os banimentos limitaram a sua presença. Entre aqueles que foram estavam Duma Nokwe, Lilian Ngoyi, Dr. James Njongwe, Dr. Wilson Conco e Victor Tyamzashe.

A recepção final foi na Prefeitura de Bizana. O discurso do qual me lembro melhor foi feito pelo pai de Winnie. Ele observou, assim como todos os outros presentes, que entre as pessoas não convidadas para o casamento estavam vários membros da polícia de segurança. Ele falou de seu amor pela filha, do meu compromisso com o país e a minha carreira perigosa como político. Quando Winnie lhe falou que ia casar comigo, ele havia exclamado, “Mas você está se casando com um detento!” No casamento, ele disse que não estava otimista em relação ao futuro, e que tal casamento, em tempos tão difíceis, seria posto ininterruptamente à prova. Ele disse para Winnie que ela estava se casando com um homem que já havia se casado com a luta pela liberdade. Ele desejou boa sorte à filha, e encerrou seu discurso dizendo, "Se o seu homem é um feiticeiro, você precisa se transformar em uma bruxa!" Essa era uma forma de dizer que você deve seguir o seu homem qualquer que seja o caminho que ele tome. Depois disso, Constance Mbekeni, minha irmã, discursou por mim na cerimônia.

Depois da cerimônia, um pedaço do bolo de casamento foi embrulhado para ser levado pela noiva até a casa ancestral do noivo para a segunda parte do casamento. Mas isso nunca ia acontecer, pois a minha licença estava expirando e eu precisava retornar para Johannesburgo. Winnie cuidadosamente guardou o pedaço de bolo na expectativa da chegada desse dia. Em nossa casa, no número 8115 de Orlando West, um contingente grande de amigos e familiares estava presente para nos dar as boas-vindas. Uma ovelha havia sido abatida e houve um banquete em nossa honra.

Não houve tempo para uma lua de mel, e a vida rapidamente retomou uma rotina dominada pelo julgamento. Nós levantávamos bem cedo, normalmente por volta das quatro da manhã. Winnie preparava o desjejum antes que eu saísse. Então eu tomava o ônibus e ia até o julgamento, ou fazia uma visita matinal ao meu escritório. Tanto quanto possível, as tardes e noites eram passadas em meu escritório tentando manter a nossa firma funcionando e ganhando um pouco de dinheiro. As noites eram frequentemente tomadas por trabalho e reuniões de caráter político. A esposa de um guerreiro pela liberdade é parecida com a de uma viúva, mesmo quando o seu marido não está na prisão. Apesar de eu estar sendo julgado por traição, Winnie me dava razões para estar esperançoso. Eu me sentia como se tivesse uma segunda – e nova – oportunidade na vida. Meu amor por ela me dava forças adicionais para as lutas que nos aguardavam no futuro.

27

O MAIOR EVENTO do país em 1958 eram as eleições gerais – "gerais" apenas no sentido de que três milhões de brancos podiam participar, mas nenhum dos treze milhões de negros. Debatemos se devíamos ou não organizar protestos. A questão central era: uma eleição da qual apenas os brancos podiam participar fazia qualquer diferença para os negros? A resposta, até onde dizia respeito ao CNA, era que não podíamos permanecer indiferentes mesmo quando éramos deixados fora do processo. Nós éramos excluídos, mas continuávamos sendo afetados: a derrota do Partido Nacional seria de interesse nosso e de todos os negros.

O CNA se uniu aos outros congressos e ao CSAS, o Congresso Sul-Africano de Sindicatos, para convocar uma greve de três dias durante as eleições em abril. Panfletos foram distribuídos em fábricas e lojas, em estações de trem e pontos de ônibus, em cervejarias e hospitais, e de casa em casa. "OS NACIONALISTAS DEVEM SAIR!" era o *slogan* principal desta campanha. Nossos preparativos deixaram o governo preocupado; quatro dias antes das eleições, o governo decretou que uma reunião com mais de dez negros em qualquer área urbana era ilegal.

Na noite anterior a um protesto, boicote ou qualquer tipo de protesto programado, os líderes do evento em questão iam para a clandestinidade para evitar a batida policial que inevitavelmente acontecia. Os policiais ainda não estavam nos vigiando o dia inteiro e era fácil desaparecer por um ou dois dias. Na noite anterior à greve, Walter, Oliver, Moses Kotane, J. B. Marks, Dan Tloome, Duma Nokwe e eu ficamos na casa do meu médico, Dr. Nthato Motlana, em Orlando. Bem cedo na manhã seguinte, nos mudamos para outra casa na mesma vizinhança onde podíamos manter contato por telefone com outros líderes pela cidade. As comunicações não eram muito eficientes na época, particularmente nos assentamentos onde poucas pessoas possuíam telefones, e a tarefa de supervisionar uma greve era frustrante. Despachamos homens para pontos estratégicos nos assentamentos, para observar os trens, ônibus e táxis para determinar se as pessoas estavam ou não indo trabalhar. Eles voltaram com más notícias: os ônibus e trens estavam lotados; as pessoas estavam ignorando a greve. Então foi que percebemos que o cavalheiro em cuja casa estávamos hospedados não era encontrado em lugar algum – ele havia escapulido e ido trabalhar. A greve estava assumindo os contornos de um fracasso.

Resolvemos cancelar a greve. Uma greve de três dias que é cancelada logo em seu primeiro dia é apenas um fracasso com um dia de duração; uma greve que fracassa durante três dias seguidos é um fiasco. Foi humilhante ter que recuar, mas tivemos a sensação de que seria ainda mais humilhante não fazê-lo. Menos de uma hora depois de termos divulgado uma declaração cancelando a greve, a rede South African Broadcasting Company, administrada pelo governo, leu o nosso anúncio na íntegra. Normalmente, a SABC ignorava completamente o CNA; apenas na derrota fomos mencionados em suas transmissões. Dessa vez, eles até mesmo nos cumprimentaram por termos cancelado a greve. Isso irritou Moses Kotane profundamente. "Ser elogiado pela SABC, isso é demais", ele disse, balançando a cabeça. Kotane questionou se não tínhamos nos precipitado e feito exatamente o que o governo desejava. Essa era uma preocupação legítima, mas as decisões não deviam ser tomadas em razão de orgulho ou de vergonha, mas por pura estratégia – e a estratégia aqui sugeria que cancelássemos a greve. O fato que o inimigo havia explorado nossa rendição não significava que estávamos errados ao nos rendermos.

Mas algumas áreas não ficaram sabendo que a greve havia sido cancelada, enquanto outras desprezaram nossa convocação. Em Port Elizabeth, um reduto do CNA, e em outras áreas do Cabo, a reação foi melhor no segundo e no terceiro dia do que no primeiro. Em geral, entretanto, não podíamos ignorar que a greve foi um fracasso. Como se isso não fosse suficiente, os Nacionalistas aumentaram seu voto popular na eleição em mais de 10%.

Tivemos discussões acaloradas sobre se devíamos ter utilizado medidas coercitivas. Devíamos ter usado piquetes, que em geral não permitem que as pessoas entrem em seu local de trabalho? Os linha-dura sugeriram que se tivéssemos empregado piquetes a greve seria um sucesso. Mas sempre resisti a tais métodos. É melhor contarmos com o apoio dado livremente pelo povo; do contrário, esse apoio é fraco e efêmero. A organização devia ser um refúgio, e não uma prisão. No entanto, se a maioria da organização ou do povo apoia uma decisão, coerção pode ser utilizada em certos casos contra a minoria dissidente em nome dos interesses da maioria. Uma minoria, não importando o quão sonora, não deve ser capaz de frustrar a vontade da maioria.

Na minha própria casa, tentei utilizar um tipo diferente de coerção, mas sem sucesso. Ida Mthimkhulu, uma mulher falante, nativa de Sotho, que tinha a minha idade, era então nossa ajudante caseira. Ida estava mais para membro da família do que para empregada e eu a chamava de *Kgaitsedi*, que significa "irmã" e é uma expressão de carinho. Ida administrava a casa com eficiência militar, e Winnie e eu aceitávamos as ordens de bom grado; frequentemente eu saía para executar tarefas a mando dela.

No dia anterior à greve, eu estava levando Ida e seu filho de doze anos de idade para casa, e mencionei que precisava que ela lavasse e passasse algumas camisas para mim no dia seguinte. Um silêncio longo e incomum se seguiu. Ida então se voltou para mim e falou com desdém maldisfarçado, "O senhor sabe muito bem que não posso fazer isso".

"Por que não?" Respondi surpreso com a veemência de sua reação.

"O senhor esqueceu que eu também sou uma trabalhadora?" ela falou com certa satisfação. "Estarei em greve amanhã juntamente com o meu povo e meus companheiros trabalhadores".

O filho dela notou meu embaraço e de sua maneira pueril tentou aliviar a tensão dizendo que o "Tio Nelson" havia sempre tratado ela como uma irmã, e não como trabalhadora. Irritada, ela se virou para o seu bem-intencionado filho e disse, "Garoto, onde estava você quando eu estava lutando pelos meus direitos naquela casa? Se eu não tivesse lutado duramente contra o seu 'Tio Nelson' eu não estaria sendo tratada hoje em dia como uma irmã!" Ida não foi trabalhar no dia seguinte, e minhas camisas ficaram sem passar.

28

POUCOS ASSUNTOS eram tão sensíveis quanto o dos passes para mulheres. O governo não havia enfraquecido em sua resolução de impor passes para as mulheres, e as mulheres não haviam enfraquecido em sua resolução de resistir. Apesar de o governo agora chamar os passes de "livros de referência", as mulheres não foram logradas: elas ainda poderiam ser multadas em dez libras esterlinas ou ser presas durante um mês se não apresentassem seu "livro de referência".

Em 1957, estimuladas pelos esforços da Liga de Mulheres do CNA, mulheres de todo o país, tanto das áreas rurais como de áreas urbanas, reagiram com fúria diante da insistência do governo em que elas levassem passes consigo. As mulheres eram corajosas, persistentes, entusiasmadas, infatigáveis e seu protesto contra os passes estabeleceu um critério para protestos antigoverno que nunca foi igualado. Como o Chefe Luthuli afirmou "Quando as mulheres começam a ter um papel ativo na luta, nenhum poder na terra poderá evitar que alcancemos a liberdade enquanto estamos ainda vivos".

Por todo o Transvaal sudeste, em Standerton, Heidelberg, Balfour e outros vilarejos, milhares de mulheres protestaram. Em recesso do Julgamento por Traição, Frances Baard e Florence Matomela organizaram as mulheres para que se recusassem a receber os passes em Port Elizabeth, sua cidade natal. Em outubro, em Johannesburgo, um grande grupo de mulheres se reuniu no escritório central de passes e afugentaram as mulheres que vieram para coletar seus passes e os funcionários que trabalhavam no escritório, levando o escritório à paralisação. A polícia prendeu centenas de mulheres.

Não muito tempo depois dessas prisões, Winnie e eu estávamos descansando depois do jantar quando ela calmamente me comunicou que pretendia se unir ao grupo de mulheres de Orlando que iria protestar no dia seguinte diante do escritório de passes. Fiquei um pouco surpreso, e se por um lado estava satisfeito com o sentimento de compromisso dela e admirava sua coragem, por outro lado eu também estava cauteloso. Winnie se tornou cada vez mais politizada, desde nosso casamento, e entrou para a seção Orlando Oeste da Liga de Mulheres do CNA, tudo isso com a minha aprovação e encorajamento.

Eu disse a ela que aceitava de bom grado sua decisão, mas que eu tinha que avisá-la sobre a seriedade de sua ação. Um único ato, eu disse para ela, iria mudar sua vida radicalmente. Pelos padrões africanos, Winnie vinha de uma família de posses e havia sido protegida de algumas das realidades mais desagradáveis da vida na África do Sul. No mínimo, ela nunca teve que se preocupar com a origem de sua refeição seguinte. Antes do nosso casamento, ela havia se movimentado em círculos de riqueza e conforto relativos, uma vida muito diferente, de um dia para o outro, da de um guerreiro pela liberdade.

Eu lhe disse que se ela fosse presa, certamente seria demitida pelo seu empregador, a administração provincial – ambos sabíamos que era a sua pequena renda que estava sustentando a casa – e que ela provavelmente nunca mais trabalharia como assistente social, já que o estigma do encarceramento faria com que as agências públicas relutassem em contratá-la. Finalmente, ela estava grávida, e eu a alertei sobre as dificuldades físicas e humilhações da cadeia. Minha resposta pode ter soado dura, mas sentia a responsabilidade, como marido e como líder na luta pela liberdade, em ser o mais claro possível sobre as ramificações de sua ação. Eu mesmo sentia uma mistura de emoções, pois as preocupações de um marido e as de um líder nem sempre coincidem.

Mas Winnie é uma pessoa determinada, e suspeito que a minha reação pessimista apenas fortaleceu sua resolução. Ela ouviu tudo o que eu falei e me comunicou que sua decisão estava tomada. Na manhã seguinte, levantei cedo para preparar o café da manhã para ela, e fomos de carro até a casa dos Sisulu para encontrar com a esposa de Walter, Albertina, uma das líderes do protesto. Fomos então para a estação Phefeni em Orlando, onde as mulheres tomariam o trem para a cidade. Eu a abracei antes que ela embarcasse no trem. Winnie estava nervosa, mas decidida enquanto acenava para mim do trem, e me senti como se ela estivesse partindo para uma longa e perigosa jornada, cujo final nenhum de nós sabia dizer quando seria.

Centenas de mulheres convergiram para o Escritório Central de Passes no centro de Johannesburgo. Elas eram idosas e jovens; algumas carregavam bebês nas costas, algumas vestiam trajes tribais, enquanto outras vestiam trajes elegantes. Elas marcharam e cantaram. Em poucos minutos, foram cercadas por dezenas de policiais armados, que prenderam todas elas, colocaram-nas em camburões e as levaram para o quartel de polícia de Marshall Square. As mulheres estavam animadas durante o transcurso; e enquanto estavam sendo levadas, algumas gritaram para os repórteres, "Digam às nossas patroas que não vamos trabalhar amanhã!". Ao todo, mais de mil mulheres foram presas.

Eu soube disso não porque era o marido de uma das detentas, mas porque Mandela e Tambo foi chamada para representar a maioria das mulheres que haviam sido presas. Rapidamente me encaminhei para Marshall Square para visitar as prisioneiras e fazer os arranjos para a fiança. Consegui ver Winnie, que irradiou alegria quando me viu e parecia tão contente quanto se podia estar em uma cela nua da polícia. Foi como se ela tivesse me dado um lindo presente que ela sabia que ia me agradar. Eu disse a ela que estava orgulhoso, mas não podia ficar e conversar porque tinha muito trabalho legal para fazer.

Ao final do segundo dia, o número de prisões havia aumentado e quase duas mil mulheres estavam encarceradas, muitas delas sendo enviadas para o Forte para aguardar julgamento. Isso criou problemas formidáveis não apenas para Oliver e eu, mas para a polícia e as autoridades prisionais. Simplesmente não havia espaço suficiente para manter todas elas presas. Havia poucos cobertores, colchões e toaletes, e pouquíssima comida. As condições no Forte eram de sujeira e ficarem apinhadas. Enquanto muitos, no CNA, inclusive eu, estavam ansiosos em pagar as fianças das mulheres. Lilian Ngoyi, a presidente nacional da Liga de Mulheres, e Helen Joseph, secretária da Federação Sul-Africana de Mulheres, acreditavam que, para que o protesto fosse genuíno e eficiente, as mulheres deveriam cumprir quaisquer que fossem as penas a elas impostas pelo magistrado. Argumentei com elas, mas me foi dito sem meias-palavras que a questão era um assunto das mulheres e que o CNA – assim como os maridos angustiados – não deviam se meter. Eu disse para Lilian que achava que ela devia discutir a questão com as próprias mulheres antes de tomar uma decisão, e a escoltei até as celas onde ela poderia consultar as prisioneiras. Muitas estavam desesperadas para sair sob fiança, pois não haviam sido adequadamente preparadas para o que esperava por elas na prisão. Como meio-termo, sugeri à Lilian que as mulheres passassem uma quinzena na prisão, depois disso, elas seriam liberadas sob fiança. Lilian aceitou.

Durante as duas semanas seguintes, passei muitas horas no tribunal fazendo os arranjos para as fianças das mulheres. Várias estavam frustradas e descontaram sua raiva em mim, "Mandela, estou cansada desse seu caso", uma mulher disse para mim. "Se isso não acabar hoje, eu nunca mais vou me reapresentar no tribunal". Com a ajuda de parentes e organizações que levantavam fundos, conseguimos liberar todas elas, sob fiança, no espaço de duas semanas.

Winnie não parecia ter se desgastado muito pela sua experiência na prisão. Se ela tivesse sofrido, não teria me contado de qualquer forma. Enquanto estava presa, Winnie fez amizade com duas jovens carcereiras africânderes. Elas eram simpáticas e curiosas, e depois que Winnie foi liberada sob fiança, nós as convidamos para nos visitar. Elas aceitaram o convite e viajaram de trem para Orlando. Nós lhes servimos almoço em casa e depois Winnie as levou para um passeio pelo assentamento.

Winnie e as duas carcereiras tinham quase a mesma idade e se davam bem. Elas riam juntas como se fossem irmãs. As duas moças tiveram um dia agradável e agradeceram a Winnie, dizendo que gostariam de voltar. No final, isso acabou não acontecendo, pois quando vieram para Orlando, por força das circunstâncias, as duas haviam sentado no vagão para não brancos. (Não havia trens para brancos que fossem para Orlando). Como resultado, elas chamaram muita atenção e logo ficou amplamente conhecido que duas carcereiras africânderes haviam nos visitado. Isso não era problema para nós, mas provou-se ser um problema para elas: as autoridades prisionais as dispensaram. Nunca mais as vimos ou ouvimos falar delas novamente.

29

DURANTE SEIS MESES – desde o final das audiências preparatórias em janeiro – nós ficamos aguardando e nos preparando para o nosso julgamento formal, que deveria iniciar-se em agosto. O governo montou uma alta corte especial – o Sr. Juiz F. L. Rumpff, presidente do tribunal composto de três juizes, o Sr. Juiz Kennedy e o Sr. Juiz Ludorf. O painel não era promissor: ele consistia de três homens brancos, todos com ligações com o partido no poder. Se por um lado o Juiz Rumpff era um homem capaz e melhor informado do que a média dos brancos sul-africanos, havia rumores de que ele era membro da Broederbond, uma organização secreta africânder cujo objetivo era solidificar o poder africânder. O Juiz Ludorf era um membro bem conhecido do Partido Nacional, assim como o Juiz Kennedy. Kennedy tinha uma reputação de ser um juiz enforcador, tendo enviado um grupo de vinte e três negros para o cadafalso pelo assassinato de dois policiais brancos.

Pouco antes de o julgamento reiniciar, o governo aplicou mais um truque desleal contra nós. Anunciaram que o foro do julgamento seria transferido de Johannesburgo para Pretória, a quase sessenta quilômetros de distância. O julgamento seria conduzido em um prédio ornado que antes era uma sinagoga e que havia sido transformado em um tribunal. Todos os réus, assim como a nossa equipe de defesa, residiam em Johannesburgo, então seríamos forçados a viajar todos os dias para Pretória. O julgamento tomaria ainda mais do nosso tempo e dinheiro – nenhum dos quais nós tínhamos em abundância. Aqueles que conseguiram manter seus empregos foram capazes de fazê-lo porque o tribunal ficava perto de onde trabalhavam. A mudança de foro foi também uma tentativa de subjugar nossos espíritos ao separar-nos de nossos apoiadores naturais. Pretória era a sede do Partido Nacional e o CNA tinha pouquíssima presença lá.

Quase todos os noventa e dois réus viajavam diariamente para Pretória em um ônibus pesado e desconfortável, com ripas duras de madeira fazendo as vezes de assentos, que saía todos os dias às seis da manhã e levava duas horas para chegar à Antiga Sinagoga. Ao todo, a viagem de ida e de volta levava quase cinco horas – um tempo que seria usado melhor ganhando dinheiro para poder comprar comida, pagar o aluguel e agasalhar as crianças.

Uma vez mais tivemos o privilégio de termos uma equipe de defesa brilhante e agressiva, liderada habilmente por Israel Maisels e assessorada por Bram Fischer, Rex Welsh, Vernon Berrangé, Sydney Kentridge, Tony O'Dowd e G. Nicholas. No dia de abertura do julgamento, eles mostraram sua combatividade com uma manobra legal e arriscada que vários de nós havíamos decidido adotar em uma consulta com os advogados. Issy Maisels levantou-se dramaticamente e requereu que os juízes Ludorf e Rumpff se declarassem inelegíveis para participar da banca, pois os dois tinham conflitos de interesse que não permitiam que eles fossem árbitros justos em nosso caso. Houve um murmúrio audível no tribunal. A defesa argumentou que Rumpff, que havia presidido o julgamento da Campanha de Desafio de 1953, já havia adjudicado em certos aspectos do indiciamento corrente e, portanto, não era do interesse da justiça que ele julgasse este caso. Argumentamos que Ludorf era predisposto porque representara o governo em 1954, como advogado da polícia, quando

Harold Wolpe buscara um mandato judicial para expulsar a polícia de uma reunião do Congresso do Povo.

Essa estratégia era perigosa, pois podíamos ganhar facilmente a batalha legal, mas perder a guerra. Apesar de vermos Ludorf e Rumpff como apoiadores intransigentes do Partido Nacional, havia juízes muito piores no país que poderiam substituí-los. Na verdade, se por um lado desejávamos que Ludorff se afastasse do julgamento, por outro lado esperávamos secretamente que Rumpff, a quem respeitávamos como um intermediário honesto, decidisse não se declarar incompetente para julgar. Rumpff sempre defendia a lei, não importando quais fossem as nossas posições políticas, e estávamos convencidos que, de acordo com a lei, só poderíamos ser considerados inocentes.

Naquela segunda-feira, a atmosfera era de expectativa quando os três juízes vestindo togas vermelhas entraram no tribunal. O Juiz Ludorf anunciou que se retiraria, adicionando que se esqueceu completamente que havia participado do caso anterior. Mas Rumpff se recusou a se declarar incompetente e garantiu que seu julgamento no caso da Campanha de Desafio não teria influência alguma sobre ele neste caso. Para substituir Ludorf, o estado indicou o Juiz Bekker, um homem de quem gostamos logo de início e que não tinha ligações com o Partido Nacional. Ficamos satisfeitos com a decisão de Rumpff.

Depois do sucesso dessa primeira manobra, tentamos uma segunda, quase tão arriscada quanto esta. Demos início a um longo e detalhado argumento contestando o próprio indiciamento. Afirmamos, entre outras coisas, que o indiciamento era vago e não apresentava particularidades. Também argumentamos que era necessário que se provasse que houve planejamento de violência para provar que houve alta traição, e que a promotoria precisava apresentar exemplos de suas acusações de que nós pretendíamos agir violentamente. Tornou-se aparente ao final de nossa argumentação que os três juízes concordavam. Em agosto, o tribunal anulou uma das duas acusações sob a Lei de Repressão do Comunismo. No dia 13 de outubro, depois de mais de dois meses de questiúnculas legais, a Coroa repentinamente anunciou a retirada de todas as acusações.

Isso foi extraordinário, mas estávamos versados bem demais nas maneiras ardilosas do governo para celebrar. Um mês mais tarde a promotoria expediu um novo e cuidadosamente elaborado indiciamento e anunciou que apenas trinta dos réus iriam a julgamento; os outros seriam julgados mais tarde. Eu estava entre os trinta primeiros, que eram todos membros do CNA.

Sob o novo indiciamento, exigia-se agora que a promotoria provasse a intenção de agir violentamente. Como Pirow observou, os réus sabiam que para alcançar os objetivos da Carta Magna da Liberdade "envolveria necessariamente a derrubada do governo através da violência". A refrega legal continuou até a metade de 1959, quando a corte rejeitou o indiciamento da Coroa contra os sessenta e um réus restantes. Por meses a fio, a atividade no tribunal consistiu de manobras legais mais estéreis imagináveis. Apesar do sucesso da defesa em demonstrar a falsidade do caso levantado pelo governo, este era obstinadamente persistente. Como o ministro da justiça comentou, "Este julgamento continuará, não importando quantos milhões de libras ele custe. Que importância tem quanto tempo ele demorará?"

* * *

Logo após a meia-noite do dia 4 de fevereiro de 1958, voltei para casa depois de uma reunião e encontrei Winnie sozinha em casa e sentindo dores, entrando em trabalho de parto. Eu a levei depressa para o Hospital Baragwanath, mas me disseram que faltavam muitas horas ainda antes que chegasse o momento de ela dar à luz. Fiquei com ela no hospital até o momento de partir para Pretória para o julgamento. Imediatamente depois da sessão do tribunal terminar, voltei rapidamente acompanhado de Duma Nokwe para encontrar mãe e filha extremamente bem de saúde. Segurei minha filha recém-nascida em meus braços e declarei que ela era uma verdadeira Mandela. Meu parente, o Chefe Mdingi, sugeriu o nome de Zenani, que significa "O que você trouxe ao mundo?" – um nome poético que incorpora um desafio, sugerindo que a pessoa tem que contribuir com algo para a sociedade. É um nome que a pessoa não possui simplesmente, mas tem que estar à altura dele.

Minha mãe veio do Transkei para auxiliar Winnie, e planejou dar à Zenani um batizado Xhosa chamando um *inyanga*, um curandeiro tribal, para dar no bebê um banho de ervas tradicional. Mas Winnie era inflexivelmente contrária, achando que era insalubre e ultrapassado, e em vez disso lambuzou Zenani com azeite de oliva, emplastrou seu pequeno corpo com talco Johnson's para bebês, e encheu seu estômago com óleo de tubarão.

Tão logo Winnie se recuperou, me encarreguei da tarefa de ensinar a nova mãe a dirigir. Naquela época, dirigir era coisa de homens; pouquíssimas mulheres, especialmente negras, eram vistas atrás dos volantes. Mas Winnie tinha uma mentalidade de independência e estava decidida a aprender, e seria útil porque eu ficava longe de casa durante muito tempo e não podia levá-la aos lugares onde ela precisava ir. Talvez eu seja um professor impaciente ou talvez eu tivesse uma aluna teimosa, mas quando tentei ensinar Winnie em uma rua relativamente plana e calma de Orlando, não parecíamos conseguir mudar de marcha sem discutir. Finalmente, depois de ela haver ignorado demais as minhas sugestões, saí furiosamente do carro e voltei para casa caminhando. Winnie pareceu se dar melhor sem a minha tutela do que com ela, pois ela continuou dirigindo pelo assentamento sozinha durante a hora seguinte. Naquele momento, já estávamos prontos para fazermos as pazes, e essa é uma história que mais tarde nos fez dar risadas.

A vida de casada e a maternidade foram ajustes para Winnie. Ela era na época uma mulher jovem de vinte e cinco anos de idade que ainda estava para formar seu caráter completamente. Eu já tinha caráter formado e era bastante teimoso. Eu sabia que as outras pessoas frequentemente a viam como a "esposa de Mandela". Era sem dúvida difícil para ela criar sua própria identidade estando sob a minha sombra. Fiz o melhor que pude para que ela florescesse por seus próprios méritos, e ela o fez sem qualquer ajuda minha.

30

NO DIA 6 DE ABRIL DE 1959, no aniversário da chegada de Jan Van Riebeeck ao Cabo, nasceu uma nova organização que buscava rivalizar com o CNA, como a principal organização política de negros, e repudiar a dominação pelos homens brancos que havia iniciado três séculos antes. Com algumas centenas de delegados de todas as partes do país reunidos no Salão Comunal de Orlando, o Congresso Pan-Africano lançou-se como uma organização africanista que rejeitava expressamente o multirracialismo do CNA. A exemplo daqueles de nós que haviam formado a Liga da Juventude, quinze anos antes, os fundadores da nova organização pensavam que o CNA não era suficientemente militante, alienado das massas e dominado por elementos não negros.

Robert Sobukwe foi eleito presidente e Potlako Leballo tornou-se secretário nacional; ambos eram ex-membros da Liga da Juventude do CNA. O CPA apresentou um manifesto e uma constituição juntamente com o discurso de abertura de Sobukwe, no qual ele exigiu um "governo dos africanos pelos africanos e para os africanos". O CPA declarou que pretendia derrubar a supremacia branca e estabelecer um governo africanista de origem, socialista no conteúdo e democrático na forma. Eles repudiavam o comunismo em todas as suas formas e consideravam os brancos e os indianos como "minorias estrangeiras" ou "alienígenas" que não tinham um lugar natural na África do Sul. A África do Sul pertencia aos negros africanos e a ninguém mais.

O nascimento do CPA não nos causou surpresa. Os africanistas do CNA vinham expressando em voz alta suas queixas durante mais de três anos. Em 1957, os africanistas apresentaram uma moção por um voto de não confiança na executiva do Transvaal na conferência nacional, mas foram derrotados. Eles se opuseram ao protesto ao dia das eleições de 1958, e seu líder, Potlako Leballo, foi expulso do CNA. Na conferência de novembro de 1958, do CNA, um grupo de africanistas declarara sua oposição à Carta Magna da Liberdade, alegando que ela violava os princípios do nacionalismo africano.

O CPA alegava que se inspirava nos princípios em torno da fundação do CNA, em 1912, mas seu ponto de vista derivava principalmente do nacionalismo africano emocional, proposto por Anton Lembede e A. P. Mda durante a fundação da Liga da Juventude em 1944. O CPA ecoava os axiomas e lemas daquela época: A África para os negros africanos e os Estados Unidos da África. Mas a causa imediata para a sua dissidência foi sua objeção à Carta Magna da Liberdade e à presença de brancos e indianos na liderança da Aliança do Congresso. Eles se opunham a operações interraciais, em grande parte porque acreditavam que os brancos comunistas e os indianos estavam dominando o CNA.

Eu conhecia muito bem os fundadores do CPA. Robert Sobukwe era um velho amigo. Ele era o cavalheiro e erudito proverbial (seus colegas o chamavam de "Prof."). Sua disposição consistente de pagar o preço pelos seus princípios conquistou meu respeito duradouro. Potlako Leballo, Peter Raboroko e Zephania Mothopeng eram todos amigos e colegas. Fiquei surpreso e de fato meio consternado em saber que Gaur Radebe, meu mentor político, havia aderido ao CPA. Achei curioso que um ex-membro do Comitê Central do Partido Comunista havia decidido alinhar-se a uma organização que na época rejeitava o marxismo.

Muitos daqueles que se juntaram ao CPA o fizeram por causa de rancores ou decepções pessoais e não estavam pensando na promoção da luta pela liberdade, mas em seus próprios sentimentos de inveja ou vingança. Sempre acreditei que para ser um guerreiro pela liberdade deve-se reprimir muitos dos sentimentos pessoais que fazem com que a pessoa se sinta como um indivíduo independente, em vez de parte de um movimento de massas. Está-se lutando pela libertação de milhões de pessoas, não pela glória de um indivíduo. Não estou sugerindo que um homem se transforme em um robô e se livre de todos os sentimentos e motivações pessoais. Mas da mesma forma que um guerreiro pela liberdade subordina sua própria família à família do povo, ele deve subordinar seus próprios sentimentos individuais aos do movimento.

Eu achava os pontos de vista e o comportamento do CPA imaturos. Um filósofo certa vez observou que algo está fora de lugar se uma pessoa não é liberal quando é jovem e conservador quando é mais velho, mas a pessoa amadurece e considera alguns dos pontos de vista de sua juventude como pouco desenvolvidos e insensíveis. Por um lado, eu simpatizava com os pontos de vista dos africanistas e já havia compartilhado alguns deles, por outro lado, eu acreditava que a luta pela liberdade exigia que se fizesse concessões e se aceitasse o tipo de disciplina à qual se resistia quando a pessoa era mais jovem e impulsiva.

O CPA propôs um programa dramático e superambicioso que prometia soluções rápidas. Sua promessa mais dramática – e ingênua – era que a liberdade seria alcançada ao final de 1963, e eles instigavam os negros a se prepararem para aquele momento histórico. "Em 1960 daremos nosso primeiro passo", eles prometeram, "em 1963, daremos o último passo em direção à liberdade e independência". Apesar de essa previsão ter inspirado esperança e entusiasmo entre as pessoas que estavam cansadas de esperar, sempre é perigoso para uma organização fazer promessas que não pode cumprir.

Por causa do anticomunismo do CPA, eles se tornaram os queridinhos da imprensa ocidental e do Departamento de Estado norte-americano, que saudaram o seu nascimento como sendo uma punhalada no coração da esquerda africana. Até mesmo o Partido Nacional viu no CPA um aliado em potencial: eles viam o CPA como um espelho de seu anticomunismo, apoiando seus pontos de vista sobre o desenvolvimento em separado. Os nacionalistas também rejeitavam a cooperação inter-racial, tanto o Partido Nacional como o Departamento de Estado norte-americano acharam oportuno exagerar o tamanho e a importância da nova organização para os seus próprios fins.

Enquanto dávamos boas-vindas a qualquer um trazido para a luta pela liberdade, pelo CPA, o papel da organização era quase sempre o de desmancha-prazeres. Eles causaram a divisão do povo em um momento crítico, e isso era difícil de esquecer. Eles pediam ao povo para ir trabalhar quando nós convocávamos uma greve geral, e davam declarações enganadoras para fazer contrapartida a qualquer pronunciamento que fizéssemos. No entanto, o CPA gerou em mim a esperança de que, apesar dos fundadores serem dissidentes do CNA, era possível haver unidade entre nossos grupos. Eu achava que quando a polêmica tivesse arrefecido, a comunalidade essencial da luta pela liberdade nos uniria. Animado por essa crença, prestei atenção especial às suas atividades e declaração de política, com a ideia de encontrar afinidades em vez de diferenças.

No dia seguinte à conferência inaugural do CPA, abordei Sobukwe para solicitar uma cópia de seu discurso presidencial, assim como o estatuto da organização e outros materiais sobre sua política. Sobukwe pareceu contente com o meu interesse e disse que se certificaria de que eu receberia o material solicitado. Eu o vi novamente não muito tempo depois e o lembrei de meu pedido e ele disse que o material estava a caminho. Subsequentemente encontrei com Potlako Leballo e disse "Cara, vocês ficam prometendo me enviar o seu material, mas ainda não recebi nada". Ele disse "Nelson, decidimos não dar o material para você porque sabemos que você o quer apenas para nos atacar". Eu disse que essa noção estava totalmente errada, e ele compadeceu-se, me dando tudo o que eu havia pedido.

31

EM 1959, o Parlamento aprovou a Lei de Promoção da Autonomia Bantu, que estabelecia seis bantustões etnicamente separados. Esse foi o embasamento que o governo chamava de *groot* ou grande *apartheid*. Mais ou menos na mesma época, o governo introduziu a enganosa lei intulada Lei de Extensão da Educação Universitária, outro suporte do grande *apartheid*, que proibia não brancos de frequentarem universidades racialmente "abertas". Ao passar a Lei da Autonomia Bantu, De Wet

Nel, o ministro da Administração e Desenvolvimento Bantu, afirmou que o bem-estar de todos os indivíduos e grupos populacionais podia ser desenvolvido melhor dentro de sua própria comunidade nacional. Os negros, ele disse, nunca conseguiriam se integrar à comunidade branca.

A imoralidade da política de bantustões, pela qual setenta por cento das pessoas compartilhariam apenas treze por cento das terras, era óbvia. Sob a nova política, apesar de dois terços dos negros viverem nas chamadas áreas brancas, eles poderiam gozar de cidadania apenas em suas "pátrias tribais". O esquema não nos dava liberdade nem nas áreas "brancas" nem independência nas áreas que eles consideravam "nossas". Verwoerd afirmou que a criação dos bantustões engendraria tanta boa-vontade que eles nunca se tornariam terrenos férteis para rebeliões.

Na realidade, foi praticamente o oposto. As áreas rurais estavam agitadas. Poucas áreas lutaram tão teimosamente quanto Zeerust, onde o Chefe Abram Moilwa (com o auxílio hábil do advogado George Bizon) liderou seu povo na resistência às chamadas Autoridades Bantu. Tais áreas normalmente eram invisíveis para a imprensa, e o governo utilizava sua inacessibilidade para disfarçar a crueldade de suas ações. Incontáveis inocentes foram presos, indiciados, encarcerados, banidos, espancados, torturados e assassinados. O povo de Sekhukhuneland também se rebelou, e o chefe principal, Moroamotsho Sekhukhune, Godfrey Sekhukhune e outros conselheiros foram banidos ou presos. Um chefe Sekhukhune, Kolane Kgoloko, que era visto como um lacaio do governo, foi assassinado. Em 1960, a resistência em Sekhukhuneland havia atingido o estágio de desafio aberto, e as pessoas estavam se recusando a pagar impostos.

Em Zeerust e Sekhukhuneland, as seções do CNA tiveram um papel proeminente nos protestos. Apesar da repressão severa, várias seções novas do CNA brotaram na área de Zeerust, uma das quais recrutando cerca de dois mil membros. Sekhukhuneland e Zeerust foram as primeiras áreas na África do Sul onde o CNA foi banido pelo governo, uma prova de nosso poder nessas áreas remotas.

Protestos irromperam na Pondoland Oriental, onde capangas do governo foram atacados e mortos. Thembuland e Zululand resistiram ferozmente, e estavam entre as últimas áreas a se renderem. Pessoas foram espancadas, presas, deportadas e aprisionadas. Em Thembuland a resistência vinha ocorrendo desde 1955, com Sabata sendo parte das forças de protesto.

Era especialmente doloroso para mim que no Transkei a ira do povo foi dirigida ao meu sobrinho e ex-mentor K. D. Matanzima. Não havia dúvidas que Daliwonga estava colaborando com o governo. Todos os apelos que fiz a ele durante anos foram inúteis. Houve relatos que *impis* (guerreiros tradicionais) do quartel-general de Matanzima incendiaram aldeias que se opunham a ele. Houve várias tentativas de assassinato contra ele. Igualmente doloroso foi o fato de que o pai de Winnie fazia parte do conselho de Matanzima e era um apoiador firme dele. Isso foi terrivelmente difícil para Winnie: seu pai e seu marido estavam em lados opostos da mesma questão. Ela amava seu pai, mas rejeitava a sua política.

Em várias ocasiões, membros da minha tribo e do meu clã no Transkei me visitaram em Orlando para reclamar de chefes tribais que estavam colaborando com o governo. Sabata se opunha às Autoridades Bantu e não capitularia, mas meus visitantes temiam que Matanzima o depusesse, o que acabou eventualmente acontecendo. Uma vez, o próprio Daliwonga veio me visitar durante o Julgamento por Traição e eu o levei comigo para Pretória. No tribunal, Issy Maisels o apresentou aos juízes e eles concederam-lhe um lugar de honra. Mas no lado de fora – entre os réus – ele não era tratado com tanta deferência. Ele começou a fazer perguntas agressivamente a vários réus que o viam como um vendido, por que eles se opunham ao desenvolvimento separado. Lilian Ngoyi observou: "*Tyhini, uyadelela lo mntu*" (Deus do céu, esse homem é provocador).

32

DIZ-SE QUE os moinhos de Deus moem extremamente devagar, mas mesmo as maquinações do Senhor não conseguem competir com aquelas do sistema judicial sul-africano. No dia 3 de agosto de 1959, dois anos e oito meses depois de nossa prisão, e depois de um ano inteiro de manobras legais, o julgamento de fato começou na Velha Sinagoga em Pretória. Finalmente fomos formalmente denunciados e todos os trinta de nós se declararam inocentes.

Nossa equipe de defesa foi liderada uma vez mais por Issy Maisels, e ele foi auxiliado por Sydney Kentridge, Bram Fischer e Vernon Berrangé. Dessa vez, finalmente, o julgamento foi sério. Durante os dois primeiros meses do caso, a Coroa deu entrada a quase dois mil documentos nos autos e convocou duzentas e dez testemunhas, duzentas das quais eram membros do Serviço de Inteligência. Esses detetives admitiram terem se escondido em armários e sob camas, de terem posado de membros do CNA, de perpetrar virtualmente qualquer fraude que permitisse que eles obtivessem informações sobre a nossa organização. No entanto, muitos dos documentos que o governo submeteu e os discursos que eles transcreveram eram documentos públicos, discursos públicos, informações disponíveis a todas as pessoas. Como antes, muitas das provas da Coroa eram constituídas de livros, papéis e documentos apreendidos dos réus durante numerosas batidas policiais que aconteceram, entre 1952 e 1956, assim como anotações feitas pelos policiais em reuniões do Congresso durante este mesmo período. Como antes, os relatórios feitos pelos oficiais do Serviço de Inteligência sobre os nossos discursos eram confusos em geral. Nós costumávamos brincar que entre a acústica pobre do salão e os relatórios confusos e imprecisos dos detetives do Serviço de Inteligência, nós poderíamos ser multados pelo que não dissemos e enforcados pelo que não fizemos.

Todos os dias, no horário do almoço, permitiam que sentássemos no lado de fora no jardim espaçoso de um vicariato vizinho onde nos serviam uma refeição preparada pela formidável Sra. Thayanagee Pillay e suas amigas. Quase todos os dias, elas preparavam para nós um almoço indiano condimentado, e também chá, café e sanduíches durante as pausas da manhã e da tarde. Esses descansos eram como pequenas férias do tribunal e eram oportunidades para nós discutirmos política. Aqueles momentos sob a sombra dos jacarandás no gramado do vicariato eram os mais agradáveis do julgamento, pois de muitas maneiras o caso estava mais para um teste da nossa resistência do que para um julgamento de justiça.

Na manhã de 11 de outubro, enquanto nos preparávamos para ir para o tribunal, ouvimos no rádio que o promotor, Oswald Pirow, havia falecido subitamente por causa de um derrame. Sua morte representava um severo revés para o governo, e a eficiência e agressividade da equipe persecutória da Coroa ficaram reduzidas a partir daquele momento. No tribunal, naquele dia, o Juiz Rumpff fez uma homenagem emocionada para Pirow e louvou sua perspicácia e profundidade em relação às leis. Ainda que fôssemos nos beneficiar por sua ausência, não nos regozijamos com a sua morte. Havíamos desenvolvido certa afeição pelo nosso oponente, pois apesar dos pontos de vista políticos tóxicos de Pirow ele era um homem compassivo desprovido do racismo pessoal virulento do governo ao qual estava defendendo. Sua habitual e educada referência a nós como “africanos” (até mesmo um de nossos próprios advogados ocasionalmente dava um escorregão e se referia a nós como “nativos”) contrastava com suas inclinações políticas supremacistas. De uma maneira curiosa, nosso pequeno mundo dentro da Velha Sinagoga parecia equilibrado quando, cada manhã, observávamos Pirow ler o jornal direitista *Nuwe Order* em sua mesa e Bram Fischer lendo o esquerdista *New Age* na nossa. Sua doação para nós dos mais de cem volumes dos autos preparatórios do julgamento gratuitamente foi um gesto generoso que economizou uma boa quantia de dinheiro para a defesa. O Promotor De Vos tornou-se o novo líder da equipe da Coroa e não conseguia se igualar em eloquência e acuidade ao seu predecessor.

Logo após o falecimento de Pirow, a promotoria concluiu a sua apresentação de provas. Foi então que a promotoria iniciou o interrogatório das testemunhas especializadas, começando com o resignado Professor Murray, o suposto especialista em comunismo que havia provado ser tão inepto em seu tópico durante os interrogatórios preliminares. Em um implacável interrogatório por Maisels, Murray admitiu que a Carta Magna fosse, na verdade, um documento humanitário que podia muito bem representar a reação natural e aspirações dos não brancos às severas condições da África do Sul.

Murray não foi a única testemunha da Coroa que pouco fez progredir o argumento do governo. Apesar da quantia volumosa de provas da Coroa e as páginas e páginas de depoimentos de suas testemunhas especialistas, a promotoria não havia conseguido produzir nenhuma evidência válida de que o CNA planejava agir com violência, e eles sabiam disso. Então, em março, a promotoria apresentou uma nova explosão de confiança. Eles estavam para apresentar sua prova mais condenatória. Com grande fanfarra e um longo rufar de tambores na imprensa, o governo apresentou para o tribunal a gravação secreta de um discurso de Robert Resha. O discurso foi feito em sua condição de Voluntário em Chefe do Transvaal para uma plateia de Voluntários da Liberdade em 1956, algumas semanas antes de sermos todos presos. A sala do tribunal ficou silenciosa, e apesar dos ruídos de estática da gravação e do barulho de fundo, éramos capazes de entender as palavras de Robert bem claramente.

> Quando você é disciplinado, e a organização te diz para não usar violência, você não deve ser violento... mas se você é um voluntário de verdade e é convocado para ser violento, você deve ser absolutamente violento, você deve matar! Matar! E isso é tudo.

A promotoria acreditava que havia selado seu caso. Os jornais apresentaram as palavras de Resha com destaque e deram eco à impressionabilidade do governo. Para a Coroa, o discurso revelava a verdadeira e secreta intenção do CNA, desmascarando o seu fingimento público de não violência. Mas na verdade, as palavras de Resha eram uma anomalia. Robert era um excelente, ainda que bastante inflamado, orador de palanque e sua escolha de analogia foi desafortunada. Mas como a defesa demonstrara, ele estava meramente enfatizando a importância da disciplina e que o voluntário deve fazer o que quer que seja mandado fazer, não importando o quão repugnante. Repetidamente, nossas testemunhas demonstraram que o discurso de Resha não apenas havia sido tirado do contexto como não representava a política do CNA.

A promotoria encerrou seu caso no dia 10 de março de 1960, e devíamos chamar a primeira testemunha de defesa quatro dias mais tarde. Havíamos permanecido em inatividade por meses, mas quando começamos a nos preparar para nossos depoimentos, estávamos ansiosos em partir para a ofensiva. Nós vínhamos aparando os ataques do inimigo por tempo demais.

Houve muita especulação na imprensa de que a nossa primeira testemunha seria o Chefe Luthuli. A Coroa aparentemente acreditava nisso também, pois houve grande consternação na promotoria quando, no dia 14 de março, nossa primeira testemunha não foi Luthuli, mas o Dr. Wilson Conco.

Conco era filho de um criador de gado Zulu, do belo distrito de Ixopo, em Natal. Além de ser médico, ele havia sido um dos fundadores da Liga da Juventude, um participante ativo da Campanha de Desafio, e tesoureiro do CNA. Como preparação para o seu depoimento, foi perguntado sobre sua brilhante carreira acadêmica na Universidade de Witwatersrand, onde ele se graduou em primeiro lugar em sua turma da faculdade de medicina, à frente de todos os filhos e filhas do privilégio branco. À medida que as credenciais de Conco eram mencionadas, tive a distinta impressão de que o Juiz Kennedy, que também era originário de Natal, parecia estar orgulhoso.

Os natalianos são famosos por sua fidelidade à sua região, e esses laços peculiares de afetividade podem às vezes até mesmo transcender a cor da pele. De fato, muitos natalianos acreditavam ser Zulus brancos. O Juiz Kennedy havia sempre parecido ser um homem imparcial, e percebi isso pelo exemplo de Wilson Conco, ele começou a nos ver não como agitadores imprudentes, mas como homens com ambições honradas que poderiam ajudar o seu país se o seu país apenas os ajudasse. Ao final do depoimento de Conco, quando ele foi elogiado por uma realização no campo da medicina, Kennedy falou em Zulu, uma língua na qual era fluente, "*Sinjalo thina maZulu*", que significa "Nós os Zulus somos assim". O Dr. Conco provou ser uma testemunha clara e calma que reafirmava o compromisso do CNA com a não violência.

O Chefe Luthuli foi a testemunha seguinte. Com sua dignidade e sinceridade, ele causou uma profunda boa impressão no tribunal. Ele estava sofrendo de pressão alta, e o tribunal concordou em realizar audiências apenas durante as manhãs enquanto ele prestava seu depoimento. Seu depoimento para os autos durou vários dias, e ele foi interrogado durante quase três semanas. Ele delineou cuidadosamente a evolução da política do CNA, colocando tudo com simplicidade e clareza, e seu cargo anterior como professor e como chefe transmitia gravidade e autoridade adicionais às suas palavras. Como cristão devoto, ele era a pessoa perfeita para discutir como o CNA havia se empenhado sinceramente na busca da harmonia racial.

O chefe testemunhou sua crença na bondade inata do ser humano e como a persuasão moral e a pressão econômica poderiam levar a uma mudança de opinião por parte dos brancos sul-africanos. Ao discutir a política de não violência do CNA, ele enfatizou que havia uma diferença entre não violência e pacifismo. Os pacifistas se recusavam a se defender mesmo quando eram atacados violentamente, mas esse não era necessariamente o caso daqueles que desposavam a não violência. Às vezes homens e nações, mesmo sendo não violentos, tinham que se defender quando eram atacados.

Enquanto ouvia Conco e Luthuli depor, pensei que naquele instante, provavelmente pela primeira vez em suas vidas, os juízes estavam ouvindo não os seus empregados domésticos que falavam apenas o que sabiam que seus senhores gostariam de ouvir, mas negros africanos independentes e articulados, que estavam expressando suas crenças políticas e como eles esperavam concretizá-las.

O chefe foi interrogado pelo promotor Trengove, que tentou obstinadamente fazer com que ele dissesse que o CNA estava dominado por comunistas e tinha uma política dualística de não violência destinada ao público externo e um plano secreto de promover revolução violenta. O chefe refutou firmemente as implicações do que Trengove estava sugerindo. Ele próprio era a alma da moderação, particularmente à medida que Trengove parecia estar perdendo o controle. Em um determinado momento, Trengove acusou o chefe Luthuli de hipocrisia. Ele ignorou a difamação de Trengove e calmamente observou para a banca, "Meu Senhor, acredito que a Coroa está enlouquecendo".

Mas no dia 21 de março o depoimento de Luthuli foi interrompido por um evento arrasador no lado de fora do tribunal. Naquele dia, o país foi abalado por uma ocorrência de tal magnitude que quando o Chefe Luthuli voltou para continuar seu depoimento um mês mais tarde, o tribunal – assim como a África do Sul inteira – era um lugar diferente.

33

A CONFERÊNCIA ANUAL DO CNA de dezembro de 1959 aconteceu em Durban, durante as manifestações dinâmicas contra os passes organizadas naquela cidade. A conferência votou unanimemente em favor de dar início a uma campanha nacional antipasses começando no dia 21 de março do ano seguinte e chegando ao seu clímax no dia 26 de junho com uma grande fogueira onde os passes seriam queimados.

O planejamento começou imediatamente. No dia 31 de março, deputações foram enviadas às autoridades locais. Representantes do CNA viajaram pelo país, conversando com as seções sobre a campanha. Os militantes do CNA transmitiram a notícia pelos assentamentos e fábricas. Panfletos, adesivos e cartazes foram impressos e postos em circulação e afixados em trens e ônibus.

O ânimo pelo país estava sombrio. O governo estava ameaçando banir as organizações, com ministros do gabinete alertando o CNA que em breve ele seria agredido com "um punho sem luvas". Em outros lugares da África, a luta pela liberdade estava avançando: o surgimento da república independente de Gana, em 1957, e de seu líder pan-africanista e *antiapartheid*, Kwame Nkrumah, havia alarmado os Nacionalistas e feito com que eles ficassem ainda mais decididos a reprimir os dissidentes em casa. Em 1960, dezessete ex-colônias africanas deveriam se tornar estados independentes. Em fevereiro, o primeiro-ministro britânico, Harold Macmillan, visitou a África do Sul e fez um discurso no Parlamento no qual falava dos "ventos da mudança" varrendo a África.

O CPA naquela época parecia perdido; eles eram uma liderança à procura de seguidores e ainda estavam por dar início a qualquer ação que os colocasse no mapa político... Eles tinham ciência da campanha antipasse do CNA e haviam sido convidados a participar, mas em vez de darem os braços ao movimento do Congresso, eles procuraram nos sabotar. O CPA anunciou que lançaria sua própria campanha antipasse no dia 21 de março, dez dias antes de a nossa campanha ter início. Nenhuma conferência foi feita por eles para discutir a data, nenhum trabalho de organização de qualquer significância havia sido executado. Foi um caso flagrante de oportunismo. Suas ações eram motivadas mais por um desejo de eclipsar o CNA do que de derrotar o inimigo.

Quatro dias antes do protesto previsto, Sobukwe nos convidou para nos unirmos ao CPA. A oferta de Sobukwe não foi um gesto de unidade, mas uma manobra tática para evitar que o CPA fosse criticado por não nos incluir. Ele fez a oferta na última hora, e nós nos recusamos a participar. Na manhã de 21 de março, Sobukwe e sua executiva caminharam até o quartel de polícia de Orlando para se entregarem. As dezenas de milhares de pessoas que estavam indo para o trabalho ignoraram os homens do CPA. Na corte do magistrado, Sobukwe anunciou que o CPA não tentaria se defender, em conformidade com o seu lema "Nenhuma fiança, nenhuma defesa, nenhuma multa". Eles acreditavam que os desafiantes receberiam sentenças com duração de algumas semanas. Mas Sobukwe foi sentenciado não a três semanas de prisão, mas a três meses, sem a opção de multa.

A reação à convocação do CPA em Johannesburgo foi mínima. Nenhuma manifestação aconteceu em Durban, Port Elizabeth ou East London. Mas em Evanton, Z. B. Molete, habilmente auxiliado por Joe Molefi e Vusumuzi Make, conseguiu o apoio do assentamento inteiro, na medida em que centenas de homens se apresentaram para serem presos sem passes. A Cidade do Cabo testemunhou uma das maiores manifestações antipasse na história da cidade. No assentamento de Langa, nos subúrbios da Cidade do Cabo, cerca de trinta mil pessoas, lideradas pelo jovem estudante Philip Kgosana, se reuniram e foram levados a gerarem um tumulto por uma carga de policiais armados de cassetetes. Duas pessoas foram mortas. Mas a última das áreas onde as manifestações ocorreram era a mais calamitosa e aquela cujo nome ainda ecoa com sons de tragédia: Sharpeville.

Sharpeville era um pequeno assentamento localizado a cerca de 60 quilômetros ao sul de Johannesburgo, no sombrio complexo industrial nos arredores de Vereeniging. Ativistas do CPA haviam feito um excelente trabalho de organização na área. No início da tarde, uma multidão com vários milhares de pessoas cercou o quartel da polícia. Os manifestantes estavam sob controle e desarmados. O destacamento de setenta e cinco policiais estava em grande desvantagem, em número, e tomado de pânico. Ninguém ouviu tiros de advertência ou uma ordem de atirar, mas de repente os policiais abriram fogo contra a multidão e continuou a atirar enquanto os manifestantes saíam correndo de medo. Quando a área ficou livre, sessenta e nove negros jaziam mortos, a maioria deles atingidos nas costas enquanto estavam fugindo. Ao todo, mais de setecentos tiros foram disparados contra a multidão, ferindo mais de quatrocentas pessoas, incluindo mulheres e crianças. Foi um massacre, e no dia seguinte fotos mostrando a selvageria apareceram nas primeiras páginas dos jornais do mundo inteiro.

O tiroteio em Sharpeville provocou um tumulto emocional e uma crise no governo. Protestos indignados vieram do mundo inteiro, inclusive do Departamento de Estado Americano. Pela primeira vez, o Conselho de Segurança da ONU interveio nos assuntos da África do Sul, culpando o governo pelo tiroteio e instando-o a iniciar medidas que trouxessem igualdade racial. A bolsa de valores de Johannesburgo teve uma queda enorme e o capital começou a fugir do país. Brancos sul-africanos começaram a fazer planos para emigrar. Os liberais instaram Verwoerd a oferecer concessões aos negros. O governo insistia que Sharpeville era o resultado de uma conspiração comunista.

O massacre de Sharpeville criou uma nova situação no país. Apesar do amadorismo e oportunismo de seus líderes, as hostes do CPA demonstraram grande coragem e fortaleza em suas manifestações em Sharpeville e Langa. Em apenas um dia, eles haviam se deslocado para as linhas de frente da luta pela liberdade, e Robert Sobukwe estava sendo saudado dentro e fora do país como o salvador do movimento de libertação. Nós do CNA tínhamos que nos ajustar rapidamente a essa nova situação, e fizemos justamente isso.

Um pequeno grupo – Walter, Duma Nokwe, Joe Slovo e eu – realizamos uma reunião que durou a noite inteira, em Johannesburgo, para planejar uma resposta. Sabíamos que tínhamos que manifestar apreço pelos eventos de alguma forma e fornecer ao povo uma válvula de escape para sua raiva e dor. Levamos nossos planos ao Chefe Luthuli e ele prontamente os aceitou. No dia 26 de março, em Pretória, Luthuli queimou publicamente seu passe, convocando que outros fizessem o mesmo. Ele anunciou um protesto nacional para o dia 28 de março, um Dia Nacional de Luto e protesto contra as atrocidades cometidas em Sharpeville. Em Orlando, Duma Nokwe e eu queimamos nossos passes diante de centenas de pessoas e dezenas de fotógrafos da imprensa.

Dois dias depois, no dia vinte e oito, o país respondeu magnificamente com várias centenas de milhares de negros africanos obedecendo à convocação de Luthuli. Apenas uma organização verdadeiramente de massa poderia coordenar tais atividades, e o CNA o fez. Na Cidade do Cabo uma multidão de cinquenta mil pessoas se reuniu no assentamento de Langa para protestar contra o tiroteio. Distúrbios irromperam em várias áreas. O governo declarou Estado de Emergência, suspendendo *habeas corpus* e assumindo poderes amplos para agir contra todas as formas de subversão. A África do Sul estava agora sob Lei Marcial.

34

À 1h30 DA MADRUGADA do dia 30 de março, fui despertado por batidas fortes e hostis em minha porta, a assinatura inconfundível da polícia. "Chegou a hora", eu disse para mim mesmo enquanto abri a porta para encontrar meia dúzia de policiais armados. Eles viraram a casa de cabeça para baixo, confiscando virtualmente todos os pedaços de papel que encontravam, incluindo as transcrições que eu havia feito recentemente das lembranças de minha mãe, da história de nossa família e lendas tribais. Eu nunca mais veria essas transcrições. Fui então preso sem um mandato, e não me deram oportunidade para telefonar para meu advogado. Eles se recusaram a informar à minha esposa para onde eu seria levado. Eu simplesmente acenei para Winnie; não era o momento para palavras de conforto.

Trinta minutos depois chegamos ao quartel de polícia de Newlands, que me era familiar em razão das muitas ocasiões em que eu havia visitado clientes lá. O quartel estava localizado em Sophiatown, ou melhor, no que restava do assentamento, pois o que antes havia sido um assentamento agitado agora era uma ruína de prédios demolidos e lotes vazios. Dentro dela encontrei vários de meus colegas, que haviam similarmente sido arrancados da cama, e no transcurso da noite outros chegaram; pela manhã, totalizávamos quarenta presos. Fomos colocados em um pátio estreito com apenas o céu como teto e uma lâmpada fraca para iluminação, um espaço tão pequeno e úmido que ficamos em pé a noite inteira.

Às 7h15 da manhã fomos levados para uma cela minúscula com um único ralo no chão que podia ser dado descarga apenas do lado de fora. Não nos deram cobertores, nem comida, nem colchonetes ou papel higiênico. O ralo regularmente ficava entupido e o fedor no recinto era insuportável. Expedimos vários protestos, entre eles a exigência de sermos alimentados. Eles foram recebidos com réplicas grosseiras, e resolvemos que na próxima vez em que a porta fosse aberta, nós acorreríamos para o pátio adjacente e nos recusaríamos a voltar para a cela até que tivéssemos sido alimentados. O jovem policial de plantão se amedrontou e saiu enquanto saímos em debandada pela porta. Alguns minutos depois, um sargento corpulento e prático entrou no pátio e nos ordenou que retornássemos para a cela. "Entrem!" ele gritou. "Se vocês não entrarem, vou trazer cinquenta homens com cassetetes e vamos partir as cabeças de vocês!" Depois dos horrores de Sharpeville, a ameaça não parecia ser vazia.

O comandante do quartel aproximou-se do portão do pátio para nos observar, e então veio e me repreendeu por estar com as minhas mãos nos bolsos. "É dessa maneira que você age na presença de um oficial?" ele gritou. "Tire as tuas malditas mãos dos bolsos!" Mantive minhas mãos firmemente arraigadas em meus bolsos, como se estivesse passeando em um dia frio. Eu lhe disse que poderia me dignar a tirar minhas mãos dos bolsos se nós fôssemos alimentados.

Às 5h da tarde, mais de doze horas depois de a maioria de nós ter chegado, recebemos um *container* de mingau ralo de milho e nenhum utensílio. Normalmente, eu consideraria isso impróprio para consumo, mas nós o coletamos com nossas mãos sujas e comemos como se tivéssemos sido abastecidos com os acepipes mais deliciosos da face da terra. Depois da nossa refeição, elegemos um comitê para nos representar, que incluía Duma Nokwe e Z. B. Molete, o secretário de relações públicas do Congresso Pan-Africano e eu. Fui eleito o porta-voz. Imediatamente elaboramos uma petição protestando contra as condições impróprias e exigindo nossa libertação imediata em razão de que nossa detenção era ilegal.

Às seis da tarde recebemos colchonetes e cobertores. Não acho que palavras possam fazer justiça a uma descrição da imundície e sujeira desses leitos. Os cobertores estavam incrustados com sangue seco e vômito, cheio de piolhos, insetos e baratas e exalando um fedor que chegava a competir com o do ralo.

Perto da meia-noite, nos disseram que seríamos chamados para fora, mas para o quê, nós não sabíamos. Alguns dos homens sorriram com a expectativa de serem liberados. Outros não se iludiram. Fui o primeiro a ser chamado e fui levado para o portão da frente da prisão, onde fui liberado por alguns instantes diante de um grupo de oficiais. Mas antes que eu pudesse me mexer, um oficial gritou.

"Nome!"

"Mandela", eu falei.

"Nelson Mandela", o oficial falou, "estou prendendo-o sob os poderes a mim conferidos pelas Regras de Estado de Emergência". Nós não seríamos soltos, mas presos novamente sob os termos do que apenas então descobrimos ser um Estado de Emergência. Cada um de nós foi sucessivamente liberado por meros segundos e então presos novamente. Havíamos sido presos ilegalmente antes da decretação do Estado de Emergência; agora estávamos sendo apropriadamente presos sob o Estado de Emergência que havia entrado em vigor à meia-noite. Elaboramos um memorando para o comandante pedindo para saber quais eram os nossos direitos.

Na manhã seguinte, fui chamado para ir até a sala do comandante, onde encontrei o meu colega Robert Resha, que havia sido preso e estava sendo interrogado pelo comandante do quartel. Quando entrei na sala, Resha perguntou ao comandante por que ele havia sido grosseiro comigo na noite anterior. Sua resposta foi aquela do típico homem branco: "Mandela estava sendo atrevido". Eu respondi, "Não tenho a obrigação de tirar as mãos dos meus bolsos para pessoas como você, naquele momento ou agora". O comandante saltou de sua cadeira, mas foi contido pelos outros oficiais.

Nesse momento, o Sargento Detetive Helberg, do Serviço de Inteligência entrou na sala e disse, "Olá, Nelson!" simpaticamente. Ao que retruquei, "Não sou Nelson para você, sou o Sr. Mandela". O recinto estava prestes a se transformar em um campo de batalha quando fomos informados de que eu devia sair para comparecer ao Julgamento por Traição em Pretória. Eu não sabia se ria ou se me desesperava, mas no meio dessas trinta e seis horas de maus tratos e a declaração de Estado de Emergência, o governo ainda achava adequado nos levar de volta para Pretória para continuar com seu caso desesperado e agora aparentemente desatualizado contra nós. Fomos levados diretamente até a Penitenciária de Pretória, onde ficamos detidos.

35

NESSE ÍNTERIM, o tribunal retornou às atividades, em nossa ausência, no dia 31 de março, mas o banco das testemunhas estava conspicuamente vazio. Aqueles que estavam presentes eram os réus que a polícia havia falhado em capturar sob o Estado de Emergência. O Chefe Luthuli estava no meio de seu depoimento, e o Juiz Rumpff solicitou uma explicação por sua ausência. Ele foi comunicado de que o chefe havia sido posto sob custódia na noite anterior. O Juiz Rumpff manifestou irritação com a explicação e disse não ver razão alguma para o Estado de Emergência atrapalhar o seu julgamento. Ele exigiu que a polícia trouxesse Luthuli para o tribunal, para que ele pudesse reiniciar seu depoimento, e a sessão foi suspensa.

Mais tarde ficamos sabendo que depois da prisão de Luthuli, ele havia sido agredido. Ele estava subindo uma escada quando foi empurrado por um carcereiro, fazendo com que seu chapéu caísse no chão. Quando ele se abaixou para apanhá-lo, levou uma bofetada no rosto. Isso foi difícil para nós aceitarmos. Um homem de dignidade e realizações imensas, cristão devoto ao longo de sua vida, e com um problema sério de coração, foi tratado como um animal de estábulo por homens que não seriam dignos nem de amarrar seus sapatos.

Quando a sessão do tribunal recomeçou naquela manhã, o Juiz Rumpff foi informado que a polícia havia se recusado a trazer o chefe para o tribunal. O juiz então decretou recesso do julgamento pelo restante do dia, e esperávamos voltar para casa. Mas enquanto eles estavam saindo das dependências do tribunal para procurar transporte, todos nós fomos presos novamente.

Mas a polícia, em seu usual excesso desorganizado de zelo, cometeu um erro cômico. Wilton Mkwayi, um dos réus e líder sindical de longa data e membro do CNA, havia viajado de Port Elizabeth para Pretória para o julgamento. De alguma forma, ele foi separado de seus colegas e quando ele chegou ao portão e viu a comoção de seus companheiros réus sendo presos, perguntou a um policial o que estava acontecendo. O policial mandou-o embora. Wilton permaneceu lá. O policial novamente deu ordens para que ele fosse embora, ao que Wilton comunicou ao oficial que era um dos réus. O oficial o chamou de mentiroso, e ameaçou prendê-lo por obstrução da justiça. Então o policial raivosamente ordenou que ele saísse do local. Wilton deu de ombros, saiu pelo portão e essa foi a última vez que viram Wilton no tribunal. Ele entrou na clandestinidade durante os dois meses seguintes, evitando com sucesso ser preso, e então foi retirado clandestinamente do país, surgindo logo como um representante no exterior do Congresso de Sindicatos e mais tarde fazendo treinamento militar na China.

Naquela noite, detentos de outras partes do Transvaal se juntaram a nós. A incursão da polícia pelo país inteiro havia levado à detenção de mais de duas mil pessoas. Esses homens e mulheres pertenciam a todas as raças e todos os grupos *antiapartheids*. Uma convocação de soldados foi anunciada, e unidades do exército foram mobilizadas e posicionadas em áreas estratégicas pelo país. No dia 8 de abril, o CNA e o CPA foram declarados organizações ilegais, sob a Lei de Repressão ao Comunismo. Do dia para a noite, ser membro do CNA havia se tornado um delito grave, punível com um período de prisão e multa. A penalidade por promover os objetivos do CNA era uma sentença de até dez anos de prisão. Agora mesmo protestos respeitadores da lei e não violentos sob os auspícios do CNA eram ilegais. A luta pela liberdade havia entrado em uma nova fase. Agora éramos, todos nós, criminosos.

Durante a vigência do Estado de Emergência nós permanecemos na Prisão de Pretória, onde as condições eram tão ruins como aquelas de Newlands. Grupos de cinco prisioneiros foram espremidos em celas medindo 1,5m por 2m; as celas eram imundas, com iluminação ruim e ventilação ainda pior. Tínhamos um único balde com uma tampa solta para usar como sanitário e cobertores infestados de insetos. Permitiam que saíssemos apenas uma hora por dia.

Em nosso segundo dia em Pretória, enviamos uma deputação reclamando das condições da cadeia para o oficial comandante da prisão, Coronel Snyman. A resposta do coronel foi rude e brusca. Ele exigiu que fornecêssemos provas, chamando nossas reclamações de mentira. "Vocês trouxeram os insetos para a minha prisão, de suas casas imundas", ele falou sarcasticamente.

Falei que também requeríamos uma sala que fosse silenciosa e bem iluminada de forma que pudéssemos nos preparar para o nosso julgamento. Novamente o coronel foi desdenhoso: "Os regulamentos do governo não exigem que os prisioneiros leiam livros, se é que vocês sabem ler". Apesar da atitude cheia de desdém do coronel, as celas foram logo pintadas e desfumigadas e nos forneceram novos cobertores e baldes sanitários. Permitiram que permanecêssemos no pátio a maior parte do dia, enquanto aqueles de nós que estavam envolvidos no Julgamento por Traição recebemos uma cela ampla para consultas, durante as quais também permitiam que usássemos livros jurídicos.

Até onde podíamos prever, a Prisão de Pretória seria nosso lar. Nós saíamos pela manhã para ir ao julgamento e retornávamos para a prisão à tarde. A prisão, de acordo com os ditames do *apartheid*, separava os presos segundo a cor de pele. Naturalmente já estávamos separados de nossos colegas brancos, mas a separação de nossos camaradas indianos e mestiços dentro das mesmas instalações não brancas parecia loucura.

Exigimos sermos acomodados juntos, e nos foram dados todos os tipos de explicações absurdas da razão de isso ser impossível. Quando a inflexibilidade proverbial da burocracia é combinada com a estreiteza mesquinha de mente do racismo, o resultado pode ser incompreensível. Mas as autoridades eventualmente cederam, permitindo que aqueles que estavam sendo julgados por traição fossem mantidos juntos.

Apesar de sermos mantidos juntos, a nossa dieta era estabelecida de acordo com a raça. Para o café da manhã, os negros, indianos e mestiços recebiam as mesmas quantidades, exceto que os indianos e mestiços recebiam meia colher de chá de açúcar, o que não acontecia conosco. Para o jantar, as dietas eram as mesmas, exceto que os indianos e mestiços recebiam pouco mais de cem gramas de pão, enquanto nós não recebíamos nada. Esta última distinção era baseada na premissa curiosa de que os negros normalmente não gostavam de pão, que era um gosto mais sofisticado, ou "ocidentalizado". A dieta para os detentos brancos era muito superior do que aquela para os negros. As autoridades eram tão conscienciosas em relação à cor que até mesmo o açúcar e o pão fornecidos aos brancos e aos não brancos eram diferentes: os prisioneiros brancos recebiam açúcar refinado e pão branco, enquanto os mestiços e os indianos recebiam açúcar mascavo e pão de centeio.

Reclamamos veementemente da qualidade inferior da comida, e como resultado, o nosso defensor Sydney Kentridge fez uma reclamação formal no tribunal. Declarei que a comida era imprópria para consumo humano. O Juiz Rumpff concordou em experimentar ele mesmo a comida e naquele dia ele saiu para fazer isso. Farinha de milho com feijão era a melhor refeição que a prisão preparava, e neste caso, as autoridades colocaram mais feijões e molho que de costume. O Juiz Rumpff comeu algumas colheradas e declarou que a comida estava bem cozida e saborosa. Ele permitiu que ela fosse servida quente. Rimos entre nós com a ideia de comida "quente" de prisão, era uma contradição em termos. Eventualmente, as autoridades forneceram aos detentos o que chamavam de uma Dieta Melhorada: os negros receberam pão, enquanto que os indianos e os mestiços passaram a receber a mesma comida fornecida aos prisioneiros brancos.

Desfrutei de um privilégio extraordinário durante a nossa detenção: viagens a Johannesburgo nos finais de semana. Essas não eram férias da prisão, pois eu permanecia preso. Logo antes do Estado de Emergência, Oliver deixou a África do Sul sob orientação do CNA. Fazia tempo que suspeitávamos que uma repressão estava para ocorrer, e o Congresso decidiu que certos membros precisavam deixar o país para fortalecer a organização no exterior em antecipação ao momento em que ela seria completamente banida.

A partida de Oliver foi uma das ações mais bem-planejadas e afortunadas feitas pelo movimento. Naquela época, mal suspeitávamos o quão absolutamente vital a ala do exterior se tornaria. Com sua sabedoria e calma, paciência e capacidade de organização, sua capacidade de liderar e inspirar sem ferir suscetibilidades, Oliver era a escolha perfeita para essa tarefa.

Antes de viajar, Oliver contratou um amigo mútuo, Hymie Davidoff, um advogado local, para fechar as portas de nosso escritório e encerrar a nossa firma. Davidoff fez uma solicitação especial ao Coronel Prinsloo para que este me permitisse vir a Johannesburgo nos finais de semana para ajudá-lo a pôr as coisas em ordem. Em um surto de generosidade, o Coronel Prinsloo concordou, permitindo que eu fosse levado para Johannesburgo nas sextas-feiras à tarde para trabalhar no escritório durante todo o final de semana, e então ser levado de volta para o tribunal em Pretória nas segundas-feiras pela manhã. O Sargento Kruger e eu saíamos depois que a sessão era suspensa à 1h da tarde, na sexta-feira, e, depois de chegar a meu escritório, eu trabalhava juntamente com Davidoff e o nosso contador, Nathan Marcus. Eu passava as noites em Marshall Square e os dias no escritório.

O Sargento Kruger era um sujeito alto e imponente que nos tratava com equidade. Na estrada de Pretória para Johannesburgo, ele frequentemente parava e me deixava sozinho no carro enquanto entrava em alguma loja para comprar carne seca, laranjas e chocolate para nós. Pensei em escapar do carro, especialmente às sextas-feiras, quando as calçadas das ruas estavam movimentadas e uma pessoa podia desaparecer na multidão.

Quando estava no escritório, eu podia descer até a lanchonete no pavimento térreo para comprar petiscos, e ele olhou para o outro lado em uma ou duas ocasiões em que Winnie veio me visitar. Nós tínhamos uma espécie de código de conduta de cavalheiros entre nós. Eu não escapava, causando-lhe assim problemas, e ele me permitia certo grau de liberdade.

36

NO DIA 25 DE ABRIL, um dia antes de o julgamento reiniciar, Issy Maisels nos convocou para discutirmos o efeito grave que o Estado de Emergência estava tendo na condução do julgamento. Por causa das Regras do Estado de Emergência, consultas entre os réus e nossos advogados tornaram-se virtualmente impossíveis. Nossos advogados, que trabalhavam em Johannesburgo, tinham dificuldade em se encontrar conosco na prisão, e não conseguiam preparar adequadamente o nosso caso. Frequentemente eles viajavam até onde estávamos presos apenas para serem informados de que nós não poderíamos falar com eles. Mesmo quando podíamos nos encontrar com eles, as consultas eram perturbadas e interrompidas. Mais importante, Maisels explicou que sob as Regras de Estado de Emergência, aqueles já sob detenção estariam se expondo à detenção adicional por meramente prestarem testemunho, pois inevitavelmente fariam declarações vistas como "subversivas", dessa forma se sujeitando a penalidades maiores. As testemunhas de defesa que ainda não estavam aprisionadas agora se arriscavam a serem detidas se depusessem.

A equipe da defesa propôs retirar-se do caso em protesto. Maisels explicou as sérias implicações de tal retirada e as consequências se nós mesmos conduzíssemos a nossa defesa em um caso envolvendo punição capital. Sob a atmosfera hostil daquela época, ele afirmou, os juízes poderiam achar apropriado nos sentenciar a penas mais longas de prisão. Discutimos a proposta entre nós, e cada um dos vinte e nove réus – menos Wilton Mkwayi, que havia fugido – teve a oportunidade de expressar sua opinião. A resolução foi endossada unanimemente, e decidiu-se que Duma Nokwe e eu iríamos auxiliar na preparação do caso, na ausência de nossos advogados. Fui favorável a esse gesto dramático, pois ele enfatizava as iniquidades do Estado de Emergência.

No dia 26 de abril, Duma Nokwe, o primeiro advogado negro do Transvaal, levantou-se no tribunal e fez o anúncio sensacional de que os réus estavam instruindo seus advogados para que se retirassem do caso. Então Maisels simplesmente disse "Não temos mais mandato e consequentemente não vamos mais incomodar Vossa Excelência", após a equipe de defesa saiu silenciosamente da sinagoga. Isso chocou o painel de juízes, que nos advertiu sobre os termos mais lúgubres dos perigos de conduzirmos nossa própria defesa. Mas nós estávamos furiosos e ansiosos em enfrentar o governo. Durante os cinco meses seguintes, até virtualmente o final do Estado de Emergência, nós conduzimos a nossa própria defesa.

Nossa estratégia era simples e defensiva por natureza: arrastar o caso até que o Estado de Emergência fosse levantado e nossos advogados pudessem retornar. O caso já havia durado tanto tempo que não parecia fazer diferença se o prolongássemos ainda mais. Na prática, essa estratégia se tornou bastante cômica. Sob a lei, cada um de nós tinha agora o direito de conduzir sua própria defesa e podia convocar como testemunha cada um dos outros réus; e cada um dos réus tinha o direito de interrogar cada testemunha. Nós éramos organizados em ordem alfabética e, de acordo com a súmula, o réu número um era Farid Adams, do Congresso da Juventude Indiana do Transvaal. Farid abriria seu caso convocando a ré número dois, Helen Joseph, como sua primeira testemunha. Depois de ser interrogada por Farid, Helen era então interrogada pelos outros vinte e sete réus. Depois ela era interrogada pela Coroa e interrogada novamente pelo réu número um. Adams então chamaria o réu número três e assim por diante, e o procedimento inteiro se duplicaria até que todos os réus fossem convocados dessa forma. Nessa velocidade, o julgamento duraria até a chegada do novo milênio.

Nunca é fácil preparar um caso dentro da prisão, e, nesse caso, éramos atrapalhados pelas barreiras costumeiras do *apartheid*. Todos os réus tinham a necessidade de serem capazes de se reunirem, mas os regulamentos da prisão proibiam reuniões entre homens e mulheres presos, e entre negros e brancos, logo não nos era permitido fazer consultas com Helen Joseph, Leon Levy, Lilian Ngoyi e Bertha Mashaba.

Helen, primeira testemunha a ser convocada, precisava preparar suas provas na minha presença, na de Duma e de Farid Adams, que a iria interrogar. Depois de negociações prolongadas com as autoridades da prisão, nos foi permitido ter consultas sob condições muito estritas. Helen Joseph, Lilian, Leon e Bertha deviam ser trazidos das prisões ou seções onde estavam detidos (separadas por raça e gênero) para a prisão onde os homens negros estavam presos. A primeira condição era de que não haveria contato físico algum entre prisioneiros brancos e negros, e entre homens e mulheres. As autoridades levantaram uma grade de ferro para separar Helen e Leon (como brancos) de nós e uma segunda partição para separá-los de Lilian, que também estava participando da preparação. Mesmo um mestre em arquitetura teria tido problema em projetar tal estrutura. Na prisão, éramos separados uns dos outros através dessa elaborada engenhoca de metal, enquanto que no tribunal nos misturávamos livremente.

Primeiramente, tivemos que treinar Farid na arte da etiqueta de tribunal, e ensaiar o depoimento de Helen. Para ajudar Helen, eu estava interpretando o papel que Farid teria no tribunal. Simulei o comportamento apropriado para o tribunal e comecei o interrogatório.

"Nome?" perguntei.

"Helen Joseph", ela respondeu.

"Idade?"

Silêncio. Repeti a pergunta, "Idade?"

Helen franziu os lábios e esperou. Então, depois de alguns momentos, de cara feia ela me disse asperamente, "O que a minha idade tem a ver com este caso, Nelson?"

Helen era encantadora na mesma medida em que era corajosa, mas ela também tinha um lado imperioso. Ela era uma mulher de certa idade, e sensível a respeito disso. Expliquei que era comum registrar nos autos as características de uma testemunha, tais como idade, endereço e local de nascimento. A idade de uma testemunha ajuda a corte a pesar o seu depoimento e influencia na condenação.

Continuei: "Idade?"

Helen ficou rígida. "Nelson", ela disse, "vou atravessar esta ponte quando chegar a ela no tribunal, mas não antes desse momento. Continuemos".

Então fiz uma série de perguntas que ela poderia esperar que viessem da Coroa, de uma forma talvez realista demais para ela, porque em um dado momento Helen voltou-se para mim e disse, "Você é o Mandela ou é o promotor?"

Houve outros momentos mais descontraídos, alguns dos quais foram bastante encorajadores.

Recebi permissão para visitar Helen Joseph durante os finais de semana e levar para ela os registros do processo. Nessas ocasiões, conheci outras prisioneiras e consultei-as sobre a possibilidade de elas também testemunharem. Eu era sempre muito cordial com as carcereiras brancas, e notei que as minhas visitas causavam um interesse considerável. As carcereiras não tinham conhecimento da existência de advogados ou médicos negros, e me viam como uma criatura exótica. Mas à medida que me tornei mais familiarizado, elas ficaram mais amigáveis e à vontade, e eu brincava com elas que tomaria conta de quaisquer problemas legais que elas pudessem ter. Ver mulheres brancas proeminentes e educadas discutindo assuntos sérios com um homem negro com base de perfeita igualdade só podia levar ao enfraquecimento das suposições das carcereiras sobre o *apartheid*.

Certa vez, durante uma entrevista demorada com Helen, me voltei para a carcereira que devia acompanhar a nossa conversa e disse, "Desculpe-me por entediá-la com esta consulta interminável". "Não", ela disse, "vocês não estão me entediando, estou gostando da conversa". Eu podia ver que ela estava acompanhando a nossa conversa, e em algumas ocasiões ela até mesmo ofereceu pequenas sugestões. Vi isso como um dos benefícios colaterais do julgamento. A maioria dessas carcereiras não fazia ideia do porquê de estarmos presos, e gradualmente começaram a descobrir por que estávamos lutando e por que estávamos dispostos a arriscar-nos a ir para a prisão, em primeiro lugar.

Essa era precisamente a razão pela qual o Partido Nacional se opunha a todas as formas de integração. Apenas um eleitorado composto de brancos doutrinados com a ideia da ameaça negra, ignorantes sobre as ideias e políticas dos negros africanos poderia apoiar a filosofia racista monstruosa do Partido Nacional. Familiaridade, neste caso, não geraria desprezo, mas compreensão, e até mesmo, eventualmente, harmonia.

Os momentos mais descontraídos na prisão não compensavam os mais difíceis. Winnie havia recebido permissão para visitar-me em várias ocasiões enquanto eu estava em Pretória, e em cada vez ela trouxe Zenani, que na época estava começando a andar e a falar. Quando os guardas permitiam, eu a segurava no colo e a beijava, e quando o final da visita se aproximava, eu a entregava novamente para Winnie. Enquanto Winnie se despedia, e os guardas as conduziam para fora, Zeni muitas vezes fazia gestos para que eu as acompanhasse, e eu conseguia ver em seu pequeno rosto intrigado que ela não compreendia por que eu não podia fazê-lo.

No tribunal, Farid Adams conduziu Helen habilmente durante o interrogatório dela. Ele arguiu razoável e competentemente perante os juízes. Agora todos estavam revigorados: ninguém mais estava fazendo palavras cruzadas para passar o tempo. À medida que os réus se revezavam no interrogatório das testemunhas, a Coroa e a promotoria pela primeira vez começaram a ter uma percepção do calibre dos homens e mulheres que estavam sendo julgados.

De acordo com a lei sul-africana, já que estávamos diante da Corte Suprema, Duma, como defensor constituído, era o único com permissão de se dirigir diretamente aos juízes. Eu, como advogado, podia instruí-lo, mas não estava tecnicamente autorizado a me dirigir à Corte, assim como também não estavam nenhum dos outros réus. Dispensamos os nossos defensores sob a presunção correta de que um réu, na ausência de representação, teria permissão para se dirigir à Corte. Eu me dirigi à Corte e o Juiz Rumpff, tentando nos frustrar, me interrompeu. "O senhor é sensível ao fato, Sr. Mandela", ele disse, "o Sr. Nokwe, como defensor, é o único advogado que tem permissão para se dirigir à Corte". Ao que respondi, "Muito bem, Sua Excelência, eu acredito que estamos bem preparados para tolerar isso desde que o senhor esteja preparado para pagar os honorários do Sr. Nokwe". A partir de então ninguém contestou que qualquer um dos réus se dirigisse à Corte.

Enquanto Farid estava interrogando Helen e as testemunhas subsequentes, Duma e eu ficamos sentados, um de cada lado dele, suprindo-o de perguntas, ajudando-o a lidar com as questões legais à medida que elas surgiam. Em geral, ele não precisou de muitas sugestões. Mas um dia, quando estávamos sob pressão constante, sussurrávamos sugestões a ele o tempo todo. Farid parecia cansado e Duma e eu estávamos esgotando o nosso material. Então, sem nos consultar, Farid repentinamente solicitou um adiamento aos juízes, alegando estar fatigado. Os juízes recusaram sua solicitação, dizendo que não era razão suficiente para um adiamento e reiterando o alerta que nos deram no dia em que os nossos advogados se retiraram.

Naquela tarde não houve cantoria enquanto retornávamos para a prisão, e todos estavam sentados, com rostos taciturnos. Uma crise estava em fermentação entre os réus. Quando chegamos à prisão, alguns dos réus exigiram uma reunião. Reuni todos os homens, e J. Nkampeni, um empresário de Port Elizabeth que havia auxiliado as famílias dos desafiantes durante a Campanha de Desafio, liderou o que acabou se tornando um ataque.

"Madiba", ele falou, utilizando meu nome de clã como sinal de respeito, "quero que você nos diga por que afastou os nossos advogados". Eu o lembrei que os advogados não foram liberados por nenhum indivíduo em particular; sua retirada foi aprovada por todos, inclusive ele. "Mas o que sabíamos a respeito dos procedimentos do tribunal, Madiba?" ele perguntou. "Confiamos em vocês, advogados".

Um número substancial de homens compartilhava a apreensão de Nkampeni. Eu os alertei contra os perigos de ficarem desmotivados e insisti que estávamos indo muito bem. Eu disse que aquele dia havia sido um revés menor, e que nós enfrentaríamos dificuldades ainda piores. Nosso caso era muito mais do que um julgamento de questões legais entre a Coroa e um grupo de pessoas acusadas de desrespeitar a lei. Era um julgamento de força, uma prova da força de uma ideia moral contra uma ideia imoral, e eu disse que precisávamos nos preocupar com mais do que apenas a habilidade legal de nossos defensores. O protesto amainou.

Depois que Helen Joseph havia sido interrogada e reinterrogada, o réu número três, Ahmed Kathrada, fez a abertura de seu caso. Foi durante o depoimento da segunda testemunha de Kathy, o réu número quatro, Stanley Lollan, membro da executiva do Congresso das Pessoas Mestiças, que o Primeiro-Ministro Verwoend anunciou que o Estado de Emergência seria suspenso em breve. Nunca houve intenção de que o Estado de Emergência fosse permanente, e o governo acreditava que tinha sido bem-sucedido em sufocar a luta pela liberdade. Naquele momento, nossos advogados de defesa retornaram, para alívio geral de todos nós, ainda que tenhamos permanecido na prisão por algumas semanas. Havíamos sido mantidos presos e havíamos operado sem nossos advogados por mais de cinco meses.

O meu depoimento teve início no dia 3 de agosto. Eu me sentia bem preparado por causa da preparação dos outros réus. Depois de três anos de silêncio, banimento e exílio interno, eu estava aguardando ansiosamente a chance de falar diante das pessoas que estavam tentando me julgar. Durante o meu depoimento principal preguei moderação e reafirmei o compromisso do CNA com a não violência. Em resposta a uma pergunta relacionada à questão "se a democracia poderia ser alcançada através de reformas graduais", sugeri que sim.

> Exigimos direitos universais aos adultos e estamos preparados para exercer pressão econômica para realizar as nossas exigências. Vamos lançar campanhas de desafio, boicotes, quer sozinhos ou juntos, até que o Governo diga, "Cavalheiros, não podemos tolerar esse estado de coisas, leis sendo desafiadas, e toda essa situação criada pelos boicotes. Vamos conversar". No meu ponto de vista, eu falaria, "Sim, vamos conversar" e o Governo diria, "Acreditamos que atualmente os descendentes de europeus não estão prontos para um tipo de governo onde possam ser dominados por não europeus. Acreditamos que devemos dar a vocês 60 assentos no parlamento. A população negra elege 60 negros para representá-la no Parlamento. Deixaremos o assunto durante cinco anos, e vamos analisá-lo ao final de cinco anos". No meu ponto de vista, isso seria uma vitória, Suas Excelências; teríamos dado um passo significativo em direção ao sufrágio universal para os negros africanos, e então diríamos durante os cinco anos, "Nós vamos suspender a desobediência civil".

O governo estava determinado a provar que eu era um comunista perigoso que jorrava violência. Se por um lado eu não era comunista ou membro do partido comunista, não queria ser visto como se estivesse me afastando dos meus aliados comunistas. E ainda que pudesse ser mandado de volta para a cadeia por expressar tais pontos de vista, não hesitei em reiterar o apoio formidável que os comunistas nos deram. Em certo momento, a banca colocou a questão se eu acreditava ou não que um sistema de partido único era uma opção viável para a África do Sul.

> NM: Sua excelência, não é uma questão de forma, é uma questão de democracia. Se a democracia fosse representada melhor por um sistema de partido único, então eu analisaria a proposição cuidadosamente. Mas se uma democracia pudesse ser representada melhor por um sistema

multipartidário, então eu examinaria isso cuidadosamente. Neste país, por exemplo, temos um sistema multipartidário, atualmente, mas até onde diz respeito aos não europeus, esse é o despotismo mais perverso que se pode imaginar.

Fiquei irritado com o Juiz Rumpff quando ele cometeu o mesmo erro de tantos brancos sul-africanos em relação à ideia do sufrágio universal. Sua noção era que, para exercer essa responsabilidade, os eleitores deveriam ser "educados". Para uma pessoa de pensamento estreito, é difícil explicar que ser "educado" não significa apenas ser alfabetizado e ter um bacharelado, e que um analfabeto pode ser um eleitor muito mais "educado" do que alguém com formação superior.

JUIZ RUMPFF: Qual é o valor da participação no Governo de um estado das pessoas que não sabem nada?

NM: Sua Excelência, o que acontece quando homens brancos analfabetos votam...

JUIZ RUMPFF: Não são eles sujeitos tanto à influência dos líderes eleitorais quanto crianças seriam?

NM: Não, Sua Excelência, isto é o que acontece na prática. Um homem se candidata para um assento em uma determinada área; ele elabora um manifesto, e diz, "Estas são as ideias que eu represento"; se é uma área rural ele diz, "Sou contra a limitação de estoques"; então, ouvindo as ideias políticas dessa pessoa, você decide se esse homem vai promover os seus interesses se você o reconduzir ao Parlamento, e baseado nisso, você vota para um candidato. Não tem nada a ver com educação.

JUIZ RUMPFF: Ele examina apenas os seus próprios interesses?

NM: Não, um homem examina um homem que será capaz de melhor representar seu ponto de vista e vota naquele homem.

Eu disse para a Corte que nós acreditávamos que podíamos atingir nossas demandas sem violência, através da nossa superioridade numérica.

> Tínhamos em mente que em um futuro próximo será possível para nós alcançarmos essas demandas, e trabalhamos com a premissa que os próprios europeus, a despeito do muro de preconceito e hostilidade que encontramos, não podem permanecer indefinidamente indiferentes às nossas demandas, porque os estamos atingindo no estômago com nossa política de pressão econômica. Os europeus que não se atrevam a olhar para nós com indiferença. Eles teriam que reagir a ela e de fato, Sua Excelência, eles estão reagindo a ela.

O Estado de Emergência foi suspenso no último dia de agosto. Iríamos para casa pela primeira vez em cinco meses. Quando as pessoas em Johannesburgo ficaram sabendo do fim do Estado de Emergência, foram para Pretória na possibilidade de que pudéssemos ser libertados; quando fomos liberados, fomos recebidos com júbilo por amigos e familiares. Winnie havia conseguido uma carona para Pretória e nossa reunião foi cheia de felicidade. Eu não havia abraçado a minha esposa ou visto ela sorrir com alegria por cinco meses. Naquela noite, dormi na minha cama pela primeira vez em cinco meses.

Depois que uma pessoa fica presa, ela passa a apreciar as pequenas coisas da vida: ser capaz de passear sempre que quiser, ir a uma banca e comprar um jornal, falar ou escolher permanecer em silêncio. O ato simples de ser capaz de ter o controle sobre si mesmo.

Mesmo depois do fim do Estado de Emergência, o julgamento continuou por outros nove meses até o dia 29 de março de 1961. De muitas maneiras, esses foram os dias de glória para os réus, porque o nosso próprio povo estava na bancada enunciando destemidamente a política do CNA. Robert Resha contestou energicamente o argumento absurdo do governo de que o CNA queria induzir o governo a utilizar violência de forma que pudéssemos usar violência em resposta. Gert Sibande eloquentemente contou para a Corte as misérias dos trabalhadores rurais africanos. O venerável Isaac Behndy de Ladysmith, de oitenta e um anos de idade, pregador leigo da Igreja da Missão Nativa Africana, explicou por que optamos por boicotes em vez de greves.

Em outubro, o formidável Professor Matthews foi convocado como nossa última testemunha. Ele permaneceu imperturbável no banco das testemunhas e tratou os promotores como se eles fossem alunos errantes que precisavam de uma advertência severa. Frequentemente ele respondia ao promotor suplantado com alguma variação do seguinte: "O que você realmente quer que eu diga é que o discurso que você alega ser violento representa a política da minha organização. Em primeiro lugar, a sua argumentação é incorreta, em segundo lugar, não vou dizer isso".

Ele explicou em belíssima linguagem que o povo africano sabia que uma luta não violenta implicaria em sofrimento, mas havia escolhido essa luta porque valorizava a liberdade acima de tudo. O povo, ele afirmou, vai se submeter de bom grado aos sofrimentos mais severos para se libertar da opressão. Com o Professor Matthews na bancada, a defesa encerrou o seu caso com estilo. Depois que ele terminou de testemunhar, o Juiz Kennedy apertou sua mão e expressou a esperança de que eles pudessem se encontrar novamente sob melhores circunstâncias.

37

DEPOIS DA SUSPENSÃO do Estado de Emergência, o Comitê Executivo Nacional se reuniu em segredo, em setembro, para discutir o futuro. Nós havíamos tido discussões na prisão, durante o julgamento, mas essa era a nossa primeira sessão formal. O governo estava se armando não contra uma ameaça externa, mas contra uma interna. Nós não nos dispersamos, mas continuamos nosso trabalho na clandestinidade. Teríamos que nos afastar dos procedimentos democráticos, delineados no estatuto do CNA, de realizar conferências, reuniões de seções e reuniões públicas. Novas estruturas tinham que ser criadas, como nos comunicarmos com organizações do Congresso que não haviam sido banidas. Mas todas essas novas estruturas eram ilegais e submeteriam seus participantes ao risco de serem presos. O comitê executivo e suas estruturas subordinadas teriam que ser severamente racionalizados para se adaptarem às condições da ilegalidade. Por necessidade, dissolvemos a Liga da Juventude do CNA e a Liga Feminina. Alguns resistiram ferozmente a essas mudanças; mas o fato era que nós éramos agora uma organização ilegal. Para aqueles que continuassem a participar, a política se transformou de uma ocupação arriscada em uma ocupação perigosa.

Apesar de Mandela e Tambo ter fechado suas portas e acertado suas contas restantes, continuei a fazer todo e qualquer trabalho judicial que pudesse executar. Vários colegas prontamente disponibilizaram para mim seus escritórios pessoais e instalações telefônicas, mas na maior parte do tempo eu preferi fazer meu trabalho no apartamento de Ahmed Kathrada, número 1, do Khovald House. Apesar de minha firma ter sido dissolvida, minha reputação como advogado não havia diminuído. Em pouco tempo, o saguão do número 13 e o corredor fora dele estavam abarrotados de clientes. Kathy voltava para casa e descobria, para seu desespero, que o único recinto onde podia ficar sozinha era a sua cozinha.

Durante esse período, eu quase não tinha tempo para refeições e via muito pouco a minha família. Eu ficava até tarde em Pretória, me preparando para o nosso caso, ou voltava apressado para lidar com outro caso. Quando eu conseguia de fato me sentar para cear com minha família, o telefone tocava e eu era chamado para ir atender alguém. Winnie estava grávida novamente e era infinitamente paciente. Ela esperava que o seu marido pudesse de fato estar no hospital quando desse à luz. Mas isso não iria acontecer.

Durante o recesso de Natal, no julgamento em 1960, fiquei sabendo que Makgatho estava doente no Transkei onde estudava e violei o meu banimento para ir visitá-lo. Dirigi durante a noite inteira, parando apenas para reabastecer o carro. Makgatho precisava de cirurgia, e decidi trazê-lo comigo de volta para Johannesburgo. Novamente dirigi durante a noite inteira, e levei Makgatho para a casa de sua mãe enquanto fui fazer os arranjos para a sua cirurgia. Quando voltei, fiquei sabendo que

Winnie já havia entrado em trabalho de parto. Fui apressadamente para a ala não europeia do Bridgman Memorial Hospital para descobrir que mãe e filha já haviam ido para casa. A menina recém-nascida estava bem, mas Winnie estava bastante enfraquecida.

Demos à nossa nova filha o nome de Zindziswa, em homenagem à filha do poeta laureado do povo Xhosa, Samuel Mqhayi, que havia me inspirado tantos anos antes em Healdtown. O poeta voltou para casa depois de uma viagem muito longa e ficou sabendo que a sua esposa havia dado à luz uma filha. Ele não sabia que sua esposa estava grávida e presumiu que a criança era de outro homem. Em nossa cultura, quando uma mulher dá à luz, o marido não entra na casa onde ela fica confinada durante dez dias. Nesse caso, o poeta estava enfurecido demais para respeitar essa tradição, e entrou furiosamente na casa com sua *assegai*, pronto para apunhalar mãe e filha. Mas quando ele olhou para a menina e viu que ela era a imagem dele, recuou e disse, "*u zindzile*", que significa "Você está bem estabelecido". Ele deu a ela o nome Zindziswa, a versão feminina do que ele havia dito.

38

A COROA levou um mês para fazer as suas considerações finais, que eram frequentemente interrompidas pela banca, que apontava lapsos na argumentação. Em março foi a nossa vez. Issy Maisels refutou categoricamente as acusações de violência. "Admitimos que existia uma questão de não cooperação e resistência pacífica", ele afirmou. "Digamos bastante francamente que se a não cooperação e a resistência pacífica constituem alta traição, então somos culpados. Mas elas claramente não estão incluídas na lei relativa à traição".

O argumento de Maisels foi continuado por Bram Fischer, mas no dia 23 de março, a banca abreviou o argumento de conclusão de Bram. Ainda tínhamos semanas de argumentações à nossa frente, mas os juízes solicitaram um recesso de uma semana. Isso era irregular, mas nós vimos essa solicitação como um sinal auspicioso, pois ela sugeria que os juízes já haviam formado sua opinião. Devíamos retornar ao tribunal seis dias mais tarde para o que nós presumíamos ser o veredicto. Nesse meio tempo, eu tinha que trabalhar.

Meus banimentos deveriam expirar dois dias depois do recesso. Eu estava quase certo de que a polícia não estaria informada disso, pois raramente mantinha o controle de quando os banimentos terminavam. Seria a primeira vez em quase cinco anos em que eu estaria livre para sair de Johannesburgo, livre para participar de uma reunião. Naquele final de semana aconteceria a longamente planejada Conferência Geral em Pietermaritzburg. Seu objetivo era de fazer agitação para uma convenção constitucional nacional para todos os sul-africanos. Fui secretamente escalado para ser o principal orador na conferência. Eu faria a viagem de quase quinhentos quilômetros até Pietermaritzburg na noite anterior à minha participação na conferência.

No dia anterior ao da minha viagem, a Comissão Nacional de Trabalho se reuniu em segredo para discutir estratégias. Depois de muitas reuniões na prisão e em liberdade, havíamos decidido que trabalharíamos na clandestinidade adotando uma estratégia na linha do Plano M. A organização sobreviveria clandestinamente. Foi decidido que se não fôssemos condenados eu iria para a clandestinidade para viajar pelo país para organizar a convenção nacional proposta. Apenas alguém operando em tempo integral na clandestinidade estaria livre das restrições paralisantes impostas pelo inimigo. Também decidimos que eu apareceria em certos eventos, esperando obter o máximo de publicidade, para mostrar que o CNA ainda estava lutando. Não foi uma proposta surpreendente para mim, e não me dava prazer particularmente, mas era algo que eu sabia que tinha que fazer. Essa seria uma vida arriscada, e eu ficaria longe de minha família, mas quando se nega a um homem o direito de viver a vida na qual ele acredita, ele não tem escolha senão tornar-se um fora da lei.

Quando voltei para casa depois da reunião foi como se Winnie tivesse lido meus pensamentos. Ao ver o meu rosto, ela sabia que eu estava para embarcar em uma vida que nenhum de nós desejava. Expliquei o que havia acontecido e que eu viajaria no dia seguinte. Ela recebeu a notícia estoicamente, como se estivesse esperando por ela há muito tempo. Ela compreendia o que eu tinha que fazer, mas isso não tornava as coisas mais fáceis para ela. Pedi que ela colocasse algumas roupas em uma pequena mala para mim. Disse a ela que amigos e parentes cuidariam dela depois que eu tivesse partido. Eu não disse a ela por quanto tempo me ausentaria e ela não me perguntou. Mas tudo bem, porque eu não sabia a resposta. Eu ia voltar para Pretória para o que seria provavelmente o veredicto na segunda-feira. Não importando o resultado, eu não ia voltar para casa: se fôssemos condenados, eu iria diretamente para a prisão; se fôssemos considerados inocentes, eu imediatamente entraria na clandestinidade.

Meu filho mais velho, Thembi, estava estudando no Transkei, de forma que não pude me despedir dele, mas naquela tarde fui buscar Makgatho e minha filha Makaziwe na casa de sua mãe em Orlando East. Passamos algumas horas juntos, caminhando pelo *veld* nas cercanias da cidade, conversando e brincando. Despedi-me deles, não sabendo quando os veria novamente. Os filhos de um guerreiro pela liberdade também aprendem a não fazer muitas perguntas ao seu pai, e eu podia ver em seus olhos que eles compreendiam que algo sério estava acontecendo.

Em casa, me despedi das duas meninas com beijos e elas acenaram para mim enquanto eu entrava no carro com Wilson Conco e iniciei a longa viagem até Natal.

Mil e quatrocentos delegados de todo o país, representando cento e cinquenta organizações religiosas, sociais, culturais e políticas convergiram para Pietermaritzburg para a Conferência Geral. Quando subi ao palco na noite de sábado, dia 25 de março, diante dessa audiência fiel e entusiasmada, fazia quase cinco anos desde a última vez em que eu estivera livre para discursar em uma plataforma pública. Fui recebido com uma reação jubilosa. Eu havia quase esquecido a intensidade da experiência de discursar diante de uma multidão.

Em meu discurso, conclamei por uma convenção nacional na qual todos os sul-africanos, negros e brancos, indianos e mestiços, se sentariam em fraternidade e criariam uma constituição que retratasse as aspirações do país como um todo. Conclamei por unidade, e disse que nós seríamos invencíveis se falássemos em uma só voz.

A Conferência Geral convocou uma convenção nacional dos representantes eleitos de todos os homens e mulheres, adultos, em uma base igualitária para elaborar uma nova constituição democrática e não racial para a África do Sul. Um Conselho Nacional de Ação foi eleito, eu sendo secretário honorário para transmitir essa exigência para o governo. Se o governo não convocasse tal convenção, nós convocaríamos um movimento nacional de boicote de três dias, iniciando no dia 29 de maio para coincidir com a data da declaração da África do Sul como república. Eu não alimentava ilusões que o governo concordaria com a nossa proposta.

Em outubro de 1960, o governo organizou um referendo somente de homens brancos para votar se a África do Sul devia se tornar uma república. Esse era um dos sonhos longamente acalentados pelos nacionalistas africânderes, para desfazer os vínculos com o país contra o qual lutaram na Guerra dos Bôeres. O sentimento pró-república venceu com 52 por cento dos votos, e a proclamação da república foi estabelecida para o dia 31 de maio de 1961. Marcamos o nosso boicote para o dia da proclamação para indicar que tal mudança era apenas cosmética para nós.

Imediatamente depois da conferência enviei para o Primeiro-Ministro, Verwoerd, uma carta na qual eu formalmente intimei-o a convocar uma convenção constitucional nacional. Eu o avisei que se ele não convocasse a convenção, nós iríamos organizar a maior greve de três dias jamais ocorrida no país, a partir do dia 29 de maio. "Não alimentamos ilusões sobre as contramedidas que o seu governo poderá tomar", escrevi. "Durante os últimos doze meses atravessamos um período de ditadura sombria". Também divulguei declarações à imprensa afirmando que a greve era um movimento pacífico e não violento de permanência em nossas casas. Verwoerd não respondeu à minha carta, exceto para descrevê-la como "arrogante" no Parlamento. Em vez disso o governo começou a montar uma das mais intimidantes demonstrações de força jamais feitas na história do país.

39

ANTES MESMO que as portas da Velha Sinagoga se abrissem na manhã do dia 29 de março de 1961, o dia do longamente aguardado para o veredicto do Julgamento por Traição, uma multidão de apoiadores e jornalistas se acotovelou para entrar no tribunal. Centenas de pessoas foram barradas. Quando os juízes exigiram silêncio no tribunal, a galeria dos visitantes e o banco da imprensa estavam repletos de pessoas. Momentos depois de o Juiz Rumpff bater o seu martelo, a Coroa fez uma solicitação extraordinária para alterar a acusação. Esse era o quinquagésimo nono minuto da última hora, e dois anos tarde demais. O tribunal rejeitou o pedido da promotoria e a galeria murmurou sua aprovação.

"Silêncio no tribunal" gritou a ordenança, e o Juiz Rumpff anunciou que o painel de três juízes havia chegado a um veredicto. O silêncio agora reinava. Em sua voz grave e calma o Juiz Rumpff recapitulou as conclusões da Corte. Sim, o Congresso Nacional Africano vinha trabalhando para substituir o governo por uma "forma de estado radicalmente e fundamentalmente diferente"; sim, o Congresso Nacional Africano havia utilizado meios ilegais de protesto durante a Campanha de Desafio; sim, certos líderes do CNA haviam feito discursos defendendo a violência; e sim, havia uma forte tendência esquerdista no CNA que foi revelada em suas atitudes anti-imperialistas, antiocidentais e pró-soviéticas, mas,

> Em todas as provas apresentadas a esta Corte e em nossa constatação dos fatos foi impossível para esta Corte chegar à conclusão que o Congresso Nacional Africano havia adquirido ou adotado uma política para derrubar o governo através do uso de violência, isto é, no sentido em que as massas tinham que estar preparadas ou condicionadas para cometer atos diretos de violência contra o estado.

A Corte afirmou que a promotoria fracassou em provar que o CNA era uma organização comunista ou que a Carta Magna da Liberdade vislumbrava um estado comunista. Depois de falar durante quarenta minutos, o Juiz Rumpff declarou, "Os réus são, portanto, considerados inocentes e estão dispensados".

A galeria dos visitantes explodiu em aplausos e gritos. Nós ficamos de pé e nos abraçamos, e acenamos para a alegre sala do tribunal. Todos nós desfilamos então até o pátio do tribunal, sorrindo, gargalhando, chorando. A multidão gritou e cantou no momento em que aparecemos. Nós levantamos nossos advogados em nossos ombros, o que não era uma tarefa fácil no caso de Issy Maisels, porque ele era um homem imenso. Flashes de máquinas de fotografia pipocavam em torno de nós. Olhamos em volta, à procura de nossos amigos, esposas e parentes. Winnie havia vindo e eu a abracei cheio de felicidade, apesar de eu saber que enquanto eu podia estar livre naquele momento, não poderia saborear aquela liberdade. Quando estávamos todos juntos do lado de fora do tribunal, os réus e a multidão começaram a cantar "*Nkosi Sikelel' iAfrika*".

Depois de mais de quatro anos no tribunal e dezenas de promotores, milhares de documentos e dezenas de milhares de páginas de depoimentos, o governo havia fracassado em sua missão. O veredicto foi um constrangimento para o governo, tanto dentro do país como no exterior. No entanto o resultado apenas aumentou ainda mais o rancor do governo contra nós. A lição que eles tiraram não foi que nós tínhamos reclamações legítimas, mas que precisavam ser muito mais impiedosos.

Não considerei o veredicto como uma reivindicação do sistema legal ou evidência de que um negro podia ter um julgamento justo em um tribunal de homens brancos. Foi apenas o veredicto correto e justo e principalmente o resultado de uma equipe superior de defensores e a imparcialidade do painel desses três juízes em particular.

O sistema legal, no entanto, talvez fosse o único local na África do Sul onde um negro podia possivelmente ter uma audiência justa e onde o estado de direito ainda se aplicava. Isso era particularmente verdadeiro em tribunais presididos por juízes esclarecidos que eram indicados pelo Partido Unido. Muitos desses homens ainda defendiam o estado de direito.

Quando era estudante, me ensinaram que a África do Sul era um lugar onde o estado de direito era fundamental e que se aplicava a todas as pessoas, independentemente de seu *status* social ou posição oficial. Eu acreditava sinceramente nisso e planejei minha vida com base nessa suposição. Mas minha carreira de advogado e ativista removeu as escamas de meus olhos. Vi que havia amplas diferenças entre o que me haviam ensinado na sala de aula e o que eu aprendi na sala do tribunal. Fui de uma visão idealista da lei, como uma espada de justiça, a uma percepção da lei, como uma ferramenta utilizada pela classe dominante, para moldar a sociedade de uma forma favorável a si própria. Nunca esperei justiça nos tribunais, não importando o quanto lutasse por ela, e apesar de, às vezes, consegui-la.

No caso do Julgamento por Traição, os três juízes se elevaram acima dos preconceitos, da sua formação e de seus antecedentes. Há um veio de bondade, nos homens, que pode estar enterrado ou escondido e então inesperadamente emerge. O Juiz Rumpff, com seus modos reservados, deu a impressão durante todo o julgamento de que compartilhava o ponto de vista da minoria branca dominante. No entanto, ao final do julgamento, uma equidade essencial dominou a sua sentença. Kennedy era menos conservador que os seus colegas e parecia atraído pela ideia de igualdade. Uma vez, por exemplo, ele e Duma Nkowe viajaram no mesmo avião de Durban para Johannesburgo, e quando o ônibus da companhia aérea que transportava os passageiros do aeroporto para a cidade se recusou a levar Duma, Kennedy se recusou a embarcar nele também. O Juiz Bekker sempre me deu a impressão de ter mente aberta e parecia ciente de que os réus diante dele haviam sofrido muito nas mãos do governo. Elogiei esses três homens enquanto indivíduos, e não como representantes do tribunal do estado ou mesmo de sua raça, mas como exemplos de decência humana sob adversidades.

A esposa do Juiz Bekker era uma pessoa sensível às necessidades dos outros. Durante o Estado de Emergência, ela coletou alimentos e os trouxe para os réus.

Mas a consequência da derrota humilhante do governo foi que o estado decidiu nunca mais deixar isso acontecer. Daquele dia em diante eles não iriam confiar em juízes que eles mesmos não indicaram. Eles não iriam observar o que consideravam amenidades legais que protegiam terroristas ou permitiam que prisioneiros condenados tivessem certos direitos na prisão. Durante o Julgamento por Traição, não houve exemplos de indivíduos sendo isolados, espancados e torturados para obter informações. Todas essas coisas se tornaram lugar comum logo depois.

Parte Seis

O PIMPINELA NEGRO

40

NÃO VOLTEI para casa depois do veredicto. Apesar de os outros estarem com espírito festivo e ansiosos em celebrar, eu sabia que as autoridades podiam atacar a qualquer momento, e não queria dar-lhes a oportunidade de fazê-lo. Eu estava ansioso para viajar antes que fosse banido ou preso, e passei a noite em um local seguro em Johannesburgo. Foi uma noite insone em uma cama estranha, e eu ficava apreensivo ao som de cada carro, pensando que pudesse ser a polícia.

Walter e Duma me acompanharam na primeira parte de minha jornada, que me levaria a Port Elizabeth. Em P.E. me reuni com Govan Mbeki e Raymond Mhlaba para discutir as novas estruturas clandestinas da organização. Encontramo-nos na casa do Dr. Masla Pather, que mais tarde seria sentenciado a dois anos de prisão por permitir que nos reuníssemos em sua casa. Em locais seguros, arranjados pela organização, me reuni com o editor do jornal liberal *Port Elizabeth Evening Post* para discutir a campanha para a convenção nacional, um objetivo que vários jornais endossaram subsequentemente. Mais tarde visitei Patrick Duncan, o editor e proprietário do semanário liberal *Contact*, membro fundador do Partido Liberal, e um dos primeiros desafiantes brancos a participar da Campanha de Desafio. Seu jornal vinha repetidamente caluniando a política do CNA como sendo ditada pelos comunistas, mas quando me viu, a primeira coisa que ele disse foi que uma leitura detalhada dos autos do Julgamento por Traição havia alterado aquela sua noção e ele ia fazer as devidas correções em seu jornal.

Naquela noite discursei em uma reunião de ministros negros de assentamentos na Cidade do Cabo. Menciono isso porque a oração de abertura de um dos ministros ficou em minha memória durante todos esses anos e foi uma fonte de fortaleza em um momento difícil. Ele agradeceu ao Senhor por Sua magnanimidade e bondade, pela Sua misericórdia e Sua preocupação com todos os seres humanos. Mas então ele tomou a liberdade de lembrar ao Senhor que alguns de Seus súditos eram mais oprimidos do que outros, e que às vezes parecia que Ele não estava prestando atenção. O ministro então falou que se o Senhor não mostrasse um pouco mais de iniciativa em liderar o homem negro para a salvação, o homem negro teria que tomar o assunto com suas próprias mãos. Amém.

Em minha última manhã na Cidade do Cabo, eu estava saindo do meu hotel em companhia de George Peake, um dos membros fundadores da Organização das Pessoas Mestiças da África do Sul, e parei para agradecer ao gerente do hotel, que era mestiço, por cuidar de mim tão bem. Ele ficou agradecido, mas também curioso. Ele havia descoberto a minha identidade e me contou que a comunidade mestiça temia que sob um governo negro eles fossem tão oprimidos quanto eram sob o governo branco atual. Ele era um homem de negócios de classe média que provavelmente tinha pouco contato com negros, e os temia da mesma forma que aos brancos. Essa era uma angústia frequente de parte da comunidade mestiça, especialmente no Cabo, e apesar de eu estar atrasado, expliquei a Carta Magna da Liberdade para esse indivíduo e enfatizei o nosso compromisso com a ausência de racialismo. Um guerreiro pela liberdade deve aproveitar todas as oportunidades para apresentar o seu caso para as pessoas.

No dia seguinte fui a uma reunião secreta do Comitê Executivo do CNA e das executivas conjuntas do movimento do Congresso em Durban para discutir se a ação planejada devia assumir o formato de um boicote ou de uma greve de pleno direito com organização de piquetes e de manifestações. Aqueles que defendiam a greve afirmaram que a estratégia de boicote que vínhamos utilizando desde 1950 havia esgotado a sua utilidade, que em um momento em que o CPA era atraente às massas, formas mais militantes da luta eram mais necessárias. O ponto de vista alternativo, que eu defendia, era que os boicotes nos permitiam golpear o inimigo e ao mesmo tempo evitavam os contragolpes do inimigo. Argumentei que a confiança das pessoas em nossas campanhas havia crescido precisamente porque elas compreendiam que nós não estávamos sendo temerários com as vidas delas. Sharpeville, eu disse, apesar de todo o heroísmo dos manifestantes, permitiu que o inimigo disparasse contra o nosso povo. Defendi os boicotes apesar de estar ciente de que o nosso povo no país inteiro estava ficando impaciente com formas passivas de luta, mas eu não acreditava que devíamos nos distanciar de nossas táticas, já testadas, sem um planejamento detalhado, e que não tínhamos nem o tempo nem os recursos para executá-lo. A decisão foi favorável ao boicote.

Viver na clandestinidade exige uma mudança psicológica quase sísmica. A pessoa tem que planejar cada ação, não importando o quão pequena e aparentemente insignificante ela seja. Nada é inocente. Tudo é questionado. Você não pode ser você mesmo; você tem que viver integralmente qualquer papel que assumir. De alguma forma, essa não é uma adaptação tão grande para um homem negro na África do Sul. Sob o *apartheid*, um homem negro vivia uma vida irreal entre a legalidade e a ilegalidade, entre franqueza e dissimulação. Ser um homem negro na África do Sul significava não confiar em nada, o que não era diferente de passar a vida inteira na clandestinidade.

Tornei-me uma criatura da noite. Ficava em meu esconderijo durante o dia, e aparecia para fazer o meu trabalho quando ficava escuro. Eu operava principalmente a partir de Johannesburgo, mas viajava quando era necessário. Ficava em apartamentos vazios, na casa de amigos, onde quer que pudesse ficar sozinho e passar despercebido. Apesar de eu ser uma pessoa gregária, amo a solidão ainda mais. Eu apreciava a oportunidade de ficar sozinho para planejar, pensar, conspirar. Mas uma pessoa pode se cansar da solidão. Eu me sentia terrivelmente isolado de minha família.

A chavc de se viver na clandestinidade é ser invisível. Assim como há maneira de você entrar em uma sala de forma a se destacar, há uma maneira de andar e de se comportar que o torna imperceptível. Como líder, uma pessoa frequentemente busca a proeminência; como fora da lei, o oposto é verdadeiro. Quando vivia na clandestinidade, eu não caminhava de cabeça tão erguida ou ficava tão ereto. Eu falava mais suavemente, com menos clareza e distinção. Eu era mais passivo, mais comedido; eu não pedia coisas, mas em vez disso deixava que as pessoas me dissessem o que devia fazer. Não me barbeei ou cortei meu cabelo. Meu disfarce mais frequente era de chofer, chefe de cozinha ou um "rapaz da jardinagem". Eu usava os macacões azuis dos trabalhadores rurais e muitas vezes também usava óculos de lentes redondas e sem aros, também conhecidos como *Mazzawati*. Eu tinha um carro e usava um boné de chofer junto com meu macacão. O disfarce de chofer era conveniente porque eu podia viajar sob o pretexto de estar dirigindo o carro do meu patrão.

Durante aqueles meses iniciais, quando havia um mandato para minha prisão e eu estava sendo procurado pela polícia, minha existência de fora da lei incendiou a imaginação da imprensa. Artigos afirmando que eu havia estado aqui e ali eram publicados nas primeiras páginas. Bloqueios rodoviários foram instituídos no país inteiro, mas a polícia ficava repetidamente de mãos vazias. Fui apelidado de Pimpinela Negro, uma adaptação, algo depreciativa, do personagem de ficção criado pela Baronesa Orczy, o Pimpinela Escarlate, que audaciosamente evitava ser capturado durante a Revolução Francesa.

Viajei secretamente pelo país; eu estava com muçulmanos no Cabo; com cortadores de cana-de-açúcar em Natal; com operários de fábricas em Port Elizabeth; eu me movimentava por assentamentos em partes diferentes do país para participar de reuniões secretas à noite. Eu até mesmo alimentava a mitologia do Pimpinela Negro pegando um bolso cheio de moedas e telefonando para os repórteres dos jornais de cabines telefônicas, e retransmitindo para eles histórias sobre o que estávamos planejando ou sobre a incompetência da polícia. Eu aparecia aqui e ali para a irritação da polícia e para a diversão das pessoas.

Havia muitas histórias loucas e imprecisas sobre as minhas experiências na clandestinidade. As pessoas adoram enfeitar histórias de ousadias. Escapei por um triz diversas vezes, entretanto, e ninguém ficou sabendo. Certa ocasião, eu estava dirigindo na cidade e parei em um semáforo. Olhei para a minha esquerda e em um carro adjacente vi o Coronel Spengler, o chefe do Serviço de Inteligência de Witwatersrand. Teria sido uma grande facilidade para ele prender o Pimpinela Negro. Eu estava usando um boné de trabalhador, meu macacão azul e meus óculos. Ele nunca olhou em minha direção, mas mesmo assim os segundos que passei esperando o sinal abrir pareceram horas.

Uma tarde, quando estava em Johannesburgo me fazendo passar por chofer e vestindo minha capa longa e boné, eu estava esperando em uma esquina para me buscarem e vi um policial negro caminhando deliberadamente em minha direção. Olhei ao redor para ver se havia algum lugar para onde podesse correr, mas antes que eu o fizesse, ele sorriu para mim e sub-repticiamente fez para mim a saudação de polegares para cima do CNA e foi embora. Incidentes como esse aconteceram muitas vezes, e fiquei mais tranquilo quando percebi que tínhamos a fidelidade de muitos policiais negros. Havia um sargento de polícia negro que costumava dar dicas das ações da polícia para Winnie. Ele cochichava para ela, "Certifique-se de que Madiba não estará em Alexandra na noite de quarta-feira porque haverá uma batida policial". Policiais negros foram criticados severamente durante a luta, mas muitos tiveram um papel secreto que foi extremamente valioso.

Quando eu estava na clandestinidade, ficava o mais despenteado possível. Meus macacões tinham a aparência de terem sido submetidos a uma dura labuta por anos. A polícia tinha uma fotografia de mim usando barba, que foi amplamente distribuída, e meus colegas insistiram que eu a raspasse. Mas eu havia me apegado à minha barba, e resisti a todos os esforços para me convencer a raspá-la.

Não apenas não fui reconhecido como algumas vezes até fui esnobado. Certa vez, eu estava planejando participar de uma reunião em uma área remota de Johannesburgo, e um clérigo bem conhecido fez arranjos com amigos seus para me acomodar durante a noite. Fui até a porta da residência, e antes que pudesse dizer quem eu era, a senhora idosa que atendeu a porta exclamou, "Não, não queremos um homem como o senhor nesta casa!" e fechou a porta.

41

MEU TEMPO NA CLANDESTINIDADE foi ocupado principalmente com o planejamento do boicote de 29 de maio. Ele estava tomando a forma de uma guerra virtual entre o governo e o movimento de libertação. No final de maio, o governo fez batidas policiais pelo país inteiro para prender líderes da oposição. Reuniões foram proibidas; impressoras gráficas foram confiscadas; e apressou-se a aprovação de legislação pelo Parlamento permitindo que a polícia detivesse prisioneiros indiciados durante doze dias sem direito à fiança.

Verwoerd declarou que aqueles que apoiavam a greve, incluindo jornais simpáticos à causa, estavam "brincando com fogo"; uma declaração sinistra tendo em vista a crueldade do estado. O governo insistiu que as indústrias fornecessem acomodações para os trabalhadores dormirem, de forma que eles não precisassem voltar para casa durante a greve. Dois dias antes do boicote, o governo organizou a maior demonstração de força em tempos de paz na história da África do Sul. As forças armadas realizaram a maior convocação desde a guerra. As férias dos policiais foram canceladas. Unidades militares foram estacionadas nas entradas e saídas dos assentamentos. Enquanto tanques ribombavam pelas ruas de terra dos assentamentos, helicópteros ficavam sobrevoando, descendo repentinamente para dispersar qualquer agrupamento de pessoas. Durante a noite, os helicópteros apontavam holofotes para as casas.

A imprensa de língua inglesa havia promovido amplamente a campanha até dois dias antes de ela ter início. Mas na véspera da greve não foi possível suportar a pressão do governo instando as pessoas a irem trabalhar. O CPA fez o papel de sabotador e distribuiu milhares de panfletos dizendo para as pessoas se oporem à greve e chamando os líderes do CNA de covardes. As ações do CPA nos chocaram. Criticar era uma coisa, e isso podíamos aceitar, mas tentar romper uma greve convocando as pessoas para irem trabalhar servia diretamente aos interesses do inimigo.

Na noite anterior ao boicote, eu programei me reunir com lideranças do CNA, em Johannesburgo, em uma casa segura em Soweto. Para evitar os bloqueios da polícia, entrei em Soweto através de Kliptown, que normalmente não era patrulhada. Mas quando eu estava dobrando uma esquina, sem visão, fui diretamente ao encontro do que estava procurando evitar: um bloqueio. Um policial branco fez um gesto ordenando que eu parasse. Eu estava vestindo minhas roupas costumeiras de macacão e boné de chofer. Ele olhou através da janela com os olhos semicerrados e então se adiantou e vistoriou o carro sozinho. Normalmente, essa tarefa era executada por um policial negro. Depois de não ter encontrado nada, exigiu o meu passe. Eu disse a ele que havia esquecido o passe em casa, por engano, e casualmente recitei um número fictício de passe. Isso parece tê-lo deixado satisfeito e ele gesticulou para que eu continuasse.

Na segunda-feira, 29 de maio, o primeiro dia da greve geral, centenas de milhares de pessoas puseram em risco os seus empregos e sustento ao não irem trabalhar. Em Durban, trabalhadores indianos saíram das fábricas enquanto que, no Cabo, milhares de trabalhadores mestiços permaneceram em casa. Em Johannesburgo, mais da metade dos empregados ficaram em casa e em Port Elizabeth a proporção foi ainda maior. Louvei a reação na imprensa, chamando-a de "magnífica", elogiando o nosso povo por "desafiar a intimidação inédita de parte do estado". A celebração dos homens brancos do Dia da República foi abafada pelo nosso protesto.

Apesar dos relatos sobre o primeiro dia da greve geral sugerirem reações fortes em várias partes do país, a resposta como um todo pareceu menor do que aquela que esperávamos. A comunicação era difícil, e parece que as más notícias sempre viajam mais eficientemente do que as boas. À medida que mais relatórios chegaram a nós, me senti desanimado e desapontado com a reação. Naquela noite, sentindo-me desmoralizado e com um pouco de raiva, tive uma conversa com Benjamin Pogrund, do *Rand Daily Mail,* na qual sugeri que os dias da luta não violenta haviam chegado ao fim.

No segundo dia da greve geral, depois de consultar os meus colegas, eu a cancelei. Fiz uma reunião naquela manhã num apartamento seguro, em um subúrbio branco, com vários membros da imprensa local e estrangeira e uma vez mais chamei a greve geral de "um tremendo sucesso". Mas não disfarcei o fato de que eu acreditava que um novo dia estava raiando. Afirmei, "Se a reação do governo é de esmagar através de força bruta a nossa luta não violenta, teremos que repensar a nossa tática. Tenho comigo que estamos encerrando um capítulo nesta questão, o de uma política de não violência". Foi uma declaração séria, e eu sabia disso. Fui criticado pela nossa executiva por fazer essa declaração antes que ela fosse discutida pela organização, mas, às vezes, é necessário tornar uma ideia pública para forçar uma organização relutante na direção que você quer que ela vá.

O debate sobre a utilização de violência vinha ocorrendo entre nós desde o início de 1960. Eu discuti a luta armada, primeiramente com Walter, já em 1952. Agora, novamente conversei com ele e concordamos que a organização tinha que estabelecer um novo curso de ação. O Partido Comunista se reconstituiu secretamente e estava agora pensando em constituir seu próprio braço armado. Decidimos que eu deveria levantar a questão da luta armada dentro do Comitê de Trabalho, e o fiz em uma reunião em junho de 1961.

Eu mal comecei a fazer a minha proposta, quando Moses Kotane, secretário do Partido Comunista e uma das figuras mais poderosas da executiva do CNA, realizou contra-ataque, acusando-me de não ter refletido sobre a proposta com cuidado suficiente. Ele afirmou que eu havia sido vencido estrategicamente e paralisado pelas ações do governo, e que agora eu estava lançando mão de linguagem revolucionária por desespero. "Ainda há espaço", enfatizou, "para os velhos métodos se formos suficientemente imaginativos e determinados. Se embarcarmos no curso de ação que Mandela está sugerindo, estaremos expondo pessoas inocentes a massacres pelo inimigo".

Moses falou persuasivamente e eu podia ver que ele havia derrotado a minha proposta. Nem mesmo Walter falou em meu favor, e eu recuei. Conversei depois com Walter e expressei a minha frustração, censurando-o por não vir em meu auxílio. Ele riu e disse que teria sido tão tolo quanto lutar contra um bando de leões ferozes. Walter é diplomático e extremamente engenhoso. "Deixe-me fazer os arranjos para que Moses venha conversar privadamente com você", ele disse, "e você assim pode expor suas ideias a ele". Eu estava na clandestinidade, mas Walter conseguiu nos reunir em uma casa no assentamento e passamos o dia inteiro conversando.

Fui franco e aberto e expliquei por que acreditava que não tínhamos escolha senão recorrermos à violência. Utilizei uma velha expressão africana: *Sebatana ha se bokwe ka diatla* (Os ataques da besta selvagem não podem ser impedidos apenas com mãos nuas). Moses era um comunista da velha guarda, e eu lhe disse que a sua oposição era como a do partido comunista em Cuba, sob Batista. O partido insistiu que as condições apropriadas ainda não haviam chegado, e ficou aguardando porque eles estavam simplesmente seguindo as definições idealizadas de Lênin e Stalin. Castro não ficou esperando, ele agiu – e triunfou. Se você ficar esperando por condições ideais, elas nunca vão ocorrer. Disse a Moses, à queima-roupa, que a sua mente estava presa ao velho molde do CNA como uma organização na legalidade. O povo já estava formando unidades militares por conta própria, e a única organização que tinha musculatura suficiente para liderá-lo era o CNA. Sempre afirmamos que o povo estava muito à frente de nós, e agora estava.

Conversamos durante o dia inteiro, e ao final, Moses me disse, "Nelson, não vou prometer nada, além de levantar a questão novamente com o comitê, e vejamos o que acontece". Uma reunião foi marcada para uma semana depois, e uma vez mais levantei a questão. Desta vez, Moses ficou em silêncio, e o consenso geral na reunião foi que eu deveria apresentar a proposta ao Comitê Executivo Nacional em Durban. Walter simplesmente sorriu.

A reunião da executiva em Durbam, como todas as reuniões do CNA naquela época, foi realizada em segredo e à noite, de forma a evitar a polícia. Eu suspeitava que encontraria dificuldades porque o Chefe Luthuli estaria presente e eu sabia de seu comprometimento moral com a não violência. Eu também estava cauteloso por causa do momento da proposta: eu estava levantando a questão da violência logo depois do final do Julgamento por Traição, onde havíamos alegado que, para o CNA, a não violência era um princípio inviolável, e não uma tática a ser mudada quando as condições exigissem. Eu mesmo acreditava precisamente o oposto: que a não violência era uma tática que deveria ser abandonada quando não funcionasse mais.

Na reunião, eu argumentei que o governo não havia nos dado nenhuma alternativa a não ser a violência. Eu disse que era errado e imoral sujeitar o nosso povo a ataques pelo estado sem oferecer-lhe algum tipo de alternativa. Mencionei novamente que o próprio povo havia pegado em armas. A violência teria início quer nós déssemos a partida ou não. Não seria melhor nós mesmos conduzirmos essa violência, de acordo com os nossos princípios onde salvamos vidas ao atacar os símbolos da opressão, e não o povo? Se não tomássemos a liderança agora, eu disse, logo seríamos retardatários e seguidores de um movimento que não controlaríamos mais.

Luthuli inicialmente resistiu aos meus argumentos. Para ele, a não violência não era apenas uma tática. Mas nós tentamos convencê-lo a noite inteira; e eu acho que em seu coração ele compreendeu que nós estávamos certos. Ele finalmente concordou que uma campanha militar era inevitável. Quando alguém insinuou mais tarde que talvez o chefe não estivesse preparado para tal curso de ação, ele retrucou, "Se alguém pensa que sou um pacifista, que tente tomar as minhas galinhas e vai perceber o quanto está enganado".

A executiva nacional endossou formalmente a decisão preliminar do Comitê de Trabalho. O chefe e outros líderes sugeriram que devíamos tratar essa nova resolução como se o CNA não a tivesse discutido. Ele não queria arriscar a legalidade de nossos aliados que não estavam banidos. Sua ideia era que um movimento militar deveria ser um órgão separado e independente, ligado ao CNA e sob o controle geral do CNA, mas fundamentalmente autônomo. Haveria duas correntes separadas na luta pela liberdade. Aceitamos prontamente a sugestão do Chefe Luthuli. Ele e outros líderes nos alertaram quanto a essa nova fase se tornar uma desculpa para se negligenciar as tarefas essenciais da organização e os métodos tradicionais de luta. Isso também seria autodestrutivo porque a luta armada, pelo menos em seu início, não seria a peça central do movimento.

Uma reunião das executivas conjuntas estava programada para o dia seguinte em Durban. Ela incluiria o Congresso Indiano, o Congresso das Pessoas Mestiças, o Congresso Sul-Africano de Sindicatos e o Congresso dos Democratas. Apesar de esses outros grupos costumeiramente aceitarem as decisões do CNA, eu sabia que alguns de nossos colegas indianos iriam se opor com tenacidade ao movimento em direção à violência.

A reunião teve um início pouco auspicioso. O Chefe Luthuli, que a estava presidindo, anunciou que, apesar do CNA ter endossado uma decisão para usar de violência, "é um assunto de tal gravidade, que eu gostaria que os meus colegas presentes aqui esta noite refletissem sobre o assunto outra vez". Ficou aparente que Luthuli não estava completamente de acordo com o nosso novo rumo.

Começamos a nossa sessão às 8h da noite, e ela foi tumultuada. Apresentei uma defesa idêntica à que vinha fazendo o tempo todo, e muitas pessoas expressaram suas reservas. Yusuf Cachalia e o Dr. Naicker suplicaram que não tomássemos esse rumo, argumentando que o estado massacraria o movimento de libertação inteiro. J. N. Singh, um debatedor eficiente, proferiu palavras naquela noite que ainda ecoam em minha mente. "A não violência não nos desapontou", ele disse, "nós é que desapontamos a não violência". Eu o contradisse dizendo que na verdade a não violência havia nos desapontado, pois ela não havia feito nada para conter a violência do estado nem para fazer nossos opressores mudar de mentalidade.

Discutimos a noite inteira, e nas primeiras horas da manhã comecei a sentir que estávamos progredindo. Vários líderes indianos estavam agora falando em um tom pesaroso sobre o fim da não violência. Mas então, de repente, M. D. Naidoo, membro do Congresso Indiano da África, explodiu e falou para os seus colegas indianos, "Ah, vocês estão com medo de ir para a cadeia, é isso!". Seu comentário causou um pandemônio na reunião. Quando você questiona a integridade de um homem, pode esperar briga. O debate inteiro voltou para onde havia começado. Mas perto da aurora, uma decisão foi tomada. Os congressos autorizaram-me a ir em frente e formar uma nova organização militar, separada do CNA. A política do CNA ainda seria de não violência. Fui autorizado a me unir com quem desejasse ou necessitasse para criar esta organização e não estaria sujeito ao controle direto da organização-mãe.

Esse foi um passo fatídico. Durante cinquenta anos, o CNA havia considerado a não violência um princípio fundamental, acima de qualquer questão ou debate. Desse momento em diante o CNA seria um tipo diferente de organização. Estávamos embarcando em um caminho novo e mais perigoso, um caminho de violência organizada, cujos resultados não sabíamos nem podíamos prever quais iriam ser.

42

EU, QUE NUNCA HAVIA sido um soldado, que nunca havia lutado em uma batalha, que nunca havia disparado uma arma contra o inimigo, havia sido encarregado da tarefa de formar um exército. Já seria uma tarefa assustadora para um general veterano, quanto mais para um principiante em assuntos militares. O nome dessa nova organização era Umkhonto we Sizwe (A Lança da Nação) – ou MK para encurtar. O símbolo da lança foi escolhido porque os negros africanos haviam resistido com esta arma simples às incursões dos brancos durante séculos.

Apesar de a executiva do CNA não aceitar membros brancos, o MK não tinha as mesmas restrições. Imediatamente recrutei Joe Slovo e juntamente com Walter Sisulo nós formamos o Alto Comando, tendo eu como presidente. Através de Joe, alistei os esforços de membros brancos do Partido Comunista que decidiram tomar o rumo da violência e que já haviam executado atos de sabotagem tais como cortar as linhas telefônicas e de comunicação do governo. Recrutamos Jack Hodgson, que havia lutado na Segunda Guerra Mundial e era membro da Legião Sul--Africana, e Rusty Bernstein, ambos membros do partido. Jack tornou--se nosso primeiro especialista em demolição. Fomos encarregados de executar atos de violência contra o estado – precisamente que forma esses atos assumiriam ainda estava por ser decidido. Nossa intenção era de começar com o que era menos violento para os indivíduos, mas que fosse o mais danoso para o estado.

Comecei da única forma que sabia como, lendo e conversando com especialistas. O que eu queria descobrir eram os princípios fundamentais para dar início a uma revolução. Descobri que há uma grande quantidade de escritos sobre esse assunto, e li toda a literatura disponível sobre luta armada e sobre guerrilha em particular. Eu queria saber que circunstâncias eram mais apropriadas para uma guerra de guerrilha; como alguém criava, treinava e mantinha uma força de guerrilha; como ela devia ser armada; onde conseguir seus suprimentos – questões básicas e fundamentais.

Toda e qualquer fonte era de interesse para mim. Li o relato de Blas Roca, o secretário geral do Partido Comunista de Cuba, sobre os seus anos como organização ilegal durante o regime de Fulgêncio Batista. Em *Commando*, de Deneys Reitz, li sobre as táticas não convencionais de guerrilha dos generais bôeres durante a Guerra dos Bôeres. Li trabalhos de e sobre Che Guevara, Mao Tse-Tung, Fidel Castro. No livro brilhante de Edgar Snow, *Red Star Over China* (*Estrela Vermelha Sobre a China*), vi que foram a determinação e a maneira não tradicionais de pensar de Mao que o levaram à vitória. Li *The Revolt* (*A Revolta*) de Menachen Begin e fiquei animado com o fato de que o líder israelense havia liderado uma força guerrilheira em um país sem montanhas ou florestas, uma situação semelhante à nossa. Eu estava ansioso em saber mais sobre a luta armada do povo da Etiópia contra Mussolini, e dos exércitos de guerrilheiros do Quênia, da Argélia e de Camarões.

Pesquisei o passado da África do Sul. Estudei a nossa história tanto antes como depois da chegada dos brancos. Examinei as guerras dos africanos contra os africanos, dos africanos contra os brancos, dos brancos contra brancos. Fiz uma pesquisa sobre as principais áreas industriais do país, o sistema de transportes da nação, sua rede de comunicações. Acumulei mapas detalhados e analisei sistematicamente o terreno de diferentes regiões do país.

No dia 26 de junho de 1961, nosso Dia da Liberdade, enviei da clandestinidade uma carta para os jornais sul-africanos que elogiava o povo pela sua coragem durante a greve geral recente, e uma vez mais conclamando por uma Convenção Constitucional Nacional. Uma vez mais proclamei que uma campanha nacional de não cooperação seria lançada se o governo deixasse de organizar tal convenção. Minha carta dizia em parte:

> Fui informado que um mandado de prisão foi expedido contra mim, e que a polícia está à minha procura. O Conselho Nacional de Ação tem refletido seriamente sobre esta questão... e me aconselharam a não me entregar. Aceitei este conselho, e não vou me entregar para um Governo que não reconheço como sendo legítimo. Qualquer político sério compreenderá que sob as condições dos dias atuais no país, buscar um martírio ordinário ao me entregar para a polícia é ingênuo e um crime...
>
> Escolhi este caminho que é mais difícil e acarreta mais riscos e privações do que ficar sentado no cárcere. Tive que me distanciar de minha querida esposa e filhos, da minha mãe e de minhas irmãs para viver como um fugitivo na minha própria terra. Fui forçado a fechar as portas do meu negócio, abandonar a minha profissão e viver na pobreza, como muitas

pessoas estão fazendo... Vou lutar contra o Governo, lado a lado com vocês, palmo a palmo, e quilômetro por quilômetro, até que a vitória seja alcançada. O que vocês vão fazer? Virão se juntar a nós, ou vão cooperar com o Governo em seus esforços de reprimir os anseios e aspirações do seu próprio povo? Vocês vão permanecer em silêncio e neutros em uma questão de vida ou morte para o meu povo, para o nosso povo? Da minha parte já fiz a minha escolha. Não vou sair da África do Sul, nem vou me render. A liberdade pode ser alcançada apenas através de dificuldades, sacrifício e ação militante. A luta é a minha vida. Vou continuar lutando até o fim dos meus dias.

43

DURANTE AQUELES PRIMEIROS meses na clandestinidade morei por algumas semanas com uma família na Market Street, depois compartilhei um apartamento térreo de um quarto com Wolfie Kodesh em Berea, um subúrbio tranquilo de brancos a uma pequena distância do centro da cidade. Wolfie era membro do Congresso dos Democratas, repórter do *New Age* havia lutado no norte da África e Itália durante a Segunda Guerra Mundial. Seu conhecimento sobre guerra e sua experiência em primeira mão em batalha foram extremamente úteis para mim. Por sugestão dele, li o clássico do general prussiano Karl Von Clausewitz, *Da Guerra*. A tese central de Clausewitz, que a guerra é uma continuação da diplomacia por outros meios, coube exatamente com os meus próprios instintos. Contei com Wolfie para adquirir material de leitura para mim e temo ter tomado conta da vida dele invadindo tanto o seu trabalho quanto o seu lazer. Mas ele era um camarada tão amigável e modesto que nunca reclamou.

* * *

Passei quase dois meses em seu apartamento, dormindo em uma cama de campanha, permanecendo dentro do apartamento durante o dia com as persianas baixadas, lendo e planejando, saindo apenas para ir a reuniões ou organizar sessões à noite. Eu perturbava Wolfie todas as manhãs, pois eu acordava às cinco da manhã, vestia meu agasalho de ginástica e ficava correndo no mesmo lugar por mais de uma hora. Wolfie eventualmente capitulou ao meu regime e começou a se exercitar comigo pela manhã, antes de sair para ir à cidade.

MK estava, na época, praticando a colocação de explosivos. Uma noite, acompanhei Wolfie até uma velha olaria nos arredores da cidade para uma demonstração. Era um risco de segurança, mas eu queria comparecer ao primeiro teste do MK com bombas. Explosões eram comuns nas olarias, pois as companhias utilizavam dinamite para soltar a argila antes de as grandes máquinas virem coletá-la para fabricar tijolos. Jack Hodgson trouxe uma lata de parafina cheia de nitroglicerina; ele havia criado um dispositivo de sincronismo que utilizava o interior de uma caneta esferográfica. Estava escuro, tínhamos apenas uma pequena lanterna e ficamos de lado enquanto Jack trabalhava. Quando a bomba ficou pronta, recuamos e fizemos uma contagem regressiva de trinta segundos; houve um grande rugido e bastante terra deslocada. A explosão foi um sucesso, e todos voltamos rapidamente para os nossos carros e fomos embora cada um em uma direção diferente.

Eu me sentia seguro em Berea. Eu não saía do apartamento, e porque era uma área de brancos, a polícia provavelmente não pensaria em me procurar lá. Enquanto estava lendo no apartamento durante o dia, eu frequentemente colocava uma caneca de leite no parapeito da janela para permitir que ele fermentasse. Gosto muito desse tipo de leite azedo, que é conhecido como *amasi* entre o povo Xhosa e é muito valorizado como uma comida saudável e nutritiva. Ele é muito simples de ser preparado e envolve apenas deixar o leite ficar ao ar livre e coalhar. Ele então se torna grosso e azedo, bem parecido com iogurte. Até tentei fazer com que Wolfie o experimentasse, mas ele fez uma careta quando o saboreou.

Uma noite, depois que Wolfie havia voltado para casa, estávamos conversando no apartamento quando ouvi uma conversa acontecendo perto da janela. Eu conseguia ouvir dois jovens negros conversando em Zulu, mas não conseguia enxergá-los, pois as cortinas estavam fechadas. Fiz um sinal para Wolfie ficar quieto.

"O que o 'nosso leite' está fazendo ali naquela janela?" um dos rapazes perguntou.

"Do que você está falando?" respondeu o outro rapaz.

"O leite azedo – *amasi* – no parapeito da janela", ele disse. "O que ele está fazendo ali?" Então os dois ficaram em silêncio. O camarada de olhos aguçados estava sugerindo que apenas um homem negro colocaria leite no parapeito daquela forma e o que um homem negro estava fazendo, vivendo em uma área de brancos? Dei-me conta naquele momento de que eu precisava me mudar. Fui para um esconderijo diferente na noite seguinte.

Fiquei hospedado na casa de um médico em Johannesburgo, dormindo nas dependências dos empregados, durante a noite, e trabalhando no estúdio do médico durante o dia. Sempre que qualquer pessoa vinha até a casa durante o dia, eu corria para o quintal e fazia de conta que era o jardineiro. Depois passei quase quinze dias em uma plantação de cana-de-açúcar em Natal vivendo com um grupo de trabalhadores e suas famílias em uma pequena comunidade chamada Tongaat, no litoral perto de Durban. Morei em uma hospedaria e me fiz passar por um amostrador agrícola que havia vindo a pedido do governo para avaliar a terra.

A organização havia me equipado com as ferramentas de um amostrador e eu passava parte de cada dia testando o solo e executando testes. Eu entendia muito pouco o que estava fazendo e não acho que tenha enganado as pessoas em Tongaat. Mas esses homens e mulheres, trabalhadores rurais na maioria, tinham um tipo natural de discrição e não questionaram a minha identidade, mesmo quando começaram a ver pessoas dirigindo carros à noite, alguns deles políticos locais bem conhecidos. Frequentemente eu ia a reuniões que duravam a noite inteira e dormia o dia inteiro – não exatamente o cronograma normal de um amostrador agrícola. Mas apesar de eu estar envolvido em outras questões, eu me sentia íntimo da comunidade. Eu ia à igreja aos domingos e apreciava o estilo antiquado e enfático desses ministros cristãos sionistas. Pouco antes de eu ir embora, como havia planejado, agradeci a um camarada idoso por ter cuidado de mim. Ele disse "É claro que você é bem-vindo, mas Kwedeni [jovem], por favor, nos diga, o que o Chefe Luthuli quer?" Fiquei surpreso, mas respondi rapidamente, "Bem, seria melhor se o senhor mesmo perguntasse para ele e eu não posso falar por ele, mas, pelo que sei, ele quer que a nossa terra seja devolvida, ele quer que nossos reis tenham seu poder de volta, e ele quer que sejamos capazes de determinarmos nosso próprio futuro e levarmos nossas vidas como acharmos melhor".

"E como ele vai fazer isso se não possui um exército?" perguntou o velho.

Eu queria muito dizer ao velho que eu estava ocupado tentando formar aquele exército, mas eu não podia. Se por um lado fiquei animado pelos sentimentos do velho homem, fiquei preocupado que outros também tivessem descoberto minha missão. Uma vez mais, eu havia permanecido tempo demais em um só local, e na noite seguinte parti tão silenciosamente quanto havia chegado.

44

MEU ENDEREÇO SEGUINTE foi mais um santuário do que um esconderijo: a Fazenda Liliesleaf, localizada em Rivonia, um subúrbio bucólico ao norte de Johannesburgo, e me mudei para lá em outubro. Naquela época, Rivonia era constituída principalmente de fazendas e pequenas propriedades rurais. A propriedade havia sido adquirida pelo movimento com a finalidade de ser uma casa segura para aqueles que estavam na clandestinidade. Era uma casa velha que precisava de reformas e ninguém morava lá.

Mudei-me para lá sob o pretexto de que eu era o caseiro que cuidaria do lugar até que o meu senhorio tomasse posse. Eu havia assumido o pseudônimo de David Motsamayi, o nome de um dos meus ex-clientes. Na fazenda, eu usava o macacão azul simples que era o uniforme do trabalhador negro. Durante o dia, o local ficava ativo com trabalhadores, pedreiros e pintores que estavam reparando a casa principal e expandindo as outras construções da propriedade. Nós queríamos que pequenos aposentos fossem adicionados à casa principal para que mais pessoas pudessem se hospedar. Os trabalhadores eram todos negros africanos vindos do assentamento de Alexandria e me chamavam de "garçom" ou "garoto" (eles nunca se deram ao trabalho de perguntar qual era o meu nome). Eu preparava o café da manhã para eles e chá no final da manhã e da tarde. Eles também me mandavam executar pequenas tarefas pela fazenda, ou me mandavam varrer o chão ou juntar o lixo.

Uma tarde, eu os informei que havia preparado chá na cozinha. Eles entraram e eu servi uma bandeja com xícaras, chá, leite e açúcar. Cada homem pegou uma xícara e se serviu. Carregando a bandeja, me aproximei de um sujeito que estava contando uma história. Ele pegou uma xícara de chá, mas estava prestando mais atenção na história que estava contando do que em mim, e simplesmente segurou sua colher no ar enquanto falava, usando-a mais para gesticular e contar a sua história do que para se servir de açúcar. Fiquei ali esperando pelo que pareceram ser vários minutos e, finalmente, com uma leve irritação, comecei a me afastar. Naquele momento, ele me notou, e disse rispidamente, "Garçom, volte aqui, eu não lhe dei autorização para ir embora".

Muitas pessoas pintam um retrato idealista da natureza igualitária da sociedade africana, e enquanto em geral eu concorde com esse retrato, a verdade é que os negros nem sempre se tratam uns aos outros como iguais. A industrialização teve um papel importante em introduzir os negros das cidades à percepção de *status* social, tão comum à sociedade ocidental. Para aqueles homens, eu era uma pessoa inferior, um criado, uma pessoa sem uma profissão e a ser tratada, portanto, com desprezo. Interpretei o papel tão bem que nenhum deles suspeitou que eu fosse outra coisa senão o que eu parecia ser.

Todos os dias, ao entardecer, os trabalhadores voltavam para as suas casas e eu ficava sozinho até a manhã seguinte. Eu apreciava muito essas horas de silêncio, mas na maioria das noites eu saía da propriedade para participar de reuniões, voltando no meio da noite. Muitas vezes eu me sentia desconfortável em voltar tão tarde para um local que eu não conhecia bem e onde estava morando ilegalmente sob um nome falso. Lembro-me de ter ficado assustado, certa noite, quando pensei ter visto alguém espreitando pelos arbustos, apesar de eu ter investigado, não encontrei nada. Um guerreiro pela liberdade que está na clandestinidade tem sono bem leve.

Depois de algumas semanas Raymond Mhlaba veio ficar na fazenda, vindo de Port Elizabeth. Ray era um sindicalista dedicado, membro da executiva do Partido Comunista, do Cabo, e o primeiro líder do CNA a ser preso durante a Campanha de Desafio. Ele escolheu, pelo CNA, para ser um dos primeiros recrutas do Umkhonto we Sizwe. Ele tinha vindo para se preparar para a sua partida, com três outros militantes, para treinamento militar na República Popular da China; nós havíamos renovado os contatos que Walter havia feito em 1952. Ray ficou comigo durante quinze dias e me forneceu um retrato mais claro dos problemas que o CNA estava tendo na parte oriental do Cabo. Também consegui sua ajuda para escrever o estatuto do MK. Joe Slovo e Rusty Bernstein se juntaram a nós, tendo também papéis relevantes na elaboração do estatuto.

Depois que Raymond partiu, quem veio ficar comigo por um curto período foi Michael Harmel, uma figura-chave no Partido Comunista, na clandestinidade, membro fundador do Congresso de Democratas e editor da revista *Liberation*. Michael era um teórico brilhante e estava trabalhando em assuntos de política para o Partido Comunista e precisava de um local silencioso e seguro para trabalhar nisso em tempo integral.

Durante o dia, eu me mantinha afastado de Michael, pois poderia parecer estranho demais que um profissional branco e um caseiro negro estivessem tendo conversas regulares. Mas à noite, depois que os trabalhadores iam embora, tínhamos longas conversas sobre o relacionamento entre o Partido Comunista e o CNA. Uma noite, voltei tarde da noite à fazenda depois de uma reunião. Quando eu estava sozinho lá, me certificava de que todos os portões estavam fechados e as luzes apagadas. Eu tomava várias precauções porque um homem negro entrando de carro em uma pequena propriedade em Rivonia, no meio da noite, atrairia perguntas indesejadas. Mas vi que as luzes estavam acesas, e enquanto me aproximava da casa, pude ouvir que um rádio estava ligado a todo volume. A porta da frente estava aberta, entrei e encontrei Michael dormindo pesadamente na cama. Fiquei furioso com essa violação da segurança, e o acordei e disse, "Cara, como é que você pode deixar as luzes acesas e o rádio ligado?" Ele estava meio grogue de sono, mas irritado. "Nel, você tem que perturbar o meu sono? Isso não podia esperar até amanhã?" Eu disse que não podia, que era uma questão de segurança e o repreendi por sua conduta desleixada.

Logo depois desse incidente, Arthur Goldreich e a sua família vieram morar na casa principal como inquilinos oficiais, e eu fui para o chalé dos empregados que havia sido construído recentemente. A presença de Arthur fornecia um disfarce seguro para as nossas atividades. Arthur era artista e *designer* por profissão, membro do Congresso de Democratas e um dos primeiros membros do MK. Suas atividades políticas eram desconhecidas pela polícia e ele nunca havia sido interrogado ou objeto de batidas policiais. Nos anos 40, Arthur havia lutado com os Palmach, o braço militar do Movimento Nacional Judaico na Palestina. Ele era conhecedor da guerra de guerrilhas e ajudou a preencher muitas lacunas do meu conhecimento. Arthur era uma pessoa extravagante e deu uma atmosfera alegre à fazenda.

A última adição ao grupo regular na fazenda foi o Sr. Jelliman, um aposentado branco, amigável e velho amigo do movimento e se tornou o capataz da fazenda. O Sr. Jelliman trouxe vários trabalhadores jovens de Sekhukhuneland, e o local logo ficou parecido com qualquer outra propriedade no país. Jelliman não era membro do CNA, mas era fiel, discreto e trabalhador. Eu costumava preparar-lhe o café da manhã, assim como o jantar, e ele era infalivelmente amável. Muito mais tarde, Jelliman arriscou a própria vida e sustento em uma tentativa corajosa de me ajudar.

Os momentos mais agradáveis na fazenda eram quando a minha esposa e família me visitavam. A partir do momento em que os Goldreich passaram a morar na fazenda, Winnie ia me visitar nos finais de semana. Nós éramos cuidadosos em relação aos seus movimentos, com ela sendo apanhada por um motorista, deixada em outro lugar, e então apanhada por um segundo motorista antes de ser finalmente deixada na fazenda. Mais tarde ela mesma ia de carro com as crianças, tomando a rota mais tortuosa possível. A polícia ainda não estava seguindo todos os seus movimentos.

Nesses finais de semana, o tempo às vezes parecia parar enquanto fazíamos de conta que esses momentos roubados que passávamos juntos eram a regra e não a exceção em nossas vidas. Ironicamente, tínhamos mais privacidade em Liliesleaf do que jamais tivemos em casa. As crianças podiam correr e brincar pela propriedade, e nós estávamos seguros, mesmo que por pouco tempo, nesta bolha idílica.

Winnie trouxe para mim uma velha espingarda de pressão que eu tinha em Orlando e eu e Arthur a usávamos para praticar tiro ao alvo ou caçar pombos na fazenda. Certo dia, eu estava no gramado da frente da propriedade e mirei a arma em um pardal que estava empoleirado no alto de uma árvore. Hazel Goldreich, a esposa de Arthur, estava me observando e disse brincando que eu nunca acertaria o meu alvo. Mas ela mal havia acabado a sentença quando o pardal caiu no chão. Voltei-me para ela e estava para me vangloriar quando Paul, filho dos Goldreich, que na época tinha cerca de cinco anos de idade, virou-se para mim com lágrimas nos olhos e falou, "David, por que você matou aquele passarinho? A mãe dele vai ficar triste". Meu humor imediatamente se transformou de orgulho em vergonha; senti que esse pequeno menino tinha muito mais humanidade do que eu. Foi uma sensação esquisita para um homem que era o líder de um exército nascente de guerrilha.

45

AO PLANEJAR a direção e o formato que o MK tomaria, levamos em conta quatro tipos de atividades violentas: sabotagem, guerra de guerrilhas, terrorismo e revolução declarada. Para um exército pequeno e incipiente, revolução declarada é impensável. O terrorismo inevitavelmente trazia danos à imagem de quem o utilizava, solapando qualquer apoio público que pudesse ganhar de outra forma. A guerra de guerrilhas era uma possibilidade, mas já que o CNA havia sido relutante em adotar atos de violência, fazia sentido começar com a forma de violência que infligia o menor dano aos indivíduos: a sabotagem.

Porque não envolve perdas de vida a sabotagem oferecia a melhor esperança de reconciliação entre as raças no futuro. Nós não queríamos iniciar um feudo de sangue entre brancos e negros. A animosidade entre os africânderes e os ingleses ainda era forte cinquenta anos depois da Guerra dos Bôeres; como ficariam as relações entre brancos e negros se provocássemos uma guerra civil? Sabotagem tinha a virtude adicional de exigir a menor quantidade de mão de obra.

Nossa estratégia era de fazer incursões seletivas contra instalações militares, usinas, linhas telefônicas e conexões de transporte; alvos que não apenas dificultariam a eficiência militar do estado, mas que assustariam os apoiadores do Partido Nacional, afugentariam o capital estrangeiro e enfraqueceriam a economia. Esperávamos que isso trouxesse o governo à mesa de negociações. Instruções rigorosas foram dadas aos membros do MK que não aceitaríamos nenhuma perda de vida. Mas se a sabotagem não produzisse os resultados que desejávamos, estávamos preparados para passarmos para o estágio seguinte: guerra de guerrilha e terrorismo.

A estrutura do MK espelhava aquela da organização-mãe. O Alto Comando Nacional estava no topo; abaixo dele estavam os Comandos Regionais em cada uma das províncias, e abaixo deles estavam os comandos e células locais. Comandos Regionais foram montados em todo o país, e uma área como a região oriental do Cabo tinha mais de cinquenta células. O Alto Comando determinava a tática dos alvos gerais e estava encarregado do treinamento e financiamento. Dentro da estrutura estabelecida pelo Alto Comando, os Comandos Regionais tinham autoridade para selecionar alvos locais a serem atacados. Todos os membros do MK eram proibidos de irem armados a uma operação e não deviam pôr vidas em risco de forma alguma.

Um problema que encontramos no início foi a questão da fidelidade dividida entre o MK e o CNA. A maioria dos nossos recrutas era formada de membros do CNA, que eram ativos nas seções locais, mas descobrimos que a partir do momento em que estavam trabalhando para o MK, eles cessavam de fazer o trabalho que vinham executando antes. O secretário da seção local descobriria que certos homens não estavam mais comparecendo a reuniões. Ele poderia abordar um deles e falar, "Cara, por que você não compareceu à reunião de ontem à noite?" e o sujeito diria "Ah, bem, eu estava em outra reunião".

"Que tipo de reunião?" o secretário perguntaria.

"Oh, não posso falar a respeito".

"Você não pode me contar, ao seu próprio secretário?" Mas o secretário logo descobriria que aquele membro era fiel a outra organização. Depois de alguns mal-entendidos iniciais, decidimos que se recrutássemos membros de uma seção, o secretário devia ser informado que um de seus subordinados agora fazia parte do MK.

Numa tarde quente de dezembro, enquanto estava sentado na cozinha da Fazenda Liliesleaf, ouvi o anúncio no rádio de que o Chefe Luthuli havia recebido o Prêmio Nobel em uma cerimônia em Oslo. O governo havia emitido um visto de dez dias para que ele pudesse sair do país e receber o prêmio. Eu fiquei – todos ficamos – imensamente felizes. Era, antes de tudo, um reconhecimento da nossa luta, e das realizações de Luthuli tanto como líder daquela luta quanto como homem. Ele representou um reconhecimento pelo ocidente que a nossa luta era uma luta moral, que havia sido ignorada durante tempo demais pelas grandes potências. O prêmio era uma afronta aos Nacionalistas, cuja propaganda retratava Luthuli como um agitador perigoso encabeçando uma conspiração comunista. Os africânderes ficaram emudecidos; para eles, o prêmio era outro exemplo da perversidade dos liberais ocidentais e seu preconceito contra os brancos sul-africanos. Quando a premiação foi anunciada, Luthuli estava no terceiro ano de um banimento de cinco anos que o restringia ao distrito de Stanger, em Natal. Além disso, ele não estava bem de saúde; seu coração estava fatigado e sua memória não estava muito boa. Mas o prêmio o deixou animado, assim como a nós todos.

A honraria veio em um momento incômodo, pois foi justaposto com um anúncio que pareceu questionar a própria premiação. No dia seguinte ao retorno de Luthuli, de Oslo, o MK anunciou dramaticamente o seu surgimento. Sob ordens do Alto Comando do MK, nas primeiras horas da manhã do dia 16 de dezembro – o dia em que os brancos sul-africanos costumavam celebrar como o Dia de Dingane – bombas caseiras foram detonadas em usinas elétricas e escritórios do governo em Johannesburgo, Port Elizabeth e Durban. Um de nossos homens, Petrus Molife, foi morto acidentalmente, a primeira morte de um soldado do MK. Uma morte em uma guerra é lamentável, mas inevitável. Todos os homens que se alistaram no MK sabiam que podiam ser convocados para fazerem o sacrifício definitivo.

No momento das explosões, milhares de panfletos com o Manifesto do novo MK foram distribuídos em todo o país anunciando o nascimento do Umkhonto we Sizwe.

> Unidades do Umkhonto we Sizwe levaram a cabo hoje ataques planejados contra instalações do governo, particularmente aquelas ligadas à política de *apartheid* e discriminação racial. O Umkhonto we Sizwe é um corpo novo e independente, formado por negros africanos. Ele inclui em suas fileiras sul-africanos de todas as raças... Umkhonto we Sizwe vai continuar a luta por liberdade e democracia através de novos métodos, que são

necessários para se complementar as ações do movimento estabelecido de liberação nacional...

Chega um momento na vida de qualquer nação quando restam apenas duas opções: submeter-se ou lutar. Esse momento chegou agora à África do Sul. Não iremos nos submeter e não temos outra opção senão contra-atacar com todos os meios de que dispomos na defesa de nosso povo, nosso futuro e nossa liberdade...

Nós do Umkhonto we Sizwe sempre buscamos – assim como o movimento de liberação tem buscado – alcançar a liberdade sem derramamento de sangue e conflito civil. Esperamos, mesmo em momento tão tardio, que as nossas primeiras ações vão despertar todos para uma compreensão da situação desastrosa à qual a política Nacionalista está levando. Esperamos trazer bom senso ao governo e a seus apoiadores antes que seja tarde demais, de forma que tanto o governo quanto suas políticas possam ser transformados antes que as coisas atinjam o estágio desesperador de uma guerra civil...

Escolhemos o dia 16 de dezembro, o Dia de Dingane, por uma razão. Nesse dia, os brancos sul-africanos celebram a derrota do grande líder Zulu Dingane na Batalha de Blood River em 1838. Dingane, o meio-irmão de Shaka, governava na época o estado africano mais poderoso que já existiu ao sul do rio Limpopo. Naquele dia, as balas dos bôeres eram demais para as *assegais* dos *impis* Zulu e as águas do rio vizinho foram tingidas de vermelho pelo seu sangue. Os africânderes celebram o dia 16 de dezembro como o triunfo dos africânderes sobre os africanos e a demonstração de que Deus estava ao lado deles; enquanto os africanos lamentavam este dia do massacre de seu povo. Escolhemos o dia 16 de dezembro para demonstrar que os africanos haviam apenas começado a lutar, e que nós tínhamos a justiça – e dinamite – ao nosso lado.

As explosões pegaram o governo de surpresa. Eles condenaram a sabotagem como crimes hediondos enquanto ao mesmo tempo ridicularizavam-na como sendo o trabalho de amadores tolos. As explosões também chocaram os brancos sul-africanos, fazendo-os compreender que estavam sentados no topo de um vulcão. Os negros sul-africanos se deram conta de que o CNA não era mais uma organização de resistência passiva, mas uma lança poderosa que levaria a luta ao coração do poder branco. Planejamos e executamos outro conjunto de explosões duas semanas depois, na véspera do Ano Novo. O som combinado de sinos tocando e sirenes uivando parecia não apenas uma forma cacófona de anunciar o Ano Novo, mas um som que simbolizava uma nova era em nossa luta pela liberdade.

O anúncio do Umkhonto deu início a uma contraofensiva cruel e implacável de parte do governo, em uma escala que jamais havíamos visto antes. O Serviço de Inteligência da polícia tornou a captura de membros do MK a sua missão número um, e eles não iriam poupar esforços em fazê-lo. Havíamos mostrado a eles que não iríamos mais ficar sentados; eles iriam nos mostrar que nada os impediria de extirpar o que viam como sendo a maior ameaça à sua própria sobrevivência.

46

QUANDO WINNIE ME VISITAVA, eu tinha a ilusão, por mais breve que fosse, de que a família ainda estava intacta. Suas visitas estavam se tornando menos frequentes, pois a polícia estava se tornando mais vigilante. Winnie trazia Zindzi e Zenani para Rivonia, mas elas eram jovens demais para saber que eu estava me escondendo. Makgatho, que na época tinha onze anos de idade, era velho o suficiente para saber e havia sido instruído a nunca dizer o meu nome verdadeiro na frente de ninguém. Eu podia ver que ele estava determinado, em sua maneira infantil, a manter a minha identidade em segredo.

Mas, certo dia, quase no fim daquele ano, ele estava na fazenda brincando com Nicholas Goldreich, o filho de Arthur, que também tinha onze anos de idade. Winnie havia trazido uma cópia da revista *Drum* para mim, e Makgatho e Nicholas a encontraram por acaso enquanto estavam brincando. Eles começaram a folheá-la quando de repente Makgatho parou em uma fotografia minha que havia sido tirada antes de eu entrar na clandestinidade. "É o meu pai!", ele exclamou. Nicholas não acreditou nele, e seu ceticismo fez com que Makgatho ficasse ainda mais veemente em provar que era verdade. Makgatho então falou para o seu amigo que meu nome verdadeiro era Nelson Mandela. "Não, o nome de seu pai é David", Nicholas retrucou. O menino então correu até a sua mãe e perguntou a ela se o meu nome era ou não David. Ela respondeu que sim, o meu nome era David. Nicholas então explicou à mãe que Makgatho havia falado para ele que o nome verdadeiro do pai dele era Nelson. Isso deixou Hazel alarmada e logo fiquei sabendo desse lapso. Uma vez mais, tive a sensação de que havia permanecido tempo demais em apenas um local. Mas fiquei quieto, pois em pouco mais de uma semana eu iria partir em uma missão que me levaria a lugares sobre os quais havia apenas sonhado. Agora, a luta iria pela primeira vez me levar para fora das fronteiras do meu país.

Em dezembro, o CNA recebeu um convite do Movimento Pan-Africano de Libertação para as Áfricas Oriental, Central e do Sul (MPALOCS) para participar de uma conferência que aconteceria em Adis Abeba em fevereiro de 1962. O MPALOCS, que mais tarde se transformou na Organização da Unidade Africana, visava reunir os estados independentes da África e promover os movimentos de libertação do continente. A conferência forneceria conexões importantes para o CNA e seria a primeira e a melhor oportunidade para nós atrairmos apoio, dinheiro e treinamento para o MK.

A executiva na clandestinidade pediu que eu liderasse a delegação do CNA na conferência. Apesar de eu estar ansioso em ver o resto da África e me encontrar com outros guerreiros pela liberdade do meu continente, eu estava muito preocupado com o fato de que estaria quebrando a promessa que havia feito de não sair do país, mas de operar na clandestinidade. Meus colegas, inclusive o Chefe Luthuli, insistiram que eu fosse, mas exigiam que eu retornasse imediatamente após a conferência. Decidi viajar.

Minha missão na África era mais ampla do que simplesmente comparecer à conferência; eu deveria buscar apoio político e econômico para a nossa nova força militar e, mais importante, treinamento militar para os nossos homens em tantos locais no continente quanto fossem possíveis. Eu também estava determinado em dar impulso para a nossa reputação pelo resto da África onde éramos ainda relativamente desconhecidos. O CPA havia lançado sua própria campanha de propaganda e recebi a incumbência de apresentar o nosso caso sempre que possível.

Antes de partir, fui em segredo até Groutville para me reunir com Luthuli. Nossa reunião – em uma casa segura na cidade – foi desconcertante. Como relatei, o Chefe Luthuli estava presente na criação do MK, e estava tão bem informado quanto qualquer outro membro do Comitê Executivo Nacional sobre o seu desenvolvimento. Mas ele não estava bem de saúde e sua memória já não era a mesma. Ele me repreendeu por não consultá-lo sobre a formação do MK. Tentei lembrá-lo das discussões que tivemos em Durban sobre a adoção de meios violentos, mas ele não se lembrava delas. Isto é, em grande, parte a razão pela qual a história havia se tornado corrente de que o Chefe Luthuli não havia sido informado sobre a criação e que se opunha profundamente à adoção de violência pelo CNA. Nada podia estar mais longe da verdade.

Eu havia passado a noite anterior à minha partida com Winnie na casa de amigos brancos, nos subúrbios ao norte, e ela me trouxe uma nova mala que havia preparado. Ela estava angustiada com a minha saída do país, mas uma vez mais permaneceu estoica. Ela se comportava mais como um soldado do que como uma esposa.

O CNA teve que fazer arranjos para que eu viajasse para Dar Assalaam em *Tanganica**. O voo para Adis Abeba sairia de Dar Assalaam. O plano era que Walter, Kathrada e Duma Nokwe se encontrassem secretamente

---

**Tanganica* – República do leste africano pertencente à Comunidade Britânica, cujo nome originava-se do Lago Tanganica, que formava a fronteira ocidental. Foi uma colônia alemã até 1919.

comigo em Soweto e me trouxessem minhas credenciais para a viagem. Também seria uma oportunidade para consultas de última hora antes de eu deixar o país.

Ahmed Kathrada chegou na hora marcada, mas Walter e Duma estavam extremamente atrasados. Finalmente tive que fazer arranjos alternativos e Kathy conseguiu localizar alguém para me levar até Bechuanaland, onde eu iria fretar um avião. Fiquei sabendo mais tarde que Walter e Duma foram presos quando estavam indo ao nosso encontro.

A viagem até Bechuanaland foi árdua, pois eu estava preocupado tanto com a polícia quanto com o fato de que eu nunca havia cruzado a fronteira de meu país antes. Nosso destino era Lobatse, perto da fronteira sul-africana. Atravessamos a fronteira sem problema e chegamos a Lobatse no final da tarde, onde havia um telegrama para mim de Dar Assalaam me informando que a viagem havia sido adiada por duas semanas. Fiquei hospedado na casa de Fish Keitsing, que também havia sido réu no Julgamento por Traição e que havia se mudado para Lobatse.

Naquela tarde me reuni com o Professor K. T. Motsete, presidente do Partido do Povo de Bechuanaland, que fora formado principalmente por ex-membros do CNA. Agora eu tinha, inesperadamente, tempo livre, que utilizei em leituras, preparação do meu discurso na conferência e caminhadas pelas colinas belas e selvagens acima da cidade. Apesar de não estar muito longe da fronteira do meu país, eu me sentia como se estivesse em uma terra exótica. Eu era acompanhado frequentemente por Max Mlonyeni, filho de um amigo do Transkei e jovem membro do CPA. Era como se estivéssemos em um safári, pois víamos animais de todas as espécies, incluindo um batalhão de alegres babuínos, que segui por algum tempo, admirando sua organização e movimentos quase militares.

Joe Matthews logo se juntou a mim, vindo de Basutoland e insisti que nos apressássemos em chegar a Dar Assalaam. O colega do CNA em Lobatse fora recentemente sequestrado pela polícia sul-africana e eu achava que quanto mais cedo pudéssemos partir, melhor. Um avião foi arranjado,

---

Após a Primeira Guerra Mundial, em 1919, tornou-se colônia britânica, assim permanecendo até 1961. Em 1964, uniu-se à ilha de Zanzibar, formando a Tanzânia. (N.do T.)

e o nosso primeiro destino era uma cidade no norte de Bechuanaland, chamada Kasane, localizada estrategicamente perto de um ponto onde as fronteiras de quatro países se encontravam – Bechuanaland, Rodésia do Norte* e do Sul e África do Sudoeste, como essas colônias eram então conhecidas. A pista de pouso em Kasane estava alagada, o que nos forçou a procurar uma área mais seca a vários quilômetros de distância no meio da savana. O gerente de um hotel local foi nos buscar armado com rifles e nos relatou que havia sido retardado por uma manada de elefantes. Ele estava dirigindo um furgão aberto e Joe e eu nos sentamos na traseira, e observei uma leoa saindo preguiçosamente dos arbustos. Senti-me muito distante das minhas ruas familiares de Johannesburgo. Eu estava na África dos mitos e das lendas pela primeira vez em minha vida.

Bem cedo na manhã seguinte viajamos para Mbeya, uma cidade de Tanganica perto da fronteira com a Rodésia do Norte. Sobrevoamos as Cataratas Vitória e então nos dirigimos para o norte através de uma cadeia de montanhas. Enquanto estávamos sobre as montanhas, o piloto tentou contatar Mbeya, mas não houve resposta. "Mbeya, Mbeya!" ele se manteve falando ao microfone. O clima havia mudado e as montanhas estavam repletas de bolsões de ar que faziam com que o avião ficasse saltando para cima e para baixo como uma rolha em um mar bravio. Estávamos agora voando através de nuvens e névoas e em desespero o piloto desceu o avião e seguiu uma estrada sinuosa através das montanhas. A essa altura, a névoa havia se tornado tão espessa que não podíamos mais enxergar a estrada e quando o piloto manobrou o avião abruptamente, me dei conta que havíamos escapado por pouco de bater em uma montanha que parecia ter saído do nada. O alarme de emergência disparou, e me lembro de dizer para mim mesmo, "Este é o nosso fim". Mesmo o sempre loquaz Joe ficou em silêncio. Mas então, justamente quando não podíamos enxergar à distância, nas nuvens, fiquei imaginando que estávamos prestes a nos espatifar contra uma montanha, emergimos do mau tempo para um céu gloriosamente claro. Nunca gostei muito de viajar de avião, e se por um

---

**Rodésia do Norte* – Atual Zâmbia (N. do T.)

lado esse foi o episódio mais assustador pelo qual já passei em um avião, por outro lado, às vezes, sou versado em parecer corajoso e fiz de conta que estava tranquilo.

Registramo-nos em um hotel local e encontramos uma multidão de negros e brancos sentados na varanda conversando educadamente. Nunca antes eu havia estado em um local público ou um hotel onde não houvesse barreira de cor. Nós estávamos aguardando o Sr. Mwakangale da União Nacional Africana de Tanganica, membro do Parlamento, e sem sabermos ele já havia telefonado à nossa procura. Um hóspede negro foi até a recepcionista, que era branca. "Minha senhora, um Sr. Mwakangale pediu para falar com estes dois cavalheiros?" ele perguntou, apontando para nós. "Sinto muito, senhor", ela respondeu. "Ele pediu, mas esqueci de dizer para eles".

"Seja cuidadosa, por favor, minha senhora", ele falou em um tom educado, porém firme. "Estes homens são nossos convidados e nós gostaríamos que eles recebessem a atenção apropriada". Naquele momento me dei conta de fato de que estávamos em um país governado por negros. Pela primeira vez em minha vida, eu era um homem livre. Ainda que eu fosse um fugitivo e procurado em minha própria terra, senti o peso da opressão ser retirado de meus ombros. Onde quer que eu fosse em Tanganica a cor da minha pele era automaticamente aceita ao invés de ser automaticamente insultada. Pela primeira vez em minha vida eu estava sendo julgado não pela cor da minha pele, mas pela medida de minha inteligência e caráter. Apesar de eu sentir saudades de minha casa durante as minhas viagens, não obstante me sentia como se estivesse realmente em meu lar pela primeira vez em minha vida.

Chegamos a Dar Assalaam no dia seguinte e nos encontramos com Julius Nyerere, o primeiro presidente do país recém tornado independente. Conversamos em sua casa, que não era imponente de maneira alguma, e lembro-me de que ele mesmo dirigia o seu carro simples, um pequeno Austin. Isso me impressionou, pois isso sugeria que ele era um homem do povo. O sistema de classes, Nyerere sempre insistia, não fazia parte da cultura da África; o socialismo sim.

Fiz uma análise de nossa situação para ele, encerrando com um apelo por ajuda. Ele era um homem sagaz e de fala mansa que tinha simpatia pela nossa missão, mas sua percepção da situação me surpreendeu e desanimou. Ele sugeriu que adiássemos a luta armada até que Sobukwe saísse da prisão. Essa foi a primeira de muitas ocasiões em que fiquei conhecendo o apelo que o CPA exercia sobre o resto da África. Descrevi a fraqueza do CPA e argumentei que um adiamento seria um revés para a luta como um todo. Ele sugeriu que eu buscasse auxílio junto ao Imperador Hailé Selassié e prometeu fazer arranjos para que fôssemos apresentados.

Eu deveria encontrar com Oliver em Dar, mas por causa do meu atraso ele não pode ficar esperando e deixou um recado dizendo que eu fosse encontrá-lo em Lagos, onde ele deveria participar da Conferência de Lagos de Estados Independentes. No voo para Acra, me encontrei por acaso com Hymie Basner e sua esposa. Basner, que havia sido meu empregador, havia recebido um convite para ocupar uma posição no governo em Acra. Suas políticas radicais e atividades esquerdistas na África do Sul haviam feito com que ele fosse declarado *persona non grata* no país e ele estava buscando asilo político em Gana.

O avião fez uma escala em Cartum e formamos fila para passar pela alfândega. Joe Matthews foi o primeiro, em seguida era eu, seguido por Basner e sua esposa. Porque não possuía passaporte, eu levava comigo um documento rudimentar de Tanganica que declarava simplesmente, "O portador deste é Nelson Mandela, cidadão da África do Sul. Ele tem permissão para sair de Tanganica e voltar para cá". Entreguei esse documento para o sudanês idoso atrás do balcão de imigração e ele olhou para mim com um sorriso e falou, "Meu filho, seja bem-vindo ao Sudão". Então ele apertou a minha mão e carimbou o meu documento. Basner estava atrás de mim e entregou ao velho o mesmo tipo de documento. O homem olhou para o documento por alguns instantes, e então falou de uma forma bastante agitada, "O que é isto? O que é este pedaço de papel? Ele não é oficial!"

Calmamente, Basner explicou que aquele era um documento que lhe deram em Tanganica porque ele não possuía um passaporte. "Não tem um passaporte?" o oficial de imigração falou com desdém. "Como é que você não tem um passaporte – você é um homem branco!" Basner respondeu que era perseguido em seu próprio país porque lutava pelos direitos dos negros. O sudanês parecia cético: "Mas você é branco!" Joe olhou para mim e sabia o que eu estava pensando: ele murmurou para que eu não interferisse, pois éramos visitantes no Sudão e não queríamos ofender a hospitalidade de nosso anfitrião. Mas além de ser meu empregador, Basner era um daqueles homens brancos que haviam realmente se arriscado em favor da emancipação dos negros, e eu não podia abandoná-lo. Em vez de sair juntamente com Joe, permaneci e fiquei junto ao oficial e a cada vez que Basner falava algo, eu simplesmente acenava com a cabeça ao oficial, como se estivesse comprovando o que ele estava dizendo. O velho entendeu o que eu estava fazendo, abrandou sua atitude, e finalmente carimbou o seu documento e falou serenamente, " Sejam bem-vindos ao Sudão".

Fazia quase dois anos que eu não via Oliver, e quando nos encontramos no aeroporto, em Acra, eu quase não o reconheci. Outrora sem barba e conservadoramente vestido e arrumado, ele agora usava barba e cabelos mais longos e vestia trajes de estilo militar que eram características dos guerreiros pela liberdade por todo o continente. (Ele provavelmente teve a mesma reação em relação a mim). Foi uma reunião alegre e eu o cumprimentei pelo excelente trabalho que ele fizera no exterior. Ele já estabelecera escritórios do CNA em Gana, na Inglaterra, no Egito e em Tanganica, e havia estabelecido contatos valiosos para nós em vários outros países. Em todos os lugares para onde viajei subsequentemente, descobri a impressão positiva que Oliver havia dado a diplomatas e estadistas. Ele era o melhor embaixador possível para a nossa organização.

O objetivo da Conferência de Lagos de Estados Independentes era o de unir todos os estados africanos, mas ela eventualmente se desintegrou em disputas sobre quais estados deveriam ser incluídos ou excluídos. Mantive uma presença discreta e evitei a conferência, pois não queríamos que o governo da África do Sul soubesse que eu estava no exterior até que eu aparecesse na conferência do MPALOCS em Adis.

No avião de Acra para Adis, encontramos Gaur Radebe, Peter Molotsi e outros membros do CPA que também estavam a caminho do MPALOCS. Todos ficaram surpresos em me ver, e mergulhamos imediatamente em discussões em relação à África do Sul. A atmosfera era agradável e descontraída. Apesar de eu ter ficado desapontado com a saída de Gaur do CNA, isso não diminuiu meu prazer em vê-lo. Muito acima do chão e longe de nossos lares, nós tínhamos mais coisas nos unindo do que nos separando.

Fizemos uma conexão rápida em Cartum, onde passamos para um voo da Ethiopian Airways para Adis. Nesse momento eu tive uma sensação bastante estranha. Enquanto estava embarcando no avião vi que o piloto era negro. Eu nunca havia visto um piloto negro antes, e no instante em que o vi tive que reprimir meu sentimento de pânico. Como é que um homem negro podia pilotar um avião? Mas, alguns instantes depois, me dei conta: eu havia caído na mentalidade do *apartheid*, pensando que os negros eram inferiores e que pilotar um avião era trabalho para homens brancos. Reclinei-me em meu assento, e censurei a mim mesmo por tais pensamentos. Quando estávamos no ar, deixei de lado o meu nervosismo e estudei a geografia da Etiópia, pensando em como as forças guerrilheiras haviam se escondido nestas mesmas florestas para lutar contra os imperialistas italianos.

47

ANTERIORMENTE CONHECIDA como Abissínia, a Etiópia, segundo a tradição, foi fundada muito antes do nascimento de Cristo, supostamente pelo filho do rei Salomão e da rainha de Sabá. Apesar de ter sido conquistada diversas vezes, a Etiópia era o berço do nacionalismo africano. Diferentemente de tantos estados africanos, o país havia lutado contra o colonialismo em todas as ocasiões. Menelik havia repelido os italianos no século 19, apesar de a Etiópia ter fracassado em fazer o mesmo no século 20. Em 1930, Hailé Selassié tornou-se imperador e a força moldadora da história da Etiópia contemporânea. Eu tinha dezessete anos de idade quando Mussolini atacou a Etiópia, uma invasão que deu impulso não apenas ao meu ódio por aquele déspota como pelo fascismo em geral. Apesar de Selassié ter sido forçado a fugir quando os italianos conquistaram a Etiópia, em 1936, ele voltou quando as forças aliadas expulsaram os italianos em 1941.

A Etiópia sempre teve um lugar especial em minha imaginação e a perspectiva de visitar o país me atraiu muito mais fortemente do que uma viagem à França, Inglaterra e Estados Unidos combinados. Eu senti que estaria visitando a minha própria gênese, desenterrando as raízes do que fazia de mim um africano. Encontrar o próprio imperador seria como apertar as mãos da história.

Nossa primeira parada foi em Adis Abeba, a Cidade Imperial, que não correspondia ao seu título, pois ela era o oposto de grandiosidade, com apenas algumas ruas cobertas de asfalto, e mais cabras e ovelhas do que carros. Além do Palácio Imperial, da universidade e do Hotel Rãs, onde nós ficamos hospedados, havia poucas estruturas que pudessem ser comparadas até mesmo com os menos impressionantes edifícios em Johannesburgo. A Etiópia contemporânea também não era um modelo no que dizia respeito à democracia. Não havia partidos políticos, nenhum órgão popular de governo, nenhuma separação de poderes; apenas o imperador, que era supremo.

Antes da abertura da conferência, os delegados se reuniram na pequena cidade de Debra Zaid. Um palco havia sido erigido na praça e Oliver e eu nos sentamos ao lado, longe do pódio principal. Repentinamente ouvimos a música distante de um clarim solitário, e então os esforços de uma banda de metais acompanhada pelas batidas uniformes de tambores africanos. À medida que a música se aproximava, pude ouvir – e sentir – o estrondo de centenas de pés marchando. De trás de um prédio na beirada da praça, um oficial apareceu brandindo uma espada reluzente;

logo atrás dele marchavam quinhentos soldados negros em quatro fileiras, cada um carregando um rifle polido apoiado em seu ombro uniformizado. Quando as tropas marcharam em frente ao palco, uma ordem ressoou em *amárico**, e os quinhentos soldados pararam como se fossem um só homem, giraram e executaram uma saudação precisa para um homem idoso vestindo um uniforme deslumbrante, Sua Alteza o Imperador da Etiópia, Hailé Selassié, o Leão de Judá.

Aqui, pela primeira vez em minha vida, eu estava testemunhando soldados negros serem comandados por generais negros aplaudidos por líderes negros que eram todos convidados de um chefe de estado negro. Foi um momento inebriante. Eu apenas tinha a esperança de que essa fosse uma visão do que nos aguardaria no futuro para o meu próprio país.

Na manhã depois do desfile, Oliver e eu participamos de uma reunião, onde cada organização tinha que solicitar credenciamento. Ficamos desagradavelmente surpresos ao descobrir que a nossa inscrição fora bloqueada por um representante de Uganda, que reclamou que éramos uma organização tribal de Xhosas. Meu primeiro impulso foi de repudiar essa afirmação com desprezo, mas o ponto de vista de Oliver foi de que devíamos simplesmente explicar que a nossa organização havia sido formada para unir os africanos e os seus membros procediam de todas as camadas da população. Fiz isso, adicionando que o presidente da nossa organização, o Chefe Luthuli, era um Zulu. Nossa inscrição foi aceita. Isso fez com que eu me desse conta de que muitas pessoas no continente conheciam o CNA somente através da descrição que o CPA fazia de nós.

A conferência foi oficialmente aberta pelo nosso anfitrião, Sua Majestade Imperial, que vestia um uniforme militar cheio de brocados. Fiquei surpreso com o quão pequeno o imperador parecia ser, mas sua dignidade e confiança faziam-no parecer como o gigante africano que ele era. Foi a primeira vez que testemunhei um chefe de estado passar pelas formalidades de seu cargo, e fiquei fascinado. Ele ficou perfeitamente

---

**Amárico* – Língua de origem semítica que é o idioma oficial da Etiópia. Não confundir com aramaico. (N. do T.).

ereto, e inclinava a cabeça apenas levemente para indicar que estava ouvindo. A dignidade era a marca de todas as suas ações.

Eu estava escalado para falar após o imperador, o único outro orador daquela manhã. Pela primeira vez em muitos meses, deixei de lado a identidade de David Motsamayi e me tornei Nelson Mandela. Em meu discurso, recapitulei a história da luta pela liberdade na África do Sul e enumerei os massacres brutais que foram cometidos contra o nosso povo, de Bullhoek em 1921, quando o exército e a polícia mataram cento e oitenta e três lavradores desarmados, a Sharpeville quarenta anos mais tarde. Agradeci às nações reunidas ali por exercerem pressão sobre a África do Sul, mencionando em particular Gana, Nigéria e Tanganica, que lideraram o movimento bem-sucedido de expulsar a África do Sul da Comunidade Britânica de Nações. Recordei o nascimento do Umkhonto we Sizwe, explicando que todas as oportunidades para a luta pacífica foram barradas para nós. "Uma liderança comete um crime contra seu povo se ela hesita em afiar suas armas políticas onde elas se tornaram menos eficientes... Na noite de 16 de dezembro do ano passado, a África do Sul inteira vibrou sob os golpes pesados do Umkhonto we Sizwe". Eu mal havia acabado de falar isso e o ministro chefe de Uganda gritou: "Batam de novo neles!".

Relatei então a minha própria experiência:

> Acabei de sair da África do Sul, tendo vivido durante os últimos dez meses no meu próprio país como um fora da lei, longe de minha família e de meus amigos. Quando fui forçado a levar este tipo de vida, fiz uma declaração pública na qual anunciei que não iria abandonar o país, mas continuaria agindo na clandestinidade. Eu falava sério e vou honrar aquele compromisso.

O anúncio de que eu retornaria para a África do Sul foi recebido com aplausos estrondosos. Nós havíamos sido encorajados a falar por primeiro para que o MPALOCS pudesse avaliar a nossa causa e decidir quanto apoio daria a ela. Havia uma relutância natural entre muitos estados africanos em apoiar lutas violentas em outros lugares; mas o discurso convenceu as pessoas de que os guerreiros pela liberdade na África do Sul não tinham outra alternativa senão se armarem.

Oliver e eu tivemos uma conversa privada com Kenneth Kaunda, o líder do Partido Unido da Independência Nacional da Rodésia do Norte e futuro presidente de Zâmbia. A exemplo de Julius Nyerere, Kaunda estava preocupado com a falta de unidade entre os guerreiros pela liberdade sul-africana e sugeriu que quando Sobukwe saísse da cadeia, todos nós poderíamos juntar nossas forças. Entre os africanos, o CPA havia capturado os holofotes em Sharpeville de uma forma que ultrapassava muito a sua influência como organização. Kaunda, que já havia sido membro do CNA, nos disse que estava preocupado com a nossa aliança com os comunistas brancos e indicou que isso não era bom para a nossa imagem na África. Isso veio como uma espécie de revelação para mim, e foi um ponto de vista que eu ouviria muitas vezes durante a minha viagem.

Quando tentei defender que o apoio do PUIN ao CPA estava equivocado, Kaunda pôs sua mão em meu ombro e disse, "Nelson, falar sobre este assunto comigo é chover no molhado. Apoio vocês e sou seguidor do Chefe Luthuli. Mas não sou a única voz do PUIN. Você tem que conversar com Simon Kapwepwe. Se você persuadi-lo, vai facilitar o meu trabalho". Kapwepwe era o segundo em comando do PUIN, e fiz os arranjos necessários para vê-lo no dia seguinte. Pedi a Oliver que ele fosse comigo, mas ele disse "Nel, você deve se encontrar com ele sozinho. Então poderá falar com franqueza".

Passei o dia inteiro com Kapwepwe e ouvi dele a história mais espantosa. "Ficamos extremamente impressionados com o seu discurso", ele disse, "e na verdade com a delegação inteira do CNA. Se fôssemos julgar a sua organização em virtude dessas duas coisas, nós certamente estaríamos do seu lado. Mas ouvimos relatos perturbadores do CPA no sentido de que o Umkhonto we Sizwe é o fruto da imaginação do Partido Comunista e do Partido Liberal, e que a ideia da organização é de simplesmente utilizar negros como bucha de canhão".

Fiquei estupefato, e deixei escapar que eu estava perplexo que ele não conseguisse enxergar quão falsa era essa história. "Antes de tudo", falei, "é de conhecimento geral que o Partido Liberal e o Partido Comunista são arqui-inimigos e não se uniriam nem para jogar baralho. Em segundo lugar, estou aqui para lhe dizer, correndo o risco de parecer imodesto, que eu mesmo fui o principal motor por trás da formação do MK". Finalmente, eu disse que estava muito desapontado pela forma que o CPA estava espalhando tais mentiras.

No final do dia, eu havia convertido Kapwepwe, e ele disse que iria convocar uma reunião e defender o nosso caso ele mesmo – e ele o fez. Mas era outro exemplo tanto da falta de conhecimento sobre a África do Sul, no resto da África, e dos esforços extraordinários de parte do CPA em sujar o nome do CNA. Kapwepwe se despediu de mim, pois a conferência terminara. Ela fora bem-sucedida, e tivemos o nosso trabalho facilitado.

Quando era estudante, eu havia fantasiado sobre visitar o Egito, o berço da civilização africana, a arca do tesouro de tantas belezas em arte e *design*, sobre ver as pirâmides e a esfinge, e atravessar o Nilo, o maior dos rios africanos. De Adis, eu, Oliver e Robert Resha – que deveria me acompanhar pelo resto de minha viagem – voamos para o Cairo. Passei a manhã inteira do meu primeiro dia no Cairo no museu, admirando a arte, examinando artefatos, tomando notas, aprendendo sobre o tipo de homens que fundaram a antiga civilização do Vale do Nilo. Este não era interesse arqueológico amador; era importante para os nacionalistas africanos estarem armados de evidências para contestar as afirmações fictícias dos brancos de que os africanos não dispõem de um passado civilizado que se compare ao do ocidente. Em uma única manhã, descobri que os egípcios estavam criando grandes obras de arte e de arquitetura quando os homens brancos ainda moravam em cavernas.

O Egito era um modelo importante para nós, pois podíamos testemunhar em primeira mão o programa de reformas econômicas socialistas que estava sendo lançado pelo Presidente Nasser. Ele havia diminuído a propriedade privada de terras, nacionalizado certos setores da economia, acelerado a industrialização do país, democratizado a educação e constituído forças armadas modernas. Muitas dessas reformas eram precisamente os tipos de coisas que nós no CNA esperávamos um dia implementar. Naquela época, entretanto, era mais importante para nós que o Egito era o único estado da África que possuía um exército, marinha e força aérea que podiam se comparar com aqueles da África do Sul.

Depois de um dia, Oliver partiu para Londres, prometendo se juntar a Robbie e a mim em Gana. Antes que eu e Robbie iniciássemos nossa viagem, discutimos a apresentação que faríamos em cada país. A tendência era explicar a situação política com a maior sinceridade e objetividade possível e não omitir as realizações do CPA. Em cada novo país, inicialmente eu me isolaria em nosso hotel e me familiarizava com informações sobre as políticas, história e lideranças do país. Robbie fazia o contrário. Extrovertido por natureza, ele saía do hotel tão logo chegasse e ia para as ruas, aprendendo ao ver e conversar com as pessoas. Nós formávamos um casal estranho, pois eu vestia os trajes informais com os quais havia me acostumado na clandestinidade e usava roupas de estilo militar, enquanto Robbie estava sempre elegantemente vestido de terno.

Em Tunis, a nossa primeira parada, nos reunimos com o ministro da defesa, que se parecia muito com o Chefe Luthuli. Mas temo que as semelhanças parassem ali, pois quando eu estava explicando a ele a situação em nosso país com líderes do CPA tais como Robert Sobukwe na cadeia, ele me interrompeu e falou "Quando aquele camarada voltar, ele vai acabar com vocês". Robbie levantou as sobrancelhas ao ouvir isso (mais tarde ele disse, "Cara, você estava fazendo a defesa do CPA melhor do que eles mesmos poderiam fazer!"), mas insisti em dar ao ministro o quadro inteiro. Quando nos encontramos no dia seguinte com o Presidente Habib Bourguiba, sua reação foi extremamente positiva e imediata: ele ofereceu treinamento para os nossos soldados e cinco mil libras para comprarmos armas.

A nossa próxima parada, Rabat, em Marrocos, com seus muros antigos e misteriosos, suas lojas elegantes e suas mesquitas medievais, parecia uma mistura charmosa da África, Europa e Oriente Médio. Aparentemente, outros guerreiros pela liberdade pensavam da mesma forma, pois Rabat era a encruzilhada de virtualmente todos os movimentos de libertação no continente. Enquanto permanecemos lá, nos encontramos com guerrilheiros de Moçambique, Angola, Argélia e Cabo Verde. A cidade também era o quartel general do exército revolucionário da Argélia, e passamos vários dias com o Dr. Mustafa, chefe da missão argelina em Marrocos, que nos informou sobre a história da resistência argelina contra os franceses.

A situação na Argélia era a mais parecida com a nossa já que os rebeldes se viam diante de uma grande comunidade de colonos brancos que governava a maioria nativa. Ele relatou como a FLN havia começado a sua luta com alguns ataques de guerrilha em 1954, tendo sido animados pela derrota dos franceses em Dien Bien Phu no Vietnã. No início, o Dr. Mustafa disse, a FLN acredita que pode derrotar militarmente os franceses, então se deu conta de que uma vitória puramente militar era impossível.

Em vez disso, eles recorreram à guerrilha. A guerra de guerrilhas, ele explicou, não era projetada para atingir uma vitória militar, mas mais para desencadear forças políticas e econômicas que poderiam derrotar o inimigo. O Dr. Mustafa nos aconselhou a não negligenciarmos o lado político da guerra enquanto planejávamos os nossos esforços militares. A opinião pública mundial, ele afirmou, às vezes vale mais do que uma frota de caças a jato.

Ao final de três dias, ele nos enviou para Oujda, uma pequena e poeirenta cidade na fronteira com a Argélia e o quartel general do exército argelino em Marrocos. Visitamos uma unidade do exército no *front* e em um determinado momento peguei um binóculo e consegui enxergar as tropas francesas no outro lado da fronteira. Confesso que imaginei estar vendo os uniformes da Força de Defesa Sul-Africana.

Um ou dois dias mais tarde eu era um dos convidados de um desfile militar em homenagem a Ahmed Ben Bella, que se tornaria o primeiro primeiro-ministro da Argélia independente e que havia recentemente saído de uma prisão francesa. Muito diferente do desfile militar que eu havia testemunhado em Adis Abeba, este desfile não era a força elegantemente uniformizada, decidida e bem treinada da Etiópia, mas uma espécie de história ambulante do movimento de guerrilha na Argélia.

Encabeçando-o, passeavam veteranos orgulhosos e calejados pelas batalhas, vestindo turbantes, túnicas longas e sandálias e que iniciaram a luta muitos anos antes. Eles carregavam as armas que haviam usado: sabres, mosquetões, machados de guerra e *assegais*. Eles eram seguidos por soldados mais jovens, todos carregando armamentos modernos e igualmente demonstrando orgulho. Alguns seguravam armamentos pesados antitanques e antiaéreos. Mas mesmo esses soldados não marchavam com a elegância e precisão dos etíopes. Este era um exército de guerrilha, e eles eram soldados que haviam ganho seus galardões no fogo da batalha, que se preocupavam mais com a luta e táticas do que com uniformes elegantes e desfiles. Por mais inspirado que eu tivesse ficado pelas tropas em Adis Abeba, eu sabia que a nossa própria força militar se assemelharia mais a estas tropas aqui em Oujda, e eu esperava que lutassem tão valentemente.

No fim da coluna estava um bando militar bastante desleixado que era liderado por um homem chamado Sudani. Alto, bem constituído e confiante, ele era tão negro quanto a noite. Ele vinha balançando uma maça cerimonial, e quando o vimos, nosso grupo inteiro se levantou e começou a aplaudir e a gritar. Olhei à nossa volta e notei as outras pessoas olhando para nós, e me dei conta que estávamos aplaudindo apenas porque esse sujeito era um homem negro, e rostos negros eram bastante raros em Marrocos. Uma vez mais, fiquei atônito com o grande poder do nacionalismo e da etnicidade. Reagimos instantaneamente, pois sentíamos como se estivéssemos vendo um irmão africano. Mais tarde, os nossos anfitriões nos informaram que Sudani havia sido um soldado lendário, e havia até mesmo supostamente capturado sozinho uma unidade francesa inteira. Mas nós estávamos aplaudindo-o por causa de sua cor, e não pelos seus feitos.

De Marrocos, voei através do Saara até Bamako, a capital de Mali, e dali para a Guiné. O voo de Mali para Guiné era mais parecido com um ônibus do que com um avião. Galinhas perambulavam pelos corredores, mulheres andavam de um lado para o outro carregando pacotes em suas cabeças e vendendo pacotes de amendoim e vegetais secos. Era um voo de estilo democrático, e eu o admirei muito.

Minha próxima parada era Serra Leoa, e quando cheguei, descobri que o Parlamento estava em sessão e decidi assistir aos procedimentos. Entrei como qualquer turista faria e me foi dado um assento não muito distante do Presidente da casa. O funcionário da casa veio até mim e pediu que eu me identificasse. Sussurrei para ele, "Sou o representante do Chefe Luthuli da África do Sul". Ele me cumprimentou calorosamente e foi comunicar ao Presidente. O funcionário então explicou que eu havia inadvertidamente sido designado para um assento que não era normalmente ocupado por visitantes, mas nesse caso era uma honra para eles fazerem uma exceção para mim.

Depois de pouco menos de uma hora, houve um intervalo entre sessões, e enquanto eu tomava chá entre os membros do parlamento e dignitários, uma fila se formou diante de mim e vi, para meu assombro, que o Parlamento inteiro havia formado uma fila para vir me cumprimentar. Fiquei muito gratificado, até que a terceira ou quarta pessoa na fila balbuciou algo como "É uma grande honra apertar a mão do reverenciado Chefe Luthuli, ganhador do Prêmio Nobel da Paz". Eu era um impostor! O funcionário havia compreendido mal. O primeiro-ministro, Sir Milton Margai, foi então trazido para me conhecer, e o funcionário me apresentou como sendo Luthuli. Imediatamente tentei informar ao funcionário que eu não era o Chefe Luthuli, mas o sujeito não quis nem saber, e decidi que no interesse da hospitalidade eu continuaria a impostura. Reuni-me mais tarde com o presidente, expliquei o caso de identidade trocada, e ele ofereceu uma generosa ajuda material.

Na Libéria, me encontrei com o Presidente Tubman, o qual não apenas me deu cinco mil dólares para armas e treinamento, como também me falou em uma voz tranquila, "Você tem dinheiro para despesas do dia a dia?" Confessei que estava com pouco dinheiro, e instantaneamente um assessor voltou com um envelope contendo quatrocentos dólares em dinheiro. Da Libéria fui para Gana, onde me encontrei com Oliver e fui entretido pelo ministro residente da Guiné, Abdoulaye Diallo. Quando eu disse a ele que não havia visto Sékou Touré quando estive em Guiné, ele fez os arranjos para que retornássemos para aquela terra árida. Oliver e eu ficamos impressionados com Touré. Ele morava em um bangalô modesto e vestia um traje velho e desbotado que se beneficiaria com uma visita à lavanderia. Apresentamos o nosso caso a ele, explicamos a história do CNA e do MK, e pedimos cinco mil dólares para sustentar o MK. Ele ouviu cuidadosamente, e respondeu de uma maneira bastante formal. "O governo e o povo de Guiné" ele disse, como se estivesse discursando, "apoia integralmente a luta de nossos irmãos na África do Sul, e temos dado declarações nas Nações Unidas nesse sentido". Ele foi até a prateleira onde retirou um de seus livros, que autografou para mim e para Oliver. Ele então nos agradeceu e fomos dispensados.

Oliver e eu ficamos aborrecidos: havíamos sido chamados para virmos de outro país, e tudo o que ele nos deu foram cópias autografadas de seu livro? Tínhamos desperdiçado o nosso tempo. Pouco tempo depois, estávamos no nosso quarto de hotel quando um funcionário do Departamento de Relações Exteriores bateu em nossa porta e nos deu uma mala. Nós a abrimos e vimos que ela estava repleta de cédulas. Nós nos entreolhamos cheios de felicidade. Mas então o semblante de Oliver se transformou. "Nelson, isto é dinheiro de Guiné", ele falou, "Não vale nada fora daqui; é apenas papel". Mas Oliver teve uma ideia: levamos o dinheiro até a embaixada Checa, onde ele tinha um amigo que trocou por moeda conversível.

A graciosidade dos esguios barcos de pesca que deslizavam pelo porto em Dacar era igualada apenas pela elegância das mulheres senegalesas que navegavam pelas ruas da cidade em túnicas esvoaçantes e cabeças envoltas em turbantes. Passei pelo mercado vizinho, intoxicado pelo aroma dos temperos e perfumes exóticos. Os senegaleses são um povo bonito e desfrutei o pouco tempo que Oliver e eu passamos nesse país. A sua sociedade mostrou como elementos díspares – franceses, islâmicos e africanos – podem se misturar para criar uma cultura ímpar e característica.

Durante a nossa ida à uma reunião com o Presidente Leopold Senghor, Oliver teve um ataque severo de asma. Ele se recusou a voltar ao hotel, e eu o carreguei nas costas pela escadaria até o gabinete do presidente. Senghor ficou bastante preocupado com o estado de saúde de Oliver e insistiu que ele fosse atendido pelo seu médico particular.

Haviam me dito que eu tomasse cuidado com Senghor, pois houve relatos de que soldados senegaleses estavam servindo junto com soldados franceses na Argélia, e que o Presidente Senghor estava encantado um pouco demais com os hábitos e charmes do *ancien regime*. Sempre haverá, em nações emergentes, uma atração duradoura pelos costumes do colonizador – eu mesmo não estava imune a isso. O Presidente Senghor era um acadêmico e poeta, e nos disse que estava coletando material de pesquisa sobre Shaka, nos lisonjeando ao fazer várias perguntas sobre o grande guerreiro sul-africano. Nós fizemos um resumo da situação na África do Sul, fizemos a nossa solicitação de treinamento militar e de dinheiro. Senghor respondeu que suas mãos estavam atadas até que o Parlamento se reunisse.

Nesse meio tempo, ele queira que nós conversássemos com o ministro da justiça, Sr. Daboussier, sobre treinamento militar, e o presidente me apresentou a uma bela jovem francesa, branca, que, ele explicou, seria a intérprete em minha reunião com o ministro. Eu não falei nada, mas fiquei perturbado. Eu não me sentia confortável em discutir os assuntos muito delicados de treinamento militar diante de uma jovem que eu não conhecia e em quem não tinha certeza de que podia confiar. Senghor percebeu o meu desconforto, pois disse, "Mandela, não se preocupe, os franceses daqui se identificam completamente com as nossas aspirações africanas".

Quando chegamos ao gabinete do ministro, encontramos algumas secretárias negras na recepção. Uma das secretárias perguntou à moça francesa o que ela estava fazendo lá. Ela disse que havia sido enviada pelo presidente para servir como intérprete. Uma discussão se sucedeu e no meio dela, uma das secretárias negras voltou-se para mim e perguntou, "O senhor sabe falar inglês?" Eu disse que sim, e ela disse, "O ministro fala inglês e o senhor pode conversar com ele diretamente. O senhor não precisa de uma intérprete". A moça francesa, que agora estava bastante zangada, afastou-se quando fui conversar com o ministro, que prometeu atender aos nossos pedidos. No final das contas, apesar de Senghor não ter nos dado o que havíamos solicitado, ele me forneceu um passaporte diplomático e pagou pelas passagens aéreas de Dacar para o nosso destino seguinte: Londres.

48

CONFESSO QUE SOU um pouco anglófilo. Quando eu pensava na democracia ocidental e liberdade, pensava no sistema parlamentarista britânico. Em tantas formas, o próprio modelo do cavalheiro para mim era o inglês. Apesar de a Grã-Bretanha ser o lar da democracia parlamentar, havia sido esta democracia que havia ajudado a infligir um sistema pernicioso de iniquidade ao meu povo. Se por lado eu abominava a noção de imperialismo britânico, nunca rejeitei a pompa do estilo e modos britânicos.

Eu tinha vários motivos para ir à Inglaterra, além do meu desejo de ver o país sobre o qual havia por tanto tempo lido e ouvido falar. Eu estava preocupado com a saúde de Oliver e queria persuadi-lo a se tratar. Eu queria muito visitar a sua esposa, Adelaide, e seus filhos, assim como Yusuf Dadoo, que agora estava morando lá e representava o movimento do Congresso. Eu também sabia que em Londres eu poderia adquirir literatura sobre guerra de guerrilhas que havia sido incapaz de obter em outros lugares.

Em Londres, retomei meus velhos hábitos da clandestinidade, não desejando que chegasse até a África do Sul a informação de que eu estava lá. Os tentáculos das forças de segurança sul-africanas chegavam até Londres. Mas eu não fiquei em reclusão; meus dez dias lá foram divididos entre assuntos relacionados ao CNA, visitar velhos amigos e os passeios ocasionais de um turista convencional. Juntamente com Mary Benson, uma amiga nascida em Pretória que havia escrito sobre a nossa luta, Oliver e eu fomos ver as atrações turísticas da cidade que já havia governado quase dois terços do mundo: a Abadia de Westminster, o Big Ben, as Casas do Parlamento. Se por um lado eu me gloriava na beleza desses edifícios, eu também sentia uma ambivalência em relação ao que eles representavam. Quando vimos a estátua do general Smuts perto da Abadia de Westminster, nós gracejamos que talvez algum dia haveria uma estátua nossa no lugar dela.

Eu fui informado por diversas pessoas que o jornal *Observer*, editado por David Astor, vinha pendendo na direção do CPA em sua cobertura, publicando editoriais afirmando que o CNA era o partido do passado. Oliver fez os arranjos necessários para que eu me encontrasse com Astor em sua casa, e conversamos longamente sobre o CNA. Não sei se exerci alguma influência sobre ele, mas a cobertura certamente mudou. Ele também recomendou que eu conversasse com vários políticos proeminentes, e na companhia do membro Trabalhista do parlamento, Denis Healey, encontrei-me com Hugh Gaitskell, líder do Partido Trabalhista, e Jo Grimond, líder do Partido Liberal.

Foi apenas perto do final de minha visita que encontrei com Yusuf, mas não foi uma reunião alegre. Eu e Oliver havíamos encontrado uma dificuldade recorrente em nossas viagens: um líder africano após o outro havia nos questionado sobre o nosso relacionamento com as comunidades de brancos e de indianos, às vezes sugerindo que eles controlavam o CNA. A nossa negação ao racialismo seria bem menos problemática se não fosse pela formação do CPA, que era explicitamente nacionalista e antibrancos. No restante da África, a maioria dos líderes africanos entendia melhor os pontos de vista do CPA do que os do CNA. Oliver havia discutido essas coisas com Yusuf, que não ficou satisfeito com as conclusões dele. Oliver havia resolvido que o CNA tinha que parecer mais independente, praticando algumas ações unilateralmente sem o envolvimento dos outros membros da aliança, e eu concordava com ele.

Passei minha última noite em Londres discutindo essas questões com Yusuf. Expliquei que já que estávamos embarcando em uma luta armada nós estaríamos contando com outras nações africanas para dinheiro, treinamento e apoio, e, portanto, tínhamos que levar em consideração os seus pontos de vista mais do que havíamos feito no passado. Yusuf acreditava que Oliver e eu estávamos mudando a política do CNA, que nós estávamos nos preparando para abandonar o não racialismo que era o ponto central da Carta Magna da Liberdade. Eu lhe disse que ele estava enganado, que nós não estávamos rejeitando o não racialismo, estávamos simplesmente afirmando que o CNA deveria tomar mais atitudes individuais e fazer declarações que não fizessem parte da Aliança do Congresso. Frequentemente, o CNA, o Congresso Indiano da África do Sul e o Congresso das Pessoas Mestiças faziam uma declaração coletiva sobre um determinado assunto que afetava apenas os negros. Isso tinha que mudar. Yusuf estava insatisfeito com isso. "E as políticas?" ele continuava perguntando. Eu disse a ele que não estava falando sobre políticas, estava falando sobre imagem. Nós ainda trabalharíamos juntos, só que o CNA tinha que parecer ser o primeiro entre iguais.

Apesar de eu estar triste por deixar meus amigos em Londres, agora eu estava embarcando naquela que seria a parte menos familiar da minha viagem: treinamento militar. Eu havia feito arranjos para receber seis meses de treinamento em Adis Abeba. Lá fui recebido pelo Ministro das Relações Exteriores, Yefu, que me cumprimentou calorosamente e me levou a um subúrbio chamado Kolfe, onde ficava o quartel-general do Batalhão de Choque Etíope, onde eu deveria aprender a arte e a ciência de ser um soldado. Se por um lado eu era um boxeador amador razoável, por outro lado tinha muito pouco conhecimento sobre até mesmo os rudimentos do combate. Meu instrutor era o tenente Wondoni Befikadu, um soldado experiente que havia lutado junto com o movimento clandestino contra os italianos. Nosso programa era extenuante: treinávamos das oito da manhã até uma da tarde, fazíamos uma pausa para tomar uma ducha e almoçar, e então continuávamos das duas até as quatro da tarde. A partir das quatro da tarde e entrando na noite, eu recebia aulas sobre a ciência militar do Coronel Tadesse, que também era assistente do comissário do polícia e que havia sido fundamental na derrota de uma tentativa recente de golpe de estado contra o imperador.

Aprendi a atirar com um fuzil automático, com pistola e praticava tiro ao alvo em Kolfe juntamente com a Guarda do Imperador, e em um estande de tiro, a cerca de oitenta quilômetros de distância, juntamente com todo o batalhão. Tive aulas sobre demolição e disparo de morteiros e aprendi a fabricar pequenas bombas e minas – e como evitá-las. Eu me senti sendo moldado em um soldado e comecei a pensar como um soldado pensa – uma distância bem grande da forma de um político pensar.

Do que eu gostava mais eram das "marchas de fatiga" nas quais se é equipado apenas com uma arma, munição e um pouco de água, e deve atingir um ponto distante dentro de certo limite de tempo. Durante essas marchas eu tive noção da paisagem, que era muito bonita, com florestas espessas e elevações escassas. O país era extremamente atrasado: as pessoas utilizavam arados de madeira e sobreviviam com uma dieta muito simples, complementada com cerveja caseira. Sua existência era semelhante à vida nas áreas rurais da África do Sul; os pobres em todos os lugares mais se assemelham do que se diferenciam.

Em minhas sessões de estudo, o Coronel Tadesse discutia assuntos tais como criar uma força de guerrilha, como comandar um exército e como impor disciplina. Certa noite, durante o jantar, o Coronel Tadesse me falou, "Agora, Mandela, você está criando um exército de liberação e não um exército capitalista convencional. Um exército de liberação é um exército igualitário. Você tem que tratar seus homens de uma forma inteiramente diferente de como os trataria em um exército capitalista. Quando você estiver de plantão, deverá exercer a sua autoridade com confiança e controle. Isso não difere do comando num exército capitalista.

Mas quando você estiver de folga, deverá se comportar em base de perfeita igualdade, mesmo em relação ao soldado mais raso. Você deve comer o que eles comem; você não deve comer no seu gabinete, mas junto com eles, beber com eles, não se isolar".

Tudo isso parecia admirável e sensato, mas enquanto ele estava falando comigo, um sargento entrou na sala e perguntou ao coronel onde poderia encontrar um certo tenente. O coronel olhou para ele com disfarçado desprezo e disse, "Você não vê que estou conversando com uma pessoa importante aqui? Agora, saia da minha frente!" E então continuou com sua discussão no mesmo tom didático de antes.

O curso de treinamento deveria demorar seis meses, mas depois de oito semanas recebi um telegrama do CNA solicitando que eu retornasse urgentemente para casa. A luta armada interna estava se intensificando e eles queriam o comandante do MK em cena.

O Coronel Tadesse tomou rapidamente providências para que eu embarcasse em um voo da Ethiopian para Cartum. Antes de eu viajar, ele me deu um presente: uma pistola automática e duzentos cartuchos de munição. Fiquei grato, pela arma e pelo treinamento. Apesar das marchas de fatiga que eu havia feito, achei cansativo carregar toda aquela munição comigo. Uma única bala é surpreendentemente pesada; transportar duzentas é como carregar uma pequena criança nas costas.

Em Cartum, fui recebido por um funcionário da British Airways que me disse que o voo de conexão para Dar Assalaam não sairia senão no dia seguinte e eles haviam tomado a liberdade de me hospedar em um hotel refinado na cidade. Fiquei consternado, pois preferia ficar em um hotel menos evidente de terceira classe.

Quando fui deixado diante do hotel, tive que atravessar a sua longa e elegante varanda, onde várias dezenas de brancos estavam sentados, bebendo. Isso aconteceu muito antes de os detectores de metal e inspeções de segurança, e eu estava portando a minha pistola em um coldre dentro do meu paletó e os duzentos cartuchos estavam enrolados em minha cintura sob a minha calça. Eu também levava comigo vários milhares de libras em dinheiro. Tive a sensação de que todos esses brancos bem vestidos tinham visão de raios-X e que eu iria ser preso a qualquer instante. Mas fui escoltado em segurança até o meu quarto, onde pedi serviço de quarto; até mesmo as passadas dos garçons me deixavam inquieto.

De Cartum segui diretamente para Dar Assalaam, onde saudei o primeiro grupo de vinte e um recrutas do Umkhonto, que estavam indo para a Etiópia para receberem treinamento. Foi um momento de orgulho, pois esses homens haviam se voluntariado para servir em um exército que eu estava na época tentando criar. Eles estavam arriscando suas vidas em uma batalha que era apenas o princípio, uma batalha que seria mais perigosa para aqueles que eram os seus primeiros soldados. Eles eram jovens, a maioria deles vindo de cidades, e eram altivos e ardentes. Tivemos um jantar de despedida: os homens abateram uma cabra em homenagem a mim, e eu contei sobre a minha viagem para eles e lhes falei sobre a necessidade de bom comportamento e disciplina no exterior, porque eles estavam representando a luta pela liberdade na África do Sul. O treinamento militar, eu disse, deve ir de braços dados com o treinamento político, pois uma revolução não era apenas uma questão de se apertar um gatilho; sua finalidade era criar uma sociedade justa e equitativa. Foi a primeira vez que os meus soldados fizeram continência para mim.

O Presidente Nyerere me forneceu um avião particular para Mbeya, e de lá voei diretamente para Lobatse. O piloto me comunicou que iríamos aterrissar em Kanye. Isso me deixou preocupado: por que o plano havia sido alterado? Em Kanye, fui recebido pelo magistrado local e um segurança, ambos brancos. O magistrado se aproximou de mim e perguntou qual era o meu nome. David Motsamayi, respondi. Não, ele disse, por favor, me diga o seu nome verdadeiro. Uma vez mais, eu disse David Motsamayi. O magistrado falou "Por favor, diga-me o seu nome verdadeiro porque recebi instruções de encontrar o Sr. Mandela aqui e providenciar-lhe ajuda e transporte. Se você não for o Sr. Nelson Mandela, serei obrigado a prendê-lo, pois o senhor não tem autorização para entrar no país. O seu nome é Nelson Mandela?"

Essa era uma situação difícil; eu poderia ser preso de qualquer forma. "Se você insistir que sou Nelson Mandela e não David Motsamayi", eu falei, "não vou contrariá-lo". Ele sorriu e disse simplesmente, "Esperávamos que você chegasse ontem". Então ele ofereceu uma carona até onde os meus camaradas estariam esperando por mim. Fomos de carro até Lobatse, onde me encontrei com Joe Modise e um simpatizante do CNA, chamado Jonas Matlou, que na época morava lá. O magistrado me contou que a polícia sul-africana estava ciente do meu retorno e sugeriu que eu partisse no dia seguinte. Agradeci a ele por sua ajuda e conselho, mas quando cheguei à casa de Matlou, disse que viajaria na mesma noite. Eu deveria voltar para a África do Sul de carro, com Cecil Williams, um diretor de teatro, branco, e membro do MK. Fazendo-me passar por seu chofer, fui para a direção e viajamos naquela noite para Johannesburgo.

Parte Sete

RIVONIA

49

DEPOIS DE ATRAVESSAR A FRONTEIRA, respirei profundamente. O ar de nosso lar sempre tem um aroma doce depois que passamos algum tempo longe. Era uma noite clara de inverno e, de alguma forma, até mesmo as estrelas pareciam mais acolhedoras aqui do que em outros lugares no continente. Apesar de estar deixando um mundo onde experimentei a liberdade pela primeira vez e estar voltando para onde eu era um fugitivo, fiquei profundamente aliviado em estar de volta à terra do meu nascimento e de meu destino.

Entre Bechuanaland e o noroeste do Transvaal, dezenas de estradas sem sinalização atravessam a fronteira, e Cecil sabia em quais deveria trafegar. Durante a viagem, ele me colocou em dia sobre os eventos que eu havia perdido. Dirigimos a noite inteira, atravessando furtivamente a fronteira pouco depois da meia-noite e chegando à Fazenda Liliesleaf ao alvorecer. Eu ainda estava usando o meu uniforme cáqui surrado de treinamento.

Quando cheguei à fazenda, não tive tempo para descanso e reflexão porque na noite seguinte realizaríamos uma reunião secreta para que eu desse detalhes da minha viagem ao Comitê de Trabalho. Walter, Moses Kotane, Govan Mbeki, Dan Tloome, J. B. Marks e Duma Nokwe, todos foram à fazenda, uma reunião rara. Primeiramente, fiz um apanhado geral das minhas viagens, listando as quantias de dinheiro que havíamos recebido e as ofertas de treinamento militar. Ao mesmo tempo, relatei em detalhes as reservas que eu havia enfrentado em relação à cooperação do CNA, com brancos, indianos e comunistas em particular. Ainda ressoava em meus ouvidos minha reunião final com os líderes de Zâmbia que me falaram que conquanto soubessem que o CNA era mais forte e popular do que o CPA, eles compreendiam o nacionalismo africano puro do CPA, mas estavam desnorteados com as conexões não racialistas e comunistas do CNA. Eu os informei que Oliver e eu acreditávamos que o CNA tinha que parecer mais independente para tranquilizar nossos aliados no continente, pois eram eles que iriam financiar e treinar o Umkhonto we Sizwe. Propus que reformulássemos a Aliança do Congresso, de forma que o CNA fosse claramente visto como a organização líder, especialmente em questões que afetassem diretamente os negros africanos.

Essa era uma proposta séria, e a liderança inteira tinha que ser consultada. O Comitê de Trabalho insistiu para que eu fosse até Durban e informasse o Chefe Luthuli. Todos concordaram, com exceção de Govan Mbeki, que na época não estava morando na Fazenda Liliesleaf, mas estava presente como parte do Alto Comando do MK. Ele insistiu para que eu enviasse outra pessoa. Era simplesmente arriscado demais, ele disse, e a organização não deveria expor a minha segurança ao perigo, especialmente porque eu havia recém-retornado e estava pronto para seguir adiante com o MK. Esse conselho sábio foi indeferido por todos, inclusive por mim.

Parti de Rivonia na noite seguinte em companhia de Cecil, que, novamente, me fez passar por seu motorista. Eu havia planejado uma série de reuniões secretas em Durban, a primeira das quais era com Monty Naicker e Ismail Meer para lhes dar detalhes da minha viagem e para discutir a nova proposta. Monty e Ismail eram extremamente íntimos de Luthuli, e ele confiava na opinião deles. Eu queria poder dizer a Luthuli que havia conversado com seus amigos e expressar a reação deles. Ismail e Monty, no entanto, ficaram perturbados pela minha crença de que o CNA precisava assumir a liderança na Aliança do Congresso e fazer declarações em relação às questões que afetavam os negros. Ismail e Monty eram contra qualquer coisa que pudesse destruir a aliança.

Fui levado para Groutville, onde Luthuli morava, e nos reunimos na casa de uma senhora indiana na cidade. Expliquei a situação para ele, durante algum tempo, que ficou ouvindo sem falar nada. Quando acabei de falar, ele disse que não gostava da ideia de políticos estrangeiros ficarem determinando as políticas do CNA. Ele disse que nós havíamos desenvolvido a política de não racialismo por bons motivos, e que não acreditava que devíamos alterar a nossa política porque esta não era adequada para alguns líderes estrangeiros.

Falei para ele que esses políticos estrangeiros não estavam determinando a nossa política, mas meramente dizendo que eles não a compreendiam. Meu plano, disse a ele, era simplesmente efetivar mudanças essencialmente cosméticas de forma a tornar o CNA mais inteligível – e mais palatável – para os nossos aliados. Eu via isso como uma manobra defensiva, pois se os estados africanos decidissem apoiar o CPA, uma organização pequena e fraca, esta poderia, de repente, tornar-se grande e potente.

Luthuli não tomava decisões no calor do momento. Eu podia ver que ele queira pensar a respeito do que eu havia falado e conversar com alguns de seus amigos sobre o assunto. Despedi-me, e ele me aconselhou que eu fosse cuidadoso. Eu ainda tinha várias reuniões clandestinas na cidade e em assentamentos naquela noite. Minha última reunião naquela noite era com o Comando Regional do MK em Durban.

O Comando de Durban era liderado por um especialista em sabotagens, chamado Bruno Mtolo, com quem eu nunca havia me encontrado antes, mas que iria encontrar em circunstâncias dramaticamente diferentes. Eu os informei sobre a minha viagem pela África, sobre o apoio que havíamos recebido e as ofertas de treinamento. Expliquei que, por enquanto, o MK estava limitado a sabotagens, mas se as sabotagens não produzissem o efeito desejado, nós provavelmente iríamos partir para a guerra de guerrilha.

Mais tarde, naquela mesma noite, na casa do repórter fotográfico G. R. Naidoo, onde eu estava hospedado, recebi a visita de Ismail e Fatima Meer, Monty Naicker e J. N. Singh para o que deveria ser uma combinação de festa de boas-vindas e festa de despedida, pois eu partiria no dia seguinte para Johannesburgo. Foi uma noite agradável e minha primeira noite de descontração em um longo tempo. Dormi bem e me encontrei com Cecil no domingo à tarde – dia cinco de agosto – para a longa viagem de volta para Johannesburgo em seu fiel Austin.

Eu estava usando a minha capa branca de motorista e fiquei sentado ao lado de Cecil enquanto ele guiava. Nós nos revezamos ao volante. Era dia claro e frio e eu me deleitei com a beleza do interior de Natal; mesmo no inverno, Natal permanece verde. Agora que eu estava voltando para Johannesburgo, teria um pouco de tempo para ver Winnie e as crianças. Eu havia frequentemente desejado que Winnie pudesse compartilhar as maravilhas da África comigo, mas o melhor que eu podia fazer era contar para ela o que eu havia visto e feito.

Ao sairmos do distrito industrial de Durban, atravessamos colinas que ofereciam vistas majestosas dos vales circundantes e das águas azuis e negras do Oceano Índico. Durban é o principal porto da maior área industrial do país, e a rodovia que vai até Johannesburgo corre paralelamente à ferrovia por um longo trecho. Fui da contemplação da beleza natural à meditação sobre o fato de que a ferrovia, estando tão próxima da rodovia, oferecia um local conveniente para sabotagem. Fiz uma observação sobre isso no caderno de anotações que sempre levava comigo.

Cecil e eu estávamos absortos em discussões de planos de sabotagem quando atravessamos Howick, a trinta quilômetros ao noroeste de Pietermaritzburg. Em Cedara, uma pequena cidade logo depois de Howick, notei um Ford V-8 cheio de homens brancos nos ultrapassar em alta velocidade pela nossa direita. Instintivamente me voltei para trás e vi dois carros cheios de homens brancos. De repente, na nossa frente, o Ford estava sinalizando para que nós parássemos. Eu soube naquele instante que minha vida como fugitivo havia terminado; meus dezessete meses de "liberdade" estavam para acabar.

Enquanto reduzia a velocidade do carro, Cecil virou-se para mim e perguntou "Quem são esses homens?" Não respondi porque sabíamos muito bem quem eram eles. Eles haviam escolhido o local de emboscada; à nossa esquerda havia um barranco íngreme coberto de vegetação contra o qual eles poderiam nos forçar a bater contra, caso tentássemos evitá-los. Eu estava no banco de passageiro do lado esquerdo, e por um instante pensei sobre saltar do carro e tentar fugir para a mata, mas teriam atirado em mim em questão de segundos.

Quando nosso carro parou, um homem magro e alto com uma expressão severa em seu rosto veio diretamente até a janela do lado do passageiro. Ele estava com a barba por fazer e tinha a aparência de não ter dormido por bastante tempo. Imediatamente presumi que ele havia ficado esperando por nós por vários dias. Com uma voz calma ele se apresentou como sendo o Sargento Vorster, da polícia de Pietermaritzburg e mostrou um mandado de prisão. Ele pediu que eu me identificasse, e eu lhe disse que meu nome era David Motsamayi. Ele assentiu com a cabeça, e então, de uma forma muito respeitável, fez algumas perguntas sobre onde eu havia estado e para onde estava indo. Esquivei-me dessas perguntas sem dar-lhe muitas informações. Ele pareceu ficar um pouco irritado e então disse, "Ahn, você é Nelson Mandela, e este é Cecil Williams, e vocês estão presos!"

Ele nos comunicou que um major da polícia no outro carro iria nos acompanhar de volta a Pietermaritzburg. Os policiais não eram tão vigilantes naquela época, e o Sargento Vorster nem se deu ao trabalho de me revistar. Eu portava o meu revólver carregado e, novamente, pensei em fugir, mas estava em grande desvantagem numérica. Discretamente coloquei o revólver – e meu caderno de anotações – no estofamento entre o meu assento e o de Cecil. Por alguma razão, os policiais nunca encontraram o meu revólver ou o pequeno caderno de anotações, o que foi afortunado, pois muitas outras pessoas seriam presas se eles o tivessem encontrado.

No quartel da polícia fui levado até a sala do Sargento Vorster, onde vi vários oficiais, um dos quais era o suboficial Truter, que havia prestado depoimento no Julgamento por Traição. Truter havia me causado uma impressão favorável nos réus porque havia descrito precisamente a política do CNA, e não havia exagerado ou mentido. Cumprimentamos-nos amigavelmente.

Eu ainda não havia admitido nada além do nome David Motsamayi, e Truter me falou, "Nelson, por que você continua com esta farsa? Você sabe que eu sei quem é você. Todos nós sabemos quem é você". Eu lhe disse simplesmente que havia dado um nome e que aquele era o nome que eu ia continuar dando. Pedi a presença de um advogado, mas rejeitaram secamente. Então me recusei a dar uma declaração.

Cecil e eu fomos colocados em celas separadas. Agora eu tinha tempo para refletir sobre a minha situação. Eu havia sempre estado ciente de que a prisão era uma possibilidade, mas até mesmo guerreiros pela liberdade praticam a negação, e em minha cela, naquela noite, me dei conta de que não estava preparado para a realidade da captura e do confinamento. Eu estava chateado e agitado. Alguém havia delatado à polícia o meu paradeiro; eles sabiam que eu estava em Durban e que estaria retornando para Johannesburgo. Durante semanas antes de minha volta, a polícia acreditava que eu já estava no país. Em junho, as manchetes dos jornais proclamavam "A VOLTA DO PIMPINELA NEGRO", enquanto eu ainda estava em Adis Abeba. Talvez aquilo tenha sido um blefe?

As autoridades vinham incomodando Winnie, acreditando que ela saberia se eu já havia retornado ou não. Eu sabia que a haviam seguido e vasculhado a casa em várias ocasiões. Supus que imaginassem que eu visitaria o Chefe Luthuli imediatamente quando retornasse, e estavam certos. Mas também suspeitei que tivessem informações de que eu estava em Durban naquele momento. O movimento havia sido infiltrado por informantes, e mesmo pessoas bem-intencionadas não eram, em geral, tão discretas quanto deveriam ser. Eu também tinha sido displicente. Muitas pessoas tinham conhecimento de minha presença em Durban. Eu havia até mesmo promovido uma festa na noite anterior à minha partida, e fiquei me recriminando por ter baixado a minha guarda. Meu pensamento ficou ricocheteando entre as possibilidades. Foi um informante em Durban? Alguém em Johannesburgo? Alguém do movimento? Ou até mesmo um amigo ou membro da família? Mas tal especulação a respeito de incógnitas era fútil, e com a combinação de exaustão física e mental, logo caí em sono profundo. Pelo menos nesta noite – cinco de agosto de 1962 – não tive que me preocupar se a polícia me encontraria. Eles já o haviam feito.

Pela manhã, me senti restabelecido e me preparei para a nova provação que se avizinhava. Eu não iria, sob circunstância alguma, aparentar desespero ou até mesmo decepção diante de meus captores. Às oito e meia da manhã compareci diante do magistrado local e fui formalmente colocado sob custódia para ser enviado a Johannesburgo. Foi uma ação discreta, e o magistrado pareceu despreocupado, como se estivesse tratando de uma multa de trânsito. A polícia não havia tomado precauções elaboradas para a viagem de volta para Johannesburgo ou para a minha segurança, e eu fiquei simplesmente sentado no banco de trás de um sedan, sem algemas, com dois oficiais na frente. Minha prisão havia sido descoberta pelos meus amigos; Fatima Meer trouxe comida para mim na cadeia e eu a compartilhei com os dois policiais no carro. Até mesmo fizemos uma parada em Volksrust, uma cidade localizada no caminho, e eles permitiram que eu fizesse uma pequena caminhada para esticar as pernas. Eu não ficava pensando em fugir quando as pessoas eram bondosas comigo; eu não queria me aproveitar da confiança que eles depositavam em mim.

Mas quando nos aproximamos de Johannesburgo, a atmosfera se transformou. Ouvi um comunicado no rádio da polícia sobre minha captura e a ordem de desmobilizar os bloqueios nas estradas de e para Natal. Ao entardecer, na periferia de Johannesburgo, fomos recebidos por uma escolta policial considerável. Fui abruptamente algemado, retirado do carro, e colocado em um camburão fechado com pequenas janelas opacas reforçadas com grades. O comboio tomou então um caminho sinuoso e desconhecido para Marshall Square, como se os policiais estivessem preocupados que pudéssemos ser emboscados.

Fui colocado sozinho em uma cela. Na quietude da cela eu estava planejando a minha estratégia para o dia seguinte, quando ouvi o barulho de uma tosse vindo de uma cela vizinha. Eu não havia me dado conta de que havia outro prisioneiro nas proximidades, e mais do que isso, havia algo naquela tosse, algo que me soava curiosamente familiar. Sentei-me na cama, reconhecendo aquele som e chamei "Walter?"

"Nelson, é você?" ele perguntou, e nós rimos com uma mistura indescritível de alívio, surpresa, desapontamento e alegria. Walter, fiquei sabendo, havia sido preso imediatamente após a minha prisão. Nós pensamos que as prisões não tinham relação alguma entre si. Se por um lado este não era o local mais auspicioso para uma reunião do Comitê Nacional de Trabalho, por outro lado era certamente conveniente e a noite passou rapidamente enquanto eu fazia uma descrição completa da minha prisão, assim como das minhas reuniões em Durban.

No dia seguinte compareci ao tribunal diante de um magistrado sênior para indiciamento formal. Harold Wolpe e Joe Slovo vieram até o tribunal depois de ficarem sabendo da minha prisão, e fizemos consultas no subsolo do tribunal. Eu havia comparecido diante deste magistrado por diversas ocasiões em minha condição de advogado e havíamos criado um clima de respeito entre nós. Vários advogados também estavam presentes, alguns dos quais eu conhecia muito bem. É curioso como alguém pode facilmente ficar lisonjeado em certas situações por incidentes que seriam, de outra forma, insignificantes. Não estou de modo algum imune à lisonja em circunstâncias normais, mas lá estava eu, um fugitivo, o número um na lista dos Mais Procurados do governo, um fora da lei algemado que havia permanecido na clandestinidade por mais de um ano, e, no entanto, o juiz, os outros advogados e os espectadores, todos me receberam com deferência e cortesia profissional. Eles me conheciam como Nelson Mandela, o advogado, e não Nelson Mandela, o bandido. Isso me deixou imensamente animado.

Durante os procedimentos, o magistrado estava hesitante e pouco à vontade, e não olhava diretamente para mim. Os outros advogados também pareciam estar embaraçados, e naquele momento, tive uma espécie de revelação. Estes homens não estavam se sentindo desconfortáveis apenas porque eu era um colega humilhado, mas porque eu era um homem comum sendo punido por suas crenças. De uma forma que eu nunca havia compreendido bem anteriormente, me dei conta do papel que poderia ter no tribunal e das possibilidades diante de mim enquanto réu. Eu era o símbolo da justiça no tribunal do opressor, o representante dos grandes ideais de liberdade, equidade e democracia em uma sociedade que desonrava estas virtudes. Dei-

-me conta, naquele exato momento, de que poderia levar a luta adiante mesmo nas entranhas da fortaleza do inimigo.

Quando perguntaram o nome do meu advogado, anunciei que eu mesmo me defenderia, com Joe Slovo como consultor jurídico. Ao ser o meu próprio advogado, eu estaria enfatizando o simbolismo do meu papel. Eu iria utilizar o meu julgamento como um mostruário para a oposição moral do CNA contra o racismo. Eu não ia tentar me defender senão para colocar o próprio estado no banco dos réus. Naquele dia, respondi apenas às perguntas relativas ao meu nome e escolha de advogado. Ouvi silenciosamente as acusações: incitamento dos trabalhadores negros à greve e sair do país sem documentos válidos de viagem. Na África do Sul do *apartheid*, as penas para esses "crimes" podiam chegar a dez anos de prisão. No entanto as acusações representaram uma espécie de alívio: o Estado claramente não tinha evidências suficientes para me ligar ao Umkhonto we Sizwe ou eu teria sido acusado dos crimes muito mais sérios de traição ou sabotagem.

Somente quando eu estava saindo do tribunal vi Winnie na galeria dos espectadores. Ela parecia angustiada e sombria; ela sem dúvida estava pensando nos meses e anos difíceis que tinha diante de si, da vida solitária, criando dois filhos pequenos, em uma cidade que era frequentemente dura e ameaçadora. Uma coisa é ser avisado das possíveis dificuldades no futuro, outra, completamente diferente, é ter que se confrontar com elas. Tudo o que eu podia fazer, enquanto descia os degraus até o subsolo, foi sorrir para ela, como que para mostrar que eu não estava preocupado e que ela também não devia ficar. Não consigo imaginar se isso foi de muita ajuda.

Do tribunal, fui levado para o Forte de Johannesburgo. Quando saí do tribunal para entrar no camburão fechado, havia uma multidão de centenas de pessoas aplaudindo e gritando "*Amandla!*" seguido de "*Ngawethu*", um grito de guerra popular do CNA, significando "Poder!" e "O poder é nosso!" As pessoas gritavam e cantavam e batiam com seus punhos na lateral do camburão enquanto ele vagarosamente atravessou o portão de saída do tribunal. A minha captura e meu caso haviam chegado às manchetes de todos os jornais: “CAPTURA POLICIAL DÁ FIM A DOIS ANOS DE FUGA” era uma delas; “NELSON MANDELA É PRESO” era outra. O pretenso Pimpinela Negro não estava mais à solta.

Alguns dias mais tarde, Winnie recebeu autorização para me visitar. Ela havia se arrumado e agora, pelo menos aparentemente, parecia menos sombria do que antes. Ela me trouxe um novo par de pijamas caros e um belo roupão de seda que era mais apropriado para um salão do que uma prisão. Não tive coragem de lhe dizer que era inteiramente inapropriado que eu vestisse tais coisas na cadeia. Entretanto, eu sabia que o pacote era uma forma de expressar o seu amor e uma expressão de solidariedade. Eu agradeci a ela, e apesar de não termos muito tempo, discutimos rapidamente alguns assuntos familiares, especialmente como ela iria se sustentar e as crianças. Mencionei o nome de amigos que iriam ajudá-la e também de clientes meus, que ainda me deviam dinheiro. Falei para ela contar a verdade para as crianças, que eu ficaria longe por muito tempo. Eu disse que nós não éramos a primeira família a viver esta situação, e que aqueles que sofreram tais dificuldades saíram delas mais fortes. Eu a assegurei da força da nossa causa, a lealdade de nossos amigos, e como o amor e devoção dela iriam me acompanhar através do que acontecesse. O oficial que supervisionava a visita fez vista grossa, e nós nos abraçamos e nos agarramos com toda a força e emoção, reprimidas em nós, como se esta fosse ser a despedida final. De certa forma era, pois ficaríamos separados por muito mais tempo do que qualquer um de nós podia imaginar na época. O suboficial permitiu que eu acompanhasse Winnie por parte do caminho até o portão principal onde fui capaz de observá-la, solitária e orgulhosa, desaparecer na esquina.

50

NO FORTE EU estava sob a supervisão do Coronel Minnaar, um africânder cortês que era considerado liberal pelos seus colegas *verkrampte* (linha-dura). Ele me explicou que estava me colocando na enfermaria da prisão porque esta era a área mais confortável e que eu poderia ter uma cadeira e uma mesa nas quais poderia preparar minha defesa. Se por um lado a enfermaria era de fato confortável – eu podia dormir em uma cama adequada, algo que eu nunca havia feito em uma prisão – a razão verdadeira de sua generosidade era que a enfermaria era o local mais seguro para me manter. Para chegar a ela, uma pessoa era obrigada a atravessar dois muros inexpugnáveis, cada qual com guardas armados; e uma vez dentro da enfermaria, quatro portões maciços tinham que ser destravados antes mesmo de se chegar à área onde eu estava sendo mantido. Houve especulações na imprensa que o movimento tentaria me resgatar, e as autoridades estavam fazendo o melhor que podiam para evitar que isso acontecesse.

Também houve especulações frenéticas, na imprensa e no CNA, que eu havia sido traído por alguém do movimento. Eu sabia que algumas pessoas culpavam G. R. Naidoo, o meu anfitrião em Durban, uma sugestão que eu acreditava ser infundada. A imprensa apregoava que eu fui traído por comunistas brancos e indianos que ficaram perturbados pelas minhas sugestões de que o CNA devia se direcionar mais aos negros. Mas eu acreditava que essas histórias eram plantadas pelo governo para dividir o movimento do Congresso, e eu via isso como uma travessura maldosa. Discuti o assunto mais tarde, não apenas com Walter, Duma, Joe Slovo e Ahmed Kathrada, mas também com Winnie, e fiquei contente em ver que eles se sentiam da mesma forma. Winnie havia sido convidada para abrir a conferência anual do Congresso Indiano do Transvaal, e incentivada por mim ela repudiou esses rumores em termos inequívocos. Os jornais ficaram repletos de histórias sobre a sua beleza e eloquência. "Não vamos perder tempo procurando evidências de quem traiu Mandela", ela falou para a audiência. "Tal propaganda é calculada para manter-nos brigando entre nós em vez de nos unirmos para combater a opressão Nacionalista".

A história mais mencionada era a de que um funcionário consular norte-americano com conexões com a CIA havia avisado as autoridades. Essa história nunca foi confirmada e nunca vi evidências confiáveis de sua veracidade. Apesar de a CIA ser responsável por muitas atividades desprezíveis, em seu apoio ao imperialismo norte-americano, não posso responsabilizá-la pela minha captura. Na verdade, eu havia sido imprudente em não manter o sigilo dos meus movimentos. Em retrospecto, me dei conta de que as autoridades poderiam ter uma infinidade de maneiras de me localizar em minha viagem para Durban. Era, na verdade, surpreendente que eu não tivesse sido capturado antes.

Passei apenas alguns dias na enfermaria do Forte antes de ser transferido para Pretória. Não houve restrições a visitas em Johannesburgo e eu tive um fluxo contínuo de pessoas vindo me ver. Na prisão, o visitante mantém o nosso espírito animado, a sua ausência pode ser desanimadora. Ao me transferirem para Pretória, as autoridades queriam me afastar do meu território para me levar para um local onde eu tivesse poucos amigos aparecendo para me visitar.

Fui algemado e levado para Pretória em um velho camburão, na companhia de outro prisioneiro. O interior do camburão estava imundo e nós nos sentamos em um pneu sobressalente cheio de graxa, que escorregava de um lado para o outro enquanto o camburão ruidosamente rumava para Pretória. A escolha da companhia foi curiosa, seu nome era Nkadimeng e ele era membro de uma das gangues mais ferozes de Soweto. Normalmente, os policiais não permitiam que um prisioneiro político ocupasse o mesmo veículo que um prisioneiro comum, mas suspeito de que eles esperavam que eu ficasse intimidado por Nkadimeng, que presumi ser um informante da polícia. Eu estava coberto de sujeira e aborrecido quando cheguei à prisão, e minha irritação foi agravada pelo fato de me porem em uma cela simples juntamente com esse sujeito. Exigi e, eventualmente, recebi um espaço à parte, de forma que eu pude preparar a minha defesa.

Agora me permitiam visitas apenas duas vezes por semana. Apesar da distância, Winnie vinha regularmente me visitar e sempre me trazia roupas limpas e comida deliciosa. Esta era outra forma de demonstrar seu apoio, e toda vez que vestia uma camisa limpa eu sentia seu amor e devoção. Eu estava ciente do quão difícil devia ser para ela chegar a Pretória, no meio do dia, no meio da semana, tendo duas crianças pequenas em casa. Eu recebia visitas de muitos outros que me traziam comida, incluindo a sempre fiel Sra. Pillay que me fornecia um almoço condimentado todos os dias.

Por causa da generosidade dos meus visitantes, eu tinha mais do que podia consumir e queria compartilhar minha comida com os outros prisioneiros de minha ala. Isso era estritamente proibido. De forma a contornar as restrições, eu oferecia comida aos carcereiros, que poderiam então se compadecer dos prisioneiros. Tendo isto em mente, dei de presente uma maçã vermelha brilhante a um carcereiro negro, que olhou para ela e de forma empedernida recusou a minha oferta com a frase "*Angiyifuni*" (Eu não quero isto). Os carcereiros negros tendiam a ser ou muito mais impacientes do que os carcereiros brancos, ou ainda mais severos, como se quisessem sobrepujar seus chefes. Mas, pouco tempo depois, o carcereiro negro viu um carcereiro branco aceitar a maçã que ele havia rejeitado, e mudou de ideia. Logo eu estava fornecendo comida para todos os meus companheiros prisioneiros.

Através dos rumores da prisão, fiquei sabendo que Walter também havia sido trazido para Pretória, e apesar de estarmos isolados, conseguimos nos comunicar. Walter havia requerido fiança – uma decisão que apoiei completamente. A questão das fianças era delicada dentro do CNA. Há aqueles que acreditavam que devíamos sempre rejeitar a fiança, pois ela podia ser interpretada como um sinal de que éramos rebeldes pusilânimes, que aceitavam as restrições racistas do sistema legal. Eu não pensava que esse ponto de vista deveria ser aplicado universalmente e acreditava que devíamos analisar a questão caso a caso. Desde quando Walter se tornou o secretário-geral do CNA, eu havia sentido que todos os esforços deviam ser feitos para retirá-lo da cadeia. Ele era simplesmente vital demais na organização para que permitíssemos que ficasse definhando na cadeia. Neste caso, a fiança era uma questão prática, e não teórica. No meu caso, era diferente. Eu havia ido para a clandestinidade; Walter não. Eu havia me tornado um símbolo público de rebelião e luta; Walter operava nos bastidores. Ele concordou que nenhum pedido de fiança deveria ser feito no meu caso. Em todo caso, ela não seria concedida e eu não queria fazer nada que pudesse sugerir que eu não estava preparado para enfrentar as consequências da vida que eu havia escolhido levar na clandestinidade.

Não muito depois de Walter e eu termos chegado a essa decisão, fui transferido de volta para a enfermaria do Forte. Uma audiência havia sido marcada para outubro. Pouco pode ser dito em favor da prisão, mas isolamento forçado leva ao estudo. Eu havia iniciado estudos por correspondência para o meu bacharelado, um grau de bacharel em direito permite que a pessoa pratique advocacia. Uma das primeiras coisas que fiz quando cheguei à Penitenciária de Pretória foi enviar uma carta às autoridades, notificando-as da minha intenção de estudar e solicitando permissão para comprar uma cópia do Código Civil, parte da minha lista de leituras.

Certo dia, eu estava no pátio da prisão, no Forte, fazendo meus exercícios diários, que consistiam de corrida, correr no mesmo lugar, flexões de braço e abdominais, quando fui abordado por um indiano alto e bem-apessoado chamado Moosa Dinath a quem eu conhecia de passagem e que era um homem de negócios, próspero e até mesmo extravagante. Ele estava cumprindo uma sentença de dois anos de prisão por fraude. No mundo exterior nós teríamos permanecido apenas como conhecidos, mas a prisão é uma incubadora de amizades. Dinath frequentemente me acompanhava em minhas corridas em torno do pátio. Um dia, ele me perguntou se eu me opunha se ele solicitasse permissão ao oficial-

-comandante para ficar perto de mim na enfermaria da prisão. Eu disse a ele que aceitaria de bom grado, mas pensei comigo mesmo que as autoridades nunca permitiriam isso. Eu estava enganado.

Era extremamente estranho que um prisioneiro comum como Dinath recebesse permissão para ficar junto de um prisioneiro político que estava aguardando julgamento. Mas eu não falei nada, pois estava contente em ter companhia. Dinath era rico e tinha uma folha de pagamentos particular para as autoridades da prisão. Em troca de seu dinheiro, ele recebia muitos privilégios: ele usava roupas destinadas aos prisioneiros brancos, comia a mesma comida e não executava trabalho algum na prisão.

Uma noite, para minha surpresa, observei o Coronel Minnaar, que era o diretor da prisão, e um bem conhecido defensor dos africânderes, vir buscá-lo. Dinath então saiu da prisão durante a noite e retornou apenas de manhã. Se eu não tivesse visto com os meus próprios olhos, não acreditaria.

Dinath me deliciava com suas histórias de travessuras financeiras e corrupção entre os ministros do gabinete, que eu achava fascinantes. Isso confirmava para mim como o *apartheid* era um veneno que gerava decadência moral em todas as áreas. Eu evitava escrupulosamente discutir com ele assuntos de natureza política ou sensível com base no fato de que ele podia também ser um informante. Uma vez ele me pediu que falasse sobre a minha viagem pela África e eu simplesmente falei amenidades. Finalmente, Dinath conseguiu mexer os pauzinhos para acelerar sua soltura e saiu da prisão depois de cumprir apenas quatro meses de sua sentença de dois anos de prisão.

Uma fuga serve a dois propósitos: ela liberta um guerreiro pela liberdade da cadeia para que ele possa continuar a sua luta, mas oferece um impulso psicológico tremendo para a luta e um grande golpe publicitário contra o inimigo. Como prisioneiro, eu sempre pensei em fugir, e durante as minhas muitas viagens de e para o gabinete do oficial-comandante, eu avaliei os muros, os movimentos dos guardas, os tipos de chaves e fechaduras utilizados nas portas. Fiz um esboço detalhado da prisão dando ênfase às localizações exatas da enfermaria da prisão e dos portões que levavam para fora dela. Esse mapa foi contrabandeado para fora da prisão e entregue ao movimento, com instruções para que ele fosse destruído imediatamente depois de ter sido examinado.

Havia dois planos, um criado por Moosa Dinath, que eu ignorei; o segundo foi concebido pelo CNA e transmitido a mim por Joe Slovo. Ele envolvia subornos, cópias de chaves e até mesmo uma barba falsa que viria escondida na ombreira de um dos paletós que trouxeram para mim na prisão. A ideia era que eu colocaria a barba depois que fugisse da prisão. Pensei cuidadosamente sobre o plano de fuga e concluí que ele era prematuro, e a probabilidade de seu fracasso era inaceitavelmente alta. Tal fracasso seria fatal para a organização. Durante uma reunião com Joe, eu passei a ele um bilhete contendo os meus pontos de vista. Escrevi que o MK não estava preparado para tal operação, nem mesmo uma força de elite e bem treinada provavelmente seria capaz de cumprir essa missão. Sugeri que tal movimentação fosse adiada até quando eu estivesse cumprindo sentença de prisão e as autoridades estivessem menos cautelosas. No final, escrevi, "Por favor, destrua isto depois que tiver acabado de lê-lo". Joe e os outros aceitaram o meu conselho em relação à tentativa de fuga, mas ele decidiu que o bilhete deveria ser preservado como um documento histórico, e este reapareceu mais tarde em um momento muito infeliz.

51

A AUDIÊNCIA INICIAL estava marcada para segunda-feira, 15 de outubro de 1962. A organização havia montado o Comitê Libertem Mandela e lançaram uma campanha animada com o lema "Libertem Mandela". Protestos foram organizados em todo o país e o lema começou a aparecer escrito nas paredes de edifícios. O governo retaliou banindo todas as manifestações que tivessem relação com a minha prisão, mas esta restrição foi ignorada pelo movimento de libertação.

Em preparação para a audiência de segunda-feira, o Comitê Libertem Mandela havia organizado uma manifestação diante do tribunal. O plano era ter pessoas em ambos os lados das ruas ao longo da rota que o camburão que me levava iria tomar. A partir de reportagens em jornais, conversas com visitantes e até mesmo observações dos guardas, fiquei sabendo que se esperava um comparecimento grande e barulhento.

No sábado, enquanto eu me preparava para a audiência de segunda-feira, me ordenaram que juntasse as minhas coisas imediatamente: a audiência fora transferida para Pretória. As autoridades não fizeram nenhum anúncio, e se eu não tivesse conseguido passar a informação para a organização através de um carcereiro simpatizante, ninguém ficaria sabendo que eu havia saído de Johannesburgo.

Mas o movimento reagiu rapidamente e, quando meu julgamento começou, segunda-feira pela manhã, a Velha Sinagoga estava repleta de simpatizantes. A sinagoga era como um segundo lar para mim, depois dos quatro anos do julgamento por traição. Meu consultor jurídico, Joe Slovo, não podia estar presente, pois estava confinado em Johannesburgo devido a banimentos e eu fui habilmente auxiliado por Bob Hepple.

Entrei no tribunal naquela segunda-feira de manhã vestindo o *kaross* de pele de leopardo, tradicional dos Xhosa, em vez de paletó e gravata. A multidão de simpatizantes se levantou como se fosse uma só pessoa e com punhos levantados e cerrados gritaram "*Amandla!*" e "*Ngawethu!*" O *kaross* eletrizou os espectadores, muitos dos quais eram amigos e familiares, e alguns tinham vindo do longínquo Transkei. Winnie também usava um cocar tradicional de contas e uma saia Xhosa, à altura do tornozelo.

Eu havia escolhido uma roupagem tradicional para enfatizar o simbolismo que eu era um negro africano entrando em um tribunal de homens brancos. Eu estava literalmente carregando em minhas costas a história, cultura e tradição do meu povo. Naquele dia, me senti como sendo a encarnação do nacionalismo africano, o herdeiro do passado difícil, porém nobre da África e de seu futuro incerto. O *kaross* também era um sinal de desprezo pelas amenidades da justiça dos brancos. Eu bem sabia que as autoridades se sentiriam ameaçadas pelo meu *kaross* como tantos brancos se sentem ameaçados pela cultura verdadeira da África.

Quando a multidão havia se acalmado e o caso foi chamado, eu cumprimentei formalmente o promotor, o Sr. Bosch, a quem eu conhecia de meus dias como advogado, e o magistrado, o Sr. Van Heerden, com quem também estava familiarizado. Então, imediatamente requeri um adiamento de duas semanas, baseado no fato de que eu havia sido transferido para Pretória sem que tivesse tido a oportunidade de notificar meus advogados. Um adiamento de uma semana me foi concedido.

Quando estava a caminho de minha cela, um carcereiro branco que estava muito nervoso me disse que o oficial-comandante, o Coronel Jacobs, havia ordenado que eu entregasse o *kaross*. Falei, "Você pode dizer-lhe que ele não vai tê-lo". Esse carcereiro era um sujeito fraco, e começou a ficar trêmulo. Ele praticamente implorou pela vestimenta e disse que seria despedido se não o levasse até o comandante. Senti pena dele e disse, "Olhe, diga apenas ao comandante que quem falou foi Mandela, e não você". Pouco tempo depois o próprio Coronel Jacobs apareceu e me ordenou que entregasse o que ele se referiu como a minha "manta". Eu lhe disse que ele não tinha jurisdição alguma sobre o vestuário que eu escolhesse usar no tribunal e que se ele tentasse confiscar o meu *kaross* eu levaria a questão até a Corte Suprema. O coronel nunca mais tentou tomar a minha "manta", mas as autoridades permitiram que eu o vestisse apenas no tribunal, e não nos meus caminhos de ida e vinda do tribunal por temor que ele "incitasse" outros prisioneiros.

Quando o julgamento reiniciou, uma semana depois, fui autorizado a me dirigir à corte antes que fosse solicitado me declarar inocente ou culpado. "Espero ser capaz de indicar", expliquei, "que este caso é um julgamento das aspirações do povo africano, e por causa disso pensei ser apropriado que eu conduzisse a minha própria defesa". Eu queria deixar claro à banca, à galeria e à imprensa que eu pretendia colocar o Estado em julgamento. Então fiz a solicitação para que o magistrado se abstivesse do julgamento com base no fato de que eu não me considerava moralmente obrigado a obedecer às leis feitas por um Parlamento no qual eu não tinha representação alguma. E que não era possível receber um julgamento justo de um juiz branco:

> Por que é que neste tribunal estou diante de um magistrado branco, sendo confrontado por um promotor branco, escoltado por ordenanças brancos? Pode alguém sugerir honesta e seriamente que neste tipo de atmosfera a balança da justiça está equilibrada? Por que é que nenhum negro na história deste país jamais teve a honra de ser julgado por seus próprios amigos e parentes, pela sua própria carne e sangue? Eu vou dizer a Vossa Excelência por quê: a finalidade real desta barreira rígida de cor é para assegurar que a justiça dispensada pelas cortes devem se sujeitar à política do país, não importando o quanto essa política esteja em conflito com as normas de justiça aceitas por poderes judiciários pelo mundo civilizado... Meritíssimo, eu odeio a discriminação racial com intensidade em todas as suas manifestações. Venho lutando contra ela a minha vida inteira. Estou lutando contra ela agora, e vou fazê-lo até o fim dos meus dias. Eu detesto intensamente o aparato que me cerca aqui. Ele faz com que eu me sinta como sendo um homem negro em uma corte dos homens brancos. Isso não deveria acontecer.

Durante o julgamento, o promotor convocou mais de cem testemunhas do país inteiro, incluindo o Transkei e da África Sudoeste. Eram policiais, jornalistas, superintendentes de assentamentos, tipógrafos. A maioria deles fornecia provas técnicas para demonstrar que eu havia saído ilegalmente do país e que havia incitado trabalhadores negros a fazerem greve durante o boicote de três dias em maio de 1961. Era indiscutível – e na verdade eu não contradisse – que eu era tecnicamente culpado em ambas as acusações.

O promotor convocou o Sr. Barnard, o secretário particular do primeiro-ministro, para testemunhar sobre a carta que eu havia enviado ao primeiro-ministro exigindo que ele convocasse uma assembleia nacional e informando-o que se ele não o fizesse nós iríamos organizar um boicote de três dias. Em meu interrogatório ao Sr. Barnard, eu primeiramente li para a corte a carta que eu havia enviado solicitando que o primeiro-ministro convocasse uma assembleia nacional para todos os sul-africanos elaborarem uma constituição não racial.

NM: O senhor apresentou esta carta ao seu primeiro-ministro?
TESTEMUNHA: Sim.
NM: Agora, alguma resposta foi dada a esta carta pelo primeiro-ministro?
TESTEMUNHA: Ele não respondeu ao autor.
NM: Ele não respondeu à carta. Agora, o senhor concorda que esta carta contém assuntos de importância vital para a vasta maioria dos cidadãos deste país?
TESTEMUNHA: Eu não concordo.
NM: O senhor não concorda? O senhor não concorda que a questão dos direitos humanos, das liberdades civis, seja um assunto de importância vital para o povo africano?
TESTEMUNHA: Sim, de fato.
NM: Essas coisas são mencionadas aqui?
TESTEMUNHA: Sim, acredito que sim.
NM: ... O senhor já concordou que esta carta contém questões como os direitos de liberdade, liberdades civis, e assim por diante?
TESTEMUNHA: Sim, a carta contém essas questões.
NM: Afora, o senhor naturalmente sabe que os negros não desfrutam dos direitos exigidos nesta carta? Esses direitos de governo lhes são negados.
TESTEMUNHA: Alguns direitos.
NM: Nenhum negro é membro do Parlamento?
TESTEMUNHA: Isso é correto.
NM: Nenhum negro pode ser membro do conselho provincial, dos conselhos municipais.
TESTEMUNHA: Sim.
NM: Negros não podem votar neste país?

TESTEMUNHA: Eles não podem votar no que diz respeito ao Parlamento.

NM: Sim, é disso que estou falando, estou falando do Parlamento e de outras instituições do governo do país, os conselhos provinciais, os conselhos municipais. Eles não podem votar?

TESTEMUNHA. Isso é correto.

NM: O senhor concordaria comigo que, em qualquer país civilizado do mundo, seria escandaloso para um primeiro-ministro não responder uma carta contendo questões vitais que afetam a maioria dos cidadãos do país. O senhor concordaria com isso?

TESTEMUNHA: Eu não concordo com isso.

NM: O senhor não concorda que seria irregular para um primeiro-ministro ignorar uma carta contendo questões vitais afetando a vasta maioria dos cidadãos daquele país?

TESTEMUNHA: Esta carta não foi ignorada pelo primeiro-ministro.

NM: Apenas responda à pergunta. O senhor acha apropriado um primeiro-ministro não responder a pedidos feitos em relação a questões vitais pela vasta maioria dos cidadãos do país? O senhor está dizendo que isso é errado?

TESTEMUNHA: O primeiro-ministro respondeu à carta.

NM: Sr. Barnard, eu não quero ser rude com o senhor. Limite-se a responder às minhas perguntas. A pergunta que eu estou fazendo para o senhor é, o senhor concorda que é muito inapropriado da parte do primeiro-ministro não responder a um comunicado contendo questões vitais para a vasta maioria do país?

Eu e o Sr. Barnard nunca chegamos a um acordo. No final, ele simplesmente afirmou que o tom da carta era agressivo e descortês e por esta razão o primeiro-ministro não a respondeu.

* * *

Durante os procedimentos, o promotor e o magistrado repetidamente perguntaram sobre a quantidade de testemunhas que eu pretendia convocar. Eu sempre respondia, "Pretendo convocar tantas testemunhas quanto o Estado, se não mais". Quando o Estado finalmente concluiu o seu caso contra mim, houve uma quietude na sala do tribunal em expectativa da minha defesa. Eu me levantei e em vez de chamar a minha primeira testemunha, declarei bem despreocupadamente que não iria chamar nenhuma testemunha, encerrando minha defesa abruptamente naquele momento. Houve um murmúrio no tribunal e o promotor não conseguiu evitar em exclamar, "Meu Deus!

Eu enganara o tribunal desde o início porque sabia que a acusação era precisa e que o caso do Estado era sólido, e vi que era inútil tentar convocar testemunhas e me defender. Apesar dos meus interrogatórios e tentativas de forçar o juiz a se abster do julgamento, eu havia feito as declarações que desejava fazer sobre a injustiça praticada no tribunal. Eu não via vantagem alguma em convocar testemunhas para tentar desmentir algo que era irrefutável.

O magistrado foi pego de surpresa pela minha ação e me perguntou com um pouco de incredulidade, "O senhor tem algo mais a dizer?"

"Meritíssimo, afirmo que não sou culpado de crime algum".

"É isso que você tem a dizer?"

"Meritíssimo, com todo o respeito, se eu tivesse algo mais a dizer, eu teria dito".

O promotor então revirou seus papéis tentando se aprontar para um discurso que ele não esperava ter que fazer. Ele se dirigiu brevemente à corte e pediu que o magistrado me considerasse culpado em ambas as acusações. O julgamento foi então suspenso até o dia seguinte, quando eu teria uma oportunidade de me dirigir à corte no que é conhecido como o fundamento para a mitigação antes de o magistrado pronunciar a sua sentença.

Na manhã seguinte, antes de a corte ser chamada para o início da sessão, eu estava em uma sala ao lado do tribunal conversando com Bob Hepple, que vinha me assessorando no caso, e nós estávamos elogiando o fato de que, no dia anterior, a Assembleia Geral das Nações Unidas havia votado em favor de sanções contra a África do Sul pela primeira vez. Bob também me disse que ocorreram atos de sabotagem em Port Elizabeth e Durban, ambos celebrando o voto das Nações Unidas e protestando contra o meu julgamento. Estávamos em meio a esta conversa quando o promotor, o Sr. Bosch, entrou na sala e pediu que Bob se retirasse.

"Mandela", ele falou, depois que Bob saiu, "eu não queria vir ao tribunal hoje. Pela primeira vez em toda a minha carreira, sinto desprezo pelo que estou fazendo. É doloroso ter que pedir para o tribunal enviar você para a prisão". Então ele estendeu a mão para me cumprimentar e expressou a esperança de que tudo ficaria bem comigo. Eu agradeci a ele pelos seus sentimentos e assegurei que nunca esqueceria o que ele havia dito.

As autoridades estavam em estado de alerta naquele dia. A multidão dentro do tribunal parecia ser ainda maior do que no primeiro dia do julgamento. Todos os cento e cinquenta lugares destinados a "não europeus" estavam ocupados. Winnie estava presente, em traje Xhosa, assim como vários parentes meus do Transkei. Centenas de manifestantes ficaram a uma quadra do tribunal, e parecia haver tantos policiais quanto espectadores.

Quando entrei no tribunal, levantei o meu punho direito e gritei "*Amandla!*" que foi recebido com um retumbante "*Ngawethu!*" O magistrado bateu o seu martelo exigindo ordem no tribunal. Quando o tribunal se acalmou, ele resumiu as acusações e tive a oportunidade de falar. Meu fundamento na mitigação durou mais de uma hora. Não era de forma alguma um recurso judicial, mas uma declaração política. Eu queria explicar ao tribunal como e por que eu havia me tornado o homem que eu era, por que eu havia feito o que havia feito, e por que, se tivesse a oportunidade, faria tudo novamente.

> Muitos anos atrás, quando eu era um menino criado em uma aldeia no Transkei, eu ouvia os anciões da tribo contar histórias sobre os bons tempos antes da chegada do homem branco. Naquela época o nosso povo vivia pacificamente, sob o regime democrático de seus reis e seus *amapakati* ["confidente" em tradução literal, mas significando aqueles

mais próximos em posição social ao rei], e se movimentava livremente e com confiança para todos os cantos do país sem impedimentos ou dificuldades. O país nos pertencia, em nome e em direito. Nós ocupávamos a terra, as florestas, os rios; nós extraíamos a riqueza mineral debaixo do solo e todas as riquezas deste lindo país. Nós organizávamos e operávamos o nosso próprio governo, controlávamos as nossas próprias forças armadas e organizávamos nossos negócios e comércio. Os anciões contavam histórias sobre as guerras travadas pelos nossos ancestrais em defesa de nossa Pátria, assim como os atos de coragem de generais e soldados durante aqueles dias épicos...

A estrutura e a organização das sociedades primitivas africanas neste país me fascinavam muito e influenciaram grandemente a evolução da minha perspectiva política. A terra, que então era o principal meio de produção, pertencia à tribo inteira e não havia nenhuma propriedade individual. Não havia classes sociais, nenhum rico e nenhum pobre e nenhuma exploração do homem por outro homem. Todos os homens eram livres e iguais e esta era a base do governo. O reconhecimento deste princípio geral encontrou expressão na constituição do conselho, às vezes chamado de "Imbizo", ou "Pitso" ou "Kgotla" que rege os assuntos da tribo. O conselho era tão democrático que todos os membros da tribo participavam de suas deliberações. Chefe e súdito, guerreiro e curandeiro, todos tomavam parte e se empenhavam em influenciar nas decisões. Era uma instituição tão importante e influente que nenhuma atitude importante era jamais tomada pela tribo sem consultá-la.

Havia muito em tal sociedade que era primitivo e inseguro e ela nunca poderia satisfazer às demandas da época atual. Mas em tal sociedade estão contidas as sementes da democracia revolucionária na qual nenhum de nós seria mantido em escravidão ou servidão, e na qual a pobreza, necessidade e insegurança não existirão mais. Esta é a história que, ainda hoje, inspira a mim e aos meus colegas em nossa luta política.

Contei para o tribunal como eu havia entrado para o Congresso Nacional Africano e como a sua política de democracia e não racialismo refletiam as minhas convicções mais profundas. Expliquei como, enquanto advogado, eu era frequentemente forçado a escolher entre o cumprimento da lei e a pacificação da minha consciência.

> Eu diria que a vida inteira de um negro pensante neste país leva-o a um conflito contínuo entre a sua consciência, por um lado, e a lei, por outro lado. Este não é um conflito exclusivo do país. O conflito surge para homens de consciência, para homens que pensam e sentem, profundamente, em todos os países. Recentemente, na Grã-Bretanha, um dos pares do reino, o Conde [Bertrand] Russel, provavelmente o filósofo mais respeitado do mundo ocidental, foi sentenciado e condenado precisamente pelo tipo de atividades pelas quais estou aqui em sua presença – por seguir a sua consciência em desafio à lei, como um protesto contra a política de armas nucleares sendo levada adiante pelo seu próprio governo. Ele não podia fazer nada além de se opor à lei e sofrer as consequências disso. Nem posso eu. Nem podem muitos negros neste país. A lei, como ela é aplicada, a lei, como ela tem sido desenvolvida durante um longo período da história, e especialmente a lei, como ela é escrita e formulada pelo governo Nacionalista é uma lei que, em nossos pontos de vista, é imoral, injusta e intolerável. Nossas consciências ordenam que nós protestemos contra ela, que devemos nos opor a ela e que devemos tentar alterá-la... Os homens, eu acredito, são incapazes de não fazer nada, de não falar nada, de não reagirem à injustiça, de não protestar contra a opressão, de não se esforçarem pela boa sociedade e pela boa vida da forma que eles a veem.

Rememorei em detalhes as várias vezes em que o governo havia utilizado a lei para dificultar a minha vida, carreira e trabalho político através de banimentos, restrições e julgamentos.

> Fui transformado, pela lei, em um criminoso, não por causa do que eu havia feito, mas por causa do que eu representava, por causa do que eu pensava, por causa da minha consciência. Pode ser surpreendente para qualquer um que tais condições façam com que um homem se torne um criminoso na sociedade? Pode ser surpreendente que tal homem, tendo sido proscrito pelo governo, deva estar preparado para levar uma

> vida de criminoso, como eu fiz durante alguns meses, de acordo com as evidências apresentadas nesta corte de justiça?
>
> Não tem sido fácil para mim nos últimos tempos me separar de minha esposa e filhos, de dizer adeus aos bons e velhos tempos quando, ao fim de um dia estressante no escritório, eu podia não ver a hora de me juntar à minha família na mesa de jantar, e em vez de tudo isso assumir a vida de um homem caçado continuamente pela polícia, vivendo separado daqueles que me são mais próximos, no meu próprio país, continuamente me vendo diante dos riscos de detenção e prisão. Esta tem sido uma vida infinitamente mais difícil do que servir uma sentença de prisão. Nenhum homem em pleno domínio de suas faculdades mentais escolheria voluntariamente esse tipo de vida em vez de uma vida social normal com sua família presente em todas as comunidades civilizadas.
>
> Mas chega um momento, como aconteceu em minha vida, quando se nega a um homem o direito de viver uma vida normal, quando ele pode viver unicamente a vida de um proscrito porque o governo assim decretou para utilizar a lei para impor um estado de proscrição sobre este homem. Fui forçado a viver essa situação, e não me arrependo das decisões que tomei. Outras pessoas serão forçadas da mesma forma, neste país, por essa mesma força de perseguição policial e ação administrativa do governo, a tomar o mesmo rumo que eu, tenho certeza.

Enumerei as muitas vezes em que havíamos apresentado nossas queixas e reclamações ao governo e o igual número de vezes em que fomos ignorados ou postos de lado. Descrevi o nosso boicote de 1961 como um último recurso depois que o governo não apresentou nenhum sinal de dar algum passo, seja para conversar conosco ou atender às nossas demandas. Foi o governo que provocou violência ao empregar violência para atender às nossas demandas não violentas. Expliquei que, por causa das ações do governo, nós tínhamos tomado uma posição mais militante. Eu disse que havia sido privilegiado durante a minha vida política por lutar lado a lado com colegas cujas capacidades e contribuições eram muito maiores do que as minhas próprias. Muitos outros pagaram o preço por suas crenças, antes de mim, e muitos outros o fariam depois de mim.

Antes da determinação da sentença, comuniquei à corte que qualquer que fosse a sentença imposta pelo Estado, eu não faria nada para mudar a minha devoção à luta.

> Eu não acredito, Meritíssimo, que esta corte, ao infligir penalidades sobre mim pelos crimes pelos quais eu for condenado, deva ser movida pela crença em que as penalidades vão dissuadir os homens de tomarem o rumo que eles acreditam ser o correto. A história mostra que penalidades não têm o poder de dissuadir os homens quando as suas consciências são despertadas, nem vão dissuadir o meu povo ou os colegas com quem trabalhei anteriormente.
>
> Estou preparado para pagar o preço ainda que eu saiba o quão amarga e desesperada é a situação de um negro nas prisões deste país. Já fiquei nestas prisões e sei o quão brutal é a discriminação, mesmo por detrás dos muros da prisão, contra os negros... Não obstante estas considerações não me fazem oscilar no caminho que tomei nem vão fazer oscilar outros como eu. Pois, para os homens, a liberdade em sua própria terra é o ápice de suas ambições, da qual nada pode desviar homens de convicção. Mais poderoso do que o meu medo das condições horrorosas às quais poderei ser sujeitado na prisão é o meu ódio pelas condições horrorosas às quais o meu povo é sujeitado fora da prisão no país inteiro...
>
> Seja qual for a sentença que o Meritíssimo ache adequada ser imposta a mim pelo crime pelo qual fui condenado diante desta corte, fique certo de que quando a minha sentença estiver cumprida eu ainda serei movido, como os homens sempre são movidos, pelas suas consciências; eu ainda serei movido pela minha aversão pela discriminação racial contra o meu povo quando tiver cumprido a minha sentença, para novamente assumir, da melhor maneira que puder, a luta pela remoção dessas injustiças até que elas sejam abolidas de uma vez por todas...
>
> Cumpri o meu dever para com o meu povo e a África do Sul. Não tenho dúvida alguma de que a posteridade vai declarar que eu era inocente e que os criminosos que deveriam ter sido trazidos diante desta corte são os membros do governo.

Quando terminei de falar, o magistrado ordenou um recesso de dez minutos para ponderar sobre a sentença. Voltei-me e olhei para a multidão antes de sair da sala do tribunal. Eu não alimentava ilusão alguma sobre a sentença que receberia. Exatamente dez minutos depois, em um tribunal carregado de tensão, o magistrado pronunciou a sentença: três anos por incitar as pessoas a fazerem greve e dois anos por deixar o país sem um passaporte; cinco anos ao todo, sem possibilidade de liberdade condicional. Era uma sentença severa e houve prantos entre os espectadores. Enquanto todos se levantaram, voltei-me para a galeria e novamente mostrei o punho cerrado, gritando "*Amandla!*" três vezes. Então, por sua própria conta, a multidão começou a cantar o nosso lindo hino, "*Nkosi Sikelel' iAfrika*". As pessoas cantavam e dançavam e as mulheres ululavam enquanto fui levado embora. A algazarra na galeria me fez esquecer por um instante que eu estaria indo para a prisão para cumprir aquela que era na época a sentença mais dura jamais imposta na África do Sul por uma ofensa política.

No andar de baixo, permitiram que eu me despedisse rapidamente de Winnie, e nesta ocasião ela não estava sombria: ela estava animada e não derramou lágrimas. Ela parecia confiante, mais uma camarada de armas do que uma esposa. Estava determinada em ser o meu esteio. Enquanto estava sendo levado embora no camburão eu ainda podia ouvir as pessoas do lado de fora cantando "*Nkosi Sikelel' iAfrika*".

52

A PRISÃO NÃO APENAS rouba a sua liberdade, ela tenta tomar a sua identidade. Todos vestem o mesmo uniforme, comem a mesma comida, seguem a mesma rotina. Ela é por definição um estado puramente autoritário que não tolera nenhuma independência ou individualidade. Como guerreiro pela liberdade e como homem, deve-se lutar contra a tentativa da prisão de roubar-lhe qualquer uma dessas qualidades.

Do tribunal, fui levado diretamente para a Prisão de Pretória, a monstruosidade sombria construída de tijolos vermelhos que eu conhecia tão bem. Mas agora eu era um prisioneiro condenado, não um prisioneiro aguardando julgamento, e fui tratado sem nem mesmo aquela pequena deferência que é permitida ao último. Fui despido de minhas roupas e o Coronel Jacobs finalmente conseguiu confiscar o meu *kaross*. Foi-me fornecido o uniforme-padrão da prisão para negros: calças curtas, uma camisa grosseira cáqui, uma jaqueta de brim, meias, sandálias e um boné de tecido. Somente os negros recebem as calças curtas, pois somente os homens negros são considerados "garotos" pelas autoridades.

Comuniquei às autoridades que sob nenhuma circunstância eu vestiria bermuda e disse a eles que estava preparado para ir ao tribunal protestar. Mais tarde, quando me trouxeram o jantar, mingau frio e duro com meia colher de chá de açúcar, me recusei a comê-lo. O Coronel Jacobs ponderou sobre isso e veio com uma solução: eu poderia vestir calças compridas e ter a minha própria comida, se concordasse em ser posto em isolamento. "Íamos colocá-lo juntamente com os outros presos políticos", ele disse, "mas agora você vai ficar sozinho, cara, espero que goste". Eu o assegurei que não teria problema algum com confinamento solitário desde que pudesse vestir e comer o que eu escolhesse.

Durante as semanas seguintes, fiquei completamente isolado. Não vi o rosto ou ouvi a voz de nenhum outro prisioneiro. Eu ficava trancafiado durante vinte e três horas por dia, com trinta minutos para exercícios durante a manhã e mais trinta à tarde. Eu nunca havia ficado em isolamento antes, e cada hora parecia durar um ano. Não havia luz natural em minha cela; uma única lâmpada brilhava no alto, vinte e quatro horas por dia. Eu não tinha relógio e frequentemente pensava que estava no meio da noite quando era apenas metade da tarde. Eu não tinha nada para ler, nada para escrever em ou com, ninguém com quem conversar. A mente começa a virar do avesso, e a pessoa desesperadamente quer algo, fora de si mesmo, no que fixar a sua atenção. Conheci homens que preferiram receber meia dúzia de chicotadas a serem trancafiados sozinhos. Depois de algum tempo na solitária, eu sentia prazer pela companhia até mesmo dos insetos em minha cela, e me vi à beira de iniciar uma conversa com uma barata.

Eu tinha um carcereiro negro, de meia-idade, a quem podia ocasionalmente ver, e uma vez tentei suborná-lo com uma maçã para ver se ele falava comigo, "*Baba*" falei, que significa pai, e é uma expressão respeitosa, "posso oferecer-lhe uma maçã?" Ele recusou e recebeu todas as minhas aberturas subsequentes com silêncio. Finalmente, ele falou, "Cara, você queria calças compridas e melhor comida, e agora você as tem e ainda não está satisfeito". Ele tinha razão. Nada é mais desumanizador do que a ausência de companhia humana. Depois de algumas semanas, eu estava pronto para deixar o meu orgulho de lado e dizer para o Coronel Jacobs que trocaria as minhas calças compridas por um pouco de companhia.

Durante aquelas semanas tive tempo bastante para ponderar sobre o meu destino. O lugar de um guerreiro pela liberdade é ao lado de seu povo, não atrás das grades. O conhecimento adquirido e os contatos que eu havia recentemente feito pela África estavam trancafiados em vez de estarem sendo utilizados na luta. Amaldiçoei o fato que o meu conhecimento não iria ser utilizado na formação de um exército para lutar pela liberdade.

Logo comecei a protestar vigorosamente contra as minhas circunstâncias e exigi ser colocado junto com outros presos políticos da Prisão de Pretória. Entre eles estava Robert Sobukwe. Meu pedido acabou sendo concedido, acompanhado por um aviso severo do Coronel Jacobs que a volta do meu comportamento imprudente teria sérias consequências. Não acho que jamais me senti tão ansioso em comer mingau frio de milho em toda a minha a minha vida.

Além do meu desejo por companhia humana, eu estava ansioso para conversar com Sobukwe e os outros, a maioria dos quais era do PAC, porque eu achava que na prisão poderíamos forjar uma unidade que não conseguimos fora de seus muros. As condições da prisão têm um poder de acalmar polêmicas, e fazer com que os indivíduos enxerguem mais o que os une do que o que os divide.

Quando eu era levado para o pátio com os outros, nós nos cumprimentávamos calorosamente. Além de Sobukwe, também havia John Gaetsewe, um dos líderes do Congresso Sul-Africano de Sindicatos; Aaron Molete, membro do CNA que trabalhava para a *New Age*; e Stephen Tefu, comunista proeminente, sindicalista e membro do CPA. Robert me pediu que eu falasse para eles sobre a minha viagem pela África, o que fiz com prazer. Fui franco sobre como o CPA e o CNA eram vistos no resto da África. Ao final da minha narrativa, falei que havia questões de que eu gostaria que examinássemos. Mas depois de inicialmente permitir certa proximidade entre mim e Sobukwe, as autoridades se esforçaram em nos manter separados. Nós vivíamos em celas individuais ao longo de um corredor e ele eu fomos designados para celas em lados opostos.

Ocasionalmente, tínhamos a oportunidade de conversar quando nos sentávamos próximos um do outro no chão do pátio da prisão, costurando e remendando sacolas de correio velhas e puídas. Sempre respeitei Sobukwe, e achava que ele era um homem equilibrado e sensato. Mas discordávamos marcadamente sobre o assunto principal em questão: as condições na prisão. Sobukwe acreditava que lutar contra as condições precárias seria reconhecer o direito do Estado de mantê-lo na prisão em primeiro lugar. Respondi que era sempre inaceitável viver em condições degradantes e que os prisioneiros políticos através da história haviam considerado parte de seu dever lutar pela melhoria das condições nas prisões. Sobukwe respondeu que as condições nas prisões não mudariam até que o país mudasse. Eu concordava inteiramente com isso, mas não via por que isso deveria nos deter em lutar na única esfera na qual nós podíamos lutar neste momento. Nunca chegamos a um acordo quanto a essa questão, mas fizemos algum progresso quando enviamos uma carta conjunta ao oficial comandante apresentando nossas reclamações sobre as condições na prisão.

Sobukwe nunca foi domado pela prisão. Mas em Pretória ele estava um pouco sensível e irascível, e atribuí isso a Stephen Tefu. Tefu havia se tornado uma espécie de irritação para Sobukwe, provocando, insultando e desafiando-o. Mesmo eu seus melhores momentos, Tefu era um sujeito difícil: dispéptico, crítico, autoritário. Ele também era bem-falante, informado e especialista em história russa. Acima de tudo, ele era um lutador, mas lutava contra todos, mesmo seus amigos. Tefu e Sobukwe se altercavam todos os dias.

Eu estava ansioso para discutir questões de política com Sobukwe, e um dos assuntos que levei a ele foi o lema do CPA "Liberdade em 1963". Já era 1963 e a liberdade não havia aparecido ainda. "Meu irmão", falei para Sobukwe, "não há nada tão perigoso como um líder fazendo uma exigência que ele sabe que não pode ser alcançada. Isso cria falsas esperanças entre o povo".

Falei isso da forma mais respeitosa, mas Tefu se intrometeu e começou a censurar Sobukwe. "Bob", ele falou, "você encontrou o seu oponente em Mandela. Você sabe que ele está certo". Tefu continuou nessa veia, infernizando Sobukwe a ponto de ele dizer a Tefu, "Me deixe em paz". Mas Tefu não parava. "Bob, o povo está esperando por você. Eles vão te matar porque você os enganou. Você é apenas um amador, Bob. Você não é um político de verdade".

Tefu fez o melhor que pôde para me alienar também. Todas as manhãs, quando éramos inspecionados pelos carcereiros, ele reclamava com eles sobre alguma coisa – a comida, as condições, o calor ou o frio. Um dia, um oficial disse para Tefu, "Olhe, cara, por que você reclama todas as manhãs?"

"Reclamo porque é o meu dever reclamar", disse Steve.

"Mas, veja Mandela", o oficial disse, "ele não reclama todos os dias".

"Ah, Tefu falou com repugnância, "Mandela é um menininho que tem medo do homem branco, eu nem mesmo sei quem é ele. Uma manhã eu acordei e encontrei todos os jornais dizendo, 'Mandela, Mandela, Mandela', e perguntei para mim mesmo, 'Quem é esse Mandela?' Vou te dizer quem é Mandela. Ele é um camarada criado pelo teu povo por alguma razão que não entendo. Isto é o que Mandela é!"

* * *

Durante duas semanas, Walter se juntou a nós, enquanto estava sendo julgado em Johannesburgo por incitamento de greve enquanto eu havia estado em Pretória. Ele foi condenado a seis anos de prisão. Tivemos várias oportunidades de conversar na prisão e discutimos a solicitação de fiança, por parte de Walter, enquanto o seu recurso estava pendente, uma ação que eu apoiava completamente. Depois de duas semanas, ele foi libertado sob fiança e foi instruído pelo movimento a entrar na clandestinidade, de onde ele deveria continuar a liderar a luta, o que ele fez competentemente.

Não muito tempo depois de Walter ter partido, eu estava me dirigindo para a enfermaria da prisão, com Subokwe, quando vi Nana Sita no pátio, a cerca de dez metros de distância. Sita, o indiano notável que havia liderado nossa campanha de desafio em Boksburg, em 1952, havia sido recém-condenado à prisão por um magistrado de Pretória, por se recusar a desocupar a sua casa – casa na qual ele havia morado por mais de quarenta anos – que ficava em um distrito que havia sido proclamado como sendo "para brancos" nos termos da Lei de Áreas de Grupos. Ele estava com as costas arqueadas, e o fato de ele estar descalço apesar de sua artrite aguda me deixou pouco à vontade em minhas próprias sandálias. Eu quis ir até ele para cumprimentá-lo, mas estávamos marchando sob os olhos de meia dúzia de carcereiros.

Repentinamente e sem aviso, desmaiei. Caí no concreto e tive um corte profundo acima do meu olho esquerdo, que exigiu três pontos. Eu havia sido diagnosticado, já no Forte, com pressão alta e haviam me receitado umas pílulas. A causa do desmaio era evidentemente uma dose excessiva dessas pílulas; cortaram o meu medicamento e me puseram em uma dieta de pouco sal, que resolveu o problema.

Naquela tarde recebi a primeira visita de Winnie, desde a minha condenação. Com pontos na testa ou sem eles, eu não ia perder a oportunidade. Ela ficou extremamente preocupada quando me viu, mas eu a tranquilizei dizendo que estava bem e contei para ela o que havia acontecido. Mesmo assim, rumores circularam que a minha saúde estava precária.

53

EM OUTUBRO DE 1962, durante o meu julgamento, o CNA realizou a sua primeira conferência anual desde 1959. Porque a organização era ilegal, a conferência aconteceu em Lobatse, na fronteira de Bechuanaland. A conferência foi um marco, porque ela ligou explicitamente o CNA ao MK. Ainda que o Comitê Executivo Nacional declarasse, "Nossa ênfase ainda é na ação política de massas", referia-se ao Umkhonto como a "ala militar da nossa luta". Isso foi feito em parte para tentar debelar os atos mais irresponsáveis de terrorismo que estavam sendo cometidos pelo Poqo Poqo que, em Xhosa, significa "independente" ou "ficando sozinho", era remotamente ligado ao CPA, e seus atos de terrorismo tinham como alvo os colaboradores negros e os brancos. O CNA queria que as pessoas vissem a sua nova militância, mas que também vissem que ela era controlada e responsável.

O governo havia decidido acelerar o programa de "desenvolvimento separado" para mostrar ao mundo que o *apartheid* permitia às raças a sua "liberdade" individual. O protótipo seria o Transkei. Em janeiro de 1962, Verwoerd havia anunciado que a África do Sul pretendia conceder o "autogoverno" ao Transkei. Em 1963, o Transkei tornou-se um território "autogovernado". Em novembro de 1963, foi realizada uma eleição para a assembleia legislativa do Transkei. Mas por uma margem de mais de três para um, os eleitores do Transkei elegeram membros contrários à política territorial.

O sistema de bantustões foi instituído ainda assim; os eleitores haviam sido contrários a ele, mas participaram dele simplesmente para votarem. Apesar de detestar o sistema de bantustões, eu achava que o CNA devia utilizar o sistema e aqueles que participavam dele como uma plataforma para as nossas políticas, particularmente porque tantos de nossos líderes agora estavam sem voz ativa por estarem presos, banidos ou no exílio.

O terrorismo contra as Autoridades Bantu aumentou. À medida que os atos de sabotagem se multiplicaram, a vigilância do governo também o fez. John Vorster, o novo ministro da justiça, que havia sido detido durante a Segunda Guerra Mundial, por se opor ao apoio do governo aos Aliados, era um homem insensível ao extremo. Para ele, o punho de ferro era a melhor e única resposta à subversão.

Em 1º de maio de 1963, o governo editou uma legislação concebida para "quebrar a espinha dorsal" do Umkhonto, nas palavras de Vorster. O Decreto de Emenda à Lei Geral, melhor conhecido como a Lei de Noventa Dias de Detenção, negava o direito a *habeas corpus* e dava a qualquer oficial de polícia o poder de deter qualquer pessoa sem um mandato judicial, em razão de suspeita de algum crime político. Aqueles que fossem presos podiam ficar detidos sem julgamento, acusação, sem acesso a um advogado, ou proteção contra autoincriminação por até noventa dias. A detenção de noventa dias poderia ser estendida, como Vorster explicou sinistramente, até "este lado da eternidade". A lei ajudou a transformar o país em um estado policial; nenhum ditador poderia ambicionar mais poder do que aquele que a Lei de Noventa Dias de Detenção dava às autoridades. Como resultado disso, a polícia se tornou ainda mais selvagem: os prisioneiros eram rotineiramente espancados e logo começamos a ouvir notícias sobre uso de choques elétricos, asfixia, e outras formas de tortura. No Parlamento, Helen Suzman, deputada do Partido Progressista, foi o único voto contra o decreto.

O aumento das penalidades era ordenado para a participação em organizações ilegais; sentenças de cinco anos de prisão até pena de morte foram instituídas pela "promoção dos objetivos" do comunismo ou de outras organizações banidas. Prisioneiros políticos foram detidos novamente, como descobri em maio de 1963, quando a sentença de três anos de detenção de Sobukwe terminou. Em vez de libertá-lo, o governo simplesmente o deteve novamente sem processá-lo, e então o enviou para a Ilha de Robben.

Vorster também defendeu a Lei de Sabotagem de junho de 1962, que permitia prisões domiciliares e banimentos mais rigorosos não sujeitos a serem contestados nos tribunais, restringindo as liberdades dos cidadãos àquelas das ditaduras fascistas mais extremas. O próprio ato de sabotagem agora carregava uma sentença mínima de cinco anos sem direito à liberdade condicional e a pena máxima de morte. Como a redação da lei era ampla, até mesmo atividades tais como invasão ou posse ilegal de armas poderia constituir-se em atos de sabotagem. Outra lei do Parlamento proibia a reprodução de declarações feitas por uma pessoa banida. Nada do que eu dissesse ou jamais tivesse dito poderia ser publicado nos jornais. A revista *New Age* foi banida no final de 1962, e a posse de uma publicação banida transformou-se em crime, punível por até dois anos na prisão. Provisões também foram feitas para prisão domiciliar, cuja utilização bem conhecida foi imposta a Helen Joseph, ativista política branca.

54

CERTA NOITE, perto do final de maio, um carcereiro veio até a minha cela e me ordenou que arrumasse as minhas coisas. Perguntei por quê, mas ele não respondeu. Em menos de dez minutos, fui escoltado até o escritório de recepção onde encontrei três outros prisioneiros políticos: Tefu, John Gaetsewe e Aaron Molete. O Coronel Aucamp nos comunicou bruscamente que estávamos sendo transferidos. Para onde? Perguntou, Tefu. Para algum lugar muito bonito, Aucamp respondeu. Para onde? Perguntou, Tefu. "*Die Eiland*" disse Aucamp. A ilha. Havia apenas uma. Ilha de Robben.

Nós quatro fomos algemados juntos e colocados em um furgão fechado, que continha apenas um balde sanitário. Viajamos a noite inteira até a Cidade do Cabo, e chegamos às docas da cidade no final da tarde. Não é uma tarefa fácil ou agradável para homens algemados juntos utilizarem um balde sanitário em um furgão em movimento.

As docas na Cidade do Cabo pululavam de policiais armados e oficiais à paisana, aparentando nervosismo. Tivemos que ficar de pé, ainda algemados, no porão da velha balsa de madeira, o que era difícil porque a embarcação balançava nas ondas do mar. Uma pequena vigia no alto era a única fonte de luz e ar. A vigia também tinha outra finalidade: os carcereiros se divertiam urinando sobre nós do alto. Ainda era dia quando fomos levados ao convés e vimos a ilha pela primeira vez. Verdejante e linda, ela parecia, à primeira vista, mais um local de férias do que uma prisão.

Esiquithini. Na ilha. Esta é a forma como o povo Xhosa descreve o afloramento rochoso estreito e varrido pelo vento que fica a doze quilômetros do litoral da Cidade do Cabo. Todos sabem a que ilha você está se referindo. Eu era criança quando ouvi falar da ilha pela primeira vez. A Ilha de Robben era bem conhecida entre os Xhosa, depois que Makanna (também conhecido como Nxele), o comandante de quase dois metros de altura do exército Xhosa, na Quarta Guerra Xhosa, foi banido para lá pelos britânicos depois de liderar dez mil guerreiros contra Grahamstown, em 1819. Ele tentou escapar da Ilha de Robben de barco, mas morreu afogado antes de chegar à praia. A memória daquela perda está entrelaçada na língua do meu povo, que fala de uma "esperança perdida" pela frase "*Ukuza kuka Nxele*".

Makanna não foi o primeiro herói negro a ser confinado na ilha. Em 1658, Autshumao, conhecido pelos historiadores europeus como Harry, o Rato de Praia, foi banido por Jan Van Riebeeck durante uma guerra entre os Khoi Khoi e os holandeses. Fiquei reconfortado pela lembrança de Autshumao, pois ele tem a reputação de ser o primeiro e único homem a ter escapado da Ilha de Robben, e ele conseguiu isso remando até o continente em um pequeno barco.

A ilha recebeu o nome da palavra holandesa para foca, centenas das quais costumavam brincar nas correntes Benguela que varrem a sua praia. Mais tarde, a ilha foi transformada em uma colônia de leprosos, um asilo para lunáticos e uma base da marinha. Apenas recentemente o governo havia transformado a ilha de volta em uma prisão.

* * *

Fomos recebidos por um grupo de guardas corpulentos gritando: "*Dis die Eiland! Hier gaan julle vrek!*" (Esta é a ilha. Vocês vão morrer aqui.) Diante de nós havia um complexo flanqueado por várias guaritas. Guardas armados se alinhavam no trajeto até o complexo. Um guarda alto e ruborizado gritou para nós: "*Hier is ek jou baas!*" (Aqui eu sou o chefe de vocês). Ele era um dos famosos irmãos Kleynhans, conhecidos pela sua brutalidade para com os prisioneiros. Os guardas sempre falavam em africâner. Se você respondesse em inglês eles falavam, "*Ek verstaan nie daardie kafferboetie se taal nie*" (Não entendo essa língua de amantes de *kaffir*).

Enquanto caminhávamos em direção à prisão, os guardas gritavam "Dois-dois! Dois-dois!", significando que devíamos andar em pares, dois na frente, dois atrás. Eu estava acorrentado junto com Tefu. Os guardas começaram a gritar, "*Haas!... Haas!*" A palavra *haas* significa "mexa-se" em africâner, mas é costumeiramente reservada para o gado.

Os guardas da prisão estavam exigindo que nós corrêssemos. Voltei-me para Tefu e falei baixo que devíamos dar o exemplo; se cedêssemos agora nós ficaríamos à mercê deles. Tefu acenou com a cabeça, concordando. Nós tínhamos que mostrar para eles que nós não éramos criminosos comuns, mas prisioneiros políticos sendo punidos por nossas convicções.

Fiz um gesto para Tefu que devíamos caminhar na frente, e tomamos a liderança. Uma vez na dianteira, nós na verdade reduzimos o ritmo, andando vagarosa e intencionalmente. Os guardas estavam incrédulos. "Escutem", disse Kleynhans, "aqui não é Johannesburgo, aqui não é Pretória, aqui é a Ilha de Robben, e não vamos tolerar insubordinação alguma aqui. *Haas! Haas!*" Mas nós continuamos em nosso ritmo pomposo. Kleyhans ordenou que parássemos, e ficou diante de nós: "Olhem, caras, nós vamos te matar, não estamos brincando, suas esposas e filhos e mães e pais nunca vão saber o que aconteceu com vocês. Este é o último aviso. *Haas! Haas!*"

A isso eu respondi: "Você tem o teu dever e nós temos o nosso". Eu estava determinado que nós não cederíamos, e não o fizemos, pois já estávamos nas celas. Fomos levados a um prédio retangular de pedras e conduzidos a um recinto grande e aberto. O chão estava coberto com alguns centímetros de água. Os guardas gritaram, "*Trek uit! Trek uit!*" (Tirem as roupas! Tirem as roupas!) À medida que tirávamos cada item de roupa, os guardas a agarravam, revistavam--na rapidamente e então a jogavam na água. Casaco tirado, revistado, jogado na água. Então os guardas mandaram que nós nos vestíssemos, significando que eles queriam que colocássemos nossas roupas encharcadas.

Dois oficiais entraram no recinto. O menos graduado dos dois era um capitão cujo nome era Gericke. Desde o início, podíamos ver que ele estava decidido a nos maltratar. O capitão apontou para Aaron Molete, o mais jovem de nós quatro, uma pessoa muito calma e bondosa, e disse, "Por que o teu cabelo está tão comprido?" Aaron não falou nada. O capitão gritou, "Estou falando com você! Por que o teu cabelo está tão comprido? É contra os regulamentos. O teu cabelo devia ter sido cortado. Por que ele está comprido..." então ele fez uma pausa e se voltou para olhar para mim e disse, "...como o deste garoto!" apontando para mim. Comecei a falar, "Olhe, o comprimento do nosso cabelo é determinado pelos regulamentos..."

Antes que eu pudesse terminar, ele gritou incrédulo: "Nunca fale comigo desta forma, garoto!" e começou a avançar contra mim. Fiquei com medo; não é uma sensação agradável saber que alguém está para bater em você e você é incapaz de se defender.

Quando ele estava a apenas alguns centímetros de mim, eu falei, tão firmemente quanto podia "Se você encostar a mão em mim, vou te processar nas mais altas cortes do país, e quando eu tiver acabado com você, você estará tão pobre quanto um rato de igreja". No momento em que comecei a falar, ele parou, e no final de minha fala, ele estava olhando para mim com perplexidade. Eu mesmo estava um pouco surpreso. Eu havia ficado com medo, e falei não por coragem, mas por uma espécie de bravata. Em tais momentos, a pessoa tem que aparentar bravura a despeito de como estiver se sentindo por dentro.

"Onde está o teu cartão?" ele perguntou, e eu o apresentei para ele. Eu podia ver que ele estava nervoso. "Qual é o teu nome?" ele perguntou. Acenei com a cabeça em direção ao cartão, e falei, "Está escrito ali". Ele falou, "Qual é a duração da tua sentença?" Eu falei novamente, gesticulando para o cartão, "Está escrito ali". Ele olhou para baixo e falou, "Cinco anos! A tua pena é de cinco anos e você está tão arrogante! Você sabe o que significa cumprir cinco anos de prisão?" Eu falei, "Isso é da minha conta. Estou pronto para cumprir os cinco anos de prisão, mas não estou pronto para ser intimidado. Você tem que agir de acordo com a lei".

Ninguém havia comunicado a ele quem nós éramos, ou que nós éramos prisioneiros políticos, ou que eu era um advogado. Eu mesmo não havia percebido isso, mas o outro oficial, um homem alto e silencioso, havia desaparecido durante a nossa confrontação; fiquei sabendo mais tarde que ele era o Coronel Steyn, o oficial comandante da Ilha de Robben. O capitão saiu muito mais silencioso do que quando havia chegado.

Então fomos deixados sozinhos e Steve, com os nervos à flor da pele, não podia parar de falar, "Nós provocamos os bôeres", ele disse. "Agora nós vamos nos ver em apuros". Ele estava falando isso quando um sujeito atarracado chamado Tenente Pretorius entrou no recinto. Para nossa surpresa, Pretorius falou conosco em Xhosa, que ele parecia saber falar bastante bem. "Demos uma olhada nas fichas de vocês e elas não são tão ruins. Com exceção deste aqui", ele disse, acenando com a cabeça em direção a Steve. "A tua ficha está imunda".

Steve explodiu, "Quem é você para falar comigo desta forma? Você diz que tenho uma ficha imunda. Você leu os meus arquivos, hein? Bem, você vai descobrir que todas aquelas condenações foram para casos nos quais eu estava lutando pelos direitos do meu povo. Eu não sou um criminoso; você é que é o criminoso". Então o tenente advertiu Steve que iria indiciá-lo se ele se dirigisse a ele daquela forma novamente. Antes de sair, o tenente disse que ia nos colocar em uma única cela grande com janelas voltadas para fora e então adicionou, sombriamente, "Mas não quero que vocês conversem com ninguém através daquelas janelas, especialmente você, Mandela".

Fomos então levados para a nossa cela, uma das melhores que eu já havia visto. As janelas eram grandes e de fácil acesso. De um conjunto de janelas podíamos enxergar os outros prisioneiros e guardas enquanto eles passavam por nós. Ela era espaçosa, certamente grande o suficiente para nós quatro, e possuía suas próprias toaletes e chuveiros.

Tinha sido um dia exaustivo e, pouco tempo depois de um jantar constituído de mingau frio, os outros foram dormir. Eu estava deitado sobre o meu cobertor no chão, quando ouvi uma batida leve na janela. Olhei para cima e vi um homem branco acenando para que eu fosse até o vidro. Lembrei do aviso do tenente e fiquei no meu lugar.

Então ouvi o sujeito murmurar, "Nelson, venha aqui". O fato de ele saber o meu nome me deixou intrigado e decidi me arriscar. Fui até a janela e olhei para ele. Ele deve ter se dado conta que eu achei que ele era branco, porque a primeira coisa que ele sussurrou foi, "Sou um guarda mestiço de Bloemfontein". Então ele me deu notícias de minha esposa. Houve um artigo nos jornais de Johannesburgo que minha esposa fora me ver na Prisão de Pretória, mas eles a informaram que eu havia sido levado para a Ilha de Robben. Eu agradeci a ele pela informação.

"Você fuma?" ele perguntou. Eu disse a ele que não fumava e ele pareceu ficar decepcionado. Então entendi o que ele queria: "Sim, mas meus camaradas fumam". Ele ficou animado ao ouvir isso e disse que voltaria em alguns minutos trazendo tabaco e alguns sanduíches. Todos estavam acordados agora. Tefu e John Gaetsewe fumavam, e eu dividi a bolsa de tabaco entre eles, e todos nós dividimos os sanduíches.

Durante as semanas seguintes o guarda mestiço vinha quase todas as noites trazendo tabaco e sanduíches. E todas as noites eu dividia o tabaco igualmente entre Tefu e Gaetsewe. O guarda estava assumindo um grande risco, e me avisou que estava preparado apenas para tratar diretamente comigo, ou o nosso arranjo acabaria.

Quando chegamos à ilha não tínhamos ideia de quantos prisioneiros estavam lá. Em alguns dias ficamos sabendo que havia cerca de mil homens, todos negros, todos recém-admitidos. A maioria desses homens eram prisioneiros comuns, mas eu sabia que haveria alguns prisioneiros políticos entre eles. Eu queria entrar em contato com eles, mas estávamos completamente isolados. Durante os primeiros dias permanecemos trancados em nossa cela e não nos permitiam que saíssemos dela. Exigimos ser levados para trabalhar como os outros prisioneiros, e isso foi logo concedido, mas éramos levados sozinhos, sob a supervisão de Kleynhans. Nosso primeiro trabalho foi de encobrir com terra uma canalização recém-instalada; a área de trabalho era uma pequena colina e nós conseguíamos avistar algumas partes da ilha, que era selvagem e bonita.

Trabalhamos duro naquele primeiro dia, mas em cada dia subsequente Kleynhans nos pressionava ainda mais. Ele fazia isso grosseiramente, como alguém que estivesse comandando um cavalo ou um boi. "*Nee, man. Kom aan! Gaan nan!*" (Não, cara. Vamos. Continue.) Em certo momento, Steve, que era o mais velho entre nós, abaixou a sua pá e foi imediatamente ameaçado por Kleynhans. Mas Steve respondeu em africâner: "Seu ignorante que não sabe nem mesmo falar a sua própria língua – você não tem o direito de me dar ordens. Vou trabalhar no meu próprio ritmo, e é isso que eu estou preparado para fazer, e isso é tudo que posso fazer". Então, com grande dignidade, ele pegou a sua pá e recomeçou a trabalhar. Steve havia dado aulas de africâner, e não apenas falava a língua perfeitamente, mas também a língua que a havia originado, o alto holandês. Steve conversava com os guardas com um estilo condescendente e grandiloquente que eles provavelmente não compreendiam. Mas eles tinham o bom-senso de não entrar em uma batalha verbal com ele.

Havia dois irmãos Kleynhans na ilha, ambos com a reputação de terem agredido prisioneiros com selvageria. O irmão mais velho estava encarregado de nos vigiar, e ele deve ter sido advertido para se conter, pois nunca tocou em nós. O mais jovem não estava sob tais restrições. Um dia, estávamos voltando do trabalho por uma estrada e passamos por um grupo de centenas de prisioneiros carregando areia em carrinhos de mão. Eles não eram prisioneiros políticos e ambos os grupos receberam ordens de parar enquanto os dois irmãos tinham um bate-papo; o irmão mais novo mandou que um de seus homens lustrasse sua bota enquanto ele conversava. Reconheci alguns dos homens no outro grupo como sendo aqueles que haviam sido condenados à morte na revolta dos camponeses de Sekhukhuneland de 1958, e me voltei para ter uma visão melhor deles. O irmão mais jovem grosseiramente mandou que eu olhasse para o outro lado. Eu não sei como teria reagido se não estivesse diante dos outros prisioneiros, mas o meu orgulho estava em jogo agora. Recusei a me virar. O Kleynhans mais jovem avançou com a intenção óbvia de me agredir, mas quando ele estava a alguns passos de distância, o seu irmão correu, o agarrou, sussurrou algumas palavras, e o incidente se encerrou.

Um dia recebemos a visita do diretor da prisão, que era responsável pela administração da Ilha de Robben inteira e havia vindo para ouvir as nossas reclamações. Theron era um sujeito azedo que não gostava de lidar com os prisioneiros cara a cara. Eu não queria me indispor com ele, mas também não ia adulá-lo. "Estamos gratos que o senhor tenha vindo nos ver", eu falei, em nome do grupo, "porque temos vários problemas que tenho certeza que o senhor será capaz de resolver". Enumerei os problemas e quando acabei de falar, ele disse, "Vou ver o que posso fazer".

Talvez ele tenha pensado que havia cedido com muita facilidade, pois quando estava saindo ele se voltou para Tefu, que tinha uma barriga grande, e disse, "*Jou groot pens sal in die plek verdwyn*", em africâner "Esse teu estômago grande vai desaparecer aqui na prisão". *Pens* significa estômago, mas é utilizado para se referir ao estômago de animais como ovelhas ou gado. A palavra para o estômago de um ser humano é *maag*.

Steve não gostou muito da estocada do diretor da prisão, e era incapaz de deixar um insulto passar sem resposta. "O senhor sabe, capitão", ele disse, "não há nada que o senhor possa fazer para mim que possa verdadeiramente me afetar, pois sou membro da organização política mais revolucionária do mundo, o Partido Comunista, que tem um histórico notável de serviços prestados aos povos oprimidos no mundo inteiro. Você e o seu pobre Partido Nacional irão para a lixeira da história enquanto nós estaremos governando o mundo. Sou mais conhecido pelo mundo afora do que o seu presidente desmiolado de Estado. Quem é você? Um pequeno funcionário que nem merece que prestem atenção a você. Quando eu sair da prisão, nem mesmo vou lembrar o teu nome". Theron deu meia volta e foi embora.

As visitas noturnas do guarda mestiço ajudaram muito a aliviar os rigores da ilha. Mas mesmo com esses luxos, Steve permanecia insatisfeito. Tefu fumava muito; às vezes, ele fumava durante a noite inteira, ficando sem tabaco durante o dia seguinte. Gaetsewe, no entanto, economizava o seu tabaco e nunca ficava sem ele. Uma noite, em um estado de ânimo particularmente irritadiço, Tefu confrontou-me. "Nelson", ele disse, "você está me regulando. Você está dando mais tabaco para Gaetsewe do que para mim".

Isso não era verdade, mas pensei em fazer um jogo com ele. "Muito bem, então", eu disse. "Todas as noites, quando eu receber o tabaco, vou dividi-lo em duas porções e deixarei que escolha qual você queira". Naquela noite, e todas as noites depois, separei o tabaco em dois montes iguais e disse para Steve, "Escolha".

Tefu ficava na agonia da indecisão. Ele olhava para os montes, sua cabeça balançando de um lado para o outro entre ambos. Finalmente, frustrado, ele pegava um dos montes, se afastava e começava a fumar. Apesar de este processo me parecer evidentemente justo – e também bem-humorado – Tefu permanecia infeliz. Ele começou a ficar rondando quando o guarda vinha até a janela para se assegurar de que eu não estava escondendo tabaco. Isso fez com que o guarda se sentisse desconfortável. "Olhe", ele me falou, "só trato com você. É uma questão de segurança". Eu disse que compreendia, e falei para Tefu que ele não podia ficar nas proximidades quando eu estivesse lidando com o guarda.

Na noite seguinte, no entanto, quando o guarda veio até a janela, Tefu caminhou até as barras e disse-lhe, "De agora em diante eu vou ficar com o meu tabaco. Dê-me diretamente". O guarda entrou em pânico. "Mandela", ele disse, "você rompeu o nosso acordo. Não vou mais trazer essas coisas para vocês". Afastei Tefu e argumentei com o guarda. Eu falei, "Olhe, amigo, este é um sujeito velho", me referindo a Tefu. "Faça uma exceção". Então ele amoleceu e me deu os suprimentos, mas avisou que se isso acontecesse novamente, seria o fim de tudo.

Naquela noite, concluí que era necessário punir Tefu. Falei "Olhe aqui, você colocou os nossos suprimentos em risco. Por isso, não vai receber nem tabaco nem sanduíches esta noite. Você quase fez com que perdêssemos o privilégio. Portanto estamos tirando você da partilha até que você melhore". Tefu ficou em silêncio.

Ficamos em um canto da cela naquela noite, comendo os nossos sanduíches e lendo o jornal que o guarda também havia trazido para nós. Tefu ficou sentado sozinho no canto oposto. Eventualmente, ele adormeceu. Por volta de meia-noite, senti um braço em meu ombro, me dando cotoveladas para que eu acordasse. "Nelson... Nelson". Era Tefu.

"Nelson", ele disse, falando suavemente, "você me acertou no meu ponto fraco. Você me privou do meu tabaco. Eu sou um homem velho. Sofri por causa do meu compromisso com o meu povo. Você é o líder aqui na prisão, e está me punindo dessa forma. Não é justo, Nelson".

Ele havia atingido a *mim* em um ponto fraco. Senti-me como se tivesse abusado do meu poder. Ele havia de fato sofrido, muito mais do que eu. Eu não havia comido metade do meu sanduíche e imediatamente o dei para ele. Acordei Gaetsewe – eu havia dado todo o tabaco a ele – e perguntei se ele o compartilharia com Tefu. Tefu era sempre difícil de lidar, mas a partir daquele momento ele se comportou muito melhor.

Quando começamos a trabalhar, comecei a perceber como era a vida para os outros prisioneiros na ilha. As autoridades também colocaram alguns prisioneiros políticos jovens nas celas opostas à nossa. Durante a noite, podíamos conversar com eles através da porta de barras. Descobri que entre esses jovens estava Nqabeni Menye, um sobrinho meu de Mqhekezweni a quem eu havia visto pela última vez em 1941, quando ele ainda era um bebê.

Conversamos sobre o Transkei e nos colocamos em dia com a história da família. Uma noite, enquanto seus amigos estavam reunidos em torno dele, ele perguntou, "Tio, a qual organização o senhor pertence?" Ao CNA, naturalmente, respondi. A minha resposta causou consternação entre aqueles jovens e repentinamente seus rostos desapareceram da janela. Depois de algum tempo, meu sobrinho reapareceu e me perguntou se eu havia ou não sido membro do CPA. Respondi que não. Ele então disse que havia entendido que eu havia entrado para o CPA durante a minha viagem pela África. Eu lhe disse que não, que eu sempre tinha sido membro do CNA, e sempre seria. Isso causou novamente desalento entre eles e eles desapareceram.

Fiquei sabendo mais tarde que a propaganda do CPA afirmava que eu havia entrado para a organização enquanto estive viajando pelo continente, Apesar de eu não ficar satisfeito em ouvir isso, não me surpreendi. Na política, nunca se pode subestimar o quão pouco as pessoas sabem sobre uma situação. Pouco tempo depois, meu sobrinho voltou e me perguntou se eu havia conversado com Sobukwe na Prisão de Pretória. Eu disse que havia e que tínhamos tido conversas muito produtivas. Isso os deixou satisfeitos e eles deram boa-noite, e essa foi a última vez que eu os vi.

Algumas horas mais tarde, naquela mesma noite, um capitão veio até a nossa cela e mandou que nós quatro arrumássemos nossas coisas. Em questão de minutos meus camaradas foram levados embora, me deixando sozinho na cela. Na prisão, uma pessoa pode se considerar afortunada em poder se despedir de seus camaradas. Pode-se estar em circunstâncias extraordinariamente íntimas com alguém durante meses, e então nunca mais ver essa pessoa novamente. Isso é desumanizador, pois força a pessoa a se adaptar tornando-se mais autossuficiente e isolada.

Agora que eu estava sozinho, também fiquei um pouco ansioso. Às vezes, há segurança em quantidade; quando você está sozinho, não há testemunhas. Dei-me conta de que não haviam servido comida para mim, e bati na porta: "Guarda, não recebi o meu jantar".

"Você deve me chamar de *baas*", ele gritou. Passei fome naquela noite.

Na manhã seguinte, bem cedo, fui levado de volta para Pretória. O Departamento de Prisões divulgou uma declaração à imprensa afirmando que eu havia sido removido da ilha para a minha própria segurança porque prisioneiros ligados ao CPA estavam planejando me agredir. Isso era evidentemente falso; eles haviam me trazido de volta para Pretória por seus próprios motivos, que logo ficaram claros.

Fui mantido em confinamento solitário na Prisão de Pretória. Mas os prisioneiros são engenhosos e logo eu estava recebendo mensagens secretas e outros comunicados de alguns dos membros do CNA que estavam na prisão. Recebi um comunicado de Henry Fazzie, um dos quadros do MK que havia feito treinamento militar na Etiópia e havia sido preso enquanto tentava retornar para a África do Sul. Eles estavam entre os primeiros membros do CNA a serem julgados sob a Lei de Sabotagem.

Por meio do sistema de rumores da prisão, tentei ajudá-los em sua defesa e sugeri que entrassem em contato com Harold Wolpe. Mais tarde fiquei sabendo que Wolpe fora detido pela polícia. Essa foi a minha primeira indicação de que algo estava seriamente dando errado. Um dia, enquanto eu estava sendo retirado do pátio, depois de ter me exercitado, vi Andrew Mlangeni. Eu o vira pela última vez em setembro de 1961, quando ele estava saindo do país para fazer treinamento militar. Wolpe, Mlangeni – quem mais estava preso?

No início de 1961, Winnie havia sido banida por dois anos. Ouvi de outro prisioneiro que Winnie havia recentemente sido acusada de violar o seu banimento, o que podia levar a detenção ou prisão domiciliar. Winnie era teimosa; uma ordem de banimento era justamente o tipo de coisa que faria com que ela ficasse furiosa. Eu não tinha dúvidas de que ela violou as suas ordens, e eu nunca a aconselharia a não fazê-lo, mas fiquei muito preocupado com a possibilidade de ela poder vir a ser presa.

Uma manhã em julho de 1963, enquanto eu estava caminhando pela passagem para a minha cela, vi Thomas Mashifane, que havia sido o capataz na Fazenda Liliesleaf. Eu o cumprimentei calorosamente, ainda que tivesse me dado conta de que as autoridades, indubitavelmente, o levaram à minha passagem para ver se eu o reconhecia ou manifestava apreço por ele. Não pude evitar fazer o contrário. Sua presença lá significava apenas uma coisa: as autoridades haviam descoberto Rivonia.

Um ou dois dias mais tarde fui convocado para ir até o escritório da prisão, onde encontrei Walter, Govan Mbek, Ahmed Kathrada, Andrew Mlangeni, Bob Hepple, Raymond Mhlaba, membro do Alto Comando do MK que recentemente havia voltado da China, onde recebera treinamento; Elias Motsoaledi, também membro do MK; Dennis Goldberg, engenheiro e membro do Congresso de Democratas; Rusty Bernstein, arquiteto e também membro do CDD; e Jimmy Kantor, um advogado que era cunhado de Harold Wolpe. Todos fomos indiciados por sabotagem, e deveríamos comparecer ao tribunal no dia seguinte. Eu cumprira apenas nove meses da minha sentença de cinco anos de prisão.

Juntando as peças, descobri o que havia acontecido. Na tarde do dia 11 de julho, um furgão de lavanderia entrou pela longa via de acesso da fazenda. Ninguém em Liliesleaf tinha solicitado uma entrega. O veículo foi parado por um jovem guarda negro, mas este ficou confuso quando dezenas de policiais armados e vários cães saíram do veículo. Eles cercaram a propriedade e alguns oficiais entraram no prédio principal e no maior prédio externo. Neste último eles encontraram uma dúzia de homens em torno de uma mesa discutindo um documento. Walter saltou por uma janela, mas foi interceptado por um cão policial rosnando. Arthur Goldreich, que chegava à fazenda no momento em que a batida policial estava ocorrendo, também foi preso.

Os policiais revistaram a fazenda inteira e confiscaram centenas de documentos e papéis, mas não encontraram nenhuma arma. Um dos documentos mais importantes ficou na mesa: a Operação Mayibuye, um plano para guerra de guerrilhas na África do Sul. De uma vez só, a polícia havia capturado o Alto Comando inteiro do Umkhonto we Sizwe. Todos foram detidos sob a nova Lei de Noventa Dias de Detenção.

Felizmente, Joe Slovo e Bram Fischer não estavam na fazenda no momento da batida policial. Mas Joe e Bram iam à fazenda duas ou três vezes por dia. Em retrospecto, é extraordinário que Liliesleaf não tivesse sido descoberta mais cedo. O regime se tornara mais rigoroso e mais sofisticado. Escutas em telefones eram comuns, assim como vigilância vinte e quatro horas. A batida foi um golpe para o Estado.

Em nosso primeiro dia no tribunal não nos foi dada a oportunidade de instituir nossa defesa. Fomos trazidos diante de um magistrado e indiciados por sabotagem. Alguns dias depois permitiram que nos encontrássemos com Bram, Vernon Berrangé, Joel Joffe, George Bizos e Arthur Chaskalson, todos intercedendo por nós. Eu ainda estava sendo mantido à parte, pois eu era um prisioneiro condenado, e essas sessões foram a minha primeira oportunidade de conversar com meus colegas.

Bram estava bastante sombrio. Em sua voz calma, ele nos disse que estávamos diante de um julgamento extremamente sério e que o Estado, formalmente, o alertara que iriam solicitar a pena máxima permitida pela lei, a pena de morte. Dado o clima da época, Bram afirmou, esse resultado é uma possibilidade muito real. Daquele momento em diante, nós vivemos sob a sombra do cadafalso. A mera possibilidade de uma pena de morte muda tudo. Desde o início, nós a consideramos o resultado mais provável do julgamento. Crimes muito menores do que o nosso foram recentemente punidos com prisão perpértua.

Os oficiais da prisão nunca o deixam esquecer que você pode ser enforcado. Naquela noite, um guarda bateu à porta da minha cela na hora de dormir. "Mandela, você não precisa se preocupar com o seu sono", ele disse, "Você vai dormir por um tempo muito, muito longo". Aguardei um momento e falei, "Todos nós, inclusive você, vamos dormir por um tempo muito, muito longo". Era uma pequena consolação.

55

NO DIA 9 DE OUTUBRO DE 1963, fomos recolhidos em um furgão blindado da polícia. Ele tinha uma divisória de aço correndo pelo centro, segregando os prisioneiros brancos dos negros. Fomos levados até o Palácio da Justiça em Pretória, sede da Corte Suprema, para a abertura de *O Estado versus o Alto Comando Nacional e outros*, o qual mais tarde se tornou conhecido como *O Estado versus Nelson Mandela e outros*, e é ainda melhor conhecido como o Julgamento de Rivonia. Perto do tribunal há uma estátua de Paul Kruger, o presidente da república do Transvaal que lutou contra o imperialismo britânico no século XIX. Sob a estátua deste herói africânder há uma citação de um de seus discursos. Está escrito "Em confiança apresentamos a nossa causa diante do mundo inteiro. Quer vençamos ou quer morramos, a liberdade surgirá na África como o sol das nuvens da manhã".

O nosso furgão estava no centro de um comboio de caminhões da polícia. Na frente dessa procissão de veículos estavam limusines levando oficiais do alto escalão da polícia. O Palácio da Justiça estava apinhado de policiais armados. Para evitar a multidão de simpatizantes, que havia se agrupado diante do prédio, fomos levados para os fundos do prédio e levados para dentro através de grandes portões de ferro. Ao redor do prédio, policiais portando metralhadoras estavam em alerta. Enquanto descíamos do furgão, podíamos ouvir a multidão cantando músicas e hinos. Uma vez dentro do prédio, fomos mantidos em celas, sob o tribunal, antes da abertura do que seria descrito nos jornais do país e do mundo como o julgamento político mais significativo da história da África do Sul.

Enquanto saíamos das celas, cada um dos réus era acompanhado de dois guardas armados. Quando entramos na sala ornada e de teto alto do tribunal, cada um de nós se voltou para a multidão e fez uma saudação de punho fechado do CNA. Na galeria dos visitantes os nossos simpatizantes gritavam, "*Amandla! Ngawethu!*" e "*Mayibuye Afrika!*" Isso foi inspirador, mas perigoso: a polícia anotava os nomes e endereços de todos os espectadores nas galerias, e os fotografava enquanto saíam do tribunal. A sala do tribunal estava repleta de jornalistas do país e do exterior, e de dezenas de representantes de governos estrangeiros.

Depois que peticionamos, um grupo de policiais formou um cordão firme entre nós e os espectadores. Eu estava desgostoso de ter que comparecer ao tribunal vestindo o meu uniforme de prisioneiro constituído de bermudas cáqui e sandálias frágeis. Como prisioneiro condenado, eu não tinha a escolha de vestir roupas adequadas. Muitas pessoas comentaram mais tarde sobre a minha aparência de adoentado, e não apenas por causa das minhas vestimentas. Eu vinha entrando e saindo da solitária durante meses e havia perdido quase quinze quilos. Fiz um grande esforço para sorrir para a galeria quando entrei na sala do tribunal. Ver os nossos simpatizantes era o melhor remédio que eu poderia ter tomado.

A segurança estava particularmente cerrada, pois apenas algumas semanas antes Arthur Goldreich, Harold Wolpe, Mosie Moola e Abdulhay Jassat subornaram um jovem guarda e fugiram da cadeia. Arthur e Harold conseguiram chegar até a Suazilândia, disfarçados de sacerdotes, e de lá viajaram de avião até Tanganica. A fuga aconteceu em um momento de histeria sobre a clandestinidade e foi recebida com manchetes estridentes de jornais. Foi um embaraço para o governo e um impulso para a nossa moral.

O nosso juiz no Julgamento de Rivonia era o Sr. Quartus de Wet, juiz-presidente do Transvaal, que se sentou em sua toga vermelha flutuante sob um dossel de madeira. De Wet era um dos últimos juízes nomeados pelo Partido Unido antes de os nacionalistas assumirem o poder, e não era considerado um lacaio do governo. Ele era um juiz enigmático que não aturava estupidez. O promotor era o Dr. Percy Yutar, vice-procurador geral do Transvaal, cuja ambição era se tornar o procurador-

-geral da África do Sul. Ele era um sujeito pequeno, careca e elegante, cuja voz guinchava quando ele ficava irritado ou emocionado. Ele tinha um dom para a dramaticidade e por linguagem rebuscada, ainda que fosse imprecisa.

Yutar levantou-se e dirigiu-se à corte: "Meritíssimo, convoco o caso do Estado contra o Alto Comando Nacional e outros". Eu era o réu número um. Yutar entregou a acusação formal e autorizou que fôssemos indiciados imediatamente e julgados sumariamente. Essa era a primeira vez que recebíamos uma cópia da acusação formal. A promotoria havia nos impedido de vê-la, apesar de tê-la fornecido para o *Rand Daily Mail*, que a havia espalhado em toda a edição daquele dia do jornal. O indiciamento acusava onze de nós de cumplicidade em mais de duzentos atos de sabotagem com o objetivo de facilitar a revolução violenta e uma invasão armada do país. O Estado afirmava que éramos agentes de uma conspiração para depor o governo.

Fomos acusados de sabotagem e conspiração em vez de alta traição, porque a lei não requer uma longa análise das evidências (que é muito útil para a defesa) para sabotagem e conspiração, ao contrário do julgamento por traição. No entanto, a pena suprema – morte por enforcamento – é a mesma. Com alta traição, o Estado é forçado a provar seu caso acima de qualquer dúvida razoável e necessita de duas testemunhas para corroborar cada acusação. Sob a Lei de Sabotagem, o ônus de provar que os réus eram inocentes recaía sobre a defesa.

Bram Fischer levantou-se e solicitou à corte uma prisão preventiva, com base no fato de que a defesa não tivera tempo para preparar o seu caso. Ele observou que vários réus foram mantidos em confinamento solitário por períodos exorbitantes de tempo. O Estado vinha se preparando por três meses, mas havíamos recebido a acusação formal apenas naquele dia. O Juiz de Wet nos concedeu um recesso de três semanas até o dia 29 de outubro.

Fiquei perturbado ao descobrir naquele primeiro dia que Winnie estava impossibilitada de comparecer. Por causa de seu banimento e sua restrição a Johannesburgo, ela precisava de autorização da polícia para vir ao tribunal. Ela solicitou, mas eles recusaram conceder a autorização. Também fiquei sabendo que a nossa casa havia sido revistada e que a polícia detera um jovem, parente de Winnie. Winnie não era a única esposa de réu que estava sendo perturbada. Albertina Sisulu e Caroline Motsoaledi foram detidas sob a Lei de Noventa Dias de Detenção, e o jovem filho de Walter, Max, também foi preso. Essa foi uma das técnicas mais bárbaras do Estado para pressionar: aprisionando as esposas e filhos dos guerreiros pela liberdade. Muitos homens na prisão eram capazes de lidar com qualquer coisa que as autoridades lhes fizessem, mas o pensamento de que o Estado estava fazendo a mesma coisa às suas famílias era impossível de suportar.

Winnie entrou subsequentemente com um recurso perante o ministro da justiça, que concedeu a ela permissão para presenciar o julgamento sob a condição de que ela não vestisse trajes tradicionais. Ironicamente, o mesmo governo que estava nos mandando abraçar a nossa cultura em nossas pátrias proibia Winnie de usar um vestido Xhosa no tribunal.

Durante as três semanas seguintes, fomos autorizados a passar nossos dias juntos preparando o nosso caso. Agora eu estava entre meus companheiros réus, e a companhia dos meus colegas foi um tônico. Como prisioneiros, aguardando julgamento, nós tínhamos o direito de duas visitas de meia hora por semana, e uma refeição por dia podia ser enviada de fora. Logo recuperei o peso perdido comendo os deliciosos jantares preparados pela Sra. Pillay.

Enquanto estávamos preparando a nossa defesa, o governo estava julgando o caso pelos jornais. Normalmente, um caso que está *sub judice* não pode ser comentado em público ou na imprensa. Mas já que os homens presos em Rivonia eram detentos de Noventa Dias e, portanto, tecnicamente ainda não acusados de crime, esse princípio judicial foi ignorado. Fomos publicamente estigmatizados como revolucionários violentos por todos, do ministro da justiça até os escalões mais baixos. Os jornais traziam regularmente manchetes, tais como, "REVOLUÇÃO DE CUNHO MILITAR".

No dia 29 de outubro, novamente adentramos o Palácio de Justiça; novamente a multidão era grande e entusiasmada; novamente a segurança estava extremamente cerrada; novamente o tribunal estava repleto de dignitários de várias embaixadas estrangeiras. Depois de três semanas com meus camaradas eu me sentia rejuvenescido, e estava muito mais confortável na corte desta vez em um terno. Nossos advogados protestaram por termos que vir ao tribunal usando roupas da prisão e havíamos obtido o direito de usarmos as nossas próprias roupas. Novamente levantamos nossos punhos cerrados em direção à galeria, e fomos advertidos de que se o fizéssemos novamente, seríamos forçados a vir para o tribunal usando os nossos uniformes da prisão. Para evitar tais explosões, as autoridades inverteram a ordem de entrada normal em que os prisioneiros entravam antes do juiz. Depois daquele primeiro dia, o juiz passou a entrar antes, de forma que o tribunal já estivesse em sessão quando entrássemos.

Partimos imediatamente para o ataque – Bram Fischer criticou o indiciamento do Estado como malfeito, mal escrito e contendo absurdidades tais como a alegação de que eu havia participado de certos atos de sabotagem em datas nas quais eu estava detido na Prisão de Pretória. Yutar ficou desconcertado. O Juiz de Wet olhou para ele para que respondesse ao argumento de Bram, e em vez de oferecer detalhes, ele começou a fazer o que o juiz ridicularizou como sendo "um discurso político". De Wet ficou impaciente com a hesitação de Yutar e disse-lhe que "O fundamento inteiro do seu argumento pelo que estou entendendo, Sr. Yutar, é que o senhor está satisfeito que os réus são culpados". De Wet então mandou arquivar o indiciamento e encerrou a sessão.

Por aquele momento nós estávamos tecnicamente livres, e houve um pandemônio no tribunal. Mas fomos presos novamente antes mesmo que o Juiz de Wet deixasse a sua poltrona. O Tenente Swanepoel deu palmadas nos ombros de cada um de nós e disse, "Estou prendendo você sob a acusação de sabotagem", e fomos levados de volta para as nossas celas. Mesmo assim, este foi um golpe para o governo, pois eles tinham agora que voltar à prancheta no caso que eles haviam denominado o julgamento para acabar com todos os julgamentos.

O Estado reformulou o seu indiciamento e no início de dezembro nós estávamos novamente diante do tribunal. Todos perceberam que, neste ínterim, o Juiz de Wet ficara mais hostil em relação a nós. Suspeitamos então que a sua independência anterior havia provocado a ira do governo e que ele fora pressionado. As novas acusações foram lidas: nós supostamente havíamos recrutado pessoas para sabotagem e guerra de guerrilha com a finalidade de iniciarmos uma revolução violenta; havíamos supostamente conspirado para ajudar unidades militares estrangeiras a invadir a república de forma a dar apoio a uma revolução comunista; e havíamos solicitado e recebido fundos de países estrangeiros para esta finalidade. Os pedidos de munição de parte dos réus, afirmou Yutar dramaticamente, eram suficientes para explodir Johannesburgo inteira.

O escrivão então solicitou as nossas alegações. Todos havíamos concordado em não nos declararmos da maneira tradicional, mas em utilizar o momento para demonstrar o nosso desprezo pelos procedimentos.

"Réu número um, Nelson Mandela, você se declara culpado ou inocente?"

Levantei-me e disse, "Meritíssimo, não sou eu, mas o governo que deveria estar no banco dos réus. Declaro-me inocente".

"Réu número dois, Walter Sisulu, você se declara culpado ou inocente?"

Sisulu: "O governo é responsável pelo que tem acontecido neste país. Declaro-me inocente".

O Juiz de Wet disse que não estava interessado em ouvir discursos políticos, que devíamos simplesmente nos declarar inocentes ou culpados. Mas sua orientação foi ignorada. Cada um dos réus sugeriu que o governo é que era o criminoso antes de se declarar inocente.

Para aumentar o drama dos procedimentos, o Estado fez arranjos para transmitir ao vivo o discurso de Yutar, pelo South African Broadcasting System. Microfones foram posicionados na mesa da promotoria assim como diante do juiz. Mas no mesmo instante em que Yutar estava pigarreando para começar a falar, Bram Fischer se levantou e fez uma solicitação que a corte retirasse os microfones em razão de que transmissões prejudicariam o caso e não estavam de acordo com a dignidade da corte. Apesar do apelo estridente de Yutar para a sua manutenção, o Juiz de Wet ordenou que fossem retirados.

Em seu discurso, Yutar argumentou que da época em que o CNA havia sido colocado na clandestinidade, a organização embarcou em uma política de violência concebida para levar da sabotagem, passando por uma guerra de guerrilhas, a uma invasão armada no país. Ele afirmou que nós planejamos empregar milhares de unidades de guerrilha bem treinadas no país inteiro, e que estas unidades encabeçariam uma insurreição que seria seguida por uma invasão armada de parte de uma potência estrangeira. "Em meio ao caos, agitação e desordem resultantes", Yutar proclamou, "foi planejado pelos réus o estabelecimento de um Governo Revolucionário Provisório para assumir a administração e o controle do país". O motor desse grande plano era o Umkhonto we Sizwe, sob a orientação política do CNA e do Partido Comunista, e o quartel general do Umkhonto era Rivonia.

Com sua prosa empolada, Yutar descreveu como recrutamos membros para o MK, como planejamos nossa insurreição nacional para 1963 (aqui ele estava nos confundindo com o CPA), como erigimos um transmissor potente de rádio em Rivonia, e como éramos coletivamente responsáveis por duzentos e vinte e dois atos de sabotagem. Ele disse que Elias Motsoaledi e Andrew Mlangeni eram responsáveis pelo recrutamento de membros, e que Dennis Goldberg administrava uma escola especial para recrutas no Cabo. Ele detalhou a produção de várias bombas, assim como a solicitação de dinheiro no exterior.

Durante os três meses seguintes, o Estado apresentou cento e setenta e três testemunhas e registrou, nos autos, milhares de documentos e fotografias, incluindo obras-padrão sobre Marxismo, histórias de guerra de guerrilhas, mapas, plantas e um passaporte confeccionado para um certo David Motsamayi. A primeira testemunha foi um fotógrafo da polícia que havia tirado fotografias de Rivonia, e as testemunhas seguintes foram os empregados domésticos da família Goldreich, que foram mantidos em detenção durante todo esse tempo apesar de não terem ligação alguma com as políticas da família. Esses serviçais identificaram a maioria de nós apontando em nossa direção no banco dos réus, mas o Sr. Jelliman, em uma corajosa tentativa de me ajudar, fez de conta que não me viu quando pediram que ele apontasse para o réu número um. Olhe novamente, disse o promotor, analise todos os rostos cuidadosamente. "Não acredito que ele esteja aqui", Jelliman falou serenamente.

Ficamos imaginando quais provas o Estado tinha para provar a minha culpa. Eu estivera fora do país e na prisão, durante a maior parte do tempo em que o planejamento em Rivonia tomou lugar. Quando vi Walter na Prisão de Pretória, logo depois da minha condenação, eu insisti que ele se certificasse de que todos os meus livros e observações fossem retirados da fazenda. Mas durante a primeira semana do julgamento, quando Rusty Bernstein solicitou liberdade sob fiança, Percy Yutar apresentou dramaticamente o esboço do Forte, assim como o bilhete que o acompanhava sobre fuga, que eu fiz enquanto estive detido lá. Yutar exclamou que isso era prova de que todos os réus tinham a intenção de escapar. Isso era um sinal de que nada do que era meu havia sido retirado de Rivonia. Mais tarde, me disseram que meus colegas em Rivonia decidiram preservar o meu bilhete sobre a fuga porque pensaram que ele seria um documento histórico no futuro. Mas no presente, ele custou a Rusty Bernstein a sua fiança.

A testemunha principal do Estado era Bruno Mtolo, ou "Sr. X" como era conhecido no tribunal. Ao apresentar o "Sr. X", Yutar comunicou ao tribunal que o interrogatório levaria três dias e, então, em tons teatrais, ele acrescentou que a testemunha estava "em perigo mortal". Yutar solicitou que o depoimento fosse na câmara, mas que a imprensa fosse incluída desde que não identificasse a testemunha.

Mtolo era um homem alto e bem constituído e tinha uma memória excelente. Zulu de Durban, havia se tornado o líder da região Natal do MK. Ele era um sabotador experiente, e estivera em Rivonia. Eu me encontrei com ele apenas uma vez, quando conversei com o seu grupo de quadros do MK, em Natal, depois do meu retorno da viagem pelo continente. Suas provas em relação a mim em particular fizeram com que eu me desse conta de que o Estado certamente seria capaz de me condenar.

Ele começou dizendo que era um sabotador do MK, que havia explodido um escritório municipal, uma torre de transmissão de energia e uma linha elétrica. Com precisão impressionante, ele explicou a operação de bombas, minas terrestres e granadas, e como o MK trabalhava na clandestinidade. Mtolo disse que, se por um lado, ele nunca havia perdido a fé nos ideais do CNA, por outro lado, ele perdeu a fé na organização quando se deu conta de que ele e o MK eram instrumentos do Partido Comunista.

O depoimento dele foi dado com simplicidade e parecia ser sincero, mas Mtolo havia extrapolado para enfeitar suas provas. Isso foi indubitavelmente feito sob orientação da polícia. Ele contou para o tribunal que durante os meus comentários para o Comando Regional de Natal eu declarei que todos os quadros do MK deviam ser bons comunistas, mas não deviam revelar seus pontos de vista publicamente. Na verdade, eu nunca disse tal coisa, mas o seu testemunho tinha o objetivo de ligar a mim e o MK ao Partido Comunista. Sua memória parecia tão exata que as pessoas normais presumiriam que ela era precisa em todas as instâncias. Mas isso não era verdade.

Fiquei aturdido pela traição de Mtolo. Nunca descartei a possibilidade de, até mesmo, membros antigos do CNA cederem sob tortura da polícia. Mas tudo indicava que Mtolo nunca foi tocado. No banco de testemunhas, ele não mediu esforços para comprometer pessoas que nem mesmo eram mencionadas no caso. É possível, eu sei, mudar de ideia, mas trair tantas pessoas, muitas das quais eram inocentes, me parecia imperdoável.

Durante o interrogatório pela defesa, ficamos sabendo que Mtolo fora um delinquente antes de entrar para o MK e fora preso três vezes, anteriormente, por roubo. Mas apesar dessas revelações, ele era uma testemunha extremamente prejudicial, pois o juiz o considerou confiável e acreditável, e seu depoimento incriminava quase todos nós.

A pedra angular do caso do Estado eram as seis páginas do Plano de Ação confiscado na batida policial em Rivonia. Os líderes do Alto

Comando tiveram esse mesmo documento diante deles na mesa quando a polícia invadiu a fazenda. A Operação Mayibuye esboça em linhas gerais o plano para o possível começo de operações de guerrilha, e como esse começo poderia dar início a uma insurreição armada pelas massas contra o governo. Ela prevê um desembarque inicial de pequenas forças de guerrilha em quatro áreas diferentes da África do Sul e o ataque a alvos pré-selecionados. O documento estabelece uma meta de sete mil recrutas do MK, no país, que se encontrariam com a força externa inicial de cento e vinte guerrilheiros treinados.

A promotoria encerrou o caso em grande parte baseada no argumento de que a Operação Mayibuye foi aprovada pela executiva do CNA e se tornou o plano operacional do MK. Nós insistimos que a Operação Mayibuye não havia sido formalmente adotada e ainda estava sendo discutida no momento das prisões. Até onde eu sabia, a Operação Mayibuye era um esboço de documento que não apenas não havia sido aprovado, mas era completamente irrealista em seus objetivos e planos. Eu não acreditava que a guerra de guerrilha era uma opção viável naquele estágio.

O plano fora redigido na minha ausência e, portanto, eu tinha pouquíssimo conhecimento a seu respeito. Mesmo entre os réus de Rivonia não havia acordo em relação ao plano ter sido ou não adotado como política do CNA. Govan, que redigiu o documento com Joe Slovo, insistia que ele foi aprovado e sentia que era errado de nossa parte argumentar no tribunal que ele ainda estava sendo discutido. Mas todos os outros réus argumentavam que o documento, se por um lado havia sido elaborado pelo Alto Comando, por outro lado não havia sido aprovado pela executiva do CNA ou não tinha nem mesmo sido visto pelo Chefe Luthuli.

Apesar de um julgamento capital poder ser bastante sombrio, em geral, nossos espíritos estavam elevados. Havia uma boa quantidade de humor negro entre nós. Dennis Goldberg, o mais jovem entre os réus, possuía um senso de humor irresistível e frequentemente fazia com que ríssemos quando não devíamos. Quando uma das testemunhas da acusação descreveu como Raymond Mhlaba usou um colarinho clerical como disfarce, Dennis passou a chamá-lo de Reverendo Mhlaba.

Em nossa sala de consultas, no andar de baixo, nós frequentemente nos comunicávamos por meio de bilhetes, que seriam então queimados e atirados na lixeira. Um dos oficiais do Serviço de Inteligência que nos vigiava era o Tenente Swanepoel, um sujeito atarracado e de rosto rubro que estava convencido de que estávamos sempre lhe pregando peças. Um dia, enquanto Swanepoel estava nos observando da porta, Govan Mbeki começou a escrever um bilhete com uma atitude conspicuamente dissimulada. Com drama semelhante ele me passou o bilhete. Eu o li, acenei sagazmente com a cabeça, e passei o bilhete para Kathy, que ostensivamente tirou seus fósforos como se fosse queimar o bilhete quando Swanepoel entrou de supetão na sala, arrancou o papel das mãos de Kathy, e falou algo a respeito dos perigos de se acender fósforos dentro de recintos. Então ele saiu da sala para ler o seu troféu; alguns segundos depois, ele entrou furiosamente na sala falando, "Vou pegar todos vocês por causa disso!" Govan havia escrito em letras de forma: "SWANEPOEL É UM INDIVÍDUO BONITO, NÃO É?"

Nós estávamos trancafiados na prisão e em julgamento pelas nossas vidas, mas, no lado de fora, nova vida estava brotando. A esposa de Jimmy Kantor estava para dar à luz a qualquer momento. Jimmy era um advogado que havia sido enredado no julgamento pelo Estado por nenhuma outra razão senão pelo fato de que era cunhado de Harold Wolpe.

Uma manhã, quando estávamos sentados no banco dos réus, um bilhete foi passado para mim vindo da outra extremidade.

> Eu e Bárbara temos discutido longamente sobre padrinhos e chegamos à conclusão que, quer o bebê seja uma menina ou um menino, consideraríamos uma honra se você concordasse em aceitar essa função como um complemento às colocações mais vergonhosas que você já teve no passado.
>
> Em carta-resposta enviei a Jimmy um bilhete.
>
> Eu ficaria mais que encantado, e a honra é minha, e não do bebê. Agora eles que não se atrevam a me enforcar.

56

A APRESENTAÇÃO DAS ACUSAÇÕES pelo Estado continuou através das festas de fim de ano de 1963, terminando no dia 29 de fevereiro de 1964. Nós tivemos pouco mais de um mês para examinar as provas e preparar a nossa defesa. As provas não afetavam igualmente a todos nós. Não havia provas contra Janes Kantor; ele nem mesmo era membro da nossa organização e nem deveria estar sendo submetido a julgamento. Para Rusty Bernstein, Raymond Mhlaba e Ahmed Kathrada, as provas de envolvimento em conspiração eram tênues e decidimos que eles não deveriam incriminar-se. No caso de Rusty, as provas eram insignificantes; ele havia meramente sido encontrado em Rivonia juntamente com os outros. Nós, os seis restantes, admitiríamos que éramos culpados em certas acusações.

Bram estava profundamente pessimista. Ele declarou que mesmo se nós provássemos que a guerra de guerrilha não havia sido aprovada e a nossa política de sabotagens fora concebida para não sacrificar vidas humanas, o Estado ainda poderia impor a pena capital. A equipe de defesa estava dividida quanto a se devíamos ou não depor. Alguns afirmavam que a nossa defesa seria prejudicada se o fizéssemos. George Bizos, no entanto, sugeriu que a não ser que fornecêssemos provas e convencêssemos o juiz de que nós não havíamos decidido pela guerra de guerrilha, ele certamente imporia a penalidade suprema.

Desde o início deixamos claro que pretendíamos utilizar o julgamento não como um teste da lei, mas como uma plataforma para as nossas convicções políticas. Não íamos negar, por exemplo, que havíamos sido responsáveis por atos de sabotagem. Não íamos negar que um grupo de nós havia se afastado da não violência. Não estávamos preocupados em escapar da nossa punição ou em mitigá-la, mas em fazer com que o julgamento fortificasse a causa pela qual estávamos todos lutando –

custasse o que custasse para nós mesmos. Não íamos nos defender em um sentido legal tanto quanto em um sentido moral. Nós víamos o julgamento como uma extensão da luta por outros meios. Nós iríamos prontamente admitir como verdadeiro o que já era conhecido pelo Estado, mas nos recusaríamos a fornecer quaisquer informações que achássemos que comprometeriam os outros.

Nós iríamos contestar a argumentação central do Estado de que havíamos embarcado em uma guerra de guerrilhas. Admitiríamos que elaboramos planos de contingência para empreender guerra de guerrilhas se as sabotagens fracassassem. Mas nós iríamos alegar que elas ainda não haviam fracassado, pois não foram suficientemente tentadas. Nós negaríamos as acusações de assassinato e danos a espectadores inocentes, que o Estado alegava; ou essas acusações eram mentiras absolutas ou os incidentes foram causados por outras pessoas. Nós nunca contemplamos a intervenção de forças militares estrangeiras. De forma a fazer essas alegações, nós acreditávamos que teríamos que explicar a Operação Mayibuye para o tribunal.

No meu próprio caso, a corte tinha provas suficientes para uma condenação. Documentos escritos por mim mostravam que eu saí do país ilegalmente, consegui treinamento militar para os nossos homens e estava por trás da formação do Umkhonto we Sizwe. Também havia um documento escrito por mim, intitulado "Como ser um bom comunista", que o Estado sugeria ser prova de que eu era um comunista de carteirinha. Na verdade, o título do documento foi tirado do trabalho de um teórico chinês chamado Liu Shao Chi, e foi escrito por mim para comprovar uma tese para Moses Kotane. Nós estávamos empenhados em um debate sobre a atração do comunismo para os sul-africanos comuns. Eu argumentei que a literatura era, em grande parte, enfadonha, esotérica e centralizada no ocidente, mas deveria ser simples, clara e relevante para as massas africanas. Moses insistia que isso não podia ser feito. Para provar a minha tese, eu peguei o ensaio de Liu e o reescrevi para uma audiência africana.

Eu seria a primeira testemunha e, portanto, estabeleceria o tom para a defesa. Nos tribunais sul-africanos, provas vindas do banco das testemunhas somente são admitidas na forma de uma resposta a uma pergunta. Eu não queria ficar limitado àquele formato. Decidimos que em vez de dar o meu depoimento, eu leria uma declaração do banco dos réus, enquanto os outros testemunhariam e passariam por interrogatórios.

Quando a declaração de uma testemunha, a partir do banco dos réus, não é submetida a um interrogatório ou a perguntas da banca, a declaração não tem o mesmo peso legal dos depoimentos comuns. Aqueles que escolhem fazer tal declaração normalmente o fazem para evitar o interrogatório. Nossos advogados me alertaram que isso me poria em uma situação legal ainda mais precária; qualquer coisa que eu dissesse em minha declaração, em relação à minha própria inocência, não seria levada em consideração pelo juiz. Mas essa não era a prioridade. Nós acreditávamos que era importante iniciar a nossa defesa com uma declaração de nossas políticas e ideais, que estabeleceria um contexto para tudo o que se seguisse. Eu queria muito esgrimir verbalmente com Percy Yutar, mas era mais importante que eu utilizasse a plataforma para enfatizar as nossas reivindicações.

Tudo isso foi acordado em consultas, principalmente através de bilhetes, porque a sala de consultas estava cheia de escutas. Nós até mesmo utilizamos a bisbilhotice do Estado em nosso favor, fornecendo desinformações a eles. Demos todas as indicações de que eu iria depor de forma que eles desperdiçassem seu tempo planejando o seu interrogatório. Em uma conversa encenada, falei para o nosso advogado, Joel Joffe, que eu precisaria dos autos do Julgamento por Traição para preparar o meu depoimento. Nós sorrimos ao imaginar Yutar debruçado sobre centenas de volumes de transcrições do Julgamento por Traição.

Passei cerca de quinze dias elaborando o meu discurso, trabalhando principalmente em minha cela durante a noite. Quando terminei, eu o li primeiramente para os meus companheiros e os colegas réus. Eles gostaram do discurso, sugerindo algumas mudanças, e então pedi para que Bram Fischer desse uma analisada. Bram ficou preocupado depois de tê-lo lido e pediu que um jurista respeitado chamado Hal Hanson o lesse. Hanson falou para Bram "Se Mandela ler isto no tribunal, eles vão levá-lo diretamente para os fundos do tribunal e enforcá-lo". Isso confirmou as angústias de Bram e ele veio até mim no dia seguinte e insistiu que eu modificasse o discurso. Eu sentia que iríamos provavelmente ser enforcados independentemente do que disséssemos, então devíamos dizer o que realmente acreditávamos. A atmosfera naquela época estava extremamente sombria, com os jornais rotineiramente especulando que nós receberíamos a pena de morte. Bram implorou que eu não lesse o último parágrafo, mas eu estava irredutível.

Na segunda-feira, 20 de abril, sob um esquema extremamente forte de segurança, fomos levados ao Palácio de Justiça, desta vez para dar início à nossa defesa. Winnie estava presente, juntamente com minha mãe, e eu acenei para elas com a cabeça enquanto entrávamos na sala do tribunal, que novamente estava lotada.

Bram anunciou que certas partes das provas do Estado seriam aceitas pelos réus, e houve um murmúrio no tribunal. Mas ele prosseguiu, dizendo que a nossa defesa negaria várias das afirmações do Estado, incluindo a argumentação de que o Umkhonto we Sizwe era o braço militar do CNA. Ele afirmou que os líderes do MK e do CNA "se esforçaram em manter essas duas organizações inteiramente separadas. Eles nem sempre foram bem-sucedidos nisso", ele falou, "mas... todos os esforços foram feitos para atingir esse objetivo". Ele negou enfaticamente que o CNA recebesse ordens do Partido Comunista. Ele disse que a defesa iria contestar a alegação de que Goldberg, Kathrada, Bernstein e Mhlaba eram membros do Umkhonto. Declarou que a defesa mostraria que o Umkhonto não havia na verdade adotado a Operação Mayibuye, e que o MK não havia embarcado em preparativos para guerra de guerrilha.

"Isso será negado?" perguntou o Juiz de Wet, incredulamente.

"Isso será negado", respondeu Bram. "As evidências vão provar que se por um lado preparativos para a guerra de guerrilha foram feitos, nenhum plano foi adotado. Tinha-se a esperança em todos os escalões que tal passo pudesse ser evitado".

Então, em sua voz suave, Bram disse, "O caso da defesa, meritíssimo, terá início com uma declaração a partir do banco dos réus pelo réu número um, que tomou parte pessoalmente no estabelecimento do Umkhonto, e que será capaz de informar à corte os primórdios daquela organização".

Ao ouvir isso, Yutar saltou de sua mesa e falou em voz alta, "Meritíssimo! Meritíssimo!" Ele ficou aflito pelo fato de que eu não iria depor no julgamento, pois havia indubitavelmente se preparado para o meu interrogatório. "Meritíssimo," ele falou com desânimo, "uma declaração feita a partir do banco dos réus não tem o mesmo peso que um depoimento sob juramento".

"Acredito, Dr. Yutar", o Juiz de Wet respondeu secamente, "que os advogados da defesa têm experiência suficiente para aconselhar seus clientes sem a vossa ajuda". Yutar sentou-se.

"Nem nós nem nossos clientes somos desconhecedores dos provimentos do código penal", respondeu Bram. "Convoco Nelson Mandela".

Levantei-me e encarei a sala do tribunal e lentamente li.

> Sou o primeiro réu.
>
> Tenho bacharelado e pratiquei advocacia em Johannesburgo durante vários anos em parceria com o Sr. Oliver Tambo. Sou réu condenado, cumprindo uma pena de cinco anos de prisão por ter saído do país sem autorização e por incitar as pessoas a entrarem em greve no final de maio de 1961.
>
> Admito prontamente que fui uma das pessoas que ajudaram a formar o Umkhonto we Sizwe e que tive um papel proeminente em seus assuntos até ser preso em agosto de 1962.
>
> De início, quero dizer que a sugestão feita pelo Estado em sua abertura de que a luta na África do Sul está sob a influência de estrangeiros ou comunistas está completamente incorreta. Fiz o que fiz, tanto enquanto indivíduo como enquanto líder do meu povo, por causa de minhas

experiências na África do Sul, e por causa da minha orgulhosa tradição africana, e não por causa do que qualquer forasteiro tenha dito.

Durante a minha juventude no Transkei, eu ouvia os anciões de minha tribo contarem histórias dos dias passados. Entre as histórias que eles me relataram estavam aquelas de guerras de nossos ancestrais em defesa da pátria. Os nomes de Dingane e Bambatha, Hintsa e Makanna, Squngthi e Dalasile, Moshoeshoe e Sekhukhuni, eram louvados como sendo o orgulho e a glória da nação africana inteira. Eu esperava então que a vida pudesse me oferecer a oportunidade de servir ao meu povo e fazer a minha humilde contribuição para a sua luta pela liberdade. Foi isso que me motivou em tudo o que fiz em relação às acusações feitas contra mim neste caso.

Tendo dito isso, devo imediatamente e durante algum tempo tratar da questão da violência. Algumas das coisas ditas no tribunal até o momento são verdadeiras e algumas são inverdades. No entanto, não nego que planejei atos de sabotagem. Eu não os planejei com um espírito de imprudência nem porque eu tenha qualquer amor pela violência. Eu os planejei como resultado de uma avaliação calma e sóbria da situação política que havia surgido depois de muitos anos de tirania, exploração e opressão do meu povo pelos homens brancos.

Eu queria dar a impressão à corte de que não havíamos agido irresponsavelmente ou sem pensar nas ramificações de empregar ação violenta. Dei ênfase especial à nossa determinação de não causar nenhum dano às vidas humanas.

Nós do CNA sempre defendemos uma democracia não racialista, e evitamos qualquer ação que pudesse separar as raças ainda mais. Mas a dura realidade era que cinquenta anos de não violência não havia trazido ao povo africano nada senão mais legislação repressiva e cada vez menos direitos. Pode não ser fácil para este tribunal compreender, mas é fato que durante muito tempo as pessoas vinham falando sobre violência – sobre o dia quando iriam lutar contra os homens brancos e reconquistar o seu país, e nós, os líderes do CNA, havíamos, entretanto, sempre

> prevalecido sobre eles para evitar o uso de violência e utilizar métodos pacíficos. Enquanto alguns de nós discutimos isso em maio e junho de 1961, não se podia negar que a nossa política para alcançar um estado não racial através da não violência não havia chegado a lugar nenhum, e que os nossos seguidores estavam começando a perder sua confiança nesta política e estavam desenvolvendo ideias perturbadoras de terrorismo... O Umkhonto foi formado em novembro de 1961. Quando tomamos esta decisão e subsequentemente formulamos nossos planos, a tradição de não violência e harmonia racial do CNA estava muito presente conosco. Sentimos que o país estava se deslocando na direção de uma guerra civil na qual os negros e os brancos lutariam entre si. Nós enxergamos a situação com um certo alarme. Uma guerra civil significaria a destruição do que o CNA defendia; com uma guerra civil a paz racial seria mais difícil de atingir do que nunca. Nós já temos exemplos na história da África do Sul dos resultados de uma guerra. Levou mais de cinquenta anos para as cicatrizes da Guerra dos Bôeres desaparecerem. Quanto tempo mais levaria para erradicar as cicatrizes de uma guerra civil inter-racial, que não poderia ser travada sem a perda de um grande número de vidas de ambos os lados?

A sabotagem, afirmei, oferecia a melhor esperança para a futura relação entre raças. A reação dos governantes brancos aos nossos primeiros esforços foi rápida e brutal: atos de sabotagem foram declarados crimes puníveis com morte. Não queríamos guerra civil, afirmei, mas precisávamos estar preparados para ela.

> A experiência nos convenceu de que a rebelião ofereceria ao governo oportunidades sem limite para a carnificina indiscriminada do nosso povo. Mas era precisamente porque o solo da África do Sul já está encharcado com o sangue de negros inocentes que sentimos que era o nosso dever fazer preparativos como um empreendimento de longo prazo de utilizar a força de maneira a nos defender contra o uso de força. Se a guerra era inevitável, nós queríamos que a luta fosse conduzida nas condições mais favoráveis ao nosso povo. A luta que apresentava

> as melhores perspectivas para nós e o menor risco de vida para ambos os lados era a guerra de guerrilha. Decidimos, portanto, em nossos preparativos para o futuro, tomar providências para a possibilidade da guerra de guerrilhas.
>
> Todos os homens brancos passam por treinamento militar obrigatório, mas nenhum treinamento desse tipo é dado aos negros. Do nosso ponto de vista, era essencial formar um núcleo de homens treinados que fossem capazes de fornecer a liderança que seria exigida caso uma guerra de guerrilha começasse. Nós tínhamos que nos preparar para tal situação antes que fosse tarde demais para fazermos os preparativos apropriados.

Expliquei que nesse estágio em nossas discussões eu saí do país para participar da conferência do MPALOCS e me submeter a treinamento militar. Afirmei que fiz treinamento militar porque, se era para haver uma guerra de guerrilhas, eu queria ser capaz de ficar e lutar ao lado do meu povo. Mesmo assim, eu acreditava que as possibilidades da sabotagem estavam longe de estarem esgotadas e que ela devia ser buscada com vigor.

Falei para a corte sobre a linha divisória entre o CNA e o MK, e como fizemos tentativas de boa-fé de mantê-los separados. Essa era a nossa política, mas na prática, isso não era tão simples. Por causa dos banimentos e aprisionamentos, as pessoas frequentemente viam-se forçadas a trabalhar em ambas as organizações. Apesar disso poder, às vezes, ter obscurecido a distinção, ela não a aboliu. Contestei as alegações do Estado de que as metas e os objetos do CNA e do Partido Comunista eram os mesmos.

> A crença ideológica do CNA é, e sempre foi a crença do Nacionalismo Africano. Não é o conceito do Nacionalismo Africano expresso no grito de guerra, "Atirem os homens brancos ao mar". O Nacionalismo Africano defendido pelo CNA é o conceito de liberdade e realização para o povo africano em sua própria terra. O documento político mais importante jamais adotado pelo CNA foi a Carta Magna da Liberdade. Ela não é de forma alguma um plano para um estado socialista... O CNA nunca defendeu, em qualquer período de sua história, uma mudança

revolucionária na estrutura econômica do país, nem jamais condenou, até onde me recordo, a sociedade capitalista...

O CNA, diferentemente do Partido Comunista, admitia negros apenas como membros. Seu objetivo principal era, e é, fazer com que o povo africano conquiste unidade e direitos políticos integrais. O principal objetivo do Partido Comunista, por outro lado, era de remover os capitalistas e substituí-los por um governo da classe operária. O Partido Comunista buscava enfatizar as distinções de classe ao passo que o CNA busca harmonizá-las.

É verdade que frequentemente tem havido uma cooperação estreita entre o CNA e o Partido Comunista. Mas essa cooperação é meramente prova de um objetivo comum – neste caso, a remoção da supremacia branca – e não é prova de uma comunhão completa de interesses. A história do mundo está repleta de exemplos semelhantes. Talvez a ilustração mais surpreendente seja encontrada na cooperação entre a Grã-Bretanha, os Estados Unidos e a União Soviética na luta contra Hitler. Ninguém, a não ser o próprio Hitler, se atreveria a sugerir que tal cooperação transformou Churchill ou Roosevelt em comunistas ou instrumentos dos comunistas, ou que a Grã-Bretanha e os Estados Unidos estavam trabalhando para criar um mundo comunista...

Talvez seja difícil para os brancos sul-africanos, com um preconceito arraigado contra o comunismo, compreender por que políticos negros experientes aceitaram tão prontamente os comunistas como seus amigos. Mas para nós a razão é óbvia. Diferenças teóricas entre aqueles lutando contra a opressão é um luxo ao qual não podemos nos dar neste estágio. Além disso, por várias décadas os comunistas eram o único grupo político na África do Sul que estava preparado para tratar os negros como seres humanos e seus iguais; que estavam preparados para comer juntamente conosco; conversar conosco, morar e trabalhar conosco. Em função disso, há muitos africanos negros que, hoje em dia, tendem a igualar a liberdade com o comunismo.

Falei para a corte que eu não era comunista e que sempre tinha me considerado um patriota africano. Não neguei que fiquei atraído pela ideia de uma sociedade sem classes sociais, o que havia sido influenciado pelo pensamento marxista. Isso era verdadeiro para muitos líderes dos estados recém-independentes da África, que aceitaram a necessidade de alguma forma de socialismo para permitir que o seu povo alcançasse os países avançados do Ocidente.

> Das minhas leituras da literatura marxista e de conversas com marxistas, adquiri a impressão de que os comunistas veem o sistema parlamentarista do ocidente como não democrático e reacionário. Mas, muito pelo contrário, eu sou um admirador de tal sistema de governo.
> A Carta Magna*, a Petição de Direito** e a Declaração dos Direitos do Cidadão*** são documentos venerados pelos democratas do mundo inteiro. Tenho grande respeito pelas instituições políticas britânicas, e pelo sistema judicial daquele país. Considero o Parlamento Britânico a instituição mais democrática do mundo, e a independência e imparcialidade de seu judiciário nunca falham em despertar a minha admiração. O Congresso Norte-Americano, a doutrina de separação de poderes do país, assim como a independência de seu judiciário, despertam em mim sentimentos semelhantes.

---

* A *Carta Magna* é um documento originalmente publicado no ano de 1215 que incluía as contestações mais diretas à autoridade dos monarcas ingleses até então. Ela foi transformada em lei em 1225. (N. do T.)

** *Petição de Direito* - Documento constitucional inglês que estabelece liberdades específicas dos súditos às quais o rei está proibido de infringir. Ele foi elaborado pelo Parlamento em 1628, durante o período que antecedeu a Guerra Civil Inglesa. A Petição é notável por sua confirmação dos princípios que os impostos podem ser instituídos apenas pelo Parlamento, que a lei marcial não pode ser decretada em tempos de paz, e pela instituição do *habeas corpus*. (N. do T.)

*** A *Declaração dos Direitos do Cidadão* é o nome dado ao conjunto das dez primeiras emendas à Constituição dos Estados Unidos. Elas foram apresentadas por James Madison durante o Primeiro Congresso dos Estados Unidos em 1789 como uma série de artigos legislativos e entraram em vigor como Emendas Constitucionais em 15 de dezembro de 1791. A Declaração dos Direitos do Cidadão é uma série de limitações do poder do governo federal, protegendo os direitos naturais de liberdade e propriedade, incluindo a liberdade religiosa, liberdade de expressão, de imprensa, de reunião e associação, assim como o direito de possuir armas. (N. do T.)

Detalhei as disparidades terríveis entre as vidas de negros e brancos na África do Sul. Na educação, na saúde, renda, em todos os aspectos da vida, os negros estavam mal em níveis de subsistência enquanto os brancos tinham os mais altos padrões no mundo – e visavam mantê-lo assim. Os brancos, afirmei, frequentemente alegam que os negros da África do Sul estavam em situação muito melhor do que os seus iguais no resto do continente. A nossa queixa, falei, não era que éramos pobres em comparação com as pessoas do resto da África, mas que éramos pobres em comparação com os brancos no nosso país, e que éramos impedidos pela legislação de corrigirmos esse desequilíbrio.

> A falta de dignidade humana experimentada pelos negros é o resultado direto da política de supremacia branca. A supremacia branca implica na inferioridade dos negros. Uma legislação concebida para preservar a supremacia branca entrincheira essa noção. As tarefas servis na África do Sul são executadas pelos negros. Quando algo tem que ser carregado ou limpo, o homem branco olha à sua volta em busca de um negro para fazer isso por ele, quer esse negro esteja empregado por ele ou não...
>
> A pobreza e o colapso da vida familiar têm efeitos secundários. Crianças perambulam pelas ruas dos assentamentos porque elas não têm escolas para frequentar, não têm dinheiro para permitir que vão para a escola, ou não têm pais em casa para se certificarem de que elas vão para a escola, porque ambos os pais (se houver dois) têm que trabalhar para garantir a sobrevivência da família. Isso leva a um colapso nos padrões morais, a um aumento alarmante em ilegitimidade, a uma violência crescente que eclode, não apenas politicamente, mas em todos os lugares.
>
> Os negros desejam uma parcela justa do todo da África do Sul, eles desejam segurança e uma participação na sociedade. Acima de tudo, desejamos direitos políticos, porque sem eles nossas deficiências serão permanentes. Sei que isso soa revolucionário para os brancos neste país, porque a maioria dos eleitores é negra. Isso faz com que os homens brancos tenham medo da democracia...

> Isso então é pelo que o CNA está lutando. Sua luta é verdadeiramente nacional. É uma luta do povo africano, inspirado pelo seu próprio sofrimento e suas próprias experiências. É uma luta pelo direito de viver.

Eu vinha lendo o meu discurso, e nesse momento coloquei os meus papéis na mesa da defesa, e voltei-me para encarar o juiz. O tribunal ficou extremamente silencioso. Não tirei os olhos do Juiz de Wet, enquanto falei as últimas palavras sem ler, de memória.

> Durante a minha vida inteira tenho me dedicado a esta luta do povo africano. Tenho lutado contra a dominação branca, e tenho lutado contra a dominação negra. Tenho acalentado o ideal de uma sociedade livre e democrática na qual todas as pessoas vivam juntas em harmonia e com oportunidades iguais. É um ideal que espero viver e atingir. Mas se for necessário, é um ideal pelo qual estou preparado para morrer.

O silêncio no tribunal agora era completo. No final do discurso, eu simplesmente me sentei. Eu não me voltei e encarei a galeria, apesar de sentir que todos os seus olhos estavam fixos em mim. O silêncio pareceu se estender por vários minutos. Mas na verdade ele provavelmente não durou mais do que trinta segundos, e então da galeria ouvi o que soou como um grande suspiro, um "ummmmm" coletivo, profundo, seguido pelos gritos das mulheres.

Eu havia lido durante mais de quatro horas. Era pouco depois das quatro da tarde, horário em que normalmente o tribunal entrava em recesso. Mas o Juiz de Wet, tão logo a ordem foi restabelecida no tribunal, convocou a testemunha seguinte. Ele estava determinado a mitigar o impacto da minha declaração. Ele não queria que esse fosse o último e único depoimento do dia. Mas nada que ele fez conseguiu enfraquecer o seu efeito. Quando terminei o meu discurso e me sentei, foi a última vez em que o Juiz de Wet me olhou nos olhos.

O discurso recebeu ampla publicidade tanto na imprensa local quanto na estrangeira, e foi impresso, virtualmente palavra por palavra, no *Rand*

Daily Mail. Isso, apesar do fato de que todas as minhas palavras estavam banidas. O discurso ao mesmo tempo indicou a nossa linha de defesa e desarmou a promotoria, que havia preparado seu caso inteiro com base na expectativa de que eu forneceria provas negando responsabilidade pelos atos de sabotagem. Agora estava claro que nós não tentaríamos utilizar manobras legais para evitar assumirmos a responsabilidade por ações que haviam sido tomadas com orgulho e premeditação.

O réu número dois, Walter Sisulu, foi o seguinte. Walter teve que suportar o grosso do interrogatório que Yutar havia preparado para mim. Walter resistiu a uma barragem de perguntas hostis e elevou-se acima das maquinações mesquinhas de Yutar para explicar a nossa política em termos simples e claros. Ele asseverou que a Operação Mayibuye e a política de guerra de guerrilhas não haviam sido adotadas como políticas do CNA. Na verdade, Walter contou para a corte que havia pessoalmente se oposto à sua adoção por elas serem prematuras.

Govan seguiu Walter no banco das testemunhas e orgulhosamente relatou ao tribunal sua participação de longa data no Partido Comunista. O promotor perguntou a Govan por que, se ele admitiu várias das ações nas quatro acusações contra si, ele simplesmente não se declarou culpado nas quatro acusações? "Em primeiro lugar", disse Govan, "senti que devia vir e explicar sob juramento algumas das razões que me levaram a entrar para essas organizações. Havia uma sensação de dever moral ligado a isso. Em segundo lugar, pela simples razão que me declarar culpado iria, a meu ver, indicar uma sensação de culpa moral. Não aceito que haja culpa moral ligada às minhas respostas".

A exemplo de Govan, Ahmed Kathrada e Rusty Bernstein depuseram sobre sua participação no Partido Comunista assim como no CNA. Apesar de Rusty ter sido capturado em Rivonia durante a batida policial, a única evidência de natureza direta que o Estado tinha contra ele era de que ele havia ajudado a erigir uma antena de rádio na fazenda. Kathy, em seu depoimento aguçado e inteligente, negou ter cometido atos de sabotagem ou ter incitado outros a cometerem, mas ele disse que apoiava tais atos se eles fizessem a luta progredir.

Todos ficamos surpresos quando o réu número oito, James Kantor, havia sido preso e colocado conosco. Além de ser o cunhado e sócio no escritório de advocacia de Harold Wolpe, que executou várias transações para nós em seu escritório, ele não tinha envolvimento algum com o CNA ou o MK. Não havia virtualmente prova alguma contra ele, e presumi que a única razão de o Estado manter a farsa de processá-lo na prisão era para intimidar os advogados progressistas.

No dia em que o Juiz de Wet devia deliberar sobre o caso de Jimmy, nós estávamos aguardando nas celas sob o tribunal e eu falei para Jimmy, "Vamos trocar de gravatas para dar sorte". Mas quando ele comparou a gravata antiquada e larga que eu estava lhe dando com a gravata linda de seda que me deu, ele provavelmente pensou que eu estava meramente tentando melhorar o meu guarda-roupa. Jimmy se vestia com apuro, mas usou a gravata que eu havia lhe dado no tribunal e quando o Juiz de Wet recusou as acusações contra ele, ele levantou a gravata em uma espécie de saudação e de despedida.

Raymond Mhlaba era uma das figuras principais do CNA e do MK no Cabo oriental, mas porque o estado não tinha muitas evidências contra ele, ele negou ser membro do MK e que soubesse qualquer coisa a respeito de sabotagens. Todos nós decidimos que nem Elias Motsoaledi, o réu número nove, nem Andrew Mlangeni, réu número dez, deviam depor. Eles eram membros dos baixos escalões do MK e não poderiam adicionar muita coisa ao que já havia sido dito. Elias Motsoaledi, apesar de ter sido espancado e torturado na prisão, nunca se entregou. Andrew Mlangeni, o último réu, prestou um depoimento, não juramentado, admitindo que havia levado mensagens e instruções para o MK e havia se disfarçado de padre para facilitar esse trabalho. Ele também comunicou à corte que havia sido agredido enquanto estava na prisão, e submetido a tratamento com choques elétricos. Andrew era a última testemunha. A defesa encerrou seu caso. Tudo o que restava agora eram as considerações finais e então a sentença.

No dia vinte de maio, Yutar entregou uma dúzia de volumes encadernados em couro azul contendo o seu discurso final para a imprensa e um para a defesa. Apesar da embalagem bonita, o discurso de Yutar era um resumo truncado do caso apresentado pela promotoria e não explicava o indiciamento ou avaliava as provas. Ele estava repleto de insultos *ad hominem*. "O dolo dos réus é fantástico", ele afirmou em um determinado momento. "Apesar de representarem menos de 1% da população Bantu, eles se encarregaram de dizer para o mundo que os negros na África do Sul são reprimidos, oprimidos e deprimidos". Até mesmo o Juiz de Wet parecia estar mistificado pelo discurso de Yutar, e em um dado momento o interrompeu para dizer, "Sr. Yutar, o senhor admite que fracassou em provar que havia se decidido levar a cabo uma guerra de guerrilha, não admite?"

Yutar ficou atordoado. Ele havia presumido exatamente o contrário. Nós também ficamos surpresos, pois a pergunta do juiz nos deu esperança. Yutar, hesitantemente, falou à corte que preparativos para guerra de guerrilhas foram de fato feitos.

"Sim, eu sei disso", de Wet respondeu impacientemente, "a defesa admite isso. Mas eles dizem que antes de sua prisão eles não tomaram nenhuma decisão de iniciar uma guerra de guerrilhas. Entendo que o senhor não tem prova contradizendo isto e que o senhor aceita isto?"

"Como o Meritíssimo desejar", Yutar falou em uma voz sufocada.

Yutar finalizou dizendo que o caso não era apenas de alta traição "por excelência", mas de assassinato e tentativa de assassinato – nenhum dos quais foi mencionado no indiciamento. Em um ataque de violência vã, ele proclamou, "Me atrevo a dizer que cada alegação em particular no indiciamento foi comprovada". Ele sabia, mesmo enquanto dizia aquelas palavras, que elas eram evidentemente falsas.

O advogado de defesa, Arthur Chaskalson, manifestou-se primeiramente para tratar de algumas das questões legais levantadas pela promotoria. Ele refutou a declaração de Yutar de que o julgamento tinha qualquer coisa a ver com assassinato, e relembrou à corte que a política expressa do MK era de que não deveria haver perdas de vidas humanas. Quando Arthur começou a explicar que outras organizações cometeram os atos de sabotagem pelos quais os réus eram acusados, de Wet o interrompeu para dizer que já aceitava aquilo como um fato. Essa foi mais uma vitória inesperada.

Bram Fischer falou em seguida e estava preparado para atacar as duas argumentações mais sérias do Estado: que havíamos empreendido guerra de guerrilhas e que o CNA e o MK eram uma só entidade. Apesar de, de Wet ter afirmado que acreditava que a guerra de guerrilhas não havia iniciado ainda, não queríamos nos arriscar. Mas enquanto Bram iniciou sua primeira argumentação, de Wet interrompeu com certa irritação, "Pensei que havia deixado claro. Aceito que nenhuma decisão havia sido tomada ou data estabelecida para guerra de guerrilhas".

Quando Bram iniciou seu segundo argumento, de Wet o interrompeu novamente para dizer que também admitia o fato de que as duas organizações eram distintas. Bram, que normalmente estava preparado para qualquer eventualidade, não estava preparado para a reação de de Wet. Ele sentou-se; o juiz aceitou seus argumentos antes mesmo que os tivesse feito. Nós estávamos jubilosos – isto é, se homens que têm diante de si uma pena de morte podem ser considerados jubilosos. O julgamento entrou em recesso de três semanas enquanto de Wet ponderava sobre o veredicto.

57

O MUNDO vinha prestando atenção no Julgamento de Rivonia. Vigílias noturnas eram feitas por nós na Catedral de São Paulo em Londres. Os estudantes da Universidade de Londres me elegeram presidente de seu diretório acadêmico, *in absentia*. Um grupo de especialistas da ONU insistiu por uma assembleia nacional para a África do Sul que levasse a um parlamento verdadeiramente representativo, e recomendaram anistia para todos os oponentes do *apartheid*. Dois dias antes da data em que o Juiz de Wet deveria apresentar sua decisão, o Conselho de Segurança da ONU (com quatro abstenções, incluindo a Grã-Bretanha e os Estados Unidos) instou que o governo da África do Sul encerrasse o julgamento e anistiasse os réus.

Nos dias anteriores à data em que devíamos nos reunir novamente, escrevi ensaios para um conjunto de exames para o meu bacharelado pela Universidade de Londres. Pode parecer estranho que eu estivesse fazendo exames jurídicos alguns dias antes do veredicto. Isso certamente parecia bizarro para os meus guardas, que disseram que eu não precisaria de um grau em direito no lugar para onde estava indo. Mas eu havia continuado os meus estudos durante o julgamento e queria fazer os exames. Eu estava levando isso a sério, e mais tarde me dei conta de que essa era uma forma de evitar pensamentos negativos. Eu sabia que não estaria praticando advocacia novamente tão cedo, mas eu não queria levar em conta a alternativa. Passei nos exames.

Na quinta-feira, 11 de junho, nos reunimos novamente no Palácio de Justiça para ouvir o veredicto. Sabíamos que para, pelo menos seis de nós, não haveria outro veredicto senão de culpado. A questão era qual seria a sentença.

De Wet não perdeu tempo e foi direto ao assunto. Ele falou em tons baixos e rápidos. "Registrei as razões para as conclusões às quais cheguei. Não tenciono lê-las.

"O réu número um é considerado culpado em todas as quatro acusações. O réu número dois é considerado culpado em todas as quatro acusações. O réu número três é considerado culpado em todas as quatro acusações..."

De Wet declarou cada um dos principais réus culpados em todas as acusações. Kathy foi considerado culpado em apenas uma das acusações, e Rusty foi considerado inocente e foi exonerado.

"Não pretendo tratar da questão das sentenças hoje", afirmou de Wet. "Será dada oportunidade para que o Estado e a defesa apresentem quaisquer apelações que quiserem amanhã às dez da manhã". A sessão foi então suspensa.

Nós havíamos tido a esperança de que Kathy e Mhlaba pudessem escapar da condenação, mas esse era outro sinal, se é que ele era necessário, de que o Estado estava assumindo uma linha severa. Se ele podia condenar Mhlaba em todas as quatro acusações com poucas provas, poderia a pena de morte estar muito distante para aqueles de nós contra quem as evidências eram esmagadoras?

Naquela noite, depois de uma discussão entre nós, Walter e Govan e eu comunicamos aos nossos advogados que quaisquer que fossem as sentenças que recebêssemos, mesmo a pena de morte, nós não recorreríamos. A nossa decisão deixou os nossos advogados aturdidos. Walter e Govan e eu acreditávamos que um recurso solaparia a postura moral que havíamos assumido. Nós havíamos desde o início sustentado que o que nós fizemos, fizemos orgulhosamente, e por razões morais. Não iríamos sugerir o contrário em um recurso. Se uma pena de morte fosse decretada, não queríamos dificultar a campanha popular que certamente aconteceria. Em face da linha audaciosa e desafiadora que havíamos assumido o tempo todo, um recurso pareceria anticlimático e até mesmo decepcionante. Nossa mensagem era que nenhum sacrifício era grande demais na luta pela liberdade.

Nossos advogados ficaram descontentes com a nossa decisão, e queriam conversar sobre um recurso. Mas Walter e Govan e eu queríamos discutir a mecânica do procedimento de condenação no dia seguinte. Se fôssemos condenados à morte, o que aconteceria a seguir? Disseram-nos que depois que de Wet pronunciasse a pena de morte, ele me perguntaria, na condição de primeiro réu, "Você tem alguma razão para explicar por que a pena de morte não deveria ser aplicada?" Falei para Bram, Joel e Vernon que neste caso eu teria muito para falar. Eu diria a de Wet que estava preparado para morrer confiante no conhecimento de que a minha morte seria fonte de inspiração para a causa pela qual eu estava dando minha vida. A minha morte – as nossas mortes – não seriam em vão; na pior das hipóteses nós serviríamos à causa melhor na morte como mártires do que jamais conseguiríamos em vida. Nossos advogados afirmaram que tal declaração não seria muito útil em um recurso, e reafirmei que nós não iríamos recorrer.

Mesmo se – especialmente se – não recebêssemos a pena de morte, havia razões práticas para não recorrermos. Por exemplo, nós poderíamos perder. Um tribunal de recursos poderia decidir que de Wet fora leniente demais e que merecíamos a pena de morte. Um recurso poria obstáculos à pressão internacional para nos libertarem.

Para o Estado, a pena de morte seria o veredicto mais prático. Ouvimos dizer que John Vorster, o ministro da justiça, havia dito a amigos que a grande trapalhada do Primeiro-Ministro Smuts durante a Segunda Guerra Mundial foi de não tê-lo enforcado [Vorster] por traição. Os Nacionalistas, ele afirmou, não cometeriam o mesmo erro.

Eu estava preparado para a pena de morte. Para se estar verdadeiramente preparado para algo, tem-se que de fato esperar que esse algo aconteça. Não se pode estar preparado para algo enquanto secretamente se acredita que esse algo não vai acontecer. Nós todos estávamos preparados, não porque éramos corajosos, mas porque éramos realistas. Pensei no verso de Shakespeare: "Conte com a morte; desse modo, tanto ela como a vida se tornarão mais doces".

58

NA SEXTA-FEIRA, 12 DE JUNHO DE 1964, entramos no tribunal pela última vez. Quase um ano havia se passado desde as prisões fatídicas em Rivonia. A segurança estava extraordinariamente alta. O nosso comboio atravessou em alta velocidade as ruas com as sirenes uivando. Todas as ruas levando ao tribunal foram bloqueadas para o tráfego normal. A polícia verificava a identidade de qualquer um tentando se aproximar do Palácio de Justiça. Eles haviam até mesmo montado postos de inspeção nas estações locais de ônibus e de trens. Apesar da intimidação, quase duas mil pessoas se reuniram diante do tribunal segurando bandeiras e cartazes com mensagens tais como "ESTAMOS SOLIDÁRIOS COM OS NOSSOS LÍDERES". No interior do tribunal, a galeria dos espectadores estava lotada, e só havia lugar em pé para a imprensa local e estrangeira.

Acenei para Winnie e minha mãe. Era animador vê-las lá; minha mãe tinha vindo do Transkei. Deve ser uma sensação muito estranha para uma pessoa ir a um tribunal para saber se o seu filho será condenado à morte ou não. Apesar de eu suspeitar de que a minha mãe não estava entendendo tudo o que estava acontecendo, o seu apoio nunca vacilou. Winnie era igualmente resoluta, e a sua força me deu força.

O escrivão chamou o caso: "O Estado contra Mandela e outros". Antes que a sentença fosse dada, havia dois pleitos para mitigação. Um foi proferido por Harold Hanson e outro pelo autor, Alan Paton, que também era o presidente nacional do Partido Liberal. Hanson falou eloquentemente, dizendo que as queixas de uma nação não podem ser suprimidas, que o povo sempre vai encontrar uma forma de dar voz àquelas queixas. "Não foram os seus objetivos que tinham sido criminosos", disse Hanson, "apenas os meios aos quais eles haviam lançado mão". Hanson afirmou que o juiz faria bem em lembrar-se de que o seu próprio povo, os africânderes, havia lutado violentamente pela sua liberdade.

Ainda que pessoalmente Paton não apoiasse a violência, ele disse que os réus tiveram apenas duas alternativas: "curvar suas cabeças e submeter-se, ou resistir usando a força". Os réus deviam receber clemência, ele disse, do contrário, o futuro da África do Sul será desolador.

Mas de Wet parecia não estar ouvindo a nenhum dos dois homens. Ele nem levantou o olhar nem fez anotações enquanto eles falavam. Ele parecia absorto em seus próprios pensamentos. Obviamente, ele já tomara uma decisão; ele estava meramente aguardando o momento de revelar a sua decisão.

Ele fez um aceno com a cabeça para que nós levantássemos. Tentei olhar em seus olhos, mas ele nem mesmo estava olhando em nossa direção. Seus olhos estavam focalizados na meia distância. Seu rosto estava muito pálido, e ele estava respirando pesadamente. Meus companheiros réus e eu nos entreolhamos e parecíamos saber: seria sentença de morte, do contrário por que estaria este homem calmo tão nervoso? E então ele começou a falar.

> Ouvi bastante durante o curso deste caso sobre as queixas da população não europeia. Os réus me contaram e os seus advogados me contaram que os réus, que eram todos líderes da população não europeia, foram inteiramente motivados por um desejo de melhorar essas queixas. Não estou convencido de forma alguma que os motivos dos réus eram tão altruístas quanto eles desejam que esta corte acredite. Pessoas que organizam uma revolução normalmente assumem o controle do governo e a ambição pessoal não pode ser excluída como motivo.

Ele fez uma pausa durante alguns momentos como que para recuperar o fôlego. A voz de Wet, que era baixa antes, agora estava quase inaudível.

> A função desta corte assim como da corte em qualquer outro país é a de aplicar a lei e a ordem e fazer cumprir as leis do Estado na qual ela funciona. O crime do qual os réus foram condenados, ou seja, o crime principal, o crime de conspiração, é em essência um crime de alta traição. O estado decidiu não indiciar o crime desta forma. Tendo isso em mente e dando ao assunto uma ponderação muito séria eu decidi não aplicar a pena suprema que em caso como este usualmente seria a penalidade apropriada para o crime, mas coerente com o meu dever essa é a única clemência que eu posso mostrar. A sentença no caso de todos os réus será de prisão perpétua.

Nós nos entreolhamos e sorrimos. Houve um grande suspiro coletivo no tribunal quando de Wet anunciou que não estava nos condenando à morte. Mas houve consternação entre alguns espectadores porque eles não conseguiram ouvir a sentença de de Wet. A esposa de Dennis Goldberg o chamou, "Dennis, qual é a sentença?"

"Perpétua!" ele gritou, sorrindo. "Perpétua! Vamos viver!"

Virei-me e sorri abertamente em direção à galeria, procurando o rosto de Winnie e o de minha mãe, mas a sala do tribunal estava extremamente confusa, com pessoas gritando, policiais empurrando a multidão de um lado para o outro. Eu não conseguia enxergá-las. Fiz rapidamente a saudação do CNA com polegares para cima enquanto muitos dos espectadores estavam saindo rapidamente para comunicar à multidão o veredicto. Nossos guardiões policiais começaram a nos retirar do banco dos réus e nos levar apressadamente em direção à porta que levava ao porão, e apesar de eu procurar novamente o rosto de Winnie, não consegui enxergá-la antes de atravessar a porta que levava às celas do porão.

Fomos mantidos algemados nas celas localizadas sob o tribunal. Os policiais estavam extremamente nervosos por causa da multidão no lado de fora. Eles nos mantiveram no porão por mais de meia hora, esperando que as pessoas se dispersassem. Fomos levados para os fundos do prédio e entramos no furgão negro. Podíamos ouvir a motocicleta da escolta acelerando ao nosso lado. Para evitar a multidão, o furgão tomou um rumo diferente, mas mesmo assim podíamos ouvi-la gritando "*Amandla!*" e os ritmos lentos e lindos de "*Nkosi Sikelel' iAfrika*". Mostramos nossos punhos fechados através das barras da janela, na esperança de que a multidão conseguisse nos enxergar, não sabendo se ela conseguia.

Todos nós éramos agora prisioneiros condenados. Fomos separados de Dennis Goldberg porque ele era branco e ele foi levado a uma instalação diferente. O resto de nós ficou preso em celas na Prisão de Pretória, separados de todos os outros prisioneiros. Em vez de gritos e canções, agora tudo o que ouvíamos era o ressoar de portas e portões sendo fechados.

* * *

Naquela noite, quando eu estava deitado na minha esteira no chão de minha cela, recapitulei as razões da decisão de Wet. As manifestações na África do Sul e a pressão internacional indubitavelmente pesaram em sua mente. Sindicatos internacionais protestaram contra o julgamento. Sindicatos de estivadores ao redor do mundo ameaçaram não manusear mercadorias sul-africanas. O primeiro-ministro russo, Leonid Brejnev, enviou correspondência para o Dr. Verwoerd pedindo clemência. Membros do Congresso dos Estados Unidos protestaram. Cinquenta membros do Parlamento Britânico organizaram uma passeata. Havia um rumor de que Alex Douglas-Home, o secretário do exterior britânico, estava trabalhando nos bastidores para ajudar a nossa causa. Adlai Stevenson, o embaixador norte-americano na ONU, escreveu uma carta dizendo que o seu governo faria tudo o que pudesse para evitar a sentença de morte. Pensei que, uma vez que de Wet concordou que nós não havíamos ainda iniciado uma guerra de guerrilhas e que o CNA e o MK eram entidades separadas, teria sido difícil impor a pena de morte; teria parecido exagerado.

Verwoerd falou para o parlamento que o julgamento não foi influenciado pelos telegramas de protesto e representações que vieram do mundo inteiro. Ele vangloriou-se de que havia jogado na cesta de lixo todos os telegramas vindos de países socialistas.

Perto do fim dos procedimentos, o Juiz de Wet havia comentado, de passagem, com Bram Fischer que a defesa gerou uma grande quantidade de propaganda mundial no caso. Esta talvez tenha sido a sua forma de reconhecer a pressão que estava sendo exercida. Ele sabia que se fôssemos executados a maioria das pessoas o veria como o nosso assassino.

No entanto, ele estava sob pressão ainda maior do seu próprio povo. Ele era um africânder branco, uma criatura do sistema e mentalidade sul-africanos. Ele não tinha inclinação alguma em ir contra o sistema de crenças que o formara. Ele sucumbiu a essas pressões ao nos sentenciar à prisão perpétua e resistiu a elas ao não nos dar a pena de morte.

Fiquei surpreso e descontente com as sentenças que de Wet impôs a Kathrada, Motsoaledi e Mlangeni. Eu tinha a expectativa de que ele absolvesse Kathy e desse pena mais leve a Elias e Andrew. Os dois últimos eram membros comparativamente mais novos do MK, e as infrações combinadas dos três mal podiam ser comparadas com aquelas do resto de nós. Mas, ao não recorrermos, nós indubitavelmente causamos prejuízo a Kathy, Andrew e Elias: um tribunal de apelações poderia ter reduzido as suas sentenças.

Todas as noites, na Prisão de Pretória, antes que as luzes fossem apagadas, a cadeia ecoava com o som dos prisioneiros negros cantando canções de liberdade. Nós também cantávamos nesse grande e crescente coro. Mas, a cada noite, segundos antes de as luzes serem apagadas, como que obedecendo a algum comando silencioso, o murmúrio das vozes parava e a cadeia inteira ficava em silêncio. Então, de vários lugares da prisão, os homens gritavam "*Amandla!*" Isso seria respondido por centenas de vozes dizendo "*Ngatethu!*" Frequentemente, nós mesmos dávamos início a esse chamado e resposta, mas naquela noite, outros prisioneiros anônimos tomaram a iniciativa, e as vozes de toda a prisão pareciam excepcionalmente fortes, como se estivessem nos tornando mais resistentes para o que nos aguardava.

Parte Oito

ILHA DE ROBBEN: OS ANOS NEGROS

59

À MEIA-NOITE, eu estava acordado, olhando para o teto da cela – imagens do julgamento ainda estavam vivas e rodando em minha cabeça – quando ouvi passos vindos pelo corredor. Eu estava trancado na minha cela, longe dos outros. Houve uma batida em minha porta e eu pude enxergar o rosto do Coronel Aucamp nas barras. "Mandela", ele falou com um sussurro rouco, "você está acordado?"

Eu disse a ele que estava. "Você é um homem de sorte", ele falou. "Vamos te levar para um local onde você terá a tua liberdade. Você poderá se movimentar à vontade; vai poder ver o oceano e o céu, não apenas paredes cinzentas".

Ele não estava sendo sarcástico, mas eu sabia bem que o lugar ao qual ele estava se referindo não me proporcionaria a liberdade pela qual eu ansiava. Então ele comentou um tanto enigmaticamente, "Desde que não cause problemas, você terá tudo o que quiser".

Aucamp despertou então os outros, que estavam todos em celas individuais, ordenando que arrumassem suas coisas. Quinze minutos mais tarde estávamos caminhando pelo labirinto de ferro da Prisão de Pretoria, com suas séries intermináveis de portas metálicas barulhentas ecoando em nossos ouvidos.

Uma vez fora da prisão, nós sete – Walter, Raymond, Govan, Kathy, Andrew e Elias e eu – fomos algemados e amontoados na traseira de um furgão da polícia. Era bem depois da meia-noite, mas nenhum de nós estava cansado, e a atmosfera não era de forma alguma sombria. Sentamos-nos no chão empoeirado, cantando canções, revivendo os momentos finais do julgamento. Os guardas nos deram sanduíches e bebidas frias e o Tenente Van Wyck ficou empoleirado na traseira, conosco. Ele era um sujeito simpático, e durante uma pausa na cantoria, ele ofereceu sua opinião não solicitada sobre o nosso futuro. "Bem", ele disse, "vocês rapazes não vão ficar na prisão por muito tempo. Os pedidos para que vocês sejam libertados são fortes demais. Em um ano ou dois, vocês vão sair da prisão e retornarão como heróis nacionais. Multidões vão saudá-los, todos vão querer ser amigos de vocês, as mulheres vão desejá-los. Vocês estão com tudo". Ouvimos sem fazer comentários, mas confesso que as coisas que ele falou me animaram bastante. Infelizmente, as previsões dele estavam com uma defasagem de quase três décadas.

* * *

Nós estávamos partindo silenciosamente, secretamente, sob uma forte escolta policial, no meio da noite, e em menos de meia hora nos encontramos em um pequeno aeroporto militar nas cercanias da cidade. Fomos colocados apressadamente em um Dakota, um grande avião de transporte militar que já havia visto dias melhores. Não havia aquecimento, e nós ficamos tremendo de frio no ventre do avião. Alguns nunca haviam viajado de avião e pareciam mais ansiosos acerca da nossa viagem do que do nosso destino; ficar sacolejando em um avião a cinco mil metros de altura parecia muito mais arriscado do que estar trancado em uma cela por detrás de muros altos.

Depois de mais ou menos uma hora no ar, a aurora clareou o terreno abaixo. O avião tinha escotilhas, e tão logo conseguíamos enxergar na meia-luz, meus companheiros pressionaram seus rostos contra o vidro. Voamos em direção ao sudeste, sobre as planícies secas do Estado Livre de Orange e sobre a península verdejante e montanhosa do Cabo. Eu também me contorci para olhar pelas escotilhas, examinando o cenário, não como um turista, mas como um estrategista procurando por áreas onde um exército de guerrilha pudesse se ocultar.

Tinha havido uma discussão contínua desde a formação do MK, se o interior da África do Sul era capaz de sustentar um exército de guerrilha. A maioria do Alto Comando achava que não conseguiria. Quando sobrevoamos uma área montanhosa e coberta de árvores no Cabo, chamada Matroosberg, gritei para os meus colegas que ali estava um terreno onde nós podíamos lutar. Os homens ficaram animados e se contorceram para ter uma visão melhor, e de fato, a área coberta de florestas densas parecia ser capaz de abrigar uma força nascente de guerrilha.

Minutos mais tarde nos aproximamos dos subúrbios da Cidade do Cabo. Logo pudemos enxergar as pequenas casas em formato de caixotes dos Cape Flats, as torres reluzentes do centro da cidade, e o topo horizontal da Table Mountain. Então, na Table Bay, nas águas azul--escuras do Atlântico, podíamos discernir os contornos enevoados da Ilha de Robben.

Aterrissamos em uma pista de pouso em uma das pontas da ilha. Era um dia nublado e ameaçador, e quando saí do avião, o vento frio de inverno açoitou os nossos uniformes leves de prisioneiros. Fomos recebidos por guardas armados com armas automáticas; a atmosfera estava tensa, porém silenciosa, diferentemente da recepção tempestuosa que eu havia tido na minha chegada à ilha dois anos antes.

Fomos levados para a prisão antiga, uma construção isolada de pedras, onde nos ordenaram que nos despíssemos enquanto estávamos do lado de fora. Uma das indignidades rituais da vida na prisão é que quando você é transferido de uma prisão para a outra, a primeira coisa que acontece é que você troca o uniforme da velha prisão pelo da nova. Quando estávamos despidos, atiraram para nós os uniformes cáquis da Ilha de Robben.

Os regulamentos do *apartheid* se estendiam até mesmo às roupas. Todos nós, com exceção de Kathy, recebemos calças curtas, uma camiseta fina e uma jaqueta de lona. Kathy, o único indiano entre nós, recebeu calças compridas. Normalmente, os negros recebiam sandálias confeccionadas com pneus de carros, mas neste caso nos deram sapatos. Apenas Kathy recebeu meias. As calças curtas para os negros serviam para lembrar-nos que nós éramos "garotos". Vesti as calças curtas naquele dia, mas jurei que não ia tolerá-las durante muito tempo.

Os guardas apontavam suas armas para onde queriam que nós fôssemos, e davam ordens em comandos de uma só palavra: "Mexa-se!",

"Silêncio!", "Pare!" Eles não nos ameaçavam daquela maneira fanfarrona que eu me lembrava de minha estada anterior, e não aparentavam nenhuma emoção.

A cadeia velha era apenas uma acomodação temporária para nós. As autoridades estavam em processo de completar a construção de uma estrutura separada, de alta segurança para os prisioneiros políticos. Enquanto ficamos lá, não permitiam que saíssemos ou que tivéssemos quaisquer contatos com os outros prisioneiros.

Na quarta manhã fomos algemados e levados em um caminhão coberto para uma prisão dentro da prisão. Essa nova estrutura era uma fortaleza retangular de pedra de apenas um pavimento com um pátio de cimento no centro, medindo cerca de trinta metros por dez metros. Ela tinha celas em três dos quatro lados. O quarto lado era uma parede de quase sete metros de altura com uma plataforma patrulhada por guardas com pastores alemães.

As três linhas de celas eram conhecidas como seções A, B e C, e fomos colocados na Seção B, no lado mais ao leste do quadrângulo. Cada um de nós foi designado a uma cela individual, em cada lado de um longo corredor, com metade das celas voltadas para o pátio. Havia cerca de trinta celas ao todo. O número total de prisioneiros nas celas individuais era normalmente de cerca de vinte e quatro. Cada cela tinha uma janela, com cerca de noventa centímetros quadrados, coberta com barras de ferro. A cela tinha duas portas: um portão de metal ou grade com barras de ferro na parte de dentro e uma porta pesada de madeira na parte externa. Durante o dia, apenas a grade ficava trancada; durante a noite a porta de madeira também ficava fechada.

As celas foram construídas apressadamente, e as paredes ficavam permanentemente úmidas. Quando levei esse fato ao oficial-comandante, ele me disse que os nossos corpos iriam absorver a umidade. Cada um de nós recebeu três cobertores que eram tão ralos e puídos que estavam praticamente transparentes. Nossa cama consistia de uma única esteira de sisal ou palha. Mais tarde nos deram uma esteira de feltro, e alguns colocavam essa esteira de feltro sobre a de sisal para obter alguma maciez. Naquela época do ano as celas eram tão frias e os cobertores forneciam tão pouco aquecimento que nós sempre dormíamos completamente vestidos.

Designaram para mim uma cela no início do corredor. Esta tinha vista para o pátio e uma pequena janela ao nível dos olhos. Com três passos, eu podia caminhar todo o comprimento da minha cela. Quando eu me deitava, podia sentir a parede com meus pés e a minha cabeça roçava o concreto do outro lado. A largura era de cerca de um metro e oitenta, e as paredes tinham, no mínimo, sessenta centímetros de espessura. Cada cela tinha um cartão branco colocado no lado de fora com o nosso nome o número. No meu lia-se, "N Mandela 466/64", que significava que eu era o 466º prisioneiro admitido na ilha em 1964. Eu tinha quarenta e seis anos de idade, um prisioneiro político com uma sentença de prisão perpétua, e aquele pequeno espaço estreito seria o meu lar sabe-se lá por quanto tempo.

Imediatamente se juntaram a nós vários prisioneiros que foram mantidos na seção geral da prisão, um prédio robusto de tijolos não muito distante da Seção B. A prisão geral, conhecida como seções F e G, continha cerca de mil prisioneiros, na maioria detentos comuns. Cerca de um quarto deles eram prisioneiros políticos, e alguns daqueles homens foram colocados conosco na Seção B. Ficamos isolados dos prisioneiros comuns por duas razões: éramos considerados arriscados a partir de uma perspectiva de segurança, mas ainda mais perigosos do ponto de vista político. As autoridades estavam preocupadas com o fato de que nós pudéssemos "infectar" os outros prisioneiros com os nossos pontos de vista políticos.

Entre os homens colocados conosco estava George Peake, um dos fundadores da Organização Sul-Africana das Pessoas Mestiças, réu no Julgamento por Traição, e mais recentemente um membro da Câmara Municipal da Cidade do Cabo. Ele fora condenado por colocar explosivos do lado de fora da cadeia da Cidade do Cabo. Dennis Brutus, outro ativista político mestiço, era poeta e escritor de Port Elizabeth, que foi preso por violar os banimentos. Billy Nair, membro de longa data do Congresso Indiano de Natal, condenado por sabotagem como membro do Umkhonto we Sizwe, também foi transferido para a nossa seção.

No espaço de alguns dias, recebemos mais companhia, incluindo Neville Alexander, um destacado intelectual mestiço e membro do Movimento de Unidade Não Europeu, que havia formado uma minúscula ramificação radical chamada Clube Yu Chi Chan na Cidade do Cabo, que estudava guerra de guerrilha. Neville era bacharel pela Universidade da Cidade do Cabo e tinha doutorado em literatura alemã pela Universidade de Tunbingen da Alemanha. Juntamente com Neville, havia Fikile Bam, estudante de direito da Universidade da Cidade do Cabo e membro do Clube Yu Chi Chan; e Zephania Mothopeng, membro da Executiva Nacional do CPA. Zeph havia sido professor em Orlando, e era um oponente acérrimo da Educação Bantu, e um dos líderes mais sensatos do CPA. Três camponeses idosos do Transkei, condenados por planejar o assassinato de K.D. Matanzima, agora o ministro-chefe do Transkei "autogovernado", também estavam presos conosco.

Este tornou-se o nosso grupo central de cerca de vinte prisioneiros. Eu conhecia alguns deles e tinha ouvido falar a respeito de outros, enquanto outros eu não conhecia. Normalmente, na prisão, um dos poucos momentos festivos é ver os velhos amigos e os novos rostos, mas a atmosfera, durante aquelas primeiras semanas, era tão opressiva que não éramos nem mesmo capazes de nos cumprimentar. Nós tínhamos tantos guardas quantos prisioneiros, e eles faziam cumprir todos os regulamentos através de ameaças e intimidação.

Naquela primeira semana, iniciamos o trabalho que nos ocuparia pelos meses seguintes. A cada manhã, uma carga de pedras do tamanho de bolas de vôlei era descarregada na entrada do pátio. Utilizando carrinhos de mão, nós transportávamos as pedras para o centro do pátio. Marretas de dois quilos ou de sete quilos eram dadas a nós para quebrar as pedras maiores. Nosso trabalho era quebrar as pedras até que elas se transformassem em cascalho. Nós éramos divididos em quatro fileiras, acerca de um metro e meio de distância umas das outras, e nos sentávamos de pernas cruzadas no chão. Cada um de nós recebia um anel grosso de borracha, feito de pneus, nos quais colocávamos as pedras. Esse anel devia capturar as lascas de pedras que voavam, mas não o faziam direito. Nós usávamos máscaras improvisadas de arame para proteger os nossos olhos.

Os guardas caminhavam entre nós para impor silêncio. Durante aquelas semanas, guardas de outras seções e até mesmo de outras prisões, vinham para nos observar, como se fôssemos uma coleção de animais raros enjaulados. O trabalho era entediante e difícil, não era laborioso o suficiente para nos mantermos aquecidos, mas era exigente o suficiente para fazer com que todos os nossos músculos ficassem doloridos.

Os meses de junho e julho eram os meses mais desoladores na Ilha de Robben. O inverno estava no ar, e as chuvas estavam apenas começando. A temperatura nunca parecia ir acima de 5 graus centígrados. Mesmo no sol, eu tremia de frio em minha camisa leve da prisão. Foi então que compreendi pela primeira vez o clichê de se sentir congelado até os ossos. Ao meio-dia fazíamos uma pausa para o almoço. Naquela primeira semana, tudo o que recebíamos como alimento era sopa, que tinha um cheiro horrível. À tarde, permitiam que nos exercitássemos durante meia hora, sob severa supervisão. Nós caminhávamos vivamente em torno do pátio em fila única.

Em um de nossos primeiros dias quebrando pedras, um guarda mandou que Kathy levasse um carrinho de mão cheio de cascalho até o caminhão que estava estacionado perto da entrada. Kathy era um sujeito magro e não estava acostumado a fazer trabalho manual árduo. Ele não conseguiu movimentar o carrinho de mão. O guarda gritou: "*Laat daardie kruiwa loop!*" (Faça o carrinho de mão se mover!). À medida que Kathy conseguiu dar um empurrãozinho para frente, o carrinho de mão deu a impressão de que viraria, e os guardas começaram a rir. Eu podia ver que Kathy estava decidido a não dar a eles causa para alegria. Eu sabia manobrar carrinhos de mão, e saltei para ajudá-lo. Antes que mandassem que eu me sentasse, consegui dizer para Kathy movê-lo lentamente, que era mais uma questão de equilíbrio do que de força. Ele acenou com a cabeça e então cuidadosamente movimentou o carrinho de mão pelo pátio. Os guardas pararam de rir.

Na manhã seguinte, as autoridades colocaram um balde enorme no pátio e anunciaram que ele teria que estar carregado até a metade até o final de semana. Trabalhamos duro e tivemos sucesso. Na semana seguinte, o guarda responsável anunciou que agora devíamos encher três quartos do balde. Trabalhamos com grande diligência e fomos bem-sucedidos. Na semana seguinte àquela outra, mandaram que enchêssemos o balde até a borda. Nós sabíamos que não conseguiríamos tolerar isso por muito tempo, mas não falamos nada. Até mesmo conseguimos encher o balde todo, mas os guardas haviam nos provocado. Em sussurros discretos decidimos por uma política: nenhuma cota. Na semana seguinte iniciamos a nossa primeira greve de lentidão na ilha: trabalharíamos a menos da metade da velocidade em que havíamos trabalhado antes em protesto contra as exigências excessivas e injustas. Os guardas viram isso imediatamente e nos ameaçaram, mas não aumentamos o nosso ritmo, e continuamos a nossa estratégia de lentidão durante todo o tempo em que trabalhamos no pátio.

* * *

A Ilha de Robben havia mudado desde a minha estada de quinze dias no local em 1962. Em 1962, havia poucos prisioneiros; o local parecia mais uma experiência do que uma prisão de pleno direito. Dois anos mais tarde, a Ilha de Robben era sem dúvida alguma o entreposto mais severo, mais opressivo do sistema penal sul-africano. Era uma estação de privações e dificuldades não apenas para os prisioneiros, mas também para o quadro de funcionários da prisão. Os guardas mestiços que haviam fornecido cigarros e simpatia haviam desaparecido. Os guardas agora eram brancos e em sua esmagadora maioria falantes de africâner, e eles exigiam um relacionamento de senhor e escravo. Eles mandavam que nós os chamássemos de "*baas*", o que nós nos recusávamos. A divisão racial na Ilha de Robben era absoluta: não havia guardas negros, e nenhum prisioneiro branco.

Mudar de uma prisão para a outra sempre requer um período de ajustamento. Mas viajar para a Ilha de Robben era como ir para outro país. O seu isolamento fazia que ela não fosse simplesmente outra prisão, mas o seu próprio mundo, muito distante daquele do qual vínhamos. A animação com que havíamos saído de Pretória fora extinta pela sua atmosfera rígida; nos encontrávamos cara a cara com a compreensão de que a nossa vida seria irremediavelmente severa. Em Pretória, nos sentíamos ligados aos nossos simpatizantes e nossas famílias; na ilha, nos sentíamos isolados, e estávamos de fato. Nós tínhamos o consolo de estarmos na companhia uns dos outros, mas esse era o nosso único consolo. Meu desânimo foi rapidamente substituído por uma sensação de que uma luta nova e diferente havia começado.

Desde o primeiro dia, eu protestei contra sermos forçados a usar calças curtas. Exigi ver o diretor da prisão e fiz uma relação de queixas. Os guardas ignoraram os meus protestos, mas ao final da segunda semana, encontrei calças cáqui velhas jogadas sem cerimônia no chão da minha cela. Nenhum terno listrado jamais me deixou tão satisfeito. Mas antes de vesti-las, verifiquei se os meus companheiros também receberam calças.

Eles não receberam, e eu disse para o guarda levar a minha calça de volta. Insisti que todos os prisioneiros negros tivessem calças compridas. O guarda resmungou, “Mandela, você diz que quer calças compridas e então não as quer mais quando as damos para você”.

O guarda recusou-se a tocar nas calças usadas por um homem negro, e finalmente o próprio oficial-comandante veio até a minha cela para apanhá-las. “Muito bem, Mandela”, ele disse, “você vai ter as mesmas roupas que os outros prisioneiros”. Respondi que se ele estava querendo me dar calças compridas, por que os outros também não podiam tê-las? Ele não tinha resposta.

60

AO FINAL DAS NOSSAS duas primeiras semanas na ilha, fomos informados de que os nossos advogados, Bram Fischer e Joel Joffe, iriam nos visitar no dia seguinte. Quando eles chegaram, fomos escoltados até a área de visitação para nos encontrar com eles. A finalidade da visita deles era dupla: ver como nós havíamos nos estabelecido, e para verificar se nós ainda não desejávamos entrar com recurso contra a nossa condenação. Poucas semanas passaram desde a última vez que eu os havia visto, mas parecia uma eternidade. Eles pareciam visitantes de outro mundo.

Sentamos-nos em uma sala vazia, um major do lado de fora supervisionando a consulta. Senti vontade de abraçá-los, mas fui contido pela presença do major. Eu disse a eles que todos nós estávamos bem, e expliquei que ainda éramos contrários a entrar com um recurso por todas as razões que já havíamos exposto anteriormente, incluindo o fato de que não queríamos que o nosso recurso interferisse nos casos de outros réus do CNA. Bram e Joel pareceram resignados com isso, apesar de eu saber que Bram acreditava que devíamos montar um recurso.

Quando estávamos encerrando a nossa conversa, perguntei rapidamente a Bram sobre Molly, a sua esposa. Mal pronunciei o nome de Molly, Bram levantou-se, virou-se e saiu da sala abruptamente. Alguns minutos mais tarde, ele retornou, novamente recomposto, e retomou a conversa, mas sem responder à minha pergunta.

Nossa reunião terminou logo depois, e quando estávamos voltando para as nossas celas na companhia do major, ele me disse, “Mandela, você não estranhou o comportamento de Bram Fischer?” Eu disse que sim. Ele me contou que Molly havia morrido em um acidente de carro na semana anterior. Disse que Bram estava dirigindo o carro e havia desviado para evitar um animal que estava na estrada, e o carro caiu em um rio. Molly havia se afogado.

Ficamos arrasados com a notícia. Molly era uma mulher maravilhosa, generosa e altruísta, totalmente sem preconceitos. Ela apoiou Bram em mais maneiras do que era possível saber. Ela foi esposa, colega e companheira. Bram já havia passado por um desastre em sua vida: o seu filho adolescente morreu por causa de fibrose cística.

O ato de se virar quando eu perguntei sobre Molly era típico da personalidade de Bram. Ele era um estoico, um homem que nunca sobrecarregava os seus amigos com as suas próprias dores e problemas. Como um africânder cuja consciência o forçou a rejeitar a sua própria tradição e ser posto no ostracismo pelo seu próprio povo, ele demonstrava um nível de coragem e sacrifício que estavam em um nível à parte. Eu lutava apenas contra a injustiça, não contra o meu próprio povo.

Comuniquei ao major que eu pretendia escrever para Bram uma carta de condolências, e ele respondeu que eu podia fazê-lo. As regras em relação à escrita de cartas eram extremamente rigorosas. Só tínhamos permissão de escrever para os nossos familiares mais próximos, e apenas uma carta de quinhentas palavras a cada seis meses. Fiquei, portanto, surpreso e contente quando o major não se opôs que eu escrevesse para Bram. Mas ele não manteve a sua promessa. Escrevi a carta e a entreguei para o major, mas ela nunca foi enviada.

Depois de alguns meses, nossa vida se estabeleceu em um padrão. A vida na prisão tem a ver com a rotina: cada dia é como o dia anterior; cada semana é como a semana anterior, de forma que os meses e os anos se fundem. Qualquer coisa que saia desse padrão irrita as autoridades, porque a rotina é o sinal de uma prisão bem administrada.

A rotina também é reconfortante para o prisioneiro, e por isso pode se transformar em uma armadilha. A rotina pode ser uma amante agradável a quem é difícil resistir, pois a rotina faz com que o tempo passe mais rapidamente. Relógios e cronômetros de qualquer tipo eram proibidos na Ilha de Robben, então não sabíamos com precisão a hora do dia. Nós éramos dependentes dos sinos e dos apitos e gritos dos guardas. Com cada semana se assemelhando à semana anterior, tem-se que fazer um esforço para lembrar em que dia do mês se está. Uma das primeiras coisas que eu fiz foi desenhar um calendário na parede da minha cela. Perder o sentido do tempo é uma maneira fácil de perder o controle e até mesmo a sanidade.

O tempo perde a velocidade na prisão; os dias parecem intermináveis. O clichê do tempo passando lentamente normalmente tem a ver com ociosidade e inatividade. Mas esse não era o caso na Ilha de Robben. Nós ficávamos ocupados quase o tempo todo, com trabalho, estudos, resolvendo disputas. No entanto, o tempo se movia glacialmente. Isso é assim em parte porque as coisas que levavam algumas horas ou dias para serem feitas no mundo exterior, levavam meses ou anos na prisão. Um pedido de uma escova de dente nova podia levar seis meses para ser atendido, Ahmed Kathrada disse certa vez que na prisão os minutos podem se parecer com anos, mas os anos passam como se fossem minutos. Uma tarde passada quebrando pedras no pátio pode parecer durar uma eternidade, mas, de repente, chega o fim do ano, e você não sabe para onde todos os meses se foram.

O desafio para todos os prisioneiros, particularmente todos os prisioneiros políticos, é como sobreviver intacto à prisão, como sair da prisão sem ter sido diminuído, como conservar e até mesmo restabelecer as suas crenças. A primeira tarefa para atingir isso é aprender exatamente o que se deve fazer para sobreviver. Para esse fim, deve-se conhecer o propósito do inimigo antes de adotar uma estratégia para solapá-lo. A prisão é projetada para quebrar o espírito e a determinação da pessoa. Para fazer isso, as autoridades tentam explorar cada fraqueza, demolir cada iniciativa, negar todos os sinais de individualidade, tudo com o propósito de sufocar aquela centelha que torna cada um de nós humanos e cada um de nós o que somos.

Nossa sobrevivência dependia de compreendermos o que as autoridades estavam tentando fazer conosco, e compartilhar essa compreensão com os outros. Seria muito difícil, se não impossível, para um homem sozinho resistir. Não sei o que eu poderia ter feito se estivesse sozinho. Mas o maior erro das autoridades foi manter-nos juntos, pois ao ficarmos juntos a nossa determinação foi reforçada. Nós nos apoiávamos uns nos outros e ganhávamos força uns dos outros. O que quer que soubéssemos, o que quer que aprendêssemos, nós compartilhávamos, e ao compartilharmos, nós multiplicávamos qualquer resquício de coragem que tínhamos individualmente. Isso não quer dizer que éramos todos semelhantes em nossas reações às dificuldades que enfrentávamos. Homens têm capacidades diferentes e reagem diferentemente às pressões. Mas os mais fortes levantavam os mais fracos, e ambos se tornavam mais fortes durante o processo. Em última instância, tínhamos que criar as nossas próprias vidas na prisão. Em uma maneira que até mesmo as autoridades reconheciam, a ordem na prisão era preservada não pelos guardas, mas por nós mesmos.

Como líder, uma pessoa deve algumas vezes tomar atitudes que não são populares ou cujos resultados não serão conhecidos nos anos vindouros. Há vitórias cuja glória reside apenas no fato de que elas são conhecidas por aqueles que a venceram. Isso é particularmente verdadeiro na prisão, onde devemos encontrar consolo em sermos leais aos nossos ideais, mesmo se ninguém mais tem conhecimento disso.

Agora eu estava à margem, mas também sabia que não desistiria da luta. Eu estava em uma arena diferente e menor, uma arena para a qual a única audiência éramos nós e os nossos opressores. Víamos a luta na prisão como um microcosmo da luta como um todo. Nós iríamos lutar do lado de dentro como havíamos lutado do lado de fora. O racismo e a repressão eram os mesmos; eu teria simplesmente que lutar em termos diferentes.

A prisão e as autoridades conspiram para roubar a dignidade de cada homem. Isso em si me assegurou que eu iria sobreviver, pois qualquer homem ou instituição que tente roubar de mim a minha dignidade vai perder porque não vou me separar dela por preço algum ou sob qualquer pressão. Eu nunca levei seriamente em consideração a possibilidade de que não sairia da prisão um dia. Eu nunca pensei que uma pena de prisão perpétua significasse verdadeiramente a vida inteira e que eu morreria atrás das grades. Talvez eu estivesse negando essa possibilidade porque ela era desagradável demais para contemplar. Mas eu sempre soube que algum dia eu sentiria uma vez mais a grama sob os meus pés e caminharia ao sol como um homem livre.

Eu sou basicamente um otimista. Se isso vem da minha natureza ou do ambiente em que fui criado, não sei dizer. Uma parte de ser otimista é mantermos a nossa cabeça voltada para o sol, com os nossos pés se movimentando para frente. Houve muitos momentos sombrios quando a minha fé na humanidade foi severamente testada, mas eu não iria nem podia me entregar ao desespero. Neste caminho jazem a derrota e a morte.

61

ÉRAMOS DESPERTADOS TODAS as manhãs às 5h30 pelo guarda da noite, que tocava um sino de latão na entrada do nosso corredor e gritava, "*Word wakker! Staan op!*" (Acordem! Levantem!). Eu sempre fui madrugador e este horário não era um fardo para mim. Apesar de sermos despertados às 5h30 da manhã, não saíamos de nossas celas até as 6h45, horário no qual devíamos já ter limpado as nossas celas e enrolado nossas esteiras e cobertores. Não tínhamos água encanada em nossas celas e em vez de toaletes, tínhamos baldes sanitários de ferro, conhecidos como "*ballies*". Os *ballies* tinham um diâmetro de vinte e cinco centímetros e uma tampa côncava de porcelana que podia conter água. A água nessa tampa era para ser usada para fazermos a barba e para lavarmos nossas mãos e rostos.

Às 6h45 quando permitiam que saíssemos de nossas celas, a primeira coisa que fazíamos era esvaziar os nossos *ballies*. Os *ballies* tinham que ser inteiramente lavados nas pias localizadas no fim do corredor ou criavam um fedor. A única coisa agradável em relação a limpar o seu *ballie* era que esta era a ocasião naqueles dias iniciais quando podíamos ter uma conversa sussurrada com os nossos colegas. Os guardas não gostavam de ficar por perto quando nós lavávamos nossos *ballies*, então era uma oportunidade para conversar em voz baixa.

Durante aqueles primeiros meses, o desjejum era entregue a nós em nossas celas por prisioneiros da seção geral. O desjejum consistia de mingau de papa de milho, cereal feito de milho que os prisioneiros jogavam em uma tigela que passavam para nós através das grades de nossas celas. Essa era uma manobra que exigia uma mão hábil de forma a não derramar o mingau.

Depois de alguns meses, o desjejum passou a ser entregue para nós no pátio, em velhos tambores de óleo. Nós nos servíamos da papa utilizando tigelas simples de metal. Cada um de nós recebia uma caneca do que era descrito como café, mas que na verdade era milho moído e assado até que ficasse negro, e então preparado com água quente. Mais tarde, quando podíamos ir até o pátio para nos servir, eu ia para o pátio e corria pelo seu perímetro até que o desjejum chegasse.

Como tudo na prisão, a dieta é discriminatória.

Em geral, os mestiços e indianos recebiam uma dieta levemente melhor do que a dos negros, mas não havia muita distinção. As autoridades gostavam de dizer que nós recebíamos uma dieta balanceada; ela era de fato balanceada – entre o intragável e o não comestível. A comida era a fonte de muitos dos nossos protestos, mas naqueles dias iniciais, os guardas falavam, "Ah, vocês *kaffirs* estão se alimentando melhor aqui na prisão do que em casa!"

No meio do desjejum, os guardas gritavam, "*Val in! Val in!*" (Para fora! Para fora!), e nós ficaríamos do lado de fora de nossas celas para inspeção. Exigia-se que cada prisioneiro abotoasse devidamente os três botões de suas jaquetas cáqui. Exigiam que tirássemos nossos chapéus enquanto o guarda passava por nós. Se os nossos botões não estivessem abotoados, nossos chapéus não tirados, ou nossas celas desarrumadas, éramos acusados de violação do código disciplinar da prisão e punidos ou com confinamento solitário ou perda de refeições.

Depois da inspeção, nós trabalhávamos no pátio quebrando pedras até o meio-dia. Não havia intervalos; se reduzíssemos o ritmo, os guardas gritavam para nós para acelerarmos. Ao meio-dia, o sino tocava anunciando o almoço e outro tambor de metal com comida era trazido para o pátio. Para os negros, o almoço consistia de milho fervido, ou seja, grãos de milho. Os prisioneiros indianos e mestiços recebiam farinha de milho, ou arroz de milho, que consistia de milho moído em uma mistura parecida com sopa. A farinha de milho era servida com verduras, enquanto o nosso milho era servido sem acompanhamento.

Para o almoço, frequentemente recebíamos *phuzamandla*, que significa "bebida de força", um pó feito com milho e um pouco de fermento. Ele deve ser misturado com água ou leite e quando é espesso, pode ser saboroso, mas as autoridades da prisão nos davam tão pouco daquele pó que ele mal dava cor à água. Normalmente eu tentava economizar o meu pó durante vários dias até que tivesse o suficiente para preparar uma bebida adequada, mas se as autoridades descobrissem que guardávamos comida, o pó era confiscado e nós éramos punidos.

Depois do almoço, nós trabalhávamos até as quatro da tarde, quando os guardas tocavam apitos agudos e nós éramos novamente alinhados para sermos contados e inspecionados. Então tínhamos meia hora para nos limpar. O banheiro no final do nosso corredor tinha dois chuveiros de água do mar, uma torneira com água do mar, e três baldes galvanizados grandes, que eram utilizados como banheiras. Não havia água quente. Nós ficávamos em pé ou agachados nesses baldes, nos ensaboando com a água salobre, lavando o pó do dia de trabalho. Lavar-se com água fria quando está frio lá fora não é agradável, mas nós fazíamos o melhor possível. Algumas vezes nós cantávamos enquanto nos banhávamos, o que parecia tornar a água menos gelada. Naqueles dias iniciais, este era um dos únicos momentos em que podíamos conversar.

Pontualmente, às 4h30, havia uma batida alta na porta de madeira, no final do nosso corredor, significando que o nosso jantar fora entregue. Prisioneiros comuns eram utilizados para nos servirem a comida e nós retornávamos para as nossas celas para o jantar. Novamente, nos serviam mingau de milho, algumas vezes com uma cenoura ou pedaço de repolho ou beterraba atirado nele, mas, normalmente, tinha-se que procurar por eles. Se nós recebêssemos um vegetal, então ele era servido por semanas a fio, até que as cenouras ou repolho estivessem velhos e embolorados e nós estávamos completamente enjoados deles. Em dias alternados, nós recebíamos um pequeno pedaço de carne com o nosso mingau. Normalmente, a carne era cartilagem na maior parte.

Para o jantar, os prisioneiros mestiços e indianos recebiam um quarto de pão (conhecido como uma *katkop*, ou seja, uma cabeça de gato, por causa do formato do pão) e um pouco de margarina. Presumia-se que os negros não gostavam de pão porque ele era um tipo de comida "europeia".

Tipicamente, nós recebíamos ainda menos do que as quantias escassas estipuladas pelas regras. Isso se devia ao fato de que a cozinha fazia muito contrabando. Os cozinheiros – que eram prisioneiros comuns – guardavam a melhor comida para si ou seus amigos. Geralmente, eles separavam os bocados mais saborosos para os guardas em troca de favores ou tratamento preferencial.

Às oito da noite, o guarda noturno se trancava conosco no corredor, passando a chave através de um pequeno buraco na porta para outro guarda no lado de fora. O guarda então caminhava de um lado para o outro do corredor, mandando que nós dormíssemos. Nenhum grito de "apaguem as luzes" era dado na Ilha de Robben, porque a única lâmpada coberta com uma grade brilhava dia e noite. Mais tarde, aqueles que estavam estudando para obter diplomas superiores tinham permissão para ficar lendo até dez ou onze da noite.

A acústica no corredor era bem boa, e nós tentávamos conversar um pouco antes de irmos dormir. Mas se por um lado podíamos ouvir um sussurro bem claramente, o guarda também podia, e gritava "*Stilte in die gang!*" (Silêncio no corredor!). O guarda andava de um lado para o outro algumas vezes para se certificar de que não estávamos lendo ou escrevendo. Depois de alguns meses, nós espalhamos um punhado de areia no corredor de forma a escutar os passos do guarda e termos tempo de parar de conversar ou esconder qualquer coisa que havíamos contrabandeado. Apenas depois que estávamos em silêncio é que ele ia se sentar na pequena sala no final do corredor, onde cochilava até de manhã.

62

UMA MANHÃ, vários dias depois de minha reunião com Bram e Joel, fomos levados à administração da prisão. A administração da prisão ficava cerca de quatrocentos metros de distância e era uma estrutura simples de pedras que se parecia com a nossa própria seção. Uma vez lá, formamos uma fila para que nossas impressões digitais fossem tiradas, o que era um serviço rotineiro da prisão. Mas enquanto estávamos esperando, notei um guarda com uma câmera. Depois que as nossas impressões digitais foram tiradas, o guarda--chefe mandou que nos alinhássemos para sermos fotografados. Fiz um gesto para os meus colegas não se mexerem, e falei para o guarda: "eu gostaria de que você apresentasse os documentos do comissário de prisões autorizando que os nossos retratos sejam tirados". Fotografias de prisioneiros precisavam de tais autorizações.

Era sempre útil estar familiarizado com os regulamentos, porque os próprios guardas frequentemente os desconheciam e podiam ser intimidados pelo conhecimento superior de outra pessoa. O guarda ficou surpreendido pelo meu pedido e foi incapaz de dar qualquer explicação ou apresentar qualquer coisa por escrito do comissário de prisões. Ele ameaçou nos responsabilizar se não consentíssemos que tirassem nossas fotografias, mas eu disse que se não houvesse autorização, não haveria retratos, e foi nesse pé que o assunto permaneceu.

Como regra geral, nós nos opúnhamos que tirassem fotografias nossas na prisão com base no fato que, em geral, era degradante ser visto como prisioneiro. Mas houve uma fotografia que eu consenti tirar, a única com a qual concordei enquanto permaneci na Ilha de Robben.

Certa manhã, algumas semanas mais tarde, o guarda-chefe, em vez de nos entregar as marretas para o nosso trabalho no pátio, deu a cada um de nós agulhas e fios e uma pilha de camisas puídas da prisão. Fomos instruídos a reparar as vestimentas, mas descobrimos que a maioria dessas camisas estava desgastada demais para serem consertadas. Isso nos pareceu uma tarefa curiosa, e ficamos imaginando o que provocara a mudança. Mais tarde naquela manhã, por volta das onze da manhã, o portão da frente se abriu, revelando o comandante da prisão acompanhado de dois homens de terno. O comandante anunciou que os dois visitantes eram um repórter e um fotógrafo do jornal *Daily Telegraph* de Londres. Ele contou isso como se membros visitantes da imprensa internacional fossem uma distração regular para nós.

Apesar de esses homens serem os nossos primeiros visitantes oficiais, nós os encaramos com ceticismo. Primeiramente, eles foram trazidos sob os auspícios do governo, e em segundo lugar nós estávamos cientes que o *Telegraph* era um jornal conservador e improvável de ser simpático à nossa causa. Sabíamos bem que havia uma grande preocupação no mundo exterior sobre a nossa situação e que era do interesse do governo mostrar que não estávamos sendo maltratados.

Os dois jornalistas caminharam lentamente pelo pátio, nos inspecionando. Mantivemos nossas cabeças baixas, concentrados em nosso trabalho. Depois que eles deram uma volta completa, um dos guardas me puxou pelo ombro e disse, "Mandela, venha, você vai falar agora". Naqueles dias iniciais, eu frequentemente falava em nome dos meus companheiros prisioneiros. Os regulamentos da prisão eram explícitos e cada prisioneiro tinha permissão de falar apenas em seu próprio nome. Isso era feito para anular o poder da organização e neutralizar a nossa força coletiva. Nós nos opúnhamos a essa regra, mas conseguimos pouco progresso. Nós não podíamos nem mesmo usar a palavra *nós* quando fazíamos reclamações. Mas durante os primeiros anos das nossas sentenças, quando as autoridades precisavam de um prisioneiro para falar em nome dos outros, aquele indivíduo era eu.

Conversei com o repórter, cujo nome era Sr. Newman, durante cerca de vinte minutos, e fui franco em relação à prisão e ao Julgamento de Rivonia. Ele era um sujeito simpático, e ao final de nossa conversa, ele disse que gostaria que o fotógrafo tirasse uma fotografia de mim. Eu estava relutante, mas nesse caso cedi porque sabia que a fotografia seria publicada apenas no exterior, e poderia servir para auxiliar a nossa causa se o artigo fosse minimamente simpático. Eu disse a ele que concordaria, desde que o Sr. Sisulu pudesse se juntar a mim. A imagem nos mostra conversando sobre algum assunto que não consigo mais lembrar qual era. Nunca vi o artigo ou ouvi qualquer coisa a respeito dele. Os repórteres mal haviam saído de vista quando os guardas retiraram as camisas e nos devolveram as nossas marretas.

Os homens do *Telegraph* foram os primeiros de um pequeno fluxo de visitantes durante aqueles meses iniciais. Se por um lado o Julgamento de Rivonia ainda ressoava na mente das pessoas, o governo estava ansioso em mostrar para a comunidade internacional que nós estávamos sendo tratados apropriadamente. Havia histórias na imprensa sobre as condições desumanas na ilha, de como estávamos sendo agredidos e torturados. Essas alegações deixavam o governo embaraçado, e para combatê-las eles trouxeram um cordão de estrangeiros com o intuito de rebater essas histórias críticas.

Fomos visitados brevemente por um advogado britânico, que havia defendido a independência da Namíbia diante da Corte Mundial, depois da qual fomos informados de que o Sr. Hynning, representante da *American Bar Association**, viria nos ver. Os americanos eram então uma novidade na África do Sul, e eu estava curioso em me encontrar com um representante de uma organização tão distinta.

No dia da visita do Sr. Hynning fomos chamados no pátio. O americano chegou em companhia do General Steyn, o comissário de prisões, que raramente aparecia na ilha. O General Steyn era aquela coisa incomum no serviço penitenciário, um homem polido e sofisticado. Seus trajes eram sempre de ótima qualidade e com corte da moda. Ele era cortês, e se referia a nós como "cavalheiros", até mesmo tirando o chapéu

---

* *American Bar Association* - Entidade de classe dos advogados norte-americanos, equivalente à Ordem dos Advogados do Brasil (N. do T.).

na nossa presença, algo que ninguém mais no serviço penitenciário fazia. No entanto, o General Steyn nos reprimia por omissão em vez de por comissão. Ele basicamente fazia de conta que não enxergava o que estava acontecendo na ilha. Sua ausência habitual encorajava os oficiais mais brutais da prisão e lhes dava carta branca para fazer o que quisessem. Em seus modos muito gentis, o general apresentou o nosso convidado e disse, "Cavalheiros, por favor, escolham o seu porta-voz". Vários prisioneiros gritaram o meu nome.

O General Steyn acenou com a cabeça em minha direção, e eu me levantei. Em contraste com o General Steyn, o Sr. Hynning era um homem corpulento e despenteado. Eu agradeci a ele por nos visitar e disse que nos sentíamos honrados com a sua presença. Resumi então as nossas reclamações, começando com a mais importante e central delas, que nós éramos prisioneiros políticos, e não criminosos, e que devíamos ser tratados como tal. Enumerei as nossas queixas em relação à comida, nossas condições de vida e o destacamento de trabalho. Mas, enquanto eu falava, o Sr. Hynning ficava me interrompendo. Quando fiz uma observação sobre as intermináveis horas fazendo um trabalho estúpido, ele declarou que como prisioneiros, nós tínhamos que trabalhar e éramos provavelmente preguiçosos, além disso.

Quando comecei a detalhar os problemas com as nossas celas, ele aparteou dizendo que as condições nas prisões atrasadas dos Estados Unidos eram muito piores do que na Ilha de Robben, que era um paraíso em comparação àquelas. Ele acrescentou que nós havíamos sido condenados com justiça e que tínhamos sorte de não termos sido condenados à morte, o que nós provavelmente merecíamos.

O Sr. Hynning transpirava em profusão e houve aqueles entre nós que acharam que ele não estava completamente sóbrio. Ele falava com um sotaque que presumi ser sulista, e tinha um hábito curioso de cuspir enquanto falava, algo que nenhum de nós jamais havia visto antes.

Finalmente, eu escutei o suficiente e o interrompi, "Não, senhor, o senhor não entendeu o que eu estava dizendo". Hynning ofendeu--se. Achou que eu o estava contradizendo, enquanto o General Steyn observou e ouviu sem fazer comentários. Sob aquelas circunstâncias, estava difícil manter a serenidade. Os homens estavam furiosos por causa das observações do Sr. Hynning e aborrecidos porque ele havia recebido permissão de nos ver. Normalmente, uma visita de qualquer espécie nos animava, mas a visita do Sr. Hynning foi desmoralizante. Talvez fosse isso que as autoridades queriam que acontecesse. Conhecer alguém com ligações tão impressionantes e tão pouca compreensão era deprimente. Finalmente, Hynning apenas deu a volta e foi embora sem ao menos se despedir. Não ficamos tristes de vê-lo partir.

Discutimos sobre o Sr. Hynning durante anos depois do ocorrido e muitos dos homens imitavam o seu jeito de falar para efeitos cômicos. Nunca mais ouvimos falar dele, e ele certamente não ganhou muitos simpatizantes da American Bar Association na Ilha de Robben.

63

NA PRISÃO, todos os prisioneiros são classificados pelas autoridades como uma entre quatro categorias: A, B, C, D. A é a classificação mais alta e confere os maiores privilégios; D é a mais baixa e confere os menores. Todos os prisioneiros políticos, ou o que as autoridades chamavam de "prisioneiros de segurança", eram automaticamente classificados como D em sua admissão. Os privilégios afetados por esta classificação incluíam visitas e cartas, estudos e a oportunidade de comprar mantimentos e coisas eventuais – tudo isso é a seiva de qualquer prisioneiro. Normalmente levava anos para um prisioneiro político elevar o seu *status* de D para C.

Nós desprezávamos o sistema de classificação. Ele era corrupto e degradante, outra forma de reprimir os prisioneiros, em geral, e os prisioneiros políticos em particular. Exigimos que todos os prisioneiros políticos fossem classificados em uma única categoria. Apesar de criticarmos o sistema, nós não podíamos ignorá-lo: o sistema de classificação era uma característica inflexível da vida na prisão. Se nós protestássemos contra ele, como prisioneiro do Grupo D, nós poderíamos receber apenas uma carta a cada seis meses, as autoridades diziam “Melhore o teu comportamento, torne-se um prisioneiro do Grupo C, e você poderá receber duas cartas a cada seis meses”. Se reclámassemos que não recebíamos comida suficiente, as autoridades faziam-nos lembrar de que se estivéssemos no Grupo A, poderíamos receber ordens de pagamento de fora da prisão e comprar comida extra na cantina da prisão. Até mesmo um guerreiro pela liberdade se beneficia com a capacidade de comprar mantimentos e livros.

As classificações geralmente corriam paralelamente à extensão da sentença da pessoa. Se você fosse sentenciado a oito anos de prisão, geralmente seria classificado como D, durante os dois primeiros anos, C pelos dois anos seguintes, B nos dois outros anos, e A nos dois últimos anos. Mas as autoridades da prisão brandiam o sistema de classificação como se fosse uma arma contra os prisioneiros políticos, ameaçando rebaixar a nossa classificação, conseguida a duras penas, de forma a controlar o nosso comportamento.

Apesar de ter ficado preso por quase dois anos antes de ser levado para a Ilha de Robben, eu ainda estava no Grupo D quando cheguei. Se por um lado eu desejava os privilégios que acompanhavam uma classificação mais alta, eu me recusava a transigir minha conduta. A maneira mais rápida de melhorar a classificação é ser dócil e não reclamar. “Ah, Mandela, você é um encrenqueiro”, os guardas diziam. “Você ficará no Grupo D pelo resto da tua vida”.

A cada seis meses, os prisioneiros eram convocados para se apresentarem ao conselho da prisão para terem sua classificação avaliada. O conselho devia avaliar o nosso comportamento em termos dos regulamentos da prisão, mas descobrimos que ele preferia agir como um tribunal político em vez de um mero avaliador de comportamento. Durante o meu primeiro encontro com o conselho, os oficiais me fizeram perguntas sobre o CNA e as minhas crenças políticas. Apesar de isso não ter nada a ver com o sistema de classificação, fui vaidoso o suficiente para responder e pensar que poderia convertê-los às minhas crenças. Essa foi uma das primeiras vezes em que fomos tratados como seres humanos, e eu pelo menos reagi. Mais tarde me dei conta de que essa era simplesmente uma técnica de parte das autoridades para obter informações sobre nós, e eu havia caído na armadilha. Logo depois, chegamos a um acordo entre nós de não discutir política com o conselho da prisão.

Como prisioneiro do Grupo D, eu tinha direito a receber apenas um visitante, e escrever e receber apenas uma carta, a cada seis meses. Achei essa uma das restrições mais desumanas do sistema prisional. Comunicação com a sua família é um direito humano; ela não deve ser restrita por graduações artificiais de um sistema prisional. Mas esse era um dos fatos da vida na prisão.

Visitas e cartas ficavam restritas aos parentes de "primeiro grau". Essa era uma restrição que não apenas considerávamos penosa, mas racista. O sentido africano de família imediata é muito diferente daquele dos europeus ou ocidentais. Nossas estruturas familiares são maiores e mais inclusivas; qualquer um que afirme ser descendente de um ancestral em comum é considerado parte da mesma família.

Na prisão, a única coisa pior do que alguém receber más notícias sobre sua família é não se ter notícia alguma. É sempre mais difícil lidar com os desastres e tragédias que se imagina do que com a realidade, não importando o quão sombria ou desagradável. Uma carta contendo más notícias era sempre preferível a carta nenhuma.

Mas mesmo essa restrição miserável era abusada pelas autoridades. A espera de uma correspondência era esmagadora. A entrega de cartas acontecia uma vez por mês, e às vezes seis meses se passavam sem se receber uma carta. Ser autorizado a receber uma carta a cada seis meses e então não recebê-la é um golpe forte. Fica-se imaginando: O que será que aconteceu com a minha esposa e meus filhos, com minha mãe e minhas irmãs? Quando não recebia uma carta, eu me sentia tão seco e estéril quanto o deserto Grande Karoo. As autoridades frequentemente retinham o correio só por despeito. Lembro de um guarda dizendo, "Mandela, recebemos uma carta para você, mas não podemos entregá-la".

Nenhuma explicação do porquê, ou quem era o remetente. Toda a minha autodisciplina era exigida para que eu não explodisse em tais momentos. Depois do fato, eu protestava através dos canais apropriados, e algumas vezes conseguia recebê-la.

Quando as cartas chegavam, elas eram recebidas com muito carinho. Uma carta era como a chuva de verão que era capaz de fazer até o deserto florescer. Quando as autoridades me entregavam uma carta, eu não me apressava em agarrá-la como sentia vontade de fazer, mas pegava-a de uma forma despreocupada. Apesar de eu estar ansioso em abri-la e lê-la ali mesmo, eu não dava às autoridades a satisfação de ver a minha ansiedade, e regressava lentamente para a minha cela, como se tivesse muitas coisas para fazer antes de abrir uma carta vinda de minha família.

Durante aqueles primeiros meses, recebi uma carta de Winnie, mas ela fora tão censurada que sobrou pouca coisa além da saudação. Os censores da ilha cobriam as partes ofensivas com tinta, mas mais tarde mudaram esse procedimento quando descobriram que nós conseguíamos lavar a tinta e ler o que estava sob ela. Eles começaram a utilizar navalhas para recortar parágrafos inteiros. Já que a maioria das cartas era escrita nos dois lados de uma única folha de papel, o material do outro lado também seria extirpado. Eles pareciam sentir prazer em entregar cartas retalhadas. A censura atrasava a entrega da correspondência porque os guardas, alguns dos quais não eram muito fluentes na língua inglesa, podiam levar até um mês para censurar uma carta. As cartas que escrevíamos também passavam pelo crivo da censura, frequentemente elas ficavam tão recortadas quanto as cartas que nós recebíamos.

No final de agosto, depois de ficar menos de três meses na ilha, fui informado pelas autoridades que ia receber uma visita no dia seguinte. Eles não me contaram quem era. Walter foi informado que ele também receberia uma visita, e eu suspeitei, esperei, desejei – acreditei – que seria uma visita de Winnie e de Albertina.

No momento em que Winnie ficou sabendo que fomos trazidos para a ilha, ela tentava fazer uma visita. Como uma pessoa banida, Winnie tinha que receber uma licença especial do ministro da justiça, pois ela não estava tecnicamente autorizada a se comunicar comigo.

Mesmo com a ajuda das autoridades, visitar a Ilha de Robben não era uma proposta fácil. As visitas duravam no máximo trinta minutos, e os prisioneiros políticos não tinham permissão para receber visitas de contato, nas quais o visitante e o prisioneiro ficavam na mesma sala.

As visitas não pareciam ser planejadas antecipadamente pelas autoridades. Um dia, eles entravam em contato com a esposa e diziam, "Você está autorizada a visitar o seu marido amanhã". Isso era enormemente inconveniente, e frequentemente tinha o efeito de tornar impossível a visitação. Se um membro da família fosse capaz de planejar uma visita com antecedência, as autoridades às vezes, deliberadamente, retardavam a emissão da autorização até depois que o avião havia decolado. Já que a maioria das famílias dos homens vivia longe do Cabo e tinha pouquíssimo dinheiro, as visitas por membros das famílias estavam frequentemente fora do seu alcance financeiro. Alguns homens que vinham de famílias pobres ficavam sem ver suas esposas durante muitos anos, quando viam. Eu sabia de homens que passaram uma década ou mais na Ilha de Robben sem receber uma única visita.

A sala de visitação, para visitas sem contato, era estreita e sem janela. No lado do prisioneiro, havia uma fileira de cinco cubículos com pequenos quadrados de vidro que davam para um cubículo idêntico do outro lado. O prisioneiro sentava em uma cadeira e olhava pelo vidro espesso e manchado, no qual pequenas perfurações foram feitas para permitir conversas. Tinha-se que falar bem alto para ser ouvido. Mais tarde, as autoridades instalaram microfones e alto-falantes diante do vidro, uma pequena melhoria.

Walter e eu fomos chamados até o escritório dos visitantes no final da manhã e nos sentamos na outra extremidade da sala. Aguardei com alguma ansiedade e, de repente, preenchendo o vidro no outro lado da janela estava o lindo rosto de Winnie. Winnie sempre se arrumava para as visitas à prisão, e tentava usar algo novo e elegante. Era tremendamente frustrante não poder tocar na minha esposa, falar carinhosamente com ela, termos um momento privado juntos. Tínhamos que conduzir o nosso relacionamento a distância, sob os olhos de pessoas que nós desprezávamos.

Pude imediatamente ver que Winnie estava sob uma tensão tremenda. Ver-me sob tais circunstâncias deve ter sido doloroso. Somente chegar até a ilha já era difícil, e em adição a isso havia os rituais rigorosos da prisão, as indignidades indiscutíveis dos guardas e a impessoalidade do contato.

Winnie, descobri mais tarde, recebera recentemente uma segunda ordem de banimento e fora demitida de seu trabalho no Escritório de Bem-Estar das Crianças como resultado disso. Seu escritório foi vasculhado pela polícia logo antes de ela ser demitida. As autoridades estavam convencidas de que Winnie estava se comunicando secretamente comigo. Winnie amava o seu trabalho de assistente social. Era o lado prático da luta: colocar bebês com pais adotivos, encontrar trabalho para os desempregados e ajuda médica para os não segurados. O banimento e a perseguição da minha esposa me preocupavam muito: eu não podia cuidar dela e das crianças, e o Estado estava tornando difícil para ela cuidar de si mesma. Minha impotência me torturava.

Nossa conversa foi desajeitada no início, e não foi facilitada pela presença de dois guardas postados diretamente atrás dela e três atrás de mim. O papel deles era não apenas de monitorar, mas de intimidar. O regulamento ditava que as conversas deviam ser ou em inglês ou africâner – línguas africanas eram proibidas – e podiam envolver apenas assuntos de família. Qualquer linha de conversação que saísse da família e beirasse a política podia significar o encerramento abrupto da visita. Se um nome desconhecido dos guardas fosse mencionado, eles interrompiam a conversa e perguntavam quem era a pessoa e a natureza do relacionamento. Isso acontecia com frequência, pois os guardas geralmente não estavam familiarizados com a variedade e natureza dos nomes africanos. Era frustrante passar minutos preciosos da visita de alguém explicando para um guarda os diferentes ramos de sua árvore genealógica. Mas a ignorância deles também trabalhava em nosso favor: ela permitia que inventássemos nomes em código para pessoas sobre quem queríamos falar e fazer de conta que estávamos nos referindo a membros da família.

Aquela primeira visita foi importante, pois eu sabia que Winnie estava angustiada em relação à minha saúde: ela havia escutado histórias de que estávamos sendo fisicamente maltratados. Rapidamente informei a ela que eu estava bem e ela podia ver que eu estava em boa forma física, se bem que um pouco mais magro do que antes. Ela também estava mais magra, algo que sempre atribuí ao estresse. Depois de uma visita durante a qual o rosto de Winnie parecia tenso ou repuxado, eu a incentivava a ganhar um pouco de peso. Ela vivia fazendo dieta, e eu vivia dizendo para ela que não fizesse. Perguntei sobre cada um de nossos filhos, sobre a minha mãe e minhas irmãs, e sobre a família de Winnie.

De repente, ouvi um dos guardas postados atrás de mim dizer "Tempo acabou! Tempo acabou!" Me voltei e olhei para ele com incredulidade. Era impossível que meia hora já houvesse passado. Mas, na verdade, ele estava certo; as visitas sempre pareciam passar como num piscar de olhos. Durante todos os anos em que fiquei preso, nunca deixei de me surpreender quando o guarda avisava "Tempo acabou!" Winnie e eu éramos apressadamente retirados de nossas cadeiras e acenávamos um rápido adeus. Eu sempre sentia vontade de permanecer depois que Winnie havia ido embora, só para conservar a sensação da presença dela, mas eu não permitia que os guardas testemunhassem essa emoção. Enquanto eu caminhava de volta para a cela, analisava mentalmente o que havíamos conversado a respeito. Durante os dias, semanas e meses seguintes, eu rememorei aquela visita repetidamente. Eu sabia que não poderia ver a minha esposa novamente por, pelo menos, seis meses. Mas acabou acontecendo que Winnie não pôde ir me visitar durante dois anos.

64

CERTA MANHÃ, no início de janeiro, enquanto formávamos uma fila para a contagem antes do início do trabalho no pátio, nos ordenaram que marchássemos para fora e que entrássemos em um caminhão coberto. Era a primeira vez que saíamos do nosso complexo. Nenhum anúncio foi feito sobre o nosso destino, mas eu fazia uma ideia para onde estávamos indo. Alguns minutos mais tarde, saímos do caminhão em um local que eu vi pela primeira vez quando estive na ilha, em 1962: a pedreira de calcário.

A pedreira tinha a aparência de uma enorme cratera branca, cortada numa encosta rochosa. Os penhascos e a base da encosta eram de uma brancura de deixar cego. No topo da pedreira havia capim e palmeiras, e na base havia uma clareira com alguns barracões velhos de metal.

Fomos recebidos pelo oficial-comandante, o Coronel Wessels, um sujeito bastante pálido que se preocupava apenas com a observância rigorosa dos regulamentos da prisão. Ficamos em posição de sentido enquanto ele nos dizia que o trabalho que iríamos fazer duraria seis meses e depois nos dariam tarefas mais leves até o fim de nossas sentenças. O cálculo de tempo dele estava consideravelmente desajustado. Permanecemos na pedreira durante os treze anos seguintes.

Depois do discurso do O.C., nos deram picaretas e pás, com instruções rudimentares de como extrair calcário. A mineração de calcário não é uma tarefa simples. Naquele primeiro dia, utilizamos desajeitadamente as nossas novas ferramentas e extraímos pouco calcário. O próprio calcário, que é o resíduo macio de conchas do mar e de coral, fica enterrado em camadas de rocha, e é necessário abrir caminho através dessas camadas com uma picareta e então extrair o veio de calcário utilizando uma pá. Esse era um trabalho muito mais árduo do que o trabalho no pátio, e depois dos nossos primeiros dias trabalhando na pedreira nós dormíamos imediatamente depois do nosso jantar às quatro e meia da tarde. Acordávamos no, dia seguinte, doloridos e ainda cansados.

As autoridades nunca explicaram por que fomos tirados do pátio e levados para a pedreira. Eles podem simplesmente ter precisado de calcário extra para as estradas da ilha. Mas quando discutimos a transferência, mais tarde, presumimos que era outra forma de fazer cumprir a disciplina, de nos mostrar que não éramos diferentes dos outros prisioneiros – que trabalhavam na pedreira da ilha – e que tínhamos que pagar pelos nossos crimes da mesma forma que eles. Era uma tentativa de esmagar os nossos espíritos.

Mas aquelas primeiras semanas na pedreira tiveram um efeito oposto em nós. Apesar das mãos cheias de calos e sangrando, nos sentíamos revigorados. Eu preferia muito mais estar do lado de fora, na natureza, podendo ver o capim e as árvores, observar os pássaros voando no alto, sentir o vento soprando do mar. Era uma ótima sensação usar os nossos músculos, com o sol batendo em nossas costas, e havia um prazer simples em formar montes de pedra e calcário.

No espaço de alguns dias, nós já estávamos caminhando até a pedreira em vez de irmos de caminhão, e isso também era um tônico. Durante a nossa marcha de vinte minutos até a pedreira, tínhamos um sentido melhor da ilha, e podíamos ver a vegetação densa e árvores altas que cobriam o nosso lar, e sentir o aroma das flores de eucalipto, observar ocasionalmente uma gazela ou um antílope pastando à distância. Alguns dos homens viam a marcha como uma labuta, mas eu nunca achei isso.

Apesar de nosso trabalho na pedreira ser uma forma de mostrar que não éramos diferentes dos outros prisioneiros, as autoridades ainda nos tratavam como tratavam os leprosos que habitaram a ilha. Às vezes, víamos um grupo de criminosos comuns trabalhando na beira da estrada, e os guardas que os vigiavam davam ordens para que eles fossem para os arbustos de forma que não pudessem nos ver quando passávamos marchando por eles. Era como se a nossa simples visão pudesse, de alguma forma, afetar a disciplina deles. Às vezes, pelo canto dos olhos podíamos ver um prisioneiro levantando o seu punho na saudação do CNA.

Nas proximidades da pedreira, a estrada de terra se bifurcava e, à direita, os prisioneiros comuns marchavam em direção à pedreira comum. Essa encruzilhada se tornaria mais tarde um local importante de comunicação com eles. No local onde a estrada se bifurcava, podíamos ver entre os arbustos o pequeno chalé branco, onde Robert Sobukwe morava. A casa foi construída anos antes, para um guarda negro, e agora

Sobukwe morava sozinho nela. Era um lote pequeno, descuidado e coberto de mato, e não dava para saber que alguém vivia ali, exceto pelo guarda que ficava na frente.

A sentença de Sobukwe terminou em 1963, mas sob o que se tornou conhecido como a cláusula Sobukwe, da Emenda à Lei Geral de 1963, o ministro da justiça podia manter prisioneiros políticos presos indefinidamente sem uma acusação formal. Isso foi precisamente o que eles fizeram com Bob. Durante seis anos, Sobukwe vivia uma espécie de meia-vida na ilha; ele era um homem livre a quem a liberdade lhe era negada. Às vezes, podíamos vê-lo de relance em seu jardim, mas isso era tudo.

Depois de chegarmos, pela manhã, nós pegávamos as nossas picaretas, pás, marretas e carrinhos de mão em um barracão de zinco no topo da pedreira. Então nos espalhávamos pela encosta da pedreira, normalmente distribuídos em grupos de três ou quatro. Guardas com armas automáticas ficavam em plataformas elevadas nos vigiando. Guardas desarmados caminhavam entre nós, nos instando a trabalhar mais arduamente, "*Gaan aan! Gaan aan!*" (Continue! Continue!), eles gritavam, como se fôssemos bois.

Por volta das onze da manhã, quando o sol estava alto no céu, nós começávamos a enfraquecer. Naquela hora, eu já estaria encharcado de suor. Os guardas então nos impeliam ainda mais duramente, "*Nee, man! Kom aan! Kom aan!*" (Não, cara! Vamos! Vamos!), gritavam. Logo antes do meio-dia, quando fazíamos um intervalo para o almoço, empilhávamos o calcário nos carrinhos de mão e o carregávamos até o caminhão, que o levava embora.

Ao meio-dia, um apito tocava, e nós caminhávamos para o pé da colina. Sentávamos-nos em bancos improvisados sob um teto simples de zinco nos protegendo do sol. Os guardas almoçavam em um barracão maior com mesas e bancos. Tambores com milho fervido eram entregues para nós. Centenas de gaivotas, gritando e atacando, circulavam acima de nós enquanto comíamos, e às vezes fezes atiradas no alvo podiam estragar o almoço de um homem.

Nós trabalhávamos até as quatro da tarde, quando novamente levávamos o calcário até o caminhão que ficava aguardando. No final do dia, nossos rostos e corpos estavam cobertos com uma camada de pó branco. Nós parecíamos fantasmas pálidos exceto onde o suor escorrido havia lavado o calcário. Quando voltávamos para as nossas celas, nós nos esfregávamos com água fria, que parecia nunca limpar completamente a poeira dos nossos corpos.

Pior do que o calor na pedreira era a luz. As nossas costas estavam protegidas do sol pelas nossas camisas, mas os raios do sol se refletiam em nossos olhos pelo próprio calcário. O brilho machucava os nossos olhos e, juntamente com a poeira, tornava difícil enxergar. Nossos olhos ficaram lacrimejantes e quase permanentemente semicerrados. Levava muito tempo depois de um dia de trabalho até que os nossos olhos se ajustassem à menor luminosidade.

Depois dos nossos primeiros dias na pedreira, fizemos uma solicitação oficial por óculos de sol. As autoridades se negaram a fornecê-los. Isso não era inesperado, pois na época não tínhamos permissão nem para termos óculos de leitura. Eu havia feito uma observação para o oficial-comandante que não fazia sentido permitir que lêssemos livros, mas não permitir que tivéssemos óculos para lê-los.

Durante as semanas e meses seguintes, fizemos solicitações por óculos de sol repetidamente. Mas levou quase três anos antes de termos permissão para tê-los, e isso aconteceu apenas depois que um médico compreensivo concordou que os óculos eram necessários para preservar a nossa vista. Mesmo assim, nós mesmos tivemos que comprar os óculos.

Para nós, tais lutas – por óculos, calças compridas, privilégio para estudo, alimentos iguais – eram corolários para a luta que promovíamos fora da prisão. A campanha para melhorar as condições na prisão era parte da luta contra o *apartheid*. Era, nesse sentido, tudo igual, lutávamos contra a injustiça onde quer que a encontrássemos, não importando se era grande ou pequena, e lutávamos contra a injustiça para preservar a nossa humanidade.

Logo depois de termos começado a trabalhar na pedreira, vários outros prisioneiros proeminentes vieram se juntar a nós na Seção B. Muitos deles eram membros do MK, que foram presos em julho de 1964, e sentenciados à prisão por mais de cinquenta atos de sabotagem no que se tornou conhecido como "pequeno Julgamento de Rivonia". Entre eles estavam Mac Maharaj, membro da OPMAS e uma das mentes mais aguçadas engajadas na luta; Laloo Chiba, também membro do Alto Comando do MK, e um colega resoluto que provou ser de grande utilidade na prisão; e Wilton Mkwayi, réu no Julgamento por traição que foi libertado por engano durante um momento de confusão, quando o Estado de Emergência foi decretado em 1960. Ele saiu da África do Sul em segredo, recebeu treinamento militar e tornou-se comandante em chefe do MK depois do Julgamento de Rivonia. Eddie Daniels, membro mestiço do Partido Liberal também foi trazido para a Seção B, depois de ser condenado por operações de sabotagem levadas a cabo pelo Movimento Africano de Resistência, um pequeno grupo sabotador formado por membros do Partido Liberal. Eddie se tornaria um dos meus melhores amigos na prisão.

Para contrabalançar o efeito desses novos aliados políticos, as autoridades também transferiram alguns prisioneiros comuns para a nossa seção. Esses homens eram criminosos empedernidos, condenados por assassinato, estupro e assalto à mão armada. Eles eram membros das gangues notórias da ilha, ou pertenciam aos Big Fives ou aos Twenty-Eights, que aterrorizavam os outros prisioneiros. Eles eram musculosos e carrancudos, e seus rostos traziam as cicatrizes de brigas com faca, que eram comuns entre os membros de gangues. O papel deles era agir como agentes provocadores, e eles tentavam nos agredir, tomar a nossa comida e inibir quaisquer conversas políticas que tentássemos ter. Um desses sujeitos era conhecido como Bogart, em homenagem ao ator americano que sempre fazia papéis de homem durão. Ele estava em uma cela em frente à cela de Walter, e Walter costumava reclamar que ele exigia que Walter lhe desse o seu desjejum todas as manhãs, e que ele (Walter) estava com medo demais para se recusar a entregá-lo.

Os membros das gangues trabalhavam em seu próprio grupo, separados de nós na pedreira. Um dia, eles começaram a cantar o que parecia ser uma canção de trabalho. Na verdade, era uma canção de trabalho famosa à qual eles adaptaram uma letra: "*Benifunani eRivonia?*", que significa "O que vocês queriam em Rivonia?" O verso seguinte era algo parecido com "Vocês pensaram que se tornariam o governo?" Eles cantavam exuberantemente com um tom de zombaria. Obviamente eles foram incentivados pelos guardas, que esperavam que a canção nos provocasse.

Apesar de os mais esquentados entre nós quererem confrontá-los, decidimos, em vez disso, combater fogo com fogo. Tínhamos cantores muito melhores entre nós do que eles, e nos reunimos e planejamos a nossa resposta. Dentro de alguns minutos, estávamos todos cantando a canção "*Stimela*", um hino vibrante sobre um trem vindo da Rodésia do Sul. "*Stimela*" não é uma canção política, mas naquele contexto ela se tornou, pois a implicação era que o trem transportava guerrilheiros para lutar contra o exército sul-africano.

Durante várias semanas os nossos dois grupos cantaram enquanto trabalhávamos, acrescentando canções e mudando as letras. Nosso repertório aumentou, e logo começamos a cantar canções abertamente políticas, tais como "*Amajoni*", uma canção sobre guerrilheiros, cujo título era uma corruptela da gíria, em inglês, para soldado, "Johnny"; e "*Tshotsholoza*", uma canção que compara a luta com o movimento de um trem se aproximando (Se falar o título repetidamente, ele imita o som do trem). Cantamos uma canção sobre a Carta Magna da Liberdade, e outra sobre o Transkei, cuja letra dizia, "Há duas estradas, uma estrada é a estrada Matazima, e a outra é a estrada Mandela, por qual delas você vai caminhar?"

A cantoria tornava o trabalho mais leve. Alguns dos meus companheiros tinham vozes extraordinárias, e eu frequentemente sentia vontade de baixar a minha picareta e ficar simplesmente escutando. Os membros das gangues não eram páreo para nós; eles logo ficaram quietos enquanto nós continuamos a cantar. Mas um dos guardas era fluente em Xhosa e entendia o conteúdo das nossas canções, e logo recebemos ordens para parar de cantar (Assobiar também foi banido). Daquele dia em diante trabalhamos em silêncio.

Eu via os membros das gangues não como rivais, mas como matéria-prima para ser convertida. Havia um prisioneiro não político entre nós, apelidado de Joe My Baby, que mais tarde aderiu ao CNA e provou ser uma ajuda inestimável no contrabando de material para dentro e para fora da prisão.

Certo dia, ouvimos falar que Bogart fora agredido selvagemente por um guarda na pedreira. Não testemunhei a agressão, mas vi os resultados. Com seu rosto todo cortado e cheio de hematomas, Bogart veio falar comigo em nosso corredor e pediu ajuda. Eu imediatamente concordei em assumir o seu caso.

Estávamos sempre buscando formas de enfrentar as autoridades, e o relato de uma agressão era o tipo de incidente que podíamos levar à direção da prisão. Pouco tempo antes desse episódio, ficamos sabendo que certo homem do CPA, chamado Ganya, fora agredido por um guarda. Em meu papel de advogado, escrevi uma carta para o comissário de prisões em nome de Ganya. Fui levado ao escritório da direção da prisão, onde fui confrontado por funcionários da prisão. Ao mesmo tempo em que eles negavam que a agressão ocorreu, eles queriam saber como eu fiquei sabendo dela. Eu insisti para que o guarda que agrediu Ganya fosse removido da ilha. Eles se recusaram, afirmando que não havia provas contra ele. Mas logo em seguida o guarda em questão foi transferido para fora da ilha.

Eu fiquei encorajado por esse caso, então quando Bogart pediu ajuda, imediatamente exigi ver o oficial-comandante. No dia seguinte fui convocado para ir à administração da prisão, onde o comandante comunicou afavelmente que o caso fora investigado e rejeitado. "Essa é uma violação do regulamento", eu disse. "O caso deve ser julgado".

"Não", ele afirmou, "tentamos entrevistar o suposto queixoso e ele negou que tivesse sido agredido".

"Isso é impossível", eu disse. "Conversei com ele ainda ontem". O comandante gesticulou para um tenente e disse "Então veja você mesmo". O tenente trouxe Bogart até a sala. O rosto dele estava coberto de ataduras. O comandante perguntou se ele havia ou não sido espancado". "Não, *baas*", ele disse em voz baixa, sem me encarar, "nunca fui agredido". Então ele foi dispensado.

"Bem, Mandela", disse o comandante. "O caso está encerrado". O comandante foi bem-sucedido em me humilhar. Obviamente ele havia subornado Bogart com comida e tabaco extras para que ele desistisse de suas acusações. Daquele momento em diante, exigi uma declaração por escrito e assinada de um prisioneiro antes de concordar em assumir o seu caso.

65

UM DIA, no verão de 1965, descobrimos um pouco de gordura brilhando em nosso mingau no desjejum, e pedaços de carne fresca em nossa papa no jantar. No dia seguinte, vários dos homens receberam camisas novas. Os guardas na pedreira e os carcereiros em nossa seção pareciam um pouco mais respeitosos. Todos nós ficamos cheios de suspeita; na prisão, nenhuma melhoria acontece sem uma razão. Um dia depois fomos notificados de que a Cruz Vermelha Internacional estaria chegando no dia seguinte.

Essa era uma ocasião crucial, mais importante do que qualquer de nossos visitantes anteriores. A Cruz Vermelha era responsável e independente, uma organização internacional à qual as potências ocidentais e a ONU prestavam atenção. As autoridades da prisão respeitavam a Cruz Vermelha e – por a respeitavam –, quero dizer, temiam, pois as autoridades respeitavam apenas o que elas temiam. O serviço penitenciário desconfiava de todas as organizações que pudessem afetar a opinião pública mundial e as via não como investigadores legítimos, com quem deviam tratar honestamente, mas como intrusos, intrometidos, a serem ludibriados se possível fosse. O objetivo principal das autoridades era evitar uma condenação mundial.

Naqueles anos iniciais, a Cruz Vermelha Internacional era a única organização que dava atenção às nossas queixas e reagia a elas. Isso era vital, pois as autoridades nos ignoravam. O regulamento ditava que as autoridades oferecessem algum tipo de procedimento oficial para o reconhecimento de nossas queixas. Eles faziam isso, mas apenas da forma mais superficial. Todos os sábados pela manhã, o guarda-chefe vinha até nossa seção e chamava "*Klagtes en Versoeke! Klagtes en Versoeke!*" (Reclamações e Pedidos! Reclamações e Pedidos!). Aqueles de nós que tivessem *klagtes* e *versoeke* – que eram quase todos – se alinhavam para falar com o guarda-chefe. Um a um, fazíamos queixas formais sobre a comida ou vestimentas ou visitas. A cada um, o guarda-chefe acenava com a cabeça e simplesmente dizia "*Ja, ja*" e então "Próximo!" Ele nem mesmo anotava o que nós falávamos. Se tentássemos falar pela nossa organização, os guardas gritavam "Nada de CNA ou CPA aqui! *Verstaan?*" (Compreendem?).

Pouco antes da visita da Cruz Vermelha, entregamos uma lista formal de queixas ao comissário de prisões. Naquela época, só tínhamos permissão para usar papel e caneta para escrever cartas. Havíamos feito consultas secretas entre nós, na pedreira e no lavatório, e elaboramos uma lista. Nós a apresentamos ao nosso guarda-chefe, que não quis recebê-la e nos acusou de violar o regulamento ao fazer tal lista. Uma de nossas queixas à Cruz Vermelha seria que as autoridades não davam ouvidos às nossas queixas.

No dia da visita, fui chamado para ir ao escritório da administração para me reunir com o representante da Cruz Vermelha. Naquele ano, e nos anos seguintes, o representante era um certo Sr. Senn, ex-diretor de prisões na Suécia e que havia emigrado para a Rodésia. Senn era um homem taciturno e bastante nervoso com seus cinquenta e poucos anos de idade e não parecia inteiramente à vontade naquele ambiente.

A reunião não foi monitorada, uma diferença crítica de praticamente todos os nossos outros visitantes. Ele pediu para ouvir todas as nossas reclamações e queixas e as ouviu atentamente, tomando notas extensas. Ele era bastante cortês e me agradeceu por tudo o que eu havia contado para ele. Mesmo assim, aquela primeira visita foi bastante tensa. Nenhum de nós sabia o que esperar do outro.

Reclamei bastante, exaltadamente, sobre as nossas vestimentas, afirmando que não queríamos usar calças curtas e que necessitávamos de vestes apropriadas, incluindo meias e roupas de baixo, que não nos foram dadas então. Recontei as nossas queixas em relação à comida, visitas, cartas, estudos, exercício, trabalho forçado e o comportamento dos guardas. Fiz certos pedidos que sabia que as autoridades nunca nos satisfariam, tais como o nosso desejo de sermos transferidos para prisões mais próximas de nossas casas.

Depois da nossa sessão, Senn se reuniu com o comissário de prisões e sua equipe enquanto eu aguardava. Presumi que ele retransmitiu as nossas queixas às autoridades, indicando aquelas que ele achava que eram razoáveis. Não muito tempo depois da visita de Senn, a nossa vestimenta melhorou e nos deram calças compridas. Mas Senn não era um sujeito progressista de modo algum; seus anos de vivência na Rodésia pareciam tê-lo aclimatizado ao racismo. Antes de eu retornar para a minha cela, eu o relembrei de nossa queixa que os prisioneiros negros não recebiam pão. O Sr. Senn pareceu desorientado, e olhou para o coronel, que era chefe da prisão. "Pão faz mal para os teus dentes, você sabe, Mandela", disse o Sr. Senn. "Milho é muito melhor para você. Ele fortifica os teus dentes".

Em anos posteriores, a Cruz Vermelha Internacional enviou homens mais liberais que lutaram sinceramente por melhorias. A organização também teve um papel crítico em uma área que era menos óbvia, mas não menos importante para nós. Eles frequentemente forneciam dinheiro para as esposas e parentes que não poderiam, de outra forma, nos visitar na ilha.

Depois que fomos enviados para a Ilha de Robben, houve preocupação entre os nossos simpatizantes de que não teríamos permissão para estudar. Alguns meses depois da nossa chegada, as autoridades anunciaram que aqueles que quisessem estudar podiam solicitar autorização. A maioria dos homens o fez e apesar de serem prisioneiros do Grupo D, a autorização foi dada. O Estado, depois do Julgamento de Rivonia, estava se sentindo confiante e acreditava que nos dar privilégios de estudo seria inofensivo. Mais tarde, eles vieram a se arrepender por isso. Estudos de pós-graduação não eram permitidos, mas fizeram uma exceção no meu caso porque eu havia estabelecido um precedente quando estava em Pretória.

Bem poucos dos homens em nossa seção tinham bacharelado e muitos se matricularam em cursos de nível universitário. Vários não tinham completado o colegial e cursaram matérias eletivas para receber tal diploma. Alguns dos homens já tinham boa formação, como Govan Mbeki e Neville Alexander, mas outros ainda não haviam ultrapassado os níveis Padrão V ou VI. No período de alguns meses, virtualmente todos nós estávamos estudando para um nível ou outro. À noite, o nosso bloco parecia mais uma sala de estudos do que uma prisão.

Mas o privilégio de estudar veio acompanhado de uma série de condições. Certas matérias, tais como política e história militar eram proibidas. Durante anos, não tínhamos autorização de receber dinheiro exceto de nossas famílias, de forma que os prisioneiros mais pobres raramente tinham dinheiro para comprar livros ou pagar pelos estudos. Isso tornou a oportunidade de estudar uma demonstração de quanto dinheiro uma pessoa tinha. Nem tínhamos permissão de emprestar livros aos outros prisioneiros, o que provavelmente teria permitido que os nossos colegas mais pobres pudessem estudar.

Sempre houve controvérsia em relação a se devíamos ou não aceitar privilégios de estudo. Alguns membros do Movimento de Unidade, de início, achavam que nós estávamos aceitando uma esmola do governo, o que comprometia a nossa integridade. Eles argumentavam que estudar não deveria ser um privilégio condicional, mas um direito irrestrito. Se por um lado eu concordava, não podia aceitar que devíamos, portanto, repudiar os estudos. Como guerreiros pela liberdade e prisioneiros políticos, nós tínhamos a obrigação de nos aprimorar e nos fortalecer, e estudar era uma das poucas oportunidades de fazer isso.

Os prisioneiros tinham autorização de se matricular na Universidade da África do Sul (UNISA) ou na Faculdade de Resultados Rápidos, que era destinada para aqueles que estavam estudando para receber os diplomas do colegial. No meu caso, estudar sob os auspícios da Universidade de Londres era uma faca de dois gumes. Por um lado, eu recebia a indicação dos tipos de livros estimulantes, que não estariam em uma lista de leitura da África do Sul; por outro lado, as autoridades inevitavelmente consideravam alguns deles como sendo inapropriados e, portanto, os bania.

Receber os livros era frequentemente um desafio. Era possível fazer um pedido de um livro sobre legislação contratual a uma biblioteca sul-africana. Eles processariam o pedido e então enviavam o livro pelo correio. Mas por causa dos caprichos do sistema postal, a distância remota da ilha e a lentidão proposital frequente dos censores, o livro chegaria às mãos depois da data em que ele precisava ser devolvido. Se a data de devolução havia passado, os guardas tipicamente devolveriam o livro sem nem mesmo nos mostrar. Dada a natureza do sistema, era possível receber uma multa por atraso na devolução sem ter recebido o livro.

Além dos livros, tínhamos autorização para solicitar publicações necessárias para os nossos estudos. As autoridades eram extremamente severas em relação a isso, e o único tipo de publicação que passaria pela inspeção seria uma revista trimestral sobre ciência contábil para um prisioneiro que estivesse estudando contabilidade. Mas certo dia, Mac Maharaj disse para um companheiro que estava estudando economia e que ele solicitasse a *The Economist*. Nós rimos e dissemos que podíamos também solicitar a revista *Time*, porque a *The Economist* também era uma revista semanal de notícias. Mas Mac simplesmente sorriu e disse que as autoridades não saberiam disso; elas julgavam um livro pelo seu título. Dentro de um mês, estávamos recebendo a *The Economist* e lendo o noticiário pelo qual ansiávamos tanto. Mas as autoridades logo perceberam o seu erro e cancelaram a assinatura.

Uma vez que a maioria dos homens começou a estudar, reclamamos que não tínhamos nem as instalações mínimas necessárias para os estudos, tais como mesas e cadeiras. Fiz essa reclamação à Cruz Vermelha Internacional. Finalmente, as autoridades construíram em cada cela uma espécie de escrivaninha de pé, uma tábua simples de madeira que se projetava da parede, a mais ou menos na altura do peito.

Isso não era exatamente o que havíamos previsto. Depois de um dia entediante na pedreira, uma pessoa não sentia muita disposição em estudar em pé em sua cela. Nós reclamamos sobre as mesas, e Kathy foi o mais veemente. Ele comunicou ao oficial-comandante que não apenas era uma imposição termos essas escrivaninhas, mas elas tinham uma inclinação tão grande que os livros escorregavam e caíam no chão. O oficial-comandante fez uma visita surpresa à cela de Kathy, pediu um livro, e o colocou estrondosamente em sua mesa. O livro não se movimentou. Ele pediu a Kathy outro livro e o colocou sobre o primeiro; novamente, nada aconteceu. Finalmente, depois de colocar quatro livros sobre a mesa, ele se voltou para um envergonhado Kathy e disse, "Ah, não há nada de errado com estas mesas", e foi embora. Mas cerca de seis meses mais tarde, as autoridades cederam e recebemos banquetas de três pernas e as escrivaninhas foram rebaixadas.

Uma queixa que expressei para a Cruz Vermelha Internacional dizia respeito à maneira arbitrária com que os guardas nos acusavam. Ser "acusado" significava que o guarda afirmava que um prisioneiro havia violado uma regra específica, violação que podia ser punida com isolamento ou perda de refeições e privilégios. Os guardas geralmente não tratavam disso levianamente, pois quando um prisioneiro era acusado, ele tinha direito a uma audiência judicial e, dependendo da seriedade da ofensa, um magistrado era trazido da Cidade do Cabo. Naquela época, as autoridades estavam se recusando a permitir audiências. Quando reclamei à Cruz Vermelha Internacional, isso ainda não havia acontecido comigo. Mas essa situação foi logo remediada.

Nos finais de semana, durante o nosso primeiro ano na ilha, éramos mantidos em nossas celas exceto durante a meia hora de exercícios. Num sábado, depois de voltar dos exercícios no pátio, notei que um guarda havia deixado um jornal no banco no final do corredor. Ele se tornara bastante amigável conosco, e presumi que ele não deixou o jornal naquele banco por acidente.

Jornais eram mais valiosos para os prisioneiros políticos do que ouro ou diamantes, mais desejados do que comida ou tabaco; eles eram o contrabando mais precioso na Ilha de Robben. Notícias eram as matérias-primas intelectuais da luta. Não permitiam que recebêssemos notícia alguma, e nós ansiávamos por elas. Walter, ainda mais do que eu, parecia desolado sem notícias. As autoridades tentaram impor um apagão noticioso completo; eles não queriam que soubéssemos de nada que pudesse melhorar a nossa moral e nos dar novas garantias de que as pessoas ainda pensavam em nós.

Nós víamos como nosso dever manter-nos atualizados com a política do país, e lutamos longa e duramente pelo direito de termos acesso a jornais. Com o passar dos anos, inventamos muitas maneiras de obtê-los, mas naquela época não éramos tão peritos. Uma das vantagens de ir até a pedreira era que os sanduíches dos guardas eram embrulhados em jornal, e eles frequentemente jogavam esses papéis impressos no lixo, onde secretamente nós os recuperávamos. Nós desviávamos a atenção dos guardas, retirávamos os papéis do lixo e os enfiávamos em nossas camisas.

Uma das formas mais confiáveis de adquirir jornais era através de suborno, e essa era a única área onde eu tolerava o que frequentemente era um meio antiético de obter informações. Os guardas sempre pareciam precisar de dinheiro, e a sua pobreza representava uma oportunidade para nós.

Quando conseguíamos um jornal, era arriscado demais ficar passando-o de mão em mão. A posse de um jornal era uma acusação séria. Em vez disso, apenas uma pessoa lia o jornal, normalmente Kathy ou, mais tarde, Mac Maharaj. Kathy era responsável pelas comunicações, e ele havia pensado em formas engenhosas para nós passarmos as informações. Kathy leria o jornal e recortava as matérias relevantes, que eram então distribuídas secretamente entre os restantes de nós. Cada um de nós escrevia um resumo da matéria que recebíamos; esses resumos eram então passados entre nós, e mais tarde contrabandeados para a seção geral. Quando as autoridades estavam particularmente vigilantes, Kathy ou Mac escrevia o seu resumo das notícias e então destruía o jornal, normalmente rasgando-o em pequenos pedaços e colocando-o em seu *ballie*, o qual os guardas nunca inspecionavam.

Quando notei o jornal no banco, saí rapidamente da minha cela, caminhei até o final do corredor, olhei em ambas as direções, e então peguei o jornal e coloquei-o dentro da minha camisa. Normalmente, eu teria escondido o jornal em algum local da minha cela e o retiraria apenas depois da hora de dormir. Mas como uma criança que come o seu doce antes do prato principal, eu estava tão ansioso por notícias que abri o jornal em minha cela imediatamente.

Não sei por quanto tempo eu estava lendo; eu estava tão entretido no jornal que não ouvi nenhum passo. De repente, um oficial e dois outros guardas apareceram e não tive tempo de esconder o jornal sob a minha cama. Fui pego com a manchete na mão, por assim dizer. “Mandela”, o oficial falou, “estamos te indiciando por posse de contrabando, e você vai pagar por isso”. Os dois guardas começaram a revistar minuciosamente a minha cela para ver se podiam descobrir outras coisas.

No decorrer de um dia ou dois um magistrado foi trazido da Cidade do Cabo e fui levado à sala da administração que era utilizada como tribunal da ilha. Nesse caso, as autoridades estavam dispostas a convocar um magistrado externo porque sabiam que tinham um caso claro e sem complicações contra mim. Não apresentei nenhuma defesa, e fui sentenciado a três dias de isolamento e perda de refeições.

Não acredito que o guarda que deixou o jornal no banco tenha feito uma armação contra mim, apesar de alguns acharem que tenha sido isso mesmo. Na audiência, as autoridades me atormentaram querendo saber como eu havia conseguido o jornal, e me recusei a responder. Se tivessem feito uma armação para mim, as autoridades saberiam como eu o consegui.

As celas de isolamento se localizavam no mesmo complexo, mas em outra ala. Apesar de estarem apenas do outro lado do pátio, elas davam a sensação de estarem a uma distância enorme. Quando em isolamento, a pessoa é privada de companhia, exercícios e até mesmo de comida: recebia-se apenas água de arroz três vezes por dia durante três dias. (Água de arroz era simplesmente a água na qual o arroz havia sido fervido). Em comparação, a nossa ração normal de papa parecia um banquete.

O primeiro dia em isolamento é sempre o mais doloroso. A pessoa se acostuma a se alimentar com regularidade e o corpo não está acostumado a ser privado de alimento. Descobri que no segundo dia eu havia, mais ou menos, me adaptado à ausência de comida, e o terceiro dia se passou sem quase nenhum desejo de comer. Tal privação não era incomum entre os negros no seu dia a dia. Eu mesmo fiquei sem comer durante dias nos meus anos iniciais em Johannesburgo.

Como já mencionei, achei o confinamento solitário o aspecto mais difícil da vida na prisão. Não há nem princípio nem fim; há apenas a mente da pessoa, que pode começar a pregar peças. Aquilo foi um sonho ou aconteceu de fato? Começa-se a questionar tudo. Tomei a decisão certa, o meu sacrifício valeu? Na solitária, não há distração destas perguntas que nos assombram.

Mas o corpo humano possui uma capacidade enorme de se ajustar a circunstâncias penosas. Descobri que se pode suportar o insuportável se a pessoa pode manter o seu espírito firme, mesmo quando o seu corpo está sendo colocado à prova. Convicções fortes são o segredo para sobreviver à privação; o seu espírito pode estar saciado mesmo quando o seu estômago está vazio.

Naqueles anos iniciais, o isolamento se tornou um hábito. Nós éramos rotineiramente acusados das menores infrações e sentenciados ao isolamento. Um homem pode perder as suas refeições por causa de um olhar enviesado ou ser sentenciado por não ter ficado de pé quando um guarda entrasse na sala. Alguns prisioneiros ligados ao CPA, que frequentemente faziam troça das regras, simplesmente pelo prazer de fazê-lo, passavam grande parte do tempo em isolamento. As autoridades acreditavam que o isolamento era a cura para a nossa atitude de desafio e rebeldia.

A segunda vez que fui acusado e passei tempo em isolamento ocorreu logo depois da primeira. Como mencionei, estávamos tendo grande dificuldade em conseguir que as nossas queixas fossem ouvidas. A distância remota da prisão fazia com que as autoridades tivessem a sensação que poderiam nos ignorar impunemente. Elas acreditavam que se fizessem ouvidos de mercador para nós, desistiríamos em frustração e as pessoas do lado de fora nos esqueceriam.

Um dia estávamos trabalhando na pedreira de calcário quando o oficial-comandante veio nos observar, acompanhado por um cavalheiro a quem não reconhecemos de início. Um de meus colegas sussurrou para mim que aquele era o Brigadeiro Aucamp, da Administração Central, o oficial-comandante do nosso oficial-comandante. (Ele não deve ser confundido com o Aucamp da Prisão de Pretória, que foi responsável por nós durante o Julgamento de Rivonia). Os dois homens ficaram à distância, nos observando.

Aucamp era um sujeito baixo e atarracado, usando um terno em vez de um uniforme militar. Normalmente, ele vinha para a ilha fazer inspeções a cada dois anos. Nessas ocasiões, mandavam que ficássemos em posição de sentido junto às grades de nossas celas e segurássemos nossos cartões da prisão enquanto ele passava por nós.

Decidi que a aparição inesperada de Aucamp era uma oportunidade única para apresentar nossas queixas ao homem que tinha o poder de remediá-las. Depus a minha picareta e comecei a caminhar até eles. Eu sabia que estava violando o regulamento, mas esperava que os guardas ficassem tão surpresos pala novidade da minha ação que não fariam nada para me fazer parar. Esse se provou ser o caso.

Quando alcancei os dois homens, o oficial-comandante disse abruptamente, "Mandela, volte para o teu lugar. Ninguém te chamou". Eu o ignorei e me dirigi a Aucamp, dizendo que havia agido dessa forma extraordinária porque as nossas queixas estavam sendo ignoradas. O O.C. me interrompeu, "Mandela, estou te ordenando que volte para o teu lugar". Voltei-me para ele e falei em um tom calculado, "Já estou aqui, não vou voltar". Eu estava esperando que Aucamp concordasse em me ouvir, mas ele me estudou friamente e então se voltou para os guardas e disse calmamente, "Indiciem-no".

Continuei a falar enquanto os guardas me levavam embora. "Leve-o de volta para a cela", O.C. falou. Fui indiciado e, uma vez mais, não tinha defesa alguma. A punição desta vez foi de quatro dias em isolamento. Havia uma lição no que eu havia feito, uma lição que eu já conhecia, mas havia desobedecido por causa do desespero. Ninguém, muito menos os funcionários da prisão, gosta de ver sua autoridade ser desafiada em público. De forma a reagir a mim, Aucamp teria que humilhar o seu subordinado. Os funcionários da prisão reagiam muito melhor a propostas privadas. A melhor maneira de efetuar mudanças na Ilha de Robben era tentar influenciar os funcionários privadamente em vez de publicamente. Eu era, às vezes, condenado por parecer ser muito amável com os funcionários da prisão, mas eu estava disposto a aceitar a crítica em troca de melhorias.

66

A PESSOA MAIS IMPORTANTE na vida de qualquer prisioneiro não é o ministro da justiça, não é o comissário de prisões, nem mesmo o administrador da prisão, mas o guarda na seção do prisioneiro. Se você está com frio e quer um cobertor extra, você pode fazer uma petição ao ministro da justiça, mas não vai ter resposta alguma. Se você for até o comissário de prisões, ele vai dizer, "Sinto muito, é contra o regulamento". O administrador da prisão irá dizer, "Se eu te der um cobertor extra, tenho que dar para todos os prisioneiros". Mas se você abordar um guarda no corredor, e tiver um bom relacionamento com ele, ele simplesmente irá até o depósito e pegará um cobertor.

Sempre tentei tratar decentemente os guardas em minha seção; a hostilidade era autodestrutiva. Não fazia sentido ter um inimigo permanente entre os guardas. Era a política do CNA tentar educar todas as pessoas, mesmo os nossos inimigos: acreditávamos que todos os homens, mesmo guardas do sistema penitenciário, eram capazes de mudar, e fazíamos o máximo para tentar fazê-los vacilar.

Em geral, tratávamos os guardas como eles nos tratavam. Se um homem era atencioso, éramos atenciosos em troca. Nem todos os nossos guardas eram ogros. Notamos desde o início que havia alguns entre eles que acreditavam em equidade. No entanto, ser amigável para com os guardas não era uma proposta fácil, pois eles em geral consideravam repugnante a ideia de ser cortês com um homem negro. Por ser útil nós termos guardas que tivessem boa vontade em relação a nós, eu frequentemente pedia que certos prisioneiros fizessem propostas a guardas selecionados. Ninguém gostava de executar tal tarefa.

Tínhamos um guarda na pedreira que parecia ser particularmente hostil a nós. Isso era perturbador, pois na pedreira nós tínhamos conversas entre nós, e um guarda que não permitisse que nós conversássemos era um grande empecilho. Pedi a um companheiro que se tornasse amigo desse sujeito de forma que ele não interrompesse as nossas conversas. O guarda era bastante rude, mas logo começou a ficar à vontade na companhia desse prisioneiro. Um dia, o guarda pediu que esse companheiro nosso lhe desse a sua jaqueta para que ele a pusesse no capim e sentasse sobre ela. Apesar de eu saber que isso não agradava o nosso companheiro, eu acenei com a cabeça para que ele o fizesse.

Alguns dias mais tarde, estávamos almoçando sob o galpão, quando esse guarda se aproximou. O guarda tinha um sanduíche extra e o jogou no capim perto de nós e disse, "Peguem". Essa era a sua maneira de demonstrar amizade.

Isso nos colocou diante de um dilema. Por um lado, ele estava nos tratando como animais, aos quais ele podia atirar restos de comida, e eu sentia que solaparia a nossa dignidade se pegássemos o sanduíche. Por outro lado, estávamos com fome, e rejeitar inteiramente esse gesto humilharia o guarda de quem estávamos tentando ser amigos. Eu podia ver que o companheiro que havia feito amizade com o guarda queria o sanduíche, e acenei com a cabeça para que ele o pegasse.

A estratégia funcionou, pois esse guarda tornou-se menos desconfiado em nossa presença. Ele até mesmo começou a fazer perguntas a respeito do CNA. Por definição, se um homem trabalhasse no sistema penitenciário ele provavelmente sofria lavagem cerebral pela propaganda do governo. Ele teria acreditado que éramos terroristas e comunistas que desejam atirar os homens brancos no mar. Mas à medida que explicávamos para ele o nosso não racialismo, o nosso desejo por direitos iguais e os nossos planos para a redistribuição da riqueza, ele coçava a cabeça e dizia, "Faz muito mais sentido do que os Nacionalistas".

Ter guardas simpáticos facilitava uma das nossas tarefas mais vitais na Ilha de Robben: a comunicação. Víamos como nosso dever nos mantermos em contato com os nossos homens nas seções F e G, que eram onde os prisioneiros comuns eram mantidos. Como políticos, estávamos tão empenhados em formar a nossa organização na prisão como estivéramos fora dela. Comunicação era essencial, se fôssemos coordenar os nossos protestos e queixas. Por causa do número maior de prisioneiros indo e vindo na seção geral, os homens nas seções F e G tendiam a ter mais informações recentes não apenas sobre o que estava acontecendo no movimento, mas sobre as nossas famílias e amigos.

A comunicação entre seções era uma violação séria do regulamento. Nós encontramos várias formas eficientes de contornar essa proibição. Os homens que entregavam os nossos tambores com comida eram da seção geral, e nos meses iniciais conseguimos ter conversas sussurradas com eles, nas quais transmitíamos mensagens curtas. Formamos um comitê de comunicações clandestinas, composto por Kathy, Mac Maharaj, Laloo Chiba e vários outros, e o trabalho era organizar tais práticas.

Uma das primeiras técnicas foi engendrada por Kathy e Mac, que noticiaram que, em nossas caminhadas até a pedreira, os guardas frequentemente jogavam fora caixas de fósforos vazias. Eles começaram a coletá-las secretamente, e Mac teve a ideia de construir um fundo falso na caixa de fósforos e colocar uma pequena mensagem escrita. Laloo Chiba, que havia feito curso de alfaiate, escrevia as mensagens minúsculas, codificadas, que seriam colocadas na caixa de fósforos convertida. Joe Gqabi, outro soldado do MK que estava conosco, carregaria as caixas de fósforos em nossas caminhadas até a pedreira e as deixaria cair no cruzamento estratégico onde sabíamos que os prisioneiros comuns passariam. Através de conversas sussurradas durante a entrega da comida, explicamos o plano. Prisioneiros designados das seções F e G apanhariam as caixas de fósforos em suas caminhadas, e nós receberíamos mensagens da mesma maneira. Estava longe de ser perfeito, e podíamos ser facilmente frustrados por algo tão simples quanto uma pancada de chuva. Logo desenvolvemos métodos mais eficientes.

Procurávamos por momentos quando os guardas estavam desatentos. Um desses momentos era durante e após as refeições. Nós mesmos servíamos a nossa comida, e criamos um esquema através do qual nossos companheiros da seção geral que trabalhavam na cozinha começaram a colocar cartas e bilhetes embrulhados em plástico no fundo dos tambores de comida. Enviamos mensagens de resposta de uma forma semelhante, embrulhando bilhetes no mesmo plástico e colocando-os por debaixo das pilhas de pratos sujos que eram levados de volta para a cozinha. Fazíamos o melhor que podíamos para criar uma bagunça, espalhando comida pelos pratos. Os guardas chegaram a reclamar da confusão, mas nunca se deram ao trabalho de investigar.

Os nossos toaletes e chuveiros eram adjacentes à seção de isolamento. Os prisioneiros da seção geral eram frequentemente sentenciados a ficar lá em isolamento, e utilizavam os mesmos toaletes que nós, ainda que em horários diferentes. Mac inventou um método de embrulhar bilhetes em plástico e colocá-los com fita adesiva por dentro da beirada do vaso sanitário. Nós incentivávamos os nossos companheiros, presos políticos, a serem condenados e colocados em isolamento de forma que pudessem recobrar esses bilhetes e enviar respostas. Os guardas nunca se deram ao trabalho de revistar o local.

Para que os nossos bilhetes não pudessem ser compreendidos pelas autoridades, se eles fossem encontrados, inventamos formas de escrever que não podiam ser facilmente vistas ou decifradas. Uma forma era escrever mensagens usando leite. O leite seca quase imediatamente, e o papel pareceria estar em branco. Mas o desinfetante que recebíamos para limpar as nossas celas, quando borrifado sobre o leite seco, fazia com que a escrita reaparecesse. Infelizmente, não recebíamos leite regularmente. Depois de um de nós ter sido diagnosticado com uma úlcera, usávamos o seu leite.

Outra técnica era escrever em caligrafia codificada em papel higiênico. O papel era tão pequeno e fácil de esconder que esta se tornou a forma mais popular de contrabandear nossas mensagens. Quando as autoridades descobriram várias dessas mensagens, eles tomaram a medida extraordinária de racionar papel higiênico. Na época, Govan estava doente e não estava indo para a pedreira, e lhe deram a tarefa de contar os oito quadrados de papel higiênico que cada prisioneiro recebia por dia.

Mas mesmo com todos esses métodos engenhosos, uma das melhores formas era também a mais fácil: ser enviado para o hospital da prisão. A ilha tinha um hospital, e era difícil nos separar dos prisioneiros comuns enquanto estávamos lá. Às vezes, prisioneiros de seções diferentes compartilhavam até mesmo as mesmas enfermarias, e homens da Seção B e prisioneiros das seções F e G se misturavam e trocavam informações sobre organizações políticas, greves, operações tartaruga, quaisquer que fossem os assuntos atuais da prisão.

A comunicação com o mundo exterior era conseguida através de duas formas: através de prisioneiros cujas penas haviam sido cumpridas e que estavam deixando a ilha, e através do contato com visitantes. Os prisioneiros que estavam partindo contrabandeariam cartas em suas roupas ou bagagem. Com visitantes, a situação era ainda mais perigosa, porque os riscos também eram assumidos pelo visitante. Quando nossos advogados nos visitavam, os guardas não podiam permanecer na sala e às vezes passávamos uma carta para o advogado levar para o continente. Os advogados não eram revistados. Nessas reuniões, também podíamos nos comunicar por escrito como havíamos feito durante o Julgamento de Rivonia. Como a sala tinha escutas, nós poderíamos dizer, "Por favor, diga para ... " e então fazer uma pausa e escrever "O.T." significando Oliver Tambo, em um pedaço de papel, "que aprovamos o seu plano de reduzir o tamanho da..." e então escrever, "Executiva Nacional".

Por meio de um bilhete embrulhado em plástico, colocado em nossos tambores de comida, ficamos sabendo que em julho de 1966 os homens da seção geral haviam embarcado em uma greve de fome para protestar contra as más condições. O bilhete era impreciso, e não sabíamos exatamente quando a greve havia começado ou exatamente contra o que ela era. Mas nós apoiaríamos qualquer greve dos prisioneiros, qualquer que fosse a razão pela qual estavam entrando em greve. A informação foi passada entre nós, e decidimos iniciar uma greve de apoio, começando com a nossa refeição seguinte. Uma greve de fome consiste em apenas uma coisa: não comer.

Por causa do lapso de tempo na comunicação, os prisioneiros comuns provavelmente não ficaram sabendo de nossa participação durante um dia ou perto disso. Mas sabíamos que a notícia os encorajaria. As autoridades diriam para eles que nós não estávamos participando da greve, que nós estávamos nos fartando em comidas sofisticadas. Esse era o procedimento padrão de operação; durante uma crise, as autoridades inevitavelmente davam início a uma campanha de desinformação para jogar uma seção contra a outra. Neste caso, enquanto o CNA apoiava unanimemente a greve, alguns dos membros do CPA na seção geral não apoiavam.

Durante o primeiro dia da nossa greve, nos serviram as nossas rações de costume e nós recusamos comê-las. No segundo dia, notamos que as nossas porções eram maiores e mais vegetais acompanhavam a nossa papa. No terceiro dia, pedaços suculentos de carne foram servidos no jantar. Quando chegou o quarto dia, o mingau estava brilhante de gordura, e pedaços grandes de carne e vegetais coloridos estavam escorrendo no topo. A comida estava positivamente de dar água na boca. Os guardas sorriram quando devolvemos a comida. A tentação era grande, mas nós resistimos, apesar de estarmos sendo exigidos de forma especialmente severa na pedreira. Ouvimos que na seção principal prisioneiros estavam desmaiando e sendo retirados com carrinhos de mão.

Fui chamado à Administração para uma entrevista com o Coronel Wessels. Tais sessões eram delicadas, pois meus companheiros prisioneiros sabiam que as autoridades tentariam me influenciar para que eu cancelasse a greve. Wessels era um homem sem rodeios e exigiu saber por que estávamos fazendo greve de fome. Expliquei que, como prisioneiros políticos, víamos os protestos para alterar as condições na prisão como uma extensão da luta *antiapartheid*. "Mas vocês nem mesmo sabem por que estão fazendo greve nas seções F e G", ele falou. Eu disse que isso não importava, que os homens nas seções F e G eram nossos irmãos e que a nossa luta era indivisível. Ele bufou e me dispensou.

No dia seguinte, ficamos sabendo de acontecimentos extraordinários: os guardas iniciaram o seu próprio boicote à comida, se recusando a ir à sua própria lanchonete. Eles não estavam fazendo greve em apoio a nós, mas decidiram que se nós podíamos fazer tal coisa, por que eles também não poderiam? Eles estavam exigindo melhor alimentação e condições melhores de vida. A combinação das duas greves foi demais para as autoridades. Chegaram a um acordo com os guardas e então, um ou dois dias depois, ficamos sabendo que as autoridades foram até a seção geral e pediram que três representantes fossem negociar mudanças. Os prisioneiros comuns declararam vitória e encerraram a greve de fome. Nós fizemos a mesma coisa um dia depois.

* * *

Essa foi a primeira e a mais bem-sucedida greve de fome feita na ilha. Como forma de protesto, elas não tiveram uma taxa de sucesso alta e o raciocínio por trás delas sempre me pareceu quixotesco. Para que uma greve de fome seja bem-sucedida, o mundo exterior tem que ficar sabendo dela. Do contrário, os prisioneiros vão simplesmente passar fome até morrer e ninguém ficará sabendo. Informações contrabandeadas para fora de que estávamos fazendo uma greve de fome resultariam em matérias nos jornais, que por sua vez gerariam pressão dos grupos de defesa de direitos humanos. O problema, especialmente nos anos iniciais, era que era quase impossível alertar as pessoas no mundo exterior que estávamos fazendo uma greve de fome dentro da prisão.

Para mim, as greves de fome eram passivas demais. Nós, que já estávamos sofrendo, estávamos pondo nossa saúde em risco, até mesmo cortejando a morte. Sempre fui favorável a um estilo de protesto mais ativo e militante tais como greves trabalhistas, operação tartaruga, ou nos recusando a fazer limpeza; ações que punissem as autoridades, e não a nós. Eles queriam cascalho, e nós não produzíamos cascalho algum. Eles queriam que o pátio da prisão ficasse limpo e ele estava desarrumado. Esse tipo de comportamento os afligia e exasperava, ao passo que acredito que eles se divertiam secretamente nos observando passar fome.

Mas quando chegava o momento de tomar uma decisão, eu frequentemente perdia as votações. Meus colegas até mesmo me acusaram de brincadeira que eu não queria perder uma refeição. Os proponentes da greve de fome argumentavam que essa era uma forma tradicionalmente aceita de protesto que havia sido feita em todo o mundo por líderes notáveis tais como Mahatma Gandhi. Uma vez que a decisão havia sido tomada, no entanto, eu a apoiava tão sinceramente quanto quaisquer de seus defensores. Na verdade, durante as greves eu estava frequentemente na posição de admoestar alguns dos meus colegas mais desobedientes que não queriam respeitar o nosso acordo. “Madiba, quero a minha comida”, lembro de um homem me dizer, "Não vejo por que tenho que ficar sem comer. Servi à nossa causa durante muitos anos".

Nossos companheiros, às vezes, se alimentavam às escondidas. Sabíamos disso por uma razão simples: no segundo dia da greve de fome, ninguém precisa usar o toalete. No entanto, uma manhã você podia ver um sujeito indo ao toalete. Tínhamos o nosso próprio serviço de inteligência interno porque sabíamos que alguns homens eram fracos nesse aspecto.

67

NO MEIO DA greve de fome de julho de 1966 recebi a segunda visita da minha esposa. Ela aconteceu quase exatamente dois anos depois da primeira visita, e ela quase não aconteceu. Winnie fora submetida a uma perseguição constante, desde a sua primeira visita em 1964. As irmãs e o irmão dela foram importunados pela polícia, e as autoridades tentaram proibir qualquer pessoa de sua família de morar com ela. Fiquei sabendo de algumas dessas coisas na época, a maior parte descobri depois. Soube de alguns dos detalhes mais sórdidos porque quando voltava da pedreira, geralmente encontrava recortes bem feitos de jornais sobre Winnie que eram colocados anonimamente na minha cama pelos guardas.

Através de gestos pequenos e rancorosos, as autoridades faziam o melhor que podiam para tornar as viagens de Winnie mais desagradáveis possível. Durante os dois anos anteriores, as suas visitas foram obstruídas por magistrados locais e pelos banimentos repetidos que a impediam de viajar. Eu ficara, recentemente, ciente através do meu advogado que Winnie fora informada pela polícia que ela poderia me visitar apenas se portasse um passe. Winnie, que vinha protestando contra a política do governo em relação aos passes para mulheres, desde os anos de 1950, corretamente recusou-se a portar o documento odiado. As autoridades estavam claramente tentando humilhar tanto ela como a mim. Mas eu pensava que era mais importante que nos víssemos do que resistir às maquinações mesquinhas das autoridades, e Winnie concordou em portar um passe. Eu sentia saudades enormes dela e necessitava da tranquilidade de vê-la, e também tínhamos questões familiares importantes para discutir.

As regras regendo cada uma das visitas de Winnie eram longas e complicadas. Ela era proibida de viajar de trem ou de carro, tendo que ir de avião, o que tornava a viagem muito mais cara. Exigia-se que ela pegasse o caminho mais curto entre o aeroporto e Caledon Square, o quartel da polícia da Cidade do Cabo, onde ela devia assinar vários documentos. Ela tinha que se apresentar ao mesmo quartel quando retornasse e assinar mais documentos.

Eu também fiquei sabendo, através de um dos recortes de jornal, que um oficial do Serviço de Inteligência invadiu a nossa casa enquanto Winnie estava se vestindo e ela reagiu furiosamente, empurrando o oficial para fora do quarto. O tenente apresentou uma queixa de agressão contra ela, e pedi para o meu amigo e colega George Bizos que a defendesse, o que ele fez habilmente. Havíamos visto matérias nos jornais sobre isso, e alguns dos homens até mesmo brincaram comigo sobre a belicosidade de Winnie. "Você não é o único boxeador da família, Madiba", disseram.

Esta segunda visita durou apenas meia hora, e nós tínhamos muito para conversar a respeito. Winnie estava um pouco agitada por causa do tratamento rude que havia recebido na Cidade do Cabo e pelo fato de que, como sempre, ela teve que viajar no porão da balsa onde a fumaça do motor a deixou passando mal. Ela se esforçou em se arrumar para mim, mas parecia magra e tensa.

Analisamos a educação das crianças, a saúde da minha mãe, que não estava muito boa, e as nossas finanças. Uma questão fundamental era a educação de Zeni e Zindzi. Winnie matriculou as meninas em uma escola designada como indiana, e as autoridades estavam perturbando o diretor com base no fato de que a escola aceitar alunos negros era uma violação à lei. Tomamos a decisão difícil de mandar Zeni e Zindzi a um internato na Suazilândia. Isso era difícil para Winnie, que encontrava grande amparo nas duas meninas. Fiquei confortado pelo fato de que a educação delas provavelmente seria melhor lá, mas me preocupava com Winnie. Ela ficaria sozinha e seria presa fácil para pessoas que procuravam solapá-la sob o disfarce de serem suas amigas. Winnie confiava demais nas pessoas.

Para contornar as restrições sobre discussões de assuntos não relacionados à família, utilizávamos nomes cujo significado era claro para nós, mas não para os guardas. Se eu quisesse saber como Winnie estava de fato se sentindo, podia perguntar, "Tem tido notícias recentes de Ngutyana; ela está bem?" Ngutyana era um dos nomes de clã de Winnie, mas as autoridades não estavam cientes disso. Então Winnie podia falar sobre como e o que Ngutyana estava indo. Se o guarda perguntasse quem era Ngutyana, dizíamos que era uma prima. Se eu quisesse saber como estava indo a missão externa do CNA, perguntava "Como está a igreja?" Winnie discutiria "a igreja" nos termos apropriados, e eu poderia então perguntar, "Como estão os padres? Algum sermão novo?" Nós improvisávamos e conseguíamos trocar uma grande quantidade de informações dessa forma.

Como sempre, quando o guarda gritou "Tempo acabou!", achei que apenas alguns minutos se passaram. Eu queria dar um beijo de despedida no vidro, mas me controlei. Eu sempre preferia que Winnie saísse antes, de forma que não tivesse que me ver sendo levado embora pelos guardas, e observei enquanto ela sussurrou uma despedida, escondendo a sua dor dos guardas.

Depois da visita, repassei todos os detalhes em minha mente, o que Winnie estava vestindo, o que ela disse, o que eu disse. Então escrevi uma carta para ela falando sobre algumas das coisas que havíamos conversado a respeito, e lembrando-a de quanto eu a amava, de quão inabalável era a nossa ligação, e quão corajosa ela era. Eu via as minhas cartas para ela tanto como cartas de amor quanto como a única forma pela qual eu podia dar a ela o apoio emocional de que ela tanto necessitava.

Logo após a visita, fiquei sabendo que Winnie fora indiciada por não ter se apresentado ao quartel da polícia quando chegou à Cidade do Cabo, e também por ter se negado a fornecer o seu endereço à polícia quando partiu. Já tendo fornecido o seu endereço na balsa, pediram que o desse novamente quando ela voltou, ela se recusou dizendo que já havia feito isso anteriormente.

Winnie foi presa e liberada sob fiança. Ela foi julgada e sentenciada a um ano de prisão, pena esta que foi suspensa, exceto por quatro dias. Winnie foi subsequentemente demitida de seu trabalho como assistente social por causa do incidente, e perdeu a sua principal fonte de renda.

O Estado fez tudo o que podia para me perturbar em questões que eles achavam que eu seria impotente em resistir. Perto do final de 1966, a Sociedade Jurídica do Transvaal, incentivada pelo ministro da justiça, apresentou uma moção para me retirar da relação de advogados praticantes, como resultado de minha condenação no Julgamento de Rivonia. Aparentemente, eles não ficaram desencorajados pela tentativa malsucedida anterior de retirar o meu nome da lista por causa da minha condenação na Campanha de Desafio.

Fiquei sabendo da ação da Sociedade Jurídica apenas depois que ela havia sido iniciada. A Sociedade Jurídica do Transvaal era uma organização extremamente conservadora, e estavam procurando me punir em um momento em que presumiram que eu fosse incapaz de me defender. Não era fácil para um prisioneiro na Ilha de Robben se defender em um tribunal, mas isso era exatamente o que eu pretendia fazer.

Comuniquei às autoridades que eu planejava contestar a ação e iria preparar a minha própria defesa. Falei para funcionários da prisão que, de forma a me preparar adequadamente, eu precisava ser dispensado de ir para a pedreira e também precisaria de uma mesa, cadeira e luminária adequada para trabalhar em minha petição. Eu disse que precisava de acesso a uma biblioteca jurídica e exigi ser levado para Pretória.

A minha estratégia era sobrecarregar as autoridades da prisão e os tribunais com solicitações legítimas, as quais eu sabia que eles teriam dificuldade em atender. As autoridades sempre ficavam angustiadas quando eu queria me defender no tribunal porque a publicidade que acompanhava essas ações demonstraria que eu ainda estava lutando pelos mesmos valores pelos quais sempre lutei.

A primeira resposta deles foi, "Mandela, por que você não contrata um advogado para defendê-lo? Ele será capaz de lidar apropriadamente com o caso. Por que se expor?" Segui adiante e solicitei ao escrivão da Corte Suprema os autos, documentos e livros dos quais eu necessitaria. Solicitei também uma lista das testemunhas do Estado e minutas de seus respectivos depoimentos.

Recebi uma carta dizendo que antes que o tribunal atendesse aos meus pedidos eles precisavam saber a natureza da minha defesa. Isso era incomum. Perguntar a natureza da defesa de um advogado antes do julgamento? Nenhum réu pode ser obrigado a revelar a sua defesa antes de estar de fato presente no tribunal. Escrevi para eles dizendo que a natureza da minha defesa ficaria clara para eles quando eu entrasse com a minha petição – e não antes disso.

Esse foi o início de uma agitada correspondência entre eu e o escrivão, assim como com o promotor público, que estava representando a Sociedade Jurídica. Eu não ia recuar em nenhum dos meus pedidos. As autoridades estavam igualmente intransigentes. Eu não podia ser dispensado do trabalho na pedreira, eu não podia ter uma mesa e uma cadeira, e sob nenhuma circunstância eu poderia ir para Pretória para utilizar a biblioteca jurídica.

Continuei a atormentar a Sociedade Jurídica e o escrivão com requisições, das quais eles continuaram a desviar-se. Finalmente, vários meses e muitas cartas depois, sem qualquer fanfarra e com apenas uma notificação apressada para mim, eles desistiram inteiramente do assunto. O caso estava se tornando muito mais complicado do que eles esperavam. Eles calcularam que eu não teria a iniciativa ou os recursos financeiros para me defender; eles estavam enganados.

Pude ler em detalhes sobre as reações oficiais à minha oposição às ações da Sociedade Jurídica porque estávamos recebendo um jornal diário exatamente como se ele estivesse sendo entregue em nossa porta. Na realidade, ele estava.

O guarda que nos supervisionava à noite era Testemunha de Jeová, idoso e calmo, com quem Mac Maharaj havia feito amizade. Certa noite, ele foi até a cela de Mac e disse-lhe que queria participar de um concurso de jornal que envolvia escrever um ensaio. Ele perguntou se Mac o ajudaria a escrever o ensaio. O guarda deu a entender a Mac que, se ele o ajudasse, haveria uma recompensa. Mac concordou, e escreveu devidamente o ensaio. Duas semanas depois, o velho foi até Mac bastante entusiasmado. Ele era um dos finalistas na competição; será que Mac escreveria outro ensaio? O guarda prometeu a Mac um frango assado em troca. Mac disse ao guarda que ia pensar a respeito.

No dia seguinte, Mac veio conversar comigo e Walter e explicou a situação. Enquanto Walter encorajou Mac a aceitar a comida, eu compreendi a sua hesitação em fazê-lo, pois pareceria que ele estava recebendo tratamento especial. Naquela noite, ele disse para o guarda que escreveria o ensaio em troca de um maço de cigarros. O velho guarda concordou, e na noite seguinte presenteou Mac com um maço de cigarros recém-comprado.

No dia seguinte, Mac nos disse que agora que tinha a vantagem, ele queria mais do velho guarda. Como? Perguntamos. "Porque tenho as impressões digitais dele no maço de cigarros", disse Mac, "e posso fazer chantagem com ele". Walter exclamou que isso era imoral. Eu não critiquei Mac, mas perguntei o que ia exigir do guarda. Mac arqueou a sobrancelha: "Jornais", ele disse. Eu e Walter nos entreolhamos. Acredito que Walter fosse o único homem na Ilha de Robben que apreciava jornais tanto quanto eu. Mac já havia discutido o seu plano com o comitê de comunicações, e apesar de nós dois termos reservas em relação à técnica de Mac, nós não o detivemos.

Naquela noite, Mac disse ao guarda que ele tinha as suas impressões digitais no maço de cigarros e que se o velho não cooperasse, ele o delataria ao comandante. Aterrorizado com a possibilidade de ser demitido e perder a sua pensão, o guarda concordou em fazer o que Mac quisesse. Durante os seis meses seguintes, até ser transferido, o velho guarda contrabandeou o jornal do dia para Mac. Mac resumia então as notícias e reduzia tudo a um único pedaço pequeno de papel, que circulava entre nós. O pobre guarda também não venceu o concurso.

Seria difícil dizer o que mais fazíamos na pedreira: extrair calcário ou conversar. Em 1966 os guardas já haviam adotado uma atitude menos rígida: podíamos conversar tanto quanto quiséssemos, desde que trabalhássemos. Nós formávamos pequenos grupos, quatro ou cinco homens em um círculo irregular, e conversávamos o dia inteiro, sobre todo e qualquer assunto. Mantínhamos uma conversa permanente uns com os outros sobre tópicos tanto solenes como frívolos.

Não há aspecto algum da prisão que agrade – com a possível exceção de um. Tem-se tempo de pensar. No turbilhão da luta, quando se está reagindo constantemente a circunstâncias em transformação, raramente se tem a oportunidade de refletir sobre todas as ramificações das decisões que se toma ou as políticas que se adota. A prisão fornecia o tempo – muito mais do que suficiente – para refletir sobre o que se fez e o que não se fez.

Nós estávamos constantemente ocupados com debates políticos. Alguns eram despachados em um dia, outros eram discutidos durante anos. Eu sempre apreciei a luta de facas que é um debate, e era um participante disposto. Um dos nossos primeiros e mais longos debates dizia respeito ao relacionamento entre o CNA e o Partido Comunista. Alguns dos homens, especialmente aqueles soldados do MK que foram treinados em países socialistas, acreditavam que o CNA e o partido eram a mesma entidade. Mesmo alguns colegas bastante antigos do CNA, como Govan Mbeki e Harry Gwala, concordavam com essa teoria.

O partido não existia enquanto entidade separada na Ilha de Robben. Na prisão, não fazia sentido fazer distinção entre o CNA e o partido, como acontecia no mundo exterior. Os meus próprios pontos de vista sobre o assunto não se alteraram durante muitos anos. O CNA era um movimento de libertação de massas, que acolhia todos aqueles que tivessem os mesmos objetivos.

Com o passar do tempo, o debate em relação ao CNA e o partido ficou cada vez mais acrimonioso. Vários de nós propusemos uma forma de resolvê-lo: escreveríamos para o CNA no exílio em Lusaka. Preparamos um documento secreto de vinte e duas páginas sobre o assunto com uma carta de apresentação, escrita por mim, para serem enviados para Lusaka. Era uma manobra arriscada preparar e contrabandear tal documento. Ao final das contas, Lusaka confirmou a separação entre o CNA e o partido, e o argumento eventualmente, arrefeceu.

Outra discussão política recorrente era se as lideranças do CNA deviam ou não vir exclusivamente da classe operária. Alguns argumentavam que em razão do CNA ser uma organização de massas, formada principalmente de trabalhadores comuns, a liderança deveria se originar daqueles do mesmo escalão. Argumentei que não era democrático especificar que os líderes tinham que ser da classe operária, da mesma forma que seria declarar que eles deviam ser intelectuais burgueses. Se o movimento insistisse em tal regra, a maioria de seus líderes, homens como o Chefe Luthuli, Moses Kotane, o Dr. Dadoo, não seriam elegíveis. Revolucionários se originam de todas as classes sociais.

Nem todos os debates eram políticos. Uma questão que provocava muita discussão era a circuncisão. Alguns entre nós defendiam que a circuncisão, da maneira que era praticada pelos Xhosa e outras tribos era não apenas uma mutilação desnecessária do corpo, mas um retrocesso ao tipo de tribalismo que o CNA estava tentando derrubar. Não era um argumento insensato, mas a visão predominante, com a qual eu concordava, era que a circuncisão era um ritual cultural que trazia não apenas um benefício à saúde, mas que tinha um efeito psicológico importante. Era um rito que fortalecia a identificação grupal e incutia valores positivos.

O debate continuou durante anos, e vários homens votaram a favor da circuncisão, de uma forma bastante direta. Um prisioneiro trabalhando no hospital, que anteriormente exerceu a função de *ingcibi,* montou uma escola secreta de circuncisão, e vários prisioneiros jovens de nossa seção foram circuncidados lá. Depois do ritual, nós organizávamos uma pequena celebração com chá e biscoitos para os homens, e eles passavam um ou dois dias caminhando pela prisão enrolados em uma manta, como era o costume.

Um assunto ao qual nós retornávamos volta e meia era a questão de haver ou não tigres na África. Alguns argumentavam que apesar de ser popularmente presumido que tigres viviam na África, esse era um mito, eles eram nativos da Ásia e do subcontinente indiano. A África tinha leopardos em abundância, mas nenhum tigre. O outro lado argumentava que os tigres eram nativos da África e alguns ainda viviam no continente. Alguns afirmavam ter visto com os seus próprios olhos este que é o mais belo e poderoso dos felinos nas florestas da África.

Eu sustentava que enquanto tigres não eram encontrados na África contemporânea, havia uma palavra Xhosa para tigre, uma palavra diferente daquela usada para leopardos, e que se a palavra existia em nossa língua, a criatura deve ter existido na África. Do contrário, por que haveria um nome para o animal? Essa discussão continuou por muito tempo e ainda me lembro de Mac retorquindo que centenas de anos atrás havia uma palavra hindu para uma nave que voava no ar, muito antes de o avião ser inventado, mas isso não significava que existissem aviões na antiga Índia.

68

"ZITHULELE", o Silencioso, era como chamávamos o tolerante e brando guarda que era responsável por nós na pedreira. Rotineiramente ele ficava a uma grande distância de nós enquanto trabalhávamos e não parecia se importar com o que fazíamos desde que estivéssemos tranquilos. Ele nunca nos repreendia quando nos encontrava conversando, encostados em nossas pás.

Nós retribuíamos da mesma forma. Certo dia, em 1966, ele veio até nós e disse, "Cavalheiros, as chuvas apagaram as marcas das estradas, precisamos de vinte quilos de calcário hoje. Vocês podem ajudar?" Apesar de estarmos trabalhando bem pouco naquela época, ele havia nos abordado como seres humanos, e concordamos em ajudá-lo.

Naquela primavera, havíamos percebido certo degelo, de parte das autoridades, um relaxamento na disciplina severa que havia prevalecido na ilha. A tensão entre prisioneiros e guardas havia diminuído um pouco.

Mas essa calmaria se provaria ser curta e se encerrou abruptamente numa manhã de setembro. Havíamos recém-deixado nossas picaretas e pás na encosta da pedreira e estávamos caminhando em direção ao barracão para almoçar, quando um dos prisioneiros comuns trouxe o tambor de comida para nós, ele sussurrou, "Verwoerd morreu". Isso foi tudo. A notícia se espalhou rapidamente entre nós. Nós nos entreolhávamos incrédulos e olhamos para os guardas, que pareciam ignorar que algo grave ocorrera.

Não sabíamos como o primeiro-ministro havia morrido. Mais tarde, ouvimos falar do mensageiro obscuro do parlamento que esfaqueou Verwoerd, mortalmente, e ficamos imaginando qual teria sido o motivo. Apesar de Verwoerd pensar que os negros estavam abaixo dos animais, a sua morte não nos deu nenhum prazer. Assassinato político não era algo que eu ou o CNA apoiávamos. É uma maneira primitiva de lutar contra um oponente.

Verwoerd havia provado ser o teórico principal e construtor do *apartheid*. Ele defendeu a criação dos bantustões e da Educação Bantu. Pouco antes de sua morte, ele liderou os Nacionalistas nas eleições gerais de 1966, nas quais o partido do *apartheid* aumentou a sua maioria parlamentar, conquistando 126 assentos contra os 39 atingidos pelo Partido Unido, e o único assento conquistado pelo Partido Progressista.

Como acontecia frequentemente na ilha, ficamos sabendo das notícias políticas significativas antes dos nossos próprios guardas. Mas no dia seguinte, era óbvio que os guardas sabiam, pois descontaram sua raiva sobre nós. A tensão que levara meses para ser mitigada estava repentinamente em pleno vigor. As autoridades iniciaram uma repressão contra os prisioneiros políticos como se tivessem sido eles que empunharam a faca que havia trespassado Verwoerd.

As autoridades sempre imaginaram que estávamos secretamente ligados a todos os tipos de forças poderosas no mundo exterior. O aumento de ataques bem-sucedidos da guerrilha contra as forças policiais sul-africanas, na Namíbia, por parte da Organização do Povo da África do Sudoeste (*SWAPO***) – aliada do CNA – também os havia deixado preocupados. Suponho de devêssemos ficar lisonjeados por o governo acreditar que a nossa capacidade militar nascente era sofisticada o suficiente para eliminar o seu chefe de estado. Mas a sua suspeita meramente refletia as inseguranças de homens tacanhos e míopes que colocavam a culpa por seus problemas não em suas políticas equivocadas, mas em um adversário com o nome de CNA.

A punição contra nós nunca foi declarada como uma política oficial, mas ela era uma renovação da atmosfera severa que predominava quando chegamos à ilha. O Silencioso foi substituído por um homem que era uma pessoa autoritária e perversa. Seu nome era Van Rensburg e ele fora trazido para a ilha às pressas depois do assassinato. Sua reputação o precedia, pois entre os prisioneiros o seu nome era alcunha para brutalidade.

Van Rensburg era um sujeito grande, desajeitado e bruto que não falava, mas gritava. Durante o seu primeiro dia no trabalho notamos que ele tinha uma pequena suástica tatuada em seu pulso. Mas ele não precisava do símbolo ofensivo para provar a sua crueldade. O seu trabalho era tornar as nossas vidas o mais miseráveis possível, e ele buscava esse objetivo com grande entusiasmo.

A cada dia, durante os meses seguintes, Van Rensburg acusaria um de nós de insubordinação ou simulação de doença. A cada manhã, ele e os outros guardas discutiam quem seria acusado naquela tarde. Era uma

---

** *SWAPO* - Será mantido o acrônimo em inglês, por ser mais conhecido (N. do T.)

política de intimidação seletiva, e a decisão sobre quem seria acusado era tomada independentemente de quão duro aquele prisioneiro havia trabalhado naquele dia. Quando estávamos caminhando penosamente de volta para as nossas celas, Van Rensburg lia em uma lista, "Mandela [ou Sisulu ou Kathrada], quero ver você imediatamente diante do diretor da prisão".

O tribunal administrativo da ilha começou a trabalhar horas extraordinárias. Em resposta, formamos o nosso próprio comitê jurídico composto por mim, Fikili Bam e Mac Maharaj. Mac havia estudado direito e era perito em colocar as autoridades na defensiva. Fiks, que estava estudando para obter seu diploma em direito, era um sujeito inteligente e engenhoso que havia se tornado o chefe do comitê dos prisioneiros em nossa seção. O trabalho do comitê jurídico era assessorar os nossos companheiros como eles deviam se comportar no tribunal administrativo da ilha.

Van Rensburg não era um sujeito esperto e, se por um lado ele nos dominava na pedreira, por outro, nós podíamos vencê-lo pela astúcia no tribunal. Nossa estratégia era de não discutir com ele em campo, mas contestar as acusações no tribunal, onde teríamos uma oportunidade de apresentar o nosso caso diante de funcionários levemente mais esclarecidos. No tribunal administrativo, a acusação seria lida por um magistrado presidente. "Passando-se por doente na pedreira", ele diria, ao que Van Rensburg faria ares de presunção. Depois que a acusação havia sido inteiramente recitada, eu sempre aconselhava meus colegas a fazerem apenas uma coisa: solicitar "mais pormenores" ao tribunal. Esse era um direito da pessoa em sua condição de réu, e apesar da solicitação se tornar uma ocorrência habitual, Van Rensburg quase sempre ficava perplexo. O tribunal teria então que entrar em recesso enquanto Van Rensburg saía para coletar "mais pormenores".

Van Rensburg era vingativo de todas as maneiras. Quando o nosso almoço chegava à pedreira e nos sentávamos para comer – agora tínhamos uma mesa simples de madeira – Van Rensburg inevitavelmente escolheria aquele momento para urinar perto da nossa comida. Suponho que devíamos ficar gratos por ele não urinar diretamente na nossa comida, mas apresentamos um protesto formal contra aquele ato, de qualquer forma.

Uma das poucas maneiras pelas quais os prisioneiros conseguem se vingar dos guardas é através do humor, e Van Rensburg se tornou o objeto de muitas piadas. Nós o chamávamos entre nós de "Maleta". As lancheiras dos guardas eram conhecidas como "maletas" e normalmente um guarda designaria um prisioneiro, geralmente o seu prisioneiro, para carregar a sua "maleta", e então recompensá-lo com a metade de um sanduíche. Mas sempre nos recusávamos a carregar a "maleta" de Van Rensburg, daí o seu apelido. Era humilhante para um guarda carregar a sua própria marmita.

Um dia, Wilton Mkwayi inadvertidamente se referiu ao "Maleta" dentro do alcance da audição de Van Rensburg. "Quem é Maleta?" Van Rensburg berrou. Wilton fez uma pausa e então deixou escapar, "É você!"

"Por que vocês me chamam de Maleta?" Van Rensburg perguntou. Wilton fez uma pausa. "Vamos, homem", disse Van Rensburg. "Porque você carrega a tua própria 'maleta'", Wilton respondeu hesitantemente. "Os prisioneiros comuns carregam as 'maletas' de seus guardas, mas não vamos carregar a tua – então apelidamos você de Maleta".

Van Rensburg refletiu sobre isso durante alguns instantes, e em vez de ficar furioso, declarou, "Meu nome não é Maleta, é Dik Nek". Houve silêncio por alguns instantes, e então todos nós caímos na gargalhada. Em africâner, Dik Nek significa literalmente "Pescoço grosso"; ele sugere que alguém é teimoso e obstinado. Suspeito que Maleta era burro demais para saber que estava sendo insultado.

Certo dia, na pedreira, retomamos nossa discussão sobre se os tigres eram ou não nativos da África. Não podíamos conversar tão livremente durante o período em que Van Rensburg estava encarregado de nos vigiar, como fazíamos anteriormente, mas podíamos conversar, apesar disso, enquanto trabalhávamos.

O principal defensor daqueles que diziam que o tigre não era nativo da África era Andrew Masondo, um líder do CNA do Cabo que também foi professor em Fort Hare. Masondo, às vezes, era um sujeito volátil, e era veemente em suas afirmações de que nenhum tigre jamais fora encontrado na África. A discussão estava animada e os homens largaram as suas picaretas e pás no calor da discussão. Isso chamou a atenção dos guardas, e eles gritaram nos mandando voltar ao trabalho. Mas estávamos tão absortos na discussão que ignoramos os guardas. Alguns dos guardas de patente mais baixa mandaram que voltássemos ao trabalho, mas não prestamos atenção alguma a eles. Finalmente, Maleta marchou até nós e berrou em inglês, uma língua na qual não era especialista: "Vocês falam demais, mas trabalham muito poucos!".

Os homens não pegaram as suas ferramentas porque estavam se dobrando de tanto rir. O erro gramatical de Maleta pareceu extremamente cômico a todos. Mas Maleta não estava achando nem um pouco divertido. Ele imediatamente mandou chamar o comandante, Major Kellerman.

Kellerman chegou ao local alguns minutos mais tarde para nos encontrar praticamente na mesma situação em que havíamos estado antes. Kellerman era relativamente novo na ilha, e estava determinado em definir o tom certo. Um dos guardas então relatou a Kellerman que Andrew Masondo e eu não vínhamos trabalhando, e que devíamos ser acusados de simulação de doença e insubordinação. Por ordem de Kellerman, fomos então algemados e levados para o isolamento.

Daquele momento em diante, Maleta parecia ter um ressentimento especial contra mim. Certo dia, enquanto ele estava nos supervisionando na pedreira, eu estava trabalhando perto de Fikile Bam. Estávamos sozinhos, na parte mais afastada da pedreira. Trabalhávamos diligentemente, mas, já que estávamos ambos estudando direito na época, estávamos conversando sobre o que havíamos lido na noite anterior. No fim do dia, Van Rensburg ficou diante de nós e disse, "Fikile Bam e Nelson Mandela, quero vê-los diante do diretor da prisão".

Fomos levados à presença do tenente, que era o diretor da prisão, e Van Rensburg declarou, "Estes homens não trabalharam o dia inteiro. Estou acusando-os de não obedecerem às ordens". O tenente perguntou se tínhamos algo a dizer. "Tenente", eu respondi, "nós contestamos a acusação. Estivemos trabalhando e, na verdade, temos provas de que estivemos trabalhando, e elas são essenciais para a nossa defesa". O tenente nos zombou. "Todos vocês trabalham na mesma área", ele disse. "Como é possível ter provas?" Expliquei que eu e Fikile estivéramos trabalhando separadamente dos outros e que podíamos mostrar exatamente quanto trabalho havíamos feito. Maleta ingenuamente confirmou que nós estávamos trabalhando sozinhos, e o tenente concordou em dar uma olhada. Voltamos para a pedreira.

Uma vez lá, Fiks e eu caminhamos até a área onde estivéramos trabalhando. Apontei para a pilha considerável de pedras e calcário que havíamos formado e falei, "Lá, aquilo é o que fizemos hoje". Maleta nem tinha se dado ao trabalho de examinar o nosso trabalho e ficou abalado pela quantidade dele. "Não", ele falou para o tenente, "aquele é o resultado do trabalho de uma semana". O tenente estava cético. "Tudo bem, então", ele disse para Maleta, "me mostre a pilha pequena que Mandela e Bam formaram hoje". Maleta não teve resposta, e o tenente fez algo que eu raramente vi um oficial superior fazer: ele puniu seu subordinado na presença de prisioneiros. "Você está mentindo", ele disse, e recusou as acusações imediatamente.

Certa manhã, no início de 1967, durante o tempo em que Maleta era responsável por nos vigiar, estávamos nos preparando para caminhar até a pedreira quando Maleta nos comunicou que uma ordem havia sido dada pelo Major Kellerman nos proibindo de conversar. Não apenas as conversas haviam sido banidas durante as nossas caminhadas; a partir deste momento, não seriam permitidas conversas na pedreira. "De agora em diante, silêncio!" ele gritou.

Esta ordem foi recebida com profundo desapontamento e ultraje. Conversar e discutir questões eram as únicas coisas que tornavam o trabalho na pedreira tolerável. Naturalmente, não podíamos discutir sobre isso no caminho para a pedreira porque havíamos recebido ordens para não conversar, mas durante o nosso intervalo para o almoço a liderança do CNA e os líderes de outros grupos políticos conseguiram formular um plano secretamente.

Enquanto estávamos sub-repticiamente incubando o nosso plano, o próprio Major Kellerman apareceu e caminhou até o nosso refeitório. Isso era altamente incomum; nunca tivéramos um visitante de alta patente em nosso barracão humilde. Com uma tosse de constrangimento, ele comunicou que a sua ordem havia sido um erro e que nós podíamos retomar as nossas conversas na pedreira, desde que o fizéssemos discretamente. Então ele nos disse para ficarmos à vontade e se virou e foi embora. Ficamos felizes pela ordem ter sido revogada, mas desconfiados do porquê.

Durante o resto do dia, não fomos forçados a trabalhar duro. Maleta fez o melhor que podia para ser amigável, e disse que, como gesto de boa-vontade, ele havia decidido retirar todas as acusações pendentes contra nós.

Naquela tarde, descobri que a minha cela havia sido transferida do número quatro, perto da entrada do corredor, para o número 18, nos fundos. Todos os meus pertences haviam sido despejados na nova cela. Como sempre, não houve explicação alguma.

Nós supusemos que estávamos para receber um visitante e eu havia sido transferido porque as autoridades não queriam que eu fosse o primeiro entre os prisioneiros a conversar com quem quer que estivesse vindo. Se cada prisioneiro por sua vez expressasse suas reclamações, as autoridades podiam gritar "Tempo acabou!" antes que o visitante chegasse à cela 18. Decidimos que em função da unidade, cada indivíduo ao longo do corredor informaria a qualquer visitante que conquanto todos tivessem queixas individuais, o prisioneiro na cela 18 falaria em nome de todos.

Na manhã seguinte, depois do desjejum, fomos informados por Maleta que não iríamos para a pedreira. Então o Major Kellerman apareceu para dizer que a Sra. Helen Suzman, a única representante do Partido Progressista no Parlamento e a única voz de oposição aos Nacionalistas no

Parlamento, estaria chegando em breve. Em menos de quinze minutos, a Sra. Suzman, em seus um metro e cinquenta e oito centímetros de altura, entrou pela porta do nosso corredor, acompanhada pelo General Steyn, o comissário de prisões. Enquanto era apresentada a cada prisioneiro, ela perguntava se ele tinha ou não alguma reclamação. Cada homem respondeu da mesma forma: "Tenho muitas reclamações, mas o nosso porta-voz é o Sr. Nelson Mandela no final do corredor". Para desalento do General Steyn, a Sra. Suzman estava logo diante da minha cela. Ela apertou minha mão com firmeza e se apresentou com cordialidade.

Diferentemente dos juízes e magistrados, que tinham permissão automática de acesso às prisões, membros do Parlamento tinham que solicitar permissão para visitar uma prisão. A Sra. Suzman era uma dos poucos membros do Parlamento, senão a única, que se interessou pelas condições dos prisioneiros políticos. Muitas histórias estavam circulando a respeito da Ilha de Robben, e a Sra. Suzman veio para investigar por si própria.

Como esta era a primeira visita da Sra. Suzman à Ilha de Robben, tentei deixá-la à vontade. Mas ela era notavelmente confiante e imperturbável com as suas cercanias, e propôs que começássemos a trabalhar imediatamente. O General Steyn e o oficial-comandante se postaram ao lado dela, mas eu não medi minhas palavras. Falei para ela do nosso desejo de melhorias e igualdade em nossa alimentação e de ter roupas melhores; da necessidade de instalações para estudar; do nosso direito a informações, tais como jornais; e muitas outras coisas. Contei para ela da crueldade dos guardas, e mencionei Van Rensburg em particular. Observei que ele tinha uma suástica tatuada em seu braço. Helen reagiu como uma advogada. "Bem, Sr. Mandela", ela falou, "não levemos as coisas longe demais porque não sabemos quando ela foi feita. Talvez, por exemplo, seus pais a tenham tatuado nele?" Eu assegurei a ela que não era esse o caso.

Normalmente, eu não reclamaria de um guarda individualmente. Na prisão, aprende-se que é melhor lutar por princípios genéricos do que batalhar cada caso individual. Não importando o quão insensível um guarda pudesse ser, ele normalmente estaria apenas cumprindo a política da prisão. Mas Van Rensburg estava em uma categoria à parte, e acreditávamos que se ele fosse embora, faria uma diferença muito grande para todos nós.

A Sra. Suzman ouviu atentamente, anotando o que eu dizia em um pequeno caderno de anotações, e prometeu levar essas questões ao ministro da justiça. A seguir ela inspecionou as nossas celas e conversou um pouco com alguns dos outros prisioneiros. Foi uma visão ímpar e maravilhosa ver essa mulher corajosa espreitando nossas celas e caminhando pelo nosso pátio. Ela foi a primeira e única mulher a agraciar as nossas celas com a sua presença.

Van Rensburg estava extremamente nervoso durante a visita da Sra. Suzman. De acordo com Kathy, enquanto a Sra. Suzman e eu estávamos conversando, Van Rensburg pediu desculpas por todas as suas ações do passado. Mas a sua contrição não durou muito tempo, pois no dia seguinte ele nos comunicou que estava restabelecendo as acusações contra nós. Mais tarde ficamos sabendo que a Sra. Suzman havia levado o nosso caso ao Parlamento, e no espaço de algumas semanas depois da sua visita, Maleta foi transferido da ilha.

69

NUNCA IMAGINEI que a luta seria curta ou fácil. Os primeiros anos passados na ilha foram tempos difíceis tanto para a organização no lado de fora da prisão quanto para nós na prisão. Depois de Rivonia, boa parte dos mecanismos clandestinos da organização fora descoberto e extirpado; aqueles que não foram capturados estavam se esforçando para permanecer um passo à frente do inimigo. Virtualmente, todos os principais líderes do CNA estavam na prisão ou no exílio.

Nos anos posteriores à Rivonia, a Missão Externa do CNA, formalmente responsável em levantar fundos, diplomacia e o estabelecimento de um programa de treinamento militar, tomou as rédeas da organização como um todo. A Missão Externa não apenas teve que criar uma organização no exílio, mas teve a tarefa ainda mais formidável de tentar revitalizar o CNA clandestino dentro da África do Sul.

O Estado se tornou mais forte. A polícia ficou mais poderosa, os seus métodos mais implacáveis, suas técnicas mais sofisticadas. A Força de Defesa da África do Sul estava se expandindo. A economia estava estável, o eleitorado branco estava tranquilo e o governo sul-africano tinha aliados poderosos na Grã-Bretanha e nos Estados Unidos, que estavam satisfeitos em manter o *status quo*.

Mas em outros lugares, a luta contra o imperialismo estava progredindo. Da metade para o fim dos anos de 1960, lutas armadas estavam ocorrendo no sul do continente africano. Na Namíbia (então conhecida como África do Sudoeste), a SWAPO estava fazendo suas primeiras incursões na Faixa de Caprivi; em Moçambique e em Angola, o movimento de guerrilha estava crescendo e se espalhando. No Zimbábue (então conhecido como Rodésia), a batalha contra o domínio da minoria estava avançando. O governo branco de Ian Smith era apoiado pela Força de Defesa da África do Sul, e o CNA via a batalha no Zimbábue como uma extensão da nossa luta em nosso país. Em 1967, ficamos sabendo que o CNA formou uma aliança com a União do Povo Africano do Zimbábue (ZAPU), que foi organizada por Joshua Nkomo.

Naquele ano, um grupo de soldados do MK que vinha treinando na Tanzânia e na Zâmbia atravessou o rio Zambezi em direção à Rodésia com a intenção de retornar para casa. Esse primeiro grupo de soldados do MK foi batizado de Destacamento Luthuli e era a ponta de lança da luta armada. Em agosto, enquanto o Destacamento Luthuli, acompanhado por tropas da ZAPU se movia em direção ao sul, foi avistado pelo exército rodesiano. Durante as semanas seguintes, batalhas selvagens tomaram lugar, com baixas de ambos os lados. Finalmente, nossas tropas foram subjugadas pelo número superior das forças rodesianas. Alguns soldados foram capturados, e outros recuaram para Bechuanaland, que veio a se tornar a Botsuana independente. No início de 1968, outro destacamento maior do CNA invadiu a Rodésia e lutou não apenas contra o exército rodesiano, mas contra os policiais sul-africanos que foram enviados para a Rodésia.

Ouvimos falar disso meses depois, através de rumores, mas não ficamos sabendo da história inteira até que alguns dos homens que lutaram ficaram presos conosco. Apesar de as nossas forças não terem sido vitoriosas, celebramos discretamente o fato de que os nossos quadros do MK lutaram contra o inimigo em seus próprios termos. Esse foi um marco em nossa luta. "Justice" Panza, um dos comandantes do Destacamento Luthuli, ficou preso conosco mais tarde. Ele nos informou sobre o treinamento militar do destacamento, a sua educação política e o valor no campo de batalha. Como ex-comandante em chefe do MK, fiquei tremendamente orgulhoso dos nossos soldados.

* * *

Antes de receber notícias das batalhas do MK no exterior, também ficamos sabendo da morte do Chefe Luthuli, em sua casa, em julho de 1967. As circunstâncias foram curiosas: ele havia sido atropelado por um trem em uma área perto de sua fazenda onde ele geralmente caminhava. Recebi permissão para escrever uma carta para sua viúva. A morte de Luthuli deixou um grande vácuo na organização; o chefe era um ganhador do Nobel, uma figura notável e conhecida internacionalmente, um homem que impunha respeito tanto a negros como a brancos. Por essas razões, ele era insubstituível. No entanto, em Oliver Tambo, que era presidente geral em exercício do CNA, a organização encontrou um homem que podia preencher a falta de Luthuli. Como Luthuli, ele falava com clareza, mas não era pomposo, era confiante, porém humilde. Ele também resumia em si o preceito do Chefe Luthuli: "Que a tua coragem surja diante do perigo".

Organizamos uma pequena celebração em homenagem ao chefe, na Seção B, e permitimos que todos aqueles que quisessem falar o fizessem. Foi uma homenagem tranquila e respeitosa, com apenas uma nota dissonante.

Quando Neville Alexander, do Movimento de Unidade, se levantou para falar, ficou claro que ele veio não para elogiar o chefe, mas para acabar com ele. Sem nem mesmo o pesar, por mera formalidade, pelo falecimento do homem, ele acusou Luthuli de ser um joguete dos brancos, especialmente em razão de o chefe ter aceitado o Prêmio Nobel da Paz.

Além da sua birra, o discurso de Neville foi inteiramente contrário ao clima de cooperação entre organizações que estávamos tentando estabelecer na ilha. No momento da minha chegada à ilha, eu havia tornado como minha missão principal a busca de alguma acomodação com os nossos rivais na luta. Vi a Ilha de Robben como uma oportunidade de atenuar as diferenças de longa data e frequentemente amargas entre o CPA e o CNA. Se pudéssemos unir as duas organizações na ilha, isso poderia estabelecer um precedente para uni-las na luta pela liberdade como um todo.

No entanto, desde o início, as relações com o CPA haviam sido mais competitivas do que cooperativas. Alguns dos membros do CPA já haviam estado na ilha antes e viam a nossa chegada como uma invasão do seu território. Ouvimos de alguns de nossos homens que os prisioneiros mais antigos do CPA expressaram pesar por não termos sido enforcados.

Em 1962, quando eu estivera pela primeira vez na ilha, o CPA era muito superior numericamente em relação ao CNA. Em 1967, os números haviam se invertido. No entanto, isso pareceu endurecer as posições do CPA. Eles eram desavergonhadamente anticomunistas e anti-indianos. Nos anos iniciais, tive conversas com Zeph Mothopeng, que participou do Comitê Executivo Nacional do CPA. Zeph argumentava que o CPA era mais militante do que o CNA, e que, na prisão, o CNA devia seguir o exemplo do CPA. O CPA defendia que as negociações com as autoridades eram uma traição, mas isso não os impedia de tirar proveito dos benefícios resultantes das negociações. Em 1967, mantive conversas com Selby Ngendane sobre a questão da unidade. Fora da prisão, Ngendane havia se oposto violentamente à Carta Magna da Liberdade, mas na prisão, especialmente quando foi enviado à nossa seção, Selby abrandou. Eventualmente, nós escrevemos cartas separadas às nossas respectivas organizações na seção geral, defendendo a ideia de unidade. O CNA também trabalhava bem com Clarence Makwetu, que mais tarde tornou-se presidente do CPA. Makwetu, que já havia sido membro da Liga da Juventude do CNA, estava em nossa seção e era um homem equilibrado e sensato. Tivemos muitas conversas produtivas sobre a unidade de nossas duas organizações, mas depois que Makwetu foi libertado e substituído por John Pokela na liderança do CPA, na Ilha de Robben, as conversas naufragaram.

A insegurança do CPA ocasionalmente tinha resultados cômicos. Em um determinado momento, veio uma ordem de Pretória de que eu devia ficar isolado de todos os outros prisioneiros na pedreira. Eu devia trabalhar separadamente, comer separadamente e ter o meu próprio guarda. Notamos que essa nova regra causou alguma agitação entre os membros do CPA. Vários dias depois, o CPA decidiu que o seu líder, Zeph Mothopeng, também ficaria isolado, e por si próprios eles fizeram com que ele trabalhasse e comesse separadamente de todos os outros enquanto eu o fizesse.

O CPA frequentemente se recusava a participar de reuniões que não tinham filiação partidária explícita. Quando convocávamos reuniões para discutir as nossas reclamações, e mais tarde tínhamos sessões de notícias para discutir o que ficamos sabendo pelos jornais, o CPA boicotava essas reuniões. Eu achava isso muito irritante. O CPA, ficamos sabendo, estava alheio às mudanças que estavam acontecendo em sua própria organização, no lado de fora da prisão. Naquela época, os membros do CPA recusavam-se a acreditar nas nossas afirmações de que o CPA, no exílio, abriu suas portas a membros brancos e indianos. Isso era uma heresia. No entanto, lemos no jornal que Patrick Duncan, um ativista branco, se tornara membro da executiva do CPA. Os membros do CPA ridicularizaram essa notícia, na época, dizendo que era propaganda do CNA.

* * *

O CNA formou a sua própria organização interna na ilha. Conhecida como o Alto Comando, ou mais oficialmente, o Alto Órgão, ela era constituída dos líderes mais graduados do CNA, na Ilha de Robben, os homens que haviam sido membros do Comitê Executivo Nacional: Walter Sisulu, Govan Mbeki e Raymond Mhlaba e eu. Eu exercia a função de diretor do Alto Órgão.

Desde a sua criação, decidimos que o Alto Órgão não tentaria influenciar a política externa do CNA. Não tínhamos formas confiáveis de avaliar a situação no país e concluímos que não seria justo nem sábio oferecermos orientações em assuntos sobre os quais estávamos desinformados. Em vez disso, tomamos decisões sobre assuntos tais como queixas dos prisioneiros, greves, correspondências, comida, todas as preocupações cotidianas da vida na prisão. Convocávamos, quando possível, uma reunião geral dos membros, que víamos como vital para a saúde da nossa organização. Mas como essas reuniões eram extremamente perigosas e, portanto, infrequentes, o Alto Órgão geralmente tomava decisões que eram então comunicadas a todos os outros membros. O Alto Órgão também operava em um sistema de células, com cada célula sendo formada por três membros.

Nos primeiros anos na ilha, o Alto Órgão também agia como um comitê representante de todos os prisioneiros políticos em nossa seção. Em 1967, organizamos uma petição exigindo tratamento melhor, que foi assinada virtualmente por todos os prisioneiros, inclusive membros do CPA, do Movimento de Unidade e do Partido Liberal, representado por Eddie Daniels. Esse arranjo era aceitável para todos até que Neville Alexander reclamasse que o Alto Órgão não era nem democrático nem verdadeiramente representativo, e que algum outro corpo deveria ser criado.

A sugestão original de Neville transformou-se eventualmente em um comitê de prisioneiros formado por pessoas de todos os partidos políticos. Havia um temor entre as outras organizações de que o CNA tentaria dominar esse comitê, e as suas regras foram elaboradas de forma que os seus poderes fossem puramente consultivos e suas decisões não fossem compulsórias. Mesmo assim, ainda foi difícil chegar a um acordo sobre uma abordagem comum aos problemas. Sugerimos que Fikile Bam, membro do Clube Yu Chi Chan, presidisse as reuniões. Mais tarde, a liderança do comitê seria rotativa. Eventualmente, o comitê ficou conhecido como Ulundi, e agia como um comitê disciplinar para todos os prisioneiros políticos.

O Alto Órgão foi fonte de alguma controvérsia por causa de sua composição étnica: todos os quatro membros permanentes tinham origens Xhosa. Isso era uma questão de coincidência e não de intenção; as lideranças mais antigas do CNA na ilha, os únicos quatro que fizeram parte do Comitê Executivo Nacional, por acaso eram Xhosa. Não teria sido apropriado pegar um companheiro menos graduado e colocá-lo no Alto Órgão simplesmente porque ele não era Xhosa. Mas o fato de que o Alto Órgão era dominado por Xhosas me perturbava, porque parecia reforçar a percepção equivocada de que éramos uma organização Xhosa.

Sempre achei essa crítica vexatória e baseada tanto na ignorância sobre a história do CNA como em malícia. Eu a refutava observando que os presidentes do CNA haviam sido Zulus, Basotho, Petis e Tswanas, e a executiva havia sido sempre uma mistura de grupos tribais. Lembro-me de uma vez estar trabalhando em nosso pátio em uma tarde ensolarada, enquanto alguns homens da seção geral estavam trabalhando no telhado acima de mim. Eles gritaram para mim, "*Mdala!* (Velho!), por que você só conversa com outros Xhosa?" A acusação doeu em mim. Olhei para cima e disse, "Como podem vocês me acusar de discriminação? Somos um povo". Eles pareceram ficar satisfeitos com isso, mas a sua percepção ficou retida em minha mente. A partir de então, sempre que eu estava trabalhando diante de homens da seção geral, tentava conversar com Kathy ou Eddie Daniels, ou alguém que não fosse Xhosa.

Subsequentemente, decidimos que deveria haver um quinto membro, em regime rotativo, no Alto Órgão. Este membro normalmente não seria um Xhosa; Kathy, por exemplo, foi o quinto membro do Alto Órgão durante mais de cinco anos. Laloo Chiba também teve mandato durante algum tempo e, no final, as críticas foram aos poucos acabando.

Eu não dominava, de forma alguma, o Alto Órgão, e, na verdade, várias propostas que defendi veementemente foram rejeitadas. Era assim que as coisas deviam ser, mas às vezes eu ficava frustrado. Houve duas questões em relação às autoridades sobre as quais nunca consegui persuadir os meus colegas. O regulamento da prisão estabelecia que os prisioneiros deviam se levantar quando na presença de um oficial superior. Defendi que devíamos permanecer sentados, pois era degradante ter que reconhecer o inimigo quando ele não nos reconhecia como prisioneiros políticos. Meus companheiros achavam que isso era um assunto trivial e as consequências negativas da resistência superariam quaisquer benefícios.

A segunda questão foi rejeitada pelo Alto Órgão por razões semelhantes. Os guardas nos chamavam ou pelos nossos sobrenomes ou pelo nome que havíamos recebido na escola. Eu sentia que cada uma dessas situações era degradante, e achava que devíamos insistir em sermos chamados pelo honorífico "Senhor". Insisti nisso durante muitos anos, sem sucesso. Mais tarde, isso até mesmo tornou-se fonte de humor, pois meus colegas ocasionalmente me chamavam de "Senhor" Mandela.

70

O TEMPO PARECE congelar para nós na prisão; mas não parava para aqueles que estavam no lado de fora. Fui lembrado disso quando recebi a visita de minha mãe na primavera de 1968. Eu não a via desde o final do Julgamento de Rivonia. As mudanças são graduais e acumulativas, e quando se vive no meio de sua família, raramente se percebe as diferenças nela. Mas quando não se vê a sua família durante muitos anos de cada vez, a transformação pode ser impressionante. Minha mãe de repente pareceu muito idosa.

Ela havia viajado desde o Transkei, acompanhada pelo meu filho Makgatho, minha filha Makaziwe e minha irmã Mabel. Como eu tinha quatro visitantes e eles vieram de longe, as autoridades aumentaram o tempo da visitação de meia hora para quarenta e cinco minutos.

Eu não via meu filho e minha filha desde antes do julgamento e eles se tornaram adultos, nesse ínterim, crescendo sem mim. Olhei para eles com admiração e orgulho. Mas apesar de eles terem crescido, temo ainda tê-los tratado mais ou menos como as crianças que eram quando fui para a prisão. Eles podiam ter mudado, mas eu não.

Minha mãe havia perdido muito peso, o que me deixou preocupado. Seu rosto parecia abatido. Apenas a minha irmã Mabel parecia não ter mudado. Enquanto era uma grande alegria ver todos eles e discutir assuntos familiares, eu estava apreensivo com a saúde de minha mãe.

Conversei com Makgatho e Maki sobre minha vontade de que ambos buscassem mais escolaridade e indaguei Mabel sobre parentes no Transkei. O tempo passou rápido demais. Como com a maioria das visitas, a maior satisfação frequentemente reside nas lembranças dela, mas desta vez eu não podia parar de me preocupar com a minha mãe. Temi que essa fosse ser a última vez que eu a veria.

Várias semanas mais tarde, depois de voltar da pedreira, me disseram para ir até a administração para buscar um telegrama. Era de Makgatho, me comunicando que a minha mãe havia falecido de um infarto. Fiz imediatamente uma solicitação ao oficial-comandante pedindo autorização para comparecer ao funeral dela, no Transkei, mas ele negou. "Mandela", ele disse, "se por um lado sei que você é um homem de palavra e não tentaria fugir, não posso confiar no teu povo, e tememos que eles tentem sequestrar você". O meu pesar ficou ainda maior porque eu não poderia cuidar do funeral da minha mãe, que era responsabilidade minha por ser o seu filho mais velho e único filho homem.

Durante os meses seguintes pensei muito sobre ela. A sua vida estava longe de ter sido fácil. Eu havia podido sustentá-la quando estava praticando advocacia, mas quando fui para a prisão, não podia mais ajudá-la. Nunca fui tão atencioso quanto deveria ter sido.

A morte da mãe de um homem faz com que ele olhe para trás e avalie a sua própria vida. As suas dificuldades, sua pobreza, me fizeram questionar uma vez mais se eu havia tomado o rumo certo em minha vida. Esse sempre fora o enigma: Eu havia feito a escolha certa ao pôr o bem-estar do povo acima do da minha família? Durante muito tempo, minha mãe não havia entendido o meu compromisso com a luta. Minha família não me havia pedido, nem mesmo desejado, ser envolvida na luta, mas o meu envolvimento a penalizou.

Mas eu retornava à mesma resposta. Na África do Sul, é difícil para um homem ignorar as necessidades do povo, mesmo à custa da sua própria família. Eu havia feito a minha escolha, e no fim das contas, ela havia apoiado essa escolha. Mas isso não diminuiu a tristeza que eu senti por não poder tornar a vida dela mais confortável, ou a dor de não poder sepultá-la.

Nas horas iniciais da manhã do dia 12 de maio de 1969, as forças de segurança despertaram Winnie em nossa casa, em Orlando, e a detiveram sem indiciamento, sob o Decreto de Terrorismo de 1967, que dava ao governo poderes inéditos de prisão e detenção sem julgamento. Essa batida policial, como fiquei sabendo mais tarde, era parte de uma repressão nacional durante a qual dezenas de outros foram detidos, inclusive a irmã de Winnie. Os policiais arrastaram Winnie para fora, enquanto Zeni e Zindzi se agarravam à saia dela. Ela foi colocada em prisão solitária em Pretória, onde lhe negaram fiança e visitas; durante as semanas e meses seguintes, ela foi interrogada de forma implacável e brutal.

Quando Winnie foi finalmente indiciada, seis meses depois, consegui enviar instruções para que ela fosse defendida por Joel Carlson, um advogado *antiapartheid* de longa data. Winnie e vinte e duas outras pessoas foram indiciadas sob a Lei de Repressão ao Comunismo por tentar recriar o CNA. Mais tarde, George Bizos e Arthur Chaskalson, ambos membros da equipe de defesa do Julgamento de Rivonia, se juntaram à defesa. Em outubro, dezessete meses depois de sua prisão, o estado retirou as acusações sem maiores explicações, e Winnie foi libertada. No espaço de duas semanas, ela havia sido novamente banida, e posta sob prisão domiciliar. Imediatamente, ela solicitou permissão para me visitar, mas o pedido foi rejeitado.

Não havia nada que eu achasse mais angustiante na prisão do que o pensamento que Winnie também estava presa. Procurei encarar a situação bravamente, mas internamente eu estava profundamente perturbado e preocupado. Nada desafiava o meu equilíbrio interno mais do que o tempo que Winnie passou na solitária. Apesar de eu frequentemente insistir que as pessoas não se preocupassem com o que elas não pudessem controlar, era incapaz de seguir o meu próprio conselho. Tive muitas noites insones. O que as autoridades estavam fazendo com a minha esposa? Como ela suportaria? Quem estava cuidando das nossas filhas? Quem pagaria as contas? Ser atormentado por tais perguntas e não ter como respondê-las é uma forma de tortura mental.

O Brigadeiro Aucamp me deu autorização para enviar cartas para Winnie, e repassou uma ou duas cartas enviadas por ela. Normalmente, prisioneiros aguardando julgamento não têm permissão para receber correspondência, mas Aucamp deu permissão como um favor para mim. Fiquei agradecido, mas sabia que as autoridades não haviam dado permissão por altruísmo: eles estavam lendo as nossas cartas, esperando catar informações que ajudassem em seu caso contra Winnie.

Durante esse tempo, experimentei outra perda dolorosa. Numa manhã fria de julho de 1969, três meses depois de ficar sabendo que Winnie havia sido presa, fui chamado à administração central da Ilha de Robben e recebi um telegrama. Era do meu filho mais novo, Makgatho, e continha apenas uma sentença. Ele estava me informando que o seu irmão mais velho, meu filho primogênito, Madiba Thembekile, a quem chamávamos de Thembi, havia morrido em um acidente automobilístico no Transkei. Thembi tinha na época vinte e cinco anos de idade e era pai de duas crianças pequenas.

O que se pode dizer sobre tal tragédia? Eu já estava extenuado sobre a minha esposa, eu ainda estava de luto por minha mãe, e então ouvir essa má notícia... não tenho palavras para expressar a tristeza, ou a sensação de perda que tive. Ela deixou um vazio em meu coração que nunca poderá ser preenchido.

Voltei para a minha cela e me deitei na cama. Não sei quanto tempo passei lá, mas não saí para o jantar. Alguns dos homens deram uma espiada na cela, mas não falei nada. Finalmente, Walter veio até mim e se ajoelhou ao lado da minha cama, mostrei o telegrama para ele. Ele não falou nada, mas apenas segurou a minha mão. Não sei quanto tempo ele permaneceu comigo. Não há nada que um homem possa dizer para outro em um momento como esse.

Solicitei permissão das autoridades para comparecer ao funeral do meu filho. Era responsabilidade minha, como pai, me certificar que o espírito de meu filho descansaria em paz. Eu disse a eles que eles podiam enviar um cordão de segurança comigo, e que eu daria minha palavra de que voltaria para a prisão. Não recebi permissão. Tudo o que me permitiram fazer foi escrever uma carta para a mãe de Thembi, Evelyn, na qual eu fiz o melhor que pude para confortá-la e dizer-lhe que eu compartilhava o sofrimento dela.

Lembrei de uma tarde quando Thembi era garoto e veio me visitar na casa segura em Cyrildene que eu utilizava para trabalhos do CNA. Entre o meu trabalho político clandestino e casos na justiça, eu não havia conseguido vê-lo durante algum tempo. Eu o surpreendi na casa e o encontrei vestindo um velho paletó meu que chegava aos seus joelhos. Ele deve ter sentido algum conforto e orgulho em vestir a roupa do pai, assim como eu senti vestindo as roupas do meu próprio pai. Quando tive que me despedir novamente, ele ficou de cabeça erguida, como se já tivesse crescido, e disse, “Vou cuidar de nossa família enquanto o senhor estiver fora”.

Parte Nove

ILHA DE ROBBEN: O INÍCIO DA ESPERANÇA

71

O GRÁFICO das melhorias na prisão nunca é uniforme. O progresso era hesitante, e tipicamente acompanhado por reveses. Podia levar anos para um avanço ser conquistado, e então dias para ele ser revogado. Empurrávamos a pedra morro acima, apenas para vê-la rolando para baixo novamente. Mas as condições melhoraram. Tínhamos vencido uma série de pequenas batalhas que significaram uma mudança na atmosfera da ilha. Se por um lado não administrávamos a ilha, as autoridades não conseguiam fazê-lo sem a nossa ajuda, e na sequência da saída de Van Rensburg nossa vida se tornou mais tolerável.

No decorrer de nossos primeiros três anos na ilha, calças compridas foram fornecidas para todos nós. Em 1969, recebemos os nossos próprios uniformes individuais de prisioneiros, em vez de recebermos um conjunto diferente a cada semana. Esses uniformes até se ajustavam a nós e tínhamos permissão de lavá-los. Tínhamos permissão de sair para o pátio a qualquer hora do dia durante os finais de semana. Apesar de a nossa comida ainda não ter se equiparado à dos outros prisioneiros, os prisioneiros negros recebiam ocasionalmente pão pela manhã. Permitiam que formássemos um estoque conjunto de alimentos, de forma que as diferenças não importavam. Forneceram-nos jogos de tabuleiros e cartas de baralho, com os quais frequentemente jogávamos aos sábados e domingos. Na pedreira, nossa conversa raramente era interrompida. Se o oficial-comandante estivesse vindo, os guardas de plantão apitavam para nos avisar que pegássemos as nossas ferramentas. Havíamos neutralizado os piores guardas e feito amizade com os mais justos, ainda que as autoridades tenham se dado conta disso e fizessem rodízios dos guardas a cada período de alguns meses.

Podíamos nos reunir virtualmente sempre que quiséssemos. Reuniões do Alto Órgão, reuniões dos membros comuns e reuniões do Ulundi não eram geralmente dispersadas, a não ser que fossem evidentes demais.

Parecia que os prisioneiros é que estavam administrando a prisão, e não as autoridades.

Austero e temente a Deus, o africânder leva a sua religião a sério. O evento inflexível em nossa programação semanal eram os cultos religiosos aos domingos pela manhã. Essa era uma observância que as autoridades consideravam obrigatória. Era como se elas acreditassem que as suas próprias almas mortais estariam em risco se não nos dessem o benefício dos cultos aos domingos.

Todos os domingos pela manhã, um ministro de uma denominação diferente pregava para nós. Um domingo seria um padre anglicano, no domingo seguinte um *predikant** da igreja reformada holandesa, no outro um ministro metodista. Os clérigos eram recrutados pelo serviço penitenciário, cujo único decreto era que eles deveriam pregar exclusivamente questões religiosas. Guardas estavam presentes em todos os cultos e se o ministro se afastasse da religião, ele não era convidado novamente.

Durante os primeiros dois anos na ilha, não nos permitiam que saíssemos de nossas celas para os cultos de domingo. O ministro pregava da entrada do nosso corredor. No terceiro ano, o culto já era celebrado no pátio, o que preferíamos. Naqueles anos, esse era o único momento em que permitiam que ficássemos no pátio aos domingos, com exceção da nossa meia hora de exercícios. Poucos dos nossos homens eram religiosos, mas ninguém se importava com longos sermões; apreciávamos estar ao ar livre.

Quando os cultos passaram a ser celebrados ao ar livre, nos deram a opção de frequentá-los. Alguns dos homens frequentavam apenas os cultos de sua denominação religiosa. Apesar de eu ser metodista, frequentava todos os cultos religiosos.

---

* *Predikant* - Pregador, em holandês (N. do T.).

Um dos nossos primeiros ministros era um padre anglicano, chamado Padre Hughes, um galês corpulento e rude que havia servido como capelão na frota de submarinos durante a Segunda Guerra Mundial. Quando ele chegou, ficou perturbado por ter que pregar no corredor, que ele achava hostil à contemplação de Deus. Em sua primeira visita, em vez de pregar para nós, ele recitou em seu belo barítono passagens dos discursos radiofônicos de Winston Churchill feitos durante a guerra: "Vamos lutar nas praias, vamos lutar nos aeródromos, vamos lutar nos campos e nas ruas, vamos lutar nas colinas; nós nunca nos renderemos".

Logo o Padre Hughes estava pregando para nós no pátio e nós achávamos os seus sermões esplêndidos. Ele fazia questão de discretamente inserir fragmentos de notícias em seus sermões, algo que nós apreciávamos muito. Ele podia dizer, por exemplo, que como o faraó do Egito antigo, o primeiro-ministro da África do Sul estava formando um exército.

Sempre cantávamos hinos ao final de todos os cultos, e acredito que o Padre Hughes nos visitava com tanta frequência apenas para nos ouvir cantando. Ele trazia consigo um órgão portátil e o tocava para nós. Ele elogiava a nossa forma de cantar, afirmando que era o único canto que se comparava aos coros das igrejas de seu país.

O ministro metodista era o Reverendo Jones, um sujeito nervoso e sombrio que havia ficado no Congo durante a revolução que aconteceu lá. A sua experiência no país parecia ser a fonte de sua melancolia. Repetidamente, ele pregava sobre a importância da reconciliação – dando a entender que nós é que precisávamos nos reconciliar com os brancos.

Certo domingo, durante a mensagem unilateral do reverendo, notei que Eddie Daniels estava impaciente. Finalmente, Eddie não aguentou mais. "O senhor está pregando a reconciliação às pessoas erradas", Eddie bradou. "Temos buscado a reconciliação durante os últimos setenta e cinco anos". Isso foi o que bastou para o Reverendo Jones, e nós nunca mais o vimos.

O Reverendo Jones não foi o único ministro que Eddie espantou. Fomos visitados por um ministro mestiço conhecido como Irmão

September. Certo domingo, um prisioneiro chamado Hennie Ferris que era um orador eloquente, se ofereceu como voluntário para conduzir uma prece. O Irmão September ficou contente em reconhecer tal devoção. Hennie começou usando uma linguagem sublime, e em determinado momento, pediu que a congregação fechasse os olhos e orasse. Todos, inclusive o Irmão September, obedeceram. Eddie então andou na ponta dos pés até a frente e abriu a maleta do Irmão September e retirou a edição daquele dia do *Sunday Times*. Ninguém suspeitou de nada naquele momento, mas o Irmão September nunca mais trouxe jornais novamente.

O Reverendo Andre Scheffler era ministro da Igreja Missionária Reformada Holandesa na África, igreja-irmã da Igreja Reformada Holandesa, que era frequentada por quase todas as pessoas de origem africânder. A Igreja Missionária congregava apenas negros. O Reverendo Scheffler era um sujeito conservador e rabugento que normalmente pregava aos prisioneiros comuns. Certo domingo, ele veio parar na nossa seção e perguntamos por que ele não pregava para nós. "Vocês se consideram guerreiros pela liberdade", ele falou desdenhosamente. "Vocês deviam estar bêbados ou chapados com *dagaa* [maconha] quando foram presos. Guerreiros pela liberdade, uma ova!" Mas nós o desafiamos a vir pregar para nós, e eventualmente, no final dos anos de 1960, ele se sensibilizou.

O Reverendo Scheffler era pouco ortodoxo em um aspecto: ele fazia uma abordagem científica da religião. Eu achava isso muito atraente. Muitas pessoas utilizam a ciência para desacreditar a religião, mas o Reverendo Scheffler recrutava a ciência para dar base às suas crenças. Lembro de um sermão no qual ele falava dos três Reis Magos do Oriente que seguiram uma estrela até chegarem a Belém. "Isso não é apenas uma superstição ou um mito", ele disse, e então citava evidências de astrônomos de que naquele momento histórico um cometa apareceu, seguindo o trajeto delineado na Bíblia.

À medida que o Reverendo Scheffler se familiarizou conosco, ele se tornou mais simpático. Ele tinha um senso de humor seco e gostava de zombar de nós. "Vocês sabem", ele diria, "o homem branco tem uma tarefa mais difícil do que o homem negro neste país. Sempre que há um problema, nós temos que encontrar uma solução. Mas sempre que vocês, negros, têm um problema, vocês têm uma desculpa. Vocês podem simplesmente dizer, '*Ingabilungu*'". Nós caíamos na gargalhada não apenas porque a sua pronúncia sem querer era cômica, mas também porque nos divertíamos com a ideia. "*Ngabelunga*" é uma expressão Xhosa que significa "São os brancos". Ele estava dizendo que nós sempre colocaríamos a culpa de todos os nossos problemas nos homens brancos. Sua mensagem era que devíamos também olhar para nós mesmos e nos tornarmos responsáveis pelas nossas ações – sentimentos – com os quais eu concordava inteiramente.

O que os domingos representavam para o resto da semana, o Natal representava para o resto do ano. Este era o dia no qual as autoridades demonstravam alguma boa-vontade em relação aos prisioneiros. Não tínhamos que ir para a pedreira no dia de Natal, e permitiam que comprássemos uma pequena quantidade de doces. Não tínhamos uma ceia tradicional de Natal, mas nos davam uma caneca extra de café no jantar.

As autoridades permitiam que organizássemos um concerto, realizássemos competições, e encenássemos uma peça de teatro. O concerto era a peça central. Nosso regente era Selby Ngendane, do CPA. Selby havia feito parte da Liga da Juventude do CNA antes de mudar de lado e ir para o Congresso Pan-Africanista. Ele era um artista nato com uma bela voz e um excelente ouvido.

Selby escolheu as canções, fez o arranjo das harmonias, selecionou os solistas e regeu o espetáculo. O concerto aconteceu na manhã de Natal no pátio. Fizemos uma mistura de canções natalinas inglesas tradicionais com canções africanas, e incluímos algumas canções de protesto – as autoridades não pareciam se importar ou talvez saber a diferença. Os guardas eram o nosso público, e eles apreciavam as nossas canções tanto quanto nós.

Antes de ser preso, Ngendane era tido como um peso leve na política. Mas na prisão, Selby mostrou o seu fervor. Na prisão, as pessoas preferem ficar perto daqueles que têm um caráter mais otimista, e Selby tinha.

A prisão era uma espécie de caldeirão e colocava à prova o caráter de um homem. Alguns homens, sob a pressão do encarceramento, demonstravam verdadeiro fervor, enquanto outros se revelavam serem menos do que haviam aparentado ser.

Além dos concertos, organizávamos um torneio de xadrez e de jogo de damas, e também jogávamos *scrabble* e bridge. Todos os anos, eu participava da competição de jogo de damas, e em alguns anos, ganhei o prêmio principal, que normalmente era uma barra de chocolate. Meu estilo de jogar era lento e cauteloso; a minha estratégia, conservadora. Eu ponderava cuidadosamente as ramificações de cada opção e levava um longo tempo entre os movimentos. Eu resisto a tais analogias, mas é o meu modo preferido de operar, não apenas no jogo de damas, mas na política.

A maioria dos meus adversários jogava mais rapidamente, e frequentemente perdiam a paciência com a minha maneira de jogar. Um dos meus adversários mais frequentes era Don Davis. Membro do Movimento de Unidade Não Europeu, Don havia sido criado na área de mineração de diamantes de Kimberley e era um sujeito calejado e destemido, e também era extremamente nervoso. Don era um excelente jogador de damas, mas o seu estilo contrastava com o meu. Quando Don jogava, o suor corria pelo seu rosto. Ele ficava tenso e agitado enquanto jogava e fazia seus movimentos rapidamente, como se pontos fossem dados por velocidade. Várias vezes Don e eu nos encontrávamos nas finais do torneio anual.

Don me chamava de *Qhipu* por causa de um hábito que eu tinha quando jogava damas. Eu ponderava sobre cada possibilidade e, quando eu estava para fazer um movimento, bradava "*Qhipu!*" – que significa "Eu ataco!" – e então movimentava a peça. Don achava isso frustrante e me chamava de *Qhipu* mais por irritação do que por amizade.

Don e eu jogamos em vários torneios, e mesmo se ganhasse, ele retornava dentro de alguns minutos para me desafiar para mais uma partida. Don sempre queria jogar damas, e não parecia satisfeito até que eu respondesse. Logo eu estava passando tanto tempo jogando com Don que os meus outros interesses definharam. Quando certa vez eu reprovei em uma prova em meus estudos, alguns colegas me perguntaram o porquê e eu respondi, para gargalhadas deles, "Don Davis!".

Nosso clube amador de teatro fazia a sua contribuição anual no Natal. Minha carreira teatral, que havia permanecido dormente desde quando eu havia interpretado John Wilkins Booth, quando estudava em Fort Hare, teve um modesto renascimento na Ilha de Robben. Nossas produções eram o que hoje em dia poderiam ser chamadas de minimalistas: nenhum palco, nenhum cenário, nenhuma roupagem. Tudo o que nós precisávamos eram as palavras da peça de teatro.

Eu apareci apenas em alguns dramas, mas tive um papel memorável: o de Creonte, o rei de Tebas, na *Antígona* de Sófocles. Eu havia lido algumas das peças clássicas do teatro grego na prisão e as achava enormemente inspiradoras. O que eu tirei delas foi que o caráter era medido através de como as situações difíceis eram encaradas e que um herói era um homem que não cedia nem diante das circunstâncias mais difíceis.

Quando *Antígona* foi escolhida para ser encenada, eu ofereci os meus serviços, e me pediram que eu interpretasse Creonte, um rei idoso lutando em uma guerra civil pelo trono de sua querida cidade-estado. No início da peça, Creonte é sincero e patriótico, e há sabedoria nas suas falas iniciais quando ele sugere que a experiência é a base da liderança e que os deveres para com o povo têm prioridade sobre a lealdade a um indivíduo.

> É claro que você não pode conhecer inteiramente um homem,
> seu caráter, seus princípios, senso de julgamento,
> não até que ele mostre sua verdadeira face, governando o povo,
> legislando. Experiência, aí está o teste.

Mas Creonte lida com os seus inimigos impiedosamente. Ele decretou que o corpo de Polinice, irmão de Antígona, que havia se rebelado contra a cidade, não merecia um funeral apropriado. Antígona se rebela com base em que há uma lei acima daquela do estado. Creonte não quer ouvir Antígona, nem ouve a ninguém a não ser os seus demônios interiores. Sua inflexibilidade e cegueira não caem bem em um líder, pois um líder deve temperar a justiça com misericórdia. Antígona era quem simbolizava a nossa luta; ela era, à sua própria maneira, uma guerreira pela liberdade, pois ela desafiava a lei por ela ser injusta.

72

ALGUNS DOS GUARDAS começaram a travar conversas conosco. Eu nunca iniciei conversas com guardas, mas se eles faziam uma pergunta a mim, eu tentava responder. É mais fácil educar um homem quando ele quer aprender. Normalmente, essas perguntas eram feitas com uma espécie de irritação: "Está bem, Mandela, o que vocês realmente querem?" Ou, "Veja, vocês têm um teto sobre as suas cabeças e comida suficiente, por que vocês estão causando tantos problemas?" Então, calmamente eu explicava as nossas políticas para os guardas, para desarticular os seus preconceitos.

Em 1969, chegou um jovem guarda que parecia particularmente ansioso em me conhecer. Eu ouvira boatos que o nosso pessoal no lado de fora estava organizando uma fuga para mim, e havia infiltrado um guarda na ilha que iria me ajudar. Gradualmente, este sujeito me informou que ele estava planejando a minha fuga.

Aos poucos, ele me explicou o plano: uma noite, ele iria drogar os guardas de plantão na torre do farol para permitir a chegada de um barco à praia. Ele me forneceria uma chave para que eu saísse de nossa seção de forma a poder ir ao encontro do barco. No barco, eu receberia equipamentos de mergulho, que eu usaria para nadar até o porto da Cidade do Cabo. Da Cidade do Cabo, eu seria levado a um aeroporto local e levado de avião para fora do país.

Ouvi o plano em sua totalidade e não lhe disse o quão irreal e duvidoso ele soava. Conversei com Walter, e nós concordamos que esse sujeito não merecia confiança. Eu nunca disse a ele que não seguiria com o plano, mas nunca tomei nenhuma das ações exigidas para implementar o plano. Ele deve ter entendido o recado, pois foi logo transferido da ilha.

Ao final das contas, a minha desconfiança justificou-se, pois mais tarde ficamos sabendo que o guarda era um agente do *Serviço de Segurança do Estado**, a agência secreta de inteligência da África do Sul. O plano era que eu seria retirado da ilha com sucesso, mas morto em um tiroteio dramático com as forças de segurança no aeroporto, enquanto tentava deixar o país. O plano inteiro havia sido imaginado pelo BOSS, até mesmo os boatos que chegaram até mim sobre o CNA estar planejando uma fuga. Essa não foi a última vez que eles tentaram me eliminar.

O mandato de um oficial-comandante normalmente não era maior que três anos, e nós havíamos estado sob várias administrações até 1970. Naquele ano, o oficial-comandante da Ilha de Robben era o Coronel Van Aarde, um sujeito bastante amigável e inofensivo, que permitia que fizéssemos o que quiséssemos. Mas no final daquele ano, as autoridades concluíram que queriam uma atmosfera diferente na ilha, e o Coronel Piet Badenhorst foi nomeado o novo O.C. da Ilha de Robben.

Esse era um desdobramento sinistro. Badenhorst tinha reputação de ser um dos oficiais mais brutais e autoritários do serviço penitenciário. Sua indicação sinalizava uma coisa: o governo acreditava que a disciplina na ilha estava frouxa demais, e que uma mão forte era necessária para nos manter na linha. Badenhorst supostamente nos faria sentir saudades dos dias sob Maleta.

---

* *Serviço de Segurança do Estado* - BOSS (Bureau of State Security) em inglês (N. do T.)

Sempre que um novo oficial-comandante era nomeado, eu solicitava uma reunião com ele. Eu fazia isso de forma a dar-lhe a dimensão da seriedade da nossa causa e também para avaliar o seu caráter. Solicitei uma reunião com o Coronel Badenhorst e fui rejeitado. Ele foi o primeiro oficial--comandante a recusar com desprezo tal reunião.

Sentimos os efeitos do regime dele antes mesmo de vê-lo. Várias regras relacionadas a estudos e tempo livre foram imediatamente revogadas. Era óbvio que ele pretendia reverter todos os privilégios que havíamos conquistado com o passar dos anos. Nossos guardas antigos foram transferidos para fora da ilha e substituídos por guardas escolhidos a dedo por Badenhorst. Eles eram homens mais jovens e rudes que faziam cumprir cada regra minuciosamente, e cujo trabalho era nos perturbar e desmoralizar. Dias depois da nomeação de Badenhorst, as nossas celas foram revistadas; livros e papéis foram confiscados; refeições foram suspensas sem aviso; e os homens eram empurrados no caminho para a pedreira.

Badenhorst tentou voltar no tempo para a forma que a ilha era no início dos anos de 1960. A resposta para cada pergunta era sempre não. Os prisioneiros que solicitavam reuniões com seus advogados recebiam confinamento solitário, em vez disso. As reclamações eram completamente ignoradas. Visitas eram canceladas sem nenhuma explicação. A comida deteriorou. A censura aumentou.

Cerca de uma semana após a chegada de Badenhorst, nós estávamos trabalhando na pedreira uma manhã quando, sem apresentação ou fanfarra, Badenhorst e seu motorista estacionaram nas proximidades, no carro do comandante. Ele saiu do carro e nos inspecionou a distância. Fizemos uma pausa para observar o nosso novo comandante. Badenhorst retribuiu o meu olhar e gritou, "Mandela, *Jy moet jou vinger uit jou gat trek*" (Você deve tirar o teu dedo da bunda). Eu não gostava nem um pouco dessa expressão, e sem pensar, comecei a avançar em direção a Badenhorst. Ele ainda estava a certa distância, e antes que eu me aproximasse, ele entrou no carro e foi embora.

De seu carro, Badenhorst passou uma ordem pelo rádio para sua equipe, e em poucos minutos um caminhão havia chegado para nos transportar de volta para a Seção B. Ordenaram-nos que ficássemos em silêncio no caminhão, e quando chegamos ao pátio, nos mandaram ficar em posição de sentido. Badenhorst apareceu diante de nós, andando de um lado para o outro. Ele parecia incapaz de falar uma frase sequer sem incluir uma imprecação ou palavrão. "*Jou ma se moer*" era a sua expressão favorita. "A tua mãe é uma *moer*" – *moer* é uma expressão vulgar para descrever a parte íntima da anatomia feminina.

Em sua voz gutural, ele nos disse que estava enojado por ter observado a nossa preguiça na pedreira. Como resultado disso, ele falou, ele estava arbitrariamente rebaixando todas as nossas classificações. Apesar de desprezarmos o sistema de classificação, a maioria dos homens havia, naquela época, alcançado pelo menos o nível C, em que eles tinham permissão para estudar. Prisioneiros de nível D não tinham permissão para estudar. As autoridades lastimavam o fato de terem nos dado privilégios de estudo, e Badenhorst estava decidido a corrigir aquele erro.

Mais tarde, depois que a minha raiva havia diminuído, me dei conta de que o comentáro grosseiro de Badenhorst para mim, na pedreira, era calculado. Ele foi trazido para a Ilha de Robben para restaurar a ordem, e ele destacou o indivíduo que achava que era a fonte da desordem. Como um professor que assume uma turma arruaceira, ele buscou disciplinar o aluno que via como sendo o baderneiro principal.

73

NO FINAL DE MAIO de 1971, vários homens da SWAPO (a Organização dos Povos da África do Sudoeste), uma aliada do CNA lutando pela independência na Namíbia, foram trazidos para a seção de isolamento. Eles eram liderados por Andimba Toivo ja Toivo, um dos fundadores da SWAPO e um guerrilheiro formidável. Ficamos sabendo que eles haviam embarcado em uma greve de fome para protestar contra o seu isolamento, e imediatamente decidimos nos juntar a eles.

Isso enfureceu Badenhorst e as autoridades que viam isso como uma insubordinação inaceitável.

Tarde da noite de 28 de maio, fomos acordados por gritos e batidas fortes nas portas de nossas celas. "Levante! Levante!" gritavam os guardas. Ordenaram-nos que tirássemos nossas roupas e então nos alinhássemos contra o muro do pátio. Os guardas estavam obviamente bêbados e estavam gritando e nos provocando. Eles eram liderados por um sujeito sádico, chamado Fourie, a quem secretamente chamávamos de Gangster.

Era uma noite muito fria, e durante a hora seguinte, enquanto ficávamos em posição de sentido, nus e tremendo de frio, nossas celas foram revistadas uma a uma. Os guardas continuaram nos insultando durante o tempo todo. Perto do fim daquela hora, Govan sentiu dores severas no peito e desmaiou. Isso pareceu assustar Fourie, e ele ordenou que voltássemos às nossas celas.

Os guardas revistaram todos os cantos, e não encontraram nada. Mas a busca pareceu ser apenas uma desculpa para os impulsos sádicos de Fourie. Apenas depois ficamos sabendo que Fourie tinha fama de ter molestado prisioneiros na seção dos presos comuns. No dia seguinte descobrimos que os guardas haviam espancado brutalmente alguns dos prisioneiros comuns antes de virem até nós, e depois atacaram Toivo ja Toivo, que reagiu e derrubou o guarda que estava batendo nele. Toivo foi punido severamente por isso.

Apresentamos uma queixa formal pela maneira como fomos tratados, mas ela foi ignorada. Este incidente destaca-se em minha memória, mas ele não foi de maneira alguma único; incidentes como esse eram a regra em vez de exceção, durante o comando de Badenhorst.

Estávamos decididos a não permitir que as condições se deteriorassem completamente sob Badenhorst. Contrabandeamos mensagens para o nosso pessoal do lado de fora para fazerem manifestações pedindo a sua demissão. Ao mesmo tempo, resolvemos formar uma delegação entre nós para nos reunir com Badenhorst. Discutimos isso durante meses e gradualmente decidimos sobre a sua composição; Walter e eu representaríamos o CNA, e cada um dos outros partidos também tinham dois representantes.

Badenhorst concordou em se reunir conosco, e em nossa conferência ameaçamos fazer greves, operações tartaruga, greves de fome – todas as armas à nossa disposição – se ele não corrigisse seus modos e restabelecesse muitos dos privilégios que havia revogado. Ele simplesmente afirmou que pensaria a respeito do que havíamos falado. Vimos esse confronto como uma vitória, pois ele estava desconfiado de nós e sabia que havíamos alertado as pessoas do lado de fora da prisão sobre as nossas queixas. Esses esforços logo produziram uma reação.

Algumas semanas depois, sabíamos que uma visita importante deveria ser iminente, porque quando choveu naquele dia, na pedreira, permitiram que nos abrigássemos da chuva em vez de continuarmos trabalhando. No dia seguinte fomos informados que uma trinca de juízes estava vindo para a ilha. As autoridades pediram que indicássemos um porta-voz para expressar as nossas queixas, e eu fui o escolhido.

Enquanto eu me preparava para a reunião com os juízes, fui informado por uma fonte confiável que um prisioneiro da seção geral havia sido severamente espancado por um guarda recentemente. Os três juízes eram Jan Steyn, M. E. Theron e Michael Corbett da divisão provincial do Cabo da Corte Suprema. Eles eram escoltados pelo comissário de prisões, o General Steyn e acompanhados pelo Coronel Badenhorst. Encontrei com eles naquele dia, no lado de fora, onde estávamos trabalhando.

O General Steyn me apresentou aos juízes e explicou que eu havia sido selecionado para representar os outros prisioneiros. Os juízes indicaram então que, por razões óbvias, conversariam privadamente comigo. Respondi que não tinha nada a esconder e que na verdade eu aceitava de bom grado a presença do General Steyn e do coronel. Eu podia ver como eles ficaram surpresos com a minha afirmação, e acrescentei que seria justo que eles tivessem a oportunidade de responder às minhas acusações. Os juízes relutantemente concordaram comigo.

Comecei recordando a agressão recente na seção geral. Eu contei para eles os detalhes que haviam sido relatados para mim, a perversidade da agressão, e o acobertamento do crime. Eu mal havia começado a falar quando percebi que Badenhorst estava se sentindo desconfortável. Quando eu terminei de descrever o incidente, Badenhorst interrompeu de uma forma rude e agressiva: "Você testemunhou de fato a agressão?" Calmamente respondi que não havia testemunhado, mas confiava nas pessoas que haviam me contado sobre ela. Ele bufou e sacudiu o dedo em direção ao meu rosto. "Cuidado, Mandela," ele falou. "Se você falar sobre coisas que não viu, vai se ver em confusão. Você sabe o que eu quero dizer".

Ignorei os comentários de Badenhorst e me voltei para os juízes e disse, "Cavalheiros, vocês mesmos podem ver o tipo de homem com quem estamos tratando, o oficial-comandante. Se ele pode me ameaçar aqui, na sua presença, vocês podem imaginar o que ele faz quando vocês não se encontram presentes". O Juiz Corbett voltou-se então para os outros e disse "O prisioneiro tem toda a razão".

Passei o restante da reunião enumerando queixas sobre a nossa dieta, trabalho e estudos. Intimamente, Badenhorst devia estar fumegando, mas externamente ele parecia repreendido. No final da reunião, os juízes me agradeceram e eu me despedi deles.

Não faço ideia do que os juízes falaram ou fizeram depois da reunião, mas nos meses seguintes, Badenhorst parecia estar de mãos atadas. A crueldade diminuiu, e no espaço de três meses depois da visita dos juízes, recebemos a notícia que Badenhorst estava para ser transferido.

Alguns dias antes da partida de Badenhorst, fui chamado ao escritório da administração. O General Steyn estava visitando a ilha e queria saber se tínhamos reclamações a fazer. Badenhorst estava presente enquanto fiz uma lista de reivindicações. Quando terminei, Badenhorst falou diretamente comigo. Ele me disse que estava saindo da ilha, e acrescentou, "Quero apenas desejar boa sorte a vocês". Não sei se fiquei com aparência de confuso, mas fiquei surpreso. Ele falou essas palavras como um ser humano, e mostrou um lado dele que nunca havíamos visto antes. Agradeci a ele pelos seus bons votos, e lhe desejei boa sorte em seus projetos.

Refleti sobre esse momento durante um longo tempo depois. Badenhorst havia provavelmente sido o oficial-comandante mais insensível e bárbaro que havíamos tido na Ilha de Robben. Mas naquele dia, no escritório, ele havia revelado que havia outro lado em sua natureza, um lado que havia sido obscurecido, mas que ainda existia. Era um lembrete útil de que todos os homens, mesmo aqueles aparentemente mais implacáveis, têm um âmago de decência, e que se o seu coração for tocado, eles são capazes de se transformar. Em última instância, Badenhorst não era malvado, sua brutalidade havia sido impingida nele por um sistema desumano. Ele se comportava como um brutamontes porque era recompensado pelo comportamento brutal.

74

FOI ANUNCIADO QUE o Coronel Willemse sucederia o Coronel Badenhorst como oficial-comandante. Solicitei uma reunião com o coronel depois de sua indicação e o visitei logo depois de sua chegada. Se por um lado ele obviamente não era um homem progressista, por outro lado ele era cortês e sensato, em nítido contraste com o seu antecessor. O mandato de Badenhorst, esperávamos, seria simplesmente uma pequena queda no gráfico das melhorias contínuas de nossas condições.

Os jovens e agressivos guardas também foram embora com Badenhorst, e nós rapidamente retomamos o nosso comportamento costumeiro na pedreira e em nossa seção. Willemse pode ter sido um homem sensato, mas quando viu que nós passávamos mais tempo conversando do que trabalhando na pedreira, ficou chocado.

Ele estava há poucas semanas na ilha quando fui convocado para uma reunião em seu gabinete. "Mandela", ele falou com franqueza, "você tem que me ajudar". Perguntei como. "O teu pessoal não está trabalhando. Eles não obedecem às ordens. Eles apenas fazem o que querem. Estamos em uma prisão. Tem que haver alguma disciplina. Isso não é apenas bom para nós, mas também para vocês. Temos que ter um pouco de ordem, ou eles vão trazer alguém como o diretor anterior da prisão".

O que o coronel falou fez sentido. Eu o ouvi e disse-lhe que o seu pedido era legítimo, mas antes que pudesse dar uma resposta, eu precisaria me reunir com o meu pessoal. Naquela época, uma reunião de todos os prisioneiros na seção de celas individuais era algo expressamente proibido. Ao pedir-lhe permissão para fazer tal reunião, eu estava pedindo por um relaxamento significativo do regulamento. Ele sabia disso tão bem quanto eu, e pediu um pouco de tempo para pensar a respeito.

No espaço de alguns dias, recebi uma notificação de Willemse dizendo que ele permitia a reunião. Todos nós nos encontramos numa tarde, no pátio, sem guardas nos vigiando. Contei para os outros prisioneiros o que Willemse havia dito, e observei que ao cedermos um pouco agora, nós estaríamos tornando nossas condições de vida melhores ao longo do tempo. Decidimos que pelo menos daríamos a aparência de estarmos trabalhando, mas o trabalho que fizéssemos seria em um ritmo que fosse mais conveniente para nós. A partir de então, foi isso que fizemos, e não ouvimos mais reclamações do oficial-comandante.

Durante o início do mandato de Willemse, em 1971-72, houve um fluxo constante de soldados capturados do MK. Esses homens haviam combatido, e estavam bem informados sobre o estado do movimento no exílio. Enquanto eu nunca ficava feliz em ver homens do CNA feitos prisioneiros, ficava entusiasmado em poder interrogá-los depois que eles chegassem. Eu estava extremamente ansioso em ter notícias de Oliver, sobre os campos de treinamento, sobre os sucessos e fracassos do MK.

Os homens eram extremamente militantes, e eles não aceitavam a vida na prisão com facilidade. Um dos primeiros desses homens foi Jimmy April, um oficial do MK que foi treinado sob o comando de Joe Slovo e lutado contra o inimigo na Rodésia. O MK vinha lentamente infiltrando homens de volta para o país com documentos falsificados de identidade. Jimmy foi um deles e foi preso na África do Sul.

Jimmy nos regalou com histórias da guerra, mas eu também o puxei de lado e fiz perguntas sobre os problemas do MK. Como eu era fundador do MK e um de seus primeiros comandantes e chefe, Jimmy e os outros eram mais francos comigo do que quando estavam com os outros prisioneiros. Ele me contou histórias de descontentamento nos campos e dos abusos impingidos pelos oficiais do MK. Pedi-lhe que mantivesse segredo sobre o assunto e consegui contrabandear uma carta para fora da prisão, endereçada a Oliver, sugerindo que algumas reformas deveriam ser feitas nos campos.

Certo dia, eu estava no escritório da administração da prisão em reunião com o Coronel Willemse quando vi Jimmy do lado de fora do gabinete de outro oficial. Ele se voltou para mim e disse com certa agitação, "Eles estão se recusando a me entregar a minha carta".

"Por quê?" perguntei.

"Eles afirmam que ela contém assuntos que não tenho permissão de ver", ele disse. Entrei no gabinete para discutir o assunto, mas antes que eu pudesse abrir a boca, Jimmy entrou sem pedir licença e falou em voz alta ao oficial, "Me dê a minha carta!" Jimmy começou a me empurrar para o lado para chegar até a mesa do oficial e pegar a carta. Nesse momento, o oficial pegou a carta e se escondeu atrás de mim como se estivesse se protegendo de Jimmy. Poderia ter sido uma cena cômica em um filme, mas naquela época isso era desesperador. Voltei-me para Jimmy e falei calmamente, mas com seriedade, "Por favor, não faça isso. Acalme-se. Vou resolver o assunto e me assegurar de que você receba a sua carta. Por favor, vá embora".

Minha fala teve o efeito desejado, e Jimmy saiu do gabinete. Então me voltei para o oficial, que estava extremamente abalado. Para mim, essa era uma posição estranha. Eu não estava me opondo às autoridades, mas fazendo a mediação entre o meu próprio povo e os homens com quem havia lutado durante tanto tempo. A militância daqueles que estavam chegando à ilha me colocava nessa posição cada vez mais frequentemente. Se por um lado ficávamos encorajados pelo seu radicalismo, por outro lado esses homens às vezes tornavam a nossa vida no dia a dia mais penosa.

No espaço de uma semana, o oficial me entregou a carta de Jimmy.

75

CERTA MANHÃ, em vez de caminharmos até a pedreira, recebemos ordens de subirmos em um caminhão. Ele saiu ruidosamente em uma direção diferente, e quinze minutos depois recebemos ordens de descer. Lá, diante de nós, cintilando na luz matinal, vimos o oceano, a praia pedregosa, e na distância, piscando ao sol, as torres de vidro da Cidade do Cabo. Apesar de certamente ser uma ilusão, a cidade, com a Montanha Table elevando-se por detrás, parecia dolorosamente próxima, como se alguém pudesse alcançá-la, pegá-la.

O oficial no comando explicou para nós que havíamos sido trazidos para a praia para coletarmos algas marinhas. Fomos instruídos a juntar os pedaços grandes que vinham parar na praia, e vadear para coletar as algas presas nas rochas ou em corais. As próprias algas eram compridas e pegajosas e de cor marrom-esverdeada. Às vezes, os pedaços tinham em torno de dois metros e pesavam mais de quinze quilos. Depois de retirarmos as algas dos bancos de areia, nós as enfileirávamos na praia. Quando elas secavam, nós as colocávamos na carroceria do caminhão. Disseram-nos que elas seriam então transportadas para o Japão, onde seriam utilizadas como fertilizante.

O trabalho não pareceu muito difícil para nós naquele dia, mas nas semanas e meses seguintes, descobrimos que ele podia ser bastante árduo. Mas isso não tinha muita importância porque tínhamos o prazer e a distração de um cenário muito panorâmico: observávamos os barcos pesqueiros passar, petroleiros imponentes atravessando lentamente o horizonte; observávamos gaivotas pescando peixes e focas brincando nas ondas; ríamos da colônia de pinguins, que parecia uma brigada de soldados desajeitados de pé chato; e nos maravilhávamos com o drama diário do clima sobre as Montanha Table, com seu dossel móvel de nuvens e sol.

No verão, a água dava uma sensação maravilhosa, mas no inverno, as correntes geladas de Benguela tornavam o caminhar pelas ondas uma tortura. As rochas na praia e à sua volta eram afiadas, e nós frequentemente cortávamos e arranhávamos nossas pernas enquanto trabalhávamos. Mas nós preferíamos o mar à pedreira, apesar de nunca passarmos mais que alguns dias, de cada, trabalhando na praia.

* * *

O oceano provou ser uma arca de tesouro. Achei lindas peças de coral e conchas elaboradas, que às vezes levava para a minha cela. Uma vez, alguém encontrou uma garrafa de vinho enterrada na areia e que ainda tinha a rolha. Disseram-me que ele estava com gosto de vinagre. Jeff Masemola, do CPA, era um artista e escultor extremamente talentoso, e as autoridades permitiram que ele coletasse pedaços de madeira flutuante, em que ele entalhava figuras fantásticas, algumas das quais os guardas se ofereciam para comprar. Ele construiu uma estante para mim, que usei durante anos. As autoridades diziam aos visitantes que elas é que haviam fornecido essa estante para mim.

A atmosfera na praia era mais descontraída do que na pedreira. Nós também apreciávamos a beira-mar porque comíamos extremamente bem lá. A cada manhã, quando íamos para a praia, levávamos um grande tambor de água doce. Mais tarde, trazíamos um segundo tambor, que utilizávamos para fazer uma espécie de ensopado de frutos do mar da Ilha de Robben. Para o nosso ensopado, juntávamos mariscos e mexilhões. Nós também pescávamos lagostins, que se escondiam nas fendas das rochas. Capturar um lagostim era complicado; tínhamos que agarrá-lo firmemente entre a cabeça e a cauda, ou ele se contorcia até ficar livre.

Haliote, ou o que chamamos *perlemoen*, era o meu prato favorito. Haliotes são moluscos que se prendem tenazmente às rochas, e é necessário arrancá-los. São criaturas teimosas, difíceis de abrir, e se passam do ponto do cozimento ficam duras demais para comer.

Nós pegávamos os nossos pescados e empilhávamos no segundo tambor. Wilton Mkwayi era o *chef* entre nós e elaborava o ensopado. Quando este ficava pronto, os guardas se juntavam a nós e todos nós sentávamos na praia e fazíamos uma espécie de piquenique. Em 1973, em um jornal contrabandeado, lemos sobre o casamento da Princesa Anne com Mark Phillips, e o artigo detalhava o almoço nupcial composto de pratos raros e delicados. O cardápio incluía mexilhões, lagostins e haliote, o que nos fez cair na gargalhada; estávamos comendo essas delícias todos os dias.

Certa tarde, estávamos sentados na praia comendo o nosso ensopado quando o Tenente Terblanche, que então era o diretor da prisão, fez uma visita surpresa. Rapidamente, fizemos de conta que estávamos trabalhando, mas não conseguimos enganá-lo. Ele logo descobriu o segundo tambor contendo um ensopado de mexilhões borbulhando sobre o fogo. O tenente abriu a caçarola e olhou para dentro dela. Então ele pegou um mexilhão e o comeu, e pronunciou um "*Smaaklik*", africâner, para "saboroso".

76

NA LUTA PELA LIBERDADE, a Ilha de Robben era conhecida como a universidade. Isso não se devia apenas por causa do que aprendíamos nos livros, ou porque os prisioneiros aprendiam a falar inglês e africâner, e estudavam artes, geografia e matemática, ou porque tantos dos nossos homens, tais como Billy Nair, Ahmed Kathrada, Mike Dingake e Eddie Daniels, obtiveram múltiplos diplomas. A Ilha de Robben era conhecida como a universidade por causa do que aprendíamos uns com os outros. Nós nos tornamos o nosso próprio corpo docente, com os nossos próprios professores, nosso próprio currículo, nossos próprios cursos.

Nós fazíamos distinção entre cursos acadêmicos, que eram oficiais, e estudos políticos, que não eram.

A nossa universidade cresceu parcialmente em virtude da necessidade. À medida que jovens prisioneiros vinham para a ilha, nos demos conta de que eles sabiam muito pouco a respeito da história do CNA. Walter, que talvez fosse o maior historiador vivo do CNA, começou a contar-lhes sobre a gênese da organização e seus dias iniciais. Seus ensinamentos eram sábios e cheios de compreensão. Gradualmente, essa história informal se transformou em um curso de estudos, constituído pelo Alto Órgão, que se tornou conhecido como Programa de Estudos A, envolvendo dois anos de aulas sobre o CNA e a luta pela libertação. O Programa de Estudos A incluía um curso ministrado por Kathy, "Uma história da luta indiana". Outro companheiro adicionou uma história das pessoas mestiças. Mac, que havia estudado na Alemanha Oriental, ministrou um curso sobre marxismo.

O curso de Walter é que era o coração de toda a educação na ilha. Muitos dos membros jovens do CNA que vinham para a ilha não faziam nem ideia que a organização já existia nos anos de 1920 e 1930. Walter os guiou desde a fundação do CNA, em 1912, até os dias atuais. Para muitos desses jovens, essa era a única educação política que eles jamais receberam.

À medida que os cursos passaram a ser conhecidos na seção dos presos comuns, começamos a ser sondados pelos nossos companheiros do outro lado. Isso deu início ao que se tornou uma espécie de curso por correspondência com os prisioneiros na seção dos presos comuns. Os professores contrabandeavam palestras para eles, que por sua vez respondiam com perguntas e comentários.

Isso foi benéfico para nós tanto quanto era para eles. Esses homens tinham pouca educação formal, mas um grande conhecimento das dificuldades do mundo. Suas preocupações tendiam a ser práticas em vez de filosóficas. Se uma das palestras declarasse que um dos dogmas do socialismo é "De cada um de acordo com a sua habilidade e para cada um de acordo com a sua necessidade", poderíamos receber de volta uma pergunta, "Sim, mas o que isso significa na prática? Se eu tenho terras, mas não tenho dinheiro, e meu amigo tem dinheiro, mas não tem terras, qual de nós está passando por maior necessidade?" Tais perguntas eram imensamente valiosas e forçava a pessoa a pensar seriamente sobre o ponto de vista do outro.

Durante vários anos, dei aulas em um curso de economia política. Nele, eu tentava traçar a evolução do homem econômico desde os tempos mais remotos até o presente, esboçando o caminho das sociedades comunais ao feudalismo, ao capitalismo e ao socialismo. Não sou de forma alguma um erudito e tampouco um professor, e geralmente eu preferia responder perguntas a dar aulas. Minha abordagem não era ideológica, mas era tendenciosa em favor do socialismo, que eu via como sendo o estágio mais avançado da vida econômica então desenvolvida pelo ser humano.

Além dos meus estudos informais, meu trabalho legal continuou. Algumas vezes eu pensava em colocar um sarrafo no lado de fora da minha cela bloqueando a sua entrada, porque eu estava passando muitas horas por semana preparando recursos judiciais para os outros prisioneiros, apesar de isso ser proibido pelo regulamento do serviço penitenciário. Prisioneiros de todas as tendências políticas buscavam a minha ajuda.

A legislação sul-africana não garante a um réu o direito de representação legal, e milhares e milhares de homens e mulheres indigentes eram presos a cada ano por falta de tal representação. Poucos negros podiam pagar um advogado, e a maioria não tinha escolha a não ser aceitar qualquer que fosse o veredicto que o tribunal desse. Muitos homens na seção dos presos comuns haviam sido sentenciados sem o benefício de um advogado, e vários deles me procuravam para entrar com um recurso. Para a maioria desses homens, era a primeira vez que lidavam com um advogado.

Eu receberia um bilhete contrabandeado de um prisioneiro na Seção F ou G pedindo ajuda. Então eu solicitava os detalhes do caso, a acusação, as provas e os depoimentos. Por causa da natureza clandestina dessas trocas, a informação vinha lentamente e em fragmentos. Uma consulta que não duraria mais de meia hora no meu velho escritório da Mandela e Tambo podia levar um ano ou mais na ilha.

Aconselhei meus "clientes" a escrever uma carta para o escrivão da Corte Suprema solicitando uma cópia dos autos de seu caso. Eu dizia para o prisioneiro informar ao escrivão que ele tinha fundos financeiros limitados e que gostaria de receber os autos sem precisar pagar. Algumas vezes, os escrivães eram bondosos o suficiente para fornecerem o material gratuitamente.

Quando eu estava de posse dos autos do caso, elaborava um recurso, normalmente baseado em alguma irregularidade judicial, tal como preconceito, procedimentos incorretos ou provas insuficientes. Eu escrevia uma carta para o juiz ou magistrado na minha própria caligrafia, e então a enviava para o outro lado. Porque o fato de eu preparar o caso de outro homem era uma violação aos regulamentos, eu instruía o prisioneiro a copiar o documento. Se ele não soubesse escrever, e muitos prisioneiros não sabiam, eu dizia para ele encontrar alguém que soubesse.

Eu apreciava poder manter as minhas habilidades legais afiadas, e em vários casos os veredictos foram invalidados e as sentenças reduzidas. Essas eram vitórias gratificantes; a prisão é imaginada para fazer com que uma pessoa se sinta impotente, e essa era uma das únicas formas de movimentar o sistema. Frequentemente, nunca me encontrava com os homens para quem trabalhava, e algumas vezes, do nada, um homem que estava nos servindo mingau durante o almoço sussurrava um "muito obrigado" para mim por causa do trabalho que eu havia feito a seu favor.

77

A OPRESSÃO sobre a minha esposa não foi aliviada. Em 1972, policiais da força de segurança arrombaram a porta no número 8115, da Orlando West. Tijolos foram atirados pela janela. Tiros foram dados na porta da frente. Em 1974, Winnie foi indiciada por violar a ordem de banimento, que a proibia de receber quaisquer visitas além das de seus filhos e de seu médico. Na época ela estava trabalhando em um escritório de advocacia, e um amigo trouxe Zeni e Zindzi para vê-la durante seu horário de almoço.

Por causa disso, Winnie foi indiciada e então condenada a seis meses de prisão. Ela ficou na Prisão Kroonstad, no Estado Livre de Orange, mas a sua experiência lá não foi tão horrenda quanto a sua estada anterior em Pretória. Winnie escreveu uma carta para mim dizendo que desta vez ela se sentia liberada na prisão, e isso serviu para reafirmar o compromisso dela com a luta. As autoridades permitiam que Zindzi e Zeni a visitassem aos domingos.

Quando Winnie foi libertada em 1975, conseguimos, através de cartas e comunicação pelos nossos advogados, formular um plano para que eu pudesse ver Zindzi. Os regulamentos da prisão estabeleciam que nenhuma criança entre dois e dezesseis anos de idade podia visitar um prisioneiro. Quando fui para a Ilha de Robben, todos os meus filhos se encaixavam nesse limbo legal de restrição etária. O raciocínio por trás da regra não é pernicioso; os legisladores presumiam que uma visita à prisão afetaria negativamente a psique sensível das crianças. Mas o efeito sobre os prisioneiros talvez fosse igualmente prejudicial. Alguém não ser capaz de ver os seus filhos é fonte de uma profunda tristeza.

Em 1975, Zindzi completou quinze anos de idade. O plano era que a mãe dela alterasse os seus documentos de nascimento para provar que a menina estava fazendo dezesseis anos, e não quinze, e, portanto, podia me ver. Os registros de nascimento não são mantidos de forma muito uniforme ou organizada para os negros, e Winnie descobriu que não era difícil modificar os documentos dela para mostrar que Zindzi havia nascido um ano antes. Ela solicitou uma autorização de visita, que foi concedida.

Algumas semanas antes da visita programada de Zindzi, em dezembro, recebi uma visita previamente arranjada da mãe de Winnie. Quando me sentei na frente dela, na área de visitas, disse para ela, “Bem, Mãe. Estou muito entusiasmado porque vou ver Zindzi”. Minha sogra, que era ex-professora, olhou para mim com certa surpresa e então falou de uma forma bem irritadiça, “Não, Zindzi não pode vir vê-lo porque ela ainda não completou dezesseis anos de idade”.

Compreendi imediatamente que ninguém havia contado para ela sobre o nosso movimento. Havia um guarda atrás de cada um de nós, e decidi que iria simplesmente disfarçar o que ela havia dito, e balbuciei "Ah, bem, Mãe, não é nada".

Mas a minha sogra é uma mulher teimosa e ela não deixou o assunto passar. "Bem, Mkonyasini" – um termo carinhoso para genro em Xhosa, que é como ela sempre me chamava – "vocês cometeram um erro grave porque Zindzi tem apenas quinze anos de idade".

Arregalei os olhos em um gesto de alarme e ela deve ter captado a mensagem porque não mencionou Zindzi novamente.

Eu não via Zindzi desde quando ela tinha três anos de idade. Ela era uma filha que conhecia o seu pai de velhas fotografias em vez de lembranças. Vesti uma camisa limpa naquela manhã, e me preocupei mais que de costume com a minha aparência: era pura vaidade minha, mas eu não queria parecer um velho para a minha filha mais nova.

Eu não via Winnie fazia mais de um ano, e fiquei gratificado ao ver que ela parecia estar bem. Mas fiquei encantado em ver que linda mulher a minha filha mais nova havia se tornado e o quanto ela se parecia com a sua igualmente linda mãe.

Inicialmente, Zindzi estava tímida e hesitante. Estou certo de que não era fácil para ela finalmente ver um pai a quem nunca conhecera de fato, um pai que podia amá-la apenas a distância, que parecia pertencer não a ela, mas ao povo. Em algum lugar no seu íntimo ela deve ter nutrido ressentimento e raiva por um pai que estivera ausente durante a sua infância e adolescência. Eu pude imediatamente ver que ela era uma jovem forte e impetuosa como a sua própria mãe havia sido quando tinha a idade de Zindzi.

Eu sabia que ela se sentiria desconfortável, e fiz o melhor que pude para deixar a atmosfera mais leve. Quando ela chegou, eu disse para ela, "Você conhece a minha guarda de honra?", gesticulando em direção aos guardas que me seguiam a todos os lugares. Perguntei-lhe sobre a sua vida, sua escola e seus amigos, e então tentei fazê-la lembrar-se dos velhos dias dos quais ela tinha vagas lembranças. Contei-lhe como eu frequentemente me lembrava das manhãs de domingo em casa, quando eu a embalava em meus joelhos enquanto mamãe estava na cozinha preparando um assado. Lembrei-me de pequenos incidentes e aventuras em Orlando quando ela ainda era bebê, e de como ela raramente chorava mesmo quando era pequena. Através do vidro, pude vê-la contendo as lágrimas enquanto eu falava.

A única nota trágica da visita foi quando fiquei sabendo, através de Winnie, que Bram Fischer havia morrido de câncer logo após ter sido libertado da prisão. A morte de Bram me afetou profundamente. Apesar de o governo não ter deixado impressões digitais no corpo de Bram, foi a perseguição implacável que o Estado fazia a ele que causou a doença final que o levou cedo demais. Eles o perseguiram até mesmo depois de sua morte – o Estado confiscou suas cinzas depois da cremação.

Bram era um purista, e depois do Julgamento de Rivonia, decidiu que podia servir melhor à luta indo para clandestinidade e vivendo a vida de um fora da lei. O fato de os homens que ele havia defendido no tribunal irem para a prisão, enquanto ele mesmo vivia livremente, pesava em sua consciência. Durante o julgamento, aconselhei Bram a não tomar esse rumo, enfatizando que ele serviria melhor à luta na sala do tribunal, onde o povo pudesse ver esse africânder, filho de um juiz-presidente, lutando pelos direitos dos destituídos. Mas ele não conseguia deixar os outros sofrerem enquanto permanecia livre. Como o general que luta lado a lado com as suas tropas na linha de frente, Bram não queria pedir que os outros fizessem sacrifícios que ele mesmo não estava disposto a fazer.

Bram entrou na clandestinidade enquanto estava sob fiança e foi capturado, em 1965, e sentenciado à prisão perpétua por conspiração por cometer sabotagem. Eu havia tentado escrever para ele na prisão, mas os regulamentos proibiam que prisioneiros se correspondessem entre si. Depois que ele foi diagnosticado com câncer, iniciou-se uma campanha nos jornais pedindo a sua libertação por razões humanitárias, que influenciou o governo. E foi apenas algumas semanas depois que as autoridades o libertaram, ainda sob prisão domiciliar, na casa de seu irmão em Bloemfontein, que ele faleceu.

De muitas formas, Bram Fischer, neto do primeiro-ministro da Colônia do rio Orange, havia feito o maior sacrifício de todos. Não importando o quanto sofri em minha busca pela liberdade, eu sempre conseguia forças pelo fato de que estava lutando com e para o meu próprio povo. Bram era um homem livre que lutou contra o seu próprio povo para assegurar a liberdade de outros.

Um mês depois dessa visita, recebi notícias de Winnie dizendo que o seu pedido mais recente de autorização para me visitar havia sido negado pelas autoridades, pela razão absurda que eu não queria vê-la. Imediatamente solicitei uma reunião com o Tenente Prins, que era diretor da prisão, na época, para registrar um protesto.

Prins não era o que se podia chamar de homem sofisticado. Quando fui vê-lo, expliquei a situação calmamente e sem animosidade. Mas falei que a situação, como estava, era inaceitável e minha esposa devia receber autorização para me visitar.

Prins não pareceu estar ouvindo, e quando terminei de falar, ele disse, "Ah, Mandela, a tua esposa está apenas buscando publicidade". Eu disse a ele que havia ficado ofendido com a observação, e antes mesmo que eu terminasse de falar, ele proferiu algo tão ofensivo e descortês sobre minha esposa que imediatamente perdi a calma.

Levantei-me da cadeira e comecei a me movimentar em torno da mesa em direção ao tenente. Prins começou a recuar, mas eu logo me dei conta do que estava fazendo. Em vez de agredi-lo com meus punhos, como estava sentindo vontade de fazer, eu o agredi com palavras. Não sou um homem que aprova imprecações e xingamentos, mas naquele dia violei os meus próprios princípios. Terminei dizendo-lhe que ele era um homem desprezível e sem honra, e que se ele algum dia repetisse aquelas mesmas palavras eu não iria me controlar como havia feito naquele dia.

Quando terminei de falar, me virei e saí intempestivamente do gabinete. Enquanto saía, vi Kathy e Eddie Daniels no lado de fora, mas nem mesmo os cumprimentei enquanto voltava para a minha cela. Apesar de eu ter silenciado Prins, ele havia feito com que eu violasse o meu autocontrole e isso eu considero uma derrota nas mãos do meu oponente.

Depois do desjejum na manhã seguinte, dois guardas entraram em minha cela e disseram que eu estava sendo esperado no Escritório da Administração. Quando cheguei ao escritório, fui cercado por meia dúzia de guardas armados. De um lado estava o Tenente Prins e no centro desse círculo estava um subtenente que era o promotor da prisão. A atmosfera estava tensa.

"Bem, Mandela", disse o promotor, "ouvi dizer que você se divertiu bastante ontem, mas hoje não vai ser tão agradável. Estou indiciando você por ter insultado e ameaçado o diretor da prisão. É uma acusação grave". Então ele me entregou a notificação.

"Você tem alguma coisa a dizer?" perguntou.

"Não", respondi. "Você pode falar com o meu advogado". Então pedi para ser levado de volta para a minha cela. Prins não disse nenhuma palavra.

Eu imediatamente soube o que iria fazer: preparar uma ação em resposta, acusando todos, do tenente ao ministro da justiça, de má conduta. Eu indiciaria o sistema penitenciário como um todo, como uma instituição racista que buscava perpetuar a supremacia branca. Eu transformaria o caso em uma causa célebre, e os faria arrependerem-se por terem me acusado, em primeiro lugar.

Pedi a George Bizos que me representasse, e uma reunião foi logo arranjada. Antes da visita de George, comuniquei às autoridades que estaria dando instruções por escrito para ele. Eles me perguntaram por quê, e respondi com franqueza que presumia que a sala de consultas estava grampeada. As autoridades então se recusaram a dar permissão para que eu desse uma declaração por escrito; eu devia fazer uma declaração verbal. Eu lhes disse que eles não tinham direito de negar permissão, e o fato de que o fizeram somente confirmava a minha suspeita.

A verdade era que as autoridades temiam que George vazasse uma declaração escrita para a imprensa. Isso de fato fazia parte da nossa estratégia. Eles também estavam preocupados que eu estivesse utilizando George como um canal para me comunicar com Oliver, em Lusaka, e presumiam que a declaração por escrito conteria informações sensíveis. Eu havia utilizado George anteriormente para tais finalidades, mas o documento em questão não continha tal material.

Uma data foi estabelecida para a corte disciplinar da ilha, e um magistrado da Cidade do Cabo foi designado para presidi-la. Um dia antes da audiência, me comunicaram que o meu advogado estaria chegando no dia seguinte e eu estaria livre para lhe dar uma declaração por escrito. Encontrei com George pela manhã no escritório da administração e tivemos uma rápida reunião antes de o tribunal entrar em sessão. Mas a audiência mal havia começado quando o promotor anunciou que a prisão estava retirando o seu caso. O juiz deu a sessão por encerrada e saiu abruptamente da sala. George e eu nos entreolhamos surpresos, e nos cumprimentamos pela vitória aparente. Eu estava guardando os meus papéis quando outro subtenente veio e, apontando para a minha declaração escrita, disse, "Me dê aquele arquivo".

Recusei-me, afirmando que aquele era um assunto confidencial entre mim e o meu advogado. Chamei o promotor e disse-lhe: "Comunique este homem que estes documentos estão protegidos pelo sigilo entre o advogado e o seu cliente, e que eu não tenho que entregá-los". O promotor respondeu que eles eram, mas que o caso estava encerrado, o tribunal não estava mais em sessão, e que a única autoridade na sala era aquela do subtenente. O oficial recolheu o documento da mesa. Não houve nada que eu pudesse fazer para evitar isso. Acredito que as autoridades desistiram do caso simplesmente para tomar posse daquele documento – o qual, como eles acabaram descobrindo, não continha nada que eles já não tivessem conhecimento.

Por mais improvável que possa ter parecido, não obstante pensei em fugir durante todo o tempo que passei na ilha. Mac Maharaj e Eddie Daniels, ambos homens corajosos e engenhosos, estavam sempre elaborando planos e discutindo possibilidades. A maioria era perigosa demais, mas isso não fazia com que não levássemos em consideração.

Havíamos obtido certos avanços. Jeff Masemola, o nosso mestre em artesanato, confeccionou uma chave-mestra que abria a maioria das portas na nossa seção. Certo dia, um guarda deixou suas chaves na mesa, na sala no final do nosso corredor. Jeff pegou um pedaço de sabão e fez uma impressão da chave. Utilizando esse contorno, ele pegou um pedaço de metal e o limou até ficar com a forma de uma chave. Essa chave nos dava acesso para alguns depósitos na parte de trás de nossa seção, assim como para a área da solitária. Mas nós nunca a usamos para sair da nossa seção. Afinal de contas, o mar é que era o fosso intransponível em torno da Ilha de Robben.

Em 1974, Mac teve uma ideia de como atravessar aquela barreira. Ele fora levado recentemente ao dentista, na Cidade do Cabo, e descobriu que o próprio dentista tinha parentesco por casamento com um prisioneiro político conhecido. O dentista fora simpático; ele se recusou a tratar Mac se os grilhões de suas pernas não fossem retirados primeiramente. Mac também notou que a janela na sala de espera do dentista no segundo andar estava a uma altura que permitia um pequeno salto para uma ruela lateral, onde poderíamos tentar uma fuga.

Quando Mac voltou, ele se reuniu com alguns de nós e insistiu que marcássemos consultas com o dentista. Nós o fizemos, e descobrimos que arranjos foram feitos para que Mac, Wilton Mkwayi, eu e outro prisioneiro fôssemos no mesmo dia para a Cidade do Cabo. Nós três estávamos com vontade de fazer uma tentativa de fuga, mas quando Mac contatou o quarto homem, ele se recusou. Tínhamos dúvidas sobre a lealdade desse homem, e fiquei preocupado com o fato de ele ter conhecimento do que estávamos planejando.

Nós três fomos levados de barco para a Cidade do Cabo e então para o consultório do dentista sob forte escolta policial. Nós tínhamos recebido treinamento militar e provavelmente tínhamos, na verdade, as melhores chances de executar uma fuga. Mac também estava portando uma faca, e estava preparado para utilizá-la. No consultório do dentista, primeiramente os guardas retiraram todos os outros pacientes. Exigimos que os nossos grilhões fossem removidos, e com o apoio do dentista, os nossos guardas os retiraram.

Mac nos levou até a janela e apontou para a rua que era a nossa rota de fuga. Mas algo na rua deixou Mac preocupado tão logo ele a viu: estávamos no centro da Cidade do Cabo, no meio do dia, e, no entanto, a rua estava vazia. Quando ele havia estado aqui anteriormente, a rua estava repleta de tráfego. "É uma armadilha", Mac sussurrou. Eu também tive a sensação de que algo estava errado, e concordei com Mac. Wilton, que estava cheio de adrenalina, disse que Mac estava dizendo tolices. "Madiba, você está perdendo a coragem", disse. Mas concordei com Mac, e nós três simplesmente acabamos tendo nossos dentes examinados. O dentista ficou curioso do porquê de eu ter vindo, porque os meus dentes estavam ótimos.

Enquanto Mac pensava nos planos de fuga mais práticos, Eddie Daniels elaborava os mais criativos. Durante os anos iniciais, não era permitido que aviões sobrevoassem a ilha. Mas em meados dos anos de 1970, notamos que não apenas aviões estavam voando sobre nossas cabeças, mas também helicópteros em suas idas e vindas dos petroleiros que navegavam pela costa. Eddie veio até mim com um plano que envolveria a organização utilizando um helicóptero, pintado em cores militares da África do Sul, para me apanhar na ilha e então me depositar no telhado da embaixada de algum país amigo na Cidade do Cabo onde eu buscaria asilo. Não era um plano malconcebido, e falei para Eddie que ele deveria contrabandear a sugestão para Oliver em Lusaka. Eddie conseguiu fazer com que a sua ideia chegasse a Lusaka, mas nunca recebeu uma resposta.

78

CELEBRAÇÕES DE ANIVERSÁRIO eram coisas bem despojadas na Ilha de Robben. Em lugar de bolo e presentes, nós juntávamos a nossa comida e presenteávamos o aniversariante com uma fatia extra de pão ou uma xícara de café. Fikile Bam e eu nascemos no mesmo dia, 18 de julho, e eu guardava alguns doces que havia comprado no Natal para nós dois compartilharmos no nosso aniversário. Meu quinquagésimo aniversário havia passado sem muito alarde em 1968, mas em 1975, quando completei cinquenta e sete anos de idade, Walter e Kathy me abordaram com um plano de longo prazo, que tornaria o meu sexagésimo aniversário mais memorável.

Uma das questões que sempre nos preocupavam era como manter a ideia da luta diante do povo. Durante a década anterior, o governo havia silenciado a maior parte da imprensa radical, e ainda estava em vigência a proibição da publicação das palavras ou fotografias de qualquer indivíduo banido ou aprisionado. Um editor podia ir para a cadeia e seu jornal ser fechado apenas por publicar uma foto minha ou de meus colegas.

Certo dia, Walter, Kathy e eu estávamos conversando no pátio quando eles sugeriram que eu devia escrever as minhas memórias. Kathy observou que o momento perfeito para tal livro ser publicado seria no meu sexagésimo aniversário. Walter falou que uma história como essa, se contada de forma verdadeira e apropriada, serviria para lembrar às pessoas o quanto havíamos lutado e que ainda estávamos lutando. Ele acrescentou que elas se tornariam uma fonte de inspiração para jovens guerreiros pela liberdade. A ideia foi atraente para mim, e durante uma conversa subsequente, concordei em seguir adiante.

Quando decido fazer algo, gosto de começar imediatamente, e mergulhei nesse novo projeto. Adotei uma escala de trabalho bastante heterodoxa: eu escrevia durante a maior parte da noite e dormia durante o dia. Durante as primeiras semanas, eu dava uma cochilada depois do jantar, acordava às dez da noite e então escrevia até chegar a hora do desjejum. Depois de trabalhar na pedreira, eu dormia até a hora do jantar, e o processo recomeçava. Depois de algumas semanas fazendo isso, informei às autoridades que não estava me sentindo bem e não iria para a pedreira. Eles não pareceram se importar, e a partir de então pude dormir durante a maior parte do dia.

Criamos uma linha de montagem para processar o manuscrito. A cada dia, eu passava o que havia escrito para Kathy, que revisava o manuscrito e então o lia para Walter. Kathy então anotava os comentários nas margens. Walter e Kathy nunca hesitaram em me criticar, e eu levava a sério as sugestões que eles faziam, frequentemente incorporando as mudanças que eles propunham. Esse manuscrito anotado era então dado a Laloo Chiba, que passava a noite seguinte transferindo o que eu havia escrito para a sua caligrafia quase microscópica, reduzindo dez páginas de papel ofício a um único pedaço pequeno de papel. Mac era o responsável por contrabandear o manuscrito para o mundo exterior.

Os guardas ficaram desconfiados. Eles foram até Mac e falaram, "O que Mandela está aprontando? Por que ele fica acordado até tarde da noite?" Mas Mac simplesmente deu de ombros e disse que não fazia ideia. Eu escrevia rapidamente, completando a primeira versão em quatro meses. Eu não ficava hesitando em escolher uma palavra ou frase. Cobri o período do meu nascimento até o Julgamento de Rivonia, e finalizei com algumas notas sobre a Ilha de Robben.

Revivi minhas experiências ao escrever sobre elas. Aquelas noites, enquanto escrevia em silêncio, eu pude experimentar uma vez mais as imagens e os sons da minha juventude em Qunu e Mqhekezweni; o entusiasmo e o medo ao vir para Johannesburgo; as tormentas da Liga da Juventude; os adiamentos intermináveis do Julgamento por Traição; o drama de Rivonia. Era como um sonho acordado e tentei transferi-lo para o papel com a maior simplicidade e veracidade que podia.

Mac escondeu engenhosamente a versão transcrita do manuscrito dentro da encadernação de vários cadernos que ele usava em seus estudos.

Dessa maneira, ele pode salvaguardar o texto todo das autoridades e contrabandeá-lo quando foi libertado em 1976. O arranjo era que Mac informaria secretamente quando o manuscrito estivesse a salvo fora do país; apenas então destruiríamos o original. Nesse meio tempo, ainda tínhamos que dar fim a um manuscrito de quinhentas páginas. Fizemos a única coisa que podíamos: nós o enterramos no jardim do pátio. A vigilância no pátio havia se tornado descuidada e esporádica. Normalmente, os guardas ficavam sentados conversando entre si em uma sala na extremidade norte da seção. Daquela sala, eles não enxergavam a extremidade sul, próxima à área de isolamento, onde havia um pequeno jardim. Eu havia inspecionado casualmente essa área durante as minhas caminhadas matinais, e foi lá que decidi enterrar o manuscrito.

De forma a não precisarmos cavar um buraco grande, decidimos enterrar o manuscrito em três locais diferentes. Nós o dividimos em dois segmentos menores e um maior, embrulhamos cada um deles com plástico e os colocamos dentro de latas de chocolate em pó. O trabalho teria que ser feito rapidamente, e pedi que Jeff Masemosa confeccionasse ferramentas para cavar. No espaço de alguns dias recebi várias estacas afiadas de ferro.

Certa manhã, após o desjejum, Kathy, Walter, Eddie Daniels e eu fomos para o jardim na extremidade sul do pátio, onde fizemos de conta que estávamos tendo uma discussão política. Cada um de nós estava escondendo porções do manuscrito sob nossas camisas. Ao meu sinal, todos nos abaixamos e começamos a escavar. Eu cavei no canto, perto da tampa de um bueiro que levava a um esgoto. Quando atingi a tubulação, cavei um espaço sob ela, e foi lá que coloquei a maior das três latas. Os outros cavaram dois buracos mais rasos para as suas porções.

Terminamos a tempo de nos alinharmos para a nossa marcha até a pedreira. Enquanto eu caminhava naquela manhã, tive uma sensação de alívio pelo manuscrito estar seguramente escondido. Então não pensei mais a respeito dele.

Algumas semanas mais tarde, logo depois da nossa chamada para despertar, ouvi um barulho no pátio que me deixou pouco à vontade: era o baque de picaretas e pás no chão. Quando fomos autorizados a sair das nossas celas para nos lavarmos, caminhei até a entrada do corredor e consegui dar uma espiada pela porta e o canto do pátio. Lá, na extremidade sul do pátio, estava uma equipe de trabalho da seção geral. Para meu alarme, eles estavam cavando na área onde o manuscrito estava enterrado.

As autoridades decidiram construir um muro diante da seção de isolamento porque descobriram que os prisioneiros em isolamento conseguiam se comunicar conosco no pátio. A equipe de trabalho estava cavando uma vala rasa para a fundação de concreto do muro.

Enquanto me lavava, consegui informar Walter e Kathy sobre a escavação que estava acontecendo do lado de fora. Kathy achou que a parte principal do manuscrito, que estava enterrada sob a tubulação, provavelmente estava a salvo, mas que as duas outras partes estavam vulneráveis. Quando os tambores com mingau para o desjejum foram trazidos para o pátio, os guardas comandando a equipe de trabalho ordenaram que os prisioneiros comuns saíssem do pátio. Isso foi feito para evitar qualquer confraternização com os prisioneiros políticos.

Com nossas tigelas de mingau na mão, eu levei Walter e Kathy até a extremidade sul do pátio, como se quisesse conversar privadamente com eles. O início da vala já estava perigosamente perto das duas latas menores. Ao mesmo tempo, Eddie Daniels se juntou a nós e imediatamente reconheceu o problema.

Havia apenas uma coisa a fazer: tão discretamente quanto possível, nós quatro começamos a cavar na área onde as duas partes menores do manuscrito estavam. Conseguimos desenterrar as duas latas bem rapidamente, e cobrimos os buracos novamente. Para resgatar a parte do manuscrito sob a tubulação seria necessário mais tempo, mas estávamos confiantes que eles não encontrariam o manuscrito porque não iriam deslocar a tubulação para construir o muro. Escondemos o manuscrito sob nossas camisas enquanto caminhamos de volta para as nossas celas. Eddie não ia para a pedreira naquele dia, e demos as latas para ele, com instruções para que ele os destruísse o mais cedo possível. Sob um grande risco pessoal, Eddie concordou em fazê-lo.

Respirei aliviado ao saber que havíamos resgatado as duas latas, e tentei não pensar sobre o pedaço restante do manuscrito enquanto trabalhava naquele dia.

Quando voltamos da pedreira naquela tarde, em vez de me lavar, como fazia normalmente, andei até a extremidade do pátio. Tentei parecer o mais descontraído possível, mas fiquei alarmado com o que vi. Os prisioneiros cavaram uma vala que corria paralelamente ao muro da seção de isolamento e, na verdade, retiraram o encanamento todo. Eles não podiam ter deixado de descobrir o manuscrito.

Devo ter hesitado ou reagido de uma forma perceptível. Sem que soubesse, eu estava sendo observado por vários guardas, que mais tarde afirmaram que a minha reação confirmou que eu sabia que havia um manuscrito naquele local. Voltei para o corredor para me lavar e disse para Walter e Kathy que suspeitava que o manuscrito havia sido descoberto. Eddie, nesse meio tempo, conseguiu se livrar das duas outras partes do manuscrito.

Bem cedo, na manhã seguinte, fui convocado para ir ao escritório da administração me encontrar com o oficial-comandante. Ao lado dele estava um oficial alto que viera de Pretória. Sem qualquer saudação, o oficial-comandante anunciou: "Mandela, encontramos o teu manuscrito".

Não respondi. Então o oficial-comandante se inclinou atrás da mesa e apresentou um maço de papéis.

"Esta é a sua caligrafia, não é?" perguntou. Novamente, permaneci em silêncio.

"Mandela", o comandante falou com certa exasperação. "Sabemos que isso é trabalho teu".

"Bem", respondi, "vocês devem apresentar provas disso". Eles riram com escárnio quando eu falei isso, e disseram que sabiam que as observações nas margens haviam sido feitas por Walter Sisulu e Ahmed Kathrada. Uma vez mais, eu disse que eles tinham que apresentar provas se fossem impor quaisquer penalidades.

"Não precisamos de provas", o comandante falou. "Nós temos a prova".

Apesar de ele não ter imposto uma pena naquele dia, pouco tempo depois, Walter, Kathy e eu fomos chamados diante do General Rue, o vice-comissário de prisões, que nos disse que havíamos abusado do nosso privilégio de estudos para escrevermos ilegalmente o manuscrito. Por causa dessa infração, os nossos privilégios de estudo estavam sendo suspensos indefinidamente. Ao final das contas, perdemos os nossos privilégios de estudo por quatro anos.

Depois que Mac foi libertado em dezembro, ele enviou os cadernos para a Inglaterra. Ele passou os seis meses seguintes sob prisão domiciliar na África do Sul antes de escapar do país e ir primeiramente até Lusaka para se encontrar com Oliver, e então foi para Londres. Ele permaneceu lá durante seis meses; com a ajuda de um datilógrafo, ele reconstituiu o manuscrito e compôs um texto datilografado. Então ele voltou para Lusaka e deu uma cópia de presente para Oliver.

De lá, os rastros desaparecem. Não ouvi nada de Lusaka a respeito do manuscrito e ainda não sei precisamente o que Oliver fez com ele. Apesar de não ter sido publicado enquanto eu estava na prisão, ele forma a espinha dorsal destas memórias.

79

EM 1976, RECEBI uma visita extraordinária: Jimmy Kruger, o ministro das prisões, um membro proeminente do gabinete do primeiro-ministro, veio me ver. Kruger não apenas tinha influência sobre as políticas das prisões, mas era um crítico da forma como o governo lidava com a luta pela liberdade.

Tive um pressentimento do porquê de ele ter vindo. O governo, na época, estava engajado em um esforço maciço para tornar um sucesso a sua política de desenvolvimento separado e áreas tribais autônomas "quase independentes". A estrela do desenvolvimento separado era o Transkei, liderado pelo meu sobrinho e antigo benfeitor, K. D. Matanzima, que reprimiu com sucesso quase toda a oposição legítima ao seu domínio. Lembro que o oficial-comandante, recentemente, me disse em tom de zombaria, "Mandela, você deveria se aposentar no Transkei e descansar por um longo tempo".

No final das contas, isso era exatamente o que Jimmy Kruger também estava propondo. Ele era um homem robusto e brusco, nem de longe tão polido quanto eu teria esperado de um ministro do gabinete. Vi a reunião como mais uma oportunidade de apresentar as nossas queixas e, de início, ele pareceu satisfeito em ouvir. Comecei lembrando-o da carta que havíamos enviado em 1969, que havia ficado sem resposta. Ele simplesmente deu de ombros. Então eu descrevi em detalhes as condições precárias na ilha, reiterando uma vez mais que éramos prisioneiros políticos e não criminosos, e esperávamos ser tratados como tais. Mas Kruger riu disso com escárnio, falando "Não, todos vocês são comunistas violentos!"

Então comecei a contar para ele um pouco da história da nossa organização e do porquê de termos recorrido à violência. Ficou claro que ele não sabia quase nada a respeito do CNA, e o que ele sabia era distorcido pela propaganda da imprensa direitista. Quando lhe contei que a nossa organização era muito mais antiga do que o Partido Nacional, ele ficou emudecido. Falei que se ele nos considerava comunistas, então devia reler a Carta Magna da Liberdade. Ele olhou para mim sem expressão. Ele nunca havia ouvido falar da Carta Magna da Liberdade. Achei extraordinário que um ministro do gabinete pudesse ser tão desinformado. No entanto, eu não devia me surpreender, os políticos nacionalistas rotineiramente condenavam o que eles não compreendiam.

Levantei a questão da nossa libertação e relembrei-o do caso dos rebeldes africânderes, em 1914, que recorreram à violência e, apesar de terem representação no Parlamento, podiam realizar reuniões e até mesmo votar. Apesar de o General de Wet e o General Kemp terem liderado uma força de doze mil homens, ocupando cidades e causando muitas mortes, ambos foram libertados logo depois de suas condenações por alta traição. Mencionei o caso de Robey Leibbrandt, que estabeleceu uma organização clandestina durante a Segunda Guerra Mundial para se opor ao apoio da África do Sul às forças aliadas; ele foi condenado à prisão perpétua, mas foi logo perdoado. Kruger parecia ignorar estes episódios da história de seu próprio povo na mesma forma que ignorava a Carta Magna da Liberdade. É difícil negociar com aqueles que não compartilham a mesma estrutura de referência.

Kruger descartou tudo isso. "Isso é história antiga", afirmou. Ele veio armado de uma oferta específica. Apesar de sua reputação por brusquidão, ele fez a sua proposta de uma forma respeitosa. Ele expôs o assunto com simplicidade: se eu reconhecesse a legitimidade do governo do Transkei e estivesse disposto a ir morar lá, a minha sentença seria comutada dramaticamente.

Respeitosamente, fiquei ouvindo até ele terminar de falar. Em primeiro lugar, falei, eu desaprovava inteiramente a política de bantustões, e não faria nada para apoiá-la, e em segundo lugar, eu vinha de Johannesburgo, e era para Johannesburgo que iria voltar. Kruger argumentou comigo, mas sem sucesso. Um mês mais tarde ele voltou com a mesma proposta, e novamente a recusei. Era uma oferta que apenas um vira-casaca poderia aceitar.

80

POR MAIS DILIGENTES QUE FÔSSEMOS ao coletar notícias e informações, o nosso conhecimento a respeito de atualidades era sempre superficial. Acontecimentos no mundo exterior eram abafados pelo fato de que nós ouvíamos a respeito deles primeiramente através de rumores; apenas mais tarde eles poderiam ser confirmados por uma reportagem no jornal ou por um visitante.

Em junho de 1976, começamos a ouvir relatos vagos sobre um grande levante no país. Os murmúrios eram fantasiosos e improváveis: a juventude de Soweto havia derrubado os militares e os soldados depuseram suas armas e fugiram. Foi apenas em agosto, quando os primeiros jovens prisioneiros, que estiveram envolvidos no levante de 18 de junho, começaram a chegar à Ilha de Robben que ficamos sabendo o que havia acontecido de fato.

No dia 16 de junho de 1976, quinze mil alunos se reuniram em Soweto para protestar contra o decreto do governo, que metade de todas as aulas nas escolas secundárias deveria ser dada em africâner. Os alunos não queriam aprender, e os professores não queriam ensinar na língua do opressor. Pedidos e petições feitos por pais e professores foram ignorados. Um destacamento da polícia enfrentou esse exército de alunos zelosos e abriram fogo sem avisar, matando Hector Pieterson, de treze anos de idade, e muitos outros. As crianças lutavam com paus e pedras, e um caos maciço seguiu-se, com centenas de crianças feridas, e dois homens brancos apedrejados até a morte.

Os eventos daquele dia reverberaram em cada cidade e assentamento da África do Sul. O levante deu início a tumultos e violência em todo o país. Funerais em massa para as vítimas da violência do Estado se tornaram pontos de encontro nacionais. De repente, os jovens da África do Sul estavam inflamados pelo espírito de protesto e rebelião. Alunos boicotavam escolas em todo o país. Organizadores do CNA se juntaram aos estudantes para apoiar ativamente os protestos. A educação Bantu voltara para assombrar os seus criadores, pois esses jovens furiosos e audaciosos eram o seu resultado.

Em setembro, a seção de isolamento ficou repleta de jovens que foram presos em consequência do levante. Através de conversas sussurradas em um corredor adjacente ficamos sabendo, em primeira mão, o que havia acontecido. Meus companheiros e eu ficamos enormemente animados; o espírito de protesto em massa, que parecia estar dormente durante os anos de 1960, estava entrando em erupção nos anos de 1970. Muitos desses jovens haviam saído do país para se juntarem ao nosso próprio movimento militar, e então voltaram clandestinamente para o país. Milhares deles foram treinados em nossos campos de treinamento na Tanzânia, Angola e em Moçambique. Não há nada mais encorajador do que ficar sabendo que o povo no lado de fora está apoiando a causa pela qual você foi preso.

Esses jovens eram de uma linhagem de prisioneiros diferente das que havíamos visto anteriormente. Eles eram corajosos, hostis e agressivos; não obedeciam às ordens, e gritavam "*Amandla!*" em todos os momentos. O seu instinto era de enfrentar em vez de cooperar. As autoridades não sabiam como lidar com eles, e eles viraram a ilha de cabeça para baixo. Durante o Julgamento de Rivonia comentei com um policial que, se o governo não se reformasse, os guerreiros pela liberdade que nos substituíriam fariam um dia com que as autoridades sentissem saudades de nós. Aquele dia havia de fato chegado à Ilha de Robben.

Naqueles jovens nós enxergávamos o espírito revolucionário furioso da época. Eu havia sido alertado. Em uma visita de Winnie, alguns meses antes, ela havia conseguido me contar, através de nossa conversa codificada, que havia uma classe em ascensão de jovens descontentes que eram militantes e tinham orientação africanista. Ela disse que eles estavam mudando a natureza da luta e que eu deveria estar ciente.

Os novos prisioneiros ficaram estarrecidos com as condições, que consideravam bárbaras, da ilha e disseram que não conseguiam entender como podíamos viver daquela forma. Dissemos a eles que deviam ter visto as condições da ilha em 1964. Mas eles eram céticos em relação a nós, tanto quanto eram em relação às autoridades. Eles decidiram ignorar os nossos pedidos por disciplina e pensavam que os nossos conselhos eram débeis e tímidos.

Era óbvio que eles nos viam, os Réus de Rivonia, como moderados. Depois de tantos anos sendo taxado como um revolucionário radical, ser percebido como um moderado era uma sensação nova e não inteiramente agradável. Eu sabia que podia reagir de duas maneiras: eu podia repreendê-los por sua impertinência ou podia dar ouvidos ao que eles estavam falando. Escolhi a segunda.

Quando alguns desses homens, tais como Strini Moodley, da Organização Sul-Africana de Estudantes, e Saths Cooper, da Convenção do Povo Negro, vieram para a nossa seção, fiz com que eles escrevessem para nós trabalhos sobre o seu movimento e sua filosofia. Eu queria saber o que os trouxera para a luta, o que os motivara, quais eram as suas ideias para o futuro.

Logo depois da chegada deles à ilha, o oficial-comandante pediu-me que eu lhe fizesse o favor de conversar com esses jovens. Ele queria que eu dissesse para eles se controlarem, reconhecerem o fato de que estavam na prisão e aceitarem a disciplina da vida na prisão. Eu disse a ele que não estava preparado para fazer isso. Sob aquelas circunstâncias, eles me veriam como um colaborador do opressor.

Esses sujeitos se recusaram a obedecer até mesmo às regras mais básicas da prisão. Certo dia eu estava no escritório da administração conversando com o oficial-comandante. Quando eu estava saindo com o major, encontramos um jovem prisioneiro sendo entrevistado por um funcionário da prisão. O jovem, que não devia ter mais do que dezoito anos de idade, estava usando o seu boné do uniforme na presença de oficiais superiores, numa violação ao regulamento. E ele também não se levantou quando o major entrou na sala, outra violação.

O major olhou para ele e disse "Por favor, tire o teu boné". O prisioneiro o ignorou. Então, em um tom irritado, o major falou "Tire o teu boné". O prisioneiro se voltou, olhou para o major e perguntou, "Por quê?"

Eu mal podia acreditar no que havia acabado de ouvir. Era uma pergunta revolucionária: Por quê? O major também pareceu surpreso, mas conseguiu responder, "É contra o regulamento", afirmou. O jovem prisioneiro respondeu, "Por que vocês têm esse regulamento? Qual é a finalidade dele?" Esse questionamento de parte do prisioneiro era demais para o major, e ele saiu da sala como um furacão, dizendo, "Mandela, fale você com ele". Mas eu não intervim em favor dele, e simplesmente me curvei em direção ao prisioneiro para fazê-lo saber que eu estava do seu lado.

* * *

Essa foi a nossa primeira exposição ao Movimento da Consciência Negra. Com o banimento do CNA, do CPA e do Partido Comunista, o Movimento da Consciência Negra ajudou a preencher um vácuo entre os jovens. A Consciência Negra era menos um movimento do que uma filosofia e surgiu da ideia de que os negros precisam antes de tudo se libertar da percepção de inferioridade psicológica, gerada por três séculos de domínio dos brancos. Apenas então o povo se levantaria confiante e se libertaria verdadeiramente da repressão. Se por um lado o Movimento da Consciência Negra defendia uma sociedade não racial, por outro, eles excluíam os brancos de terem um papel para se chegar a tal sociedade.

Esses conceitos não me eram estranhos: eles refletiam fielmente as ideias que eu mesmo tinha na época da fundação da Liga da Juventude do CNA, um quarto de século antes. Nós, também éramos africanistas; nós também enfatizávamos o orgulho étnico e a autoconfiança racial; nós também rejeitávamos a ajuda dos brancos na luta. De muitas formas, a Consciência Negra representava a mesma reação ao mesmo problema que nunca havia deixado de existir.

Mas, da mesma forma que havíamos superado a nossa perspectiva da Liga da Juventude, eu estava confiante que esses jovens também transcenderiam algumas das restrições da Consciência Negra. Se por um lado eu estava animado pela sua militância, por outro lado eu pensava que a sua filosofia, em sua concentração na negritude, era excludente e representava uma visão intermediária que ainda não estava inteiramente madura. Eu via meu papel como o estadista ancião que poderia ajudá-los a progredirem para ideias mais inclusivas do Movimento do Congresso. Eu também sabia que esses jovens eventualmente ficariam frustrados porque a Consciência Negra não oferecia programa de ação, nenhuma válvula de escape para os seus protestos.

Apesar de vermos as fileiras do MCN como um terreno fértil para o CNA, não tentamos recrutar esses homens. Sabíamos que isso alienaria tanto eles quanto os outros partidos na ilha. Nossa política era de sermos amigáveis, de nos interessar, cumprimentá-los pelas suas realizações, mas não convertê-los. Se eles viessem até nós e fizessem perguntas – "Qual é a política do CNA em relação aos bantustões?" "O que a Carta Magna da Liberdade diz a respeito da nacionalização?" – nós as responderíamos – e uma boa quantidade deles veio até nós com perguntas.

Eu mesmo entrei em contato com alguns desses homens através de bilhetes contrabandeados. Conversei com alguns que eram do Transkei e fiz perguntas sobre o meu velho lar. Alguns dos homens que chegaram já eram bem conhecidos na luta. Eu havia ouvido relatos sobre a bravura de Patrick "Terror" Lekota, um dos líderes da Organização Sul-Africana de Estudantes, e lhe enviei um bilhete de boas-vindas à Ilha de Robben.

O apelido de Terror vem de sua valentia no campo de futebol, mas ele era tão formidável quanto em um debate. Ele discordava de alguns de seus colegas na questão da exclusividade racial e se aproximava gradualmente das ideias do CNA. Uma vez estando na ilha, Terror decidiu que queria se juntar a nós, mas nós o desestimulamos – não porque não o queríamos, mas porque pensávamos que tal manobra geraria tensão na seção geral.

Mas Terror não aceitava um não como resposta e jurou publicamente sua fidelidade ao CNA. Certo dia, não muito tempo depois, ele foi agredido com um ancinho por membros descontentes da CN. Depois que recebeu tratamento no hospital, as autoridades indiciaram os atacantes e planejou levá-los a julgamento. Mas em nome da harmonia, aconselhamos Terror que não registrasse queixa. Ele concordou e se recusou a testemunhar contra aqueles que o haviam ferido. O caso foi arquivado. Tal julgamento, em minha percepção, apenas ajudaria as autoridades. Eu queria que esses jovens vissem que o CNA era uma grande tenda que podia acomodar muitas visões e afiliações diferentes.

Depois daquele incidente, as comportas pareceram se abrir e dezenas de membros da CN decidiram entrar para o CNA, incluindo alguns daqueles que planejaram o ataque contra Terror. Terror chegou ao topo da hierarquia do CNA na seção geral, e logo estava ensinando as políticas do CNA para os outros prisioneiros. A coragem e a visão de homens como Lekota confirmaram para nós que os nossos pontos de vista permaneciam potentes, e ainda representavam a melhor esperança para a unificação da luta pela liberdade como um todo.

Os feudos políticos continuaram nas seções F e G. Ficamos sabendo de um conflito entre o CNA, o CPA e o MCN na seção geral. Vários membros do CNA foram espancados. Um grande número de membros do CNA foi indiciado pelas autoridades, e um julgamento foi marcado no tribunal administrativo da ilha. Os homens do CNA trouxeram um advogado de fora para lidar com o caso. Apesar de eu não ter testemunhado a briga, pediram que eu testemunhasse em favor dos réus. Essa era uma perspectiva preocupante. Se por um lado eu estava mais que disposto a testemunhar em prol dos meus companheiros, por outro, não queria tomar nenhuma medida que aumentasse os desentendimentos entre o CNA, o CPA e o MCN.

Eu via o meu papel na prisão não apenas como líder do CNA, mas promotor da unidade, um intermediário honesto, um pacificador, e relutava em tomar partido nesta disputa, mesmo de uma das partes fosse a minha própria organização. Se eu testemunhasse a favor do CNA, estaria arriscando as minhas chances de trazer a reconciliação entre os diferentes grupos. Se eu pregava unidade, devia agir como um unificador, mesmo sob o risco de talvez me indispor com alguns dos meus próprios colegas.

Decidi não testemunhar. Isso desapontou alguns dos meus colegas, mas pensei que a questão era séria o suficiente para arriscar que eles ficassem descontentes. Era mais importante mostrar aos homens da Consciência Negra que a luta era indivisível e que todos tínhamos o mesmo inimigo.

81

EM SUA ANSIEDADE em lidar com esses jovens leões, as autoridades mais ou menos nos deixaram à nossa própria sorte. Estávamos no segundo ano de uma operação tartaruga na pedreira, exigindo o fim completo de todo trabalho braçal. Exigíamos o direito de fazer algo útil com os nossos dias, como estudar ou aprender uma profissão. Nós nem mesmo fazíamos de conta que estávamos trabalhando na pedreira; nós simplesmente conversávamos entre nós. No início de 1977, as autoridades anunciaram o fim do trabalho braçal. Em vez dele, nós podíamos passar o dia em nossa seção. Eles arranjaram algum tipo de trabalho para fazermos no pátio, mas, como na Bíblia, essa era apenas uma folha de figueira para esconder a sua capitulação.

Essa vitória foi o resultado combinado de nossos protestos incessantes e da simples logística. As autoridades normalmente preferiam ter uma proporção de um guarda para cada grupo de três prisioneiros. Mesmo antes da chegada dos prisioneiros pós-Soweto, havia uma escassez de guardas, e os jovens rebeldes exigiam ainda mais supervisão. Eles eram tão ousados que cada homem parecia exigir seu próprio guarda. Se permanecêssemos em nossa seção, exigíamos menos supervisão.

O fim do trabalho braçal foi libertador. Eu podia agora passar o dia lendo, escrevendo cartas, discutindo questões com os meus companheiros, ou formulando documentos jurídicos. O tempo livre permitiu que eu praticasse o que se tornariam os meus passatempos favoritos na Ilha de Robben: horticultura e tênis.

Para sobreviver na prisão, uma pessoa tem que desenvolver maneiras de ter satisfação em sua vida diária. Ela pode se sentir satisfeita lavando suas roupas de forma que elas fiquem particularmente limpas, varrendo um corredor de forma que ele fique livre de poeira, organizando a sua cela para conservar o maior espaço possível. O mesmo orgulho que a pessoa sente em tarefas mais importantes no lado de fora pode ser encontrado fazendo pequenas coisas na prisão.

Praticamente, desde o início da minha sentença na Ilha de Robben, solicitei às autoridades permissão para iniciar uma horta no pátio. Durante anos, eles se recusaram a dá-la sem dar uma explicação. Mas eventualmente eles cederam, e pudemos fazer uma pequena horta em um trecho estreito de terra ao lado do muro mais distante.

O solo no pátio era seco e rochoso. O pátio havia sido construído sobre um aterro, e de forma a dar início à minha horta, precisei retirar muitas pedras para dar espaço para as plantas crescerem. Naquela época, alguns dos meus companheiros gracejaram que eu era um mineiro nato, pois passava os meus dias na pedreira e meu tempo livre escavando no pátio.

As autoridades me forneceram sementes. Inicialmente, plantei tomates, pimenteiras e cebolas – plantas robustas que não exigiam um solo rico ou cuidados constantes. As primeiras safras foram pobres, mas logo melhoraram. As autoridades não se arrependeram de dar permissão, pois quando a horta começou a florescer, frequentemente fornecia alguns dos meus melhores tomates e cebolas para os guardas.

Se por um lado eu sempre gostei de horticultura, não foi até estar atrás das grades que fui capaz de cuidar da minha horta. Minha primeira experiência na horta havia sido em Fort Hare onde, como parte dos requisitos de trabalho braçal da universidade, trabalhei nos jardins de um dos meus professores e apreciei o contato com o solo como um antídoto para os meus trabalhos intelectuais. Quando estava em Johannesburgo estudando e depois trabalhando, eu não tinha nem tempo nem espaço para cultivar um jardim.

Comecei a pedir livros sobre jardinagem e horticultura. Estudei técnicas diferentes de horticultura e tipos diferentes de fertilizantes. Eu não dispunha de muitos dos materiais que esses livros discutiam, mas aprendi através de tentativa e erro. Durante algum tempo, tentei plantar amendoim, e utilizei diferentes solos e fertilizantes, mas acabei desistindo. Foi um dos meus únicos fracassos.

Uma horta era uma das poucas coisas na prisão que se podia controlar. Plantar uma semente, observá-la crescer, cuidar dela e então colhê-la, proporcionava uma satisfação simples, porém duradoura. A sensação de ser o zelador de um pequeno pedaço de terra oferecia um pequeno gosto de liberdade.

De certa forma, eu via a horta como uma metáfora para certos aspectos da minha vida. Um líder também deve cuidar da sua horta; ele também planta sementes, e então observa, cultiva e colhe o resultado. A exemplo do jardineiro, um líder deve se responsabilizar pelo que cultiva; ele deve ocupar-se com seu trabalho, tentar repelir os inimigos, preservar o que pode ser preservado, e eliminar o que não pode prosperar.

Escrevi duas cartas para Winnie falando de um tomateiro, particularmente, belo, como eu o induzi a se transformar em uma planta robusta que produzia frutos de um vermelho vivo. Mas, então, quer por algum erro ou falta de cuidado, a planta começou a murchar e decair, e todos os meus esforços em torná-la saudável novamente foram inúteis. Quando ela finalmente secou, retirei as raízes do solo, as lavei, e as enterrei no canto da horta.

Narrei essa pequena história em seus mínimos detalhes. Não sei o que ela pensou daquela carta, mas quando eu a escrevi eu tinha uma mistura de sentimentos: não queria que o nosso relacionamento tivesse o mesmo fim que aquela planta, e, no entanto, eu sentia ter sido incapaz de sustentar muitos dos relacionamentos mais importantes da minha vida. Algumas vezes não há nada que se possa fazer para salvar algo que deve morrer.

Um resultado imprevisto do fim do trabalho braçal foi que comecei a engordar. Apesar de não estarmos trabalhando pesado o suficiente na pedreira para ficarmos suados, a caminhada de ida e volta era suficiente para me manter em forma.

Sempre acreditei que exercícios não apenas são essenciais para a saúde física, mas para a paz de espírito também. Muitas vezes, nos dias de outrora, eu dava vazão à minha raiva e frustração em um saco de pancadas, em vez de descontá-las em um companheiro ou até mesmo em um policial. Exercícios dissipam a tensão, e a tensão é inimiga da serenidade. Descobri que trabalhava melhor e pensava com mais clareza quanto estava em boas condições físicas, portanto, o exercício físico tornou-se uma das disciplinas inflexíveis da minha vida. Na prisão, ter uma válvula de escape para as frustrações era absolutamente essencial.

Mesmo na ilha, tentei seguir a minha velha rotina de boxeador, de corridas e musculação de segunda a quinta e então descanso nos outros três dias. De segunda a quinta, eu fazia corridas estacionárias durante até quarenta e cinco minutos em minha cela pela manhã. Eu também fazia cem flexões apoiadas em meus dedos, duzentos abdominais, cinquenta flexões de joelho, e vários outros exercícios calistênicos.

Nas cartas que escrevia para os meus filhos, eu regularmente os incentivava a se exercitarem, praticarem algum tipo de esporte movimentado como basquetebol, futebol ou tênis para distraí-los de quaisquer problemas que os estivesse incomodando. Se por um lado nem sempre tinha sucesso com meus filhos, consegui influenciar alguns dos meus colegas mais sedentários. Fazer exercícios era incomum para homens negros da minha idade e geração. Depois de algum tempo, até mesmo Walter começou a dar algumas voltas pelo pátio de manhã. Sei que alguns dos meus companheiros mais jovens olhavam para mim e falavam para si mesmos, "Se aquele velho pode fazer isso, por que não eu?" Eles também começaram a se exercitar.

Desde as primeiras reuniões que tive com visitantes de fora e com a Cruz Vermelha Internacional, enfatizei a importância de termos tempo e instalações para exercícios apropriados. Apenas em meados dos anos de 1970, sob os auspícios da Cruz Vermelha Internacional, começamos a receber coisas como equipamento de voleibol e uma mesa de pingue-pongue.

Mais ou menos na mesma época em que paramos de trabalhar na pedreira, um dos guardas teve a ideia de converter o nosso pátio em uma quadra de tênis. Suas dimensões eram perfeitas. Prisioneiros da seção geral pintaram de verde a superfície de cimento e então confeccionaram a configuração tradicional de linhas brancas. Alguns dias depois uma rede foi instalada e, de repente, tínhamos o nosso próprio estádio de Wimbledon em nosso pátio.

Eu havia jogado um pouco de tênis quando estudava em Fort Hare, mas não era de forma alguma um especialista. Meu *golpe de direita** era um ponto relativamente forte, meu golpe de esquerda** era lamentavelmente fraco. Mas pratiquei o esporte pelo exercício e não pelo estilo; era o melhor

* *Golpe de direita* - *Forehand* em inglês (N. do T.).

** Golpe de esquerda - *Backhand* em inglês (N. do T.).

e único substituto para as caminhadas de ida e de volta até a pedreira. Fui um dos primeiros em nossa seção a jogar com regularidade. Eu era um jogador de fundo de quadra, apenas indo para a rede quando tinha certeza que iria marcar o ponto.

Quando o trabalho braçal acabou, tive muito mais tempo para leituras, mas os livros que vinha usando estavam agora fora dos limites. Quando os meus estudos foram cancelados, eu ainda estava buscando obter o meu bacharelado em Direito pela Universidade de Londres. Eu comecei a estudar para o bacharelado durante o Julgamento de Rivonia e a suspensão dos privilégios de estudo durante quatro anos indubitavelmente garantiria para mim o recorde da universidade por anos buscando aquele grau.

Mas a suspensão dos privilégios de estudo teve um benefício não intencional, que foi de eu ter começado a ler livros que, de outro modo, nunca teria lido. Em vez de ficar debruçado sobre tomos de direito contratual, eu agora estava absorto nos romances.

Eu não tinha uma biblioteca ilimitada para escolher livros na Ilha de Robben. Tínhamos acesso a muitos livros esquecidos de mistério e de romances policiais e a obra completa de Daphne du Maurier, mas pouco mais além disso. Livros políticos eram vetados. Qualquer livro a respeito de socialismo ou comunismo estava definitivamente fora de cogitação. O pedido de um livro contendo a palavra *vermelho,* no título, mesmo se fosse *Chapeuzinho Vermelho,* era rejeitado pelos censores. A *Guerra dos Mundos,* de G. H. Wells, apesar de ser um trabalho de ficção científica, seria recusado porque a palavra *guerra* aparecia em seu título.

Desde o começo, tentei ler livros sobre a África do Sul ou livros escritos por autores sul-africanos. Li todos os romances não banidos de Nadine Gordimer e aprendi muito sobre a sensibilidade dos liberais brancos. Li muitos romances norte-americanos, e lembro-me em especial de *As Vinhas da Ira*, de John Steinbeck, no qual encontrei muitas semelhanças entre as condições difíceis dos trabalhadores migrantes daquele romance e os nossos próprios operários e agricultores.

Um livro que li muitas vezes foi o grande trabalho de Tolstoi, *Guerra e Paz* (Apesar de o título conter a palavra *guerra*, este livro era permitido). Fiquei particularmente fascinado pela descrição do General Kutuzov, a quem todos na corte russa subestimaram. Kutuzov derrotou Napoleão precisamente porque não foi seduzido pelos valores superficiais e efêmeros da corte, e tomou suas decisões com base em uma compreensão visceral de seus homens e seu povo. Isso me lembrou novamente que, para realmente liderar o seu povo, a pessoa deve também verdadeiramente conhecê-lo.

82

NA ESTEIRA DO levante dos estudantes de Soweto, fiquei sabendo que Winnie, com meu velho amigo e médico, Dr. Nthato Motlana, havia se envolvido com a Associação de Pais Negros, uma organização de profissionais locais e líderes de igrejas, que agia como orientadora e intermediária para os estudantes. As autoridades pareciam estar tão desconfiadas da associação de pais quanto dos jovens rebeldes. Em agosto, menos de dois meses depois da revolta dos estudantes, Winnie foi detida sob a Lei de Segurança Interna e presa sem ser indiciada no Forte em Johannesburgo, onde foi mantida por cinco meses. Durante esse tempo, consegui escrever cartas para ela e para as minhas filhas, que estavam em um internato em Suazilândia, expressando apoio e solidariedade. Fiquei muito angustiado pela prisão dela, apesar de ela aparentemente não estar sendo maltratada, desta vez, e saiu da prisão em dezembro ainda mais firme em seu empenho na luta.

Apesar de estar banida, Winnie retomou suas atividades onde as havia deixado, e as autoridades ficaram consternadas com a popularidade dela perante os jovens radicais de Soweto. As autoridades estavam decididas a reduzir a influência dela e o fizeram através de um ato descarado e desavergonhado: enviaram-na para um exílio interno. Na noite do dia 16 de maio de 1977, viaturas da polícia e um caminhão pararam na frente da casa em Orlando West e começaram a carregar mobílias e roupas na carroceria do caminhão. Desta vez, Winnie não estava sendo presa, ou detida, ou interrogada; ela estava sendo banida para um assentamento remoto no Estado Livre chamado Brandfort. Fiquei sabendo dos detalhes por Kathy, que recebeu a notícia de um sacerdote hindu que a havia visitado.

Brandfort fica cerca de trezentos e cinquenta quilômetros ao sudoeste de Johannesburgo, ao norte de Bloemfontein, no Estado Livre. Depois de uma viagem longa e desconfortável, Winnie, Zindzi e todos os seus pertences foram despejados na frente de um barraco de três cômodos com telhado de zinco, no ermo assentamento negro de Bradfort, um lugar desesperadamente pobre e atrasado onde as pessoas eram oprimidas pelos fazendeiros brancos locais. Winnie foi encarada com desconfiança e receio. A língua falada no local era Sosotho, que Winnie não sabia falar.

A nova situação dela me entristeceu e enfureceu. Pelo menos quando ela estava em casa, em Soweto, eu podia imaginá-la cozinhando na cozinha ou lendo na sala de estar, eu podia vê-la despertando na casa que eu conhecia tão bem. Aquilo era uma fonte de conforto para mim. Em Soweto, mesmo quando ela estava sob banimento, havia amigos e familiares nas proximidades. Em Brandfort ela a Zindzi estariam sozinhas.

Eu atravessei esse assentamento uma vez, quando fui para Bloemfontein, e não prestei atenção nele. Não havia nada memorável em sua pobreza e desolação tão típicas. Eu não sabia na época o quão familiar o endereço – casa número 802, Brandfort – se tornaria um dia para mim. Uma vez mais, senti como se Winnie e eu estivéssemos na prisão ao mesmo tempo.

A vida em Brandfort era dura, como fiquei sabendo pelas cartas de Winnie. Elas não tinham aquecimento, banheiro, água encanada. O assentamento não tinha comércio e as lojas na cidade eram hostis aos clientes negros. Os brancos na maior parte eram falantes de africâner e profundamente conservadores.

Winnie e Zindzi estavam sob constante vigilância policial e perseguição intermitente. No decorrer de alguns meses, Zindzi – que não estava banida – ficou chateada com a intimidação da polícia. Em setembro, com a ajuda dos advogados de Winnie, apresentei uma solicitação urgente de um mandato contra a força policial local de Brandfort para impedi-los de perseguir minha filha. Depoimentos apresentados ao juiz descreviam os policiais invadindo a casa e ameaçando Zindzi. O juiz decretou que Zindzi podia receber visitas em paz.

Winnie é uma pessoa irresistível, e num espaço de tempo relativamente curto, ela havia conquistado as pessoas do assentamento, inclusive alguns brancos simpatizantes na vizinhança. Ela fornecia comida às pessoas do assentamento com a ajuda da Operação Fome, fundou uma creche para as crianças do assentamento, e levantou fundos para criar uma clínica em um local onde poucas pessoas haviam até mesmo visto um médico.

Em 1978, Zeni, a minha filha primogênita de meu casamento com Winnie, casou-se com o Príncipe Thumbumuzi, filho do rei Sobhuza da Suazilândia. Eles se conheceram quando Zeni ainda estava na escola. Estando preso, não pude cumprir os deveres tradicionais de um pai. Em nossa cultura, o pai da noiva deve entrevistar o futuro noivo e avaliar as suas perspectivas. Ele também deve determinar o *labola*, o preço da noiva, que é pago pelo noivo para a família da noiva. No dia do casamento, o pai leva a filha até o altar. Apesar de eu não ter dúvida alguma a respeito do jovem, pedi que o meu amigo e assessor jurídico George Bizos fosse meu substituto. Dei instruções para que George entrevistasse o príncipe sobre como ele pretendia cuidar da minha filha.

George reuniu-se com o príncipe em seu escritório e então fez arranjos para me consultar na Ilha de Robben. Porque Zeni tinha menos de vinte e um anos de idade, era necessário que eu desse minha anuência legal para que ela se casasse. Reuni-me com George na sala de consultas e ele ficou surpreso em encontrar um guarda conosco na sala. Expliquei que isso estava em concordância com os regulamentos porque esta era considerada uma visita de familiares e não uma visita jurídica. Brincando eu tranquilizei George dizendo que não guardava segredo algum dos meus guardas.

George relatou o quanto os dois jovens se amavam e as perspectivas brilhantes do meu futuro genro. Seu pai, o rei Sobhuza, era um líder tradicional esclarecido e também membro do CNA. Enquanto George transmitia para mim algumas das exigências feitas pela família do jovem, ele estava aflito em apontar que o jovem era um príncipe Swazi. Falei para George dizer para o jovem que ele estava recebendo uma princesa Thembu.

Havia uma vantagem tremenda em Zeni se tornar membro da família real Swazi: ela recebia imediatamente privilégios diplomáticos e podia me visitar praticamente à vontade. Naquele inverno, depois que ela e Thumbumuzi se casaram, eles vieram me visitar com a sua filha recém-nascida. Por causa da posição do príncipe, permitiram que nos encontrássemos na sala de consultas e não na área normal de visitas onde se fica separado da família por paredes espessas e vidros. Eu os aguardei com certo nervosismo.

Foi um momento verdadeiramente maravilhoso quando eles entraram na sala. Levantei-me, e quando Zeni me viu, ela praticamente lançou sua pequena filha para o marido e correu através da sala para me abraçar. Eu não havia segurado a minha, agora, filha adulta, praticamente desde que ela tinha a idade da própria filha. Foi uma experiência atordoante, como se o tempo tivesse se acelerado em um romance de ficção científica, e, repentinamente, abraçar a sua filha completamente crescida. Abracei, então, o meu novo filho, e ele me passou a minha minúscula neta que eu não larguei durante todo o tempo da visita. Segurar um bebê recém-nascido, tão vulnerável e macio em minhas mãos ásperas, mãos que durante tempo demais haviam segurado apenas picaretas e pás, era uma alegria imensa. Não acho que homem algum tenha sido tão feliz segurando um bebê quanto fui naquele dia.

A visita tinha uma finalidade mais oficial, que era para que eu escolhesse um nome para a criança. É tradicional que o avô selecione um nome, e o que eu havia escolhido era Zaziwe, que significa "Esperança". O nome tinha um significado especial para mim, pois durante todos os meus anos na prisão a esperança nunca me abandonou – e agora ela nunca iria me abandonar. Eu estava convencido de que esta criança seria parte de uma nova geração de sul-africanos para quem o *apartheid* seria uma lembrança distante – esse era o meu sonho.

83

NÃO SEI SE FOI a agitação dentro da prisão depois do levante em Soweto ou a agitação na vida da minha família, no lado de fora da prisão, mas um ano ou dois depois de 1976 eu me encontrava em um estado de espírito sonhador, nostálgico. Na prisão, tem-se tempo para recapitular o passado, e a memória se torna amiga e inimiga ao mesmo tempo. Minhas lembranças me transportaram para momentos de grande alegria e tristeza. Minha vida em sonhos tornou-se muito rica, e eu parecia passar noites inteiras revivendo os altos e baixos do passado.

Eu tinha um pesadelo recorrente. Nele, eu havia acabado de ser libertado da prisão – só que não era a Ilha de Robben, mas uma cadeia em Johannesburgo. Saí pelos portões para a cidade e não encontrei ninguém lá para me receber. Na verdade, não havia ninguém na cidade, nenhuma pessoa, nenhum carro, nenhum táxi. Então eu caminhava até Soweto. Eu andava por várias horas antes de chegar a Orlando West, e então dobrava a esquina para ir até o número 8115. Finalmente, eu veria a minha casa, mas ela estava vazia, uma casa fantasma, com todas as janelas e portas abertas, mas ninguém lá.

Mas nem todos os meus sonhos de sair da cadeia eram tão sombrios. Em 1976, escrevi uma carta para Winnie com uma visão mais feliz.

> Na noite de 24 de fevereiro, sonhei que estava chegando ao número 8115, encontrando a casa repleta de jovens dançando ao som de uma mistura de ritmos tradicionais. Eu os peguei de surpresa quando entrei

na casa inesperadamente. Alguns me cumprimentaram calorosamente, enquanto outros simplesmente se afastaram timidamente. Encontrei o quarto igualmente repleto de membros da família e amigos íntimos. Vocês estavam relaxando na cama, com Kgatho [meu filho Makgatho] parecendo jovem e dormindo encostado na parede oposta.

Talvez naquele sonho eu estivesse relembrando das duas semanas em dezembro de 1965 quando ele tinha seis anos de idade e quando deixei Makhulu [a mãe de Evelyn] sozinha na casa. Ele estava morando com a mãe em O. E. [Orlando East] na época, mas alguns dias antes de eu retornar ele se juntou a Makhulu e dormiu na minha cama. Ele estava sentindo muitas saudades de mim, e usar a minha cama deve ter aliviado um pouco o sentimento de saudade.

Se por um lado eu sentia alegria em reviver os momentos felizes, por outro lado eu lastimava a dor que havia frequentemente causado à minha família por causa da minha ausência. Eis aqui uma carta mais longa de 1976.

Quando acordei na manhã de 25 de fevereiro senti, como sempre, muitas saudades de você e das crianças. Nestes dias passo muito tempo pensando em você tanto como *Dadewethu* [Irmã], mãe, amiga e mentora. O que talvez você não saiba é o quão frequentemente e na verdade imagino em minha mente tudo o que a compõe física e espiritualmente – as observações amorosas que vinham diariamente e como você sempre fechava os olhos àquelas inúmeras irritações que teriam frustrado outra mulher... Até mesmo lembro um dia quando você estava grávida de Zindzi, se esforçando em cortar as unhas do pé. Relembro agora desses incidentes com uma sensação de vergonha. Eu poderia ter cortado as tuas unhas. Quer ou não tivesse consciência disso, a minha atitude era: cumpri o meu dever, um segundo fedelho está a caminho, as dificuldades que você está enfrentando agora como resultado da tua condição física são todas tuas. Meu único consolo é saber que então eu levava uma vida na qual mal tinha tempo de pensar. Apenas fico imaginando como vai ser quando eu voltar. ...

A tua foto linda ainda está cerca de meio metro acima do meu ombro esquerdo enquanto escrevo este bilhete. Eu a limpo cuidadosamente todas as manhãs, pois fazer isso me dá uma sensação agradável, como se estivesse te acariciando nos velhos dias. Até mesmo toco o teu nariz com o meu para sentir novamente aquela corrente elétrica que costumava correr pelo meu sangue sempre que eu fazia isso. Nolitha está sobre a mesa diretamente à minha frente. Como posso ficar desanimado quando recebo as atenções de mulheres tão maravilhosas.

Nolitha era a única pessoa que não era membro de minha família cuja fotografia eu mantinha. Revelei o segredo da identidade dela para a minha filha Zindzi em outra carta de 1976.

A propósito, a tua mãe já te falou de Nolitha, a outra mulher em minha cela vinda das Ilhas Andaman? Ela faz companhia a você, Zeni, Ndindi e Nandi, Mandla [estas últimas três são netas], Maki e mamãe. É o único assunto sobre o qual os comentários de mamãe são surpreendentemente econômicos. Ela vê a bela pigmeia como uma espécie de rival e mal sabe que eu tirei a sua foto de uma edição da *National Geographic*.

Eu pensava continuamente no dia quando seria libertado. Repetidas vezes, eu fantasiava sobre o que gostaria de fazer. Essa era uma das formas mais agradáveis de passar o tempo. Coloquei meus devaneios no papel, novamente em 1976.

Eu gostaria de poder te levar em uma longa viagem como a que fiz no dia 12/06/58, com a diferença que, desta vez, eu preferiria que fôssemos sozinhos. Tenho estado distante de você por tanto tempo que a primeira coisa que eu gostaria de fazer na minha volta seria afastá-la daquela atmosfera sufocante, dirigir o carro cuidadosamente, de forma que você pudesse ter a oportunidade de respirar ar fresco e limpo, observar os

> lugares bonitos da África do Sul, seu capim e suas árvores verdes, suas flores selvagens coloridas, riachos cintilantes, animais pastando no *veld* e poder conversar com as pessoas simples que encontrarmos pelo caminho. Nossa primeira parada seria no local onde Mamãe Radebe e CK [mãe e pai de Winnie] dormem. Então eu poderia fazer uma visita àqueles que tornaram possível para que eu fosse tão feliz e livre como sou agora. Talvez as histórias que eu quis tanto te contar durante todos esses anos começassem a serem contadas neste momento. A atmosfera provavelmente aguçaria os teus ouvidos e me restringiria a me concentrar naqueles aspectos que são de bom gosto, edificantes e construtivos. Depois disso, nós iríamos suspender a conversa e retomá-la perto de Mphakanyiswa e Nosekeni [meus pais] onde o ambiente seria semelhante. Acredito que então estaríamos refrescados e fortalecidos enquanto voltássemos para o número 8115.

Quando as autoridades começaram a permitir que recebêssemos fotografias de membros próximos da família, no início dos anos de 1970, Winnie me enviou um álbum. Sempre que eu recebia uma nova fotografia de Winnie, dos filhos ou dos netos, eu a colava cuidadosamente nele. Eu tinha muito carinho por este álbum; ele era a única forma pela qual podia ver aqueles a quem eu amava sempre que quisesse.

Mas na prisão nenhum privilégio é dado sem um obstáculo que o acompanhe. Apesar de eu ter permissão de receber fotografias e manter o álbum, os guardas frequentemente revistavam a minha cela e confiscavam fotografias de Winnie. Eventualmente, entretanto, a prática de confiscar fotografias cessou, e formei o meu álbum de forma que ele ficou espesso com fotos de minha família inteira.

Não lembro quem foi o primeiro a pedir o meu álbum de fotografias emprestado, mas foi sem dúvida alguém na minha seção. Emprestei com alegria o álbum, e outra pessoa também o pediu emprestado, e então outra. Logo ficou tão amplamente conhecido que eu possuía um álbum de fotografias que estava recebendo pedidos de empréstimo por homens das seções F e G.

Os homens nas seções F e G raramente recebiam visitas ou até mesmo cartas, e teria sido mesquinho de minha parte negar a eles essa janela para o mundo. Mas logo descobri que o meu álbum precioso estava em frangalhos, e que muitas das minhas fotografias insubstituíveis haviam sido removidas. Esses homens estavam desesperados em ter algo de pessoal em suas celas e não podiam evitar. Toda vez que isso acontecia, eu decidia montar o meu álbum uma vez mais.

Às vezes, os homens me pediam uma foto em vez do álbum inteiro. Lembro que um dia um jovem da CN da seção geral que estava nos trazendo comida me puxou de lado e disse, "Madiba, eu gostaria de ganhar uma fotografia". Eu disse que tudo bem, eu ia enviar uma para ele. "Quando?" ele disse com certa brusquidão. Respondi que tentaria enviá-la naquele fim de semana. Isso pareceu deixá-lo satisfeito, e ele começou a se afastar, mas de repente ele se voltou e disse, "Olhe, não mande para mim uma foto da velha. Mande uma das meninas, Zindzi ou Zeni – lembre, não da velha!"

84

EM 1978, depois de passarmos quase quinze anos nos rebelando pelo direito de recebermos notícias, as autoridades nos ofereceram um meio-termo. Em vez de permitirem que recebêssemos jornais ou ouvíssemos rádio, eles deram início ao seu próprio serviço de notícias pelo rádio, que consistia em um resumo enlatado, diário, das notícias lidas através do sistema de comunicação da prisão.

As transmissões estavam longe de serem objetivas ou abrangentes. Vários dos censores da ilha compilavam um pequeno resumo das notícias dadas em outros boletins transmitidos por rádios. As transmissões consistiam em boas notícias para o governo e más notícias para os seus adversários.

A primeira transmissão abriu com um relato sobre a morte de Robert Sobukwe. Outros relatos iniciais falavam das vitórias das tropas de Ian Smith na Rodésia e detenções de opositores ao governo na África do Sul. Apesar da natureza tendenciosa das notícias, estávamos contentes em tê-las, e nos orgulhávamos de poder ler nas entrelinhas e fazer palpites baseados nas omissões óbvias.

Naquele ano, ficamos sabendo, através do serviço de comunicação, que P. W. Botha assumiu o cargo de primeiro-ministro, sucedendo John Vorster. O que os guardas não nos contaram foi que Vorster renunciou ao cargo em virtude de revelações feitas pela imprensa sobre a má utilização de recursos financeiros do governo por parte do Departamento de Informações. Eu sabia pouco a respeito de Botha, além do fato de ele ter sido um ministro de defesa agressivo e ter apoiado um ataque militar em Angola, em 1975. Não tínhamos sensação alguma de que ele seria um reformador, de qualquer maneira.

Eu havia lido, recentemente, uma biografia oficial de Vorster (este era um dos livros que a biblioteca tinha) e descobri que ele era um homem disposto a pagar o preço pelas suas crenças; ele foi preso por causa de seu apoio à Alemanha durante a Segunda Guerra Mundial. Não lamentávamos a morte de Vorster. Ele havia intensificado a batalha contra a liberdade a novos níveis de repressão.

Mas mesmo sem as nossas transmissões expurgadas de rádio, ficamos sabendo de coisas que as autoridades não queriam que soubéssemos. Ficamos sabendo que estavam havendo lutas bem-sucedidas de libertação em Moçambique e Angola, em 1975, e a emergência desses países como estados independentes com governos revolucionários. A maré estava mudando a nosso favor.

Condizente com a abertura ampliada na ilha, agora tínhamos o nosso próprio cinema. Quase todas as semanas assistíamos a filmes projetados em um lençol, numa sala grande adjacente ao nosso corredor. Mais tarde, tivemos uma tela apropriada. Os filmes eram uma distração maravilhosa, uma fuga vívida da tristeza da vida na prisão.

Os primeiros filmes que assistimos eram filmes de ação e faroestes mudos e em preto e branco, produzidos em Hollywood, que eram anteriores à minha época. Lembro que um dos primeiros foi *A Marca do Zorro* com o espadachim aventureiro Douglas Fairbanks, filme produzido em 1920. As autoridades pareciam ter um fraco por filmes históricos, particularmente aqueles com mensagem moral severa. Entre os primeiros filmes que assistimos – agora coloridos e com diálogos – foram *Os Dez Mandamentos,* com Charlton Heston no papel de Moisés, *O Rei e Eu*, com Yul Brynner e *Cleópatra*, com Richard Burton e Elizabeth Taylor.

Ficamos intrigados com *O Rei e Eu*, pois para nós descrevia o conflito entre os valores do Oriente e do Ocidente, e parecia sugerir que o Ocidente tinha muito a aprender com o Oriente. *Cleópatra* foi mais polêmico; muitos dos meus companheiros desaprovaram o fato de a rainha do Egito ter sido retratada por uma atriz americana, de cabelos negros e olhos cor de violeta, não importando o quão bela ela fosse. Os detratores afirmaram que o filme era um exemplo da propaganda ocidental que buscava apagar o fato de que Cleópatra era uma mulher africana. Eu relatei que, em minha viagem para o Egito, vi uma escultura esplêndida de uma Cleópatra jovem e com pele cor de ébano.

Mais tarde, também assistimos filmes sul-africanos apresentando estrelas negras que conhecíamos de outras épocas. Naquelas noites, nosso pequeno cinema improvisado ecoava com gritos, assobios e aplausos que saudavam a aparição de um velho amigo na tela. Mais tarde, recebemos permissão para selecionar documentários – um formato que eu preferia – e comecei a evitar os filmes convencionais (Apesar de nunca perder um filme com Sophia Loren). Os documentários eram encomendados da biblioteca do Estado e normalmente eram selecionados por Ahmed Kathrada, que era o bibliotecário da nossa seção. Fiquei particularmente emocionado com um documentário que assistimos sobre as grandes batalhas navais da Segunda Guerra Mundial, que mostrava imagens do afundamento do

*H.M.S. Prince of Wales*** pelos japoneses. O que me comoveu mais foi uma breve imagem de Winston Churchill chorando depois de ter ouvido a notícia da perda do navio de guerra britânico. A imagem permaneceu em minha memória por um longo tempo, e demonstrava que há ocasiões em que um líder pode demonstrar tristeza em público, e que isso não vai diminuí-lo aos olhos do seu povo.

Um dos documentários que assistimos dizia respeito a um grupo polêmico de motociclistas americanos, os Hell's Angels. O filme descrevia os Hell's Angels como imprudentes, violentos e antissociais, e a polícia como sendo decente, correta e confiável. Quando o filme terminou, imediatamente começamos a discutir o seu significado. Quase sem exceção, os homens criticavam os Hell's Angels pelos seus atos ilegais. Mas então Strini Moodley, um jovem e brilhante, membro da Consciência Negra, levantou-se e acusou o grupo reunido de estar alienado dos tempos atuais, pois os motociclistas representavam o equivalente aos estudantes de Soweto, que se rebelaram em 1976 contra as autoridades. Ele nos censurou por sermos intelectuais idosos de classe média que nos identificávamos com as autoridades direitistas do filme em vez dos motociclistas.

As acusações de Strini causaram furor, e vários homens se levantaram para criticá-lo, dizendo que os Hell's Angels eram indefensáveis e era um insulto comparar a nossa luta com esse bando de sociopatas amorais. Mas pensei no que Strini disse, conquanto não concordasse com ele, fui em sua defesa. Apesar dos Hell's Angels serem antipáticos, eles eram rebeldes contra as autoridades, ainda que fossem rebeldes repugnantes.

Eu não estava interessado nos Hell's Angels, mas a questão mais ampla que me preocupava era se nós tínhamos, como Strini havia sugerido, nos prendido a uma forma de pensar que já não era mais revolucionária. Estávamos presos havia mais de quinze anos; eu estava preso por quase

** O H.M.S. *Prince of Wales* foi um navio de guerra da Marinha Real britânica que esteve envolvido em várias ações-chave da Segunda Guerra Mundial, incluindo a batalha do Estreito da Dinamarca contra o couraçado alemão *Bismarck*, operações de escolta a comboios no Mediterrâneo e sua ação final e afundamento no Pacífico, em 1941, ao qual o autor se refere. (N. do T.)

dezoito anos. O mundo que deixamos havia deixado de existir há um longo tempo. A prisão é um ponto imóvel em um mundo em movimento, e é muito fácil permanecer no mesmo lugar na cadeia enquanto o mundo continua a girar.

Sempre tentei permanecer aberto a novas ideias, a não rejeitar uma posição porque ela era nova ou diferente. Durante os anos que passamos na ilha mantivemos um diálogo contínuo sobre as nossas crenças e ideias; nós as debatemos, questionamos, e assim nós as refinamos. Eu não acreditava que havíamos permanecido em um mesmo lugar; acredito que evoluimos.

Apesar de a Ilha de Robben estar se tornando mais tolerante, ainda não havia sinal algum de que o Estado estava reformando os seus pontos de vista. Mesmo assim, eu não tinha dúvida alguma de que algum dia seria um homem livre. Nós podíamos estar presos em um lugar, mas eu estava confiante que o mundo estava se movendo em direção à nossa posição, e não para longe dela. O filme me lembrou uma vez mais que no dia que eu saísse da prisão, não queria parecer ser um fóssil político de uma era há muito passada.

Demorou quinze anos, mas em 1979, as autoridades anunciaram através do sistema de comunicação, que a dieta para os prisioneiros negros, mestiços e indianos seria doravante a mesma. Mas da mesma forma que justiça atrasada é justiça negada, não valia muito a pena celebrar uma reforma adiada por tanto tempo e decretada com tanta má vontade.

Todos os prisioneiros receberiam a mesma quantidade de açúcar pela manhã: uma colher e meia. Mas em vez de simplesmente aumentar a quota dos negros, as autoridades reduziram em meia colher a quantidade de açúcar que os prisioneiros mestiços e indianos recebiam, enquanto acrescentavam aquela quantidade para os prisioneiros negros. Algum tempo antes, os prisioneiros negros começaram a receber pão pela manhã, mas isso fez pouca diferença. Nós vínhamos coletando o nosso pão durante anos.

Nossa alimentação já havia melhorado durante os dois anos anteriores, mas não por causa das autoridades. Na esteira da revolta de Soweto, as autoridades decidiram que a ilha se tornaria o lar exclusivo dos "prisioneiros de segurança" da África do Sul. O número de prisioneiros comuns fora drasticamente reduzido. Como resultado disso, prisioneiros políticos foram pela primeira vez recrutados para trabalhar na cozinha. Uma vez que os prisioneiros políticos ocuparam a cozinha, a nossa dieta melhorou dramaticamente. Isso não se devia ao fato de eles serem melhores cozinheiros, mas porque o contrabando de comida cessou imediatamente. Em vez de desviarem alimentos para si próprios ou para subornar os guardas, os novos cozinheiros utilizavam todos os alimentos alocados para nós. Vegetais se tornaram mais abundantes, e pedaços de carne começaram a aparecer em nossas sopas e ensopados. Apenas então nos demos conta de que devíamos estar comendo dessa comida há anos.

85

NO VERÃO DE 1979, eu estava jogando tênis no pátio quando o meu adversário acertou um golpe diagonal que me esforcei em alcançar. Enquanto eu atravessava correndo a quadra, senti uma dor tão intensa no meu calcanhar direito que tive que parar de jogar. Durante os dias seguintes eu andava mancando muito.

Fui examinado por um médico na ilha, que decidiu que eu devia ir para a Cidade do Cabo para consultar um especialista. As autoridades se tornaram mais solícitas em relação à nossa saúde, temendo que, se morrêssemos na prisão, eles seriam condenados pela comunidade internacional.

Apesar de sob circunstâncias normais eu e os outros prisioneiros apreciaríamos uma visita à Cidade do Cabo, ir como prisioneiro era inteiramente diferente. Fui algemado e mantido em um canto afastado do barco, cercado por cinco guardas armados. O mar estava agitado naquele dia, e o barco balançava a cada onda. Cerca da metade do caminho entre a ilha e a Cidade do Cabo, pensei que o barco estava correndo perigo de virar. Espiei um salva-vidas que estava atrás de dois guardas que eram suficientemente jovens para serem meus netos. Disse para mim mesmo, "Se este barco afundar, vou cometer o meu último pecado na terra e atropelar aqueles dois garotos para pegar o salva-vidas". Mas no final, não foi necessário.

Nas docas, fomos recebidos por mais guardas armados e uma pequena multidão. É uma experiência humilhante observar o medo e a repugnância estampados nos rostos dos cidadãos comuns quando veem um prisioneiro passar por eles. A minha tendência era a de me abaixar e me esconder, mas não se podia fazer isso.

Fui examinado por um jovem cirurgião que perguntou se eu já havia machucado o meu calcanhar antes. Na verdade, eu o havia machucado quando estudava em Fort Hare. Uma tarde, eu estava jogando futebol quando tentei roubar a bola e senti uma dor lancinante no meu calcanhar. Fui levado ao hospital local, a primeira vez na minha vida que fui a um hospital ou vi um médico. Onde eu me criei, não existiam médicos negros, e fazer uma consulta com um médico branco era inédito.

O médico de Fort Hare examinou o meu calcanhar e disse que precisaria operá-lo. O diagnóstico me alarmou, e abruptamente disse-lhe que não queria que ele me tocasse. Naquele momento em minha vida, ir ao médico eu via como não sendo um ato muito viril, e me submeter a um procedimento médico parecia ainda pior. "Como você preferir", ele falou, "mas quando você estiver velho isso vai te preocupar".

O cirurgião da Cidade do Cabo fez uma radiografia do meu calcanhar e descobriu fragmentos ósseos que provavelmente estavam lá desde Fort Hare. Ele disse que poderia remover os fragmentos com uma cirurgia, que podia ser feita apenas com anestesia local em seu consultório. Concordei imediatamente.

A cirurgia correu bem, e quando terminou, o médico estava me explicando como cuidar do meu calcanhar. Ele foi abruptamente interrompido pelo comandante da minha escolta, que disse que eu tinha que retornar imediatamente para a Ilha de Robben. O cirurgião ficou muito exasperado por causa disso e, de seu modo mais autoritário, disse que era necessário que o Sr. Mandela pernoitasse no hospital e que ele não me daria alta sob nenhuma circunstância. O guarda ficou intimidado e concordou.

Minha primeira noite em um hospital de verdade acabou sendo bastante agradável. As enfermeiras mostravam uma preocupação exagerada comigo. Dormi muito bem, e pela manhã, um grupo de enfermeiras veio e me disse que eu devia ficar com os pijamas e o roupão que havia recebido. Eu lhes agradeci e disse que todos os meus companheiros de prisão sentiriam inveja de mim.

Achei que a viagem foi educativa de outra forma, porque naquele hospital percebi um degelo nas relações entre negros e brancos. O médico e as enfermeiras me trataram de uma forma natural como se estivessem lidando com negros em uma base de igualdade a vida inteira. Isso era algo novo e diferente para mim, e um sinal encorajador. Reafirmou a minha crença de longa data de que a educação era inimiga do preconceito. Esses eram homens e mulheres da ciência, e a ciência não comportava racismo.

Meu único arrependimento foi que não tive a oportunidade de entrar em contato com Winnie antes de ir para o hospital. Boatos haviam sido publicados nos jornais de que eu estava às portas da morte e ela havia ficado muito preocupada. Mas quando voltei, escrevi para ela e dissipei os seus temores.

* * *

Em 1980, nos deram o direito de comprarmos jornais. Isso era uma vitória, mas, como sempre, cada novo privilégio trazia consigo uma pegadinha. O novo regulamento afirmava que prisioneiros do Grupo A tinham o direito de adquirir um jornal em língua inglesa e um jornal em africâner por dia. Mas a ressalva preocupante foi que qualquer prisioneiro do Grupo A que fosse descoberto compartilhando seu jornal com um prisioneiro não pertencente ao Grupo A perderia seu privilégio de compra de jornais. Protestamos contra essa restrição, mas sem sucesso.

Nós recebíamos dois jornais diários: o *Cape Times* e *Die Burger*. Ambos eram jornais conservadores, especialmente o segundo. Ainda assim, os censores da prisão analisavam cada um desses jornais todos os dias armados de tesouras, retirando as matérias que eles achavam que não eram apropriadas para nós. Quando os jornais chegavam a nós, estavam repletos de buracos. Logo pudemos complementar esses jornais com cópias do *Star*, do *Rand Daily Mail* e do *Times* de domingo, mas esses jornais eram ainda mais pesadamente censurados.

Um artigo que certamente não pude ler foi publicado no *Johannesburg Sunday Post* em março de 1980. A manchete era "LIBERTEM MANDELA!". Nas páginas internas havia uma petição que as pessoas podiam assinar para solicitar a minha libertação e a dos meus companheiros prisioneiros políticos. Conquanto os jornais ainda estivessem proibidos de publicar a minha foto ou quaisquer palavras que eu tivesse dito ou escrito, a campanha do *Post* desencadeou uma discussão pública sobre a nossa libertação.

A ideia havia sido concebida em Lusaka, por Oliver e o CNA, e a campanha era a pedra angular de uma nova estratégia que colocaria a nossa causa em primeiro plano nas mentes das pessoas. O CNA havia decidido personalizar a busca pela nossa libertação ao centrar a campanha em uma única figura. Não há dúvida alguma de que os milhões de pessoas que subsequentemente se tornaram adeptas dessa campanha não faziam a mínima ideia de quem era, precisamente, Nelson Mandela. (Me disseram que quando os pôsteres contendo "Libertem Mandela" foram colocados em Londres, a maioria dos jovens pensou que o meu nome de batismo era Libertem). Houve algumas vozes divergentes, na ilha, que sentiam que a personalização da campanha era uma traição à coletividade da organização, mas a maioria das pessoas entendeu que era uma técnica para despertar as pessoas.

No ano anterior eu recebi o Prêmio Jawaharlal Nehru, de Direitos Humanos, dado pela Índia, outra prova do ressurgimento da luta. Naturalmente, me negaram permissão para participar da cerimônia, assim como para Winnie, mas Oliver recebeu o prêmio em minha ausência. Nós tínhamos uma sensação de um CNA revitalizado. O Umkhonto we Sizwe estava intensificando a sua campanha de sabotagens, que havia se tornado muito mais sofisticada. Em junho, o MK explodiu bombas na vasta refinaria de Sasolburg, localizada ao sul de Johannesburgo. O MK estava orquestrando uma explosão por semana em algum local estratégico. Bombas explodiram em usinas elétricas no Transvaal ocidental, em quartéis da polícia em Germinston, Daveyton, New Brighton e em outros lugares, e na base militar de Voortrekkerhoogte, nos subúrbios de Pretória. Todos esses locais eram estrategicamente significativos, lugares que chamariam a atenção e causariam preocupação ao Estado. O ministro da defesa, General Magnus Malan, apoiado por P. W. Botha, introduziu uma política conhecida como "investida total", que era uma militarização do país visando combater a luta pela libertação.

A campanha "Libertem Mandela" também tinha o seu lado mais leve. Em 1981, fiquei sabendo que estudantes da Universidade de Londres me indicaram como candidato para o posto honorífico de chanceler da universidade. Essa era uma honra maravilhosa, certamente, e meus concorrentes eram ninguém menos que a Princesa Anne e o líder sindical Jack Jones. No final, recebi 7.199 votos e perdi para a filha da rainha. Escrevi para Winnie em Brandfort que esperava que a votação pudesse ter, por um instante, transformado o seu humilde barraco em um castelo, tornando seus pequenos aposentos tão grandiosos quanto o salão de baile em Windsor.

A campanha pela nossa libertação reavivou as nossas esperanças. Durante os dias severos do início dos anos de 1970, quando o CNA pareceu mergulhar nas sombras, tínhamos que nos esforçar para não nos entregarmos ao desespero. De muitas maneiras, havíamos calculado mal, havíamos pensado que por volta dos anos de 1970 estaríamos vivendo em uma África do Sul democrática e não racial. No entanto, quando adentramos a nova década minhas esperanças por aquela África do Sul ressurgiram uma vez mais. Algumas manhãs eu entrava no pátio e todas as coisas vivas lá, as gaivotas e lavadeiras, as pequenas árvores, e mesmo as folhas dispersas de grama, pareciam sorrir e brilhar ao sol. Era em tais momentos quando eu percebia a beleza de até mesmo este pequeno e apertado canto do mundo que eu sabia que algum dia eu e o meu povo seríamos livres.

86

COMO MEU PAI ANTES DE MIM, eu havia sido preparado para ser o conselheiro do rei dos Thembu. Apesar de eu ter escolhido um caminho diferente, tentei à minha própria maneira fazer jus às responsabilidades do papel para o qual eu havia sido educado. Da prisão, fiz o melhor que pude para permanecer em contato com o rei e aconselhá-lo da melhor forma possível. À medida que amadureci, meus pensamentos se voltaram mais e mais frequentemente para as colinas verdejantes do Transkei. Apesar de eu nunca querer me mudar para lá sob os auspícios do governo, sonhava em um dia retornar a um Transkei livre. Assim, foi com grande consternação que fiquei sabendo em 1980 que o rei, Sabata Dalindyebo, o chefe supremo dos Thembu, fora deposto pelo meu sobrinho, K. D. Matanzima, o primeiro-ministro do Transkei.

Um grupo de chefes tribais Thembu solicitou uma visita urgente para mim, que foi aprovada pelas autoridades, que normalmente estavam dispostas a apoiar visitas de líderes tradicionais – acreditando que quanto mais envolvido eu estivesse em assuntos tribais e do Transkei, menos comprometido estaria com a luta.

O governo promoveu o poder dos líderes tradicionais como um contraponto ao CNA. Conquanto muitos de meus companheiros achassem que devíamos renegar aqueles líderes, a minha inclinação era estender a mão para eles. Não há contradição alguma entre um líder tradicional e um membro do CNA. Isso deu início a um dos mais longos e delicados debates que tivemos na ilha: se o CNA devia ou não participar de instituições patrocinadas pelo governo. Muitos dos homens consideravam isso colaboracionismo. Uma vez mais, eu achava que era necessário fazer uma distinção entre princípios e táticas. Para mim, a questão crítica era tática: A nossa organização vai ficar mais forte participando dessas organizações ou boicotando-as? Neste caso, eu achava que ficaríamos mais fortes ao participar.

Reuni-me com os chefes em uma sala grande da área de visitas, e eles expuseram o seu dilema. Apesar de seus corações estarem com Sabata, eles temiam Matanzima. Depois de ouvir a sua exposição, eu os aconselhei a darem seu apoio a Sabata contra Matanzima, que estava ilegalmente e vergonhosamente usurpando o poder do rei. Eu simpatizava com a situação deles, mas não podia perdoar as ações de Matanzima. Pedi-lhes que transmitissem o meu apoio a Sabata e a minha desaprovação a Matanzima.

Matanzima também havia proposto uma visita para discutir Sabata e assuntos de família. Como meu sobrinho, ele vinha na verdade solicitando tal visita por vários anos. Apesar de Matanzima afirmar que queria discutir assuntos de família, tal visita teria consequências políticas. No momento da primeira solicitação de Matanzima, eu encaminhei o assunto ao Alto Órgão e aos membros do CNA em nossa seção. Alguns simplesmente davam de ombros e diziam, “Ele é teu sobrinho, tem o direito de visitar”. Raymond, Govan e Kathy, entretanto, insistiam que, apesar de tal visita ser justificada como assunto de família, ela poderia ser interpretada por muitas pessoas, dentro e fora da prisão, como um sinal de meu aval ao homem e suas políticas. Essa era a razão para Matanzima querer me visitar, e a razão pela qual tal visita era inaceitável.

Compreendi e em grande parte concordei com o seu argumento, mas queria me encontrar com meu sobrinho. Talvez eu tivesse sempre levado demais em conta a importância de reuniões cara a cara e da minha própria capacidade de, em tal reunião, persuadir os homens a mudarem seus pontos de vista. Eu esperava poder convencer Matanzima a modificar sua política.

Eventualmente, os membros do CNA em nossa seção decidiram não se opor a uma visita. Em nome da democracia, então, fizemos consultas com os nossos homens nas seções F e G sobre o assunto, e eles se opuseram inflexivelmente. Steve Tshwete, que era uma das principais figuras do CNA, na seção geral, disse que tal visita ajudaria Matanzima politicamente e, portanto, estava fora de cogitação. Muitos deles observaram que Matanzima já havia tentado cooptar a minha aprovação ao nomear o pai de Winnie, Columbus Madikizela, ministro da agricultura em seu governo. Isso já era ruim o suficiente, eles disseram, sem Madiba concordar em se encontrar com ele. Submeti-me aos pontos de vista dos membros na seção geral e pesarosamente informei às autoridades que não aceitaria uma visita de meu sobrinho.

Em março de 1982, as autoridades da prisão me comunicaram que a minha esposa havia sofrido um acidente automobilístico, e que estava em um hospital. Eles tinham poucas informações a respeito, e eu não fazia ideia das suas condições ou quais eram as circunstâncias do acidente. Acusei as autoridades de reter informações e fiz uma solicitação urgente para que meu advogado viesse me visitar. As autoridades utilizavam informações como uma arma, e esta foi uma que teve êxito. Fiquei preocupado com a saúde da minha esposa até que recebi a visita, no dia 31 de março, do advogado de Winnie e do meu amigo Dullah Omar.

Dullah rapidamente me acalmou em relação a Winnie. Ela estava em um carro que capotou, mas estava bem. A nossa visita foi breve, e enquanto eu era levado de volta para a Seção B, minha mente ainda estava concentrada em Winnie, e fiquei aflito pelo sentimento de impotência e minha incapacidade de ajudá-la.

Não fazia muito tempo que eu estava de volta à minha cela, quando recebi a visita do oficial-comandante e de vários outros funcionários da prisão. Isso era muito incomum; o oficial-comandante em geral não fazia visitas a prisioneiros em suas celas. Levantei-me quando eles chegaram e o comandante até mesmo entrou em minha cela. Mal havia espaço para nós dois.

"Mandela", ele falou, "quero que você arrume as tuas coisas."

Perguntei-lhe "por quê?"

"Vamos transferi-lo", ele disse simplesmente.

Para onde?

"Não posso dizer", ele respondeu.

Exigi saber por quê. Ele me disse apenas que havia recebido instruções de Pretória que eu seria transferido da ilha imediatamente. O oficial-comandante saiu e foi a seguir até as celas de Walter, Reymond Mhlaba e Andrew Mlangeni e deu as mesmas ordens.

Fiquei perturbado e abalado. O que isso significava? Para onde estávamos indo? Na prisão, pode-se apenas questionar e resistir a uma ordem até certo ponto, e então a pessoa sucumbe. Não recebemos aviso algum, nenhuma preparação. Eu havia estado na ilha durante mais de dezoito anos, e ir embora tão abruptamente?

Cada um de nós recebeu várias caixas grandes de papelão para embalarmos as nossas coisas. Tudo o que eu havia acumulado durante quase duas décadas cabia nessas poucas caixas. Arrumamos nossas coisas em pouco mais de meia hora.

Houve uma comoção no corredor quando os outros prisioneiros ficaram sabendo que estávamos partindo, mas não tivemos tempo para nos despedir apropriadamente de nossos companheiros de tantos anos. Esta é outra entre as indignidades da prisão. Os vínculos de amizade e lealdade com os outros prisioneiros não representam nada para as autoridades.

No decorrer de minutos estávamos na barca em direção à Cidade do Cabo. Voltei meu olhar para a ilha enquanto a luz estava se desvanecendo, não sabendo se jamais a veria novamente. Um homem pode se acostumar a qualquer coisa, e eu havia me acostumado à Ilha de Robben. Eu havia vivido ali por quase duas décadas e conquanto ela nunca tivesse sido o meu lar – meu lar era em Johannesburgo – ela havia se tornado um local onde eu me sentia confortável. Sempre considerei difíceis as mudanças, e deixar a Ilha de Robben, não importando o quão cruel ela tenha sido às vezes, não era exceção. Eu não tinha ideia do que devia aguardar.

Nas docas, cercados por guardas armados, fomos levados apressadamente até um caminhão sem janelas. Nós quatro ficamos em pé no escuro enquanto o caminhão rodou durante um período de tempo consideravelmente maior do que uma hora. Atravessamos vários pontos de inspeção, e finalmente paramos. As portas traseiras foram abertas, e no escuro subimos alguns degraus de concreto e marchamos através de portas de metal em outras instalações de segurança. Consegui perguntar para um guarda onde estávamos.

"Prisão de Pollsmoor" ele disse.

Parte Dez

CONVERSANDO COM O INIMIGO

87

A PRISÃO DE SEGURANÇA MÁXIMA DE POLLSMOOR está localizada nas cercanias de um subúrbio branco, próspero, repleto de gramados verdes e casas bem arrumadas, chamado Tokai, alguns quilômetros ao sudeste da Cidade do Cabo. A prisão em si fica em meio a um cenário belíssimo do Cabo, entre as montanhas de Constantiaberge ao norte e centenas de alqueires de vinhedos ao sul. Mas essa beleza natural ficava invisível para nós atrás dos altos muros de concreto de Pollsmoor. Foi em Pollsmoor que, pela primeira vez, compreendi a verdade por trás do verso melancólico de Oscar Wilde sobre a tenda azul que os prisioneiros chamam de céu.

Pollsmoor tinha uma face moderna, mas um coração primitivo. Os edifícios, particularmente aqueles dos funcionários da prisão, eram limpos e de arquitetura contemporânea; mas os alojamentos dos prisioneiros eram arcaicos e sujos. Exceto nós, todos os homens em Pollsmoor eram prisioneiros comuns, e o tratamento dedicado a eles era retrógrado. Nós éramos mantidos separados deles e éramos tratados diferentemente.

Somente na manhã seguinte conseguimos ter uma percepção apropriada das nossas cercanias. Nós quatro havíamos recebido o que, para todos os efeitos, era o apartamento de cobertura da prisão: um recinto amplo no terceiro andar da prisão. Éramos os únicos prisioneiros no andar inteiro. O aposento principal era limpo, moderno e retangular, medindo cerca de 10 x 15 metros, e tinha uma seção separada com um toalete, urinol, duas pias e dois chuveiros. Havia quatro camas de verdade, com lençóis, e toalhas, um grande luxo para homens que haviam passado a maior parte dos últimos dezoito anos dormindo em uma esteira fina sobre um chão de pedra. Em comparação com a Ilha de Robben, estávamos em um hotel cinco estrelas.

Também tínhamos o nosso terraço em forma de L, uma seção aberta ao ar livre que tinha o comprimento da metade de um campo de futebol, onde nos era permitido ficar durante o dia. Tinha muros com cerca de quatro metros de altura, de forma que podíamos enxergar apenas o céu, exceto em um canto onde podíamos vislumbrar as escarpas das montanhas Constantiaberge, particularmente, a seção conhecida como Olho do Elefante. Às vezes eu imaginava esse pedaço de montanha como sendo o topo do *iceberg* do resto do mundo.

Era muito desorientador ser desenraizado tão repentinamente e sem maiores explicações. Temos que estar preparados para movimentos precipitados na prisão, mas nunca nos acostumamos a eles. Apesar de agora estarmos no continente, nos sentíamos mais isolados. Para nós, a ilha havia se transformado no local da luta. Consolávamos-nos na companhia uns dos outros, e passamos aquelas semanas iniciais especulando sobre o porquê de termos sido transferidos. Sabíamos que as autoridades, há muito tempo, se ressentiam e temiam a influência que tínhamos sobre os prisioneiros mais jovens. Mas a razão parecia ser mais estratégica: acreditávamos que as autoridades estavam tentando cortar a cabeça do CNA na ilha, removendo as suas lideranças. A própria Ilha de Robben estava se transformando em um mito sustentador da luta, e eles queriam neutralizar um pouco da sua importância simbólica através da nossa remoção. Walter, Raymond e eu éramos membros do Alto Órgão, mas a peça que não encaixava era a presença de Mlangeni. Andrew não era membro do Alto Órgão e não havia estado em destaque entre as lideranças da ilha, apesar de levarmos em consideração a possibilidade de as autoridades não saberem disso. As informações de inteligência que eles tinham a nosso respeito eram frequentemente inexatas.

Uma das nossas hipóteses pareceu ser confirmada alguns meses mais tarde quando Kathy veio se juntar a nós. Ele de fato havia sido membro do Alto Órgão. Mais importante ainda, Kathy foi o encarregado pelas nossas comunicações, e era graças ao seu trabalho que podíamos nos comunicar com os prisioneiros mais jovens.

Algumas semanas depois de Kathy chegar, um homem que não conhecíamos e que não vinha da Ilha de Robben também foi transferido para a nossa seção. Patrick Maqubela era um jovem advogado e membro do CNA, da região oriental do Cabo. Ele foi estagiário de Griffiths Mxenge, um advogado muito respeitado que representou muitos prisioneiros pertencentes ao CNA, e que foi assassinado nas imediações de Durban no ano anterior. Maqubela estava cumprindo uma pena de vinte anos de prisão por traição e fora transferido de Diepkloof, em Johannesburgo, onde causara agitação ao organizar os prisioneiros para Pollsmoor.

De início ficamos desconfiados dessa nova chegada, e ficamos imaginando se não seria um espião plantado pelas autoridades. Mas logo vimos que esse não era o caso. Patrick era um sujeito brilhante, amigável e destemido com quem nos demos muito bem. Não deve ter sido fácil para ele ficar alojado junto com um grupo de homens velhos, cheios de manias, que passaram as duas décadas anteriores juntos.

* * *

Vivíamos agora em um mundo de concreto. Eu sentia saudades do esplendor natural da Ilha de Robben. Mas o nosso novo lar proporcionava muitos confortos. Para citar uma coisa, a comida em Pollsmoor era muito superior, depois de anos comendo mingau nas três refeições do dia, os jantares em Pollsmoor com carne e vegetais apropriados eram como um banquete. Permitiam que lêssemos uma variedade bastante ampla de jornais e revistas, e podíamos receber publicações que anteriormente só tínhamos acesso através de contrabando, como a revista *Time* e o semanário *The Guardian*, de Londres. Isso nos fornecia uma janela para o mundo. Nós também tínhamos um rádio, mas que só sintonizava estações locais, e não o que nós realmente queríamos, ou seja, o Serviço Mundial da BBC. Permitiam que ficássemos no terraço o dia inteiro, exceto entre meio-dia e duas da tarde, quando os guardas almoçavam. Não havia nem mesmo a simulação de que tínhamos que trabalhar. Eu tinha uma pequena cela nas proximidades da nossa cela grande, que funcionava como um estúdio, com uma cadeira, mesa e prateleiras, onde eu podia ler e escrever durante o dia.

Na Ilha de Robben eu fazia os meus exercícios na minha cela estreita, mas agora eu tinha espaço para me alongar. Em Pollsmoor, eu acordava às cinco da manhã e fazia uma hora e meia de exercícios em nossa cela comunal. Eu fazia o meu regime usual de corrida no lugar, pular corda, abdominais e flexão de braços. Meus companheiros não costumavam acordar cedo e o meu programa de exercícios logo me tornou um sujeito impopular em nossa cela.

Fui visitado por Winnie logo após a minha chegada a Pollsmoor e fiquei contente de descobrir que a área de visitas era muito melhor e mais moderna, que aquela na Ilha de Robben. Tínhamos uma barreira grande de vidro através da qual se podia enxergar o visitante da cintura para cima e microfones muito mais sofisticados de forma que não tínhamos mais que nos esforçar para ouvir. A janela dava pelo menos a ilusão de maior intimidade, e na prisão, ilusões podem proporcionar conforto.

Era muito mais fácil para minha esposa e família ir a Pollsmoor do que à Ilha de Robben, e isso fez uma diferença enorme. A supervisão das visitas também se tornou mais compassiva. Frequentemente, as visitas de Winnie eram supervisionadas pelo Subtenente James Gregory, que havia sido um censor na Ilha de Robben. Eu não o conhecia muito bem, mas ele nos conhecia, porque havia sido responsável pela análise de nossas correspondências.

Em Pollsmoor fiquei conhecendo Gregory melhor e achei que ele era um contraste muito bem-vindo ao guarda típico. Ele era civilizado e brando, e tratava Winnie com educação e deferência. Em vez de gritar "Tempo acabou!" ele dizia, "Sra. Mandela, a senhora tem mais cinco minutos".

A Bíblia nos diz que os jardins antecedem os jardineiros, mas esse não era o caso em Pollsmoor, onde cultivei um jardim que se tornou uma das minhas distrações mais alegres. Ele era a minha forma de escapar do mundo monolítico de concreto que nos cercava. No decorrer de algumas semanas examinando todos os espaços vazios que tínhamos no teto do edifício e como eles eram banhados pelo sol durante o dia inteiro, decidi iniciar uma horta e recebi permissão do oficial-comandante para fazê-lo. Solicitei ao serviço penitenciário que me fornecesse dezesseis tambores de óleo, de duzentos litros, que cortei pela metade. As autoridades então encheram cada uma dessas metades com solo rico e úmido, criando na verdade trinta e dois vasos gigantes de flores.

Cultivei cebolas, berinjela, repolho, couve-flor, feijão, espinafre, cenouras, pepinos, brócolis, beterraba, alface, tomates, pimentões, morangos e muito mais. Em seu auge, eu tinha uma pequena fazenda com cerca de novecentas plantas; uma horta muito maior do que aquela que tinha na Ilha de Robben.

Comprei algumas das sementes e algumas – brócolis e cenouras, por exemplo – foram dadas para mim pelo oficial-comandante, Brigadeiro Munro, que era particularmente apreciador desses vegetais. Os guardas também me davam sementes de vegetais dos quais gostavam, e recebi um suprimento de esterco excelente para utilizar como fertilizante.

Todas as manhãs, eu colocava um chapéu de palha e luvas grossas e trabalhava na horta durante duas horas. Todos os domingos, eu fornecia vegetais para a cozinha, de forma que eles pudessem cozinhar uma refeição especial para os prisioneiros comuns. Eu também dei bastante da minha colheita para os guardas, que costumavam trazer sacolas para levar seus vegetais frescos para casa.

Em Pollsmoor, os nossos problemas tendiam a ser menos consequentes do que aqueles que tínhamos na Ilha de Robben. O Brigadeiro Munro era um homem decente e prestativo, que tomava cuidados especiais para que tivéssemos tudo o que queríamos. Não obstante, pequenos problemas algumas vezes assumiam contornos muito maiores do que deveriam. Em 1983, durante uma visita de Winnie e Zindzi, mencionei para a minha esposa que havia recebido sapatos que eram um número menor e que estavam apertando o meu dedo. Winnie ficou preocupada, e logo fiquei sabendo que reportagens foram publicadas em jornais que eu ia ter que amputar um dedo. Por causa da dificuldade de comunicação, as informações da prisão frequentemente se tornam exageradas no mundo externo. Se eu pudesse simplesmente ter telefonado para a minha esposa e dizer para ela que o meu pé estava ótimo, tal confusão não teria acontecido. Pouco tempo depois, Helen Suzman recebeu permissão para nos visitar, e ela perguntou sobre o meu dedo. Achei que a melhor resposta era uma demonstração: tirei minhas meias, levantei o meu pé descalço até o vidro, e mexi os meus dedos.

Reclamamos da umidade, em nossa cela, que causava resfriados em nós. Mais tarde, ouvi relatos que os jornais sul-africanos estavam publicando que a nossa cela estava inundada. Solicitamos contato com outros prisioneiros, e, em geral, fizemos a mesma queixa básica que sempre tínhamos: sermos tratados como prisioneiros políticos.

Em maio de 1984, encontrei um pouco de consolo que parecia compensar todo o desconforto. Em uma visita programada de Winnie, Zeni e a sua filha mais nova, fui escoltado para a área de visitas, pelo Sargento Gregory, que em vez de me levar à área normal de visitação, me levou para uma sala à parte, onde havia apenas uma mesa pequena e sem divisórias de tipo algum. Bem suavemente ele me disse que as autoridades fizeram uma mudança. Aquele dia era o início do que ficou conhecido como visitas "de contato".

Ele então saiu para ver a minha esposa e filha e pediu para falar em particular com Winnie. Winnie na verdade ficou assustada quando Gregory a levou para fora, pensando que talvez eu estivesse doente. Mas Gregory a escoltou pela porta e antes que qualquer um de nós se desse conta, estávamos na mesma sala e nos braços um do outro. Beijei e abracei a minha mulher pela primeira vez em todos esses anos. Foi um momento sobre o qual eu havia sonhado milhares de vezes. Era como se eu ainda estivesse sonhando. Eu a mantive junto a mim durante o que pareceu uma eternidade. Estávamos imóveis e silenciosos exceto pelo som de nossos corações. Eu não queria largá-la, mas a soltei e fui abraçar a minha filha e então peguei a filha dela no colo. Fazia vinte e um anos desde a última vez que havia tocado a mão da minha esposa.

88

EM POLLSMOOR, estávamos mais conectados aos eventos no mundo exterior. Estávamos cientes de que a luta estava se intensificando, e que os esforços do inimigo estavam igualmente aumentando. Em 1981, as forças de defesa sul-africanas fizeram uma incursão nos escritórios do CNA, em Maputo, Moçambique, matando treze de nossos companheiros, inclusive mulheres e crianças. Em dezembro de 1982, o MK causou explosões na usina nuclear inacabada de Koeberg, nas cercanias da Cidade do Cabo, e colocou bombas em muitos outros alvos militares, relacionados ao *apartheid* pelo país. Naquele mesmo mês, as forças militares sul-africanas atacaram novamente o posto avançado do CNA, em Maseru, Lesoto, matando quarenta e duas pessoas, incluindo uma dezena de mulheres e crianças.

Em agosto de 1982, a ativista Ruth First estava abrindo a sua correspondência em Maputo, onde estava exilada, quando foi morta por uma carta-bomba. Ruth, esposa de Joe Slovo, era uma corajosa ativista *antiapartheid* que havia passado vários meses na prisão. Ela era uma mulher enérgica e cativante, que encontrei pela primeira vez quando estava estudando em Wits, e a sua morte revelou a dimensão da crueldade do Estado ao combater a nossa luta.

O primeiro ataque com carro-bomba feito pelo MK aconteceu em maio de 1983, e visava um escritório de inteligência militar e da força aérea no coração de Pretória. Esse foi um esforço para retaliar os ataques sem motivo que os militares haviam lançado contra o CNA em Maseru e em outros locais e era uma escalada clara da luta armada. Dezenove pessoas morreram e mais de duzentas ficaram feridas.

A morte de civis era um acidente trágico, e senti um horror profundo pelo número de fatalidades. Mas por mais perturbado que tenha ficado por essas baixas, eu sabia que tais acidentes eram a consequência inevitável da decisão de embarcar em uma luta armada. A falibilidade humana sempre faz parte da guerra, e o preço por ela é sempre alto. Era precisamente porque sabíamos que tais incidentes ocorreriam que a nossa decisão de pegar em armas havia sido tão grave e relutante. Mas, como Oliver disse, na época da explosão da bomba, a luta armada foi imposta a nós pela violência do regime do *apartheid*.

O governo e o CNA estavam trabalhando em dois cursos de ação: militar e político. No *front* político, o governo estava seguindo a sua estratégia-padrão de dividir para governar ao tentar separar os negros dos mestiços e indianos. Em um referendo realizado em novembro de 1983, o eleitorado branco apoiou o plano de P. W. Botha, de criar um assim chamado Parlamento tricameral, com câmaras para mestiços e indianos em adição ao Parlamento branco já existente. Esse foi um esforço para atrair indianos e mestiços para o sistema, e separá-los dos negros. Mas a oferta era meramente um "telefone de brinquedo", pois todas as ações parlamentares de parte de indianos e mestiços estavam sujeitas a veto pelos brancos. Essa também foi uma forma de enganar o restante do mundo fazendo-o acreditar que o governo estava reformando o *apartheid*. O ardil de Botha não enganou o povo, pois mais de 80% dos eleitores indianos e mestiços boicotaram as eleições para as novas casas do Parlamento em 1984.

Poderosos movimentos políticos de base estavam sendo formados dentro do país e tinham ligações com o CNA, o principal deles sendo a Frente Democrática Unida*, da qual fui nomeado o patrono. A FDU havia sido criada para coordenar os protestos contra a nova constituição do *apartheid* em 1983, e as primeiras eleições para o Parlamento tricameral segregado em 1984. A FDU logo se transformou numa organização poderosa que unia seiscentas organizações *antiapartheid* – sindicatos, grupos comunitários, grupos religiosos, organizações estudantis.

O CNA estava experimentando um renascimento em popularidade. Pesquisas de opinião mostravam que o Congresso era, de longe, a orga-

* *Frente Democrática Unida* - United Democratic Front (UDF) em inglês (N. do T.).

nização política mais popular entre os negros, apesar de ter sido banida há um quarto de século. A luta *antiapartheid* como um todo havia capturado a atenção do mundo; em 1984, o Bispo Desmond Tutu recebeu o Prêmio Nobel da Paz (As autoridades se recusaram a enviar ao Bispo Tutu a minha carta de congratulações). O governo sul-africano estava sob crescente pressão internacional, à medida que nações do mundo inteiro começaram a impor sanções econômicas a Pretória.

O governo me enviara "batedores" durante anos, começando com os esforços do Ministro Kruger em me persuadir a me mudar para o Transkei. Esses não eram esforços de negociação, mas tentativas de me isolar da minha organização. Em várias outras ocasiões, Kruger me disse, "Mandela, podemos trabalhar com você, mas não com os teus colegas. Seja razoável". Apesar de eu não responder a essas aberturas, o simples fato de que eles estavam conversando em vez de atacar podia ser visto como um prelúdio para negociações genuínas.

O governo estava testando as águas. No final de 1984 e início de 1985, recebi visitas de dois estadistas ocidentais proeminentes, Lorde Nicholas Berthell, membro da Casa dos Lordes Britânica e do Parlamento Europeu, e de Samuel Dash, professor de direito da Universidade de Georgetown e ex-assessor jurídico da Comissão de Watergate do Senado dos Estados Unidos. Ambas as visitas foram autorizadas pelo novo ministro da justiça, Kobie Coetsee, que parecia ser um novo tipo de líder africânder.

Encontrei-me com Lorde Bethell na sala do comandante da prisão, que era decorada por uma fotografia enorme de um Presidente Botha, olhando ameaçadoramente. Bethell era um homem jovial e rotundo e quando o encontrei pela primeira vez, brinquei com ele sobre a sua corpulência. "O senhor parece ser parente de Winston Churchill", falei enquanto nos cumprimentávamos, e ele riu.

Lorde Bethell queria saber sobre as nossas condições em Pollsmoor e eu contei para ele. Discutimos a luta armada e expliquei a ele que a renúncia à violência não dependia de nós, mas do governo. Reafirmei que nós buscávamos como alvos as instalações militares, e não as pessoas.

"Eu não iria querer que os nossos homens assassinassem, por exemplo, o major aqui", eu disse, apontando para o Major Fritz van Sittert, que estava monitorando a conversa. Van Sittert era um sujeito agradável que não falava muito, mas começou a fazê-lo com a minha observação.

Na visita do Professor Dash, que aconteceu logo após a de Lorde Bethell, apresentei o que eu via como o básico para uma futura África do Sul não racial: um estado unitário sem divisões étnicas; eleições não raciais para o Parlamento central; e uma pessoa, um voto. O Professor Dash perguntou se eu fiquei animado com a intenção declarada do governo de revogar as leis sobre casamentos mistos e alguns dos outros estatutos do *apartheid*. "Isso é irrelevante", eu disse. "Não é minha ambição me casar com uma mulher branca ou nadar em uma piscina de brancos. O que queremos é igualdade política". Eu falei bem francamente para Dash, que naquele momento não conseguiríamos derrotar o governo no campo de batalha, mas poderíamos tornar o ato de governar bem difícil para eles.

Recebi uma visita não tão agradável de dois americanos, editores do jornal conservador *Washington Times*. Eles pareciam menos decididos em descobrir os meus pontos de vista e mais em provar que eu era comunista e terrorista. Todas as perguntas que eles fizeram se inclinavam naquela direção, e quando reiterei que eu não era nem comunista nem terrorista, eles tentaram mostrar que eu também não era cristão ao afirmar que o Reverendo Martin Luther King nunca recorreu à violência. Eu disse a eles que as condições sob as quais Martin Luther King lutou eram totalmente diferentes da minha: os Estados Unidos eram uma democracia com garantias constitucionais de direitos iguais que protegia o protesto não violento (apesar de haver preconceito contra negros); a África do Sul era um estado policial com uma constituição que consagrava a desigualdade e um exército que reagia à não violência utilizando força. Eu disse a eles que eu era cristão e sempre havia sido. Até mesmo Cristo, eu disse, quando foi deixado sem alternativas, utilizou força para expulsar os vendilhões do templo. Ele não era um homem violento, mas não teve escolha senão usar força contra o mal. Não acredito que os tenha persuadido.

Vendo-se diante de problemas em casa e pressão do exterior, P. W. Botha ofereceu uma medida tíbia e de meio-termo. No dia 31 de janeiro de 1985, em um debate no parlamento, o presidente do país me ofereceu publicamente a minha liberdade se eu "rejeitasse incondicionalmente a violência como um instrumento político". Essa oferta foi estendida a todos os prisioneiros políticos. Então, como se estivesse me fazendo um desafio público, ele acrescentou, "Portanto, não é o governo sul-africano que agora está no caminho da liberdade do senhor Mandela. É ele próprio".

Eu fora alertado pelas autoridades que o governo iria fazer uma proposta envolvendo a minha liberdade, mas eu não fora preparado para o fato de que ela seria feita no Parlamento, pelo presidente do país. Pelos meus cálculos, essa era a sexta oferta condicional que o governo havia feito para a minha liberação nos últimos dez anos. Depois de ter ouvido o discurso pelo rádio, fiz uma solicitação ao comandante da prisão para uma visita urgente da minha esposa e do meu advogado, Ismail Ayob, de forma que eu pudesse ditar a minha resposta à oferta do presidente do país.

Winnie e Ismail não receberam permissão para me visitar durante uma semana, e nesse meio tempo escrevi uma carta para o ministro das relações exteriores, Pik Botha, rejeitando as condições para a minha liberação, enquanto também preparava uma resposta pública. Eu estava ansioso para fazer várias coisas nessa resposta, porque a oferta de Botha era uma tentativa de criar uma divergência entre mim e os meus companheiros, ao procurar me seduzir a aceitar uma política que o CNA rejeitava. Eu queria tranquilizar o CNA em geral e Oliver em particular que a minha lealdade à organização estava acima de qualquer questão. Eu também desejava enviar uma mensagem ao governo que, conquanto eu rejeitasse a sua oferta por causa das condições ligadas a ela, eu não obstante pensava que a negociação, e não a guerra, era o caminho para uma solução.

Botha queria que o ônus da violência recaísse sobre os meus ombros e eu queria reafirmar ao mundo que estávamos apenas reagindo à violência perpetrada contra nós. Eu pretendia deixar claro que se saísse da prisão para as mesmas circunstâncias nas quais eu havia sido preso, seria forçado a retomar as mesmas atividades pelas quais fui aprisionado.

Reuni-me com Winnie e Ismail em uma sexta-feira; no domingo, uma manifestação da FDU seria realizada no Estádio Jabulani em Soweto, onde a minha resposta seria tornada pública. Alguns guardas com quem eu não estava familiarizado supervisionaram a visita e quando começamos a discutir a minha resposta ao presidente do país, um dos guardas, um sujeito relativamente jovem, nos interrompeu para dizer que apenas assuntos familiares poderiam ser discutidos. Eu o ignorei, e ele retornou minutos mais tarde com um guarda mais graduado, a quem eu mal conhecia. Este guarda disse que eu devia parar de discutir política, e eu lhe disse que estava tratando de um assunto de importância nacional, envolvendo uma oferta feita pelo presidente do país. Eu o avisei que se ele quisesse interromper a discussão deveria obter ordens diretas do próprio presidente do país. "Se você não estiver disposto a telefonar para o presidente do país para receber essas ordens", falei com frieza, "então, por favor, não nos interrompa novamente". Ele não nos interrompeu mais.

Dei para Ismail e Winnie o discurso que havia preparado. Além de responder ao governo, eu queria agradecer publicamente à FDU pelo seu ótimo trabalho e cumprimentar o Bispo Tutu pela sua premiação, acrescentando que esse prêmio pertencia a todo o povo. No domingo, 10 de fevereiro de 1985, minha filha Zindzi leu a minha resposta diante de uma multidão, aplaudindo, a qual não havia podido legalmente ouvir as minhas palavras em qualquer lugar da África do Sul durante mais de vinte anos.

Zindzi era uma oradora dinâmica como a mãe dela, e disse que o pai deveria estar no estádio para falar aquelas palavras ele mesmo. Fiquei orgulhoso em saber que foi ela quem pronunciou as minhas palavras.

> Sou membro do Congresso Nacional Africano. Sempre fui membro do Congresso Nacional Africano e continuarei sendo membro do Congresso Nacional Africano até o dia em que morrer. Oliver Tambo é mais que um irmão para mim. Ele é meu maior amigo e companheiro durante quase cinquenta anos. Se há alguém entre vocês que preza a minha liberdade,

Oliver Tambo a preza ainda mais, e eu sei que ele daria sua vida para me ver livre...

Estou surpreso pelas condições que o governo quer impor sobre mim. Não sou um homem violento... Foi apenas então, quando todas as outras formas de resistência não estavam mais à nossa disposição, que recorremos à luta armada. Que Botha demonstre que é diferente de Malan, Strijdom e Verwoerd. Que ele renuncie à violência. Que ele diga que vai desmantelar o *apartheid*. Que ele suspenda o banimento da organização do povo, o Congresso Nacional Africano. Que ele liberte todos os que foram presos, banidos ou exilados por sua oposição ao *apartheid*. Que ele garanta atividade política livre para que as pessoas possam decidir quem vai governá-las.

Eu prezo muito a minha própria liberdade, mas me importo ainda mais com a liberdade de vocês. Muitos já morreram desde a minha ida para a prisão. Muitos sofreram pelo amor à liberdade. Tenho uma dívida com as suas viúvas, com seus órfãos, com suas mães e com os seus pais, que lamentaram e choraram por eles. Não fui apenas eu quem sofreu durante esses anos longos, solitários e desperdiçados. Não amo a vida menos do que vocês. Mas não posso vender o meu direito de nascença, nem estou preparado para vender o direito de nascença das pessoas de serem livres...

Que liberdade me oferecem enquanto a organização do povo permanece banida? Que liberdade me oferecem quando posso ser preso por uma contravenção de passe? Que liberdade me oferecem para viver minha vida como uma família junto à minha esposa, que continua banida em Brandfort? Que liberdade me oferecem quando tenho que pedir autorização para morar em uma área urbana?... Que liberdade me oferecem quando a minha própria cidadania sul-africana não é respeitada?

Apenas homens livres conseguem negociar. Prisioneiros não podem participar de contratos... Não posso nem vou fazer empenho algum em um momento quando eu e vocês, o povo, não estivermos livres. A liberdade de vocês e a minha não podem ser separadas. Eu vou voltar.

89

EM 1985, depois de um exame de rotina com o médico da prisão, fui encaminhado para um urologista, que diagnosticou que eu estava com a próstata dilatada e recomendou cirurgia. Ele disse que o procedimento era rotineiro. Consultei a minha família e decidi seguir adiante com a operação.

Fui levado ao Hospital Volks, na Cidade do Cabo, sob segurança cerrada. Winnie veio de avião até a Cidade do Cabo e pôde me ver antes da cirurgia. Mas tive outro visitante, uma visita surpreendente e inesperada: Kobie Coetsee, o ministro da justiça. Não muito tempo antes, eu havia escrito para Coetsee pressionando-o a reunir-se comigo para discutirmos negociações entre o CNA e o governo. Ele não respondeu. Mas naquela manhã o ministro apareceu no hospital, sem avisar, como se estivesse visitando um velho amigo que estava de cama por alguns dias. Ele foi completamente afável e cordial, e durante a maior parte do tempo nós simplesmente falamos amabilidades. Apesar de eu agir como se essa fosse a coisa mais normal do mundo, fiquei atônito. O governo, de sua forma lenta e titubeante, estava calculando que tinha que chegar a algum tipo de acordo com o CNA. A visita de Coetsee era um ramo de oliveira.

Apesar de não termos discutido política, eu levantei uma questão sensível, que era a situação da minha esposa. Em agosto, logo antes de eu ser internado, Winnie foi até Johannesburgo para receber tratamento médico. As únicas viagens que permitiam que ela fizesse para fora de Brandfort eram para visitar a mim ou ao seu médico. Enquanto ela estava em Johannesburgo, a sua casa em Brandfort e a clínica atrás dela foram atingidas por bombas incendiárias e destruídas. Winnie não tinha onde morar e decidiu permanecer em Johannesburgo apesar do fato de que a cidade era proibida para ela. Nada aconteceu durante algumas semanas, e então a polícia secreta escreveu para comunicar a ela que a casa em

Brandfort foi reparada e que ela devia voltar para lá. Mas ela se recusou a fazê-lo. Pedi a Coetsee que ele permitisse a Winnie que permanecesse em Johannesburgo e não a forçasse a voltar para Brandfort. Ele disse que não podia prometer nada, mas que iria dar uma olhada no assunto. Agradeci a ele.

Passei vários dias no hospital convalescendo da cirurgia. Quando recebi alta, o Brigadeiro Munro foi me buscar no hospital. Oficiais-comandantes normalmente não vão buscar prisioneiros no hospital, portanto fiquei imediatamente desconfiado.

Na volta para a prisão, o Brigadeiro Munro me disse de uma forma casual, como se estivéssemos apenas batendo papo, "Mandela, não vamos levar você de volta para os teus amigos agora". Perguntei a ele o que queria dizer com isso. "De agora em diante, você vai ficar sozinho". Perguntei a ele por quê. Ele balançou a cabeça. "Não sei. Acabei de receber essas instruções do quartel-general". Uma vez mais, não houve aviso ou explicação.

Na minha chegada a Pollsmoor fui levado a uma nova cela no andar térreo da prisão, três andares abaixo e em uma ala completamente diferente. Recebi três aposentos, e um toalete separado, com um aposento para ser utilizado para dormir, um do outro lado do corredor para estudar, e outro para exercícios. Pelos padrões da prisão, isso era suntuoso, mas os aposentos eram úmidos e embolorados e recebiam muito pouca iluminação natural. Eu não disse nada para o brigadeiro, pois sabia que a decisão não havia sido dele. Eu queria tempo para pensar sobre as ramificações da mudança. Por que o estado havia dado esse passo?

Seria forte demais chamar isso de revelação, mas durante os dias e semanas seguintes cheguei a uma conclusão em relação à minha nova situação. A mudança, concluí, não era uma desvantagem, mas uma oportunidade. Não fiquei satisfeito em ficar separado de meus companheiros e sentia falta da minha horta e do terraço ensolarado no terceiro andar. Mas a minha solidão me dava certa liberdade, e decidi utilizá-la para fazer algo que vinha pensando em fazer havia muito tempo: iniciar discussões com o governo. Eu cheguei à conclusão que havia chegado o momento em que a luta podia ser levada adiante de melhor maneira através de negociações. Se não iniciássemos um diálogo imediatamente, ambas as partes seriam mergulhadas em uma noite escura de opressão, violência e guerra. A minha solidão me daria uma oportunidade de dar os primeiros passos nessa direção, sem o tipo de escrutínio que pudesse destruir tais esforços.

Vínhamos lutando contra o domínio da minoria branca durante três quartos de século. Estávamos engajados na luta armada havia mais de duas décadas. Muitas pessoas em ambos os lados já haviam morrido. O inimigo era forte e resoluto. Ainda assim, com todos os seus tanques de guerra e bombardeiros, eles devem ter percebido que estavam do lado errado da história. Nós tínhamos o direito ao nosso lado, mas não a força. Estava claro para mim que uma vitória militar era um sonho distante, senão impossível. Simplesmente não fazia sentido que ambos os lados perdessem milhares, talvez milhões de vidas em um conflito que era desnecessário. Eles deviam saber disso também. Era o momento de conversar.

Isso seria extremamente sensível. Ambos os lados viam as discussões como sinal de fraqueza e traição. Nenhum dos lados iria para a mesa de negociações até que o outro lado fizesse concessões significativas. O governo afirmava reiteradamente que nós éramos uma organização terrorista formada por comunistas, e que eles nunca conversariam com terroristas ou comunistas. Esse era um dogma do Partido Nacional. O CNA afirmava reiteradamente que o governo era fascista e racista e que não havia nada para conversar a respeito até que ele revogasse o banimento do CNA, libertasse, incondicionalmente, todos os prisioneiros políticos e retirasse as tropas dos assentamentos.

Uma decisão de conversar com o governo era de tal importância que ela só seria tomada em Lusaka. Mas eu sentia que o processo precisava começar, e que eu não tinha nem o tempo nem os meios de me comunicar completamente com Oliver. Alguém do nosso lado precisava dar o primeiro passo, e o meu novo isolamento me dava liberdade para fazer isso e a certeza, pelo menos por enquanto, da confidencialidade dos meus esforços.

Agora eu me encontrava em uma espécie de isolamento esplêndido. Ainda que os meus companheiros estivessem apenas três andares acima de mim, eles podiam muito bem estar em Johannesburgo. Para me encontrar com eles, eu tinha que fazer uma solicitação formal de visita, que tinha que ser aprovada pelo Escritório Central em Pretória. Frequentemente levava semanas para receber uma resposta. Se ela fosse aprovada, eu então me encontrava com eles na área de visitação. Essa era uma experiência nova para mim: meus companheiros e colegas prisioneiros eram agora visitantes oficiais. Durante anos, podíamos conversar durante horas diariamente; agora tínhamos que fazer solicitações e marcar encontros oficialmente, e nossas conversas eram monitoradas.

Depois de alguns dias em minha nova cela, pedi ao oficial-comandante que fizesse os arranjos necessários para uma reunião. Ele o fez, e nós quatro discutimos a questão da minha transferência. Walter, Kathy e Ray estavam furiosos por termos sido separados. Eles queriam apresentar um protesto veemente e exigir que fôssemos reunidos. Minha resposta não foi aquela que eles esperavam. “Olhem, companheiros”, eu falei, “não acredito que devamos nos opor a essa coisa”. Mencionei que as minhas novas acomodações eram melhores, e talvez isso pudesse estabelecer um antecedente para todos os prisioneiros políticos. Acrescentei então, meio ambiguamente, “Talvez algo de bom resulte disso. Agora estou em uma posição na qual o governo possa se aproximar de nós”. Eles não gostaram muito de ouvir esta última explicação, como eu sabia que aconteceria.

Escolhi não contar para ninguém o que eu estava para fazer. Nem para os meus colegas escadarias acima ou aqueles em Lusaka. O CNA é uma coletividade, mas o governo havia feito com que a coletividade se tornasse impossível neste caso. Eu não tinha a segurança ou o tempo para discutir essas questões com a minha organização. Eu sabia que os meus colegas escadarias acima condenariam a minha proposta, e isso mataria a minha iniciativa antes mesmo que ela nascesse. Há vezes em que um líder deve se movimentar à frente do rebanho, partir em uma direção diferente, confiante que está liderando o seu povo no caminho certo. Finalmente, meu isolamento fornecia à minha organização uma desculpa em caso de as coisas darem errado: o velho estava sozinho e completamente isolado, e suas ações foram tomadas por ele como indivíduo e não como representante do CNA.

90

ALGUMAS SEMANAS DEPOIS da minha mudança, escrevi para Kobie Coetsee para propor conversas sobre negociações. Como anteriormente, não recebi resposta alguma. Escrevi uma vez mais, e novamente não houve resposta. Achei isso estranho e desmoralizante, e compreendi que tinha que procurar outra oportunidade para ser ouvido. E ela veio no início de 1986.

Em uma reunião da Comunidade Britânica de Nações, em Nassau, em outubro de 1985, os líderes não conseguiram chegar a um acordo sobre a participação ou não em sanções internacionais contra a África do Sul. Isso ocorreu, porque a Primeira-Ministra Britânica Margaret Thatcher se opunha inflexivelmente. Para resolver o impasse, as nações reunidas concordaram que uma delegação de "pessoas notáveis" visitaria a África do Sul e informaria se as sanções eram a ferramenta apropriada para causar o fim do *apartheid*. No início de 1986, o Comitê de Pessoas Notáveis, formado por sete membros, liderado pelo General Olusegun Obasanjo, ex-líder militar da Nigéria, e pelo ex-Primeiro-Ministro da Austrália, Malcolm Fraser, chegou à África do Sul em sua missão de verificação.

Em fevereiro, recebi a visita do General Obasanjo para discutir a natureza do depoimento da delegação. Ele estava ansioso em facilitar um encontro entre mim e o grupo inteiro. Com a autorização do governo, o encontro foi marcado para maio. O comitê conversaria com os membros do gabinete depois de se reunir comigo, e eu vi isso como uma oportunidade de levantar o assunto de negociações.

O governo enxergou a minha sessão com o comitê como algo extraordinário. Dois dias antes da reunião recebi a visita do Brigadeiro Munro, que trouxe consigo um alfaiate. "Mandela", disse o comandante, "queremos que você encontre com essas pessoas em pé de igualdade. Não queremos que você use aquelas velhas roupas da prisão, portanto, este alfaiate vai tirar as tuas medidas e vai confeccionar um traje apropriado para você". O alfaiate deve ter sido uma espécie de mágico, pois no dia seguinte provei um terno de riscas de giz que se ajustou a mim como uma luva. Recebi também uma camisa, gravata, sapatos, meias e roupas de baixo. O comandante admirou o meu novo vestuário. "Mandela, agora você está parecendo um primeiro-ministro, e não um prisioneiro", ele falou e sorriu.

* * *

Na reunião com o Comitê de Pessoas Notáveis, tivemos a presença de dois observadores significativos: Kobie Coetsee e do Tenente-general W. H. Willemse, comissário de prisões. Como o alfaiate, esses homens estavam ali para me medir. Mas, curiosamente, eles saíram logo depois da reunião ter iniciado. Eu os urgi a ficar, dizendo que não tinha nada a esconder, mas eles foram embora de qualquer forma. Antes que eles saíssem, eu lhes disse que havia chegado o momento para negociações, e não luta, e que o governo e o CNA deviam sentar-se para conversar.

O Comitê de Pessoas Notáveis veio com várias perguntas envolvendo questões sobre violência, negociações e sanções internacionais. Já no início, estabeleci as regras básicas para a nossa discussão. "Não sou o cabeça do movimento", disse para eles. "O cabeça do movimento é Oliver Tambo, em Lusaka. Vocês devem ir vê-lo. Vocês podem dizer a ele qual é o meu ponto de vista, mas estes são os meus pontos de vista. Eles não representam nem mesmo os pontos de vista dos meus colegas aqui na prisão. Isso dito, eu sou favorável a que o CNA inicie discussões com o governo".

Vários membros do comitê tinham preocupações quanto à minha ideologia política e o que a África do Sul, sob a liderança do CNA, poderia parecer. Eu disse a eles que era um nacionalista sul-africano, e não um comunista, que o nacionalismo vinha em todos os tons e cores, e que eu tinha um compromisso firme com uma sociedade não racial. Disse a eles que acreditava na Carta Magna da Liberdade, que esta carta magna incorporava princípios de democracia e direitos humanos, e que ela não era uma planta para a construção do socialismo. Falei sobre a minha preocupação para que a minoria tivesse uma sensação de segurança em qualquer nova África do Sul. Contei para eles que achava que os nossos problemas eram o resultado da falta de comunicação entre o governo e o CNA e que alguns deles poderiam ser resolvidos com conversas de fato.

Eles me questionaram longamente sobre a questão da violência, e ainda que eu não estivesse preparado para renunciar à violência, afirmei nos termos mais fortes possíveis que a violência não poderia nunca ser a solução definitiva para a situação na África do Sul, e que os homens e mulheres por sua própria natureza exigiam algum tipo de acordo negociado. Enquanto uma vez mais reiterei que esse era o meu ponto de vista e não do CNA, sugeri que se o governo retirasse o exército e a polícia dos assentamentos, o CNA poderia concordar com uma suspensão da luta armada, como um prelúdio para negociações. Falei para eles que apenas a minha libertação não diminuiria a violência no país ou estimularia as negociações.

Depois que o comitê terminou de conversar comigo, eles planejaram se encontrar com Oliver, em Lusaka, e com funcionários do governo em Pretória. Em meus comentários, eu enviei mensagens para ambas as partes. Eu queria que o governo visse que sob as circunstâncias certas, nós negociaríamos e queria que Oliver soubesse que a posição dele e a minha eram a mesma.

Em maio, o Comitê de Pessoas Notáveis tinha programado se encontrar comigo a última vez. Eu estava otimista, pois eles estiveram em Lusaka e Pretória, e eu tinha a esperança que a semente das negociações fosse plantada. Mas no dia anterior ao da nossa reunião, o governo sul-

-africano deu um passo que sabotou qualquer boa vontade que havia sido engendrada pelos visitantes da Comunidade. No dia em que os membros do Comitê de Pessoas Notáveis devia se encontrar com ministros do gabinete, a Força de Defesa da África do Sul, sob as ordens do Presidente Botha, lançou ataques aéreos às bases do CNA em Botsuana, Zâmbia e Zimbábue. Isso envenenou completamente as negociações, e o Comitê de Pessoas Notáveis deixou imediatamente a África do Sul. Uma vez mais, senti que os meus esforços em promover negociações haviam sido paralisados.

Oliver Tambo e o CNA convocaram o povo da África do Sul a tornar o país ingovernável, e o povo obedeceu. O estado de agitação e violência política estava atingindo novos níveis. A fúria das massas estava irrefreável; os assentamentos estavam em estado de sublevação. A pressão internacional estava ficando mais forte a cada dia. No dia 12 de junho de 1986, o governo impôs o Estado de Emergência em uma tentativa de restringir os protestos. Em todas as aparências externas, o momento parecia pouco propício para negociações. Frequentemente, no entanto, os momentos mais desanimadores são precisamente o momento certo para lançarmos uma iniciativa. Em tais momentos as pessoas estão procurando uma saída para o seu dilema. Naquele mês escrevi uma carta muito simples para o General Willemse, o comissário de prisões. Nela, eu afirmei simplesmente, "Gostaria de conversar com o senhor sobre um assunto de importância nacional". Dei a carta ao Brigadeiro Munro em uma quarta-feira.

Naquele final de semana, o comandante me disse para me preparar para me encontrar com o General Willemse, que estava vindo de Pretória. Essa reunião não foi tratada da maneira usual. Em vez de conversar com o general na área de visitação, fui levado aos seus alojamentos dentro da própria Pollsmoor.

Willemse é um sujeito franco e começamos a trabalhar imediatamente. Eu disse a ele que queria conversar com Kobie Coetsee, o ministro da justiça. Ele me perguntou por quê. Hesitei por um instante, relutante em discutir assuntos políticos com um funcionário da prisão. Mas respondi com franqueza: "Quero ver o ministro para levantar a questão de negociações entre o governo e o CNA".

Ele pensou sobre isso durante alguns instantes, e então disse, "Mandela, como você sabe, não sou um político. Eu mesmo não posso discutir tais questões, pois elas estão além da minha autoridade". Então ele fez uma pausa, como se algo acabasse de ocorrer-lhe. "Acontece", ele disse, "que o ministro da justiça está na Cidade do Cabo. Talvez você possa se encontrar com ele. Vou descobrir".

Então o general telefonou para o ministro e os dois conversaram por alguns instantes. Depois de desligar o telefone, o general voltou-se para mim e falou, "O ministro disse, 'Traga-o aqui'". Minutos mais tarde, saímos da residência do general em seu carro e fomos para a casa do ministro na Cidade do Cabo. A segurança era leve, apenas outro carro acompanhou o veículo do general. A facilidade e rapidez com que esse encontro foi arranjado fizeram com que eu suspeitasse que o governo pudesse ter planejado essa reunião com antecedência. Se eles fizeram isso ou não era de menor importância; esta era uma oportunidade para dar o primeiro passo em direção às negociações.

Em sua residência oficial na cidade, Coetsee me cumprimentou calorosamente e nos sentamos em cadeiras confortáveis em sua sala de estar. Ele pediu desculpas por eu não ter tido a oportunidade de trocar a minha roupa de prisioneiro. Passei três horas conversando com ele e fiquei impressionado com a sua sofisticação e disposição em ouvir. Ele fez perguntas inteligentes e relevantes – perguntas que refletiam uma familiaridade com as questões que separavam o governo e o CNA. Ele me perguntou sob que circunstâncias nós suspenderíamos a luta armada; se eu falava ou não em nome do CNA como um todo; se eu visionava quaisquer garantias constitucionais para as minorias em uma nova África do Sul. Suas perguntas iam ao centro das questões separando o governo e o CNA.

Depois de responder praticamente da mesma forma que havia feito ao Comitê de Pessoas Notáveis, percebi que Coetsee queria alguma resolução. "Qual é o próximo passo?" Ele perguntou. Eu disse-lhe que queria me encontrar com o presidente e com o ministro do exterior, Pik Botha. Coetsee anotou isso em um pequeno bloco de notas que mantinha ao seu lado, e disse que enviaria o meu pedido através dos canais apropriados. Nós então nos despedimos, e fui levado de volta para a minha cela solitária no andar térreo da Prisão de Pollsmoor.

Fiquei bastante animado. Eu sentia que o governo estava ansioso em superar o impasse do país, e eles estavam agora convencidos de que tinham que abandonar suas antigas posições. Em um delineamento espectral, vi o início de um acordo.

Não contei sobre o meu encontro para ninguém. Eu queria que o processo estivesse já em curso antes de informá-lo a qualquer pessoa. Algumas vezes, é necessário apresentar aos nossos colegas uma política que já é fato consumado. Eu sabia que, uma vez que eles examinassem a situação cuidadosamente, meus colegas em Pollsmoor e em Lusaka me apoiariam. Uma vez mais, no entanto, depois desse início promissor, nada aconteceu. Semanas e então meses se passaram sem qualquer palavra de Coetsee. Um pouco frustrado, escrevi-lhe outra carta.

91

APESAR DE NÃO TER RECEBIDO uma resposta direta de Kobie Coetsee, houve outros sinais de que o governo estava me preparando para um tipo diferente de existência. Na véspera do Natal, o Tenente-coronel Gawie Marx, vice-comandante de Pollsmoor, entrou em minha cela depois do café da manhã e falou casualmente, "Mandela, você gostaria de ver a cidade?" Eu não estava certo do que ele tinha em mente, mas pensei que não haveria mal algum em dizer sim. Bom, ele falou, venha. Atravessei com o coronel as quinze portas metálicas entre a minha cela e a entrada da prisão, e quando saímos dela, encontrei o carro dele esperando por nós.

Entramos na Cidade do Cabo pela bela estrada que corre paralela à costa. Ele não tinha destino algum em mente e simplesmente vagueou pela cidade de uma forma descontraída. Era absolutamente fascinante observar as atividades simples das pessoas no mundo: homens idosos sentados ao sol, mulheres fazendo suas compras, pessoas passeando com seus cães. São exatamente essas atividades mundanas da vida diária que se sente mais falta na prisão. Eu me sentia como um turista curioso em uma terra estranha e admirável.

Depois de mais ou menos uma hora, o Coronel Marx estacionou o carro diante de uma pequena loja em uma rua tranquila. "Você gostaria de uma bebida gelada?" ele me perguntou. Acenei que sim, e ele desapareceu dentro da loja. Fiquei sentado sozinho no carro. Durante os primeiros momentos, não pensei sobre a minha situação, mas à medida que os segundos passavam, fiquei mais e mais agitado. Pela primeira vez em vinte e dois anos, eu estava solto no mundo e não estava sob guarda. Tive uma visão de abrir a porta, saltar do carro e então correr e correr até que estivesse fora da vista. Algo dentro de mim estava me dizendo para fazer isso. Notei uma área arborizada perto da estrada onde poderia me esconder. Eu estava extremamente tenso e comecei a transpirar. Onde estava o coronel? Mas então me controlei; uma ação como essa seria insensata e irresponsável, além de perigosa. Era possível que a situação inteira tivesse sido engendrada para tentar fazer com que eu escapasse, apesar de eu não achar que esse fosse o caso. Fiquei muito aliviado alguns momentos mais tarde quando vi o coronel voltando para o carro com duas latas de Coca-Cola.

Acabou acontecendo que aquele dia, na Cidade do Cabo, foi a primeira de muitas excursões. Durante os meses seguintes, fui novamente com o coronel não apenas para a Cidade do Cabo, mas para alguns dos pontos turísticos em torno da cidade, suas praias lindas e belas montanhas. Logo, oficiais menos graduados também tiveram permissão de me levar para passear. Um dos lugares que eu visitava regularmente em companhia desses oficiais era conhecido como "os jardins", uma série de pequenas propriedades nos limites da área da prisão onde eram cultivados os vegetais utilizados na cozinha da prisão. Eu gostava de estar em contato com a natureza, ser capaz de enxergar o horizonte e sentir o sol em meus ombros.

Certo dia, fui aos jardins com um capitão, e depois de andar pelos campos, caminhamos até os estábulos. Havia dois jovens brancos vestindo macacões trabalhando com os cavalos. Andei até eles, elogiei um dos animais, e perguntei para o rapaz, "Qual é o nome deste cavalo?" O jovem parecia bastante nervoso e não olhou para mim. Ele então balbuciou o nome do cavalo, mas para o capitão, e não para mim. Perguntei para o outro rapaz qual era o nome do seu cavalo, e ele teve exatamente a mesma reação.

Enquanto caminhava de volta para a prisão com o capitão, comentei sobre aquele comportamento que eu achei estranho dos dois jovens. O capitão riu, "Mandela, você não sabe quem eram aqueles dois rapazes?" Eu disse que não. "Eles eram prisioneiros brancos. Eles nunca haviam sido questionados por um prisioneiro nativo na presença de um oficial branco antes".

Alguns dos guardas mais jovens me levavam para lugares mais afastados, e caminhávamos pela praia e até mesmo parávamos em um café para tomar chá. Em tais lugares, eu frequentemente tentava ver se as pessoas me reconheciam, mas ninguém jamais o fez; a última fotografia minha que havia sido publicada tinha sido tirada em 1962.

Esses passeios foram educativos em vários níveis. Observei como a vida havia se transformado durante o tempo em que fiquei longe, e porque fomos principalmente a áreas reservadas aos brancos, vi a extraordinária riqueza e tranquilidade que os brancos desfrutavam. Ainda que o país estivesse em sublevação e os assentamentos estivessem à beira da guerra aberta, a vida dos brancos continuava placidamente e sem perturbação. As suas vidas não eram afetadas. Certa vez, um dos guardas, um jovem bastante agradável chamado Subtenente Brand, de fato até me levou ao apartamento de sua família e me apresentou à sua esposa e filhos. A partir de então, passei a enviar cartões de Natal para os seus filhos todos os anos.

Por mais que eu apreciasse essas pequenas aventuras, eu bem sabia que as autoridades tinham outro motivo além de me manter distraído. Eu percebi que elas queriam me aclimatar à vida na África do Sul e, talvez, ao mesmo tempo, me acostumar aos prazeres das pequenas liberdades que eu pudesse estar disposto a abrir mão de forma a ter liberdade completa.

92

EM 1987, RETOMEI O CONTATO com Kobie Coetsee. Tive várias reuniões privadas com ele em sua residência, e mais tarde, naquele ano, o governo fez a sua primeira proposta concreta. Coetsee disse que o governo gostaria de indicar um comitê de funcionários graduados para conduzir discussões privadas comigo. Isso seria feito com o inteiro conhecimento do presidente do país, disse Coetsee. O próprio Coetsee seria o chefe do comitê, que incluiria o General Willemse, o comissário geral das prisões; Fanie van der Merwe, o diretor-geral do Departamento Penitenciário; o Dr. Niel Barnard, ex-acadêmico que na época era o chefe do Serviço Nacional de Inteligência. Os três primeiros indivíduos estavam associados ao sistema prisional, portanto, se as negociações fracassassem ou fossem vazadas para a imprensa, ambas as partes poderiam encobrir as negociações e afirmar que estávamos discutindo as condições na prisão e nada mais.

A presença do Dr. Barnard, no entanto, me perturbou. Ele era o chefe do equivalente sul-africano à CIA dos Estados Unidos, e também estava envolvido com inteligência militar. Eu podia justificar à minha organização as minhas discussões com os outros funcionários, mas não com Barnard. A presença dele tornava as negociações mais problemáticas e sugeria uma agenda mais ampla. Falei para Coetsee que gostaria de pensar a respeito da proposta durante a noite.

Naquela noite, pesei todas as ramificações. Eu sabia que P. W. Botha havia criado algo chamado Conselho de Segurança do Estado, um secretariado sombrio composto de especialistas em segurança e funcionários da área de inteligência. Ele havia feito isso, de acordo com a imprensa, para contornar a autoridade do gabinete e aumentar o seu próprio poder. O Dr. Barnard era um personagem-chave desse conselho secreto e dizia-se que era protegido do presidente. Imaginei que a minha recusa em conversar com Barnard afastaria Botha, e concluí que tal conduta era arriscada demais. Se o presidente do país não fosse trazido a bordo, nada aconteceria. Pela manhã, enviei mensagem para Coetsee aceitando sua oferta.

Eu sabia que tinha três assuntos cruciais que precisava falar a respeito: primeiramente, eu queria sondar meus colegas no terceiro andar antes de avançar ainda mais; em segundo lugar, era essencial me comunicar com Oliver, em Lusaka, sobre o que estava ocorrendo; e finalmente, eu pretendia elaborar um memorando para P. W. Botha descrevendo os meus pontos de vista e os do CNA sobre as questões vitais para o país. Esse memorando criaria tópicos para discussão para quaisquer futuras negociações.

Solicitei uma reunião com os meus colegas, e para minha surpresa, as autoridades recusaram sumariamente. Isso era extraordinário, e presumi que refletia uma boa porção de nervosismo pela perspectiva de negociações secretas entre o governo e eu. Levei minhas queixas aos funcionários mais graduados. Finalmente, meu pedido foi aprovado, com a condição de que só poderia encontrar com os meus colegas individualmente, e não em grupo.

Eu me reuni com eles na área de visitações. Decidi deixar alguns detalhes de lado; eu buscaria o conselho deles sobre a ideia de negociarmos com o governo sem mencionar que um comitê efetivo havia sido criado. Walter foi o primeiro. Contei para ele sobre a carta que havia enviado ao comissário de prisões e a minha reunião com Coetsee. Eu disse que havia discutido com Coetsee a ideia de iniciar negociações com o governo e que o governo parecia estar interessado e o que ele achava do assunto.

Eu enfrentei muitas coisas com Walter. Ele era um homem ponderado e sábio, e ninguém me conhecia melhor do que ele. Não havia ninguém cuja opinião eu confiasse ou valorizasse mais. Walter refletiu sobre o que lhe falei. Pude ver que ele não estava se sentindo confortável, estava, na melhor das hipóteses, morno. "Em princípio", ele disse, "não sou contra negociações. Mas eu teria desejado que o governo iniciasse negociações conosco em vez de nós iniciarmos negociações com eles".

Respondi que se, a princípio, ele não era contra negociações, que importância tinha quem as havia iniciado? O que importava era o que elas alcançaram, e não como começaram. Falei para Walter que achava que nós devíamos prosseguir com as negociações e não nos preocuparmos com quem havia batido na porta antes. Walter viu que eu estava decidido e disse que não ia me impedir, mas que esperava que eu soubesse o que estava fazendo.

Em seguida, conversei com Raymond Mhlaba. Expliquei a situação toda para ele como fiz com Walter. Ray sempre fora um homem de poucas palavras, e durante vários instantes ele digeriu o que eu disse. Então ele olhou para mim e disse, "Madiba, o que você está esperando? Devíamos ter iniciado isso anos atrás". A reação de Andrew Mlangeni foi virtualmente a mesma de Ray. O último homem era Kathy. Sua reação foi negativa; ele era tão decididamente contra o que eu estava sugerindo quanto Raymond e Andrew eram a favor. Ainda mais veementemente do que Walter, ele sentia que ao iniciarmos negociações pareceria que estávamos capitulando. À semelhança de Walter, ele disse que não era em princípio contra negociações, e respondi exatamente como havia feito com Walter. Mas Kathy era intransigente; ele sentia que eu estava seguindo o caminho errado. Mas apesar de suas dúvidas, ele disse que não me impediria.

Não muito tempo depois disso, recebi um bilhete de Oliver Tambo que foi contrabandeado até mim por um dos meus advogados. Ele ouviu relatos que eu estava tendo negociações secretas com o governo e estava preocupado. Ele disse que sabia que eu estava sozinho por algum tempo e separado de meus companheiros. Ele deve ter ficado imaginando: O que está se passando com Mandela? O bilhete de Oliver era breve e ia direto ao ponto: O que, ele queria saber, eu estava discutindo com o governo? Oliver poderia não ter acreditado que eu estava me vendendo, mas ele pode ter pensado que eu estava cometendo um erro de julgamento. Na verdade, o teor de seu bilhete sugeria isso.

Respondi para Oliver em uma carta bastante concisa dizendo que eu estava conversando com o governo a respeito de apenas uma coisa: uma reunião entre o Comitê Executivo Nacional do CNA e o governo sul-africano. Eu não entraria em detalhes, pois não podia confiar na confidencialidade do comunicado. Eu simplesmente afirmei que havia chegado o momento para tais negociações e que eu não comprometeria a organização de modo algum.

Apesar do CNA haver conclamado negociações com o governo durante décadas, nunca fomos confrontados com a perspectiva real de tais negociações. Uma coisa é pensar nelas em teoria, outra completamente diferente é praticá-las. Enquanto eu estava escrevendo a minha resposta para Oliver, também estava começando a elaborar o meu memorando para P. W. Botha. Eu me certificaria de que Oliver também visse isso. Eu sabia que quando Oliver e a Executiva Nacional lessem o meu memorando, seus temores de que eu havia me desviado do caminho seriam dissipados.

93

A PRIMEIRA REUNIÃO FORMAL do grupo secreto de trabalho aconteceu em maio de 1988, em um clube elegante de oficiais, dentro do recinto de Pollsmoor. Conquanto eu conhecesse Coetsee e Willemse, eu nunca havia me encontrado com van der Merwe e com o Dr. Barnard antes. Van der Merwe era um homem tranquilo e equilibrado que falava apenas quando tinha algo importante para dizer. O Dr. Barnard tinha seus trinta e poucos anos e era extremamente brilhante, um homem de inteligência controlada e com autodisciplina.

O encontro inicial foi bastante tenso, mas em sessões subsequentes pudemos falar mais livre e diretamente. Eu me reunia com eles quase todas as semanas durante alguns meses, e então as reuniões começaram a ocorrer em intervalos irregulares. Algumas vezes ficávamos sem nos reunir por um mês, e então, subitamente, todas as semanas. As reuniões normalmente eram marcadas pelo governo, mas às vezes eu solicitava uma sessão.

Durante nossas reuniões iniciais, descobri que os meus novos colegas, com exceção do Dr. Barnard, pouco sabiam a respeito do CNA. Eles eram todos africânderes sofisticados, e com mentes muito mais abertas do que a maioria de seus compatriotas. Mas eles eram vítimas de tanta propaganda negativa que foi necessário corrigi-los sobre certos fatos. Até mesmo o Dr. Barnard, que havia feito um estudo sobre o CNA, recebera a maior parte de suas informações da polícia e dos arquivos do serviço de inteligência, que eram, na maior parte, imprecisas e maculadas pelos preconceitos dos homens que as reuniram. Ele não podia evitar ser afetado pelas mesmas predisposições.

Passei algum tempo no início dando noções básicas da história do CNA e então explicando nossas posições sobre as questões primárias que separavam a organização do governo. Depois dessas preliminares, nos concentramos nas questões críticas: a luta armada, a aliança do CNA com o Partido Comunista, o objetivo do governo da maioria e a ideia da reconciliação racial.

A primeira questão a ser levantada foi, de muitas maneiras, a mais crucial, que era a da luta armada. Passamos vários meses discutindo-a. Eles insistiam que o CNA devia renunciar à violência e desistir da luta armada antes que o governo concordasse em negociar – e antes que eu pudesse me encontrar com o Presidente Botha. A argumentação deles era que a violência não era nada mais do que um comportamento criminoso, que não podia ser tolerado pelo Estado.

Respondi que o Estado era responsável pela violência e que é sempre o opressor, e não o oprimido, que dita a forma da luta. Se o opressor utiliza violência, o oprimido não tem alternativa alguma senão responder violentamente. No nosso caso, era simplesmente uma maneira legítima de autodefesa. Ousei dizer que se o Estado decidisse utilizar métodos pacíficos, o CNA também utilizaria meios pacíficos. "Cabe a vocês", eu disse, "e não a nós, renunciar à violência".

Acredito ter feito progredir a compreensão deles a partir desse ponto, mas a questão logo deixou de ser filosófica e passou a ser prática. Como o Ministro Coetsee e o Dr. Barnard observaram, o Partido Nacional havia, repetidamente, declarado que não negociaria com qualquer organização que defendesse a violência: portanto, como ele poderia de repente anunciar negociações com o CNA sem perder a sua credibilidade? De forma a iniciarmos as negociações, eles disseram: o CNA deve fazer algumas concessões de forma que o governo não perca a autoridade perante o seu próprio povo.

Era um pedido justo e que eu podia compreender muito bem, mas eu não ia oferecer-lhes uma saída. "Cavalheiros", eu disse, "não é minha função resolver o seu dilema para vocês". Simplesmente disse a eles que eles deviam dizer para o seu povo que não poderia haver paz nem solução para a situação na África do Sul sem negociação com o CNA. O povo vai compreender, eu disse.

A aliança do CNA com o Partido Comunista parecia perturbá-los quase tanto quanto a luta armada. O Partido Nacional aceitava a ideologia mais tacanha da Guerra Fria dos anos de 1950 e via a União Soviética como o império do mal e o comunismo como o trabalho do demônio. Não havia nada que se pudesse fazer para dissuadi-los dessa noção. Eles sustentavam que o Partido Comunista dominava e controlava o CNA e que, de forma que as negociações tivessem início, nós devíamos romper com o partido.

Primeiramente, eu disse, nenhum guerreiro pela liberdade que se preze aceitaria ordens do governo contra o qual está lutando ou alijaria um aliado de longa data para agradar um antagonista. Então expliquei longamente que o partido e o CNA eram organizações separadas e diferentes, que compartilhavam os mesmos objetivos em curto prazo, a derrubada da opressão racial e o nascimento de uma África do Sul não racial, mas que os nossos interesses a longo prazo não eram os mesmos.

Essa discussão continuou durante alguns meses. Como a maioria dos africânderes, eles achavam que, pelo motivo de muitos comunistas do CNA serem brancos ou indianos, eles controlavam os negros do CNA. Mencionei muitas ocasiões em que o CNA e o PC haviam diferido em política, e o CNA havia prevalecido, mas isso não pareceu impressioná-los. Finalmente, irritado, eu lhes disse, "Vocês cavalheiros consideram-se inteligentes, não? Bem, há quatro de vocês e um de mim, e vocês não conseguem controlar-me ou fazer com que eu mude de ideia. O que faz vocês pensarem que os comunistas podem ter sucesso onde vocês fracassaram?"

Eles também estavam preocupados com a ideia da nacionalização, insistindo que o CNA e a Carta Magna da Liberdade apoiavam nacionalizações indiscriminadas para a economia da África do Sul. Expliquei que defendíamos uma distribuição mais uniforme das gratificações de certas indústrias, indústrias estas que já eram monopólios, e que a nacionalização poderia ocorrer em algumas daquelas áreas. Mas eu indiquei a eles um artigo que escrevi em 1956 para o *Liberation* no qual afirmei que a Carta Magna da Liberdade não era um plano levando ao socialismo, mas para um capitalismo ao estilo africano. Eu disse a eles que não havia mudado de ideia desde então.

A outra área principal de discussão era a questão do governo da maioria. Eles achavam que se houvesse um governo da maioria, os direitos das minorias seriam atropelados. Como o CNA protegeria os direitos da minoria branca? Eles queriam saber. Eu disse que não havia na história da África do Sul uma organização que se comparasse ao CNA em termos de tentar unir todos os povos e raças da África do Sul. Indiquei para eles o preâmbulo da Carta Magna da Liberdade: "A África do Sul pertence a todos aqueles que vivem nela, negros e brancos". Eu disse a eles que os brancos também eram africanos, e que em qualquer partilha futura a maioria iria precisar da minoria. Não queremos empurrá-los para o mar, afirmei.

94

AS REUNIÕES tiveram um efeito positivo: no inverno de 1988, disseram-me que o Presidente Botha estava planejando encontrar-se comigo antes do final de agosto. O país ainda estava em tumulto. O governo havia imposto um Estado de Emergência em 1987 e em 1988. A pressão internacional aumentava. Mais companhias saíram da África do Sul. O Congresso Norte-Americano havia aprovado medidas amplas de sanções.

Em 1987, o CNA celebrou seu septuagésimo-quinto aniversário e organizou uma conferência no final do ano na Tanzânia da qual participaram delegados de mais de cinquenta nações. Oliver declarou que a luta armada se intensificaria até que o governo estivesse preparado para negociar a abolição do *apartheid*. Dois anos antes, na conferência do CNA em Kabwe, na Zâmbia, marcando o trigésimo aniversário da Carta Magna da Liberdade, membros de outras raças foram eleitos para o Comitê Executivo Nacional pela primeira vez, e o CEN prometeu que nenhuma discussão podia ser mantida com o governo até que todos os líderes do CNA fossem libertados da prisão.

Apesar da violência ainda ser ampla, o Partido Nacional nunca havia estado mais forte. Nas eleições gerais dos brancos, em maio de 1987, os Nacionalistas conquistaram uma maioria esmagadora. Pior ainda, o Partido Progressista Federal, de linha liberal, havia sido substituído como oposição oficial pelo Partido Conservador, que estava à direita dos Nacionalistas no espectro político e que havia feito campanha com o tema que o governo era leniente demais com a oposição negra.

Apesar do meu otimismo com as negociações secretas, era um momento difícil. Eu havia recentemente recebido uma visita de Winnie e fiquei sabendo que o número 8115 em Orlando West, a casa na qual havíamos nos casado e que eu considerava o meu lar, havia sido incendiada criminosamente. Havíamos perdido registros familiares preciosos, fotografias e recordações – até mesmo a fatia do bolo de casamento que Winnie estava guardando para a minha libertação. Eu sempre achei que algum dia, quando saísse da prisão, eu poderia recapturar o passado olhando para aquelas fotografias e cartas, e agora elas estavam perdidas. A prisão roubou de mim a minha liberdade, mas não as minhas lembranças, e agora senti que alguns inimigos da luta tentaram me roubar até mesmo estas últimas.

Eu também estava sofrendo de uma tosse forte, da qual parecia não conseguir me livrar, e frequentemente eu me sentia fraco demais para me exercitar. Eu continuei a reclamar da umidade da minha cela, mas nada fora feito sobre ela. Certo dia, durante uma reunião na área de visitas com o meu advogado, Ismail Ayob, me senti mal e vomitei. Fui levado de volta à minha cela, examinado por um médico e logo me recuperei. Alguns dias mais tarde, no entanto, eu estava em minha cela depois do jantar quando vários guardas e um médico chegaram. O médico fez um exame apressado, e então um dos guardas me falou para eu me vestir. "Vamos levar você para o hospital na Cidade do Cabo", me disseram. A segurança estava rigorosa; fui levado em um comboio de carros e veículos militares, e escoltado por pelo menos dez guardas.

Fui levado ao Hospital Tygerberg, localizado no campus da Universidade de Stellenbosch, em uma área rica e verdejante do Cabo. Como descobri mais tarde, eles quase escolheram uma instalação diferente porque as autoridades temiam que eu pudesse atrair simpatia em um hospital universitário. Os guardas entraram primeiro e retiraram todas as pessoas da área de entrada. Fui então escoltado para um andar que fora completamente esvaziado. Mais de uma dúzia de guardas armados se alinharam no corredor do andar.

Enquanto estava sentado em uma mesa, na sala de exames, fui examinado por um médico jovem e amigável que também era professor na faculdade de medicina da universidade. Ele examinou a minha garganta, deu tapinhas em meu peito, tirou amostras de sangue, e rapidamente declarou que eu estava bem de saúde. "Não há nada errado com o senhor", ele disse sorrindo. "Poderemos dar alta ao senhor amanhã". Eu estava ansioso em não me desviar de minhas negociações com o governo, por isso fiquei contente com o diagnóstico dele.

Depois dos exames, o médico me perguntou se eu gostaria de tomar um pouco de chá. Eu disse que sim, e alguns minutos depois, uma enfermeira mestiça alta e jovem entrou carregando uma bandeja. A presença de todos aqueles guardas armados deixou-a tão amedrontada que ela derrubou a bandeja em minha cama, derramando o chá, antes de sair apressadamente.

Passei a noite na enfermaria vazia sob guarda pesada. Logo cedo, na manhã seguinte, antes mesmo de eu ter desjejum, fui visitado por um médico mais velho que era chefe de medicina interna do hospital. Ele era um sujeito prático e tinha menos tato do que o médico jovem e cordial da noite anterior. Sem quaisquer preliminares, ele me deu tapas no peito e então falou rispidamente, "Há líquido no teu pulmão". Eu disse que o outro médico havia feito testes e disse que eu estava bem. Com uma ponta de aborrecimento ele disse, "Mandela, olhe para o teu peito". Ele observou que um lado do meu peito estava na verdade maior do que o outro, e disse que ele provavelmente estava cheio de líquido.

Ele pediu que uma enfermeira trouxesse uma seringa, e sem maiores delongas ele a enfiou em meu peito e retirou um líquido amarronzado. "Você já comeu o desjejum?" ele perguntou. Não, respondi. "Ótimo", ele disse, "vamos te levar para a sala de cirurgia imediatamente". Ele me disse que eu tinha uma grande quantidade de líquido no meu pulmão e queria retirar esse líquido imediatamente.

Na sala de cirurgia recebi anestesia, e a próxima coisa que lembro foi acordar em uma sala com o doutor presente. Eu estava grogue, mas me concentrei no que ele disse: ele havia retirado dois litros de líquido do meu peito e em seguida o líquido foi analisado, um bacilo de tuberculose foi descoberto. Ele disse que estava no estágio bem inicial da doença, e que o bacilo não havia causado danos ao pulmão. Enquanto uma tuberculose em pleno desenvolvimento normalmente levava seis meses para ser curada, ele disse, eu deveria melhorar em dois meses. O médico concordou que provavelmente era a umidade que havia ajudado a causar a minha doença.

Passei as seis semanas seguintes em Tygerberg me recuperando e recebendo tratamento. Em dezembro, fui transferido para a Clínica Constantiaberge, uma instalação luxuosa perto de Pollsmoor que nunca havia recebido um paciente negro antes. Na minha primeira manhã na clínica, recebi logo cedo uma visita de Kobie Coetsee, que estava acompanhado pelo Major Marais, o subcomandante responsável pelos meus cuidados. Mal havíamos nos cumprimentado quando o ordenança trouxe o meu desjejum.

Por causa da minha doença recente e do meu histórico de pressão sanguínea alta, fui colocado sob uma dieta rigorosa de baixo colesterol. Aquele ordenança aparentemente não fora enviado pela cozinha da clínica, pois a bandeja do desjejum continha ovos mexidos, três fatias de bacon, e vários pedaços de torradas com manteiga. Eu não conseguia me lembrar da última vez que havia experimentado bacon e ovos, e fui voraz. Quando eu estava para comer uma deliciosa garfada de ovos, o Major Marais disse, "Não, Mandela, isso é contra as ordens do teu médico", e se inclinou para retirar a bandeja. Eu a segurei com firmeza e disse, "Sinto muito, Major. Se este desjejum for me matar, então hoje estou pronto para morrer".

Estando confortavelmente instalado em Constantiaberge, retomei minhas reuniões com Kobie Coetsee e o comitê secreto. Enquanto eu ainda estava na clínica, Coetsee disse que queria me colocar em uma situação que ficasse no meio-termo entre o confinamento e a liberdade. Se por um lado ele não deixou explícito o que isso significava, eu tinha uma noção a respeito do que ele estava falando, e simplesmente assenti. Eu não seria tão ingênuo a ponto de considerar a proposta dele como liberdade, mas eu sabia que era um passo naquela direção.

Nesse meio-tempo, a clínica era extremamente confortável e pela primeira vez eu desfrutei de fato uma convalescença em hospital. As enfermeiras – que eram brancas ou mestiças, enfermeiras negras não eram permitidas – me mimavam; elas traziam sobremesas e travesseiros extras e ficavam constantemente me visitando, mesmo durante as suas folgas.

Certo dia, uma das enfermeiras veio até mim e disse, "Sr. Mandela, vamos fazer uma festa hoje à noite e gostaríamos que o senhor viesse". Eu disse que ficaria honrado em ir, mas as autoridades indubitavelmente teriam algo a dizer a respeito disso. As autoridades da prisão negaram autorização para eu ir à festa, o que deixou as enfermeiras aborrecidas, e como resultado disso, elas decidiram fazer a festa em meu quarto, insistindo que elas não podiam fazer a festa sem a minha presença.

Naquela noite, mais ou menos uma dezena dessas jovens mulheres vestindo roupas de festa vieram para o meu quarto trazendo bolo, ponche e presentes. Os guardas pareciam estar confusos, mas eles não podiam considerar essas jovens vivazes como um risco sério de segurança. Na verdade, quando um dos guardas tentou evitar que algumas das enfermeiras entrassem em meu quarto, brincando eu o acusei de estar com ciúmes de um velho recebendo tanta atenção de jovens tão belas.

95

NO INÍCIO DE DEZEMBRO de 1988, a segurança na minha enfermaria foi aumentada e os oficiais de plantão estavam mais alertas que o normal. Alguma mudança era iminente. Na noite do dia 9 de dezembro, o Major Marais veio até o meu quarto, e falou para eu me preparar para ir embora. Para onde? Perguntei a ele. Ele não podia dizer. Arrumei minhas coisas e olhei em torno à procura de alguma das minhas leais enfermeiras; fiquei desapontado de não poder agradecê-las e me despedir delas.

Saímos às pressas, e depois de cerca de uma hora na estrada, entramos em uma prisão cujo nome eu reconhecia: Victor Verster. Localizada na bela e antiga cidade de origem holandesa de Paarl, no Cabo. A prisão Victor Verster fica a pouco mais de cinquenta quilômetros ao nordeste da Cidade do Cabo, na região vinícola da província. A prisão tinha a reputação de ser uma instalação-modelo. Atravessamos de carro toda a extensão da prisão, e depois por uma estrada sinuosa de terra, através de uma área arborizada nos fundos da propriedade. No final da estrada, chegamos a um chalé isolado, pintado de branco, situado atrás de um muro de concreto e sombreado por abetos altos.

Fui encaminhado para dentro da casa pelo Major Marais e encontrei um saguão espaçoso, ao lado de uma cozinha grande, com um quarto ainda maior nos fundos da casa. O lugar era esparso, mas confortavelmente mobiliado. Como o chalé não tinha sido limpo ou varrido antes da minha chegada, o quarto e a sala de estar estavam repletos de todos os tipos de insetos exóticos, centopeias, aranhas caranguejeiras, e coisas parecidas, alguns dos quais eu nunca havia visto antes. Naquela noite, varri os insetos da minha cama e do peitoril da janela e dormi extremamente bem no que seria o meu novo lar.

Na manhã seguinte vistoriei o meu novo domicílio e descobri uma piscina no quintal, assim como dois quartos menores. Caminhei do lado de fora e fiquei admirando as árvores que sombreavam a casa e a mantinham fresca. O lugar todo parecia remoto, isolado. A única coisa estragando o retrato idílico era que os muros tinham arame farpado em seu topo, e havia guardas na entrada da casa. Mesmo assim, era um lugar e uma situação agradáveis; uma casa no meio do caminho entre a prisão e a liberdade.

O chalé de fato dava a ilusão de liberdade. Eu podia dormir e acordar de acordo com a minha vontade, nadar sempre que quisesse, comer quando estivesse com fome – todas essas eram sensações deliciosas. Simplesmente poder sair durante o dia e dar uma caminhada quando desejasse; era um momento de glória privada. Não havia grades nas janelas, não havia chaves, nenhuma porta para trancar ou destrancar. Era inteiramente agradável, mas eu nunca esquecia que esta era uma gaiola dourada.

O serviço penitenciário me forneceu um cozinheiro, o Subtenente Swart, um africânder alto e tranquilo que já havia sido guarda na Ilha de Robben. Eu não me lembrava dele, mas ele disse que às vezes dirigia o caminhão que nos levava até a pedreira e propositadamente passava por buracos e saliências para nos dar um passeio sacolejante. "Fiz aquilo para vocês", ele disse acanhadamente, e eu gargalhei. Ele era um sujeito decente e de temperamento doce sem quaisquer preconceitos, e se tornou como um irmão mais novo para mim.

Ele chegava às sete da manhã e ia embora às quatro da tarde, e preparava o meu desjejum, almoço e jantar. Eu tinha uma dieta orientada pelo meu médico e ele a seguia em seus preparativos. Ele era um ótimo cozinheiro, e quando ia para casa, às quatro da tarde, deixava o jantar pronto para ser aquecido no forno de micro-ondas, que era um aparelho novo para mim.

O Subtenente Swart assava pão, fazia gengibirra caseira e vários outros acepipes. Quando eu recebia visitas, o que estava acontecendo com maior frequência, ele preparava refeições de gourmet. Os visitantes sempre elogiavam a comida e eu ouso afirmar que o meu *chef* causava inveja a todos os meus visitantes. Quando as autoridades começaram a permitir que alguns dos meus companheiros do CNA e membros da Frente Democrática Unida (FDU) e do Movimento Democrático de Massas (MDM) me visitassem, eu os acusava de virem apenas por causa da comida.

Certo dia, depois de uma refeição deliciosa, preparada pelo Sr. Swart, fui até a cozinha para lavar os pratos. "Não", ele falou "isso é tarefa minha. O senhor deve voltar para a sala". Insisti que devia fazer algo, e já que ele cozinhava, era justo que eu lavasse os pratos. O Sr. Swart protestou, mas finalmente capitulou. Ele também se opunha ao fato de eu arrumar a minha cama pela manhã, dizendo que era responsabilidade dele fazê-lo. Mas eu vinha arrumando a minha cama durante tanto tempo que isso havia se tornado um reflexo para mim.

Também fazíamos trocas em outra questão. Como muitos guardas falantes de africâner, ele estava ansioso em melhorar o seu inglês. Eu também estava sempre buscando maneiras de melhorar o meu africâner. Fizemos um acordo: ele falaria comigo em inglês e eu responderia em africâner, e dessa forma nós dois praticaríamos a língua na qual tínhamos pontos fracos.

Ocasionalmente, eu pedia a ele que preparasse certos pratos para mim. Às vezes, eu pedia farinha de milho com feijão, que costumava comer quando era garoto. Certo dia, falei para ele, "Sabe, eu gostaria que você cozinhasse arroz integral para mim". Para minha surpresa, ele disse, "O que é arroz integral?" Swart era um homem jovem, e expliquei para ele que arroz integral era o grão de arroz não refinado, e nós costumávamos comê-lo durante a guerra, quando o arroz branco escasseou. Eu disse que era muito mais saudável do que o arroz branco. Ele estava cético, mas conseguiu arranjar um pouco para mim. Ele o cozinhou e gostei muito do arroz. Mas o Sr. Swart não conseguiu tolerar o gosto e jurou que se eu quisesse comer arroz integral novamente, eu mesmo é que teria que prepará-lo.

Apesar de eu não beber muito, eu queria ser um bom anfitrião e servir vinho aos meus visitantes. Ocasionalmente, eu tomava um gole de vinho de forma a fazer com que os meus convidados se sentissem mais à vontade, mas o único vinho que eu conseguia tolerar era o vinho semidoce sul-africano, que na verdade é muito doce.

Antes que meus convidados chegassem, eu pedia que o Sr. Swart conseguisse certo tipo de vinho Nederburg, que eu havia experimentado antes e sabia que era semidoce. Certo dia, eu estava esperando Dullah Omar, George Bizos e Ismail Ayob, meus amigos e advogados para o almoço, e pedi que o Sr. Swart comprasse um pouco de vinho Nederburg, caso George Bizos, que não era muçulmano, quisesse beber um pouco com sua refeição. Percebi que ele fazia uma careta quando disse isso, e perguntei-lhe o que havia de errado.

"Sr. Mandela", ele disse, "sempre compro esse vinho para o senhor porque o senhor pede, mas ele é barato e não é muito bom". Eu o lembrei que não gostava de vinhos secos e que estava certo de que George não conseguiria distingui-los de qualquer maneira. O Sr. Swart sorriu quando falei isso e propôs um meio-termo: sairia e compraria duas garrafas, um vinho seco e o meu Nederburg, e então perguntaria ao meu convidado qual vinho ele preferia. "Ótimo", eu falei, "vamos fazer essa experiência".

Quando nós quatro estávamos sentados para almoçar, Swart trouxe as duas garrafas, voltou-se para os convidados e perguntou, "Cavalheiros, qual dos vinhos os senhores gostariam?" Sem mesmo olhar para mim, George apontou para a garrafa de vinho branco seco. O subtenente Swart apenas sorriu.

96

AS REUNIÕES com o comitê continuaram, e ficamos paralisados nas mesmas questões que sempre haviam evitado que avançássemos: a luta armada, o Partido Comunista e o governo da maioria. Eu ainda estava pressionando Coetsee em busca de uma reunião com P. W. Botha. A essas alturas, as autoridades permitiam que eu me comunicasse rudimentarmente com os meus companheiros que estavam em Pollsmoor e na Ilha de Robben e também com o CNA em Lusaka. Apesar de eu saber que estava me adiantando em relação aos meus colegas, eu não queria me adiantar demais e descobrir que estava completamente só.

Em janeiro de 1989, recebi a visita dos meus quatro companheiros de Pollsmoor e discutimos o memorando que eu estava planejando enviar para o presidente do país. O memorando reiterava a maioria dos pontos que eu já havia discutido em nossas reuniões secretas do comitê, mas eu queria me certificar de que o presidente do país os ouvia diretamente de mim. Ele veria que nós não éramos terroristas selvagens, mas homens sensatos.

"Estou perturbado", escrevi ao Sr. Botha no memorando, que foi enviado a ele em março daquele ano, "assim como muitos outros sul-africanos sem dúvida estão, com o espectro de uma África do Sul dividida em dois campos hostis – os negros de um lado – e os brancos do outro, assassinando uns aos outros". Para evitar isso e preparar o terreno para negociações, proponho lidar com as três exigências feitas pelo governo ao CNA como uma precondição para negociações: renunciar à violência; rompimento com o PCAS; e abandonar os pedidos de governo pela maioria.

Sobre a questão da violência, escrevi que a recusa do CNA em renunciar à violência não era o problema: "A verdade é que o governo ainda não está pronto... para compartilhar o poder político com os negros". Expliquei a nossa disposição em deixar de lado o PCAS, e reiterei que não estávamos sob o seu controle. "Qual homem honrado", escrevi, "vai desistir de um amigo de longa data por insistência de um adversário comum e ainda reter alguma credibilidade com seu povo?" Afirmei que a rejeição ao governo da maioria por parte do governo era uma tentativa maldisfarçada de preservar o poder. Sugeri que ele deveria encarar a realidade. "O governo da maioria e a paz interna são como dois lados de uma única moeda, e a África do Sul branca tem que aceitar que nunca haverá paz e estabilidade neste país até que este princípio seja inteiramente aplicado".

No final da carta, ofereci uma estrutura bem rudimentar para as negociações.

> Duas questões políticas terão que ser encaradas; em primeiro lugar, a exigência do governo pela maioria em um estado unitário, em segundo lugar, a preocupação da África do Sul branca em relação à esta demanda, assim como a insistência dos brancos por garantias estruturais que o governo da maioria não significará a dominação da minoria branca pelos negros. A tarefa mais crucial que o governo e o CNA terão que encarar será reconciliar essas duas posições.

Propus que isso fosse feito em duas etapas, a primeira, uma discussão para criar as condições apropriadas para negociações, e a segunda, as próprias negociações. "Devo observar que o movimento que fiz fornece ao senhor a oportunidade de superar o impasse atual e normalizar a situação política do país. Espero que o senhor se aproveite dela sem demora".

Mas houve demora. Em janeiro, P. W. Botha sofreu um derrame. Se por um lado este derrame não deixou o presidente incapacitado, por outro lado o enfraqueceu e, de acordo com o seu gabinete, tornou-o ainda mais irascível. Em fevereiro, Botha inesperadamente renunciou à liderança do Partido Nacional, mas manteve o seu cargo de presidente do país. Essa era uma situação sem paralelo na história do país: no sistema parlamentar da África do Sul, o líder do partido majoritário se torna o chefe de estado. O presidente Botha agora era o chefe de estado, mas não do seu próprio partido. Alguns viram isso como sendo um desdobramento positivo: que Botha desejava estar "acima da política dos partidos" para poder trazer verdadeiras mudanças à África do Sul.

A violência política e a pressão internacional continuaram a se intensificar. Detentos políticos em todo o país fizeram uma greve de fome que atingiu seus objetivos, persuadindo o ministro da lei e ordem a libertar mais de novecentos deles. Em 1989, a FDU formou uma aliança com o Congresso das Entidades Sindicais da África do Sul (CESAS) para formar o Movimento Democrático de Massas (MDM), que começou, então, a organizar uma "campanha de desafio" de âmbito nacional de desobediência civil para desafiar as instituições do *apartheid*. No fronte internacional, Oliver manteve negociações com os governos da Grã-Bretanha e da União Soviética, e em janeiro de 1987 reuniu-se com o secretário de estado dos Estados Unidos, George Shultz, em Washington. O CNA foi reconhecido pelos norte-americanos como um elemento indispensável para qualquer solução na África do Sul. Sanções contra a África do Sul permaneceram rigorosas e até mesmo aumentaram.

A violência política tinha o seu lado trágico. À medida que a violência em Soweto se intensificou, minha esposa autorizou um grupo de jovens a agirem como seu guarda-costas enquanto ela se movimentava pelo assentamento. Esses jovens não tinham treinamento e disciplina e se envolveram em atividades inapropriadas para uma luta pela liberação. Winnie subsequentemente tornou-se legalmente emaranhada no julgamento de um de seus guarda-costas que foi condenado por assassinar um jovem companheiro. Esta situação era profundamente desconcertante para mim, pois um escândalo desses servia apenas para dividir o movimento em uma época em que a unidade era essencial. Apoiei inteiramente a minha esposa e argumentei que enquanto tivesse demonstrado pobreza de julgamento, ela era inocente de quaisquer acusações sérias.

Naquele mês de julho, para o meu septuagésimo primeiro aniversário, recebi a visita no chalé, em Victor Verster, de praticamente toda a minha família. Era a primeira vez em que eu recebia a minha esposa, meus filhos e netos todos em um só local, e essa foi uma ocasião grandiosa e feliz. O Subtenente Swart se superou ao preparar um banquete, e ele nem mesmo ficou triste quando permiti que alguns dos netos comessem doces antes do prato principal. Depois da refeição, os netos foram para o meu quarto para assistir ao vídeo de um filme de terror enquanto os adultos permaneceram no lado de fora, fofocando no saguão. Era um prazer extremamente grande ter a minha família inteira ao meu redor, e a única dor era o conhecimento de que eu havia perdido tais ocasiões por tantos anos.

97

NO DIA 4 DE JULHO, recebi a visita do General Willemse, que comunicou que eu seria levado para me encontrar com o Presidente Botha no dia seguinte. Ele descreveu a visita como "visita de cortesia", e me disseram para estar pronto para sair às cinco e meia da manhã. Eu disse para o general que estava ansioso pela reunião e achava apropriado ter um terno e gravata para vestir quando fosse ver o Sr. Botha (O terno feito quando da visita do Comitê de Pessoas Notáveis havia desaparecido há muito tempo). O General concordou, e pouco tempo depois um alfaiate apareceu para tomar as minhas medidas. Naquela tarde me entregaram um terno novo, uma gravata, camisa e sapatos. Antes de ir embora, o General também perguntou qual era o meu tipo sanguíneo, caso alguma coisa fatídica acontecesse no dia seguinte.

Preparei-me o melhor que pude para o encontro. Revisei o meu memorando e as longas anotações que havia feito. Passei a vista em tantos jornais e revistas quanto pude para me certificar de que estava em dia com as notícias. Depois da renúncia do Presidente Botha, da liderança do Partido Nacional, F. W. de Klerk foi eleito para o seu lugar, e dizia--se que havia uma disputa considerável entre os dois pelo poder. Alguns podiam interpretar a disposição de Botha em se encontrar comigo como sua maneira de desviar a atenção dirigida ao seu rival, mas isso não me deixou preocupado. Ensaiei os argumentos que o presidente da república poderia apresentar e aqueles que eu colocaria em troca. Em cada encontro com o adversário, a pessoa deve se certificar de que passará precisamente a impressão que pretende passar.

Eu estava tenso por causa do meu encontro com o Sr. Botha. Ele era conhecido como *die Groot Krokodil* – o Grande Crocodilo – e eu ouvira muitas histórias sobre o seu temperamento feroz. Para mim, ele parecia ser o próprio modelo do africânder da velha guarda, teimoso, de cabeça empinada que não discutia assuntos com os líderes negros, mas os impunha a eles. Aparentemente, o seu recente derrame havia apenas exacerbado essa tendência. Decidi que se ele agisse daquela forma impositiva comigo eu teria que lhe comunicar que achava aquele comportamento inaceitável, e então me levantaria e suspenderia a reunião.

* * *

Precisamente às cinco e meia da manhã, o Major Marais, comandante da Victor Verster, chegou ao meu chalé. Ele entrou no saguão onde fiquei diante dele em meu novo terno para ser inspecionado. Ele caminhou em torno de mim, e então balançou a cabeça negativamente.

“Não, Mandela, a tua gravata”, falou. Não se tinha muito uso para gravatas na prisão, e me dei conta naquela manhã quando a estava colocando que eu havia esquecido como usá-la corretamente. Fiz um nó da melhor maneira que pude e esperei que ninguém percebesse. O Major Marais desabotoou o meu colarinho, soltou e depois retirou a minha gravata, e então, em pé, atrás de mim, fez um nó Windsor duplo. Então ele deu um passo para trás e admirou o seu trabalho. “Muito melhor”, disse.

Fomos de carro de Victor Verster até Pollsmoor, para a residência do General Willemse, onde um desjejum foi servido pela esposa do General. Depois do desjejum, em um pequeno comboio, fomos até Tuynhuys, o escritório oficial da presidência, e estacionamos em uma garagem subterrânea onde não seríamos vistos. Tuynhuys é um edifício gracioso, ao estilo holandês, do Cabo do século dezenove, mas não pude observá-lo adequadamente naquela manhã. Fui, na verdade, contrabandeado para dentro dos aposentos presidenciais.

Tomamos um elevador para o andar térreo e saímos em um saguão com painéis de madeira diante do gabinete do presidente. Lá fomos recebidos por Kobie Coetsee e Niel Barnard, e um séquito de funcionários da prisão. Eu havia conversado longamente com Coetsee e com o Dr. Barnard sobre esta reunião, e eles sempre me aconselharam que evitasse questões polêmicas com o presidente. Enquanto ficamos aguardando, o Dr. Barnard olhou para baixo e percebeu que os meus cadarços não estavam apropriadamente amarrados e rapidamente se ajoelhou para amarrá-los para mim. Dei-me conta de quão nervosos eles estavam, e aquilo não me tranquilizou. A porta então se abriu e entrei esperando pelo pior.

Do lado oposto de seu escritório grandioso, P. W. Botha caminhou em minha direção. Ele havia planejado a sua marcha com perfeição, pois nos encontramos exatamente na metade do caminho. Ele estava com a mão estendida e estava sorrindo largamente e, na verdade, a partir daquele primeiro instante, ele me desarmou completamente. Ele foi infalivelmente cortês, atencioso e amigável.

Posamos brevemente para uma fotografia de nós dois apertando as mãos, e então Kobie Coetsee, o General Willemse e o Dr. Barnard se juntaram a nós em uma mesa comprida. Chá nos foi servido e começamos a conversar. Desde o princípio, não parecia que estávamos engajados em discussões políticas tensas, mas em uma aula particular animada e interessante. Não discutimos questões substantivas, como história e cultura sul-africanas. Mencionei que recentemente lera um artigo em uma revista africânder sobre a Rebelião Africânder de 1914, e mencionei como eles ocuparam cidades no Estado Livre. Eu disse que via a nossa luta como um paralelo a essa famosa rebelião, e discutimos esse episódio histórico durante bastante tempo. A história sul-africana, naturalmente, parece ser muito diferente para o homem negro do que para o homem branco. A visão deles era que a rebelião era uma desavença entre irmãos, enquanto que a minha luta era revolucionária. Eu disse que ela também podia ser vista como uma luta entre irmãos que por acaso têm cores diferentes de pele.

A reunião não durou nem meia hora e foi amigável e jovial até o final. Foi então que levantei uma questão séria. Pedi ao Sr. Botha que libertasse incondicionalmente todos os prisioneiros políticos, inclusive eu mesmo. Esse foi o único momento tenso da reunião, e o Sr. Botha disse que infelizmente não podia fazer isso.

Houve então uma pequena discussão sobre o que devíamos dizer, caso notícias sobre o nosso encontro vazassem. Bem rapidamente elaboramos uma declaração afirmando que havíamos nos reunido para um chá em um esforço de promover a paz no país. Quando todos concordaram com essa declaração, o Sr. Botha se levantou e me cumprimentou, dizendo que havia sido um grande prazer. De fato, tinha sido. Agradeci a ele pela recepção, e saímos pelo mesmo caminho pelo qual havíamos entrado.

Conquanto a reunião não tenha sido um avanço em termos de negociação, ela o foi em outro sentido. Fazia tempo que o Sr. Botha falava sobre a necessidade de se atravessar o Rubicon, mas ele nunca o fez de fato até aquela manhã em Tuynhuys. Agora, eu sentia, não havia como voltar atrás.

Um pouco mais de um mês, mais tarde, em agosto de 1989, P. W. Botha foi à televisão em rede nacional para anunciar a sua renúncia à presidência do país. Em um discurso curiosamente desconexo de despedida, ele acusou os membros do gabinete de quebra de confiança, de ignorá-lo e de ceder ao jogo do Congresso Nacional Africano. No dia seguinte, F. W. de Klerk foi empossado como presidente interino e reafirmou seu compromisso com mudanças e reformas.

Para nós, o Sr. de Klerk era um enigma. Quando ele se tornou líder do Partido Nacional, parecia ser o típico homem de partido, nada mais e nada menos. Nada no seu passado parecia dar pistas sobre um espírito reformista. Como ministro da educação, ele tentou manter os alunos negros fora das universidades para brancos. Mas tão logo assumiu a presidência do Partido Nacional, comecei a segui-lo mais de perto. Eu lia todos os seus discursos, ouvia o que ele dizia, e comecei a ver que ele representava um afastamento genuíno do seu predecessor. Ele não era um ideólogo, mas um pragmático, um homem que via as mudanças como necessárias e inevitáveis. No dia em que foi empossado, escrevi-lhe uma carta solicitando uma reunião.

Em seu discurso de posse, o Sr. de Klerk afirmou que o seu governo estava comprometido com a paz e que iria negociar com qualquer grupo comprometido com a paz. Mas o seu compromisso com uma nova ordem foi demonstrado apenas depois da sua posse, quando uma marcha foi planejada para acontecer na Cidade do Cabo para protestar contra a brutalidade policial. Ela seria liderada pelo Arcebispo Tutu e pelo reverendo Allan Boesak. Sob o governo do presidente Botha, a marcha teria sido proibida, os manifestantes teriam desafiado essa proibição, resultando em violência. O novo presidente cumpriu a sua promessa de aliviar as restrições às reuniões políticas e permitiu que a marcha tomasse lugar, pedindo apenas que a manifestação permanecesse pacífica. Uma mão nova e diferente estava no leme da nação.

98

MESMO QUANDO DE KLERK tornou-se presidente, continuei a me reunir com o comitê secreto de negociação. Gerrit Viljoen, ministro do desenvolvimento constitucional, se juntou a nós, ele era um homem brilhante com doutorado em artes clássicas cujo papel era enquadrar as nossas discussões em uma estrutura constitucional. Pressionei o governo para apresentar provas de suas boas intenções, incentivando-o a demonstrar sua boa-fé libertando meus colegas, prisioneiros políticos, que estavam detidos em Pollsmoor e na Ilha de Robben. Se por um lado eu falei para o comitê que os meus colegas tinham que ser libertados incondicionalmente, por outro, disse que o governo poderia esperar um comportamento disciplinado da parte deles depois de sua libertação. Isso ficou evidente pela conduta de Govan Mbeki, que havia sido incondicionalmente libertado no final de 1987.

No dia 10 de outubro de 1989, o Presidente de Klerk anunciou que Walter Sisulu e mais sete dos meus ex-companheiros da Ilha de Robben, Raymond Mhlaba, Ahmed Kathrada, Andrew Mlangeni, Elias Motsoaledi, Jeff Masemola, Wilton Mkwayi e Oscar Mpetha, estavam para ser libertados. Naquela manhã eu recebi uma visita de Walter, Ray e Andrew, que ainda estavam em Pollsmoor, e pude me despedir deles. Foi um momento emocionante, mas eu sabia que não tardaria a chegar a minha vez. Os homens foram liberados cinco dias depois da Prisão de Johannesburgo. Foi uma ação que merecidamente recebeu elogios aqui e no exterior, e transmiti o meu apreço ao Sr. de Klerk.

Mas a minha gratidão empalideceu em comparação à minha alegria pura por Walter e os outros estarem livres. Esse era um dia pelo qual havíamos ansiado e lutado durante muitos anos. De Klerk havia cumprido a sua promessa, e os homens foram libertados sob nenhuma condição, eles podiam falar em nome do CNA. Estava claro que a proscrição da organização havia efetivamente expirado, uma vindicação de nossa longa luta e nossa adesão decidida conforme nossos princípios.

De Klerk iniciou um desmonte sistemático de vários dos baluartes do *apartheid*. Ele abriu as praias da África do Sul às pessoas de todas as cores, e declarou que a Lei de Reserva de Amenidades Separadas seria logo revogada. Desde 1953 esta lei havia feito cumprir o que era conhecido como "*apartheid* intolerante", segregando parques, teatros, restaurantes, ônibus, bibliotecas, toaletes e outras instalações públicas, segundo raças. Em novembro ele anunciou que o Sistema de Gerenciamento da Segurança Nacional, uma estrutura secreta organizada durante o governo de P. W. Botha, para combater as forças *antiapartheid*, seria dissolvido.

No início de dezembro, fui informado que uma reunião com de Klerk havia sido marcada para o dia doze daquele mês. Nessas alturas, fui capaz de me consultar com meus colegas novos e velhos, e tive reuniões no chalé com os meus velhos colegas, e com os líderes do Movimento Democrático de Massas e a FDU. Recebi pessoas do CNA de todas as regiões, assim como delegados da FDU e do CESAS. Um desses jovens era Cyril Ramaphosa, o secretário-geral da União Nacional dos Mineiros e um dos mais capazes líderes da nova geração. Eu também recebi visitas de colegas meus da Ilha de Robben, incluindo Terror Lekota e Tokyo Sexwale, que ficaram para o almoço. Ambos são homens de grande apetite, e a única reclamação que ouvi sobre eles foi do Subtenente Swart, que disse "Aqueles sujeitos vão comer a nossa casa inteira!".

Sob orientação de vários colegas, eu elaborei, então, uma carta para de Klerk não muito diferente daquela que havia enviado para P. W. Botha. O assunto era as negociações entre o governo e o CNA. E disse ao presidente que o conflito atual estava esgotando as forças da África do Sul e que as negociações eram a única solução. Eu disse que o CNA não aceitaria precondições para as negociações, especialmente a não precondição que o governo queria: a suspensão da luta armada. O governo pediu um "comprometimento honesto com a paz" e eu apontei que a nossa disposição em negociar era exatamente isso.

Falei para o Sr. de Klerk sobre o quão impressionado eu estava pela sua ênfase na reconciliação, anunciada em seu discurso de posse. Suas palavras tinham imbuído milhões de sul-africanos e pessoas pelo mundo inteiro com a esperança de que uma nova África do Sul estava para nascer. O primeiro passo na estrada para a reconciliação, eu disse, era o desmantelamento completo do *apartheid* e de todas as medidas utilizadas para fazê-lo cumprir.

Mas eu disse que o espírito daquele discurso não havia ficado muito em evidência ultimamente. As políticas do governo eram percebidas por muitos como uma continuação do *apartheid* por outros meios. O governo, eu disse, havia passado tempo demais conversando com os líderes das áreas designadas pelo próprio governo para os negros e outras lideranças cooptadas pelo sistema; esses homens, eu afirmei, eram os agentes de um passado opressor que a massa dos sul-africanos negros rejeitava.

Reiterei a minha proposta de que as negociações tomassem lugar em dois estágios. Eu disse a ele que apoiava integralmente as diretrizes que o CNA havia adotado na Declaração de Harare, de 1989, que punha sobre o governo o ônus de eliminar os obstáculos para as negociações que o próprio estado havia criado. Aquelas exigências incluíam a libertação de todos os prisioneiros políticos, a revogação de todas as proibições a pessoas e organizações restringidas, o fim do Estado de Emergência, e a remoção de todas as tropas do exército dos assentamentos. Enfatizei que um cessar-fogo de mútuo acordo para dar fim a todas as hostilidades deveria estar em primeiro lugar na lista de coisas por fazer, pois sem isso, nenhuma negociação poderia ser conduzida. No dia anterior à nossa reunião a carta foi entregue ao Sr. de Klerk.

Na manhã de treze de dezembro, novamente fui levado a Tuynhuys. Encontrei com de Klerk na mesma sala onde havia tomado chá com o seu predecessor. O Sr. de Klerk estava acompanhado de Kobie Coetsee, o General Willemse, o Dr. Barnard, e seu colega Mike Louw. Cumprimentei o Sr. de Klerk por ele ter se tornado presidente e expressei a esperança de que pudéssemos trabalhar juntos. Ele foi extremamente cordial e retribuiu esses sentimentos.

Desde o início, percebi que o Sr. de Klerk ouvia o que eu tinha a dizer. Essa era uma experiência nova para mim. Geralmente, líderes do Partido Nacional escutavam o que queriam escutar em conversações com líderes negros, mas o Sr. de Klerk parecia estar fazendo verdadeiramente uma tentativa de entender.

Uma das questões que enfatizei naquele dia foi o plano de cinco anos apresentado recentemente pelo Partido Nacional, e que continha o conceito de "direitos de grupo". A ideia por trás dos "direitos de grupo" era que nenhum grupo racial ou étnico podia ter precedência sobre qualquer outro. Apesar de eles definirem "direitos de grupo" como uma forma de proteger a liberdade das minorias em uma nova África do Sul, na verdade, a sua proposta era um meio de preservar a dominação pelos brancos. Eu disse para o Sr. de Klerk que isso era inaceitável pelo CNA.

Acrescentei que não seria do interesse dele manter esse conceito, pois dava a impressão de que ele queria modernizar o *apartheid* sem abandoná-lo; isso estava prejudicando a sua imagem e a do Partido Nacional aos olhos das forças progressistas no país e no mundo. Um sistema opressivo não pode ser reformado, eu disse, ele tem que ser deixado inteiramente de lado. Mencionei um editorial que havia lido no jornal *Die Burger*, o porta-voz do Partido Nacional no Cabo, dando a entender que o conceito de direitos de grupo foi concebido como uma tentativa de trazer o *apartheid* de volta pela porta de trás. Falei para o Sr. de Klerk que se era assim que o jornal do seu partido percebia os direitos de grupo, como ele imaginava que nós víamos o conceito? Acrescentei que o CNA não havia lutado contra o *apartheid* durante setenta e cinco anos apenas para se submeter a uma forma disfarçada dele e que se a sua verdadeira intenção era preservar o *apartheid* através do Cavalo de Troia dos direitos de grupos, então ele não acreditava verdadeiramente em dar um fim ao *apartheid*.

O Sr. de Klerk, pude observar naquele dia, não reage rapidamente às coisas. Era uma marca do homem que ele ouvisse ao que eu tinha para dizer e não discutisse comigo. "Sabe", ele disse, "o meu objetivo não é diferente do teu. O seu memorando a P. W. Botha afirmava que o CNA e o governo deviam trabalhar juntos para lidar com os temores dos brancos do domínio dos negros, e que a ideia dos 'direitos de grupo' é a nossa proposta de lidar com esse medo". Fiquei impressionado com a resposta dele, mas disse que a ideia de "direitos de grupo" contribuía mais para aumentar os temores dos negros do que para acalmar os dos brancos. De Klerk disse então, "Vamos ter que mudar isso, então".

Então eu apresentei a questão da minha liberdade e disse que se ele esperava que eu me aposentasse com a minha liberação, estava muito enganado. Reafirmei que se era para eu ser libertado para ficar nas mesmas condições sob as quais eu havia sido preso, voltaria a fazer precisamente aquelas mesmas coisas pelas quais fui enviado para a prisão. Defendi que a melhor forma de avançarmos era acabar com a proibição ao CNA e a todas as outras organizações políticas, levantar o Estado de Emergência, libertar os prisioneiros políticos e permitir que os exilados retornassem à pátria. Se o governo não revogasse a proibição do CNA, tão logo eu estivesse fora da prisão eu estaria trabalhando para uma organização ilegal. "Então", falei, "o senhor deve simplesmente me prender novamente depois que eu sair por aqueles portões".

Novamente, ele ouviu cuidadosamente o que eu tinha para falar. Minhas sugestões certamente não o surpreenderam. Ele disse que pensaria sobre tudo o que eu havia dito, mas que não faria promessas. A reunião tinha o objetivo de fazer sondagens, e eu compreendi que nada ia ser resolvido naquele dia. Mas ela foi extremamente útil, pois eu havia avaliado o Sr. de Klerk exatamente como havia feito com os novos comandantes da prisão, quando eu estava na Ilha de Robben. Pude escrever para o nosso pessoal em Lusaka que o Sr. de Klerk parecia representar um verdadeiro afastamento dos políticos do Partido Nacional do passado. O Sr. de Klerk, eu disse, ecoando a famosa descrição da Sra. Thatcher ao Sr. Gorbatchov, era um homem com quem podíamos negociar.

99

NO DIA 2 DE FEVEREIRO DE 1990, F. W. de Klerk compareceu ao Parlamento para fazer o discurso tradicional de abertura de seus trabalhos e fez algo que nenhum chefe de estado sul-africano jamais havia feito: ele começou verdadeiramente a desmantelar o sistema de *apartheid* e lançou as bases para uma África do Sul democrática. De maneira dramática, o Sr. de Klerk anunciou a revogação da proibição ao CNA, ao CPA, ao Partido Comunista da África do Sul, e a outras trinta e uma organizações então ilegais; a libertação dos prisioneiros políticos que haviam sido encarcerados por causa de atividades não violentas; a suspensão da pena capital; e a revogação de várias restrições impostas pelo Estado de Emergência. "Chegou o momento para as negociações", ele afirmou.

Foi um momento empolgante, pois em uma só ação arrebatadora ele havia virtualmente normalizado a situação na África do Sul. Nosso mundo havia se transformado de um dia para o outro. Depois de quarenta anos de perseguições e proibição, o CNA agora era uma organização legal. Todos os meus companheiros e eu não podíamos mais ser presos por sermos membros do CNA, por carregarmos a sua bandeira nas cores verde, amarela e preta, por pronunciarmos o seu nome. Pela primeira vez, em quase trinta anos, a minha fotografia e as minhas palavras, e aquelas de todos os meus companheiros banidos, podiam aparecer livremente nos jornais sul-africanos. A comunidade internacional aplaudiu as ações ousadas de de Klerk. No meio de todas as boas notícias, no entanto, o CNA contestava o fato do Sr. de Klerk não ter revogado inteiramente o Estado de Emergência ou ordenado que as tropas saíssem dos assentamentos.

No dia 9 de fevereiro, sete dias depois do discurso do Sr. de Klerk abrindo o Parlamento, fui informado que iria novamente para Tuynhuys. Cheguei às seis da tarde. Encontrei um Sr. de Klerk sorridente em seu escritório e nos cumprimentamos, ele me informou que iria me libertar da prisão no dia seguinte. Apesar de os veículos de imprensa na África do Sul e ao redor do mundo virem especulando durante semanas que a minha libertação era iminente, o anúncio do Sr. de Klerk não obstante me surpreendeu. Não haviam me dito que a razão pela qual o Sr. de Klerk queria me ver era para me dizer que ele estava fazendo de mim um homem livre.

Senti um conflito entre o meu sangue e o meu cérebro. Eu desejava profundamente sair da prisão tão logo pudesse, mas fazer isso com tão pouca antecedência não seria sábio. Agradeci ao Sr. de Klerk, e então disse que, correndo o risco de parecer ingrato, eu preferiria ter um prazo de uma semana de forma que a minha família e a minha organização pudessem estar preparados para a minha libertação. Simplesmente sair amanhã, eu disse, provocaria um caos. Pedi que o Sr. de Klerk me libertasse uma semana depois daquele dia. Depois de esperar durante vinte e sete anos, eu poderia certamente esperar durante sete dias.

De Klerk ficou surpreso com a minha resposta. Em vez de responder, ele continuou a relatar o plano para a minha libertação. Ele disse que o governo me levaria de avião até Johannesburgo e me libertaria oficialmente lá. Antes que ele pudesse seguir adiante, eu disse-lhe que me opunha fortemente ao plano. Eu queria sair pelos portões da prisão Victor Verster e ser capaz de agradecer àqueles que haviam cuidado de mim e também saudar as pessoas da Cidade do Cabo. Apesar de eu vir de Johannesburgo, a Cidade do Cabo havia sido o meu lar durante quase três décadas. Eu voltaria para Johannesburgo, sim, mas quando fosse de minha escolha, e não quando o governo quisesse que eu o fizesse. "Quando eu estiver livre", eu disse, "vou cuidar de mim mesmo".

Novamente, de Klerk ficou perplexo. Mas desta vez as minhas objeções causaram uma reação. Ele desculpou-se e saiu de seu gabinete para se consultar com outras pessoas. Dez minutos depois ele voltou demonstrando certa tristeza e disse "Sr. Mandela, agora é tarde demais para alterarmos os planos". Respondi que o plano era inaceitável e que queria ser libertado dentro de uma semana e na Victor Verster, não em

Johannesburgo. Foi um momento de tensão e, naquela época, nenhum de nós enxergou qualquer ironia em um prisioneiro pedindo para não ser libertado e o seu carcereiro tentando libertá-lo.

Novamente, de Klerk desculpou-se e saiu da sala. Depois de dez minutos ele voltou com um meio-termo: sim, eu podia ser libertado na Victor Verster, mas, não, a soltura não podia ser adiada. O governo já havia comunicado à imprensa estrangeira que eu seria libertado na manhã seguinte e sentia que não podia voltar atrás naquela declaração. Percebi que não podia negar isso. No final, concordamos com esse meio-termo, e o Sr. de Klerk serviu um copo de whisky para cada um de nós bebermos em celebração; bebidas desse tipo são fortes demais para mim.

Não voltei para o meu chalé até pouco antes da meia-noite, quando enviei imediatamente uma mensagem para os meus companheiros na Cidade do Cabo que eu estaria sendo libertado no dia seguinte. Consegui enviar uma mensagem para Winnie e telefonei para Walter em Johannesburgo. Eles todos viriam em um avião fretado no dia seguinte. Naquela noite, várias pessoas do CNA que faziam parte do que então era conhecido como o Comitê Nacional de Recepção vieram ao chalé para elaborar uma declaração que eu faria no dia seguinte. Eles foram embora às primeiras horas da manhã, e apesar da minha agitação, não tive problema algum em adormecer.

Parte Onze

LIBERDADE

100

ACORDEI NO DIA da minha liberação depois de apenas algumas horas de sono às quatro e meia da manhã. 11 de fevereiro era um dia típico de final de verão na Cidade do Cabo, sem nuvens no céu. Fiz uma versão abreviada do meu regime normal de exercícios, me lavei, e tomei café da manhã. Então telefonei para várias pessoas do CNA e do FDU na Cidade do Cabo convidando-as para virem até o chalé para se prepararem para a minha libertação e trabalhar no meu discurso. Não fiquei pensando na perspectiva da minha libertação, mas em todas as muitas coisas que eu teria que fazer antes de ela acontecer. Como tão frequentemente acontece na vida, a significância de uma ocasião se perde na agitação de milhares de detalhes.

Havia vários assuntos que tinham que ser discutidos e resolvidos e muito pouco tempo para fazê-lo. Vários dos companheiros do comitê de recepção, incluindo Cyril Ramaphosa e Trevor Manuel, chegaram bem cedo. Eu queria inicialmente me dirigir às pessoas de Paarl, que haviam sido muito gentis comigo durante o meu encarceramento, mas o comitê de recepção foi inflexível ao afirmar que não seria uma boa ideia: pareceria estranho se eu fizesse o meu primeiro discurso para os burgueses prósperos de Paarl. Em vez disso, como planejado, eu falaria primeiramente para a população da Cidade do Cabo no Grande Desfile na Cidade do Cabo.

Uma das primeiras questões a serem resolvidas foi onde eu passaria a minha primeira noite de liberdade. Minha inclinação era passar a noite em Cape Flats, os assentamentos agitados de negros e mestiços, para demonstrar a minha solidariedade para com o povo. Mas meus colegas e, mais tarde, a minha esposa argumentaram que por razões de segurança eu deveria ficar com o Arcebispo Desmond Tutu em Bishop's Court, que era uma residência suntuosa em um subúrbio de brancos. Essa não era uma área onde permitiriam que eu morasse antes de ir para a prisão, e achei que o fato de eu passar a minha primeira noite de liberdade em uma área elegante de brancos seria mal-interpretado. Mas os membros do comitê explicaram que Bishop's Court havia se tornado multirracial sob o mandato de Tutu, e simbolizava um não racialismo aberto e generoso.

O serviço penitenciário me forneceu caixas e engradados para guardar as minhas coisas. Durante os meus primeiros vinte e poucos anos de prisão, acumulei muito poucas posses, mas durante os últimos anos eu havia acumulado bens suficientes – principalmente livros e papers – para compensar pelas décadas anteriores. Enchi uma dúzia de caixas e engradados.

Meu horário de libertação, de fato, havia sido marcado para as 3h da tarde. Mas Winnie, Walter e os outros passageiros do voo fretado de Johannesburgo não chegaram até depois das duas da tarde. Já havia dezenas de pessoas na casa, e o cenário inteiro assumiu o aspecto de uma celebração. O Subtenente Swart preparou uma refeição final para todos nós, e eu agradeci a ele não apenas pela comida que ele havia fornecido durante os dois últimos anos, mas também pela camaradagem. O Subtenente James Gregory também estava presente na casa, e eu o abracei calorosamente. Nos anos em que ele havia cuidado de mim de Pollsmoor até minha estada em Victor Verster, nós nunca havíamos discutido política, mas o nosso vínculo era implícito e eu sentiria falta de sua presença tranquilizante. Homens como Swart, Gregory e o Subtenente Brand reforçavam a minha crença na humanidade essencial mesmo naqueles que haviam me mantido atrás das grades durante os vinte e sete anos e meio anteriores.

Não havia tempo para despedidas prolongadas. O plano era de Winnie e eu sermos levados de carro até o portão da frente da prisão. Eu havia dito às autoridades que eu queria poder me despedir dos guardas e sentinelas que haviam cuidado de mim e pedi que eles e suas famílias me aguardassem no portão da frente, onde eu poderia agradecer-lhes individualmente.

Alguns minutos depois das três da tarde, recebi um telefonema de um apresentador bem conhecido da SABC que pediu que eu saísse do carro alguns metros antes do portão para que eles pudessem me filmar caminhando em direção à liberdade. Isso pareceu sensato, e concordei em fazê-lo. Esse foi o meu primeiro pressentimento de que as coisas poderiam não correr tão calmamente quanto eu imaginava.

Por volta das três e meia da tarde, comecei a ficar impaciente, pois já estávamos atrasados em nossa programação. Eu disse aos membros do comitê de recepção que o meu povo me aguardava havia vinte e sete anos e eu não queria mantê-los esperando por mais tempo. Logo depois das quatro da tarde, deixamos o chalé em uma pequena carreata. Cerca de quatrocentos metros do portão, o carro parou e Winnie e eu descemos e começamos a caminhar em direção ao portão da prisão.

No princípio, eu não consegui realmente compreender o que estava se passando à nossa frente, mas quando eu estava a mais ou menos cinquenta metros de distância, vi uma comoção enorme e uma grande multidão de pessoas: centenas de fotógrafos e câmeras de televisão e de jornais, assim como vários milhares de simpatizantes. Fiquei aturdido e levemente alarmado. Eu realmente não esperava tal cena; quando muito, eu havia imaginado que haveria várias dezenas de pessoas, principalmente guardas e seus familiares. Mas isso se provou ser apenas o início. Dei-me conta de que nós não havíamos nos preparado inteiramente para tudo o que estava para acontecer.

A uma distância de mais ou menos seis metros do portão, as câmeras começaram a disparar, um barulho que soava como um grande rebanho de bestas metálicas. Os repórteres começaram a fazer perguntas aos gritos; equipes de televisão começaram a avançar; simpatizantes do CNA estavam gritando e aplaudindo. Era um caos feliz, se bem que um tanto desorientador. Quando uma equipe de televisão empurrou um objeto comprido, escuro e peludo em minha direção, recuei levemente, imaginando se aquela era uma arma ultramoderna desenvolvida enquanto eu estava na prisão. Winnie me comunicou que aquilo era um microfone.

Quando eu estava no meio da multidão, levantei o meu punho direito e houve um rugido de aprovação. Eu não havia podido fazer isso durante vinte e sete anos e o gesto me mergulhou em uma onda de força e alegria. Ficamos no meio da multidão durante apenas alguns minutos antes de entrarmos novamente no carro para a viagem até a Cidade do Cabo. Apesar de eu estar contente de ter tido tal recepção, estava bastante envergonhado pelo fato de não ter tido a oportunidade de me despedir dos funcionários da prisão. Enquanto eu finalmente caminhei através daqueles portões para entrar em um carro do outro lado, senti – mesmo aos setenta e um anos de idade – que a minha vida estava recomeçando. Meus dez mil dias de aprisionamento haviam terminado.

A Cidade do Cabo ficava a aproximadamente cinquenta quilômetros ao sudoeste, mas por causa da multidão inesperada no portão, o motorista decidiu tomar um caminho diferente para a cidade. Contornamos a parte de trás da prisão, e o nosso comboio seguiu por pequenas estradas e atalhos em direção à cidade. Atravessamos lindos vinhedos verdes e fazendas meticulosamente cuidadas, e eu apreciei com prazer o cenário à minha volta.

A região rural era exuberante e bem cuidada, mas o que me surpreendeu foram quantas famílias brancas estavam na beira da estrada para obter um vislumbre da nossa carreata. Eles ouviram no rádio que estávamos tomando uma rota alternativa. Alguns, talvez uma dezena, até mesmo levantaram seus punhos direitos da maneira que havia se tornado a saudação do CNA. Isso me deixou assombrado, fiquei tremendamente encorajado por essas poucas almas originárias de uma área rural conservadora que expressaram sua solidariedade. Em um determinado momento, pedi para o carro parar e saí para cumprimentar e agradecer uma dessas famílias brancas e dizer-lhes o quão inspirado eu estava pelo apoio delas. Isso me fez pensar que a África do Sul à qual eu estava retornando era muito diferente daquela que eu havia deixado.

Quando entramos nos subúrbios da cidade, eu podia ver as pessoas se movimentando em grande número ao centro. O comitê de recepção havia organizado uma manifestação na Grand Parade, uma grande praça aberta da Cidade do Cabo que se estendia em frente da antiga sede da prefeitura. Eu falaria para a multidão de uma sacada daquele prédio, que tinha vista para a área toda. Ouvimos relatos sem maiores detalhes que um mar de pessoas estava aguardando lá desde a manhã. O plano era que a nossa carreata evitasse a multidão e entrasse pelos fundos da prefeitura, onde tranquilamente eu entraria no prédio.

A viagem até a Cidade do Cabo levou quarenta e cinco minutos, e à medida que nos aproximávamos da Grand Parade pudemos avistar uma multidão enorme. O motorista devia virar à direita e contornar sua beirada, mas, em vez disso, inexplicavelmente ele mergulhou diretamente no mar de pessoas. Imediatamente a multidão avançou e envolveu o carro. Avançamos muito lentamente durante um ou dois minutos, mas fomos então forçados a parar em virtude puramente da pressão dos corpos. As pessoas começaram a bater nas janelas, e então no porta-malas e no capô. No lado de dentro, isso soava como uma chuva maciça de granizos. Então as pessoas começaram a pular sobre o carro em seu entusiasmo. Outros começaram a chacoalhá-lo, e naquele instante comecei a ficar preocupado. Senti que a multidão poderia muito bem nos matar com o seu amor.

O motorista ficou ainda mais nervoso do que eu e Winnie, e estava clamando para sair do carro. Eu lhe disse que ficasse calmo e permanecesse no interior do veículo, que os outros que estavam vindos nos carros atrás de nós viriam nos resgatar. Allan Boesak começou a tentar abrir um caminho para o nosso veículo e empurrar as pessoas para longe do carro, mas com pouco sucesso. Ficamos sentados dentro do carro – teria sido inútil até mesmo tentar abrir a porta, de tantas pessoas que a estavam pressionando – durante mais de uma hora, aprisionados por milhares de nossos próprios simpatizantes. O horário previsto para o início do discurso já havia passado.

Várias dezenas de responsáveis pelo protocolo vieram nos socorrer e conseguiram lentamente abrir um caminho de saída. Quando finalmente nos libertamos, o motorista acelerou o carro na direção oposta à prefeitura. "Cara, para onde você está indo?" perguntei a ele com certo nervosismo. "Não sei!" ele disse, com a voz tensa por causa da ansiedade. "Nunca passei por algo assim antes", ele disse, e continuou dirigindo sem qualquer destino em mente.

Quando ele começou a se acalmar, dei-lhe instruções de como chegar à casa do meu amigo e advogado Dullah Omar, que morava na área indiana da cidade. Podemos ir para lá, falei, e relaxar por alguns minutos. Isso foi atraente para ele. Felizmente, Dullah e sua família estavam em casa, mas eles ficaram mais que surpresos em nos ver. Eu era um homem livre pela primeira vez em vinte e sete anos, mas em vez de me saudarem, eles disseram com um pouco de preocupação, "Você não deveria estar na Grand Parade?"

Tomamos refrescos na casa de Dullah, e estávamos lá há poucos minutos quando o Arcebispo Tutu telefonou. Não faço a menor ideia de como ele ficou sabendo que estávamos lá. Ele estava bastante aflito e disse "Nelson, você tem que voltar para a Grand Parade imediatamente. O povo está começando a ficar impaciente. Se você não voltar sem demora não posso me responsabilizar pelo que vai acontecer. Acredito que possa haver uma revolta!" Eu disse que ia voltar imediatamente.

O nosso problema era o motorista: ele estava profundamente relutante em voltar para a Grand Parade. Mas eu argumentei com ele e logo estávamos em nosso caminho de volta para a prefeitura. O edifício estava cercado de pessoas por todos os lados, mas a multidão não estava tão densa na parte de trás, e o motorista conseguiu abrir caminho até a entrada dos fundos. Era quase crepúsculo quando fui levado ao último andar desse edifício imponente cujos saguões sempre estiveram repletos de funcionários brancos, apressados. Saí para a sacada e vi um vasto mar de pessoas aplaudindo, segurando bandeiras e faixas, batendo palmas e rindo.

Levantei o meu punho para a multidão e ela respondeu com um aplauso enorme. Aquele aplauso me incendiou novamente com o espírito da luta. "*Amandla!*" bradei. "*Ngawethu!*" eles responderam. "*iAfrika!*", gritei; "*Mayibuye!*" eles responderam. Finalmente, quando a multidão havia se acalmado um pouco, peguei o papel no qual estava escrito o meu discurso, e então levei a mão ao meu bolso do peito para pegar os meus óculos. Eles não estavam lá; eu os havia esquecido em Victor Verster. Eu sabia que os óculos de Winnie tinham uma receita semelhante aos meus, então os tomei emprestados.

> Amigos, camaradas e companheiros sul-africanos. Eu os saúdo em nome da paz, democracia e liberdade para todos! Estou aqui diante de vocês não como um profeta, mas como um humilde servidor de vocês, o povo. Os seus sacrifícios incansáveis e heroicos possibilitaram que eu estivesse aqui hoje. Coloco, portanto, os anos restantes da minha vida em vossas mãos.

Falei com sinceridade. Eu queria primeiramente dizer para as pessoas que eu não era um messias, mas um homem comum que havia se tornado um líder por causa de circunstâncias extraordinárias. Eu queria agradecer imediatamente às pessoas ao redor do mundo que haviam feito campanhas pela minha libertação. Agradeci ao povo da Cidade do Cabo, e saudei Oliver Tambo e o Congresso Nacional Africano, o Umkhonto we Sizwe, o Partido Comunista da África do Sul, a FDU, o Congresso da Juventude da África do Sul, o CSAES, o Movimento Democrático de Massas, a União Nacional dos Estudantes Sul-Africanos, e a Faixa Negra, um grupo formado por mulheres que há muito eram a voz da consciência. Também expressei publicamente a minha gratidão à minha esposa e família, dizendo "estou convencido que a dor e o sofrimento [deles] foram muito maiores do que os meus".

Falei para a multidão em termos muito diretos que o *apartheid* não tinha futuro na África do Sul, e que o povo não devia desistir de sua campanha de ação de massas. "A visão da liberdade iminente no horizonte devia nos encorajar a redobramos os nossos esforços". Eu senti que era importante explicar publicamente as minhas negociações com o governo. "Hoje", eu disse, "desejo relatar a vocês que as minhas negociações com o governo têm objetivado normalizar a situação política no país. Desejo enfatizar que eu mesmo em momento algum negociei sobre o futuro de nosso país exceto ao insistir que uma reunião fosse feita entre o CNA e o governo".

Eu disse que esperava um clima favorável e um acordo negociado logo seria alcançado, acabando com a necessidade da luta armada. Os passos para atingir tal clima, eu disse, haviam sido delineados na Declaração de Harare, de 1989, do CNA. Como uma condição para negociações reais, eu disse, o governo deve revogar imediatamente o Estado de Emergência e libertar todos os prisioneiros políticos.

Falei para o povo que de Klerk havia ido muito além do que qualquer outro líder Nacionalista no sentido de normalizar a situação e, então, em palavras que mais tarde voltariam para me assombrar, chamei o Sr. de Klerk de "um homem íntegro". Essas palavras foram atiradas muitas vezes contra mim quando o Sr. de Klerk pareceu não corresponder a elas.

Era essencial mostrar ao meu povo e ao governo que eu permanecia altivo e indômito, e que a luta não havia terminado para mim, mas estava recomeçando de uma forma diferente. Declarei que eu era um "membro leal e disciplinado do Congresso Nacional Africano". Encorajei as pessoas a voltarem para as barricadas, para intensificar a luta, e daríamos os últimos passos juntos.

Já era noite quando terminei o meu discurso, e fomos levados de volta para os nossos carros para a viagem até Bishop's Court. Quando entramos em suas cercanias imaculadas, vi centenas de rostos negros esperando para me saudar. Quando eles nos viram, começaram a cantar. Quando cumprimentei o Arcebispo Tutu, o envolvi em um grande abraço; aqui estava um homem que havia inspirado uma nação inteira com suas palavras e sua coragem, que havia renovado a esperança do povo durante o mais sombrio dos tempos. Fomos conduzidos para dentro da casa onde mais familiares e amigos nos receberam, mas para mim, o momento mais maravilhoso foi quando me contaram que havia um telefonema de Estocolmo para mim. Percebi imediatamente quem era. A voz de Oliver estava fraca, mas era inconfundível, e ouvi-lo depois de tantos anos me encheu de grande alegria. Oliver estava na Suécia convalescendo de um derrame debilitante que havia sofrido em agosto de 1989. Combinamos de nos encontrar o mais cedo possível.

Meu sonho ao deixar a prisão era fazer um passeio descontraído pelo Transkei, e visitar o local do meu nascimento, as colinas e riachos onde havia brincado quando menino, e a sepultura da minha mãe, que eu nunca havia visitado. Mas o meu sonho teve que ser adiado, pois fiquei sabendo bem rapidamente dos grandes planos que o CNA tinha para mim, e nenhum deles envolvia uma viagem relaxante ao Transkei.

101

ESTAVA PROGRAMADO QUE EU daria uma entrevista coletiva à tarde, depois da minha libertação, e durante a manhã me reuni com vários colegas para conversar sobre agenda e estratégia. Uma pequena montanha de telegramas e mensagens de felicitações havia chegado, e tentei ler tantas quantas possível. Havia telegramas de todos os lugares do mundo, de presidentes e primeiros-ministros, mas me recordo de um em particular que havia sido enviado de uma dona de casa branca da Cidade do Cabo que me divertiu muito. Ele dizia: "Estou muito feliz que o senhor está livre, e que o senhor está novamente com sua família e amigos, mas o seu discurso de ontem foi muito entediante".

Antes de ser preso, eu nunca havia dado uma entrevista como aquela que dei naquele dia. Nos velhos tempos não havia câmeras de televisão, e a maioria das entrevistas coletivas do CNA era feita clandestinamente. Naquela tarde, havia tantos jornalistas, de tantos países diferentes, que eu não sabia a quem responder. Fiquei satisfeito em ver uma alta porcentagem de jornalistas negros na multidão. Na entrevista coletiva fui novamente veemente em reafirmar uma série de temas: em primeiro lugar, que eu era um membro fiel e disciplinado do CNA. Fiquei atento ao fato de que os membros dos mais altos escalões do CNA estariam assistindo à minha libertação, do exterior, e tentando aferir a minha fidelidade à distância. Eu estava ciente de que eles haviam ouvido boatos de que eu havia me afastado da organização, que eu estava comprometido, portanto, a todo o momento eu tentava tranquilizá-los. Quando me perguntaram que papel eu teria na organização, eu disse à imprensa que eu teria qualquer papel que o CNA ordenasse que eu tivesse.

Eu disse aos repórteres que não havia contradição alguma entre meu apoio continuado à luta armada e a defesa que eu fazia das negociações. Era a realidade e a ameaça da luta armada que havia trazido o governo à beira de negociações. Acrescentei que quando o Estado parasse de infligir violência contra o CNA, o CNA retribuiria com a paz. Quando perguntado sobre as sanções, eu disse que o CNA ainda não podia solicitar o relaxamento das sanções, porque a situação que havia provocado as sanções em primeiro lugar – a ausência de direitos políticos para os negros – ainda era o *status quo*. Eu podia estar fora da cadeia, eu disse, mas ainda não estava livre.

Também me perguntaram sobre os temores dos brancos. Eu sabia que as pessoas esperavam que eu nutrisse ressentimento contra os brancos. Mas eu não tinha nenhum. Na prisão, o meu ressentimento pelos brancos diminuiu, mas o meu ódio pelo sistema cresceu. Eu queria que a África do Sul visse que eu amava até mesmo os meus inimigos enquanto odiava o sistema que nos jogava uns contra os outros.

Eu queria deixar claro aos repórteres o papel crítico dos brancos em quaisquer novas redistribuições. Tentei nunca perder isso de vista. Não queríamos destruir o país antes de libertá-lo, e expulsar os brancos iria devastar a nação. Eu disse que havia um meio-termo entre os temores dos brancos e as esperanças dos negros, e nós do CNA iríamos encontrá-lo. "Os brancos são concidadãos sul-africanos", eu disse, "e queremos que eles se sintam seguros e saibam que nós apreciamos a contribuição que eles deram para o desenvolvimento deste país". Qualquer homem ou mulher que abandone o *apartheid* será muito bem-vindo em nossa luta por uma África do Sul democrática e não racial; devemos fazer tudo o que pudermos para persuadir os nossos compatriotas brancos que uma África do Sul nova e não racial será um lugar melhor para todos.

Já na minha primeira entrevista coletiva percebi que os jornalistas estavam tão ansiosos em saber sobre os meus sentimentos e relacionamentos pessoais quanto os meus pensamentos políticos. Isso era novidade para mim; quando fui para a prisão, um jornalista nunca teria pensado em fazer perguntas sobre a esposa e família do indivíduo, as suas emoções, os seus momentos mais íntimos. Conquanto fosse compreensível que a imprensa pudesse estar interessada nessas coisas, ainda assim eu achava a curiosidade deles difícil de satisfazer. Não sou nem nunca fui um homem que tem facilidade em falar sobre seus sentimentos em público. Os repórteres com frequência perguntavam qual era a sensação de estar livre, e eu fazia o melhor que podia para descrever o indescritível, e normalmente fracassava.

Depois da entrevista coletiva, a esposa do Arcebispo Tutu nos telefonou de Johannesburgo para dizer que devíamos ir para lá imediatamente. Winnie e eu esperávamos passar alguns dias na Cidade do Cabo descansando, mas o recado que estávamos recebendo era que as pessoas em Johannesburgo estavam ficando inquietas e poderia haver caos se eu não voltasse diretamente. Viajamos para Johannesburgo de avião naquela noite, mas fui informado de que havia milhares de pessoas em volta de nossa velha casa, no número 8115 da Orlando West, que havia sido reconstruída, e não seria prudente ir para lá. Relutantemente, eu consenti; eu ansiava passar a minha segunda noite de liberdade sob o meu próprio teto. Em vez disso, Winnie e eu ficamos nos subúrbios, ao norte da cidade, na casa de um simpatizante do CNA.

Na manhã seguinte, voamos de helicóptero até o Estádio First National Bank em Soweto. Pudemos fazer um passeio aéreo por Soweto, a metrópole agitada de casas minúsculas, barracos de zinco e estradas de terra, a cidade-mãe da África do Sul urbana negra, o único lar que conheci como homem adulto antes de ir para a prisão. Conquanto Soweto houvesse crescido, e em alguns locais até mesmo prosperado, a maioria esmagadora das pessoas continuava horrivelmente pobre, sem eletricidade ou água encanada, ganhando com dificuldade uma existência que era vergonhosa em uma nação tão rica como a África do Sul. Em muitos lugares, a pobreza estava muito pior do que quando fui para prisão.

* * *

Circulamos sobre o estádio, que estava transbordando com 120 mil pessoas, e aterrissamos no centro do gramado. O estádio estava tão lotado, com pessoas sentadas e em pé em cada centímetro de espaço, que parecia que ia explodir. Expressei o meu prazer de estar de volta entre eles, mas então repreendi o povo por causa de alguns dos problemas debilitantes da vida negra urbana. Os estudantes, afirmei, devem voltar para as escolas. O crime deve ser controlado. Eu lhes disse que havia ouvido falar de criminosos se fazendo passar por guerreiros pela liberdade, perturbando pessoas inocentes e incendiando veículos; esses patifes não tinham lugar na luta. Liberdade sem civilidade, liberdade sem a capacidade de viver em paz, não era verdadeira liberdade.

> Hoje, o meu retorno a Soweto enche o meu coração de alegria. Ao mesmo tempo eu também volto com uma profunda sensação de tristeza. Tristeza de ficar sabendo que vocês ainda estão sofrendo sob um sistema desumano. A falta de habitações, a crise nas escolas, o desemprego e a taxa de criminalidade ainda permanecem... Por mais orgulhoso que eu esteja de ser parte da comunidade de Soweto, fiquei muito perturbado pelas estatísticas sobre criminalidade que li nos jornais. Apesar de eu compreender as privações sofridas pelo nosso povo, devo deixar claro que o nível de criminalidade no assentamento é insalubre e deve ser eliminado urgentemente.

Encerrei o meu discurso abrindo os braços para todos os sul-africanos de boa vontade e boas intenções, dizendo que "nenhum homem ou mulher que tenha abandonado o *apartheid* será excluído de nosso movimento em direção a uma África do Sul não racial, unida e democrática, baseada no fundamento de uma pessoa – um voto, em uma relação única de eleitores". Essa era a missão do CNA, um objetivo que eu havia sempre mantido diante de mim durante os muitos e solitários anos de prisão, o objetivo pelo qual eu trabalharia durante os anos restantes de minha vida.

Esse era o sonho que eu acalentava quando fui para a prisão aos quarenta e quatro anos de idade, eu já não era um jovem, agora eu tinha setenta e um anos de idade e não podia me dar ao luxo de desperdiçar meu tempo.

Naquela noite, voltei com Winnie para o número 8115 em Orlando West. Foi apenas, então, que eu senti em meu coração que havia saído da prisão. Para mim, 8115 era o núcleo do meu mundo, o lugar marcado com um "X" em minha geografia mental. A casa havia sido reconstruída solidamente depois do incêndio. Quando vi a casa de quatro aposentos, fiquei surpreso do quão menor e mais humilde do que me lembrava que ela era. Comparada ao meu chalé em Victor Verster, o número 8115 podia ter sido o alojamento dos empregados nos seus fundos. Mas qualquer casa na qual um homem é livre é um castelo em comparação à prisão mais luxuosa.

Naquela noite, por mais feliz que estivesse por estar em casa, tive uma sensação de que o que eu mais queria e desejava iria ser negado para mim. Eu aspirava por retomar uma vida normal e comum, retomar o fio da meada da minha vida enquanto jovem, de poder ir para o meu escritório pela manhã e retornar para a minha família à noite, de poder dar uma saída e ir comprar pasta de dentes na farmácia, de sair para ir visitar os meus amigos à noite. Essas coisas comuns são o que se sente mais falta na prisão, e que se sonha fazer quando se estiver livre. Mas rapidamente me dei conta de que tais coisas não iam ser possíveis para mim. Naquela noite e em todas as noites durante as semanas e meses seguintes, a casa ficou cercada por centenas de simpatizantes. As pessoas cantavam e dançavam e bradavam, e a sua alegria era contagiante. Esse era o meu povo, e eu não tinha o direito nem o desejo de me negar a eles. Mas ao me doar para o meu povo eu podia ver que uma vez mais estaria me afastando de minha família.

Não dormimos muito naquela noite, pois a cantoria continuou até a madrugada, quando os membros do CNA e da FDU que estavam vigiando a casa imploraram à multidão que permanecesse em silêncio e permitisse que nós descansássemos. Houve muitos no CNA que me aconselharam a me mudar para uma casa a algumas quadras de distância, no prolongamento Diepkopf, que Winnie havia construído enquanto eu estava na prisão. Era um lugar imponente pelos padrões de Soweto, mas era uma casa que, para mim, não tinha significado nem continha lembranças. Além disso, era uma casa que em razão de seu tamanho e custo parecia algo inapropriada para um líder do povo. Rejeitei aquele conselho por tanto tempo quanto pude. Eu não queria apenas viver no meio do meu povo, mas como ele vivia.

102

A MINHA PRIMEIRA RESPONSABILIDADE foi me apresentar à liderança do CNA, e no dia 27 de fevereiro, quando eu estava fora da prisão, havia pouco mais de duas semanas, viajei de avião para Lusaka para uma reunião do Comitê Executivo Nacional. Foi uma reunião maravilhosa estar com meus velhos companheiros a quem eu não via há décadas. Vários chefes de estado africanos também estavam presentes, e tive conversas rápidas com Robert Mugabe, do Zimbábue, Kenneth Kaunda, de Zâmbia, José Eduardo dos Santos, de Angola, Quett Masire, de Botsuana, Joaquim Chissano, de Moçambique, e Yoweri Museveni, de Uganda.

Conquanto os membros da executiva estivessem contentes por eu ter sido libertado, eles também estavam ansiosos em avaliar o homem que havia sido libertado. Eu podia ver as perguntas em seus olhos. Era Mandela o mesmo homem que havia ido para a prisão vinte e sete anos antes, ou este era um Mandela diferente, um Mandela reformado? Havia ele sobrevivido, ou havia sido subjugado? Eles ouviram relatos das minhas negociações com o governo e estavam acertadamente preocupados. Eu não apenas perdi o contato com a situação no país – desde 1984 eu não havia podido me comunicar com os meus colegas na prisão.

Cuidadosa e sobriamente expliquei a natureza das minhas negociações com o governo. Descrevi as exigências que havia feito, e o progresso que havia sido alcançado. Eles haviam lido os memorandos que eu escrevi para Botha e de Klerk, e sabiam que esses documentos eram fiéis às políticas do CNA. Eu sabia que no decorrer dos anos anteriores, alguns homens que foram libertados tinham ido para Lusaka e espalhado rumores "Madiba amoleceu. Ele foi comprado pelas autoridades. Ele está vestindo ternos, bebendo vinho e comendo boa comida". Eu tinha conhecimento desses boatos, e pretendia refutá-los. Eu sabia que a melhor forma de desacreditá-los era simplesmente ser direto e honesto sobre tudo o que havia feito.

Naquela sessão do CEN fui eleito vice-presidente da organização e Alfred Nzo, o secretário-geral da organização, foi nomeado presidente em exercício enquanto Oliver estava convalescendo. Em uma entrevista coletiva após a nossa reunião, me perguntaram sobre uma sugestão feita pelo Dr. Kaunda, presidente de Zâmbia e um simpatizante de longa data do Congresso, que o CNA devia suspender as operações militares dentro da África do Sul agora que eu havia sido libertado. Respondi que se por um lado nós valorizávamos a sabedoria e apoio do Dr. Kaunda, por outro lado ainda era cedo demais para suspender a luta armada, pois ainda não havíamos alcançado a meta pela qual havíamos tomado em armas; não era função do CNA, eu disse, ajudar o Sr. de Klerk a apaziguar os seus simpatizantes de extrema-direita.

Iniciei uma viagem pela África, que incluía vários países. Durante os primeiros seis meses depois da minha libertação, passei mais tempo no exterior do que em casa. Em quase todos os lugares para onde fui havia grandes multidões entusiasmadas de forma que mesmo se eu me sentisse fatigado, o povo me fazia flutuar. Em Dar Assalaam, fui recebido por uma multidão estimada em meio milhão de pessoas.

Eu apreciava imensamente as minhas viagens. Eu queria ver novas – e velhas – paisagens, saborear comidas diferentes, conversar com todos os tipos de pessoas. Muito rapidamente tive que me aclimatar a um mundo radicalmente diferente daquele que eu havia deixado. Com mudanças em viagens, comunicações e mídia de massas, o mundo havia se acelerado; as coisas agora aconteciam tão rápido que às vezes era difícil acompanhá-las.

Winnie tentou fazer com que eu reduzisse a minha velocidade, mas havia simplesmente coisas demais para fazer; a organização queria se assegurar de que nós aproveitássemos a euforia gerada pela minha libertação.

No Cairo, no dia seguinte a uma reunião particular com o presidente egípcio, Hosni Mubarak, fui convidado para discursar em uma grande reunião em um salão local. Quando cheguei, a multidão parecia estar se derramando do prédio, e havia pouquíssima segurança. Falei para um policial que achava que ele precisava de reforços, mas ele simplesmente deu de ombros e Winnie e eu ficamos aguardando em uma sala nos fundos do salão, e na hora marcada, um policial fez um gesto para mim dizendo para eu entrar. Eu falei para ele escoltar o resto da minha delegação, primeiramente, porque temia que quando entrássemos haveria pandemônio e eles se isolariam. Mas o policial insistiu que eu entrasse primeiro, e de fato tão logo eu entrei no salão, a multidão avançou e superou o cordão de isolamento. Em seu entusiasmo, fui empurrado e um pouco chacoalhado, e em um determinado momento perdi o meu sapato na confusão generalizada. Quando as coisas começaram a se acalmar, alguns minutos depois, descobri que nem o meu sapato nem minha esposa podiam ser localizados. Finalmente, depois de quase meia hora, Winnie foi trazida para o palco junto a mim, bastante irritada por ter se perdido. Não pude nem discursar para a multidão, pois eles estavam gritando, "Mandela! Mandela!" tão furiosamente que eu não conseguia ser ouvido por causa do barulho, e finalmente fui embora, sem meu sapato e com uma esposa anormalmente silenciosa.

Enquanto estava no Cairo dei uma entrevista coletiva na qual afirmei que o CNA estava "preparado para pensar uma cessação de hostilidades". Esse era um sinal para o governo. Tanto o CNA quanto o governo estavam engajados na criação de um clima no qual as negociações tivessem sucesso. Enquanto o CNA estava exigindo que o governo normalizasse a situação no país, suspendendo o Estado de Emergência, libertando todos os prisioneiros políticos e revogando todas as leis do *apartheid*, o governo estava decidido a primeiramente persuadir o CNA a suspender a luta armada. Se por um lado nós ainda não estávamos preparados para anunciar tal suspensão, por outro lado queríamos fornecer ao Sr. de Klerk incentivo suficiente para continuar as suas estratégias reformistas. Sabíamos que eventualmente iríamos suspender a luta armada, em parte para facilitar negociações mais sérias e em parte para permitir que o Sr. de Klerk fosse ao seu eleitorado, os eleitores brancos da África do Sul, e dissesse "Olhem, aqui estão os frutos da minha política".

Depois da minha última parada na África, voei para Estocolmo para visitar Oliver. Ver o meu velho amigo e sócio no escritório de advocacia era a reunião que eu estava mais ansioso em ter. Oliver não estava bem de saúde, mas quando nos encontramos parecíamos dois meninos no *veld* que nos fortalecíamos da afeição que nutríamos um pelo outro. Iniciamos a conversa falando dos velhos tempos, mas quando ficamos a sós, o primeiro assunto que ele trouxe à baila foi a liderança da organização. "Nelson", ele falou, "você deve agora assumir a presidência do CNA. Venho apenas guardando o lugar para você". Eu recusei, dizendo para ele que ele havia liderado a organização no exílio muito melhor do que eu jamais poderia ter feito. Não era justo nem democrático realizar uma transferência de poder de tal forma. "Você foi eleito presidente pela organização", falei. "Vamos esperar por uma eleição; então a organização pode decidir". Oliver protestou, mas eu não recuei. Era um sinal da sua humildade e abnegação ele querer me indicar como presidente, mas não era condizente com os princípios do CNA.

Em abril de 1990, voei para Londres para comparecer a um concerto no estádio de Wembley, organizado para me homenagear. Muitos artistas internacionais, a maioria dos quais eu não conhecia, estariam se apresentando e o evento seria televisionado para o mundo inteiro. Aproveitei a oportunidade para agradecer às forças *antiapartheids* do mundo pelo trabalho gigantesco que elas fizeram pressionando em favor de sanções, pela minha libertação e dos meus companheiros prisioneiros políticos, e pelo apoio e solidariedade genuínos que haviam demonstrado ao povo oprimido do meu país.

103

QUANDO SAÍ da prisão, o Chefe Mangosuthu Buthelezi, líder do Partido Inkatha da Liberdade e ministro-chefe de KwaZulu, era um dos principais atores do cenário político sul-africano. Mas nos círculos do CNA, ele estava longe de ser uma figura popular. O Chefe Buthelezi era descendente do grande rei Zulu Cetywayo, que havia derrotado as forças britânicas na Batalha Isandhlwana em 1879. Quando jovem, ele frequentou Fort Hare e então entrou para a Liga Jovem do CNA. Eu o via como um dos mais promissores jovens líderes. Ele havia se tornado ministro-chefe do território de KwaZulu com o apoio tácito do CNA, e mesmo o lançamento que ele fez do Inkatha, como uma organização cultural Zulu, não recebeu oposição da organização. Mas com o passar dos anos, o Chefe Buthelezi foi se afastando do CNA. Ainda que ele se opusesse decididamente ao *apartheid* e se recusasse a permitir que KwaZulu se transformasse em um território "independente", como o governo desejava, ele era um incômodo contínuo para o movimento democrático. Ele se opunha à luta armada. Ele criticou o levante de 1976 em Soweto. Ele fez campanha contra as sanções internacionais. Ele desafiou a ideia de um estado unitário da África do Sul. No entanto, o Chefe Buthelezi tinha consistentemente exigido minha libertação e se recusado a negociar com o governo até que eu e outros prisioneiros políticos fôssemos libertados.

O Chefe Buthelezi foi uma das primeiras pessoas para quem telefonei depois da minha libertação para agradecer-lhe pelo seu apoio de longa data. Minha tendência era me encontrar com Buthelezi, tão logo fosse possível, para tentar resolver as nossas diferenças. Durante a minha visita inicial a Lusaka, apresentei a ideia de tal reunião e ela foi rejeitada. Quando eu estava em Victor Verster, Walter havia sido convidado pelo rei Zulu, Goodwill Zwelithini, para visitá-lo em Ulundi, a capital de KwaZulu, e eu insisti que ele aceitasse. Pensei que era uma oportunidade excelente para influenciar o líder de uma das famílias reais mais respeitadas e poderosas do país. A visita foi experimentalmente aprovada pelo CEN desde que Walter fosse ao palácio do rei, em Nongoma; pensava-se que uma ida a Ulundi sugeriria o reconhecimento da autoridade do território tribal.

Quando voltei de Lusaka, telefonei para o Chefe Buthelezi e para o rei, e expliquei que Walter estaria indo para visitar o rei, não em Ulundi, mas em Nongoma. O rei disse que não aceitaria que Walter fosse vê-lo em qualquer outro lugar que não fosse a capital. "Eu sou o rei", ele disse. "Eu o convidei para ir me visitar em Ulundi, e ele não tem direito algum de dizer eu vou visitá-lo em outro lugar". "Vossa majestade", eu falei, "estamos diante de um muro de oposição dos nossos membros que não querem que o Sr. Sisulu vá para KwaZulu de maneira alguma. Conseguimos fazer com que esse meio-termo fosse aprovado, certamente vossa majestade também poderia ceder um pouco". Mas ele não pôde, e se recusou a se encontrar com Walter.

As relações deterioraram depois disto e, em maio, persuadi o CNA da necessidade de eu fazer uma visita ao rei e a Buthelezi. O rei aprovou, mas cerca de uma semana antes da visita recebi uma carta do rei dizendo que eu devia ir sozinho. Isso foi a gota-d'água, e o CEN não cederia a tal exigência. Falei para o rei que não poderia ir a não ser que fosse acompanhado pelos meus companheiros; o rei viu isso como outra desfeita e cancelou a visita.

Meu objetivo era forjar um relacionamento independente com o rei, separado do meu relacionamento com o Chefe Buthelezi. O rei era o verdadeiro líder hereditário dos Zulus, que o amavam e respeitavam. A fidelidade ao rei era mais ampla em KwaZulu do que a fidelidade ao Inkatha.

Nesse meio tempo, Natal se transformou em um campo de carnificina. Simpatizantes pesadamente armados do Inkatha haviam, na verdade, declarado guerra aos redutos do CNA no interior de Natal e nas redondezas de Pietermaritzburg. Aldeias inteiras foram incendiadas, dezenas de pessoas foram mortas, centenas feridas, e milhares se tornaram refugiadas. Apenas em março de 1990, 230 pessoas perderam suas vidas nessa violência de extermínio mútuo. Em Natal, Zulus estavam assassinando Zulus, pois membros do Inkatha e os partidários do CNA eram todos Zulus. Em fevereiro, apenas dois meses depois da minha libertação, fui para Durban e falei para uma multidão de mais de 100 mil pessoas em King's Park, quase todos eles Zulus. Implorei para eles que depusessem suas armas, que dessem as mãos em demonstração de paz: "Peguem os seus revólveres, suas facas e *pangas**, e joguem-nos ao mar! Fechem as fábricas de morte. Acabem com esta guerra agora!" Mas meu apelo foi em vão. As lutas e as mortes continuaram.

Fiquei tão preocupado que estava disposto a fazer todos os esforços para me reunir com o Chefe Buthelezi. Em março, depois de um espasmo de violência particularmente horrendo, anunciei sozinho que iria me reunir com o Chefe Buthelezi em uma aldeia nas montanhas próximas a Pietermaritzburg. Pessoalmente, meu relacionamento com o Chefe Buthelezi era próximo e respeitoso, e eu esperava capitalizar sobre isso. Mas descobri que tal reunião era um anátema para os líderes do CNA em Natal. Eles a consideravam perigosa e vetaram a minha reunião. Acabei indo para Pietermaritzburg, onde vi os restos queimados de simpatizantes do CNA e tentei consolar as suas famílias enlutadas, mas não me encontrei com o Chefe Buthelezi.

104

EM MARÇO, depois de muitas negociações dentro de nossos respectivos partidos, marcamos a nossa primeira reunião pessoal com o Sr. de Klerk e membros do governo. Essas eram para ser "negociações sobre negociações" e as reuniões deviam começar no início de abril. Mas, no dia 26 de março, no Assentamento de Sebokeng, cerca de cinquenta

* *Pangas* - Tipo de facão. (N. do T.).

quilômetros ao sul de Johannesburgo, a polícia abriu fogo sem aviso prévio contra uma multidão de manifestantes do CNA, matando doze pessoas e ferindo centenas, a maioria deles tendo sido alvejada nas costas enquanto estava fugindo. A polícia havia utilizado munição de verdade para lidar com os manifestantes, o que era intolerável. Os policiais afirmaram que suas vidas estavam em perigo, mas muitos manifestantes foram alvejados em suas costas e não tinham armas. Não se pode estar em perigo contra um homem desarmado que está fugindo. O direito de se reunir e de se manifestar em apoio às nossas justas exigências não era um favor a ser concedido pelo governo a seu critério. Esse tipo de ação me deixou furioso como nenhum outro, e eu afirmei para a imprensa que todos os policiais da África do Sul viam todas as pessoas negras como um alvo militar. Depois de consultar o CEN, anunciei a suspensão de nossas negociações e adverti ao Sr. de Klerk que ele não podia "falar de negociações por um lado e assassinar o nosso povo pelo outro".

Mas apesar da suspensão de nossas negociações oficiais, com a aprovação da liderança, me reuni privadamente com o Sr. de Klerk na Cidade do Cabo de forma a manter o ímpeto das negociações. Nossas discussões se centraram basicamente em uma nova data, e chegamos a um acordo que seria o início de maio. Levantei o assunto do comportamento apavorante em Sebokeng e o tratamento desigual dado pela polícia aos brancos e aos negros; os policiais utilizavam munição de verdade contra os manifestantes negros, enquanto nunca tiravam suas armas dos coldres contra manifestações dos brancos de extrema-direita.

O governo não estava com pressa de iniciar as negociações; eles estavam contando com a euforia com que a minha libertação havia sido recebida amainasse. Eles queriam dar tempo para que eu me desse mal e mostrar que o ex-prisioneiro saudado como um salvador era um homem altamente falível, que havia perdido a noção da situação atual.

Apesar de suas ações aparentemente progressistas, o Sr. de Klerk não era de forma alguma o grande emancipador. Ele era uma pessoa gradualista, um pragmático cuidadoso. Ele não fez nenhuma de suas reformas com a intenção de ser afastado do poder. Ele as fez precisamente pela razão oposta: para assegurar o poder para os africânderes em uma nova distribuição de poder. Ele ainda não estava preparado para negociar o fim do domínio dos brancos.

A sua meta era criar um sistema de compartilhamento de poder baseado em direitos de grupos, que preservaria uma forma modificada do poder da minoria na África do Sul. Ele se opunha decididamente ao governo pela maioria, ou "maioridade simples" como às vezes o chamava, porque isso acabaria com a dominação pelos brancos em uma única tacada. Sabíamos desde o início que o governo se opunha ferozmente ao sistema parlamentar, ao estilo de Westminster, no qual o vencedor leva tudo, e defendia, em vez disso, um sistema de representação proporcional com garantias estruturais embutidas para a minoria branca. Apesar de ele estar preparado para permitir que a maioria negra votasse e elaborasse a legislação, ele queria manter o poder de veto pela minoria. Desde o início, eu não ia negociar baseado nesse plano. Eu o descrevi ao Sr. de Klerk como sendo um *apartheid* disfarçado, um sistema de "o perdedor leva tudo".

A estratégia dos Nacionalistas para superar a nossa força era a de construir uma aliança anti-CNA juntamente com o Partido Inkatha da Liberdade e de atrair os eleitores mestiços falantes de africâner do Cabo para um novo Partido Nacional. A partir do momento da minha libertação, eles começaram a cortejar Buthelezi e os eleitores mestiços do Cabo. O governo tentou amedrontar a população mestiça fazendo-a pensar que o CNA era antimestiços. Eles deram apoio para a vontade do Chefe Buthelezi de manter o poder e a identidade dos Zulus em uma nova África do Sul, pregando para ele a doutrina dos direitos de grupo e federação.

A primeira rodada de negociações com o governo foi realizada durante três dias no início de maio. A nossa delegação era formada por mim, Walter Sisulu, Joe Slovo, Alfred Nzo, Thabo Mbeki, Ahmed Kathrada, Joe Modise, Ruth Mompati, Archie Gumede, Reverendo Beyers Naude e Cheryl Carolus. O local era Groote Schuur, a mansão ao estilo holandês do Cabo que foi a residência dos primeiros governadores coloniais da África do Sul, Cecil Rhodes entre eles. Alguns dos membros de nossa delegação fizeram piada dizendo que estávamos sendo levados para uma emboscada no terreno do inimigo.

Mas as negociações, contrariando as expectativas, foram conduzidas com seriedade e bom humor. Inimigos históricos que vinham lutando entre si durante três séculos se reuniram e se cumprimentaram. Muitos ficaram se perguntando em voz alta por que tais discussões não haviam acontecido antes. O governo havia concedido indenizações temporárias a Joe Slovo, o secretário-geral do Partido Comunista, e a Joe Modise, comandante do MK, e foi extraordinário ver esses dois homens cumprimentando líderes do Partido Nacional que os haviam demonizado durante décadas. Como Mbeki Thabo afirmou mais tarde para os repórteres, cada lado descobriu que o outro não tinha chifres.

O fato mesmo das negociações em si era um marco significativo na história do nosso país; como observei, a reunião representava não apenas o que o CNA vinha buscando durante tantos anos, mas o fim do relacionamento senhor-servo que caracterizava as relações entre brancos e negros na África do Sul. Não havíamos vindo para a reunião como suplicantes ou requerentes, mas como concidadãos sul-africanos que mereciam um lugar igual na mesa de negociações.

O primeiro dia foi mais ou menos uma aula de história. Expliquei para as nossas contrapartes que desde a sua concepção, em 1912, o CNA sempre buscou negociações com o governo que estivesse no poder. O Sr. de Klerk, por seu lado, sugeriu que o sistema de desenvolvimento em separado havia sido concebido como uma ideia benigna, mas não havia funcionado na prática. Por causa disso, ele disse, sentia muito e esperava que as negociações fizessem as pazes. Não era um pedido oficial de desculpas pelo *apartheid*, mas foi mais longe do que qualquer outro líder do Partido Nacional jamais havia ido.

A primeira questão a ser discutida foi a definição de prisioneiros políticos e exilados políticos. O governo argumentou a favor de uma definição restrita, querendo limitar o número de pessoas que se qualificariam para uma indenização. Defendemos uma definição mais ampla possível e dissemos que qualquer pessoa que tivesse sido presa por causa de um delito que era politicamente motivado deveria qualificar-se para uma indenização. Não conseguimos chegar a um acordo sobre uma definição mutuamente satisfatória de crimes "politicamente motivados", e essa seria uma questão que iria nos atormentar durante muito tempo.

Ao final da reunião de três dias, nós concordamos com o que se tornou conhecida como Minutas de Groote Shuur, comprometendo ambas as partes em um processo pacífico de negociações e obrigando o governo a revogar o Estado de Emergência, o que ele fez logo após, em todos os lugares, exceto na província de Natal, que estava tomada pela violência. Nós concordamos em estabelecer um grupo de trabalho conjunto para superar os muitos obstáculos que ainda estavam em nosso caminho.

Quando se tratou de questões constitucionais, dissemos ao governo que estávamos exigindo uma assembleia constituinte eleita para elaborar uma nova constituição; acreditávamos que os homens e mulheres criando a constituição deveriam ser escolhidos pelo próprio povo. Mas antes da eleição de uma assembleia, era necessário ter um governo interino que pudesse supervisionar a transição até que um novo governo fosse eleito. O governo não podia ser jogador e árbitro ao mesmo tempo, como estava sendo no momento. Defendemos a criação de uma conferência multipartidária de negociação para organizar o governo interino e estabelecer os princípios para o funcionamento de uma assembleia constituinte.

105

APESAR DE EU TER DESEJADO viajar até Qunu imediatamente após a minha saída da prisão, consegui ir somente em abril. Eu não podia arrumar as malas e viajar sempre que desejasse, a segurança tinha que ser organizada, assim como discursos tinham que ser preparados para organizações locais. Quando abril chegou, o CNA e o General Bantu Holomisa, o líder militar do Transkei e um membro fiel do CNA fizeram os preparativos para uma visita. Mas o que tinha mais importância em minha mente e coração era prestar minhas homenagens à sepultura de minha mãe.

Fui primeiramente a Qunu e ao local onde minha mãe estava sepultada. Seu túmulo era simples e sem adornos, coberto apenas por algumas pedras e alguns tijolos voltados para cima, não muito diferente de outros túmulos em Qunu. Acho difícil descrever os meus sentimentos: sentia tristeza por não poder estar com ela quando ela faleceu, remorso por não ter cuidado dela apropriadamente enquanto ela estava viva, e um sentimento de saudades do que poderia ter acontecido se eu tivesse escolhido viver minha vida de modo diferente.

Ao ver a minha aldeia novamente depois de tantos anos, fiquei surpreso com o que havia mudado e o que não havia. Quando eu era jovem, o povo de Qunu não gostava de política; eles não tinham conhecimento da luta pelos direitos dos negros africanos. As pessoas aceitavam a vida como ela era e não sonhavam em transformá-la. Mas quando voltei, ouvi falar das crianças das escolas de Qunu cantando canções sobre Oliver Tambo e o Umkhonto we Sizwe, e fiquei maravilhado. Como o conhecimento sobre a luta havia, naquela época, se infiltrado em todos os cantos da sociedade africana.

O que permaneceu foi a cordialidade e a simplicidade da comunidade, que me levaram de volta ao meu tempo de garoto. Mas o que me perturbou foi que os aldeões pareciam ser tão pobres, senão mais pobres, do que haviam sido até então. A maioria das pessoas ainda morava em choupanas simples com chão de terra, sem eletricidade e sem água encanada. Quando eu era garoto, a aldeia era asseada, a água pura e o capim verde e imaculado até onde a vista alcançava. Os *kraals* eram varridos, o solo era conservado, os campos eram divididos ordenadamente. Mas agora a aldeia estava desarrumada, a água poluída e os campos repletos de sacolas e embalagens plásticas. Não conhecíamos o plástico quando eu era garoto, e apesar de ele certamente ter melhorado a vida de alguma maneira, sua presença em Qunu pareceu-me ser uma espécie de nódoa. O orgulho pela comunidade parecia ter desaparecido.

Naquele mês, tive outro retorno ao lar: voltei para a Ilha de Robben para convencer vinte e cinco prisioneiros políticos pertencentes ao MK a aceitarem a oferta de anistia do governo e saírem da ilha. Apesar de eu ter deixado a ilha havia oito anos, minhas lembranças da prisão ainda estavam frescas e não marcadas pela nostalgia. Depois de todos aqueles anos recebendo visitas de outras pessoas, era uma sensação curiosa ser um visitante na Ilha de Robben.

Mas naquele dia não tive muita oportunidade de passear, pois me encontrei imediatamente com os homens protestando contra a oferta de anistia por parte do governo. Eles insistiam que só deixariam a ilha depois de uma vitória no campo de batalha, e não na mesa de negociações. Eles se opunham ferozmente a esse acordo em particular, no qual eles tinham que enumerar os seus crimes antes de receberem indenizações. Eles acusaram o CNA de recuar da exigência da Declaração de Harare de uma anistia incondicional e ampla cobrindo prisioneiros e exilados políticos. Um dos prisioneiros disse, "Madiba, venho lutando contra o governo a minha vida inteira, e agora tenho que pedir perdão a eles".

Eu simpatizava com os argumentos deles, mas eles não estavam sendo realistas. Todo soldado gostaria de derrotar o seu inimigo no campo de batalha, mas neste caso tal vitória estava fora do alcance. A luta agora havia se transferido para a mesa de negociações. Argumentei que eles não estavam promovendo a causa ao permanecerem na prisão. Eles poderiam ser de melhor serventia no lado de fora do que dentro da prisão. No final, eles concordaram em aceitar a oferta do governo.

* * *

No início de junho, eu estava programado para embarcar em uma viagem de seis semanas pela Europa e América do Norte. Antes de viajar, me encontrei privadamente com o Sr. de Klerk, que queria discutir a questão das sanções. Baseado nas mudanças que havia feito na África do Sul, ele pediu que eu silenciasse os meus pedidos pela continuidade das sanções internacionais. Se por um lado tínhamos consciência do que o Sr. de Klerk havia feito, em nosso ponto de vista as sanções continuavam sendo a melhor alavanca para forçá-lo a fazer ainda mais. Eu estava ciente de que a Comunidade Europeia e os Estados Unidos estavam tendendo a aliviar as sanções com base nas reformas do Sr. de Klerk. Expliquei para o Sr. de Klerk que não podíamos dizer para os nossos simpatizantes aliviarem as sanções até que ele houvesse desmantelado completamente o *apartheid* e um governo de transição estivesse atuando. Apesar de ter ficado desapontado com a minha resposta, ele não se surpreendeu.

A primeira parte da viagem levou Winnie e eu para Paris, onde fomos tratados de forma muito solene por François Mitterrand e sua encantadora esposa, Danielle, uma simpatizante de longa data do CNA. Esta não era a minha primeira viagem para o continente europeu, mas ainda assim fiquei em transe com as belezas do Velho Mundo. Apesar de eu não querer ser econômico na beleza da Cidade das Luzes, o evento mais importante que ocorreu enquanto eu estava na França foi que o governo anunciou a suspensão do Estado de Emergência. Fiquei contente, mas bem ciente de que eles haviam tomado essa atitude enquanto eu estava na Europa de forma a solapar os meus pedidos por sanções.

Depois de paradas na Suíça, Itália e Holanda, fui para a Inglaterra, onde passei dois dias visitando Oliver e Adelaide. Minha parada seguinte foi nos Estados Unidos, mas eu iria retornar para a Inglaterra na minha viagem de volta para a África do Sul, que foi quando eu havia programado me encontrar com a Sra. Thatcher. Por cortesia, entretanto, telefonei para ela antes de viajar para os Estados Unidos, e a Sra. Thatcher me repreendeu de forma severa, porém bem-intencionada: ela disse que vinha seguindo as minhas viagens e observado a quantos eventos eu comparecia a cada dia. “Sr. Mandela, antes de discutirmos quaisquer questões”, ela disse, “devo avisá-lo que a sua agenda está pesada demais. O senhor deve cortá-la pela metade. Mesmo um homem com a metade da sua idade teria problemas para atender às exigências que estão sendo impostas ao senhor. Se o senhor mantiver esse ritmo, o senhor não vai voltar vivo da América. Esse é o conselho que dou para o senhor”.

Eu havia lido sobre a cidade de Nova York desde a minha juventude, e finalmente poder vê-la do fundo de seus enormes desfiladeiros de vidro e concreto enquanto milhões e mais milhões de pedaços de fitas coloridas desciam flutuando foi uma experiência empolgante. Foi dito que cerca de um milhão de pessoas presenciaram a nossa procissão através da cidade, e ver o seu entusiasmo e o apoio que eles davam à luta *antiapartheid* foi verdadeiramente uma lição de humildade. Eu havia sempre lido que Nova York era um lugar que tinha um coração duro, mas eu senti exatamente o oposto disso em meu primeiro dia na cidade.

No dia seguinte fui até o Harlem, uma área que havia tomado proporções legendárias em minha mente, desde os anos 50, quando vi os jovens em Soweto imitando a moda dos rapazes do Harlem. O Harlem, como minha esposa disse, era o Soweto dos Estados Unidos. Discursei para uma multidão no *Estádio Yankee**, contando para eles que um cordão umbilical inquebrável unia os negros sul-africanos e os negros americanos, pois éramos todos filhos da África. Havia uma afinidade entre os dois grupos, eu disse, que havia sido inspirada por grandes americanos como W. E. B. Du Bois, Marcus Garvey e Martin Luther King Jr. Quando era jovem, eu idolatrava Joe Louis, o Bombardeiro Marrom, que enfrentou não apenas os seus oponentes no ringue, mas também os racistas fora dele. Na prisão, acompanhei a luta dos negros americanos contra o racismo, a discriminação e a desigualdade econômica. Para nós, o Harlem simbolizava a força da resistência e a beleza do orgulho negro. Isso tudo foi deixado claro para mim por um jovem que eu havia visto no dia anterior que estava vestindo uma camiseta na qual se lia, "NEGRO POR NATUREZA, ORGULHOSO POR OPÇÃO". Nós estávamos ligados por natureza, eu disse, mas estávamos orgulhosos uns dos outros por opção.

---

* Estádio Yankee (Yankee Stadium) - Estádio pertencente ao time de beisebol New York Yankees, que, em 2009, foi substituído por um estádio mais moderno situado no outro lado da avenida onde se localizava, e posteriormente demolido. (N. do T.).

Depois de passar por Memphis e Boston, fui a Washington para discursar em uma sessão conjunta do Congresso e participar de uma reunião privada com o Presidente Bush. Agradeci ao Congresso norte-americano por sua legislação *antiapartheid* e disse que a nova África do Sul esperava permanecer fiel aos valores que criaram as duas câmaras diante das quais eu estava discursando. Eu disse que, como guerreiros pela liberdade, nós não podíamos ficar sabendo de homens como George Washington, Abraham Lincoln e Thomas Jefferson "e não nos sentirmos compelidos a agir como eles haviam sido compelidos a agir". Eu também passei uma mensagem forte sobre as sanções, pois sabia que a administração Bush sentia que chegara o momento de afrouxá-las. Insisti que o Congresso não o fizesse.

Mesmo antes de me reunir com o Sr. Bush, eu havia formado uma impressão positiva a seu respeito, pois ele havia sido o primeiro líder mundial a me telefonar dando parabéns quando saí da prisão. Daquele momento em diante, o Presidente Bush me incluiu em sua lista reduzida de líderes mundiais a quem ele informava questões importantes. Pessoalmente, ele era igualmente caloroso e solícito, apesar de diferirmos marcadamente nas questões da luta armada e sanções. Ele era um homem com quem se podia discordar e logo em seguida cumprimentar.

Dos Estados Unidos, fui para o Canadá, onde tive uma reunião com o Primeiro-Ministro Mulroney e também discursei diante do seu Parlamento. Devíamos ir para a Irlanda a seguir, e antes de cruzar o Atlântico, nosso avião, um jato pequeno, fez uma escala para reabastecimento em um lugar remoto acima do Círculo Ártico chamado Goose Bay. Senti vontade de dar uma caminhada no ar estimulante, e enquanto eu passeava pela pista, percebi algumas pessoas perto da cerca do aeroporto. Perguntei a um oficial canadense quem eram eles. Esquimós, ele respondeu.

Nos meus setenta e dois anos na terra eu nunca havia conhecido um Inuit* e nunca imaginava que o faria. Caminhei até aquela cerca e encontrei mais ou menos uns dez jovens, com pouco menos de vinte anos

---

* *Inuit* é como os esquimós preferem ser chamados atualmente. A palavra significa "o povo". (N. do T.).

de idade, que tinham vindo até o aeroporto porque ficaram sabendo que o nosso avião ia fazer uma escala lá. Eu havia lido a respeito dos Inuit (o nome "Esquimó" havia sido dado a eles pelos colonizadores) quando era garoto, e a impressão que recebi dos textos colonialistas racistas era de que eles tinham uma cultura atrasada.

Mas ao conversar com esses jovens inteligentes, fiquei sabendo que eles assistiram a minha liberação na televisão e estavam familiarizados com os eventos na África do Sul. "Viva o CNA!" falou um deles. Os Inuit são um povo aborígine historicamente maltratado pela população de colonizadores brancos; havia alguns paralelos entre as condições dos negros sul-africanos e do povo Inuit. O que me impressionou fortemente foi o quão pequeno o planeta havia se tornado durante as décadas que passei na prisão; era assombroso para mim que um adolescente Inuit, vivendo no teto do mundo, pudesse assistir à liberação de um prisioneiro político na ponta do sul da África. A televisão havia encolhido o mundo, e nesse processo havia se tornado uma arma poderosa para a erradicação da ignorância e promoção da democracia.

Depois de Dublin, fui para Londres, onde tive uma reunião de três horas com a Sra. Thatcher. Ficar no frio conversando com os jovens Inuits me deixou resfriado. No dia em que deveria me encontrar com a Sra. Thatcher o clima estava frio e chuvoso e, quando estávamos saindo, Winnie falou que eu devia levar uma capa de chuva. Já estávamos no saguão do hotel, e se eu voltasse para pegar a minha capa nós nos atrasaríamos. Sou rigoroso em relação à pontualidade, não apenas porque acredito que é um sinal de respeito em relação à pessoa com quem você vai se reunir, mas porque também combate o estereótipo ocidental dos africanos de serem notoriamente tardios. Falei para Winnie que não tínhamos tempo e, em vez disso, fiquei na chuva dando autógrafos para algumas crianças. Quando cheguei até a Sra. Thatcher eu estava me sentindo mal, e mais tarde fui diagnosticado com uma pneumonia leve.

Mas isso não interferiu em nossa reunião, exceto pelo fato de que ela me repreendeu como uma professora de escola por não ter dado ouvidos ao seu conselho e reduzido a minha agenda. Apesar da Sra. Thatcher estar em posição contrária ao CNA, em relação a várias questões, tais como as sanções, ela era sempre uma senhora franca e solícita. Em nossa reunião daquele dia, no entanto, não consegui o menor sinal de progresso com ela na questão das sanções.

106

QUANDO VOLTEI à África do Sul, em julho, depois de viagens rápidas até Uganda, Quênia e Moçambique, solicitei uma reunião com o Sr. de Klerk. A violência estava piorando no país; o número de fatalidades de 1990 já havia ultrapassado mil e quinhentas pessoas, mais do que todas as mortes relacionadas com política no ano anterior. Depois de deliberar com os meus colegas, achei necessário acelerar o processo de normalização. Nosso país estava sangrando até a morte, e nós precisávamos avançar mais rapidamente.

A revogação do Estado de Emergência pelo Sr. de Klerk, em junho, pareceu criar o clima para a retomada de negociações, mas, em julho, as forças de segurança do governo prenderam cerca de quarenta membros do CNA, incluindo Mac Maharaj, Pravin Gordhan, Siphiwe Nyanda e Billy Nair, alegando que eles eram parte de um plano do Partido Comunista, chamado Operação Vula, para derrubar o governo. De Klerk convocou uma reunião urgente comigo e leu para mim trechos de documentos que ele alegou terem sido confiscados na batida policial. Fiquei surpreso, pois não tinha conhecimento de nada disso.

Depois da reunião eu quis explicações e telefonei para Joe Slovo. Joe explicou que as passagens lidas pelo Sr. de Klerk haviam sido tiradas do seu contexto e que Vula era uma operação moribunda. Mas o governo estava decidido a usar essa descoberta para forçar o CNA a se afastar do PCAS e manter Joe Slovo fora das negociações. Retornei ao Sr. de Klerk e disse-lhe que ele fora enganado pela sua própria polícia e que nós não tínhamos intenção alguma em nos afastar do PCAS e excluir Joe Slovo da nossa equipe de negociação.

Em meados de julho, logo antes de uma reunião marcada do Comitê Executivo Nacional, Joe Slovo veio até mim particularmente com uma proposta. Ele sugeriu que suspendêssemos voluntariamente a luta armada de modo a criar o clima certo para fazer o processo de negociações progredir. Ele falou que o Sr. de Klerk precisava demonstrar para os seus simpatizantes que a sua política trouxera benefícios para o país. Minha primeira reação foi negativa; eu não achava que o momento era propício.

Mas quanto mais refleti a respeito da proposta, mais me dei conta de que nós tínhamos que tomar a iniciativa e essa era a melhor forma de fazê-lo. Também reconheci que Joe, cujas credenciais como radical estavam acima de quaisquer dúvidas, era exatamente a pessoa certa para apresentar a proposta. Ele não poderia ser acusado de ser um joguete do governo ou de ter amolecido. No dia seguinte, eu disse para Joe que se ele levasse a ideia até o CEN eu o apoiaria.

Quando Joe apresentou a ideia no CEN, no dia seguinte, houve alguns que se opuseram firmemente, afirmando que estávamos dando um prêmio aos simpatizantes de de Klerk, mas não ao nosso próprio povo. Mas eu defendi a proposta, dizendo que a finalidade da luta armada sempre fora de trazer o governo para a mesa de negociações, e agora havíamos feito isso. Argumentei que a suspensão podia ser sempre cancelada, mas era necessário mostrar a nossa boa-fé. Depois de várias horas de discussões, o nosso ponto de vista prevaleceu.

Esse passo foi polêmico dentro do CNA. Apesar do MK não estar ativo, a aura da luta armada tinha um grande significado para muitas pessoas. Mesmo quando citada meramente como um artifício retórico, a luta armada era um sinal de que estávamos lutando ativamente contra o inimigo. Como resultado disso, ele tinha uma popularidade desproporcional ao que havia conseguido realizar de fato.

No dia 6 de agosto, em Pretória, o CNA e o governo assinaram o que se tornou conhecida como Minutas de Pretória, na qual concordávamos em suspender a luta armada. Como eu diria muitas vezes aos nossos seguidores: suspendemos as ações armadas, não encerramos a luta armada. O acordo também estabeleceu datas-limite para a libertação de prisioneiros políticos e a concessão de certos tipos de indenização. O processo de indenizações estava previsto para terminar em maio de 1991, e o governo também concordou em revisar a Lei de Segurança Interna.

* * *

De todas as questões que entravavam o processo de paz, nenhuma foi mais devastadora e frustrante que a escalada da violência no país. Todos nós esperávamos que à medida que as negociações se encaminhassem, a violência diminuiria. Mas na verdade aconteceu o oposto. A polícia e as forças de segurança estavam fazendo pouquíssimas prisões. As pessoas nos assentamentos estavam acusando-as de cumplicidade com a violência. Estava ficando cada vez mais claro para mim que havia conivência de parte das forças de segurança. Muitos dos incidentes indicavam para mim que a polícia, em vez de reprimir a violência, estava fomentando-a.

Durante os meses seguintes, visitei assentamentos por todo o Triângulo do Vaal, que estava dominado pela violência ao sul de Johannesburgo, dando conforto a pessoas feridas e famílias enlutadas. Repetidas vezes, eu ouvia a mesma história: a polícia e a força de segurança estavam desestabilizando a área. Fiquei sabendo que a polícia estava confiscando armas em uma área em um dia, para as forças do Inkatha atacarem no dia seguinte o nosso povo com aquelas mesmas armas roubadas. Ouvimos histórias de policiais escoltando membros do Inkatha para reuniões e em seus ataques.

Em setembro, fiz um discurso no qual disse que havia uma mão oculta por trás da violência e sugeri que havia uma misteriosa "Terceira Força" em ação, que consistia de renegados das forças de segurança que estavam tentando romper as negociações. Eu não podia dizer quem eram os membros da Terceira Força, pois eu mesmo não sabia quem eles eram, mas eu tinha certeza de que eles existiam e que eram mortalmente eficientes em seus ataques ao CNA e na luta pela libertação.

Cheguei a essa conclusão depois de me envolver pessoalmente em dois incidentes. Em julho de 1990, o CNA recebeu informações que moradores de albergues pertencentes ao Partido Inkatha da Liberdade estavam planejando um grande ataque a membros do CNA no Assentamento de Sebokeng, no Triângulo do Vaal, no dia 22 de julho. Através de nossos advogados, notificamos o ministro da lei e ordem, o comissário de polícia e o comissário regional, avisando-os dos ataques iminentes e insistindo que tomassem as ações apropriadas. Pedimos que a polícia evitasse que membros armados do Inkatha entrassem no assentamento para participar de uma manifestação organizada pelo partido.

No dia 22 de julho, ônibus repletos de membros armados do Inkatha, escoltados por viaturas da polícia, entraram em Sebokeng em plena luz do dia. Uma manifestação tomou lugar, depois da qual os homens armados começaram a agir violentamente, assassinando aproximadamente trinta pessoas em um ataque terrível e macabro. Visitei a área no dia seguinte e testemunhei cenas que nunca havia visto antes em minha vida e espero nunca mais ver. No necrotério estavam os corpos de pessoas que haviam sido mortas a golpes de facão; uma mulher teve os seus dois seios decepados com uma machete. Quem quer que fossem esses assassinos, eles eram animais.

Solicitei uma reunião com o Sr. de Klerk no dia seguinte. Quando o vi, exigi furiosamente uma explicação. "Vocês foram avisados de antemão", eu disse a ele, "e ainda assim não fizeram nada. Por que isso? Por que não houve prisões? Por que a polícia não fez nada?" Então eu disse a ele que em qualquer outra nação onde houvesse uma tragédia dessa magnitude, quando mais de trinta pessoas foram assassinadas, o chefe de estado faria algum tipo de declaração de condolências, e, no entanto, ele não havia dito uma só palavra. Ele não teve resposta para o que eu falei. Pedi que de Klerk desse uma explicação, e ele nunca o fez.

O segundo incidente ocorreu em novembro, quando um grupo de membros do Inkatha entrou em um campo de invasores conhecido como Zonkizizwe (palavra em Zulu significando "o lugar onde todas as nações são bem-vindas") nas cercanias da cidade de Germiston, ao leste de Johannesburgo, e expulsaram pessoas pertencentes ao CNA, matando várias delas no processo. Os membros do Inkatha então começaram a ocupar as cabanas abandonadas e a confiscar todas as suas posses. Habitantes da área disseram que os membros do Inkatha estavam acompanhados por policiais. Uma vez mais, após essa tragédia, a polícia e o governo não tomaram ação alguma. A vida dos negros na África do Sul nunca havia sido tão sem valor.

Uma vez mais, me encontrei com o Sr. de Klerk e o seu ministro de lei e ordem, Adriaan Vlok. Uma vez mais, perguntei ao Sr. de Klerk por que nenhuma ação havia sido tomada por parte da polícia em consequência desses crimes. Falei que os atacantes podiam facilmente ser encontrados porque eles agora estavam ocupando as cabanas das pessoas que haviam assassinado. O Sr. de Klerk pediu uma explicação ao Sr. Vlok, e então Vlok, em um tom bastante rude, perguntou para mim na propriedade de quem aquelas cabanas estavam localizadas, dando a entender que essas pessoas eram invasoras e portanto não tinham direitos. Na verdade, eu disse a ele, a terra havia sido disponibilizada para essas pessoas pelas autoridades locais. A atitude dele era semelhante àquela de muitos africânderes que simplesmente acreditavam que as tribos africanas vinham se matando desde tempos imemoriais. O Sr. de Klerk uma vez mais me disse que iria investigar e agir, mas nunca o fez.

Durante esse tempo, o governo fez um novo gesto que acrescentou combustível ao fogo. Ele introduziu uma regulamentação permitindo que os Zulus carregassem as chamadas armas tradicionais para manifestações políticas e reuniões em Natal e em outros locais. Essas armas, as *assegais*, que são lanças, e *knobkerries*, clavas curtas e pesadas, são armas de verdade com as quais os membros do Inkatha assassinavam membros do CNA. Isso me forneceu dúvidas sérias em relação às intenções pacíficas do Sr. de Klerk.

Aqueles contrários às negociações se beneficiaram pela violência, que sempre parecia aumentar quando o governo e o CNA estavam se encaminhando para um acordo. Essas forças buscavam dar início a uma guerra entre o CNA e o Inkatha, e acredito que muitos membros do Inkatha também eram coniventes com isso. Muitas pessoas no governo, incluindo o Sr. de Klerk, optaram por olhar para o outro lado ou ignorar o que eles sabiam que estava acontecendo bem debaixo de seus narizes. Não tínhamos dúvida alguma que homens dos mais altos escalões da polícia e das forças de segurança estavam tomando o partido da Terceira Força. Essas suspeitas se confirmaram mais tarde pelos artigos de jornais revelando que a polícia sul-africana havia financiado secretamente o Inkatha.

À medida que a violência continuou a sair do controle, comecei a ter dúvidas sobre a suspensão da luta armada. Muitos membros do CNA estavam inquietos, e em setembro, em uma entrevista coletiva, afirmei que a violência continuada poderia exigir que pegássemos em armas uma vez mais. A situação parecia estar bastante assustadora, e qualquer acordo que havia sido acertado com o governo parecia perdido.

107

EM DEZEMBRO DE 1990, Oliver retornou à África do Sul depois de ficar em exílio durante três décadas. Era maravilhoso tê-lo conosco. Ele voltou para participar de uma conferência consultiva do CNA em Johannesburgo, que teve a participação de mais de quinhentos delegados de quarenta e cinco diferentes regiões, no país e no exterior.

Na reunião, discursei em homenagem a Oliver dizendo que ele era o homem que havia liderado o CNA durante os momentos mais sombrios e nunca deixou a chama se apagar. Agora, ele havia nos conduzido ao limiar de um futuro que parecia brilhante e esperançoso. Durante os vinte e sete anos que fiquei preso, foi Oliver quem salvou o CNA, e então o transformou em uma organização internacional poderosa e influente. Ele tomou as rédeas quando a maior parte dos seus líderes estava presa ou exilada. Ele era um soldado, um diplomata, um estadista.

Apesar de eu criticar o governo pela campanha de atividades contrarrevolucionárias, foi o discurso de Oliver que gerou uma tempestade.

Ele abriu a reunião com um discurso polêmico no qual conclamou que a nossa política de sanções fosse reavaliada. O CNA, ele sustentou, se veria diante de uma "marginalização internacional" a não ser que tomasse a iniciativa de reduzir as sanções. A Comunidade Europeia já havia começado a reduzir sanções. Os países do ocidente, especialmente o Reino Unido e os Estados Unidos, queriam recompensar o Sr. de Klerk por suas reformas, acreditando que isso o incentivaria a aprofundá-las ainda mais. Nós achávamos que essa era a estratégia errada, mas tínhamos que reconhecer as realidades internacionais.

Apesar do discurso de Oliver ter sido discutido e aprovado pelo CEN, a sua proposta foi recebida com indignação pelos militantes do CNA, que insistiam que as sanções deviam ser mantidas sem mudança alguma. A conferência decidiu manter a política de sanções como ela estava.

Eu mesmo fui alvo de reclamações por aqueles que atacavam dizendo que os negociadores perderam contato com suas raízes e que passávamos mais tempo na companhia de líderes do Partido Nacional do que com o nosso próprio povo. Também fui criticado na conferência por ter me empenhado em "diplomacia pessoal" e não mantendo os membros da organização informados. Como líder de uma organização de massas, uma pessoa deve ouvir o povo, e concordei que havíamos sido desleixados em manter a organização inteira informada sobre os rumos das negociações. Mas eu também tinha ciência da delicadeza de nossas negociações com o governo; quaisquer acordos aos quais chegássemos dependiam em parte de sua confidencialidade. Apesar de aceitar as críticas, eu acreditava que não tínhamos alternativa alguma senão continuar no mesmo rumo. Eu sabia que tinha que ser mais abrangente, informar mais pessoas sobre os nossos progressos, e prossegui, tendo isso em mente.

Cada dia, cada final de semana, os jornais estavam repletos de artigos recentes sobre novos e sanguinolentos atos de violência em nossas comunidades e assentamentos. Estava claro que a violência era a questão número um do país. Em muitas comunidades em Natal e no Reef, em torno de Johannesburgo, uma mistura venenosa de crime, rivalidades políticas, brutalidade policial e esquadrões de morte tornaram a vida brutal e insustentável. Enquanto não se lidasse com a violência, o progresso em direção a uma nova distribuição de poderes permaneceria desigual e incerto.

Para tentar dar um basta à espiral de violência, entrei em contato com o Chefe Buthelezi para acertar uma reunião. Encontramos-nos no Hotel Royal de Durban em janeiro. O Chefe Buthelezi falou em primeiro lugar para os delegados reunidos e imprensa e no processo reabriu velhas feridas em vez de curá-las. Ele relacionou um catálogo dos ataques verbais que o CNA fizera a ele e criticou as exigências que o CNA fez nas negociações. Quando chegou a minha vez de falar, escolhi não responder às observações dele, mas agradecê-lo pelos seus esforços durante tantos anos para garantir a minha libertação. Mencionei o nosso longo relacionamento e enfatizei as várias questões que uniam as nossas duas organizações em vez de nos dividir.

Fizemos progressos em nossas negociações privadas, e o Chefe Buthelezi e eu assinamos um acordo que continha um código de conduta cobrindo o comportamento das nossas organizações. Era um acordo justo, e suspeito que se ele fosse implementado teria de fato ajudado a estancar o derramamento de sangue. Mas até onde eu podia dizer, o Inkatha nunca fez qualquer esforço em implementar o acordo, e houve violações também de nossa parte.

A violência continuou entre as nossas organizações. A cada mês, pessoas estavam morrendo às centenas. Em março, membros do Inkatha lançaram um ataque no Assentamento Alexandria, ao norte de Johannesburgo, no qual quarenta e cinco pessoas foram mortas durante os três dias de lutas. Uma vez mais, ninguém foi preso.

Eu não podia ficar sem fazer nada enquanto a violência continuava, então busquei fazer uma nova reunião com o Chefe Buthelezi. Em abril, fui até Durban e novamente fizemos declarações fortes e assinamos outro acordo. Mas, novamente, a tinta nem havia secado no papel e já estava encharcada de sangue. Eu estava mais convencido que nunca de que o governo estava por trás da maior parte da violência e a violência estava impedindo as negociações. O fracasso do Sr. de Klerk em reagir colocou em risco o nosso próprio relacionamento.

Em abril, em uma reunião de dois dias do Comitê Executivo Nacional, discuti minhas dúvidas em relação ao Sr. de Klerk. O CEN acreditava que o governo estava por trás da violência e que a violência estava perturbando o clima para negociações. Em uma carta aberta ao governo, exigimos a demissão de Magnus Malan, o ministro da defesa, e de Adriaan Vlok, o ministro da lei e ordem; a proibição do porte de armas tradicionais em público; a gradual desativação dos albergues para trabalhadores migrantes, onde vários membros do Inkatha moravam nos assentamentos, nas imediações de Johannesburgo; o desmantelamento das unidades secretas de contrainsurgência do governo; e a nomeação de uma comissão independente para fazer sindicâncias sobre as queixas de desvios de conduta por parte das forças de segurança.

Demos ao governo até o mês de maio para atender às nossas exigências. O Sr. de Klerk respondeu convocando uma convenção multipartidária sobre a violência, a ser realizada em maio, mas respondi que isso seria inútil já que o governo sabia precisamente o que precisava fazer para dar um fim à violência. Em maio, anunciamos a suspensão das negociações com o governo.

Em julho de 1991, o CNA realizou a sua primeira conferência anual em solo sul-africano em trinta anos. A conferência teve a participação de 2.244 delegados votantes, que foram eleitos democraticamente nos diretórios do CNA no país e no exterior. Durante a conferência, fui eleito, sem oposição, presidente do CNA. Cyril Ramaphosa foi eleito secretário-geral, prova que a tocha estava sendo passada de uma velha geração de lideranças para uma nova geração. Cyril, a quem eu conheci apenas quando fui libertado da prisão, era um sucessor digno de uma longa linhagem de líderes notáveis do CNA. Ele era provavelmente o mais talentoso negociador nas hostes do CNA, uma habilidade que ele deixou mais afiada como secretário-geral do Sindicato Nacional dos Trabalhadores em Minas.

Em meu discurso, expressei a minha estima pela grande honra que havia sido conferida a mim, e falei do quão difícil seria andar nas pegadas do meu antecessor, Oliver Tambo. Apesar de estarmos, na época, em desacordo com o governo, as negociações por si próprias, eu disse, constituíam uma vitória. O mero fato de que o governo estava engajado em negociações era um sinal que eles não tinham força para sustentar o *apartheid*. Reafirmei que o processo não seria suave, pois estávamos lidando com políticos que não queriam negociar para deixar o poder. "O ponto que deve ser claramente compreendido é que a luta não acabou, e que as próprias negociações são um dos cenários da luta, sujeitos a avanços e revezes como qualquer outra forma de luta".

Mas as negociações não podiam esperar. Nunca foi de nosso interesse prolongar a agonia do *apartheid* por qualquer razão. Era necessário, eu falei, criar um governo de transição o mais cedo possível.

A conferência enfatizou uma das tarefas mais importantes e exigentes diante do CNA: transformar um movimento clandestino ilegal de libertação em um partido político de massas legalizado. Durante trinta anos, o CNA funcionou clandestinamente na África do Sul; aqueles hábitos e técnicas estavam profundamente arraigados. Tínhamos que reconstruir uma organização inteira, do menor diretório local à executiva nacional. E tínhamos que fazer isso em questão de meses durante um período de mudanças extraordinárias.

Uma grande porção das lideranças do CNA e do Partido Comunista foi exilada. A maioria deles voltou para a conferência de julho. Eles não estavam familiarizados com as condições da África do Sul da atualidade; era uma terra recém-descoberta por eles assim como era para mim. Havia, entretanto, uma safra extraordinária de jovens líderes da Frente Democrática Unida e da CESAS que haviam permanecido no país, que conheciam a situação política de uma maneira que nós não conhecíamos. Essas organizações foram, em alguma medida, substitutas no CNA dentro da África do Sul durante os anos de 1980. O CNA também tinha que integrar esses homens e mulheres em sua organização.

Estávamos diante não apenas de problemas logísticos, mas também filosóficos. Manter um movimento unido era uma proposta relativamente simples quando você está lutando contra um inimigo em comum. Mas criar uma política quando aquele inimigo está do outro lado da mesa de negociações é uma questão completamente diferente. No novo CNA, tínhamos que integrar não apenas muitos grupos diferentes, mas muitos pontos de vista diferentes. Precisávamos unir a organização em torno da ideia de negociações.

Durante os primeiros dezessete meses de atividade legal, o CNA havia recrutado 700 mil membros. Esse era um número impressionante, mas não havia lugar para complacência. Um número proporcionalmente baixo desses membros era originário das áreas rurais, a região onde historicamente o CNA era mais fraco. Ao mesmo tempo, o Partido Nacional escancarava as suas portas para os não brancos e estava ativamente recrutando mestiços e indianos descontentes.

Desde a minha libertação da prisão, o Estado continuou sua campanha para desacreditar a minha esposa. Depois do suposto sequestro de quatro jovens que estavam hospedados na casa de Diepkloof, e da morte de um deles, Winnie fora, primeiramente, vilipendiada por uma campanha de boatos e foi então indiciada em quatro acusações de sequestro e uma de agressão. As calúnias contínuas proferidas sobre o caráter dela eram tais que Winnie e eu estávamos ansiosos que ela tivesse a oportunidade de provar-se inocente das acusações em um tribunal.

O julgamento formal da minha esposa começou em fevereiro, na Corte Suprema de Rand, em Johannesburgo. Compareci ao julgamento no primeiro dia, assim como o fizeram muitas figuras do alto escalão do CNA, e continuei a comparecer tão frequentemente quanto podia. Fiz isso em demonstração de apoio à minha esposa e para mostrar a minha crença em sua inocência. Ela foi habilmente defendida por George Bizos, que tentou provar que Winnie não teve envolvimento nem no sequestro nem nas agressões.

Depois de três meses e meio, o tribunal a julgou culpada nas acusações de sequestro e de ser cúmplice de agressão. O juiz, no entanto, reconheceu que ela mesma não havia tomado parte de nenhuma agressão. Ela foi condenada a seis anos de prisão, mas foi libertada sob fiança aguardando seu recurso. Até onde me dizia respeito, com veredicto ou sem veredicto, não tinha dúvida alguma da inocência dela.

108

NO DIA 20 DE DEZEMBRO DE 1990, depois de mais de um ano e meio de negociações sobre negociações, as negociações de verdade começaram: COASD – a Convenção para uma África do Sul Democrática – representou o primeiro fórum formal de negociações entre o governo, o CNA e outros partidos sul-africanos. Todas as nossas discussões bilaterais anteriores vinham fornecendo os fundamentos para essas negociações, que aconteceram no World Trade Center, um moderno centro de exposições localizado nas proximidades do Aeroporto Jan Smuts em Johannesburgo. A COASD foi formada por dezoito delegações cobrindo a gama política da África do Sul, além de observadores das Nações Unidas, da Comunidade Britânica de Nações, da Comunidade Europeia e da Organização da Unidade Africana. Era o corte transversal mais amplo de grupos políticos jamais reunidos em um só lugar na África do Sul.

A abertura dessas negociações foi uma ocasião histórica, certamente a convenção constitucional mais importante desde aquela ocorrida em 1909, quando as colônias britânicas do Cabo e Natal e as ex-repúblicas bôeres do Transvaal e do Estado Livre de Orange concordaram em formar uma única união. Naturalmente, aquela convenção não foi um tributo à democracia, mas uma traição dela, pois nenhum dos representantes presentes naquele dia era negro. Em 1991, a maioria deles era.

A nossa delegação de planejamento, liderada por Cyril Ramaphosa e incluindo Joe Slovo e Valli Moosa, estivera engajada em discussões semanais com o governo em questões como eleições, a constituição, uma assembleia constituinte e um governo de transição. Delegados de vinte partidos diferentes, incluindo os governos das áreas tribais já haviam entrado em acordo sobre as premissas da convenção.

O otimismo na abertura das negociações não seria diminuído nem mesmo por alguns desmancha prazeres. O CPA decidiu boicotar as negociações, acusando o CNA e o Partido Nacional de conspirarem juntos para estabelecer um governo multirracial. Isso ocorreu apesar da formação, um mês antes, da Frente Patriótica, uma aliança entre o CNA, o CPA e a *Organização do Povo Azaniano** em torno de uma declaração de objetivos comuns. O CPA temia eleições democráticas porque eles sabiam que tais votações exporiam o seu parco apoio popular. O Chefe Buthelezi também boicotou as negociações em razão de não se permitir que ele tivesse três delegações: uma para o Inkatha, uma para o governo KwaZulu, e uma para o Rei Kwelithini. Argumentamos que o rei devia estar acima da política, e que se ele fosse incluído então todas as tribos da África do Sul deveriam poder enviar seus líderes supremos.

Não havia apenas uma sensação de história sendo feita no World Trade Centre, mas de autoconfiança. Diferentemente das negociações antecedendo novas distribuições de poder em estados africanos como Zimbábue e Angola, que exigiram mediadores externos, nós na África do Sul estávamos resolvendo as nossas diferenças entre nós mesmos. O Sr. de Klerk falou sobre a necessidade de um governo de transição, de "compartilhamento de poder" em uma base democrática. O delegado-chefe do Partido Nacional, Dawie de Villiers, até mesmo pediu desculpas pelo *apartheid*.

Em meus próprios comentários de abertura, afirmei que com a aurora da COASD, finalmente o progresso na África do Sul havia se tornado irreversível. Governos, afirmei, recebem sua autoridade e legitimidade a

---

* *Organização do Povo Azaniano* - Também conhecida como Azapo (Azanian People's Organization). (N. do T.).

partir da concordância dos seus governados, e nós havíamos nos reunido para criar tal autoridade legítima. Eu disse que a COASD marcava o início do caminho para uma assembleia eleita que elaboraria uma nova constituição, e eu não via nenhuma razão porque uma eleição para tal assembleia constituinte não poderia ocorrer em 1992. Conclamei o governo a inaugurar um governo interino de unidade nacional para supervisionar tal eleição, controlar a mídia estatal e os militares, e em geral supervisionar a transição para uma nova África do Sul, democrática e não racial.

No primeiro dia da convenção, a parte do leão dos partidos participantes, incluindo o Partido Nacional e o CNA, endossou uma Declaração de Intenções, que obrigava todos os partidos a apoiar uma África do Sul indivisa cuja lei suprema seria uma constituição salvaguardada por um judiciário independente. O sistema legal do país garantiria a igualdade diante da lei, e uma carta de direitos seria elaborada para proteger as liberdades civis. Resumindo, haveria uma democracia multipartidária, baseada no sufrágio universal de adultos em uma relação comum de eleitores. Até onde nos dizia respeito, esse era o limite constitucional minimamente aceitável para uma nova África do Sul. O Inkatha se recusou a assinar em razão de que a frase uma África do Sul "indivisa" implicava que um sistema federal estava fora de cogitação.

A convenção gerou cinco grupos de trabalho que se reuniriam no início de 1992 para preparar o caminho para a segunda rodada da COASD, marcada para maio de 1992. Os grupos explorariam a questão de se criar um clima político livre, o futuro dos territórios tribais autônomos, a reestruturação da South African Broadcast Corporation, o exame de vários princípios constitucionais tais como o federalismo, e a criação e instalação de um governo interino. Os partidos concordaram que as decisões seriam feitas com "consenso suficiente", o qual nunca foi definido, mas na prática significava um acordo entre o governo e o CNA e uma maioria simples dos outros partidos.

O primeiro dia da COASD I foi calmo, até chegar ao seu encerramento. Na noite anterior à convenção eu estivera negociando com o Sr. de

Klerk pelo telefone até depois das oito da noite. O Sr. de Klerk perguntou se eu concordava em permitir que ele fosse o último orador do dia. Apesar de eu estar escalado para fazer as observações finais, disse-lhe que levaria a questão ao Comitê Executivo Nacional. Fiz isso naquela noite, e apesar de seus receios, convenci os membros do comitê a permitir que o Sr. de Klerk tivesse a palavra final. Eu não via a questão como sendo de vital importância, e estava preparado para fazer esse favor ao Sr. de Klerk.

No final da sessão, tudo parecia estar bem; falei sobre a importância das negociações e fui seguido pelo Sr. de Klerk. Ele passou a enfatizar o significado histórico daquela ocasião e discutir a necessidade de se superar a desconfiança mútua. Mas então o Sr. de Klerk fez uma coisa curiosa. Ele começou a atacar o CNA por não aderir ao acordo que havíamos feito com o governo. Ele começou a falar para nós como um professor admoestando uma criança travessa. Ele censurou o CNA por não revelar a localização dos nossos arsenais e então nos repreendeu por manter um "exército particular", o Umkhonto we Sizwe, violando o Acordo de Paz Nacional de setembro de 1991. Em linguagem destemperada, ele questionou se o CNA era honrado o suficiente para obedecer quaisquer acordos que assinava.

Isso era mais do que eu conseguia tolerar e agora gostaria de ser amaldiçoado se permitisse que o Sr. de Klerk tivesse a palavra final. Quando ele terminou, a reunião deveria se encerrar. Mas o auditório havia ficado em completo silêncio; em vez de permitir que a sessão fosse encerrada, caminhei até o pódio. Eu não podia deixar as observações dele sem resposta. Minha voz traía a minha fúria.

> Estou seriamente preocupado com o comportamento do Sr. de Klerk hoje. Ele lançou um ataque ao CNA, e ao fazer isso ele foi desleal. Mesmo o líder de um regime de minoria desacreditado e ilegítimo, como é o dele, tem certos padrões morais a manter. Ele não tem desculpa alguma só porque é o chefe de tal regime desacreditado para não manter padrões morais... Se um homem pode vir para uma conferência desta natureza e fazer o tipo de política que ele fez – pouquíssimas pessoas gostariam de negociar com tal homem.

> Os membros do governo nos convenceram a permitirmos que discursassem por último. Eles estavam muito interessados em dar a última palavra aqui. Agora está claro por que eles o desejavam. Ele abusou de sua posição, porque ele esperava que eu não reagisse. Ele estava completamente enganado. Reajo agora.

Falei que era inaceitável que o Sr. de Klerk falasse conosco usando tal linguagem. Reiterei que era o CNA, e não o governo, que tomou a iniciativa de negociações de paz, e que era o governo, e não o CNA, que repetidas vezes fracassou em manter-se fiel aos acordos. Eu havia dito ao Sr. de Klerk antes que não havia utilidade alguma em atacar publicamente o CNA, e no entanto ele continuou fazendo isso. Observei que havíamos suspendido a nossa luta armada para mostrar o nosso compromisso com a paz, e, no entanto, o governo ainda estava conspirando com aqueles que estavam em guerra. Dissemos-lhe que íamos entregar as nossas armas apenas quando fôssemos parte de um governo recolhendo aquelas armas.

Acrescentei que estava claro que o governo tinha uma agenda dupla. Eles estavam utilizando as negociações não para alcançar a paz, mas para atingir os seus próprios ganhos insignificantes. Mesmo enquanto negociavam, eles estavam secretamente financiando organizações clandestinas que cometiam violências contra nós. Mencionei as revelações recentes sobre pagamentos de milhões de *rands* ao Inkatha que o Sr. de Klerk alegava não ter conhecimento a respeito. "Declarei que se um homem em sua "posição" não tem conhecimento sobre tais coisas, então ele não está apto a ser chefe de governo".

Eu sabia que havia sido severo, mas eu não queria emborcar o navio das negociações, e encerrei em um tom mais conciliatório.

> Peço a ele que ponha suas cartas na mesa viradas para cima. Que trabalhemos juntos às claras. Que não haja agendas secretas. Que ele não nos convença que seria o último orador porque queria abusar desse privilégio e atacar-nos, na esperança de que não reagiríamos. Estou preparado para trabalhar com ele apesar de todos os seus erros.

A COASD se reuniu novamente no dia seguinte para a sua sessão final, e tanto o Sr. de Klerk como eu nos esforçamos para mostrar que nenhum dano irreparável havia sido causado. No início da sessão, ele e eu nos cumprimentamos publicamente e dissemos que iríamos trabalhar conjuntamente. Mas muito havia se perdido da confiança, e as negociações estavam agora em estado de desordem.

Seis semanas depois da abertura do COASD I, o Partido Nacional enfrentou uma eleição especial em Potchefstroom, uma cidade universitária conservadora no Transvaal, considerada tradicionalmente um reduto do partido. Em uma derrota inesperada, os Nacionalistas foram derrotados pelo candidato do Partido Conservador, de direita. Os Conservadores se opunham ferrenhamente à política de negociação do governo com o CNA, e eram formados principalmente por africânderes que sentiam que o Sr. de Klerk estava entregando tudo de mão beijada. O resultado da eleição pareceu lançar dúvidas sobre a política do Sr. de Klerk de reformas e negociações. O Partido Nacional ficou alarmado; esses eram os seus eleitores em seu reduto rejeitando as suas políticas.

O Sr. de Klerk decidiu se arriscar. Ele anunciou que, como resultado da eleição especial em Potchefstroom, iria convocar um referendo nacional a ser realizado no dia 17 de março para que a população branca da África do Sul pudesse votar em sua política de reformas e negociações com o CNA. Ele afirmou que se o governo fosse derrotado no referendo, ele renunciaria ao cargo de presidente. O referendo fazia uma pergunta simples e direta a todos os eleitores brancos com mais de dezoito anos de idade: "Você apoia a continuação do processo de reformas que o presidente do país iniciou em fevereiro de 1990, que visa à elaboração de uma nova constituição através de negociações?"

O CNA se opôs ao referendo com base no princípio de que ele era um voto que excluía todos os não brancos. Ao mesmo tempo, éramos realistas: certamente não queríamos que os eleitores brancos rejeitassem os esforços do Sr. de Klerk em buscar negociações. Apesar de desdenharmos por princípio o referendo, incentivamos os brancos a votarem sim. Víamos tal voto como um sinal de apoio às negociações, e não necessariamente para de Klerk.

Assistimos com interesse e certa consternação à campanha do Sr. de Klerk. Ele e o Partido Nacional conduziram uma campanha política ao estilo americano, cara e sofisticada, acompanhada de anúncios longos nos jornais e na televisão, adesivos nos para-choques, e manifestações pitorescas. Vimos isso como um ensaio para a campanha que o Sr. de Klerk faria contra nós.

No final, 69 % dos eleitores brancos apoiaram as negociações, dando ao Sr. de Klerk uma grande vitória. Ele se sentiu vindicado; acredito que a margem de vitória até mesmo inflou um pouco o seu ego. A sua mão ficou fortalecida, e como resultado disso, os Nacionalistas endureceram as suas posições de negociação. Esta estratégia era perigosa.

109

NO DIA 13 DE ABRIL DE 1992, em uma entrevista coletiva em Johannesburgo, flanqueado pelos meus dois amigos e companheiros mais antigos, Walter e Oliver, anunciei a minha separação de minha esposa. A situação havia se tornado tão difícil que eu senti que era melhor para todas as partes envolvidas – o CNA, minha família e Winnie – que nos separássemos. Apesar de eu ter discutido o assunto com o CNA, a separação em si foi realizada por razões pessoais.

Li a seguinte declaração.

> O relacionamento entre eu e minha esposa, a Companheira Nomzamo Winnie Mandela, se tornou objeto de muitas especulações. Estou tornando pública esta declaração para clarificar a posição e uma esperança de que ela trará um fim para maiores conjecturas.
>
> Eu e a companheira Nomzamo contraímos matrimônio em um momento crítico da luta pela libertação em nosso país. Devido às pressões do nosso

> compromisso comum com o CNA e a luta para acabar com o *apartheid*, não pudemos desfrutar de uma vida familiar normal. Apesar dessas pressões o nosso amor mútuo e a nossa devoção ao nosso casamento cresceram e se intensificaram...
>
> Durante as duas décadas que passei na Ilha de Robben ela foi um pilar indispensável de apoio e conforto para mim pessoalmente... A companheira Nomzamo aceitou o fardo oneroso de sozinha criar os nossos filhos... Ela suportou com fortaleza exemplar a perseguição imposta a ela pelo governo e nunca hesitou em seu compromisso com a luta pela libertação. A sua tenacidade reforçou o respeito, o amor e a crescente admiração que pessoalmente tenho. Ela também atraiu a admiração do mundo em geral. Meu amor por ela permanece inalterado. Entretanto, tendo em vista as tensões que apareceram devido a diferenças entre nós sobre uma série de questões em meses recentes, concordamos mutuamente que uma separação seria melhor para nós dois. Minha ação não foi causada pelas alegações sendo feitas contra ela atualmente na mídia... A companheira Nomzamo tem e pode continuar a confiar em meu apoio generoso durante estes momentos difíceis de sua vida.
>
> Nunca vou me arrepender pessoalmente da vida que eu e a companheira Nomzamo tentamos compartilhar. Circunstâncias fora de nosso controle, no entanto, ditaram que fosse o contrário. Separo-me da minha esposa sem recriminações. Eu a abraço com todo o amor e afeição que nutri por ela dentro e fora da prisão desde o momento em que a conheci. Senhoras e senhores, espero que vocês sejam sensíveis à dor pela qual passei.

Talvez eu estivesse cego a certas coisas por causa da dor que eu sentia por não ter podido cumprir o meu papel de marido para a minha esposa e de pai para os meus filhos. Mas da mesma forma, estava convencido que a vida da minha esposa foi mais difícil do que a minha enquanto eu estava na prisão. Ela se casou com um homem que logo a deixaria; aquele homem se tornaria um mito; e então aquele mito voltou para casa e provou ser apenas um homem no final das contas.

Como afirmei mais tarde durante o casamento de minha filha Zindzi, parece ser o destino dos guerreiros pela liberdade terem vidas pessoais instáveis. Quando a tua vida é a luta, como a minha fora, há pouco espaço para a família. Este sempre foi o meu maior arrependimento, e o aspecto mais doloroso da escolha que fiz.

"Observamos os nossos filhos crescerem sem a nossa orientação", falei no casamento, "e quando saímos [da prisão], os meus filhos disseram, 'Achamos que tínhamos um pai e que um dia ele retornaria. Mas para a nossa consternação, o nosso pai retornou e nos abandonou porque agora ele se tornou o pai da nação'". Ser o pai de uma nação é uma grande honra, mas ser o pai de uma família é uma alegria maior. Mas era uma alegria que experimentei muito pouco.

110

EM MAIO DE 1992, depois de uma interrupção de quatro meses, a conferência multipartidária realizou a sua segunda sessão plenária no World Trade Centre. Conhecida como COASD 2, as negociações foram preparadas em reuniões secretas entre os negociadores do CNA e do governo, assim como negociações entre o CNA e os outros partidos. Essas reuniões culminaram em uma sessão final entre o Sr. de Klerk e eu no dia anterior à abertura da COASD 2, a primeira vez em que nós dois nos encontrávamos desde antes da COASD 1.

Poucos dias antes da COASD 2 estar prevista para iniciar, o governo foi atingido por dois escândalos. O primeiro envolveu a revelação de corrupção e suborno maciços no Departamento de Auxílio ao Desenvolvimento, que era responsável pela melhoria da vida dos negros nos territórios tribais autônomos, e o segundo foi o envolvimento de altos funcionários da segurança do governo no assassinato, em 1985, de quatro ativistas da FDU, o mais conhecido dos quais era Matthew Goniwe. Essas revelações foram acrescentadas às provas recentes envolvendo a polícia em assassinatos em Natal e as suspeitas de que o Departamento de Inteligência Militar estava conduzindo operações clandestinas contra o CNA. Esses dois escândalos acontecendo juntos solaparam a credibilidade do governo e reforçaram a nossa mão nas negociações.

Durante os meses anteriores, o governo fizera várias propostas que caíram no vazio. A maioria delas, como a ideia de uma presidência rotativa, buscava preservar o seu poder. Mas através de negociações conduzidas durante os meses passados, as equipes do CNA e do governo elaboraram um acordo provisório envolvendo um período de transição de duas etapas que levaria a uma África do Sul completamente democrática. Na primeira etapa, um "conselho executivo transitório" multipartidário seria nomeado a partir das delegações da COASD para funcionar como governo temporário de forma a "igualar as condições" para todos os partidos e criar uma constituição interina. Na segunda etapa, eleições gerais seriam realizadas para uma assembleia constituinte e legislatura na qual todos os partidos que obtivessem 5% ou mais dos votos participariam do gabinete. Metade dos membros da assembleia seria eleita em uma base nacional, e metade em uma base regional, e a assembleia receberia a incumbência de elaborar uma nova constituição e aprovar a legislação. Uma comissão independente presidiria as eleições e se certificaria de que elas seriam livres e justas.

No entanto, havia muitas questões sobre as quais o CNA e o governo não chegavam a um acordo, tais como a porcentagem de votos necessários na assembleia para decidir questões constitucionais e concordar sobre uma carta de princípios. Apenas dias antes da COASD 2, o governo propôs um segundo corpo legislativo, um senado, formado por representantes regionais, como uma maneira de assegurar um veto por parte da minoria. Eles também propuseram que antes que tudo isso acontecesse, a COASD 2 chegasse a um acordo sobre uma constituição interina que levaria meses para ser elaborada.

Toda essa barganha estava ocorrendo por trás das cenas e quando a COASD 2 abriu, no dia 15 de maio de 1992, as perspectivas para a chegada a um acordo não eram boas. Os pontos em que discordávamos estavam ameaçando tudo com o que havíamos concordado. O Sr. de Klerk e eu não conseguimos chegar a um consenso na maioria das questões marcantes. O governo parecia estar preparado para aguardar indefinidamente; o raciocínio deles era que quanto mais esperássemos, mais apoio perderíamos.

A convenção ficou num impasse no final do primeiro dia. Naquele momento, os dois juízes presidindo as negociações mandaram o Sr. de Klerk e eu nos reunirmos naquela noite para tentarmos encontrar um meio-termo. Encontramos-nos naquela noite para tomar café, e apesar de não encontrarmos uma saída para o impasse, concordamos que as negociações não podiam naufragar. "A África do Sul inteira e o mundo estão nos observando", eu disse para o Sr. de Klerk. "Salvemos o processo de paz. Cheguemos a algum tipo de acordo. Que nós pelo menos marquemos uma data para a próxima rodada de negociações". Decidimos que cada um de nós discursaria no dia seguinte num espírito de compromisso construtivo.

Na tarde seguinte, discursamos em ordem inversa àquela na qual havíamos concordado na COASD I: o Sr. de Klerk primeiro e eu por último. Em suas observações, o Sr. de Klerk insistiu que o Partido Nacional não buscava um "veto da minoria", mas que ele queria um sistema de "freios e contrapesos" de forma que a maioria não fosse capaz de "abusar de seus poderes". Apesar de isso ter certamente soado para mim como uma oposição direta ao governo da maioria, quando discursei depois do Sr. de Klerk, eu simplesmente disse que precisávamos trabalhar de modo construtivo e dissipar as tensões em torno das negociações.

Apesar de nossas tentativas de dar uma aparência positiva ao assunto, a convenção terminou o segundo dia em um beco sem saída. O impasse, no meu ponto de vista, era causado pela relutância contínua do Partido Nacional em submeter o seu destino à vontade da maioria. Eles simplesmente não conseguiam atravessar essa barreira.

Em essência, a COASD 2 fracassou em razão de quatro questões fundamentais: a insistência do governo em estabelecer uma porcentagem inaceitavelmente alta de votos na assembleia para aprovar a constituição (essencialmente criando um poder de veto disfarçado); poderes regionais arraigados que seriam obrigatórios em uma futura constituição; um senado não democrático e não eleito que tinha poder de veto sobre a legislação aprovada na câmara principal; e uma determinação em transformar uma constituição interina negociada pela convenção em uma constituição permanente.

Todas essas eram questões difíceis, mas não insolúveis, e eu estava determinado a não permitir que o impasse na COASD 2 subvertesse o processo de negociações. O governo e o CNA concordaram em continuar com negociações bilaterais para chegar a uma solução. Mas, então, outras questões se intrometeram para tornar isso impossível.

Com as negociações em um impasse, o CNA e seus aliados concordaram em realizar uma política de "ação móvel de massas", que demonstraria ao governo a extensão do apoio que recebíamos em todo o país e mostraria que o povo da África do Sul não estava preparado para esperar eternamente pela sua liberdade. A ação de massas consistia de greves, manifestações e boicotes. A data escolhida para o início da ação de massas foi o dia 16 de junho de 1992, o aniversário da revolta de 1976 em Soweto, e a campanha devia culminar em uma greve nacional de dois dias, marcada para os dias 3 e 4 de agosto.

Mas antes que isso acontecesse, outro evento ocorreu que afastou ainda mais o CNA e o governo. Na noite do dia 17 de junho de 1992, uma força de membros do Inkatha fortemente armados atacou secretamente o assentamento de Boipatong, no Vaal, matando quarenta e seis pessoas. A maioria das vítimas eram mulheres e crianças. Foi o quarto assassinato em massa de membros do CNA naquela semana. As pessoas no país inteiro estavam horrorizadas pela violência e acusavam o governo de cumplicidade. A polícia não fez nada para deter os criminosos e nada para encontrá-los; não foi feita nenhuma prisão, nenhuma investigação teve início. O Sr. de Klerk não falou nada. Isso foi a gota-d'água, e a minha paciência acabou. O governo estava bloqueando as negociações e ao mesmo tempo estava travando uma guerra secreta contra o nosso povo. Por que então devíamos continuar negociando com eles?

Quatro dias depois dos assassinatos, discursei para uma multidão de vinte mil simpatizantes furiosos, do CNA, e disse para eles que eu havia orientado o secretário-geral do CNA, Cyril Ramaphosa, a suspender negociações diretas com o governo. Anunciei também a realização de uma reunião urgente do Comitê Executivo Nacional para examinar as nossas alternativas. Era como se tivéssemos voltado aos dias sombrios de Sharpeville. Eu comparei o comportamento do Partido Nacional ao dos Nazistas na Alemanha, e alertei publicamente a de Klerk que se ele buscasse impor novas medidas para cercear as manifestações ou a liberdade de expressão, o CNA lançaria uma campanha nacional de desafio, tendo eu mesmo como o primeiro voluntário.

Na manifestação, vi cartazes que diziam, "MANDELA, NOS DÊ ARMAS" e "VITÓRIA ATRAVÉS DE BATALHA, NÃO NEGOCIAÇÃO". Eu compreendia tais sentimentos; as pessoas estavam frustradas. Elas não viam resultado positivo algum nas negociações. Elas estavam começando a pensar que a única forma de derrubar o *apartheid* era através do cano de uma arma. Depois do ocorrido em Boipatoing, houve aqueles no CEN que disseram "Por que abandonamos a luta armada? Devíamos ter abandonado as negociações em vez disso; elas nunca vão fazer com que atinjamos os nossos objetivos". De início, eu sentia simpatia por esse grupo de linhas-duras, mas gradualmente me dei conta de que não havia alternativa ao processo. Isso era o que eu vinha insistindo durante tantos anos, e não ia dar as costas às negociações. Mas havia chegado o momento de dar uma esfriada nas coisas. A ação de massas neste caso era um meio-termo entre a luta armada e as negociações. As pessoas precisam ter uma válvula de escape para a sua raiva e frustração, e uma campanha de ação de massas era a melhor forma de canalizar essas emoções.

Quando comunicamos ao governo que estávamos suspendendo as negociações, enviamos ao Sr. de Klerk um memorando descrevendo as razões da nossa retirada. Além de resolver os impasses constitucionais na COASD 2, exigimos que as pessoas responsáveis pela violência fossem procuradas e julgadas e que algum mecanismo fosse encontrado para cercar e policiar os albergues, que eram o berço de tanta violência. O

Sr. de Klerk nos enviou um memorando solicitando uma reunião face a face comigo, que rejeitamos. Eu achava que tal reunião sugeriria que nós tínhamos algo para conversar a respeito, e naquele momento nós não tínhamos.

* * *

A campanha de ação de massas culminou em uma greve geral, nos dias 3 e 4 de agosto, em apoio às exigências feitas pelo CNA nas negociações e em protesto contra a violência apoiada pelo estado. Mais de quatro milhões de trabalhadores ficaram em casa naquela que foi a maior greve política já realizada na história sul-africana. A peça central da greve foi uma marcha de cem mil pessoas até os Union Buildings em Pretória, a sede imponente do governo sul-africano, onde realizamos uma enorme manifestação ao ar livre no gramado em frente aos prédios. Eu disse para a multidão que um dia nós ocuparíamos aqueles prédios como o primeiro governo democraticamente eleito da África do Sul.

Diante dessa ação de massas, o Sr. de Klerk disse que o CNA tornou o país ingovernável, o governo poderia ser forçado a levar em consideração algumas opções desagradáveis. Avisei ao Sr. de Klerk que quaisquer ações não democráticas teriam sérias repercussões. Era em razão de tais ameaças, eu disse, que era absolutamente essencial estabelecer um governo de transição.

Inspirado pelo sucesso da campanha de ação de massas, um grupo dentro do CNA decidiu fazer uma passeata em Bisho, a capital do território de Ciskei, no Cabo oriental, um bantustão governado pelo Brigadeiro Oupa Gqozo. O Ciskei tinha um histórico de repressão contra o CNA e, em 1991, o Brigadeiro Gqozo havia declarado Estado de Emergência no Ciskei para restringir o que ele chamava de terrorismo patrocinado pelo CNA. Na manhã do dia 7 de setembro de 1992, setenta mil manifestantes partiram em uma marcha até o estádio principal de Bisho. Quando um grupo de manifestantes tentou atravessar correndo por uma brecha de uma cerca e tomar um caminho diferente para a cidade, as tropas maltreinadas do território abriram fogo sobre eles, matando vinte e nove pessoas e ferindo mais de duzentas. Agora Bisho se uniu a Boipatong como sinônimo de brutalidade.

Como aquele provérbio que diz que a hora mais escura da noite é justamente aquela antes do alvorecer, a tragédia de Bisho levou a uma nova abertura de negociações. Reuni-me com o Sr. de Klerk para encontrarmos um terreno em comum e evitarmos a repetição de outra tragédia como a de Bisho. Nossos negociadores respectivos começaram a se reunir com regularidade. Ambos os lados estavam fazendo um esforço de boa-fé para recolocar as negociações nos trilhos, e no dia 26 de setembro, o Sr. de Klerk e eu nos reunimos em uma cúpula oficial.

Naquele dia, o Sr. de Klerk e eu assinamos o Registro de Entendimento, um acordo que firmava o molde para todas as negociações que se seguiriam. O acordo estabelecia um corpo independente para analisar as ações da polícia, criava um mecanismo para enquadrar os albergues e proibia a exibição de "armas tradicionais" em manifestações. Mas a importância real do Registro de Entendimento foi que ele rompia o impasse constitucional da COASD 2. O governo finalmente concordou em aceitar uma assembleia constitucional eleita e única, que adotaria uma nova constituição e serviria como legislatura de transição para o novo governo. Tudo o que sobrou para negociar foi uma data para a eleição da assembleia e a porcentagem de maioria de votos necessária para chegar a uma decisão. Nós estávamos agora alinhados na estrutura básica que levaria o país a um futuro democrático.

O Registro de Entendimento impeliu o Inkatha a anunciar a sua retirada de todas as negociações envolvendo o governo e o CNA. O acordo enfureceu o Chefe Buthelezi, que rompeu seus laços com o PN e formou uma aliança com um grupo de líderes desacreditados de territórios autônomos e partidos brancos de extrema-direita que estavam unicamente preocupados em obter uma pátria africânder. O Chefe Buthelezi exigiu a abolição do Registro de Entendimento, o fim da COASD e a dispersão do Umkhonto we Sizwe.

Da mesma forma em que havia tomado a iniciativa relacionada à suspensão da luta armada, Joe Slovo novamente assumiu a liderança de fazer outra proposta polêmica: um governo de unidade nacional. Em outubro, Joe publicou um artigo no qual escreveu que as negociações com o governo não eram negociações de armistício na qual podíamos ditar os termos para um inimigo derrotado. Provavelmente levariam anos para o CNA controlar a estrutura do governo, mesmo depois de uma eleição. Um governo do CNA ainda exigiria boa parte dos serviços públicos atuais para administrar o país. Joe propôs uma "cláusula de ocaso" prevendo um governo de unidade nacional que incluiria o compartilhamento do poder com o Partido Nacional por um período de tempo estabelecido, uma anistia para os oficiais das forças de segurança e o cumprimento dos contratos com os funcionários públicos. "Compartilhamento de poder" era um termo aviltado dentro do CNA, considerado uma frase-código para a busca pelo governo de um veto da minoria. Mas nesse contexto ele simplesmente significava que o Partido Nacional seria parte de qualquer governo popularmente eleito desde que tivesse recebido votos suficientes.

Depois de muitas discussões, apoiei a proposta de Joe e ela foi endossada pelo Comitê Executivo Nacional no dia 18 de novembro. O CEN concordou em apoiar o compartilhamento de poder, desde que os partidos minoritários não tivessem poder de veto. Em dezembro, iniciamos uma nova rodada de negociações bilaterais secretas com o governo. Elas foram realizadas durante um período de cinco dias em uma pousada de caça localizada no interior. As negociações provaram-se essenciais, pois elas se apoiaram nas fundações estabelecidas no Registro de Entendimento. Nessa reunião no interior, chegamos a um acordo, em princípio, para um governo de unidade nacional com duração de cinco anos no qual todos os partidos que recebessem mais de 5% dos votos nas eleições gerais seriam proporcionalmente representados no ministério. Passados os cinco anos, o governo de união nacional se tornaria um governo da maioria. Em fevereiro, o CNA e o governo anunciaram um acordo em princípio sobre o governo de unidade nacional com duração de cinco anos, um ministério multipartidário e a criação de um conselho executivo transitório. As eleições seriam realizadas até o final de 1993.

111

SEMPRE ACREDITEI que um homem deve ter um lar ao alcance da vista da casa onde nasceu. Depois de ser libertado da prisão, fiz planos de construir uma casa de campo para mim em Qunu. No outono de 1993, a casa estava terminada. Ela se baseava na planta da casa onde morei em Victor Verster. As pessoas frequentemente comentavam sobre isso, mas a resposta era simples: a casa em Victor Verster foi a primeira casa espaçosa e confortável onde morei, e eu gostava muito dela. Eu estava acostumado às suas dimensões, portanto, em Qunu eu não teria que vagar à noite à procura da cozinha.

Em abril, eu estava na minha casa no Transkei para umas férias curtas. Na manhã do dia 10 de abril, eu acabara de sair para cumprimentar alguns membros da equipe de rúgbi, da polícia, quando a minha caseira veio correndo e me comunicou que eu tinha um telefonema urgente. Ela estava chorando. Pedi licença para os jovens e fui atender ao telefone, e fiquei sabendo de um colega que Chris Hani, o secretário-geral do PCAS, ex-chefe do estado maior do MK, e uma das figuras mais populares do CNA, fora baleado à queima-roupa, diante de sua casa em Boksburg, Johannesburgo, um subúrbio de população majoritariamente branca e da classe trabalhadora que Chris estava procurando integrar.

A morte de Chris foi um golpe para mim, em particular, e para o movimento. Ele era um soldado e patriota, para quem nenhuma tarefa era pequena demais. Ele foi um grande herói entre os jovens da África do Sul, um homem que falava a língua deles e a quem eles ouviam. Se havia alguém que pudesse mobilizar a juventude rebelde em torno de uma solução negociada, esse alguém era Chris. A África do Sul estava agora privada de um de seus maiores filhos, um homem que teria sido inestimável na transformação do país em uma nova nação.

O país estava fragilizado. Havia preocupação que a morte de Hani poderia dar início a uma guerra racial, com os jovens decidindo que o seu herói deveria se tornar um mártir por quem eles dariam suas próprias vidas. Primeiramente fui de helicóptero prestar minha solidariedade ao pai de Chris, um senhor de oitenta e dois anos de idade, em Sabalele, uma cidade minúscula e poeirenta no distrito de Cofimvaba, no Transkei, um lugar que eu conhecia bem porque era a região de origem da família Matanzima. Quando cheguei nesse vilarejo sem água corrente nem eletricidade, admirei-me como esse vilarejo pobre e minúsculo pudesse produzir um homem como Chris Hani, um homem que agitou a nação inteira com sua paixão e capacidade. Sua preocupação com as pessoas pobres das áreas rurais vinha de sua infância em Sabalele, pois suas raízes eram profundas e verdadeiras, e ele nunca perdeu contato com elas. O pai de Chris falou eloquentemente da dor de se perder um filho, mas com alegria por ele ter morrido na luta.

No meu retorno a Johannesburgo, fiquei sabendo que a polícia havia prendido um membro do grupo de extrema-direita *Afrikaner Weerstandsbeweging** (AWB), um imigrante polonês que havia sido capturado depois que uma corajosa mulher africânder telefonou para a polícia dando o número da placa do carro do assassino. O assassinato foi um ato de desespero demente, uma tentativa de fazer descarrilhar o processo de negociação. Pedi para falar na SABC naquela noite para me dirigir à nação. Nesse caso, foi o CNA, e não o governo, que buscou acalmar a nação.

Eu disse que o processo de paz e negociação não podia ser suspenso. Com toda a autoridade ao meu dispor, eu disse, "Faço um apelo a todo o nosso povo para ficar calmo e honrar a memória de Chris Hani, continuando a ser uma força disciplinada em favor da paz".

> Esta noite, estou estendendo a mão para cada cidadão sul-africano, negro ou branco, do fundo do meu ser. Um homem branco, cheio de preconceito

---

* *Afrikaner Weerstandsbeweging* - "Movimento de Resistência Africânder" (N. do T.).

> e ódio, veio para o nosso país e cometeu um ato tão abominável que a nossa nação inteira está balançando à beira do desastre. Uma mulher branca, de origem africânder, arriscou sua vida para que pudéssemos conhecer e levar a julgamento este assassino... Agora é o momento de todos os sul-africanos se unirem contra aqueles que, de qualquer quadrante, queiram destruir o que Chris Hani deu sua vida – liberdade de todos nós.

O assassinato de Chris foi uma tentativa por parte de supremacistas brancos de impedir o inevitável. Eles preferiam que o país entrasse em guerra civil em vez de ter um governo da maioria através de meios pacíficos.

Adotamos uma estratégia para lidar com o nosso próprio eleitorado no CNA. De forma a evitar surtos de violência em retaliação, organizamos uma série de comícios e manifestações durante a semana por todo o país. Isso daria às pessoas uma forma de expressar sua frustração sem recorrer à violência. O Sr. de Klerk e eu conversamos em particular e concordamos que não deixaríamos o assassinato de Hani descarrilhar as negociações.

Ficamos sabendo em poucos dias que um membro do Partido Conservador, Clive Derby-Lewis, havia sido preso em conexão com o assassinato. Mais confirmação de uma Terceira Força. O próprio Chris havia criticado o roubo recente de armas de uma base da força aérea; relatórios preliminares da polícia sugeriam que a arma que foi utilizada para assassiná-lo vinha daquela reserva.

Exatamente duas semanas depois, houve outro falecimento significativo. Este não abalou a nação como o de Chris havia feito, mas me abalou pessoalmente. Oliver não estava bem fazia muito tempo, mas o derrame que o matou aconteceu de repente e sem aviso. Sua esposa, Adelaide, telefonou para mim de manhã cedo e fui correndo para o lado do leito de Oliver. Não tive a oportunidade de me despedir apropriadamente, pois ele já estava morto.

Na alegoria de Platão sobre metais, o filósofo classifica os homens em grupos de ouro, prata e chumbo. Oliver era ouro puro; havia ouro em seu brilhantismo intelectual, ouro em sua cordialidade e humanidade, ouro em sua tolerância e generosidade, ouro em sua lealdade e sacrifício próprios inabaláveis. Conquanto eu o respeitasse como líder, eu o amava muito mais enquanto homem.

Apesar de termos ficado separados durante todos aqueles anos em que fiquei preso, Oliver nunca ficou longe dos meus pensamentos. De muitas formas, apesar de estarmos separados, mantive uma conversa com ele durante a vida inteira dentro de minha cabeça. Talvez essa seja a razão de eu me sentir tão consternado quando ele morreu. Eu me sentia, como comentei com um colega, o homem mais solitário do mundo. Foi como se ele tivesse sido arrebatado de mim justamente quando fôramos reunidos. Quando olhei para ele em seu caixão, foi como se uma parte de mim tivesse morrido.

Apesar de ainda não estarmos no poder, eu queria que Oliver tivesse um funeral de chefe de estado, e foi isso que o CNA lhe deu. Em um comício em um estádio de Soweto, centenas de dignitários de governos estrangeiros se reuniram para prestar homenagem ao homem que manteve o CNA vivo durante os seus anos de exílio. Tropas do MK marcharam em sua homenagem e uma salva de vinte e um tiros foi dada ao lado de sua sepultura. Oliver havia vivido o suficiente para ver os prisioneiros serem libertados e os exilados retornarem à sua pátria, mas não havia vivido para votar em uma eleição em uma África do Sul livre e democrática. Foi isso que faltou ser alcançado.

112

AINDA QUE POUCAS PESSOAS vão lembrar o dia 3 de junho de 1993, esse dia foi um marco na história sul-africana. Naquele dia, depois de meses de negociação no World Trade Centre, o fórum multipartidário fez uma votação para estabelecer uma data para as primeiras eleições nacionais, não racial, com voto universal e individual: dia 27 de abril de

1994. Pela primeira vez na história sul-africana, a maioria negra ia para as urnas para eleger seus líderes. O acordo era que eleitores iriam eleger quatrocentos deputados para uma assembleia constituinte, que iria ao mesmo tempo elaborar uma nova constituição e servir como parlamento. Depois de reunida, a primeira ordem do dia para a assembleia seria eleger um presidente.

As negociações haviam reiniciado em abril. Desta vez, os vinte e seis partidos incluíam o Inkatha, o Congresso Pan-Africanista, e o Partido Conservador. Nós vínhamos pressionando o governo para que estabelecesse uma data durante meses, e eles vinham protelando. Mas agora a data estava gravada em pedra.

Um mês depois, em julho, o fórum multipartidário chegou a um acordo sobre um primeiro anteprojeto de uma constituição provisória. Ela estabelecia um parlamento bicameral composto de uma assembleia nacional formada por quatrocentos deputados eleitos proporcionalmente a partir de listas partidárias nacionais e regionais e um senado eleito indiretamente pelas legislaturas regionais. As eleições para as legislaturas regionais ocorreriam no mesmo momento que as eleições nacionais, e os corpos legislativos regionais podiam elaborar as suas próprias constituições coerentes com a constituição nacional.

O Chefe Buthelezi queria que uma constituição fosse elaborada antes das eleições e se retirou em protesto contra o estabelecimento de uma data antes que uma constituição fosse finalizada. Um segundo anteprojeto de constituição provisória, em agosto, deu maiores poderes para as regiões, mas isso não aplacou os ânimos do Chefe Buthelezi ou do Partido Conservador. O Partido Conservador descreveu a resolução como hostil aos interesses africânderes. Um grupo denominado *Afrikaner Volksfront*[*], liderado pelo General Constand Viljoen, ex-chefe da Força de Defesa Sul-Africana, foi formado para unir as organizações conservadoras brancas em torno da ideia de um *volkstaat*, uma pátria branca.

[*] *Afrikaner Volksfront* - Frente do Povo Africânder (N. do T.).

Logo após a meia-noite do dia 18 de novembro, uma constituição provisória foi aprovada por uma sessão plenária da conferência multipartidária. O governo e o CNA removeram os obstáculos remanescentes. O novo ministério seria composto pelos partidos que recebessem mais de 5% dos votos e tomaria decisões através de consenso, em vez da maioria de dois terços, proposta pelo governo; eleições gerais nacionais não aconteceriam até 1999, de forma que o governo de união nacional ficaria no poder durante cinco anos; e, finalmente, o governo cedeu à nossa insistência por uma única cédula para a eleição, em vez de cédulas diferentes para as eleições das legislaturas provinciais e da legislatura nacional. Duas cédulas iriam apenas confundir a maioria dos eleitores, muitos dos quais iriam votar pela primeira vez em suas vidas. No período que antecedeu as eleições, um Conselho Executivo de Transição composto de membros de cada partido asseguraria o clima propício para a realização das eleições. Na realidade, o CET seria o governo entre o dia 22 de dezembro e as eleições do dia 27 de abril. Uma Comissão Eleitoral Independente com amplos poderes seria responsável pela administração das eleições. Estávamos verdadeiramente no limiar de uma nova era.

Nunca gostei muito de premiações individuais. Um homem não se torna um guerreiro pela liberdade na esperança de ganhar prêmios, mas quando fui notificado que ganhei o Prêmio Nobel da Paz, de 1993, com o Sr. de Klerk, fiquei profundamente emocionado. O Prêmio Nobel da Paz tinha um significado especial para mim por causa de seu envolvimento com a história sul-africana.

Fui o terceiro cidadão sul-africano a ser homenageado pelo comitê do Prêmio Nobel, desde o final da Segunda Guerra Mundial. O Chefe Albert Luthuli recebeu o prêmio em 1960. O segundo foi o Arcebispo Desmond Tutu, que abnegadamente lutou contra os males do racismo durante os dias mais terríveis do *apartheid*.

O prêmio era um tributo a todos os sul-africanos e especialmente para aqueles que haviam participado da luta; eu aceitaria o prêmio em nome deles. Mas o Nobel foi um prêmio sobre o qual nunca pensei a respeito.

Mesmo durante os anos mais sombrios na Ilha de Robben, a Anistia Internacional não fazia campanha para nós, em razão de termos buscado uma luta armada, e aquela organização não representaria ninguém que havia adotado a violência. Foi por essa razão que presumi que o comitê do Prêmio Nobel nunca pensaria no homem que havia fundado o Umkhonto we Sizwe para o prêmio da paz.

Eu tinha um respeito enorme pelas nações da Noruega e Suécia. Nos anos de 1950 e 1960, quando buscamos ajuda financeira para o CNA, perante os governos ocidentais, fomos categoricamente rejeitados. Mas na Noruega e na Suécia, fomos recebidos de braços abertos, recebendo auxílio, bolsas de estudo e dinheiro para defesa jurídica e ajuda humanitária para os prisioneiros políticos.

Utilizei o meu discurso na Noruega não apenas para agradecer o comitê do Prêmio Nobel e esboçar uma visão de uma futura África do Sul, que seria justa e igualitária, mas para prestar homenagem ao meu companheiro laureado, Sr. F. W. de Klerk.

> Ele teve a coragem de admitir que uma injustiça terrível havia sido feita contra o nosso país e nosso povo através da imposição do sistema de *apartheid*. Ele teve a previdência de compreender e aceitar que todas as pessoas da África do Sul devem, através de negociações e como participantes igualitários do processo, juntas determinar o que querem fazer do seu futuro.

Frequentemente me perguntaram como pude aceitar o prêmio junto com o Sr. de Klerk depois de tê-lo criticado tão severamente. Apesar de eu não voltar atrás em minhas críticas, podia afirmar que ele havia feito uma contribuição genuína e indispensável ao processo de paz. Nunca pensei em enfraquecer o Sr. de Klerk, pela razão prática que quanto mais fraco ficasse, mas fraco o processo de negociações ficaria. Para fazer as pazes com um inimigo, precisa-se trabalhar com o inimigo, e aquele inimigo acaba tornando-se o seu parceiro.

Apesar da campanha oficial para a assembleia nacional não ter sido programada para começar até fevereiro de 1994, começamos a fazer campanha abertamente depois que a nova constituição foi ratificada. Isso não nos deu uma vantagem; o Partido Nacional iniciou a sua campanha no dia em que me libertaram da prisão.

Apesar de as pesquisas mostrarem o CNA com uma margem saudável, nunca demos a vitória como certa. Adverti todos os meus companheiros contra o otimismo exagerado. Todos nós havíamos lido dezenas de histórias sobre partidos que eram favoritos para ganhar e acabaram em segundo lugar. Estávamos enfrentando um rival experiente, bem organizado e bem financiado.

Nossa campanha ficou a cargo da liderança capacitada de Popo Molefe, Trevor Lekota e Ketso Gordhan, todos ativistas veteranos da FDU e experientes em mobilização de massas. A tarefa era formidável. Calculamos que haveria mais de vinte milhões de eleitores indo às urnas, a maioria deles votando pela primeira vez. Muitos dos nossos eleitores eram analfabetos, e provavelmente ficariam intimidados pela simples ideia de votar. De acordo com a Comissão Eleitoral Independente, haveria dez mil postos de votação em todo o país. Procuramos treinar mais de cem mil pessoas para ajudar na educação dos eleitores.

A primeira etapa do nosso esforço eleitoral foi o que ficou conhecido como Fóruns do Povo. Candidatos do CNA viajariam por todo o país e se reuniriam com o nosso povo em cidades e aldeias para poderem ouvir sobre as suas esperanças e temores, suas ideias e queixas. Os Fóruns do Povo eram semelhantes às pequenas reuniões organizadas pelo candidato Bill Clinton, nos Estados Unidos, em sua campanha para a presidência. Os fóruns eram parlamentos do povo, não muito diferentes das reuniões dos chefes no Grande Local que testemunhei quando era garoto.

Eu me deleitava nos Fóruns do Povo. Comecei em Natal, em novembro, e então fui para a área *PWV**, o norte do Transvaal e o Estado Livre de Orange. Cheguei a participar de três ou quatro fóruns em um só

* *PWV* - Pretoria-Witwatersrand-Vereeniging, hoje província de Gauteng (N. do T.).

dia. As próprias pessoas gostavam imensamente desses fóruns. Ninguém jamais havia vindo solicitar a opinião deles sobre o que deveria ser feito em seu próprio país.

Depois de incorporarmos as sugestões apresentadas nos fóruns, viajamos pelo país apresentando a nossa mensagem ao povo. Alguns dentro do CNA queriam fazer da campanha simplesmente uma eleição de libertação, e dizer para o povo: Votem em nós porque nós os libertamos. Em vez disso, decidimos oferecer a eles uma visão da África do Sul que esperávamos criar. Queríamos que as pessoas votassem no CNA não apenas porque havíamos lutado contra o *apartheid* durante oitenta anos, mas porque éramos melhor qualificados para tornar realidade o tipo de África do Sul na qual eles esperavam viver. Eu achava que a nossa campanha devia ser sobre o futuro, e não o passado.

O CNA elaborou um documento de 150 páginas conhecido como o Programa de Reconstrução e Desenvolvimento, que delineava o nosso plano para criar empregos através de obras públicas; construir um milhão de novas casas com eletricidade e privadas com descarga; estender os cuidados de saúde básica e dez anos de educação gratuita para todos os sul-africanos; redistribuir terras através de um tribunal agrário; acabar com o imposto de valor agregado sobre produtos alimentares. Também nos comprometemos a programar medidas de ação afirmativa nos setores público e privado. Este documento foi transformado em um manifesto simples intitulado "Uma Vida Melhor Para Todos", que por sua vez se tornou o lema de campanha do CNA.

Assim como dissemos para o povo o que iríamos fazer, senti que devíamos também lhes contar o que não podíamos fazer. Muitas pessoas achavam que a vida se transformaria do dia para a noite depois de uma eleição livre e democrática, mas estava longe de ser o caso. Frequentemente, eu dizia às multidões, "Não esperem estar dirigindo um Mercedes um dia depois das eleições ou estar nadando em piscinas nos seus quintais". Eu disse para os nossos simpatizantes, "A vida não mudará dramaticamente, exceto que vocês terão aumentado a autoestima de vocês e se tornado cidadãos em seu próprio país. Vocês têm que ter paciência. Vocês podem ter que esperar durante cinco anos para que os resultados apareçam". Eu os desafiei; não passei a mão nas suas cabeças: "Se vocês querem continuar vivendo na pobreza sem roupas e comida", eu disse para eles, "então vão beber nos *shebeens**. Mas se vocês querem coisas melhores, têm que trabalhar duro. Não podemos fazer tudo para vocês; vocês mesmos têm que fazer isso".

Falei para plateias de brancos que precisávamos deles e não queríamos que eles saíssem do país. Eles eram sul-africanos como nós e esta era a terra deles também. Não medi palavras sobre os horrores do *apartheid*, mas disse, repetidamente, que devíamos esquecer o passado e nos concentrarmos em construir um futuro melhor para todos.

Cada comício foi também projetado para ensinar as pessoas como votar. A própria cédula eleitoral era um pedaço de papel comprido e estreito com os partidos listados em ordem decrescente à esquerda, e com o símbolo do partido e uma fotografia do seu líder à direita. Os eleitores deviam colocar um X no quadrado ao lado do partido de sua escolha. Eu dizia para as plateias, "No dia das eleições, olhe para a sua cédula e quando vir o rosto de um homem jovem e bonito, marque um X".

113

O CAMINHO PARA A LIBERDADE estava longe de ser suave. Apesar de o Comitê Executivo Transitório ter começado a funcionar no ano novo, alguns partidos optaram por sair dele. O Inkatha negou-se a participar das eleições e se entregou à política de resistência. O rei Zwelithini, apoiado pelo Chefe Buthelezi, exigiu um estado KwaZulu autônomo e soberano, e tentou dissuadir todas as pessoas em sua província de votarem. A direita branca acusou as eleições de ser uma traição e clamou por um *volkstaat*, ainda que não tivessem proposto onde este estado se localizaria nem

* *Shebeens* - Uma taberna ou casa onde se vende bebidas alcoólicas ilegalmente. (N. do T.).

como funcionaria. Não havia nenhum distrito em toda a África do Sul onde os brancos formassem a maioria dos residentes.

O dia 12 de fevereiro de 1994 era o prazo final para registro de todos os partidos, e naquele dia, o Inkatha, o Partido Conservador e o Afrikaner Volksfront não se registraram. O governo do território tribal autônomo de Bophuthatswana também se recusou a participar e resistia a ser reincorporado a uma África do Sul unida. Fiquei perturbado porque esses grupos importantes estavam optando em não participar. Para trazê-los a bordo, propusemos alguns recuos significativos: concordamos com a utilização de cédulas duplas para as legislaturas provinciais e para a legislatura nacional; garantias de maiores poderes provinciais; a mudança de nome da província de Natal para KwaZulu/Natal; e a confirmação que um princípio de autodeterminação "interna" seria incluído na constituição para grupos compartilhando uma herança cultural e linguística comum.

Fiz arranjos para me reunir com o Chefe Buthelezi no dia 1.º de março em Durban. "Vou me ajoelhar para implorar para aqueles que querem arrastar o nosso país para um derramamento de sangue", falei em um comício antes dessa reunião. O Chefe Buthelezi concordou em registrar provisoriamente o seu partido para as eleições em troca de uma promessa de sujeitarmos as nossas diferenças em torno de questões constitucionais a uma mediação internacional. Concordei alegremente com isto. Antes do prazo final para registros, o General Viljoen também se registrou sob um novo partido conhecido como Frente da Liberdade.

Apesar de Lucas Mangope, o presidente de Bophuthatswana, ter escolhido manter o seu território autônomo fora das eleições, a maré dos eventos logo alterou a situação. Conversei com ele em diversas ocasiões, insistindo que ele deixasse o seu povo decidir, mas ele não me escutou. Aqueles que queriam participar deram início a protestos e greves, que logo se espalharam pelo funcionalismo público de Bophuthatswana. As redes de rádio e televisão saíram do ar. Nas ruas de Mafikeng, batalhas estouraram entre a polícia territorial e trabalhadores em greve e estudantes. Mangope solicitou auxílio militar de seus aliados brancos de direita. Logo, as suas próprias forças desertaram, e ele foi derrubado do poder por um golpe no início de março. Algumas semanas mais tarde, o Brigadeiro Gqozo, no Ciskei, capitulou e pediu que a África do Sul assumisse o poder no território.

A violência em Natal piorou. Simpatizantes do Inkatha estavam bloqueando os nossos esforços de fazer campanha em Natal. Quinze cabos eleitorais do CNA foram baleados e mortos a golpes de facão depois de terem colocado pôsteres do CNA. Em março, o Juiz Johann Kriegler relatou para mim e o Sr. de Klerk que por causa da falta de cooperação do governo de KwaZulu, eleições livres não poderiam ser realizadas lá sem uma intervenção política direta. Para demonstrar a nossa força em Natal, o CNA realizou uma passeata através do centro de Durban. Então o Inkatha tentou fazer o mesmo em Johannesburgo, com resultados lamentáveis.

No dia 28 de março, milhares de membros do Inkatha, brandindo lanças e clavas, marcharam através de Johannesburgo para irem a um comício no centro da cidade. Ao mesmo tempo, um grupo armado do Inkatha tentou entrar na Shell House, a sede do CNA, mas foram repelidos por guardas armados. Pistoleiros não identificados também deram tiros no centro da cidade, com cinquenta e três pessoas morrendo. Foi um espetáculo macabro que fez com que a África do Sul parecesse estar à beira de uma guerra interna. O Inkatha estava tentando adiar as eleições, mas nem eu nem o Sr. de Klerk recuamos. Aquele dia era sacrossanto.

Eu havia concordado com a mediação internacional, e no dia 13 de abril chegou uma delegação liderada pelo Lorde Carrington, o ex-secretário do exterior britânico, e Henry Kissinger, o ex-secretário de estado norte-americano. Mas quando o Inkatha foi informado que a data das eleições não estava sujeita à mediação, eles se recusaram a se encontrar com os mediadores, que foram embora sem conversar com ninguém. Agora o Chefe Buthelezi sabia que as eleições aconteceriam a todo custo. No dia 19 de abril, poucos dias antes das eleições, o Chefe Buthelezi aceitou a oferta de um papel constitucional para a monarquia Zulu e concordou em participar dela.

Dez dias antes da votação, o Sr. de Klerk e eu fizemos nosso único debate na televisão. Eu havia sido um debatedor razoável quando estudava em Fort Hare, e em meus primeiros anos na organização havia me engajado em muitos debates apaixonados na plataforma. Na Ilha de Robben havíamos afiado nossas habilidades em debater enquanto desbastávamos calcário. Eu estava confiante, mas no dia anterior, realizamos um debate simulado no qual o jornalista Allister Sparks habilmente fez o papel do Sr. de Klerk. Habilmente demais, de acordo com os meus consultores de campanha, pois eles me repreenderam por falar devagar demais e não agressivamente o suficiente.

Quando chegou o momento do debate real, entretanto, ataquei firmemente o Partido Nacional. Acusei o Partido Nacional de atiçar o ódio racial entre mestiços e negros no Cabo ao distribuir uma revista em quadrinhos incendiária que afirmava que o lema do CNA era "Mate um mestiço, mate um fazendeiro". "Não há organização neste país que cause tanta divisão quanto o Partido Nacional", declarei. Quando o Sr. de Klerk criticou o plano do CNA de investir bilhões de dólares em habitação e programas sociais, eu o censurei firmemente, dizendo que ele estava alarmado porque teríamos que direcionar tantos de nossos recursos para os negros.

Mas quando o debate estava chegando ao seu final, senti que havia sido severo demais com o homem que seria o meu parceiro em um governo de unidade nacional. Nas minhas considerações finais, eu disse, "As trocas de palavras entre o Sr. de Klerk e eu não devem obscurecer um fato importante. Acredito que somos um exemplo radiante para o mundo inteiro de pessoas originárias de grupos raciais diferentes que têm uma fidelidade em comum, um amor em comum, ao seu país em comum... Apesar das críticas ao Sr. de Klerk", eu disse, e então olhei para ele, "meu senhor, o senhor é uma das pessoas com quem eu conto. Vamos encarar o problema deste país juntos". Nesse instante, estendi a minha mão para cumprimentá-lo e falei, "estou orgulhoso de segurar a sua mão para nós seguirmos em frente". O Sr. de Klerk pareceu surpreso, mas contente.

114

VOTEI NO DIA 27 DE ABRIL, o segundo dos quatro dias que a eleição duraria, e escolhi votar em Natal para mostrar ao povo daquela província dividida que não havia perigo algum em ir até os postos de votação. Votei no Colégio Ohlange, em Inanda, um assentamento localizado em colinas verdejantes ao norte de Durban, pois era lá que John Dube, o primeiro presidente do CNA, estava enterrado. Este patriota africano havia ajudado a fundar a organização em 1912, e ao votar perto do local de seu túmulo completou o círculo da história, pois a missão que ele havia iniciado oitenta e dois anos antes estava para ser terminada com êxito.

Quando fiquei de pé junto ao seu túmulo, em uma elevação acima da pequena escola, não pensei no presente, mas no passado. Quando caminhei até o posto eleitoral, refleti sobre os heróis que haviam morrido para que eu pudesse estar onde estava naquele dia, os homens e mulheres que haviam feito o sacrifício final por uma causa que estava agora finalmente tendo êxito. Pensei em Oliver Tambo, e Chris Hani, e no Chefe Luthuli, e em Bram Fischer. Pensei em todos os grandes heróis africanos, que haviam se sacrificado para que milhões de sul-africanos pudessem estar votando naquele dia; pensei em Josiah Gumede, G. M. Naicker, no Dr. Abdullah Abdurahman, Lilian Ngoyi, Helen Joseph, Yusuf Dadoo, Moses Kotane. Não fui sozinho até aquele posto de votação, naquele 27 de abril, estava votando acompanhado de todos eles.

Antes de eu entrar no posto de votação, um membro irreverente da imprensa gritou, "Sr. Mandela, em quem o senhor vai votar?" eu ri. "Sabe", eu disse, "venho me torturando sobre essa escolha a manhã inteira". Assinalei um X ao lado das letras CNA e então introduzi a minha cédula dobrada em uma caixa simples de madeira; eu havia votado pela primeira vez na vida.

As imagens de sul-africanos indo às urnas naquele dia estão gravadas em minha memória. Longas filas de pessoas pacientes serpenteando pelas estradas de terra e ruas de cidades e aldeias; velhas senhoras que haviam aguardado meio século para votar pela primeira vez, dizendo que elas se sentiam como seres humanos pela primeira vez em suas vidas; homens e mulheres brancos dizendo que estavam orgulhosos de viver em um país finalmente livre. O humor da nação durante aqueles dias de votação estava leve. A violência e as bombas haviam cessado, e era como se estivéssemos em uma nação renascida. Mesmo as dificuldades logísticas da votação, cédulas extraviadas, postos piratas de votação, e boatos de fraudes em certos locais não ofuscaram a vitória esmagadora para a democracia e justiça.

Levou vários dias para os resultados serem contabilizados. Recebemos 62,6% dos votos nacionais, levemente abaixo dos dois terços necessários se quiséssemos outorgar uma constituição final sem o apoio dos outros partidos. A porcentagem nos dava direito a 252 dos 400 assentos na assembleia nacional. O CNA dominou completamente o norte e o leste do Transvaal, o noroeste, o Cabo oriental e o Estado Livre. Recebemos 33% dos votos no Cabo ocidental, onde o partido mais votado foi o Partido Nacional, que se saiu extremamente bem entre os eleitores mestiços. Capturamos 32% dos votos em KwaZulu/Natal, onde o vencedor foi o Inkatha. Em Natal, o medo da violência e a intimidação mantiveram muitos de nossos eleitores em casa. Também houve acusações de fraudes e manipulação de votos. Mas no final, isso não teve importância. Havíamos subestimado a força do Inkatha em KwaZulu, e eles a demonstraram no dia da eleição.

Alguns membros do CNA ficaram desapontados por não termos ultrapassado o limite de dois terços, mas eu não era um deles. Na verdade, fiquei aliviado; se tivéssemos conquistado os dois terços dos votos e sido capazes de elaborar uma constituição sem nos preocuparmos com a opinião dos outros, as pessoas iriam argumentar que havíamos criado uma constituição do CNA, e não uma constituição sul-africana. Eu desejava um governo verdadeiramente de unidade nacional.

Na noite do dia 2 de maio, o Sr. de Klerk fez um discurso cortês de admissão de derrota. Depois de mais de três séculos de domínio, a minoria branca estava reconhecendo a derrota e entregando o poder à maioria negra. Naquela noite, o CNA estava planejando uma comemoração da vitória no salão do Hotel Carlton no centro de Johannesburgo. Eu estava muito gripado e os meus médicos mandaram que eu permanecesse em casa. Mas não havia nada que me mantivesse longe daquela festa. Subi ao palco por volta das nove da noite e vi diante de mim uma multidão de rostos felizes, sorrindo e vibrando.

Expliquei à multidão que a minha voz estava rouca por causa de um resfriado e que o meu médico havia dito para eu não vir. "Espero que vocês não contem para ele que desobedeci às suas ordens", falei para eles. Cumprimentei o Sr. de Klerk por sua votação sólida, agradeci a todos aqueles no CNA e do movimento democrático que haviam trabalhado tão duramente durante tanto tempo. A Sra. Coretta Scott King, esposa do grande guerreiro pela liberdade Martin Luther King Jr., estava no pódio naquela noite, e olhei para ela e fiz referência às palavras imortais de seu marido.

> Este é um dos momentos mais importantes da vida deste país. Estou aqui diante de vocês repleto de imenso orgulho e alegria – orgulho pelas pessoas comuns e humildes deste país. Vocês demonstraram uma determinação tão calma e paciente para reivindicar este país como seu, e agora a alegria que podemos proclamar em alto som dos telhados de nossas casas – Finalmente livres! Finalmente livres! Estou diante de vocês me sentindo humilde diante da sua coragem, com o coração repleto de amor por todos vocês. Considero a mais alta honra poder liderar o CNA neste momento da nossa história. Sou vosso servo... Não são os indivíduos que são importantes, mas a coletividade... Este é um momento de curar as velhas feridas e construir uma nova África do Sul.

A partir do momento em que os resultados foram divulgados e estava claro que o CNA deveria formar o governo, vi que a minha missão era pregar a reconciliação, suturar as feridas do país, engendrar fé e confiança. Eu sabia que muitas pessoas, especialmente as minorias brancas, mestiças e indianas estariam se sentindo angustiadas em relação ao futuro, e eu queria que elas se sentissem seguras. Lembrei às pessoas repetidas vezes que a luta pela libertação não era uma batalha contra qualquer grupo ou cor de pele, mas uma luta contra um sistema de repressão. Em todas as oportunidades, eu declarei que todos os sul-africanos deveriam agora se unir e juntar as mãos e dizer somos um único país, uma nação, um povo, marchando juntos em direção ao futuro.

115

O DIA 10 DE MAIO alvoreceu claro e luminoso. Durante os últimos dias, fui agradavelmente sitiado por dignitários e líderes mundiais que vinham me visitar antes da cerimônia de posse. A cerimônia seria a maior reunião de líderes internacionais, jamais realizada em solo sul-africano.

As cerimônias aconteceram no anfiteatro lindo, de arenito, formado pelos Union Buildings em Pretória. Durante décadas, esta havia sido a sede da supremacia branca, e agora ela era o local da reunião de um arco-íris de cores e nações diferentes para a posse do primeiro governo democrático e não racial da África do Sul.

Naquele belo dia de outono eu estava acompanhado de Zenani, minha filha. No pódio, o Sr. de Klerk foi o primeiro a ser empossado, como segundo vice-presidente. Então Thabo Mbeki foi empossado como primeiro vice-presidente. Quando chegou a minha vez, jurei obedecer e respeitar a constituição e me dedicar ao bem-estar da república e do seu povo. Para os convidados reunidos e o mundo inteiro que estava assistindo eu disse:

> Hoje, todos nós, com a nossa presença aqui... outorgamos glória e esperança para uma liberdade recém-nascida. A partir da experiência

adquirida de um desastre humano extraordinário que durou tempo demais, uma sociedade deve nascer da qual toda a humanidade se orgulhará.

[...] Nós, que éramos os proscritos há não muito tempo, recebemos o privilégio raro de sermos anfitriões das nações do mundo em nosso próprio solo. Agradecemos a todos os distintos convidados internacionais por terem vindo para tomar posse junto com o povo do nosso país daquilo que é, afinal, uma vitória da justiça, da paz, da dignidade humana.

Finalmente, atingimos a nossa emancipação política. Juramos libertar todo o nosso povo da servidão contínua da pobreza, privações, sofrimentos, e outras discriminações.

Nunca, nunca e nunca mais vai acontecer de esta linda terra experimentar a opressão de um pelo outro... O sol nunca há de se pôr sobre tão gloriosa realização humana.

Que reine a liberdade. Deus abençoe a África!

Alguns momentos depois, todos elevamos os nossos olhares em admiração, enquanto uma variedade de jatos, helicópteros e aviões de transporte de tropas da força aérea sul-africana sobrevoaram ribombando em perfeita formação os Union Buildings. Foi não apenas uma demonstração de alta precisão e força militar, mas uma demonstração da fidelidade militar à democracia, a um novo governo que havia sido eleito livre e justamente. Apenas momentos antes, os generais de mais alta patente da Força de Defesa da África do Sul, com seus peitos repletos de medalhas e condecorações de dias passados, me saudaram e juraram fidelidade. Não me passou despercebido o fato de que não muitos anos antes eles não teriam me saudado, mas me prendido. Finalmente, uma formação de jatos Impala deixou no ar rastros de fumaça nas cores preta, vermelha, verde, azul, branca e dourada da nova bandeira sul-africana.

O dia foi simbolizado para mim pelo tocar dos nossos dois hinos nacionais, e a visão de brancos cantando "*Nkosi Sikelel' iAfrika*" e os negros cantando "*Die Stem*", o velho hino da república. Apesar de, naquele dia, nenhum grupo saber a letra do hino que antes desprezavam, eles logo saberiam as letras de cor.

No dia da posse, fiquei muito emocionado com uma sensação de história. Na primeira década do século XX, alguns anos depois da amarga Guerra Bôer, e antes de eu nascer, os povos de pele branca da África do Sul resolveram suas diferenças e erigiram um sistema de dominação racial contra os povos de pele escura da sua própria terra. A estrutura que eles criaram formou a base de uma das sociedades mais cruéis e desumanas que o mundo jamais conheceu. Agora, na última década do século XX, e na minha oitava década de vida, aquele sistema havia sido derrubado para sempre e substituído por um que reconhecia os direitos e liberdades de todos os povos independentemente da cor de sua pele.

Aquele dia havia chegado através dos sacrifícios inimagináveis de milhares de pessoas do meu povo, pessoas cujo sofrimento e coragem não poderão ser contados ou reembolsados. Senti naquele dia, como tenho sentido em tantos outros dias, que eu era apenas a soma de todos aqueles patriotas africanos que vieram antes de mim. Aquela fila longa e nobre terminou e agora se iniciava novamente comigo. Era doloroso para mim por não poder agradecer-lhes e por eles não poderem ver o que os seus sacrifícios haviam forjado.

A política de *apartheid* havia criado uma ferida profunda e perene no meu país e no meu povo. Todos nós passaremos muitos anos, senão gerações, nos recuperando daquele ferimento profundo. Mas as décadas de opressão e brutalidade tiveram outro efeito, não intencional, que foi a produção dos Oliver Tambos, os Walter Sisulus, os Chefes Luthulis, os Yusuf Dadoos, os Bram Fischers, os Robert Sobukwes dos nossos tempos – homens de coragem, sabedoria e generosidade tão extraordinárias que iguais a eles poderão não existir novamente. Talvez seja necessária tal profundidade de repressão para criar tais estaturas de caráter. Meu país é rico em minerais e pedras preciosas que estão sob o seu solo, mas eu sempre soube que a sua maior riqueza é o seu povo, mais belo e verdadeiro que o mais puro dos diamantes.

Foi destes companheiros de luta que aprendi o significado de coragem. Repetidas vezes, tenho visto homens e mulheres se arriscarem e darem suas vidas por um ideal. Vi homens enfrentando ataques e tortura sem fraquejarem, demonstrando uma força e resistência que desafiam a imaginação. Aprendi que a coragem não era a ausência do medo, mas o triunfo sobre ele. Eu mesmo senti medo mais vezes do que posso lembrar, mas eu o disfarcei sob uma máscara de ousadia. O homem corajoso não é aquele que não sente medo, mas aquele que conquista aquele medo.

Nunca perdi a esperança que essa grande transformação ocorreria. Não apenas por causa dos grandes heróis que já mencionei, mas por causa da coragem dos homens e mulheres comuns do meu país. Eu sempre soube que no fundo de cada coração humano há compaixão e generosidade. Ninguém nasce odiando outra pessoa por causa da cor da sua pele, ou de sua origem, ou de sua religião. As pessoas têm que aprender a odiar, e se elas podem aprender a odiar, elas podem ser ensinadas a amar, pois o amor ocorre com mais naturalidade no coração humano do que o seu oposto. Mesmo durante os momentos mais sombrios na prisão, quando eu e os meus companheiros fomos levados ao extremo dos nossos limites, eu enxergava um vislumbre de humanidade em um dos guardas, talvez por apenas um segundo, mas era o suficiente para me manter esperançoso e continuar vivendo. A bondade do homem é uma chama que pode ficar escondida, mas nunca apagada.

Nós nos dedicamos à luta de olhos bem abertos, sem ilusão alguma de que o caminho seria fácil. Quando jovem, ao entrar para o Congresso Nacional Africano, vi o preço que os meus companheiros pagaram pelas suas crenças políticas, e ele foi alto. Por mim mesmo, nunca me arrependi por causa do meu compromisso com a luta, e sempre estive preparado para encarar as dificuldades que me afetavam pessoalmente. Mas a minha família pagou um preço terrível, talvez um preço caro demais por causa do meu compromisso.

Na vida, todos os homens têm obrigações duplas – obrigações com sua família, seus pais, sua esposa e filhos; e têm uma obrigação com seu povo, sua comunidade, seu país. Em uma sociedade civilizada e humana, cada homem é capaz de cumprir essas obrigações de acordo com as suas próprias inclinações e capacidades. Mas em um país como a África do Sul, era quase impossível um homem da minha origem e cor cumprir aquelas duas obrigações. Na África do Sul, um homem de cor que tentasse viver como um ser humano era punido e isolado. Na África do Sul, um homem que tentasse cumprir seu dever para com o seu povo era inevitavelmente arrancado do convívio de sua família, de seu lar e era forçado a viver uma vida em separado, uma existência na penumbra do mistério e rebelião. No início, não escolhi colocar o meu povo acima da minha família, mas ao tentar servir ao meu povo, descobri que estava impedido de cumprir as minhas obrigações como filho, irmão, pai e marido.

Daquela forma, meu compromisso com o meu povo, com os milhões de sul-africanos que eu nunca conheceria ou encontraria, se deu à custa das pessoas a quem eu conhecia melhor e mais amava. Foi tão simples e ao mesmo tempo tão incompreensível como o momento em que uma criança pequena pergunta ao seu pai, "Por que você não pode estar com a gente?" E o pai tem que pronunciar as palavras terríveis: "Existem outras crianças como você, muitas crianças como você..." e então a sua voz vai diminuindo.

Não nasci com fome de liberdade. Nasci livre – livre em todas as formas que eu conhecia. Livre para correr pelos campos perto da choupana da minha mãe, livre para nadar no riacho límpido que atravessava a minha aldeia, livre para assar milho sob as estrelas e cavalgar os amplos lombos dos touros vagarosos. Desde que eu obedecesse meu pai e respeitasse a tradição da minha tribo, eu não era incomodado pelas leis dos homens ou de Deus.

Foi apenas quando comecei a aprender que a minha liberdade da infância era uma ilusão, quando descobri ainda jovem que a minha liberdade já havia sido tirada de mim, que comecei a sentir fome dela. Primeiramente, ainda estudante, eu queria liberdade apenas para mim mesmo, as liberdades transitórias de poder ficar fora de casa à noite, de ler o que bem quisesse e ir para onde bem entendesse. Mais tarde, como um homem jovem em Johannesburgo, ansiei pelas liberdades básicas e honradas de realizar o meu potencial, de ganhar o meu sustento, de me casar e ter uma família – a liberdade de não ser obstruído em uma vida na legitimidade.

Mas, então, lentamente vi que não apenas eu não era livre, mas os meus irmãos e irmãs não eram livres. Vi que não era apenas a minha liberdade que havia sido cerceada, mas a liberdade de todos aqueles que tinham a mesma aparência que eu. Isso foi quando entrei para o Congresso Nacional Africano, e foi quando a fome pela minha própria liberdade tornou-se a fome maior pela liberdade do meu povo. Foi este desejo pela liberdade do meu povo viver suas vidas com dignidade e amor-próprio que animou a minha vida, que transformou um jovem amedrontado em um jovem ousado, que impeliu um advogado respeitador da lei a tornar-se um criminoso, que transformou um marido com muito amor pela família em um homem sem lar, que forçou um homem amante da vida a viver como um monge. Não sou mais virtuoso ou altruísta que qualquer outro homem, mas descobri que não podia nem mesmo desfrutar as liberdades medíocres e limitadas que me davam quando eu sabia que o meu povo não estava livre. A liberdade é indivisível, correntes prendendo qualquer pessoa do meu povo eram correntes prendendo todos eles, correntes prendendo todo o meu povo eram correntes me prendendo.

Foi durante aqueles longos e solitários anos que a minha fome pela liberdade do meu povo tornou-se uma fome pela liberdade de todos os povos, brancos e negros. Eu sabia tão bem quanto sabia qualquer coisa que o opressor tem que ser libertado tão certamente quanto o oprimido. Um homem que tira a liberdade de outro homem é um prisioneiro do ódio, ele está preso por detrás das grades do preconceito e da pobreza de espírito. Não sou verdadeiramente livre se estou tirando a liberdade de outra pessoa, tão certamente quanto não estou livre quando a minha liberdade é tirada de mim. O oprimido e o opressor igualmente têm sua humanidade roubada.

Quando saí da prisão, esta era a minha missão, libertar os oprimidos e o opressor. Alguns dizem que isso foi atingido agora. Mas eu sei que não é o caso. A verdade é que ainda não estamos livres; meramente conseguimos a liberdade de sermos livres, o direito de não sermos oprimidos. Ainda não demos o passo final da nossa jornada, mas o primeiro passo em uma estrada mais longa e ainda mais difícil. Pois para se ser livre não basta abandonar as correntes, mas viver de uma forma que respeite e aumente a liberdade dos outros. A verdadeira prova da nossa devoção à liberdade está apenas começando.

Percorri aquela longa estrada até a liberdade. Tentei não esmorecer; dei passos em falso pelo caminho. Mas descobri o segredo que depois de escalarmos uma grande colina, descobrimos apenas que há muitas outras colinas para escalar. Dei uma pausa agora para descansar um pouco, para apreciar a vista gloriosa ao meu redor, para relembrar a distância que percorri. Mas posso descansar apenas por um instante, pois com a liberdade vêm responsabilidades, e não me atrevo em me demorar, pois minha longa caminhada ainda não terminou.

ÍNDICE

Jabavu, D.D.T., 63
Jacobs, Coronel, 402, 413, 414
Jassat, Abdulhay, 435
Jelliman, Sr., 348, 441
Joffe, Joel, 433, 447, 480
Johannesburgo: fuga para e emprego em
de NM, 68-71, 77-79, 88; atividades
clandestinas de NM em, 329-331, 340, 341;
manifestações em, 234, 235, 272, 273;
Jones, Reverendo, 557
Jongintaba, Chefe, 5, 6, 19